한 번에 합격,
자격증은 이기적

이렇게 기막힌 적중률

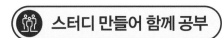
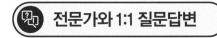
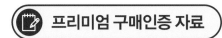
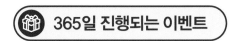

인증만 하면, **고퀄리티 강의가 무료!**

100% 무료 강의

STEP 1

이기적
홈페이지
접속하기

STEP 2

무료동영상
게시판에서
과목 선택하기

STEP 3

ISBN 코드
입력 & 단어
인증하기

STEP 4

이기적이 준비한
명품 강의로
본격 학습하기

영진닷컴 이기적 🔍

1년 365일 이기적이 쏜다!

365일 진행되는 이벤트에 참여하고 다양한 혜택을 누리세요.

EVENT ❶
기출문제 복원

- 이기적 독자 수험생 대상
- 응시일로부터 7일 이내 시험만 가능
- 스터디 카페의 링크 클릭하여 제보

이벤트 자세히 보기 ▶

EVENT ❷
합격 후기 작성

- 이기적 스터디 카페의 가이드 준수
- 네이버 카페 또는 개인 SNS에 등록 후
  이기적 스터디 카페에 인증

이벤트 자세히 보기 ▶

EVENT ❸
온라인 서점 리뷰

- 온라인 서점 구매자 대상
- 한줄평 또는 텍스트 & 포토리뷰 작성 후
  이기적 스터디 카페에 인증

이벤트 자세히 보기 ▶

EVENT ❹
정오표 제보

- 이름, 연락처 필수 기재
- 도서명, 페이지, 수정사항 작성
- book2@youngjin.com으로 제보

이벤트 자세히 보기 ▶

N Pay
네이버페이
포인트 쿠폰
20,000원

영진닷컴 쇼핑몰
30,000원

- N페이 포인트 5,000~20,000원 지급
- 영진닷컴 쇼핑몰 30,000원 적립
- 30,000원 미만의 영진닷컴 도서 증정

※이벤트별 혜택은 변경될 수 있으므로 자세한 내용은 해당 QR을 참고하세요.

이기적 크루를 찾습니다!

WANTED

저자 · 강사 · 감수자 · 베타테스터 상시 모집

저자 · 강사

- **분야** 수험서 전 분야
  수험서 집필 혹은 동영상 강의 촬영
- **요건** 관련 강사, 유튜버, 블로거 우대
- **혜택** 이기적 수험서 저자 · 강사 자격
  집필 경력 증명서 발급

감수자

- **분야** 수험서 전 분야
- **요건** 관련 전문 지식 보유자
- **혜택** 소정의 감수료
  도서 내 감수자 이름 기재
  저자 모집 시 우대(우수 감수자)

베타테스터

- **분야** 수험서 전 분야
- **요건** 관련 수험생, 전공자, 교사/강사
- **혜택** 활동 인증서 & 참여 도서 1권
  영진닷컴 쇼핑몰 30,000원 적립
  스타벅스 기프티콘(우수 활동자)
  백화점 상품권 100,000원(우수 테스터)

◀ 모집 공고 자세히 보기

이메일 문의하기 ✉ book2@youngjin.com

기억나는 문제 제보하고 N페이 포인트 받자!
기출 복원 EVENT

성명	이기적

수험번호	2 0 2 4 1 1 1 3

Q. 응시한 시험 문제를 기억나는 대로 적어주세요!

① 365일 진행되는 이벤트　② 참여자 100% 당첨　③ 우수 참여자는 N페이 포인트까지

영진닷컴 쇼핑몰
30,000원

N Pay
네이버페이 포인트 쿠폰　**20,000원**

적중률 100% 도서를 만들어주신 여러분을 위한 감사의 선물을 준비했어요.

신청자격 이기적 수험서로 공부하고 시험에 응시한 모든 독자님

참여방법 이기적 스터디 카페의 이벤트 페이지를 통해 문제를 제보해 주세요.
　　　　　※ 응시일로부터 7일 이내의 시험 복원만 인정됩니다.

유의사항 중복, 누락, 허위 문제를 제보한 경우 이벤트 대상에서 제외됩니다.

참여혜택 영진닷컴 쇼핑몰 30,000원 적립
　　　　　정성껏 제보해 주신 분께 N페이 포인트 5,000~20,000원 차등 지급

이벤트 페이지 확인하기 ▶

이기적이
다 드립니다

여러분은 합격만 하세요! 이기적 합격 성공세트 BIG 3

저자가 직접 알려주는, **무료 동영상 강의**

새로운 출제 기준도 문제없이 독학으로 완벽하게!
이기적이 준비한 동영상 강의로 학습하세요.

분석자료를 한눈에, **컴그 핵심 요약**

마지막에 마지막까지 이기적이 여러분과 함께합니다.
중요한 내용만 꽉꽉 담은 핵심 요약 PDF로 정리하세요.

무엇이든 물어보세요, **1:1 질문답변**

공부하다 이해가 가지 않는 내용이 있다면 편하게 질문하세요.
이기적 스터디 카페에서 친절하게 그 해답을 알려줍니다.

※ 〈2025 이기적 컴퓨터그래픽기능사 필기 기본서〉를 구매하고 인증한 회원에게만 드리는 자료입니다.

시험 환경 100% 재현!

CBT 온라인 문제집

편리한 학습을 돕는 글자 크기 변경 기능

글자 크기 100% 150% 200%

한 문제도 놓치지 않도록 안 푼 문제 수 확인

· 전체 문제 수 : 40 · 안 푼 문제 수 : 40

실전 시간관리 연습 제한 / 남은시간 표시

제한 시간 40분
남은 시간 38분 50초

CBT 시험 그대로! 답안 표기란

답안 표기란

1 ① ② ③ ④

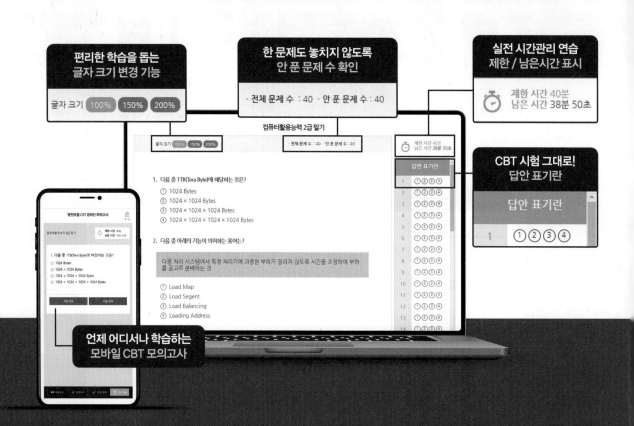

언제 어디서나 학습하는 모바일 CBT 모의고사

이용 방법

STEP 1

이기적 CBT
cbt.youngjin.com
접속

STEP 2

과목 선택 후
제한시간 안에
풀이

STEP 3

답안 제출하고
합격 여부
확인

STEP 4

틀린 문제는
꼼꼼한 해설로
복습

이기적 CBT 🔍

이렇게
기막힌
적중률

컴퓨터그래픽기능사
필기 기본서

1권 · 이론서

"이" 한 권으로 합격의 "기적"을 경험하세요!

YoungJin.com Y.
영진닷컴

차례

출제빈도에 따라 분류하였습니다.

ⓢ : 반드시 보고 가야 하는 이론
ⓩ : 보편적으로 다루어지는 이론
ⓗ : 알고 가면 좋은 이론

▶️ 표시된 부분은 동영상 강의가 제공됩니다.
이기적 홈페이지(license.youngjin.com)에 접속하여 시청하세요.

▶ 제공하는 동영상과 PDF 자료는 1판 1쇄 기준 2년간 유효합니다.
단, 출제기준안에 따라 동영상 내용은 변경될 수 있습니다.

PART 01 산업 디자인 일반

CHAPTER 01 디자인의 개요 ▶️
- ⓩ SECTION 01 디자인 일반 1-20
- ⓢ SECTION 02 디자인의 요소와 원리 1-33
- ⓩ SECTION 03 디자인사 1-48

CHAPTER 02 마케팅 ▶️
- ⓩ SECTION 01 디자인과 마케팅 1-66

CHAPTER 03 컴퓨터그래픽 활용 분야 ▶️
- ⓢ SECTION 01 시각 디자인 1-82
- ⓩ SECTION 02 제품 디자인 1-112
- ⓩ SECTION 03 환경 디자인 1-124

PART 02 색채 및 도법

CHAPTER 01 색채 ▶️
- ⓩ SECTION 01 색의 기본 원리 1-152
- ⓢ SECTION 02 색의 혼합 및 표시방법 1-165
- ⓢ SECTION 03 색의 지각과 심리 1-177
- ⓩ SECTION 04 색채조화 1-192

CHAPTER 02 도법 ▶️
- ⓗ SECTION 01 제도일반 1-204
- ⓗ SECTION 02 평면도법 1-213
- ⓗ SECTION 03 투상도법 1-224
- ⓗ SECTION 04 투시도법 1-231

PART 03 디자인재료

CHAPTER 01 디자인재료 일반 ▶️
- ⓩ SECTION 01 디자인재료 일반 1-244
- ⓢ SECTION 02 종이재료 일반 1-248
- ⓩ SECTION 03 디자인 표현재료 1-256
- ⓗ SECTION 04 사진재료 일반 1-263
- ⓢ SECTION 05 공업재료 일반 1-273
- ⓩ SECTION 06 도장재료 일반 1-300

PART 04 컴퓨터그래픽

CHAPTER 01 컴퓨터그래픽 일반 ▶️
- ⓩ SECTION 01 컴퓨터그래픽 일반 1-318

CHAPTER 02 컴퓨터그래픽 활용 ▶️
- ⓩ SECTION 01 컴퓨터그래픽의 시스템 구성 1-328
- ⓢ SECTION 02 디자인과 컴퓨터그래픽 1-336
- ⓢ SECTION 03 컴퓨터 응용 디자인 1-344
- ⓗ SECTION 04 기타 컴퓨터에 관한 지식 1-354

1권

PART 05 비주얼 아이데이션

CHAPTER 01 비주얼 아이데이션 구상과 전개 ▶
- SECTION 01 아이디어 구상 및 전개   1-374
- SECTION 02 아이디어 스케치 구상 및 전개   1-380
- SECTION 03 비주얼 방향 구상 및 전개   1-386

CHAPTER 02 비주얼 아이데이션 적용 ▶
- SECTION 01 아이디어 적용   1-394
- SECTION 02 아이디어 스케치 적용   1-395
- SECTION 03 비주얼 방향 적용   1-396

PART 06 시안 디자인

CHAPTER 01 시안 디자인 개발 기초 ▶
- SECTION 01 시안 개발계획 수립   1-410
- SECTION 02 아트워크   1-415
- SECTION 03 베리에이션   1-423

CHAPTER 02 시안 디자인 개발 응용 ▶
- SECTION 01 시안개발 응용   1-432
- SECTION 02 아트워크 응용   1-439
- SECTION 03 베리에이션 좁히기   1-449

PART 07 2D 그래픽 제작

CHAPTER 01 2D 이미지와 타이포그래피의 제작과 편집 ▶
- SECTION 01 2D 이미지 제작   1-458
- SECTION 02 2D 이미지 합성 · 보정   1-461
- SECTION 03 타이포그래피   1-464

별책 기출공략집

2권
- 대표 기출 200선   2-4
- 2024년 최신 기출문제 01회   2-54
- 2024년 최신 기출문제 02회   2-61
- 2024년 최신 기출문제 03회   2-68
- 2023년 최신 기출문제 01회   2-76
- 2023년 최신 기출문제 02회   2-84
- 정답 & 해설   2-93

구매 인증 PDF

실기 맛보기 모의고사
암호 : cg7669yj

시험장까지 함께 가는 핵심 요약
이기적 스터디 카페에서 제공

※ **참여 방법** : '이기적 스터디 카페' 검색 → 이기적 스터디
카페(cafe.naver.com/yjbooks) 접속 → '구매 인증 PDF
증정' 게시판 → 구매 인증 → 메일로 자료 받기

STEP 01 전문가가 핵심만 정리한 이론으로 학습

출제빈도
섹션별 출제빈도를 상중하로
나누어 효율적인 학습이 가능합니다.

빈출태그
시험에 자주 출제되는
주요 키워드를 태그로 정리했습니다.

강의 QR
동영상 강의를 QR코드로 쉽게
시청할 수 있습니다.

팁(TIP)
기적의 TIP, 용어해설 등 다양
한 부가설명이 삽입되어 있습
니다.

 STEP 02 기출문제로 이론 복습, 유형 파악

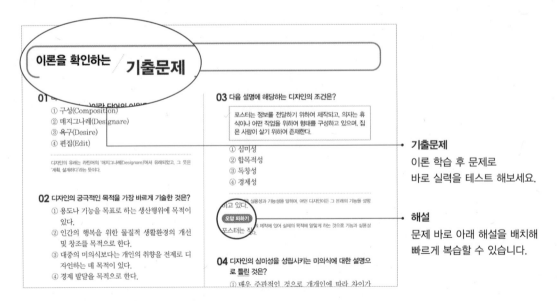

기출문제
이론 학습 후 문제로
바로 실력을 테스트 해보세요.

해설
문제 바로 아래 해설을 배치해
빠르게 복습할 수 있습니다.

09 푸르킨예 현상을 설명한 것 중 옳지 않은 것은?

① 조명이 점차 어두워지면 붉은색 계통이 밝게 보이는 현상이다.
② 명소시에서 암소시로 옮겨갈 때 푸른 계통은 시감도가 높아져 밝게 보인다.
③ 비상구 표시등은 푸르킨예 현상을 응용한 예이다.
④ 어두워지면서 파장이 긴 색이 먼저 사라지고 파장이 짧은 색이 나중에 사라진다.

10 오스트발트 표색계에서 백색량(W)이 "14"이고, 흑색량(B)이 "55"이면 순색량은 얼마인가?

① 100   ② 34
③ 31   ④ 69

11 다음 그림은 누구의 색입체?

12 오스트발트 ②을 때와 회색 바탕에 ... 다음 설명 중 옳은 것은?

① 빨강 바탕의 분홍색이 채도가 낮아 보인다.
② 두 경우 모두 채도가 높아진다.
③ 두 경우 모두 채도의 변화가 없다.
④ 회색 바탕의 분홍색이 채도가 낮아 보인다.

13 다음 배색의 효과에 대한 설명으로 거리가 먼 것은?

① 고명도의 색을 좁게 하고 저명도의 색을 넓게 하면 명시도가 높아 보인다.
② 같은 채도의 색이라도 면적이 작아지면 저채도로 보이고 탁하게 보인다.
③ 같은 명도의 색이라도 면적이 커지면 저명도로 보이고 어둡게 보인다.
④ 고명도, 고채도의 색 계열은 주목성이 높...

14 색의 혼합에 관한 설명으로 잘못된 것은?

① 원색이란 다른 색을 혼합해도 얻을 수 없는 독립된 색으로 3색의 혼합에 의해 여러 가지 색을 만들어 낼 수 있다.
② 주변의 환경적 요인에 의해 실제로 혼합...것처럼 보이는 시각적인 혼합을 중간...라 한다.
③ ...의 3원색을 모두 혼합...정색이 되고, 색료의 3원색을 모두 혼합하면 흰색이 된다.
④ 색료의 3원색을 혼합한 중간색(2차색)은 색광혼합의 3원색과 같다.

15 먼셀 표색계의 대한 설명 중 옳지 않은 것은?

① 명도는 흰색을 맨 위에 두고 검정을 맨 아래에 두어 총 11단계로 구분하고 있다.
② 번호가 증가하면 채도가 높아지지만, 모든 색상의 채도단계는 동일하다.
③ 순색은 한 색상에서 무채색의 포함량이 가장 적은 채도의 색을 말한다.
④ 먼셀의 색 표기법은 'HV/C'로 표기한다.

합격을 다지는 예상문제 1-237

적중률 높은 문제
출제 가능성이 높은 문제만 엄선하여 수록했습니다.

이미지 자료
이해를 돕기 위한 이미지 자료가 준비되어 있습니다.

STEP 01 응시 자격 조건

남녀노소 누구나 응시 가능

STEP 02 원서 접수하기

- http://www.q-net.or.kr에서 접수
- 정기 검정 : 1년에 4회

STEP 03 시험 응시

- 신분증과 수험표 지참
- 60분 동안 지시사항과 문서를 보고 답안 제출

STEP 04 합격자 발표

정기 검정 : 시행일에 맞추어 발표

01 응시 자격

자격 제한 없음

02 원서 접수

필기 : 14,500원, 실기 : 23,700원

(원서 접수 마감일 18시까지 계좌이체 및 카드결제 가능)

03 합격 기준

필기 시험	100점을 만점으로 하여 60점 이상
실기 시험	100점을 만점으로 하여 60점 이상

04 합격자 발표

최종 답안 제출 후 바로 점수 확인 가능

05 자격증 수령

• 상장형 자격증을 원칙으로 하며 수첩형 자격증도 발급
• 자격 취득 사실 확인이 필요한 경우 취득사항확인서 발급

형태	상장형 및 수첩형
신청 절차	공단이 본인 확인용 사진을 보유한 경우, 인터넷 배송 신청 가능(q-net.or.kr)
수수료	• 인터넷 접수 수수료 : 3,100원 • 우편 배송 요금 : 3,010원
수령 방법	• 상장형 자격증은 인터넷을 통해 무료 발급 가능(1회 1종목) • 수첩형 자격증은 우편 배송만 가능 • 신분 미확인자는 공단에 직접 방문하여 수령
신청 접수 기간	합격자 발표 이후

06 필기 출제 기준

출제 기준 상세 보기

• 적용 기간 : 2025.1.1.~2027.12.31.
• 시각 디자인 일반, 컴퓨터 그래픽

비주얼 아이데이션 구상과 전개	• 아이디어 구상 및 전개 • 아이디어 스케치 구상 및 전개 • 비주얼 방향 구상 및 전개
비주얼 아이데이션 적용	• 아이디어 적용 • 아이디어 스케치 적용 • 비주얼 방향 적용
시안 디자인 개발 기초	• 시안 개발계획 수립 • 아트워크 • 베리에이션
시안 디자인 개발 응용	• 시안 개발 응용 • 아트워크 응용 • 베리에이션 좁히기
조색	• 목표색 분석 및 색 혼합 • 조색 검사 및 완성
배색	• 색채계획서 작성 및 배색 조합 • 배색 적용 의도 작성
2D 그래픽 제작	• 2D 이미지 제작 • 2D 이미지 합성 · 보정 • 타이포그래피

PART 01

산업 디자인 일반 2025년부터 제외된 파트, 고득점 얻기 쉬운 파트!

이 파트는 2025년부터 출제 기준에서 제외된 파트입니다. 다만, 변경된 출제 기준으로 시행되는 첫 해이므로 출제 가능성을 완전히 배제할 수 없으므로 이론을 파악하는 정도로 학습하시기 바랍니다.

 PART 02

색채 및 도법 조금은 어려운 과목! 꼼꼼한 학습이 필요!

색채학은 디자인 전반에 걸쳐 상호 연계되어 활용되므로 빠짐없이 이해하면서 학습해야 합니다. 시험문제의 출제 비중은 색채학이 12문제 정도, 도법이 8문제 정도입니다. 도법 부분은 처음 접하면 생소할 수 있지만 기본적인 사항을 이해하고, 암기를 병행하면 충분히 정복할 수 있습니다.

01 색의 기본 원리

14%

빈출 태그 색의 의미, 색의 분류, 색의 3속성, 가시광선, 푸르킨예 현상

02 색의 혼합 및 표시방법

18%

빈출 태그 색의 혼합, 현색계·표색계, 먼셀의 표색계, 오스트발트의 색입체, 관용색명, 일반색명

03 색의 지각과 심리

20%

빈출 태그 색의 대비·동화·잔상·명시도·주목성, 진출과 후퇴, 팽창과 수축색

04 색채조화

14%

빈출 태그 대비조화, 색채조화론, 배색심리, 색채조절

05 제도일반

8%

빈출 태그 제도의 정의와 규격, 제도 문자, 제도 용구, 선의 종류와 용도

06 평면도법

8%

빈출 태그 직선, 각, 다각형에 관한 도법·원과 원호, 타원, 소용돌이, 원추곡선 작도법

07 투상도법

10%

빈출 태그 제3각법, 제1각법, 축측 투상도, 온 단면도

08 투시도법

8%

빈출 태그 부호와 용어, 원리, 소점에 의한 투시

 PART 03

디자인재료 2025년부터 제외된 파트, 적은 빈도수!

이 파트는 2025년부터 출제 기준에서 제외된 파트입니다. 다만, 변경된 출제 기준으로 시행되는 첫 해이므로 출제 가능성을 완전히 배제할 수 없으므로 이론을 파악하는 정도로 학습하시기 바랍니다.

PART 04 컴퓨터그래픽 비교적 쉽게 점수를 얻을 수 있는 파트, 합격에 유리한 파트

컴퓨터그래픽은 디자이너에게 기본이 되는 과목이므로, 전체 내용을 충분히 이해하고 중요한 부분을 암기해 두어야 합니다. 특히, 출제 비중이 높아지고 있는 디자인과 컴퓨터그래픽, 컴퓨터 응용 디자인 부분을 충분히 학습해 주세요.

01 컴퓨터그래픽 일반
17%
빈출 태그 세대별 주요 소자, 정보 표현 단위, 기억 용량 단위, 극좌표계

02 컴퓨터그래픽의 시스템 구성
17%
빈출 태그 입력 장치, 중앙 처리 장치, ROM, RAM, 필름 레코더

03 디자인과 컴퓨터그래픽
32%
빈출 태그 비트맵/벡터 방식, 컴퓨터그래픽 색상, 앨리어싱/안티앨리어싱

04 컴퓨터 응용 디자인
26%
빈출 태그 포토샵, 일러스트레이터, 모델링의 종류, 셰이딩, 애니메이션

05 기타 컴퓨터에 관한 지식
8%
빈출 태그 하드웨어 관련 지식, 소프트웨어 관련 지식, 인터넷 관련 지식

PART 05 비주얼 아이데이션 2025년부터 새로 추가된 출제 기준!

2025년부터 변경된 출제 기준에 따라 새로 개설된 파트입니다. 비주얼 아이데이션을 구상하고 전개하는 방법, 비주얼 아이데이션을 실제로 구체화하는 적용 방법에 대해 학습하는 파트입니다.

PART 06 시안 디자인 2025년부터 새로 추가된 출제 기준!

2025년부터 변경된 출제 기준에 따라 새로 개설된 파트입니다. 시안 개발 계획과 아트워크, 베리에이션 등 시안 디자인 개발 기초와 응용에 대해 학습하는 파트입니다.

PART 07 2D 그래픽 제작 2025년부터 새로 추가된 출제 기준!

2025년부터 변경된 출제 기준에 따라 새로 개설된 파트입니다. 2D 이미지를 제작하는 것부터 합성하고 보정하는 방법까지 상세하게 학습할 수 있습니다. 타이포그래피에 대한 이론도 출제 가능성이 높습니다. 실기 시험과 밀접하게 연계되어 있는 파트이므로 집중해서 학습하시는 것이 좋겠습니다.

CBT 시험 가이드

CBT란?

CBT는 시험지와 필기구로 응시하는 일반 필기시험과 달리, 컴퓨터 화면으로 시험 문제를 확인하고 그에 따른 정답을 클릭하면 네트워크를 통하여 감독자 PC에 자동으로 수험자의 답안이 저장되는 방식의 시험입니다.

오른쪽 QR코드를 스캔해서 큐넷 CBT를 체험해 보세요!

큐넷 CBT
체험하기

CBT 필기시험 진행 방식

본인 좌석
확인 후 착석
➡
수험자
정보 확인
➡
화면 안내에
따라 진행
➡
검토 후
최종 답안 제출
➡
퇴실

CBT 응시 유의사항

- 수험자마다 문제가 모두 달라요. 문제은행에서 자동 출제됩니다!
- 답지는 따로 없어요!
- 문제를 다 풀면, 반드시 '제출' 버튼을 눌러야만 시험이 종료되어요!
- 시험 종료 안내방송이 따로 없어요.

FAQ

Q CBT 시험이 처음이에요! 시험 당일에는 어떤 것들을 준비해야 좋을까요?

A 시험 20분 전 도착을 목표로 출발하고 시험장에는 주차할 자리가 마땅하지 않은 경우가 많으므로, 대중교통을 이용하는 것을 추천합니다. 무사히 시험 장소에 도착했다면 수험자 입장 시간에 늦지 않게 시험실에 입실하고, 자신의 자리를 확인한 뒤 착석하세요.

Q 기존보다 더 어려워졌을까요?

A 시험 자체의 난이도 차이는 없지만, 랜덤으로 출제되는 CBT 시험 특성상 경우에 따라 유독 어려운 문제가 많이 출제될 수는 있습니다. 이러한 돌발 상황에 대비하기 위해 이기적 CBT 온라인 문제집으로 실제 시험과 동일한 환경에서 미리 연습해두세요.

CBT 진행 순서

좌석번호 확인
수험자 접속 대기 화면에서 본인의 좌석번호를 확인합니다.

⬇

수험자 정보 확인
시험 감독관이 수험자의 신분을 확인하는 단계입니다.
신분 확인이 끝나면 시험이 시작됩니다.

⬇

안내사항
시험 안내사항을 확인하고, 다음을 클릭합니다.

⬇

유의사항
시험과 관련된 유의사항을 확인합니다.

⬇

문제풀이 메뉴 설명
시험을 볼 때 필요한 메뉴에 대한 설명을 확인합니다.
메뉴를 이용해 글자 크기와 화면 배치를 조정할 수 있습니다.
남은 시간을 확인하며 답을 표기하고, 필요한 경우 아래의 계산기를 이용할 수 있습니다.

⬇

문제풀이 연습
시험 보기 전, 연습을 해 보는 단계입니다.
직접 시험 메뉴화면을 클릭하며, CBT가 어떻게 진행되는지 확인합니다.

⬇

시험 준비 완료
문제풀이 연습을 모두 마친 후 [시험 준비 완료] 버튼을 클릭하면 시험 감독관의 지시에 따라 시험이 시작됩니다.

⬇

시험 시작
시험이 시작되었습니다. 수험자는 제한 시간에 맞추어 문제풀이를 시작합니다.

⬇

답안 제출
시험을 완료하면 [답안 제출] 버튼을 클릭합니다. 답안을 수정하기 위해 시험화면으로 돌아가고 싶으면 [아니오] 버튼을 클릭합니다.

⬇

답안 제출 최종 확인
답안 제출 메뉴에서 [예] 버튼을 클릭하면, 수험자의 실수를 방지하기 위해 한 번 더 주의 문구가 나타납니다. 완벽히 시험 문제 풀이가 끝났다면 [예] 버튼을 클릭하여 최종 제출합니다.

⬇

합격 발표
CBT 시험이 모두 종료되면, 퇴실할 수 있습니다.

이제 완벽하게 CBT 필기시험에 대해 이해하셨나요?
그렇다면 이기적이 준비한 CBT 온라인 문제집으로 학습해 보세요!

이기적 온라인 문제집 : https://cbt.youngjin.com

이기적 CBT
바로가기

Q 필기시험에 합격한 이후 언제까지 필기시험이 면제되나요?

A 국가기술자격법 시행령 제21조 제1항의 근거에 의거 필기시험 면제 기간은 당회 필기시험 합격자 발표일로부터 2년간입니다. 2년 안에 합격할 때까지 횟수에 제한 없이 실기시험에 응시할 수 있습니다.

Q 과목별 과락이 있나요?

A 과락이 없습니다. 100점 만점에 60점 이상이면 합격입니다.

Q 원서 접수 시 유의해야 할 사항이 있나요?

A • 원서 접수는 온라인(인터넷)에서만 가능하며, 스마트폰이나 태블릿 PC 사용자는 모바일 앱 프로그램을 설치한 후 접수 및 취소 · 환불 서비스를 이용할 수 있습니다.
• 수험표 출력은 접수 당일부터 시험 시행일까지 출력 가능(이외 기간은 조회 불가)합니다. 출력 장애 등을 대비하여 사전에 출력 후 보관하시기 바랍니다.
• 수험 일시와 장소는 접수 즉시 통보됩니다. 본인이 신청한 수험 장소와 종목이 수험표의 기재 사항과 일치하는지 확인하시기 바랍니다.

Q 기능사 필기 시험은 CBT 방식으로 진행된다고 하는데 CBT란 무엇인가요?

A • CBT 시험이란 인쇄물 기반 시험과 달리 컴퓨터 화면에 시험문제가 표시되어 응시자가 마우스를 통해 문제를 풀어나가는 컴퓨터 기반의 시험을 말합니다. 전산으로 진행하여, 최종 답안 제출 시 바로 점수 확인 후 퇴실할 수 있습니다.
• 큐넷 홈페이지에서 CBT 방식을 미리 체험해 볼 수 있으며, 시험 시작 전 CBT 시험 방식이 안내됩니다.

Q 수험자가 직접 시험장을 선택할 수 있나요?

A 수험자가 직접 시험 볼 지역과 시험장을 선택할 수 있습니다.

Q 필기시험 당일 준비물은 무엇인가요?

A 신분증과 수험표를 준비하시면 됩니다.

Q 신분증으로 인정되는 것은 무엇이 있나요?

A • 시험에 응시할 때는 신분증이 필요합니다. 신분증으로는 주민등록증, 운전면허증, 공무원증, 장애인등록증, 국가유공자증 등이 가능합니다.
• 초 · 중 · 고 및 만 18세 이하인 자는 학생증, 신분확인증명서, 청소년증, 국가자격증 등이 신분증으로 인정됩니다.

※시험의 일반 사항에 관한 내용은 언제든지 변경될 수 있으니 한국산업인력공단(www.q-net.or.kr/)에서 최종 확인하시기 바랍니다.

컴퓨터그래픽 기술은 현대 사회에서 빠르게 발전하고 있는 분야로, 영상뿐만 아니라 웹 디자인, 엔터테인먼트, 가상현실, 게임 그래픽 등 다양한 분야에서 큰 역할을 담당하고 있습니다. 이처럼 다양한 디자인 분야로 나아가고자 하는 분들이 전문성을 인정받기 위해 취득해야 하는 기본 자격증이 '컴퓨터그래픽기능사'라 할 수 있습니다. 이 교재는 컴퓨터그래픽기능사 과목의 필기를 처음 공부하시는 분들을 위해 다양한 이미지와 자세한 설명을 바탕으로 한 도서로, 필수적인 지식과 핵심 개념을 익혀 이론적 이해와 함께 문제 해결 능력도 향상시킬 수 있도록 구성하였습니다. 다양한 이론 연계 문제와 출제 예상 문제, 그리고 상세한 해설을 통해 실전 시험에 대비하여 초보자도 쉽게 합격할 수 있도록 도와드리고자 합니다.

무엇보다 컴퓨터그래픽기능사 필기 시험에서 자주 출제되는 문제들을 분석하여 제공해 드리므로 출제 경향과 유사한 문제들을 체계적으로 학습할 수 있습니다. 독자분들이 학습한 내용을 실제 문제에 적용해보며 이론을 복습할 수 있습니다. 많은 기출문제 풀이를 통해 실전 문제에 대한 경험과 자신감을 쌓아 나가시기 바랍니다.

마지막으로 성공적인 시험 준비와 미래에 여러분이 이 분야에서 성장하는 모습을 기대하며, 이 교재가 자격증 취득에 큰 도움이 되기를 진심으로 기원합니다. 감사합니다.

이향아

- 현) 서울사이버대학교 멀티미디어디자인학과 전임교수
- 전) 한국산업인력공단 콘텐츠디자인 자문위원
- 전) 한국디자인 · 공예 교육학회 이사
- 전) 한국디지털디자인협의회 이사

저서
컴퓨터그래픽스운용기능사 필기
포토샵(CS3) 기본+활용
컬러리스트기사/산업기사 필기, 색채학

산업 디자인 일반

디자인의 개념, 기초적인 디자인 요소와 원리를 이해하고 디자인의 역사와 흐름을 통하여 다양한 디자인을 접할 수 있습니다. 마케팅의 원리와 방법, 시각 디자인과 산업 디자인 그리고 실내 디자인까지 디자인의 전반적인 분야를 학습해야 할 파트입니다. 산업 디자인 일반은 어떤 디자인을 하든 아주 기초적이면서 기본적인 내용들을 다루고 있기 때문에 반복적으로 습득하기를 바랍니다. 특히 디자인 요소와 원리, 시각 디자인 부분은 그 비중이 크므로 심도있게 숙지해야 합니다.

CHAPTER 01

디자인의 개요

학습 방향

Chapter 01은 1과목 중에서 출제 비중이 제일 많은 부분으로 디자인의 전반적인 개요와 흐름을 학습할 수 있습니다. 키워드를 중심으로 암기하며 학습해야 합니다.

※ 2025 변경된 출제기준에서 사라진 항목이나, 변경 이후 첫 시행으로 본 기본서에서는 유지하였습니다.

출제빈도

SECTION 01	중	13%
SECTION 02	상	23%
SECTION 03	중	10%

디자인 일반

▶ 합격 강의

01 디자인의 의미와 성립 18년 2회, 11년 1회, 10년 2회

1) 디자인의 의미

- 디자인은 라틴어의 '데지그나레(Designare)'「계획을 기호로 명시하다」에서 유래되었다.
- '계획하다, 지시하다, 표현하다, 성취하다'의 뜻으로 디세뇨(Disegno), 데셍(Dessin) 등과 같은 의미로 사용된다.

좁은 의미	단순한 조형 활동을 뜻함
넓은 의미	계획된 것을 실현시키는 과정과 그 결과를 포함하는 모든 조형 활동을 뜻함
사전적 의미	의장, 도안, 계획, 설계 등 주어진 목적을 조형적으로 실체화하는 것
본질적 의미	실용적이고 미적인 조형의 가시적인 표현

2) 디자인의 목적

- 인간의 행복을 위하여 생활환경을 개선하고 창조하여 삶의 질을 향상시키는 데 있다.
- 인간 생활의 물질적 경제적인 이윤 추구를 위한 수단으로써의 목적이 있다.
- 예술적인 창작, 인간의 장식적인 욕구 충족의 수단으로써의 목적이 있다.

3) 디자인 성립과정 08년 4회/2회

디자인 성립과정은 창조적인 과정과 문제 해결 과정이므로 문제에 대한 정보를 수집하고 평가한다. 또한 제시된 표준에 의해서 평가된 문제 해결이 이루어지며 그에 따른 적합한 해결책이 현실화되는 것이다.

4) 디자인의 4단계 성립과정

디자인 행위를 하는 과정의 성립으로 먼저 새로운 것을 추구하는 욕구 과정에서부터 그것을 표현하고 시각화하는 조형 과정을 거친 다음 구상한 형태를 만들기 위한 재료를 선택하고 결과물을 만드는 과정이 곧 디자인 성립과정이다.

🅑 기적의 TIP

디자인 용어의 사용
1920~1930년대의 근대 디자인 운동 이후이다.

🅑 기적의 TIP

순수예술(Fine Art)과 디자인
순수예술은 순수하게 미(美)만을 추구하는 작업이라고 볼 때 디자인은 기능을 생각하되 시각적으로 아름답고, 인간 생활과 직결되며 인간에게 행복을 가져와야 한다는 것이다.

욕구과정	새로운 것을 추구하는 심리적 욕구 단계
조형과정	욕구에 따라 새로운 형태를 만들어 내는 욕구의 구체화, 시각화 단계
재료과정	구상한 형태를 제작하기 위한 재료의 특성을 파악하는 단계
기술과정	선정된 재료에 기술적 요소를 첨가하여 형태를 구체화하는 단계

02 디자인의 조건 23년 3회, 22년 2회/1회, 21년 2회, …

굿 디자인(Good-Design)은 인간이 요구하고 필요로 하는 조건을 디자인 작업을 통하여 충족시켜 줄 수 있는 것을 말한다. 이러한 디자인 조건으로 합목적성, 심미성, 경제성, 독창성, 질서성이 있다.

합목적성	디자인이 대상과 용도, 목적 등에 맞게 이루어져 있는지를 의미(기능성, 실용성 중시)
심미성	아름다움에 대한 것, 주관적, 감성적인 특징
경제성	경제 원리에 맞는 가격인지를 의미
독창성	타제품과 차별화되고 창조적인 디자인
질서성	위 4가지 조건들의 조화를 의미

▲ 디자인의 5대 조건 (* 굿 디자인의 4대 조건은 합목적성, 심미성, 독창성, 경제성)

1) 합목적성(기능성, 실용성)

- 디자인이 대상과 용도, 목적 등에 맞게 실용성★과 기능성★을 충족시켜야 한다.
- 이성적이고 합리적이며 객관적인 특징을 가진다.
- 원하는 작품의 제작에 있어 실제의 목적에 알맞도록 하는 것이다.
  - 집은 인간이 편안하고, 안락하게 생활할 수 있어야 한다.
  - 의자는 인체 공학적으로 인간에게 가장 기능적인 것으로 기본목적에 합치되어야 한다.
  - 찻잔은 차를 담고 그것을 마시기 위한 필요성과 시각적인 아름다움을 주어야 한다.
  - 포스터는 커뮤니케이션의 목적을 충분히 수행할 수 있어야 한다.

2) 심미성

- 아름다움을 느끼는 미(美)적 의식으로 주관적, 감성적인 특징을 갖는다.
- 디자인에서의 미(美)는 대중에 의하여 보편적으로 공감되는 미(美)이어야 한다.
- 미(美)의식은 시대성, 국제성, 민족성, 사회성, 개인성에 따라서 차이가 있으며 스타일이나 유행과도 밀접하게 관련된다.
- 미(美)의식을 바탕으로 한 심미성은 제품 소재에 따라서 큰 차이를 나타내므로 소재를 찾을 때 가장 먼저 고려해야 할 사항이다.

3) 경제성

- 최소의 인적자산, 물적 자산, 금융자산 등의 경비, 노력으로 최대의 효과를 얻는 것이다.
- 디자인에 있어서도 경제성의 원리가 적용되는데, 디자이너는 재료와 생산 방식에 대한 깊은 지식도 필요하며 자원과 노력의 손실 없이 경제적인 목표를 달성할 수 있어야 한다.

4) 독창성

- 디자인을 하는 태도, 자세, 아이디어가 독창적이어야 한다는 것으로 디자인의 조건 중 핵심 요소이다.
- 독창성은 다른 디자인과의 차별성, 주목성, 특징 등을 통해 얻게 된다. 완전한 창조는 존재하지 않으므로 기존의 디자인을 모방과 개선으로 새롭게 창조하여야 한다.
- 독창성은 최종적으로 제품에 생명을 주는 것으로 디자이너가 지녀야 할 중요한 자질이다. 독창성이 결여된 제품은 디자인으로서의 가치를 잃는다고 볼 수 있다.

5) 질서성

- 굿 디자인의 4대 조건인 합목적성, 심미성, 독창성, 경제성 등이 서로 조화를 이루도록 유지하는 것을 말한다.
- 모든 조건을 하나의 통일체로 하는 것은 질서를 유지하고 세우는 것으로 질서성은 디자인에 있어서 매우 중요한 요소이다.

03 디자인의 분류 및 특징 23년 3회, 22년 2회

- 디자인은 크게 관점과 차원에 의해 분류하며 건축 디자인, 공업 디자인, 상업 디자인 등 3분야로도 분류하기도 한다. 또한 인간, 자연, 사회와의 대응관계를 전제로 분류하기도 하는 등 다양하고 폭넓게 분류할 수 있다.
  - 관점에 의한 분류 : 평면 디자인, 입체 디자인, 공간 디자인
  - 차원에 의한 분류 : 1차원(점, 선), 2차원, 3차원, 4차원
- 오늘날에는 제품, 멀티미디어, 공간, 환경, 패션 등 다양한 분야의 디자인이 융복합되고 서로 조화를 이루어 디자인되고 있다. 또한, 계속해서 새로운 명칭과 함께 새로운 디자인 분야가 생성되고 있다.

구분	시각 디자인	제품 디자인	환경 디자인
2차원 디자인	• 그래픽 디자인 • 편집 디자인 • 광고 디자인 • 타이포그래피 • 레터링 • 일러스트레이션 • CI 작업 • 심볼, 로고 디자인 • 지도 및 통계 도표 • 픽토그램 • 캐릭터 디자인	• 벽지 디자인 • 텍스타일 디자인 (직물 디자인) • 타피스트리 디자인 • 인테리어 패브릭 디자인 (직물)	–
3차원 디자인	• 포장 디자인 • POP 디자인	• 액세서리 디자인 • 패션 디자인 • 가구 디자인 • 공예 디자인 • 전기/전자 제품 디자인 • 주방용품 디자인 • 운송기기 디자인	• 실내(Interior) 디자인 • 점포 디자인 • 디스플레이 • 도시계획 • 조경 디자인 • 스트리트 퍼니처 • 정원 디자인
4차원 디자인	• TV • CF • 애니메이션 • 영상 디자인	–	무대 디자인

04 산업 디자인 영역

산업 디자인은 크게 시각 디자인, 제품 디자인, 환경 디자인으로 구분된다.

1) 시각 디자인(Visual Design) 15년 4회, 13년 4회

- 시각전달(Visual Communication Design) 디자인, 커뮤니케이션(Communication Design) 디자인 등으로 쓰이고 있다.
- 사람과 사람 사이의 기호에 의해 의미를 전달하는 과정이다.
- 넓은 의미로는 인간과 인간 사이뿐만 아니라 온갖 생물과 생물, 자연과 자연, 인간과 환경, 객체 내에서의 심리적 전달까지도 포함하고 있다.
- 조형적 요소를 바탕으로 시각에 의존하여 정보를 전달하는 디자인 분야이다.
- 다양한 시각 요소들로 구성되며, 평면적인 2차원 디자인이 주류를 이루고 있다.
- 시각 디자인은 일반적으로 그래픽 디자인과도 같은 의미를 가지고 있다.

지시적 기능	신호, 화살표, 글씨, 활자, 통계도안 지도, 패키지
설득적 기능	포스터, 신문 광고, 잡지 광고, DM, 디스플레이, 애니메이션, 광고전단 등
상징적 기능	심볼 마크, 패턴, 일러스트레이션
기록적인 기능	사진, 회화, 영화, TV 등

✅ 개념 체크

1 심볼 마크, 패턴, 일러스트 레이션 등과 같은 시각 디자 인은 설득적 기능과 관련되 어 있다. (O, X)

1 ×

2) 시각 디자인의 분류

① 그래픽 디자인(Graphic Design)

- 주로 인쇄기술에 의하여 복제 양산되는 선전매체의 시각 디자인이다.
- 상업 디자인 중에서도 평면적인 조형 요소가 큰 것이다.
- 포스터 · 신문잡지 광고 · 표지 등의 디자인을 포함하는 경우도 있다.
- 평면상의 점이나 면의 개념으로, 시각적으로 나타내는 도안이나 도형, 이미지 등을 총칭한다.
- 표현적인 의미에서 시각 디자인과 같은 의미로 볼 수 있다.

② 편집 디자인(Editorial Design) 21년 3회, 15년 4회

- 잡지, 신문, 책, 브로슈어, 카탈로그, 팸플릿 등 여러 페이지로 구성된 편집물이다.
- 페이지 디자인에서는 내용을 주로 하는 편집적 요소와 그래픽 디자인을 기초로 하는 조형적 요소로 나뉘며 이를 통합한 시각 표현이 필요하다.
- 요소로는 문자의 조합, 도안, 일러스트레이션, 사진 등을 들 수 있다.
- 편집 디자인의 분야는 북 디자인, 신문 디자인, 잡지 디자인, 사보 디자인, 각종 월간지 디자인, 브로슈어 디자인, 카탈로그 디자인 등이 있다.
- 편집 디자인의 분류는 시트 형태, 스프레드 형태, 서적 형태가 있다.

시트 형태	낱장형식, 안내장, 명함, DM
스프레드 형태	펼치고 접는 형식, 신문, 카탈로그, 팸플릿
서적 형태	제본된 인쇄물, 잡지, 브로슈어, 서적

③ 광고 디자인(Advertising Design)

- 상품이나 서비스에 대한 미적 광고물을 제작하는 디자인으로 많은 사람들의 욕구를 자극하는 상품의 메시지를 광범위하게 전달하는 수단 예술이다.
- 일반적으로 광고매체는 인쇄매체, 전파매체, 설치매체, 기타매체 등으로 나누어지는데 이런 매체를 통한 디자인 작업을 광고 디자인이라고 한다.
- 2차원적 광고 디자인의 종류로는 신문 광고, 잡지 광고, 포스터, 전단지 광고, DM 등이 있다.
- 광고 디자인 요소는 내용적 요소와 조형적 요소로 구분된다.

내용적 요소	카피(Headline, Sub Headline, Copy), 캡션(사진 등의 설명), 슬로건
조형적 요소	그림, 사진, 일러스트레이션, 심볼, 로고, 보더라인(외곽의 선이나 테두리)

기적의 TIP

편집 디자인과 광고 디자인의 차이점
- 편집 디자인 : 여러 페이지로 구성되어 있어 글의 내용이 중요시되는 책자 형태나 신문 등을 말한다.
- 광고 디자인 : 그래픽적인 요소가 편집 디자인보다 더 많이 있어 시각적으로 보여주는 형식으로 되어 있는 광고물이다.

④ 타이포그래피(Typography) 23년 3회, 16년 4회, 11년 1회

- 활자를 통해 정보를 효과적으로 전달하는 것을 말한다.
- 넓은 의미로는 인쇄술을 의미하며, 인쇄를 전제로 한 문자 표현이나 작품을 지칭한다.
- '활자'라는 의미의 타이프(Type)와 '기술법'이라는 의미의 그래피(Graphy)가 합성된 용어이다.
- 기존의 서체를 이용하여 서체의 글꼴, 크기, 행, 단락, 그리드 등의 변화를 주어 조형적으로 보이도록 하는 것이다.
- 타이포그래피의 원칙은 언어의 시각화와 기계화에 의한 대량 생산에 있다.
- 주어진 면적 안에서 시각화할 수 있는 정보량을 명료도와 가독성 정도를 고려하여 그 서체의 아름다움이나 내용 표현의 적절성, 표현성을 갖추어야 한다.

⑤ 레터링(Lettering)

- 타이포그래피가 기존의 서체를 이용하는 것과는 달리 레터링은 새로운 글자를 제작하는 것이다.
- 레터링을 하는 것은 차별성을 주기 위해서이며 글자마다 갖고 있는 의미 전달을 쉽게 하기 위해서이다.
- 레터링은 로고 디자인처럼 그 회사를 대표하는 전용 서체를 개발하여 회사의 사인 등에 사용 된다.

⑥ 일러스트레이션(Illustration)

- 그래픽 디자인의 한 분야로 일반적인 의미는 시각정보전달의 기능을 가진 디자인을 뜻한다.
- 편집 디자인이나 광고에 사용되어 내용을 보다 이해하기 쉽게 하는 시각적 요소인 그림들이다.
- 일러스트레이션은 표현양식에 의한 분류와 용도에 의한 분류로 구분된다.

표현양식에 의한 분류	추상적인 일러스트레이션, 구상적인 일러스트레이션, 반 구상적 일러스트레이션, 초현실적인 일러스트레이션
용도에 의한 분류	광고 일러스트레이션, 패션 일러스트레이션, 표지 일러스트레이션, 편집을 위한 일러스트레이션, 과학 일러스트레이션, 산업 일러스트레이션 등

- 대표적으로 풍자 성격의 카툰(Cartoon)과 캐리커처(Caricature), 대상의 특징을 상징적으로 표현하는 캐릭터(Character) 등이 있다.

카툰(Cartoon)	시사적인 내용을 풍자와 유머를 담아 그린 만화를 통칭
캐리커쳐(Caricature)	이탈리어의 '과장하다'에서 유래되어, 주로 인물을 소재로 유머와 익살스럽게 과장하여 표현
캐릭터(Character)	• 애니메이션 · 영화 · 컴퓨터 게임 등에서 등장인물의 외견이나 이미지를 표현 • 올림픽, 월드컵, 단체, 기업, 행사 등에서 시각적인 상징물로 사용 • 문구, 동화책, 만화, 애니메이션 등 상업적인 것 등 사용범위가 넓음
컷(Cut)	글의 내용을 설명하기 위한 간단한 그림으로 잡지, 신문, 카탈로그, 교과서 등에 사용

⑦ CI(Corporate Identity) 21년 3회, 19년 1회, 18년 3회, 16년 3회, 15년 1회, 14년 5회

- Corporate Identity의 약자로 기업 이미지를 통일시키는 작업이다.
- CIP(Corporate Identity Program)라고도 한다.
- CI는 내적인 요소와 외적인 요소로 분류된다.

내적인 요소	기업의 이념, 경영 이념, 마케팅 환경 등 총체적인 것
외적인 요소	시각적인 통일성을 만드는 작업

- CI의 궁극적인 목표는 기업 이미지를 통일시켜 기업의 이미지 상승과 이윤 추구에 있다.
- 주요 요소로는 행동양식의 통일성, 정신적 통일성, 시각적인 통일성 등을 들 수 있다.
- CI의 구성요소는 기본 시스템(Basic System)과 응용 시스템(Application System)이 있다.

기본 시스템 (Basic System)	심볼 마크, 로고타입, 시그니처, 캐릭터, 그래픽모티브, 픽토그램, 전용 색상 · 서체 · 문양
응용 시스템 (Application System)	회사의 깃발, 사인류, 패키지류, 유니폼류, 각종 서식류 등

- CI의 3대 기본요소는 VI(Visual Identity), BI(Behavior Identity), MI(Mind Identity)이다.

VI(Visual Identity)	기업이나 회사의 시각적인 통일화
BI(Behavior Identity)	기업과 사원의 행동의 통일화
MI(Mind Identity)	기업 주체성의 통일화

⑧ 심볼 디자인, 로고 디자인(Symbol, Logo Design)

- 특정한 목적성을 가진 표상으로 단체를 대변하는 얼굴이라고 할 수 있다.
- 기업 · 회사 · 단체 등의 이념이나 방침을 도형, 기호, 문자 등을 통해 시각적 · 그래픽적으로 표현하여 쉽게 인지할 수 있도록 하는 것에 그 목적이 있다.
- 기업의 이미지(시각적 특징) 통합을 광고매체를 이용하여 불특정 다수의 사람들에게 표현하므로 상징성을 우선적으로 고려하여 디자인해야 한다.

- 심볼이 가져야 할 특징
  - 확대, 축소해도 느낌이 변하지 않아야 한다.
  - 도형과 바탕의 관계에서 균형이 유지되어야 한다.
  - 문자와의 관계를 생각하여 각종 서체와 어우러질 수 있어야 한다.
- 심볼 디자인의 분류

코퍼레이트	마크 회사를 상징하는 마크
트레이드 마크	상표로 상품을 알리는 로고
픽토그램	• 그림 문자로서 그림으로 장소나 행동을 알리는 표시 • 일명 아이소타입(ISOTYPE)
케어 마크	주의 기호로 포장지 등에 취급 주의 표시
픽토그래프	픽토그램의 일종으로 통계자료를 그래프화한 것
로고타입	기업, 회사의 이름
시그니처	심볼 마크와 로고타입의 여러 조합 형태
엠블럼	일정 기간에 사용되는 캠페인 등의 상징성 있는 휘장

⑨ 포장 디자인(Package Design) 23년 1회, 22년 3회/1회, 21년 3회, 20년 2회, 18년 1회, 16년 4회, …

- 포장 디자인은 상품을 안전하게 보호하는 기능이 우선시 되어야 한다.
- 소비자에게 상품을 알리고 구매의욕을 증가시키는 입체 디자인 분야이다.

 더 알기 TIP

포장 디자인의 조건
- 제품의 정보나 성격을 정확히 전달하여야 한다.
- 제품의 형태나 크기에 대한 배려가 있어야 한다.
- 경쟁상품과 차별화되어야 한다.
- 유통 시 취급과 보관이 용이해야 한다.
- 심미적으로 구매의욕을 높여야 한다.

- 포장 디자인은 상품의 가치를 판단하는 중요한 요소로 보존성, 편리성, 심미성, 상품성, 구매의욕, 재활용성 등이 요구된다.

보호보존성	포장의 가장 기본적인 기능으로 제품을 보호해야 함
편리성	모든 상품은 운반과 적재가 용이하도록 구조가 간단하여야 함
심미성	제품의 용도에 맞는 적절한 아름다움이 있어야 함
상품성	상품이나 제품이 가지고 있는 성격을 잘 표현해야 함
구매의욕	소비자들의 시선을 자극시켜 구매의욕을 높일 수 있어야 함
재활용성	환경보존을 위한 재사용, 절감, 재생 부분을 고려하여야 함

⑩ POP 디자인(Point of Purchase) ^{19년 2/1회, 17년 1회}

- 소비자가 구매하는 장소인 매장에서 일어나는 광고 형태로, 구매시점 광고라고도 한다.
- 소비자들이 매장 내에서 제품 구매 동기 부여를 일으켜 제품의 구매를 유도하는 광고물이다.
- 간판, 윈도, 디스플레이, 포스터, 배너, 안내 사인 등이 있다.

⑪ 영상 디자인

- 영상 분야 전반을 포괄한다.
- 사전적 의미는 빛과 그림자를 이용한 영상을 매체로 하는 디자인의 일종이다.
- 무대 디자인, 전광 게시판, 쇼윈도 등에 이용된다.
- 빛을 이용한 홀로그램은 TV, 컴퓨터, 네온사인, 레이저 광선 등처럼 물체에서 날아오는 빛의 파동을 레이저 장치를 통해 재생한 영상으로 광고나 영화 등에서 많이 이용된다.
- 대표적인 영상 디자인 분야로는 영화, TV, 게임, 애니메이션 등이 있다.

3) 제품 디자인(Product Design) ^{22년 2회/1회, 21년 2회, 19년 1회, 17년 2회, …}

제품 디자인은 삶에 필요한 물품 또는 제품을 만들기 위한 목적의식에 의해 만드는 생산품의 디자인을 말한다. 다양한 방법들로 우리 생활에 편의를 주고 있는 제품 디자인은 구조, 재료, 형태의 인자들로 구성된다.

① 제품 디자인의 정의

- 제품 디자인은 일반적으로 생활에 필요한 도구를 디자인하는 것이다.
- 삶에 필요한 물품 또는 제품을 만들기 위한 목적의식을 갖은 인간에 의해 탄생되었다.
- 사용자의 욕구를 충족시키기 위한 편리성과 실용성을 목적으로 하는 디자인이다.
- 대량 생산에 의한 제품 및 기능성과 심미성을 갖춘 공업 디자인이다.

좁은 의미	공예 또는 공업제품의 형태와 색채, 질감, 재료 등의 연구로 제품의 조형성을 향상시키는 것
넓은 의미	기술적, 기능적, 심미적, 경제적, 환경적인 면을 고려하여 제품의 가치를 높이는 종합적인 활동

② 제품 디자인의 조건

- 제품 디자인은 해당 제품의 목표와 범위, 기능과 디자인, 시장성, 사용자, 조형적인 특성 조직 및 예산 등이 효과적이고 합리적으로 진행될 수 있도록 계획되어야 한다.
- 제품 사용 시에 요구되는 물리적, 생리적, 심리적, 사회적인 기능까지 고려되어야 한다.
- 기능성, 심미성, 독창성, 경제성, 안전성 등의 조건들이 서로 조화를 이룰 때 가장 좋은 제품 디자인이 될 수 있다.

③ 제품 디자인의 특징 21년 2회, 19년 3회, 16년 4회

- 과학, 기술, 인간, 환경 등이 공존하는 분야이다.
- 생산 가능한 형태, 구조, 재료 등을 잘 선택한 설계여야 한다.
- 인간과 자연의 매개 역할로써 구조적 장비이다.

④ 제품 디자인의 분류

생산 수단에 의한 분류	• 공예 : 수공예, 산업공예, 생산공예 • 공업 디자인 　– 소비자제품 : 가전, 레저, 완구, 가구 등 　– 공공 · 사무용품 : 사무기기, 의료기기, 통신기기 등 　– 운송 : 교통설비, 자동차, 철도 차량, 선박, 항공기 등 　– 환경설비 : 교통 부대 설비물, 옥내 외 공공환경 설비물
도구적 장비의 성격에 의한 분류	가구, 의복, 액세서리, 도자기, 직물, 목공, 철공 등이 있음

4) 환경 디자인(Environment Design) 22년 1회, 21년 3회, 18년 4회, 12년 4회, …

디자인 전반에 있어서 환경적인 문제 인식을 갖고 인간의 생활환경과 자연과의 조화, 사회와 자연을 맺는 환경적인 장비를 통하여 쾌적하고 윤택한 환경 조성을 목적으로 하는 모든 디자인 분야를 포괄하는 상위 개념이다. 환경 디자인은 건축 디자인, 옥외 디자인, 인테리어 디자인, 산업 디자인, 조경 디자인 등을 통합한 디자인 개념으로 주변 환경과의 질서, 통합, 조화를 강조한다.

① 환경 디자인의 역할

- 자연을 보호, 보전하여 공해, 재해로부터 인간을 보호한다.
- 인공 구조물을 관리, 유지하여 사회와 개인의 질서를 유지한다.
- 환경을 편리하고 아름답게 꾸며 생활을 풍요롭고 쾌적하게 한다.

② 환경 디자인의 조건

- 자연미+인공미+조화
- 문화유산의 보존과 계승
- 자연의 보호와 보존
- 도로, 교량의 배치와 산업 교통 효과도 고려
- 공공 기관의 시설, 공간 등을 기능적으로 배치

✔ 개념 체크

1 제품 디자인은 (　　), 기술, (　　), 환경 등이 공존하는 분야이며, 인간과 자연의 매개 역할로써 구조적 장비라 할 수 있다.

2 환경 디자인의 조건으로 공공 기관의 시설, 공간 등을 기능적으로 배치하는 것, 자연의 보호와 보존 등이 포함된다. (O, X)

1 과학, 인간 2 ○

③ 환경 디자인의 분야

• 도시 디자인
  – 1960년대 미국에서 도시계획이라는 분야에서 시작하였다.
  – 기존 도시의 설계가 건축, 토목, 행정관에서 이루어졌다면, 환경 디자인적으로서의 도시 디자인은 복잡한 구조를 가지는 도시 전체를 디자인적 측면으로 접근하여 환경적인 문제 인식으로 계획, 설계한다.

• 실내 디자인(Interior Design) 22년 2회, 21년 1회, 15년 4회
  – 건축물의 내부 공간을 용도와 인간의 생활 목적에 따라 기능적 · 정서적인 충족이 되도록 한다.
  – 안전하고 편리하며 쾌적하게 하여 보다 능률적인 공간이 되도록 계획 · 설계하는 작업이다.
  – 실내 디자인의 내부 공간은 현실적이고 실질적인 생활 공간을 의미한다.

• 디스플레이 디자인(Display Design) 13년 3회
  – 상품 진열장이나 진열실, 전람회장 등 특정 계획과 목적에 따라 상품과 작품을 전시하는 기술, 평면적인 진열뿐만 아니라 전시용의 방이나 건물의 설계까지를 포함한다.
  – PR 활동의 일환으로서 소비자에게 상품을 선전하고 혹은 판매할 목적으로, 쇼윈도나 매장 등의 일정 공간 내에 효과적 · 미적으로 상품을 진열하기 위한 디자인이다.

• 스트리트 퍼니처(Street Furniture)
  – '거리'와 '가구'의 합성어로 공원, 광장 등에 설치된 의자, 휴지통, 재떨이, 수도, 전화박스, 안내판, 공중화장실 등의 시설을 스트리트 퍼니처라고 한다.
  – 기능, 편리, 심미적 측면뿐만 아니라 경제성, 견고성, 안전성, 호환성, 안락성 등을 고려해서 디자인해야 한다.

• 슈퍼 그래픽(Super Graphic)
  – 1960년대 후반부터 건축 벽면 전체의 사인이나 건축 외벽 전체의 그래픽 디자인이 등장했다.
  – 내부 공간에서도 문자나 화살표 등의 방향을 벽면에 나타내기도 하는 디자인이 전개되었다.
  – 슈퍼 그래픽은 지하철 벽면이나 학교의 담, 건물의 외벽 및 내부 벽면에 그래픽적 요소를 사용하여 표현하고 있다.

01 디자인(Design)이란 단어의 어원은?

① 구성(Composition)
② 데지그나레(Designare)
③ 욕구(Desire)
④ 편집(Edit)

디자인의 유래는 라틴어의 '데지그나레(Designare)'에서 유래되었고, 그 뜻은 '계획, 설계하다'라는 뜻이다.

02 디자인의 궁극적인 목적을 가장 바르게 기술한 것은?

① 용도나 기능을 목표로 하는 생산행위에 목적이 있다.
② 인간의 행복을 위한 물질적 생활환경의 개선 및 창조를 목적으로 한다.
③ 대중의 미의식보다는 개인의 취향을 전제로 디자인하는 데 목적이 있다.
④ 경제 발달을 목적으로 한다.

디자인의 궁극적인 목적은 경제적, 예술적인 창작, 장식적인 수단에 있는 것이 아니라 인간의 행복을 위하여 물질적인 생활환경을 개선하고 창조하여 인간의 삶의 질을 향상하는 데 있다.

오답 피하기
디자인의 궁극적인 목적은 '인간, 행복, 창조'가 자동으로 따라온다. 가장 넓은 범위의 디자인 개념이다.

03 다음 설명에 해당하는 디자인의 조건은?

> 포스터는 정보를 전달하기 위하여 제작되고, 의자는 휴식이나 어떤 작업을 위하여 형태를 구성하고 있으며, 집은 사람이 살기 위하여 존재한다.

① 심미성
② 합목적성
③ 독창성
④ 경제성

합목적성은 실용성과 기능성을 말하며, 어떤 디자인이든 그 본래의 기능을 설명하고 있다.

오답 피하기
포스터는 작품의 제작에 있어 실제의 목적에 알맞게 하는 것으로 기능과 실용성을 말하고 있다.

04 디자인의 심미성을 성립시키는 미의식에 대한 설명으로 틀린 것은?

① 매우 주관적인 것으로 개개인에 따라 차이가 있다.
② 시대나 국가, 민족에 따라 공통의 미의식이 있다.
③ 디자인할 때 모든 사람의 미의식이 일치되도록 해야 한다.
④ 스타일이나 색의 유행 등도 대중이 공통적으로 느끼는 미의식이라 할 수 있다.

디자인에서의 미(美)는 개인차보다는 대중에 의하여 공감되는 미(美)이어야 한다. 하지만 모든 사람들의 미의식을 맞춘다는 것은 불가능한 일이다.

05 다음 중 디자인의 조건과 거리가 먼 것은?

① 합목적성
② 보편성
③ 경제성
④ 심미성

디자인 조건은 합목적성, 심미성, 경제성, 독창성, 질서성이 있다.

오답 피하기

보편성은 디자인 조건에 들지 않으며, 독창성이 있어야 한다.

06 시각 디자인의 커뮤니케이션 기능별 분류 중 거리가 먼 것은?

① 지시적 기능
② 설득적 기능
③ 상징적 기능
④ 심미적 기능

- 지시적 기능을 갖는 것 : 신호, 화살표, 글씨, 활자, 통계도안 지도, 패키지
- 설득적 기능을 갖는 것 : 포스터, 신문 광고, 잡지 광고, DM, 디스플레이, 애니메이션, 광고전단 등
- 상징적 기능을 갖는 것 : 심볼마크, 패턴, 일러스트레이션
- 기록인 기능을 갖는 것 : 사진, 회화, 영화, TV 등

오답 피하기

심미적이라는 것은 사람마다 느낄 수 있는 부분이 다르기 때문에 시각 디자인의 커뮤니케이션 기능과는 거리가 멀다.

07 굿 디자인(Good Design)의 조건이 아닌 것은?

① 합목적성
② 심미성
③ 종합성
④ 독창성

굿 디자인(Good-Design)은 인간이 요구하고 필요로 하는 조건을 디자인 작업을 통하여 충족시켜 줄 수 있는 것을 말한다. 굿 디자인의 조건으로는 합목적성, 심미성, 경제성, 독창성, 질서성이 있다.

오답 피하기

굿 디자인에 포함되지 않는 것에는 시장성, 종합성, 보편성, 욕구성, 모방성, 복합성 등이 있다.

08 다음 디자인 조건 중 기능성과 실용성이 중요시되는 것은?

① 합목적성
② 경제성
③ 심미성
④ 독창성

합목적성은 디자인이 대상과 용도, 목적 등에 맞게 실용성과 기능성을 충족시켜야 한다.

09 다음 중 환경 디자인과 거리가 먼 것은?

① 도시계획
② 실내계획
③ 조경설계
④ 제품설계

환경 디자인은 건축디자인, 옥외 디자인, 인테리어 디자인, 산업 디자인, 조경 디자인 등을 통합한 디자인 개념으로 주변 환경과의 질서, 통합, 조화를 강조한다.

디자인의 요소와 원리

▶ 합격 강의

빈출 태그 디자인의 요소 및 원리 • 형태의 분류 및 특징 • 형태의 심리

01 디자인의 요소 22년 1회, 19년 1회, 13년 1회

- 조형을 이루는 기본 요소이며 내용적인 요소와 형식적인 요소로 분류한다.
- 내용적인 요소는 디자인하는 대상의 목적 · 용도 · 기능 · 의미 등이 있다.
- 형식적인 요소는 형태 · 색 · 질감 등이 있다.
- 기본적인 디자인 원리이며, 개념 요소, 시각 요소, 상관 요소, 실제 요소로도 분류할 수 있다.

개념 요소	점, 선, 면, 입체
시각 요소	형, 형태, 크기, 색, 질감, 빛
상관 요소	방향감, 위치감, 공간감, 중량감
실제 요소	표현재료, 목적기능, 메시지 전달을 위한 대상(의미)

1) 개념 요소(Conceptual Element)

존재하지는 않지만 존재하는 것처럼 보이는 것으로 점 · 선 · 면 · 입체 등이 개념 요소이다.

① 점(Point) 21년 3회, 17년 2회, 11년 1회

- 조형 요소 중 형태를 지각하는 최소의 단위이다.
- 점의 크기는 일정하지 않고 위치만 존재한다.
- 점은 선의 양끝(한계), 선의 교차, 선의 굴절, 면과 선의 교차에서 나타난다.
- 같은 크기의 점이라도 놓이는 면 또는 공간의 넓이에 따라 면 또는 점이 된다. 일반적으로 점은 원형이나 3각형, 4각형 또는 그 밖의 불규칙한 형이라도 그것이 작으면 점으로 보인다.
- 입체의 크기도 작다면 점으로 지각된다.
- 점이 크면 면이 된다.

▲ 사각형 안의 작은 원

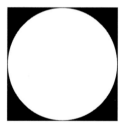
▲ 사각형 안의 큰 원

🅑 기적의 TIP

조형 요소
형태를 만들기 위해 이용되는 기본 요소들을 말한다(점, 선, 면, 형태, 색, 질감, 양감).
- **레오나르도 다빈치**
  "미술은 점, 선, 면, 입체 4가지 요소로 이루어진다."
- **바실리 칸딘스키**
  "미술은 점, 선, 면 3가지 요소로 이루어진다."

✓ 개념 체크

1 조형 요소 중 형태를 지각하는 최소의 단위로, 선의 양끝(한계) · 교차 · 굴절, 면과 선의 교차에서 나타나는 것을 점이라고 한다. (O, X)

1 ○

② 선(Line) _{23년 2회/1회, 21년 3회, 20년 2회, …}

- 점이 이동하면서 이루는 흔적이나 궤적을 말한다.
- 기하학에서는 무수히 많은 점들의 집합을 선이라 한다.
- 선은 길이·위치·방향을 가지고 두께나 폭은 없다.
- 두께를 가지면 입체가 되고 폭이 있거나 이동하면 면이 된다.
- 선의 주체 요소로는 운동의 속도·운동의 강약·운동의 방향 등이 있다.
- 직선·곡선·절선으로 구분된다.

직선	수평선, 수직선, 사선, 기하학적인 선
곡선	• 각지지 않고 부드럽게 구부러진 선 • 우아, 매력, 복잡의 상징으로, 여성적인 섬세함과 동적인 표정
절선(꺾은선)	여러 가지 길이와 방향을 가진 선분들을 차례로 이은 선
소극적인 선	면의 한계나 교차에서 생기는 선
적극적인 선	점과 점이 이어지는 선

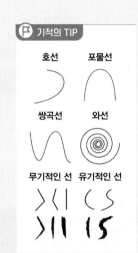

기적의 TIP

호선　　포물선

쌍곡선　　와선

무기적인 선　유기적인 선

직선	수평선	평온, 평화, 정지, 무한함, 정적인 느낌
	수직선	강직, 엄숙, 존엄, 희망, 상승, 권위, 숭고한 느낌
	사선(대각선)	• 동적이고 불안정한 느낌을 주지만 사용에 따라 강한 표현을 나타냄 • 생동감, 긴장감, 운동감, 속도감, 불안한 느낌
	기하학적인 선 (무기적인선)	딱딱하고, 기계적이며, 긴장감을 줌
곡선	호선	활등 모양으로 굽은 선. 유연한 느낌
	포물선	물체가 반원 모양을 그리며 날아가는 선. 힘의 균제(속도감)
	쌍곡선	한 평면 위에서 두 정점에서의 거리의 차가 일정한 점의 자취로 나타나는 곡선. 균형적인 아름다움(균형미)
	와선(나선)	물이 빙빙 돌면서 흐르는 느낌
	자유 곡선	여성적이며, 아름답고, 자유분방하며, 무질서한 느낌
	유기적인 선	물체의 외형을 따라 흐르는 선으로, 부드러우며 자유스러운 느낌

▲ 선의 분류와 느낌

③ 면(Plane) 23년 3회, 19년 1회, 17년 2회, 16년 1회, …

- 물질적인 평면을 뜻하며 물체를 생성하는 기본적인 요소가 된다.
- 평면은 두 개의 수평선과 두 개의 수직선으로 이루어지며 이동하는 선의 자취가 면이다.
- 면은 길이와 넓이가 존재하며 두께는 없다. 두께를 가지면 입체가 된다.
- 면은 질감 · 원근감 · 색으로 구분된다.
- 공간을 구성하는 단위이며 공간 효과를 나타내는 중요한 요소이다.
- 면은 소극적인 면(Negative Plane)과 적극적인 면(Positive Plane)으로 구분된다.

소극적인 면	점의 밀집, 선의 집합
적극적인 면	점의 확대, 선의 이동에 의한 면, 선의 확대

▲ 소극적인 면과 적극적인 면

평면	평면은 곧고 평활한 느낌을 가지며, 간결성을 나타냄 • 수직면 : 고결, 엄숙, 상승, 긴장감 • 수평면 : 정지, 안정감 • 기하직선형 평면 : 질서가 있는 간결함, 확실, 명료, 강함, 신뢰, 안정
곡면	온화하고 유연한 동적인 느낌 • 단곡면(單曲面) : 선이 한 방향으로만 움직여 생긴 곡면(원통면, 원뿔면) • 복곡면(複曲面) : 선이 다른 방향으로 움직여 여러 면으로 생긴 곡면 • 선직면(線織面) : 직선이 어떤 일정한 곡선 위를 운동하여 그려지는 곡면
사면	• 동적인 상태로 불안정한 표정을 주어 공간에 강한 느낌을 나타냄 • 생동감, 긴장감, 운동감, 속도감, 불안함
기하곡면	정지 상태로 이지적인 느낌을 나타냄
자유곡면	자유롭고 풍성한 느낌을 나타냄

▲ 면의 분류와 느낌

④ 입체

- 면이 이동하면 세 개의 면이 더 생겨 하나의 입체가 된다.
- 입체는 위치 · 길이 · 폭을 가지고 있다.
- 입체는 면이 어떠한 각도를 가진 2차원적 방향으로서의 이동과 회전에 의해 만들어진다.

소극적인 입체	이념적인 형으로 크기, 폭 등이 없는 지각될 수 없는 형
적극적인 입체	현실적인 형으로 시각적으로 확실하게 지각될 수 있는 형

기적의 TIP

점, 선, 면, 입체
점이 이동해서 생기는 선을 1차원이라고 하면, 선이 이동해서 생기는 면은 2차원, 면이 이동해서 생기는 입체를 3차원 즉, 공간이라고 할 수 있다.

개념 체크

1 면을 구분하는 두 형태에 대하여 다음 빈칸에 알맞은 말을 쓰시오.

㉠ 소극적인 면 – 점의 (　　), 선의 집합

㉡ 적극적인 면 – 점의 확대, 선의 (　　)에 의한 면, (　　)의 확대

1 ㉠ 밀집, ㉡ 이동, 선

2) 시각 요소 10년 5회

- 우리가 눈으로 보고 느낄 수 있게 만드는 요소를 말한다.
- 시각 요소에는 형 · 형태 · 크기 · 색채 · 질감 · 명암 · 빛 등이 있다.
- 사과를 볼 때 빛이 있기 때문에 볼 수 있는 것이다. 그 빛으로 인해 색채와 명암이 생기며, 사과의 형과 형태를 느낄 수 있고, 크기를 볼 수 있다.

① 형(Shape)과 형태(Form) 23년 1회, 21년 1회, 16년 1회

- 2차원적인 의미의 형과 3차원적인 의미를 가지는 형태가 있다.
- 형(shape)
  - 다른 것과 구분되는 특정한 면을 말한다.
  - 단순히 우리 눈에 보여지는 평면성의 모양이다.
  - 점, 선, 면이 연장되거나 발전, 변화하여 그 안의 밀접한 관계 속에서 이루어진다.
- 형태(form)
  - 일반적인 면적과 모양을 말한다.
  - 일정한 크기, 색채, 질감을 가진 입체적인 모양이다.
  - 형태는 색채와 더불어 물체를 인식하는 시각적인 요소 중에 가장 중요한 요소이다.

형	• 형태의 윤곽으로 시각적, 평면적 • 2차원적인 의미(삼각형, 원형, 사각형, 다각형)
형태	• 크기와 색채, 질감의 요소를 가지는 3차원적인 의미 • 입체적 공간적 구조의 특성으로 분석적, 공간적

▲ 형과 형태

형태	이념적 형태	순수와 추상형태, 점 · 선 · 면 등이 있으며 지각이 불가능함
	현실적 형태	자연적 형태, 인위적 형태로 지각이 가능함

▲ 형과 형태 구분

② 크기(Size)

- 모든 형태는 크기가 있으며 이 크기는 우리가 '큰 것', '작은 것'으로 표현할 수 있다.
- 크기는 측정 단위로 표현되는 비교 개념으로 길이, 폭, 깊이, 높이 등을 갖는다.

③ 색채(Color)

- 빛에 의해서 나타나며 빛은 우리가 볼 수 있는 가시광선★에 의해서 표현된다.
- 색은 빛이 물체에 비추어 반사, 분해, 투과, 굴절, 흡수 등에 의해 구별된다.
- 색은 유채색과 무채색으로 구분된다.

유채색	색의 3속성인 색상, 명도, 채도가 있는 무채색을 제외한 모든 색
무채색	색의 3속성 중 명도만을 가진 색(흰색, 회색, 검정색)

기적의 TIP

형상(Shape)과 형태(Form)
- 평면상의 형을 형상이라 하고, 입체적인 형을 형태라 구분하며, 형상을 2차원, 형태는 3차원의 개념을 가지고 있다.
- 형태 중 가장 동적이며 연속적인 변화를 느끼게 하는 형태는 구형이다.

★ **가시광선**
빛은 자외선, 가시광선, 적외선으로 구분되며 우리가 볼 수 있는 가시광선의 범위는 380nm~780nm이다.

• 색의 3속성은 색상, 명도, 채도이다.

색상	색채요소 중 가장 기본요소이며 다른 색과 구별할 수 있는 성질
명도	색의 밝고 어두운 정도
채도	색의 맑고 탁한 정도, 강함과 약함, 순도

④ 질감(Texture) _{22년 4회, 17년 2회, 15년 4회, 10년 4회}

• 물체의 표면에 가지고 있는 특징으로 시각적 질감과 촉각적 질감으로 구분된다.
• 질감은 빛에 의하여 만들어지므로 명암의 효과에 따라서 다르게 보일 수도 있다.
• 질감은 명도 대비나 시각적 거리감과 함께 표현된다.
• 질감은 무게감과 안정감을 부여하는 기능을 가지고 있다.

시각적인 질감 (2차원)	• 색, 명암 등을 통해 눈으로 느낄 수 있는 질감 • 자연적 질감, 기계적 질감, 장식적 질감
촉각적인 질감 (3차원)	• 눈뿐만 아니라 손으로 만져서 느낄 수 있는 질감 • 매끄러운 질감, 거친 질감, 부드러운 질감

⑤ 명암

• 밝음과 어두움을 나타내는 것으로 명도 단계로 표현된다.
• 명도는 11단계로 나누어 밝은 부분과 중간 부분, 어두운 부분으로 구분된다.
• 명암에 따라 물체의 원근감이나 중량감, 실재감이 표현되며 느끼게 된다.

⑥ 빛

• 빛은 자외선, 적외선, 감마선, X선, 가시광선 등으로 구분된다.
• 인간이 눈으로 볼 수 있는 광선은 가시광선이다.
• 빛은 물체에 반사 · 투과 · 굴절 · 확산 · 간섭 등의 성질을 갖고 있다.
• 빛은 입체의 표면의 질감과 색을 표현한다.
• 빛은 네온사인 · 영화 · 텔레비전 · 멀티스크린 등 아주 밀접한 관계를 갖고 있다.

3) 상관 요소

• 상관 요소란 디자인 요소들끼리 서로 연관이 되어 있는 요소이다.
• 상관 요소들의 상호 관계를 분석하는 것을 관계분석이라고 한다.
• 상관 요소는 방향감 · 위치감 · 공간감 · 중량감 등이 있다.

방향감	그 형태를 보는 사람과 형태를 구성하는 외곽선
위치감	디자인의 구성이나 형태 외곽과의 상호관계에 의해 결정됨
공간감	크기를 가진 형태는 공간을 형성
중량감	시각적인 것이 아니라 심리적인 것으로 가벼움, 무거움, 불안정 등의 감정

✔ 개념 체크

1 질감이란 밝음과 어두움을 나타내는 것으로 이에 따라 물체의 원근감이나 중량감, 실재감이 표현된다. (O, X)

2 디자인 요소들끼리 서로 연관되어 있는 것을 상관 요소라고 하며, 방향감, (   ), 공간감, 중량감 등을 말한다.

1 X 2 위치감

4) 실제 요소

- 디자인을 하는 데 있어서 어떤 형태의 내면이 나타내고 있는 의미성을 말한다.
- 실제 요소는 어떤 디자인이 계획한 목적을 충족시키기 위한 표현의 문제, 기능의 문제, 의미의 문제로 현실적인 요소를 말한다.

표현	어떤 재료를 사용하느냐에 따라서 질감의 표현이 다를 수 있음
기능	어떤 기능을 갖게 디자인을 하느냐 하는 것
의미	디자인의 소정의 메시지를 전달하는 것

02 디자인의 원리 22년 2회/1회, 18년 2회

- 디자인의 목적은 인간의 행복이며 바람직한 삶을 영위할 수 있게 하는 것이며 디자인의 원리는 시각적으로 아름다움을 추구하고자 하는 원리이다.
- 디자인의 원리는 조화, 통일과 변화, 균형, 강조, 대비, 율동 등이 있다.

1) 조화(Harmony) 22년 1회, 21년 2회, 12년 4회

- 색조나 형태 등 조형 요소들이 서로 미묘하게 변화하여 균형을 잡고 있는 상태이다.
- 서로 다른 요소가 한 곳에 치우치지 않고 전체적으로 잘 어울리는 결합이다.
- 여러 요소들이 가진 다양성이 질적·양적으로 아름다운 상태를 만드는 것이다.
- 조화는 전체적인 결합 상태를 말하며 디자인 원리에서 상위 개념에 속한다.
- 두 개 이상의 요소 또는 부분적인 상호 관계에서 서로 배척 없이 통일되어 전체적인 미적 감각을 높이는 형식으로 유사, 대비, 균일, 강약 등이 있다.

유사 조화	• 공통성이 있는 요소들의 조화(통일감) • 서로 비슷한 형태의 모양, 종류, 의미의 기능(친근감, 부드러움) • 단조로워질 수 있으므로 적절한 통일과 변화가 필요함
대비 조화	• 서로 다른 요소들의 조화(극적, 강함, 강조) • 대비조화는 극적이며 강함, 강조, 대립, 긴장의 기능 • 대비가 너무 강하면 조화가 깨질 수 있으므로 적당한 통일감을 주어야 함

2) 통일(Unity)과 변화(Variety) 22년 1회, 10년 2회

① 통일

- 각 요소들에 질서를 주는 것이며 조형적 일관성을 말한다.
- 부분과 부분, 부분과 전체에 규칙을 주어 단일화하며 안정감 있게 하는 것이다.
- 너무 안정감·통일감만을 나타내면 지루하므로 변화를 같이 주어야 한다.
- 통일성을 주는 방법으로 근접, 반복, 연속 등을 들 수 있다.
- 기하학 형태(원, 삼각형, 사각형)는 쉽게 통일성을 갖출 수 있다.

② 변화

- 통일성과 상반된 개념으로 구성 요소들을 서로 다르게 구성하는 것이다.
- 통일성에서 오는 지루함을 없앨 수 있는 원리를 말한다.
- 변화는 시각적으로 자극을 주어 흥미와 재미를 부여할 수 있다.
- 형태에 생동감과 활력을 주고 방향성과 역동성, 불규칙성, 속도감, 공간감을 만들어낸다.

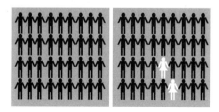

▲ 통일   ▲ 변화

3) 균형(Balance) 22년 1회, 21년 2회, 16년 2회, ⋯

- 안정감을 창조하는 질(Quality)로서 가치가 있다.
- 시각적 무게의 동등한 힘의 분배를 준다.
- 디자인 요소들 간의 긴장감과 안정감을 유지하는 상태를 말한다.
- 균형에는 대칭 · 비대칭 · 비례 등을 들 수 있다.

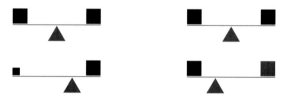

▲ 대칭적 균형과 비대칭적 균형   ▲ 물리적 균형과 시각적 균형

① 대칭(Symmetry) 17년 1회, 11년 1회, 10년 4회

- 선이나 중앙을 기준으로, 양쪽으로 같은 형태가 위치하는 것이다.
- 대칭은 정지 · 안정 · 엄숙 · 경직 · 정적인 느낌을 준다.

선 대칭	하나의 선을 기준으로 상하, 좌우로 대칭을 이루는 것
방사 대칭	• 한 점을 기준으로 일정한 거리로 회전하며 대칭을 이루는 것 • 우아하고 여성적, 상징적이며 화려함
이동 대칭	일정한 규칙에 따라 평행으로 이동했을 때 생기는 형태
확대 대칭	일정한 비율로 확대되면서 대칭을 이룸
역 대칭	점이나 선을 기준으로 반대되는 형태가 대칭을 이루는 것(상하, 좌우 대칭)

▲ 좌우 대칭   ▲ 점 대칭   ▲ 방사 대칭   ▲ 확대 대칭   ▲ 역 대칭

② 비대칭(Asymmetry)

- 서로 다른 요소들이 시각적으로 안정되고 균형을 이루고 있는 대칭을 말한다.
- 대칭보다 개성적이며 감각적으로 느껴져 대칭보다 비대칭적 구도의 활용도가 높다.

③ 비례(Proportion) 22년 2회, 16년 2회

- 요소들 간의 상대적 크기로, 부분과 부분·부분과 전체 사이의 수량적인 관계이다.
- 비례의 종류로는 인체비례·황금비례·모듈·피보나치 수열·등차수열·루트비·금강비례 등이 있다.

인체비례	인체의 각 부분들 간의 관계를 비례로 나타낸 것
황금비례	황금분할, 황금비라고도 하며, 사각형으로 볼 때 '1:1.618'의 비율이 고대 그리스 시대부터 시각미술 속에서 가장 아름답게 보이는 비율
모듈	르 코르뷔지에가 인체의 비례에 기본으로 건축 공간의 기준이 되는 척도로 모듈러(Modulor)라고도 함
피보나치 수열	앞의 두 항을 합하면 다음 항이 되는 수열, 자연이나 식물의 구조에서 번식의 문제로 많이 응용됨 예 1, 1, 2, 3, 5, 8, 13, 21, 34........
등차수열	각 항의 차가 같은 수열 예 1, 3, 5, 7, 9, 11........
루트비	사각형의 한 변을 1로 했을 때 그 대각선의 길이가 $\sqrt{2}$가 되는 비례 예 $\sqrt{2}$, $\sqrt{3}$, $\sqrt{4}$, $\sqrt{5}$, $\sqrt{6}$, $\sqrt{7}$..........
금강비례	루트비례와 같은 1:1.41.... 식의 비례감

🅑 기적의 TIP

황금비례 작도법
한 변의 길이가 1인 정사각형 A, B, C, D에서 선분 BC를 2등분한 점 E에서 선분 ED를 반지름으로 원을 그려 선분 BC와 만나는 점 G, G점을 수직으로 올려 선분 AD와 만나는 점 H 꼭지점 ABGH를 연결한 사각형은 세로 1일 때 가로 1.618로 황금비례가 된다.

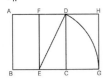

4) 강조와 대비(Contrast)

① 강조 13년 1회

- 일정한 많은 요소들 중 한 가지 요소가 다른 성질로 시각적 힘이 생겨 나타나는 것이다.
- 시각적 힘의 강약에 단계를 주어 각 부분을 구성하면 강조를 나타낼 수 있다.
- 강조를 하기 위해서는 형태·색채·대비·분리·배치 등을 달리하여 나타낼 수 있다.
  - 무성한 나뭇잎들 사이에 핀 꽃
  - 별이 총총한 밤하늘에 뜬 달
  - 평범한 벽에 생긴 갈라진 틈
  - 고층 건물 사이에 자리한 옛 건축물

🅑 기적의 TIP

강조의 효과적인 사용
- 주의를 환기시킬 때
- 단조로움을 덜거나 규칙성을 깨뜨릴 때
- 관심의 초점을 만들거나 움직이는 효과와 흥분을 조성시킬 때

② 대비 13년 1회

- 서로 다른 요소들이 조합에 의해 상반되게 나타나는 현상이다.
- 대립과 긴장 속에 서로를 강조하게 되어 극적인 효과를 나타내게 된다.
- 대비가 크면 클수록 서로의 성격은 뚜렷해진다.
- 대비는 조화보다 훨씬 강렬한 느낌으로 극적인 즐거움이 있다.
- 과도한 이질적인 대비는 전반적인 효과가 반감될 수 있어 절제해서 사용해야 한다.
- 대비에는 형태·크기·색채·질감·방향·위치·공간·중량감의 대비 등이 있다.

5) 율동(Rhythm) 21년 1회, 17년 1회, 16년 2회

- 동일하거나 유사한 요소들이 일정한 규칙과 질서를 갖고 움직였을 때 나타나는 현상이다.
- 청각에 연관되는 하나의 원리이며 통일성을 기본으로 하는 동적인 변화이다.
- 율동에는 반복·교차·방사·점이 등이 있다.

① 반복과 교차

반복과 교차는 포장지·벽지·직물의 패턴 디자인에 많이 이용된다.

반복	어떤 도형이 규칙을 갖고 연속적으로 나타나는 현상
교차	두 개 이상의 도형이 반복해서 이루어지는 것
방사	중심에서 사방으로 뻗어나가는 현상

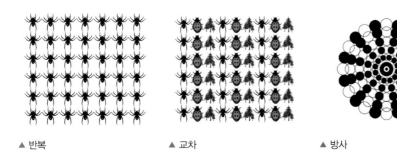

▲ 반복　　　　　　▲ 교차　　　　　　▲ 방사

② 점이 22년 4회, 11년 2회, 10년 2회

- 점증이라고도 하며, 어떤 도형이나 형태가 점점 커지거나 작아지는 현상이나 어떤 색상에서 다른 색상으로 변화되는 현상이다.
- 점이는 다른 말로 그라데이션(Gradation)★이라고 한다.

▲ 그라데이션

★ 그라데이션 (Gradation)
색채나 농담이 밝은 부분에서 어두운 부분으로 점차 옮겨지는 것으로, 농담법이라고도 한다.

✔ 개념 체크

1 다음 중 디자인의 원리로 옳은 것은 ○, 옳지 않은 것은 × 표시하시오.

㉠ 대비 – 대립과 긴장 속에 서로를 강조하게 되어 극적인 효과를 나타내게 된다. (○, X)

㉡ 교차 – 일정한 많은 요소들 중 한 가지 요소가 다른 성질로 시각적 힘이 생겨 나타나는 것이다. (○, X)

㉢ 점이 – 어떤 도형이나 형태가 점점 커지거나 작아지는 현상을 말한다. (○, X)

1 ㉠ ○, ㉡ X, ㉢ ○

03 형태의 분류 및 특징 23년 3회, 21년 1회, 11년 4회/2회, 10년 2회/1회

- 형태는 점·선·면·입체 등과 같이 디자인 요소 중 개념 요소로 구성된다.
- 형태는 순수 형태인 이념적인 형태와, 사람이 만든 모든 사물들을 포함하는 자연 형태·인위 형태인 현실적인 형태로 구분된다.

이념적인 형태	순수 형태(추상 형태)
현실적인 형태	자연 형태, 인위 형태

1) 이념적인 형태

① 순수 형태

- 의도와 계획에 의해 얻어지는 형태와 반대되는 개념이다.
- 대상물의 본질적인 특성을 추출하여 간결화했을 때 나타나는 형태이다.
- 기하학 도형(점, 선, 면 등)과 같이 직접 지각하여 얻지 못하는 것으로, 그 자체만으로 조형이 될 수 없다.

2) 현실적인 형태

① 자연 형태

- 우리가 자연에서 볼 수 있는 형태이다.
- 자연 형태는 디자인에 있어서 형태 연구의 중요한 근원이다.
- 자연적 형태의 종류
  - 무생물의 형태 : 모래, 돌, 산 등 생명이 없는 것
  - 생물의 형태 : 식물, 동물 등 생명이 있는 것

② 인위 형태

- 구, 원기둥, 원뿔과 같이 3차원적인 형태와 구조, 부피를 가진다.
- 반드시 수학적인 법칙과 함께 생기며 뚜렷한 질서를 가지고 있다.
- 규칙적이며 단순 명쾌한 감각을 준다.
- 자연적 형태보다 훨씬 인공적 형태의 특징을 느끼게 한다.

✔ 개념 체크

1 대상물의 본질적인 특성을 추출하여 간결화했을 때 나타나는 형태로, 기하학 도형(점·선·면 등)과 같이 직접 지각하여 얻지 못하고 그 자체만으로 조형이 될 수 없는 것은?
(   )

1 순수 형태(추상 형태)

04 형태 심리

1) 게슈탈트(Gestalt)의 심리 법칙 23년 1회, 22년 3회, 21년 3회, …

- 우리가 어떤 사물을 볼 때 심리적인 원인이 적용되는데 이것은 지각 심리학 영역에서 중요한 법칙인 게슈탈트★ 심리학에서 찾아볼 수 있다.
- 게슈탈트 심리학의 창시자는 베르트하이머(M. Wertheimer)이다.
- 게슈탈트 심리학은 사물을 있는 그대로의 형이나 형태로 지각하지 않고 더욱 단순하고 규칙적이고 대칭적인 것으로 사물이 지각되는 방식에 대한 인간의 시지각에 대한 원리를 게슈탈트의 4가지 법칙으로 이론적인 설명을 하고 있다.

★ 게슈탈트
'형태·형상'을 뜻하는 독일어로 심리학파가 제시한 심리학의 법칙으로 형태 심리학의 중추 개념이다.

근접성의 원리	서로 근접해 있는 것은 하나의 무리를 지어 보임
유사성의 원리	서로 비슷한 것들은 하나의 무리를 지어 보임
연속성의 원리	일정한 흐름을 갖는 것들은 하나의 무리를 지어 보임
폐쇄성의 원리	선이 끊어져 있어도 닫힌 하나의 형태로 보임

🅱 기적의 TIP

크기의 요인, 형태의 요인, 명도의 요인(색상의 요인), 위치의 요인(접근의 요인), 방향의 요인으로 인해 그룹이 형성된다.

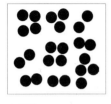   

▲ 근접   ▲ 유사   ▲ 연속   ▲ 폐쇄

2) 지각 항상성

- 어떤 사물을 인지할 때 주변 상황에 따라 그 성질이 달리 보이는 환경에서도 항상 동일하게 인지되는 것을 지각 항상성·항등성·항상현상이라고 한다.
- 지각 항상성에는 크기·형태·방향·위치·색채 항상성 등이 있다.

크기 항상성	크기가 변해도 항상 같은 크기로 인지하는 것
형태 항상성	형태가 변해도 본래의 형태로 인지하는 것
방향 항상성	수직, 수평, 사선 등의 같은 방향으로 인지하는 것
위치 항상성	위치가 변해도 본래의 위치로 인지하는 것
색채 항상성	조명이나 빛에 의해서 색채가 변해도 원래의 색으로 인지하는 것

✅ 개념 체크

1 어떤 사물을 볼 때 심리적인 원인이 적용되는데 이것은 지각 심리학 영역에서 중요한 법칙인 (   ) 심리학에서 찾아볼 수 있다.

1 게슈탈트

3) 착시 22년 1회, 19년 1회, 13년 2회

사물이나 형태 등이 주위의 영향이나 과거의 경험 등으로 인하여 연상·상상에 의해 달리 보이는 현상이다.

① 바탕과 도형의 착시 19년 1회

바탕과 도형 모두 형태가 있어 바탕을 보면 바탕의 형태가 보이고 형태를 보면 형태가 인지되는 현상을 말하며 이를 반전도형이라고 한다.

  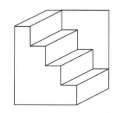

▲ 루빈의 반전도형　　　▲ 반전도형　　　▲ 슈뢰더의 계단 반전 원근 도형

② 면적과 크기의 착시 10년 4회/1회, 04년 1회

같은 크기의 도형이 주위의 영향을 받아서 면적과 크기가 달라 보이는 현상이다.

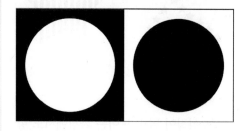

③ 분할의 착시 10년 5회

같은 길이가 분할되었을 때 더 길어 보이는 현상이다.

④ 각도와 방향의 착시

같은 방향을 가진 수평선 위에 각도가 다른 선이 놓이면 그 선의 각도에 영향을 받아 수평선이 수평으로 보이지 않는 현상이다.

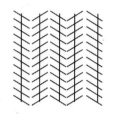 

⑤ 각도의 착시

같은 각을 이루는 것이라도 주위의 각도에 영향을 받아 각이 서로 달라 보이는 현상이다.

⑥ 길이의 착시

같은 길이라도 끝에 추가되는 모양에 따라서 길이가 서로 다르게 보이는 현상이다.

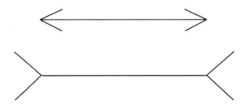

⑦ 수직과 수평의 착시

같은 수직선과 수평선의 길이가 다르게 보이는 현상이며, 면적은 수직면보다 수평면이 넓어 보인다.

⑧ 위 방향 과대시

같은 크기를 위와 아래로 놓았을 때 위에 놓인 형태가 더 커 보이는 현상이다.

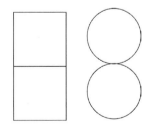

✓ 개념 체크

1 착시 현상 중 같은 길이라도 끝에 추가되는 모양에 따라 그 길이가 서로 다르게 보이는 현상은 '길이의 착시'에 해당한다. (O, X)

1 ○

01 디자인의 요소와 관련이 먼 것은?

① 질감
② 색
③ 형
④ 입체

시각 요소에는 빛, 색채, 명암, 형, 형태, 질감, 크기 등이 있다.

오답 피하기
점, 선, 면, 입체는 개념 요소에 속한다.

02 다음 선의 느낌을 나타낸 것 중 수직선에 대한 느낌으로 가장 알맞은 것은?

① 안정감, 친근감, 평화스러운 느낌
② 엄숙함, 강직함, 긴장감, 존엄한 느낌
③ 움직임, 활동감, 불안정한 느낌
④ 우아하고 부드러운 느낌

선의 느낌에 관한 문제로 ①은 수평선, ③은 사선, ④는 곡선의 느낌을 설명하고 있다.

오답 피하기
직선과 수직선의 개념을 이해해야 한다. 직선이 나오면 그 반대는 곡선이며, 수직선이 나오면 그 반대는 수평선의 개념이다.

03 면에 관한 설명 중 가장 옳은 것은?

① 평면은 곧고 평활한 표정을 가지며, 간결성을 나타낸다.
② 수직면은 동적인 상태로 불안정한 표정을 주어 공간에 강한 표정을 더한다.
③ 수평면은 고결한 느낌을 주고, 긴장감을 높여 준다.
④ 사면은 정지 상태를 주고 안정감을 나타낸다.

• 수직면 : 고결, 엄숙, 상승, 긴장감
• 수평면 : 정지, 안정감
• 곡면 : 온화하고 유연한 동적 표정

04 다음 중 시각적 질감(Visual Texture)의 종류에 속하지 않는 것은?

① 촉각적 질감
② 장식적 질감
③ 자연적 질감
④ 기계적 질감

질감에는 시각적인 질감과 촉각적인 질감으로 구분된다.

오답 피하기
촉각적이란 손으로 만져서 느껴지는 질감이다.

05 다음 중 유사, 대비, 균일, 강약 등이 포함되어 나타내는 디자인의 원리는?

① 통일
② 조화
③ 균형
④ 리듬

통일은 질서, 균형은 무게중심, 리듬은 움직임이라는 키워드를 생각하면서 문제를 해석하면 된다.

오답 피하기
조화는 서로가 어울리는 것으로 비슷한 것(유사), 서로 틀린 것(대비)도 어울린다.

06 다음 중 황금분할의 비로 알맞은 것은?

① 1 : 1.618
② 1 : 1.414
③ 1 : 1.518
④ 1 : 1.418

황금비례는 가장 아름다운 비례로 그 비율은 반드시 암기를 해야 한다.
황금비례 = 1:1.618

정답 01 ④ 02 ② 03 ① 04 ① 05 ② 06 ①

07 디자인의 원리에 대한 설명 중 잘못된 것은?

① 통일감은 다양한 디자인 요소들을 하나로 묶어 준다.
② 대상의 의미나 내용을 강조하는 수단으로 반복이 쓰인다.
③ 디자인이나 회화의 구도를 결정하는 데 황금비가 많이 쓰였다.
④ 각 부분이 동일하고 간격이 일정할 때 강한 리듬감이 생긴다.

어떤 사물이나 도형에게 강한 리듬감을 주려면 크기의 변화나 강약의 변화, 선의 강약 등이 있어야 한다.

오답 피하기
리듬감은 일정할 때 생기는 것이 아니라 서로의 변화를 규칙적으로 줄 때 생긴다.

08 다음 중 이념적 형태에 해당하는 것은?

① 자연 형태
② 인위 형태
③ 현실 형태
④ 순수 형태

형태는 크게 순수 형태인 이념적인 형태(점, 선, 면, 입체)와 자연 형태 및 인위 형태인 현실적인 형태로 구분된다.

오답 피하기
순수 형태라는 개념을 착각하기 쉽다. 순수성을 자연에서 찾으면 안 된다. 자연의 형태는 우리가 볼 수 있는 현실적인 형태이다.

09 게슈탈트(Gestalt)의 시각에 관한 기본 방침이 <u>아닌</u> 것은?

① 근접성 요인
② 방향성 요인
③ 연속성 요인
④ 유사성 요인

• 근접성의 원리 : 서로 근접해 있는 것은 하나의 무리를 지어 보인다.
• 유사성의 원리 : 서로 비슷한 것들은 하나의 무리를 지어 보인다.
• 연속성의 원리 : 일정한 흐름을 갖는 것들은 하나의 무리를 지어 보인다.
• 폐쇄성의 원리 : 선이 끊겨져 있어도 닫힌 하나의 형태로 보인다.

오답 피하기
게슈탈트는 '가까이, 비슷, 계속'이라는 단어를 묶어서 이해하면 쉽게 이해할 수 있다.

10 다음 그림과 관계가 있는 것은?

① 군화의 법칙
② 도형과 바탕의 법칙
③ 객관적 태도의 법칙
④ 공동운명의 법칙

도형과 바탕의 법칙은 바탕과 도형 모두 형태가 있어 바탕을 보면 바탕의 형태가 보이고 도형을 보면 도형이 인지되는 현상을 말한다. 이를 반전 도형이라고도 한다.

11 다음 형태의 분류 중 성격이 <u>다른</u> 하나는?

① 현실적 형태
② 이념적 형태
③ 순수 형태
④ 기하학 형태

이념적 형태, 순수 형태, 기하학 형태는 눈에 보이지 않는 형태로 점, 선, 면, 입체 등이 있다. 현실적 형태는 자연 형태와 인위 형태가 있다.

▶ 합격 강의

디자인사는 근대 디자인사와 현대 디자인사로 구분된다. 디자인사에서는 각 운동에 대한 이해와 흐름을 먼저 파악하고 각 사조의 특징을 파악해야 한다.

근대 디자인사	19세기 후반부터 20세기 중반까지의 디자인 경향
현대 디자인사	20세기 중반부터 현대에 이르기까지의 디자인 경향

01 근대 디자인사

근대라고 부르는 시대는 산업혁명을 거치면서 사회 전반의 변화가 일어난 시대로, 시대의 사회성을 이해해야 한다.

1) 근대 디자인사 11년 1회

① 근대 이전의 디자인 사조

고대	이집트 – 그리스 – 로마
중세	초기 그리스도교 – 비잔틴 – 로마네스크 – 고딕
근세	르네상스 – 바로크 – 로코코
그리스 미술	• 그리스 미술의 큰 특징은 인간을 최대한 존중하고 인간을 중심으로 한 합리성을 추구 • 그리스 미술은 색채를 다양한 부분을 강조하는 방법으로 사용되었으며, 빨강, 노랑, 파랑, 초록 등 원색 계열이 많이 사용됨
로마네스크	• 로마양식과 토착양식이 융합되어 탄생된 최초의 서유럽 양식 • 로마의 아치, 볼트(Vault)를 개량한 것으로 장중한 미를 가지고 단순미와 최소한의 장식을 사용 • 교회의 창문은 작고 실내가 어두우며 조각도 신비스러운 표현이 많음
중세 고딕 양식	• 일반적으로 수직선을 강조하는 디자인으로 종교적 분위기를 표현 • 실내는 기능적이고 정직하며, 화려하고 경건하며 색상이 밝은 여러 색상을 사용 • 대표적인 건물로 대성당 등이 있으며, 내부가 복잡한 건물은 스테인드글라스를 이용하여 화려함을 강조
바로크	• 17, 18세기 유럽의 상업발달로 인해 생겨난 새로운 양식으로 르네상스 양식이 이성적인 반면 바로크는 감성적이며, 사람을 주관으로 관찰 대상으로 하여 해답을 구하고자 함 • 명암의 대조 · 단순과 복잡성의 대조 등 대조적인 효과와 동적이고 극적인 효과를 실내에 적용하여 공간의 볼륨감을 풍부하게 함
로코코	• 18세기 유럽에서 유행하던 양식으로 곡선적인 선을 선호 • 양식은 직선이나 직각을 피하고 원형의 곡선, S자 형태의 곡선, 비대칭 장식, 이국적인 정취 등을 특징으로 함

✓ 개념 체크

1 근대 이전의 디자인 사조에 해당하며 일반적으로 수직선을 강조하고 종교적 분위기를 표현하는 양식은 '바로크'와 관련 있다. (O, X)

1 ×

② 근대 디자인의 흐름

근대 디자인사는 19세기 말부터 20세기 중반까지의 다양한 디자인 경향이다.

운동	국가	특징	창시자 / 대표 작가
미술공예운동	영국	수공예운동	윌리엄 모리스
아르누보	벨기에, 프랑스	장식미술	빅토르 오르타
유겐트스틸	독일	장식미술	헨리 반 데 벨데
시세션	독일, 오스트리아	분리파(실용주의)	오토 와그너
독일공작연맹	독일	디자인진흥단체	헤르만 무테지우스
큐비즘	프랑스	입체주의	피카소, 브라크
구성주의	러시아	혁명(추상주의)	엘 리시츠키, 말레비치
데스틸	네덜란드	신조형주의	몬드리안
순수주의	프랑스	기능주의/입체주의	오장팡, 르 코르뷔제
바우하우스	독일	조형학교	월터 그로피우스
아르데코	프랑스	신장식미술	카상드르

2) 미술공예운동(Arts and Crafts Movement) 22년 2회, 21년 3회, 16년 4회/1회, …

• 18세기 산업혁명으로 인하여 사회 전 분야가 변화되고 공업과 기계생산에 의해 제품들이 대량생산 방식으로 바뀌면서 공예 간에 혼란을 야기시켰던 시기이다.
• 근대 디자인사에서 가장 먼저 일어난 운동으로, 고딕 부흥양식의 대표적인 건축가인 '퓨진'과 스승인 '존 러스킨'의 영향을 받아 '윌리엄 모리스'가 예술의 민주화를 주장한 수공예 부흥 운동이다.
• 근대 디자인사에서 미술과 공예의 회복과 예술의 민주화를 주장한 점에서 근대 미술운동의 시초라 불리고 있다.
• 미술공예운동은 후에 독일공작연맹과 바우하우스에 영향을 미친다.

발생지	영국
특징	• 형태와 모양이 단순하고 견고하며 유기적인 형태 • 식물, 새, 동물 등 자연의 형태에서 영감을 얻음 • 반 기계주의로 기계에 의한 대량생산을 부정하고 수공예를 지향 • 공예를 예술 수준으로 높이고, 조형 운동을 사회개혁의 차원에서 전개함 • 예술의 민주화를 주장한 점에서 근대 미술운동의 시초임 • 독일공작연맹과 바우하우스 설립에 큰 영향을 끼침
주요인물	윌리엄 모리스(Morris, William)

🅑 기적의 TIP

공예를 예술의 수준으로 높이고 사회 개혁의 운동으로 전개해, 미래 디자인 운동의 시금석이 된 디자인 사조이다.

✔ 개념 체크

1 미술공예운동은 (   ) 가 예술의 민주화를 주장한 수공예 부흥 운동을 말한다.

2 미술공예운동은 독일공작연맹과 바우하우스 설립에 큰 영향을 끼쳤다. (O, X)

1 윌리엄 모리스 2 ○

① 미술공예운동의 대표 인물

- 오거스터스 웰비 퓨진(Augustus Welby Northmore Pugin)

  영국의 건축가 부친에게 고딕 건축의 제도를 배워 찰스 바리의 국회의사당의 내부를 담당하여 장식 · 가구까지 디자인했으며, 직접 많은 교회당을 설계 · 수리했다.

- 존 러스킨(John Ruskin, 1819~1900)

  '존 러스킨'은 19세기 영국의 사회비평가이며, 화려한 예술비평가의 길과 험난한 사회사상가의 길을 차례로 걸었던 저명한 지식인이다.

- 윌리엄 모리스(Morris, William, 1834~1896)

  '윌리엄 모리스'는 영국의 시인이며 공예가이다. 예술은 대중을 위해서, 대중에 의해서, 대중의 예술이어야 한다며 예술의 사회화와 민주화를 주장하였다.

- 런던 박람회

  1851년에 영국 런던에서 개최된 만국 박람회이다. 런던 박람회장의 건물인 수정궁은 철골과 유리로 만든 것으로, 재료나 공법에서 근대 건축의 선구이다.

3) 아르누보(Art Nouveau) 22년 4회, 21년 3회, 20년 3회/1회, …

- '새로운 미술'이라는 뜻으로 19세기 말과 20세기 초에 '빅토르 오르타'와 '헨리 반 데 벨데'가 벨기에와 프랑스를 중심으로 전 유럽에 유행시켰다.
- 조형 분야에 걸쳐 곡선적이고 장식이 화려하여 건축의 외관이나 일상생활용품에 자연물의 유기적 형태에서 비롯된 장식을 이용한 양식으로, 당초양식 · 물결양식 · 꽃양식 · 국수양식 등의 곡선적인 미와 생동적인 형태와 여성적인 아름다움을 나타내고자 했다.
- 아르누보의 대표적인 작가로는 윌리엄 브레들리, 오브리 비어즐리, 가우디 등이 있으며, 독일에서는 유겐트스틸, 오스트리아에서는 분리파(시세션)라 불리었다.

발생지	유럽
특징	• 곡선적이고 장식이 화려하여 건축의 외관에 사용 • 당초양식 · 물결양식 · 꽃양식 · 국수양식의 곡선적인 미 • 생동적인 형태와 여성적인 아름다움 강조 • 과거 양식에서 탈피, 새로운 형식을 도입 • 대량생산을 추구함 • 영감의 원천으로 자연에 집중함
주요인물	빅토르 오르타, 헨리 반 데 벨데

▲ 빅토르 오르타 작　　　　▲ 알퐁스 뮈샤 "사라 베르나르"

4) 유겐트스틸(Jugendstil)

- 유겐트스틸이란 '청춘양식'이란 뜻을 말한다.
- 독일식 아르누보로 독일 뮌헨에서 발행하는 미술 잡지 '유겐트'에서 유래됐다.
- 식물적 곡선을 패턴화 · 양식화 · 추상화하여 중후함이 느껴지는 것이 특징이다.
- '헨리 반 데 벨데'가 선구자적인 역할을 하였다.

발생지	독일
특징	• 기하학적이고 추상적, 자연적, 역동적, 유기적인 형태 • 지방색의 영향을 받아 형식이 간결하고 근대적임 • 디자인, 사회변혁을 위해 자연형태의 사용을 옹호함
주요인물	헨리 반 데 벨데

▲ 헨리 반 데 벨데 "접시 디자인"　　▲ 헨리 반 데 벨데 작품

5) 분리파(Secession : 시세션) 23년 1회, 18년 2회, …

- 과거의 전통양식으로부터 분리를 목적으로 1897년 오스트리아의 빈과 독일에서 일어난 예술운동이다.
- 분리파는 과거의 전통적인 인습을 탈피하고 새로운 시각적인 원리를 조형적으로 실현하려는 운동으로 곡선보다는 클래식한 직선미와 기하학적인 개성을 표현하고 있다.
- '새 양식은 새로운 재료, 새로운 생각이 기존 형식의 변경과 신형식을 요구하는 데서 성립한다.'라는 새로운 시대의 예술을 창조하자는 운동이다.
- 대표적인 작가는 오토 와그너가 있다.

✔ 개념 체크

1 과거의 전통양식으로부터 분리를 목적으로 1897년 오스트리아의 빈과 독일에서 일어난 예술운동을 '유겐트스틸'이라고 한다. (O, X)

1 ×

발생지	오스트리아
특징	• 곡선보다는 클래식한 직선미와 기하학적인 개성을 표현한 양식 • 독립협회를 통해 창조적 비전을 추구함
주요인물	오토 와그너

▲ 오토 와그너 "연방우체국"

▲ 오토 와그너 "안락의자"

6) 기능주의(Functionalism)

- 기능주의는 디자인에 있어 아름다움보다는 기능의 편리함과 만족함을 최우선으로 하였다.
- 19세기 후반 건축가들에 의해 도입되어 근대 건축의 혁신적 발전에 큰 역할을 한 예술 사조를 말한다.
- 대표적인 작가로는 오토 와그너, 루이스 설리반 등이 있으며, 이들의 정신은 20세기 초반 바우하우스를 중심으로 마르셀 브로이어, 마르트 슈탐, 르 꼬르뷔제, 죠셉 알베르스, 미스 반 데어 로에 등의 작가들에 의해 이어지게 된다.
- 기능주의는 구조적인 형태 · 기하학적인 형태 · 추상적인 형태 등을 강조하였다.

오토 와그너	'예술은 필요에 의해서 창조된다.'
루이스 설리반(Sullivan, Louis)	'형태는 기능을 따른다.'
르 꼬르뷔제	'집은 살기 위한 기계이다.'
빅터 파파넥(Papanek, Victor)★	'디자인은 가장 강력한 도구이며 그것을 통하여 인간은 다른 도구와 환경을 구체화한다.'(복합기능주의)
라이트(Wright, Frank Lloyd)	'형태는 기능을 계시한다.'
그리노(Greenough, Horatio)	'최고의 형태란 쾌속정의 기능의 형태다.'

▲ 기능주의 작가와 주장

★ 빅터 파파넥(Victor Papanek) 디자인의 복합기능이란 방법, 용도, 필요성, 목적 지향성, 연상, 미의 여섯 부분으로 구성된다고 주장했다.

▲ 루이스 설리반 "스콧 백화점"

7) 독일공작연맹(DWB : Deutsher Werk Bund) ^{23년 1회, 20년 1회, 18년 4회, …}

- 독일에서는 미술학교와 미술공예학교의 개혁이 성행되어 예술과 공예·공업의 통일을 실현하는 것을 목표로 작업장 교육을 구체화하려고 했으며, 이는 기계화시대에 있어서 교육기관과 산업을 결합시켜 나가려는 계획이기도 했다.
- '헤르만 무테지우스(Hermann Muthesius)'는 기계화의 가능성과 영국 전원주택의 소박하고 기능적인 우수함을 배워 독일에 귀국 후 근대화에 주력하여 기계문명을 도입하고, '합리적 즉물론'을 강하게 내세웠다.

발생지	독일
특징	• 공업제품의 양질화와 규격화를 모색 • 이성적이고도 단순한 디자인을 추구 • 기능적이며 합리적인 디자인 추구
주요인물	헤르만 무테지우스

▲ 독일공작연맹, 1914년 쾰른 전시회 포스터

8) 모더니즘(Modernism)

- 20세기 초(1920년대)에 일어난 표현주의·미래주의·다다이즘·형식주의(포멀리즘) 등의 감각적·추상적·초현실적인 경향의 여러 운동을 말한다.
- 유럽과 미국에서는 이와 같은 여러 운동을 통틀어 모던 아트(Modern Art)라고 말하는 경향이 많으나, 이것을 대국적인 견지에서 말한다면 19세기 예술의 근간이라고 할 수 있는 사실주의(리얼리즘)에 대한 반항운동이었다.

모더니즘
1차 세계대전 후에 일어난 전위예술(20세기 초 자연주의와 고전주의에 대항하여 등장한 예술 운동, 아방가르드) 운동의 한 형태였다.

9) 입체주의(Cubism : 큐비즘)

- 1900년~1914년에 걸쳐 프랑스 파리에서 일어난 미술 혁신 운동으로 입체파 라고도 불린다.
- 사실주의적인 전통에서 벗어나 자연의 여러 가지 형태를 기본적인 기하학적 형태로 환원하고 사물의 존재를 이차원적인 면의 분할로 재구성하였다.
- 대표적인 작가로는 마티스, 브라크, 피카소, 세잔 등을 들 수 있다.
- 큐비즘의 색채는 면의 분할과 구성을 강조하면서 따뜻한 난색계통의 색채를 강렬하게 사용하였다.
- 입체주의는 초기 세잔의 입체주의, 분석적 입체주의, 종합적 입체주의 등으로 나눈다.

초기 입체주의	2차원적 화면에 3차원의 대상을 재현하는 문제를 제기
분석적 입체주의	다시점 양상들이 동시성 이미지로 융합되어 더욱 추상화하고 사물을 현저하게 해체시킴
종합적 입체주의	재현과 추상의 균형 위에 순수추상의 토대를 마련함. 그리고 추상화된 화면에 현실의 사물을 도입하고 스텐실 기법의 문자 요소, 파피에 콜레★ 등의 기법으로 재도입을 시도함

★ 파피에 콜레(Papier Collé)
1910년~1911년경 브라크와 피카소가 시작하였고, 신문지, 모양지, 상표, 털, 모래, 철사 등을 붙여서 새로운 조형 효과를 나타냈다.

▲ 피카소 "아비뇽의 처녀들"

▲ 피카소 "한국에서의 학살"

▲ 피카소 "꿈"

▲ 브라크 "악기"

▲ 마티스 "댄스"

10) 구성주의(Constructivism)

- 러시아 혁명기(1913년~1920년)에 일어난 운동으로 과거 전통을 전면 부정하고 현대적, 기술적 원리의 예술을 주장하였다.
- 구성주의자들은 정치적인 혁명과 예술적인 혁명을 동일시하여 조형을 통한 사회주의 문화 건설을 목표로 하였다.
- 디자인을 생산주의적 관점에서 이해하고 단순 명쾌한 양식을 주장하고 가장 저렴한 비용으로 최대의 효과를 얻을 수 있는 방향을 모색하고자 하였다.

✔ 개념 체크

1 근대 디자인사와 관련한 내용으로 옳은 것은 ○, 옳지 않은 것은 × 표시하시오.

㉠ 입체주의 – 프랑스 파리에서 일어난 미술 혁신 운동이다. (O, X)

㉡ 구성주의 – 대표적인 작가로 마티스, 브라크, 피카소, 세잔 등을 들 수 있다. (O, X)

㉢ 입체주의 – 정치적 혁명과 예술적인 혁명을 동일시하여 조형을 통한 사회주의 문화 건설을 목표로 했다. (O, X)

㉣ 구성주의 – 러시아 혁명기에 일어난 운동으로 과거 전통을 전면 부정하였다. (O, X)

1 ㉠ ○, ㉡ ×, ㉢ ×, ㉣ ○

11) 데 스틸(De Stijl : 신조형주의) 21년 1회, 19년 1회, 18년 2회

- 1917년 결성한 조형예술운동(입체주의와 추상주의미술) 그룹의 명칭으로 양식이라는 뜻을 가지고 있다.
- 데오 반 되스부르크를 중심으로 네덜란드의 화가 · 조각가 · 건축가들이 만들었다.
- 모든 조형 분야의 일체화를 목표로 하고 수직 · 수평의 화면 분할과 추상적 형태, 삼원색과 흑백, 회색만을 사용하여 순수성과 직관성을 중시하는 특징을 가졌다.

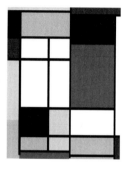
▲ 몬드리안

▲ 데오 반 되스부르크

12) 순수주의(Purisme : 퓨리즘)

- 입체주의를 계승하여 일어난 조형운동으로 1918년 프랑스의 '오장팡'과 '르 코르뷔제'가 간결하고 정확한 조형미를 주장하였다.
- 순수주의는 회화에서의 환상이나 과장 등 개성적 · 장식적 요소의 개입을 배제하고 화면구성의 절대적 객관성을 요구하였다.

13) 바우하우스(Bauhaus) 22년 2회/1회, 21년 1회, 17년 4회, …

- 1919년 '앙리 반 데 벨데'가 교장으로 있던 미술학교와 공예학교가 통합하여 근대건축과 디자인운동의 대표적인 지도자인 '월터 그로피우스'★가 독일의 바이마르에 창립한 종합 조형학교를 말한다.
- 기능적이고 합목적적인 새로운 미를 추구하였다.

① 바우하우스의 목표

기념비적 예술인 건축과 장식적 예술인 공예 등 모든 예술적 창조를 합쳐서 통일하는 것과 모든 공예 부분을 새로운 건축에 불가분의 구성요소로 재통합하는 것을 목표로 한다.

★ 월터 그로피우스
(Walter Gropius, 1883~1969)
베를린 출신의 바우하우스 초대 교장으로 러스킨과 모리스의 사상의 영향을 크게 받았다.
기계를 부정하려 하지 않고 기계에 의해서 성립되는 현대산업을 인정하고 산업과 예술을 통합하려고 하였다.

② 교육 방법

예비 교육(최초 6개월)	재료의 취급과 결부한 기초적 형태 교육
공작 교육 및 형태 교육(3년)	• 공작 교육 : 돌, 금속, 목공, 직물 등의 공방으로 구분하여 실제 손으로 만드는 것을 교육 • 형태 교육 : 표현법, 조형의 순서로 교육
건축 교육	실제 건설현장에서 실제적 시공을 통하여 배우는 건축 교육

③ 바우하우스의 특징

• 합목적적인 기능성과 실용성으로 새로운 미를 추구하였으며 독일공작연맹의 이념을 계승하였다.

• 예술 창작과 기술의 통합을 목표로 예비 과정 · 공예교육 과정 · 건축조형연구 과정으로 교육하였으며 기계에 의한 인간의 노예화 방지와 기계의 장점을 유지하여 우수한 표준의 창조를 하고자 하였다.

④ 바우하우스의 시대별 특성

시기	년도	명칭	내용
1기	1919~1924	국립 바이마르 바우하우스	• 수공예가를 양성하려고 했던 공예학교의 성격 • 월터 그로피우스가 바이마르에 창설
2기	1925~1927	시립 데사우 바우하우스	공업과 관련된 디자인 제품을 해결 산업 디자인 대학의 성격으로 디자이너를 양성함
3기	1928~1929	한스 마이어 시대 (공과대학)	전문 공과대학 성격이었으나, 학교의 성격을 좌경화시켜 사회주의 노동대학 같다고 하여 시로부터 한스 마이어가 퇴교명령을 받음
4기	1930~1933	미스 반 데어 로에	1933년 나치에 의해 폐쇄

▲ 바우하우스 건물

▲ 모흘리나기 "램프"

▲ 월터 그로피우스 작품

✓ 개념 체크

1 바우하우스의 시대별 특성이 바르게 연결되지 않은 것을 모두 고르시오.
( )
㉠ 1기 – 국립 바이마르 하우스
㉡ 2기 – 월터 그로피우스가 바이마르에 창설
㉢ 3기 – 전문 공과대학을 사회주의 성격으로 좌경화시킨 한스 마이어
㉣ 4기 – 시립 데사우 바우하우스

1 ㉡, ㉣

14) 아르데코(Art Deco)

• 아르 데코라티프(Art Decoratif : 장식미술)의 약칭이다.

• 1925년 파리 장식 미술박람회에서 나온 명칭으로 1920년~1930년대에 프랑스를 중심으로 유행한 장식예술을 말한다.

- 기능적이고 고전적인 직선미를 추구하여 직선 · 동심원 · 기하학적인 형태와 반복 패턴을 선호하여 기계제품에 적합하도록 대중화를 중시한 조형운동이다.
- 아르데코를 대표하는 디자이너로는 공예의 폴로와 르그랑, 포스터의 카상드르 등이 있다.

02 현대 디자인사

1) 현대 디자인의 흐름

운동	국가	특징	창시자 / 작가
다다이즘	미국/스위스/유럽	반예술운동	마르셀 뒤샹
초현실주의	프랑스	전위적 예술운동	앙드레 브르통
추상표현주의	미국	미국 스타일 회화	뉴만, 호프만, 간딘스키, 몬드리안
포스트모더니즘	미국	탈현대주의	마르셀 뒤샹, 요셉 보이스
팝 아트	미국	대중예술운동	라우센버그, 앤디워홀, 올덴버그
옵 아트	미국	시각미술	도날드 저드
미니멀 아트	미국	최소화 예술	저드, 모리스

2) 다다이즘(Dadaism)

- 1915년부터 1924년에 걸쳐 미국 · 스위스 · 독일 등 유럽에서 일어난 실존주의, 반문명, 반전통적인 예술운동이다.
- 기성의 권위나 조형이론을 무시한 반문명, 비합리적인 예술운동으로 초현실주의에 영향을 주었다.
- 다다이즘은 이상적이며 이념적인 예술을 현실에 반영하는 계기를 만들었다.
- 다다이즘의 대표적 기법으로 콜라주, 프로타주, 파피에 콜레, 데페이즈망 등이 있다.

▲ 마르셀 뒤샹 "샘"

3) 초현실주의(Surrealism)

- 1차 세계대전 후 다다이즘 주의자들을 지배하고 있는 파괴적이고 무정부주의적인 욕망에 대립하여 1924년 브르통이 초현실주의의 첫 번째 선언서를 발표하면서 이 그룹은 공식적으로 설립되었다고 할 수 있다.
- 초현실주의자들은 프로이드의 심리학에서 밝혀낸 무의식과 본능의 세계를 해방함으로써 인간을 이성의 속박에서 해방하고 무의식적인 세계와 꿈의 세계를 표현하여 새로운 사회를 창조하고자 하였다.
- 기존의 원근법과 투시법 등 사실 입체적인 형식을 완전 탈피해 인간 내면의 상상력을 표현했다. 이후에는 추상주의와 팝아트에 영향을 주었다.
- 초현실주의 표현 기법은 프로타주(Frottage) · 데칼코마니 · 콜라주(Collage) · 오브제 등이 있으며, 작가로는 '르네 마그리드', '살바도르 달리' 등이 있다.

▲ 달리 "기억의 지속"

▲ 마그리드 "붉은모델"

4) 추상표현주의(Abstract Expressionism)

- 초현실주의 이념을 혼용하여 발전한 것으로 1940년대 말에 미국 뉴욕을 중심으로 전개된 미술의 한 동향으로 추상과 순수형태에 바탕을 두고 생각과 느끼는 대로 표현한 예술이다.
- 추상표현주의는 크게 뜨거운 추상과 차가운 추상으로 나뉜다.
- 뜨거운 추상은 형태와 색채를 자유롭게 표현한 것으로 '칸딘스키'를 들 수 있다.
- 차가운 추상으로는 수평과 수직의 순수 추상으로 질서와 비율과 균형의 미를 표현한 '몬드리안'이 있다.
- 대표적인 작가로는 '칸딘스키'와 '몬드리안'이 있다.

▲ 칸딘스키 "검은 아치와 함께"

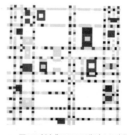
▲ 몬드리안 "브로드웨이 부기우기"

5) 포스트 모더니즘(Post Modernism) 22년 2회, 16년 2회

- 포스트 모더니즘이라는 말은 모더니즘 이후라는 뜻으로 현대주의 혹은 현대
성을 이탈하거나 비판적으로 뛰어넘고 극복한다는 '탈현대주의'의 뜻을 담고
있다.
- 인간의 정서적 유희 본능을 중시하며 전통적인 기능주의에서 벗어나 대중적인
부분으로 접근하고자 하였으며 미국의 팝 아트를 중심으로 전 세계적으로 발전
하였다.

6) 팝 아트(Pop Art) 22년 3회, 18년 2회, 16년 1회

- 1950년대 중·후반 미국 뉴욕을 중심으로 추상표현주의의 주관적 엄숙성에
반대하고 매스 미디어와 광고 등 대중문화적 시각 이미지를 미술의 영역 속에
적극적으로 수용하고자 했던 구상미술의 한 경향을 말한다.
- 팝 아트는 실크 스크린이나 인쇄 매체로 텔레비전·매스 미디어·상품광고·
쇼윈도·고속도로변의 빌보드·거리의 교통표지판 등의 다중적이고 일상적인
것들뿐만 아니라 만화 속의 주인공 등 산업사회의 현실을 미술 속에 적극적으
로 수용하고자 한 측면이 있다.
- 현대에 끼친 영향은 예술 또는 미술이라는 분야를 대중들이 친숙한 소재를 사
용함으로써 미술 대중화에 큰 도움을 줬다고 할 수 있을 것이다.
- 미국의 대표적 작가로는 '리히텐슈타인', '웨셀만', '올덴버그', '로젠퀴스트', '라
모스', '에드워드', '앤디워홀' 등이 있다.

▲ 리히텐슈타인 "행복한 눈물"

▲ 앤디워홀 작품

7) 옵 아트(Op Art) 22년 3회, 16년 1회, …

- 시각적 미술(Optical Art)이란 뜻으로 1960년대 미국에서 발달한 추상미술의
한 경향을 말한다.
- 선과 면의 구성으로 발생하는 착시 현상을 최대한 이용하였으며, 추상적이고
기계적인 형태의 반복과 연속 등을 통한 시각적 환영 및 심리적 효과와 관련된
작품들이 있다.

> **기적의 TIP**
>
> 팝 아트(Pop Art)와 옵 아트(Op Art)는 현대 미국 그래픽 디자인에 영향을 미친 조형 예술이다.

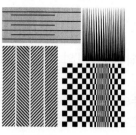
▲ 라일리 작품

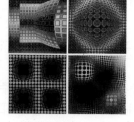
▲ 바자렐리 작품

8) 미니멀 아트(Minimal Art)

- '최소의, 극소의'라는 뜻으로 1960년대 후반부터 두드러지게 나타난 미국 미술의 동향이며, 주로 입체에 나타난 환상을 최소화한다.
- 극단적인 간결성 · 기계적인 엄밀성 · 3차원적인 입체로 형태를 표현하고 있으며 표현의 주관성을 억제하고 그것이 회화임을 나타내는 요소만을 압축시킨 것이 특징이다.
- 작가로는 '플랭크 스텔라', '도널드 저드', '로버트 모리스', '칼 앙드레' 등이 있다.

03 한국의 디자인사

1894년 이후	갑오개혁(1894) 이후 미술 교육 시작
1910년 이후	공작/삽화 교육(일본의 교육정책)
1946년	서울대(예술대학)
1952년	홍익대(도예과)
1960년대	제품 디자인 분야 성장
1970년대	• 산업 디자인, 시각 디자인, 공업 디자인 등으로 전문별 교육 실시 • '디자이너' 용어를 사용함
1980년대	• 컬러 TV의 보급으로 생활 속의 미적 수준 높아짐 • 각 디자인 분야가 더욱 세분화되기 시작함 • 그린 디자인으로 환경 디자인 분야에 관심 시작
1990년대	• 컴퓨터의 보급으로 새로운 시장의 변화 • 디자인 분야의 컴퓨터화, 세분화, 웹 디자인 활성화
2000년대	모바일 분야 활성화

✅ 개념 체크

1 우리나라에서 제품 디자인 분야가 성장한 시기는 1970년대이다. (O, X)

2 1990년대에 디자인 분야의 컴퓨터화, 세분화와 웹 디자인이 활성화되기 시작했다. (O, X)

1 × 2 ○

04 기타 디자인사

① 반 디자인 운동(Anti Design)

1960년대 후반 자본주의와 과시적 소비가 지나치게 밀착하는 현상에 대한 저항으로 환경적이고 인간적인 디자인철학을 제시한 조형 운동. 영국의 건축 그룹인 '아키그램(Archigram)과 글로벌 툴즈(Gloval Tools)'가 대표적인 반 디자인 운동 그룹이다.

② 미래파

기계, 자동차, 비행기 등 속도감과 반복성 등의 물질문명을 찬양하였다.

③ 일본의 디자인

완벽주의와 극소주의 디자인, 전통 수공예에 관한 이미지로 부각, 1970년대 후반부터 기술혁신과 세련되고 경쟁력이 우수한 제품인 전자제품, 카메라 자동차 등 하이테크 산업제품에 관한 이미지로 세계적으로 부각됐다.

④ 소비자에게 봉사하는 디자인

1930년대 미국의 경제 불황기에 상품판매와 경제성장을 극복하기 위한 주된 디자인 철학이다.

⑤ 극 사실주의

1970년대의 그래픽 디자인에 가장 큰 영향을 준 양식으로, 그래픽 디자인에 유행했던 에어브러시 기법이 비롯된 양식이다.

01 다음 중 18C 후반 수공업적 가내공업을 대량생산 방식으로 바꾸면서 공예 간에 혼란을 야기시켰던 시기는?

① 산업혁명
② 미술공예운동
③ 독일공작연맹
④ 바우하우스

산업혁명 이후, 기계의 발달에 따라 산업이 서서히 기계화되어갔다. 그러므로 수공예 생산이 점점 줄어들면서 공예 간의 혼란이 오게 된다.

오답 피하기
미술공예운동은 다시 수공예를 부흥시키자는 운동이므로 이미 기계에 의해 대량생산이 이루어지고 있는 시점에서 수공예부흥운동이 일어나고 있었다.

02 기계에 의한 대량생산을 부정하고 수공예 부활을 강조한 디자인 운동은?

① 아르누보
② 르네상스
③ 독일공작연맹
④ 미술공예운동

미술공예운동 : 수공예 부흥 운동으로 기계화에 의한 대량생산의 부정적인 측면, 즉 저급한 제품에 대한 회의와 비판으로 다시 수공예를 부흥시켜 제품의 질을 높이고자 하는 운동이다.

오답 피하기
• 아르누보 : 새로운 예술로 곡선의 미, 즉 당초양식, 물결양식, 꽃양식, 국수양식 등이 있다.
• 독일공작연맹 : 예술과 공예와 공업의 통일을 실현하는 것을 목표로 작업장 교육을 구체화하려고 했으며, 이는 기계화 시대에 있어서 교육기관과 산업을 결합시켜 나가려는 계획이기도 했다.
• 르네상스 : 14세기 초기 르네상스 시대에는 교회, 도시의 공공사업, 또는 신흥 브르조와의 저택 등 각 공방에서 책임자가 도제, 직인을 고용, 통솔했다.

03 식물무늬와 같은 동적이고 곡선적인 장식의 추상형식을 중시하여 표현한 신예술 양식은?

① 아르누보(Art Nouveau)
② 데 스틸(De Stijl)
③ 큐비즘(Cubisme)
④ 퓨리즘(Purisme)

아르누보 : 일상 생활용품에 자연물의 유기적 형태(Oranic Form)에서 비롯된 장식을 이용한 하나의 양식으로 곡선적인 미, 생동적인 형태, 여성적인 아름다움을 나타내고자 했다.

오답 피하기
아르누보는 새로운 예술로 곡선의 미 즉 당초양식, 물결양식, 꽃양식, 국수양식 등이 있다.

04 아르누보가 유럽 각지에 널리 퍼진 1897년 오스트리아의 빈에서 과거의 전통양식으로부터의 분리를 목적으로 일어난 운동은?

① 로코코
② 시세션
③ 바우하우스
④ 유겐트스틸

분리파란 과거의 전통양식으로부터 분리를 목적으로 1897년 오스트리아의 빈과 독일에서 일어난 예술운동이다. 그 특징은 과거의 전통적인 인습을 탈피하고, 새로운 시각적인원리를 조형적으로 실현하려는 운동으로 곡선보다는 클래식한 직선미와 기하학적인 개성을 표현하고 있다.

오답 피하기
시세션은 "분리"라는 뜻으로 기억하면 된다.

정답 01 ① 02 ④ 03 ① 04 ②

05 디자인의 복합기능이란 방법, 용도, 필요성, 목적 지향성, 연상, 미의 여섯 부분으로 구성된다고 주장한 사람은?

① 설리반(Sullivan, Louis)
② 파파넥(Papanek, Victor)
③ 라이트(Wright, Frank Lloyd)
④ 그리노(Greenough, Horatio)

파파넥(Papanek, Victor)은 '디자인은 가장 강력한 도구이며 그것을 통하여 인간은 다른 도구와 환경을 구체화한다.' 방법, 용도, 필요성, 목적 지향성, 연상, 미 등 디자인의 복합기능을 설명하였다.

오답 피하기
• 설리반(Sullivan, Louis) : '형태는 기능을 따른다'
• 라이트(Wright, Frank Lloyd) : '형태는 기능을 계시한다'
• 그리노(Greenough, Horatio) : '최고의 형태란 쾌속정의 기능의 형태다'

06 1907년 헤르만 무테지우스를 중심으로 한 기계생산의 질 향상과 적합한 조형을 찾기 위한 이 운동은?

① 유겐트스틸
② 아르누보
③ 독일공작연맹
④ 산업혁명

1907년 헤르만 무테지우스를 중심으로 한 독일공작연맹은 독일 공업제품의 '양질화', '규격화'를 모색하여 이성적이고도 단순한 디자인을 추구했으며 제품의 품질을 올릴 것을 목표로 했다.

07 다음 중 "아비뇽의 처녀들"을 그린 입체파 화가는?

① 브라크
② 피카소
③ 세잔
④ 칸딘스키

입체주의(큐비즘)의 피카소 작품은 "아비뇽의 처녀들", "꿈", "한국에서의 학살", "게르니카" 등이 있다.

오답 피하기
입체주의(큐비즘)의 대표적인 작가로는 마티스, 브라크, 피카소, 세잔이 있으며 "아비뇽의 처녀들"을 그린 입체파 화가는 피카소이다.

08 다음 중 시지각의 원리에 근거를 둔 추상적, 기계적 형태의 반복과 연속 등을 통한 시각적 환영, 지각, 색채의 물리적 및 심리적 효과와 관련한 디자인 사조는?

① 아르누보
② 미술공예운동
③ 팝 디자인 운동
④ 옵아트

옵아트는 시각적 미술(Optical Art)이란 뜻으로 1960년대 미국에서 발달한 추상미술의 한 경향이다.

오답 피하기
옵아트는 선과 면의 구성으로 발생하는 착시 현상을 최대한 이용한 작품으로 추상적, 기계적인 형태의 반복과 연속 등을 통한 시각적 환영, 지각, 색채의 물리적 및 심리적 효과와 관련된 사조이다.

09 예술은 대중을 위해서뿐만 아니라, 대중에 의해서 대중의 예술이 되어야 한다고 주장하고 예술의 사회화와 민주화를 위해 미술공예운동을 실천한 사람은?

① 오웬 존스
② 존 러스킨
③ 윌리엄 모리스
④ 발터 그로피우스

근대미술운동의 아버지 윌리엄 모리스는 예술은 대중을 위해서뿐만 아니라, 대중에 의해서 대중의 예술이 되어야 한다고 주장하고 예술의 사회화와 민주화를 위해 미술공예운동을 실천한 사람이다.

10 미술공예운동의 대표 인물로 19세기 영국의 사회비평가이며, 화려한 예술비평가의 길과 험난한 사회사상가의 길을 차례로 걸었던 저명한 지식인은?

① 루이스 설리반
② 존 러스킨
③ 피터 베렌스
④ 발터 그로피우스

존 러스킨(John Ruskin, 1819~1900)은 미술공예운동의 대표 인물로 19세기 영국의 사회비평가이며, 화려한 예술비평가의 길과 험난한 사회사상가의 길을 차례로 걸었던 저명한 지식인이다.

CHAPTER 02

마케팅

Chapter 02에서는 전반적인 마케팅의 개념을 학습할 수 있습니다. 마케팅 믹스와 소비자 구매과정 등 디자인에서 중요한 마케팅 요소뿐만 아니라 광범위한 마케팅 요소가 출제되므로 잘 알아두어야 합니다.

※ 2025 변경된 출제기준에서 사라진 항목이나, 변경 이후 첫 시행으로 본 기본서에서는 유지하였습니다.

출제빈도

SECTION 01 중   12%

디자인과 마케팅

▶ 합격 강의

01 디자인 정책 및 디자인 관리

우리나라 기업들은 1980년대 중반에 접어들면서 기업들의 판매 지향적인 경영 방식의 문제에 직면하였다. 그래서 선진국에서 도입한 마케팅을 기업경영에 필요성을 인지하여 소비자를 위한 마케팅과 디자인 관리에 노력을 기울이기 시작했다.

1) 디자인 정책(Design Policy) 23년 1회, 11년 2회

① 디자인 정책의 의미

- 기업에서 생산되는 제품을 어떤 방법으로 소비자에게 알리고 판매하는 통합적인 정책이다.
- 생산 · 판매 · 이윤창출 · 홍보 등에 관한 전반적인 문제를 다루고 있다.
- 시장과 환경 분석에 따라 소비자의 욕구를 충족시켜야 한다.
- 장래의 발전을 위한 장 · 단기 디자인 계획을 수립해야 한다.
- 제품과 광고 매체의 일관된 이미지 부각과 기업의 전반적인 이미지를 통일시킨다.
- 디자인 정책은 기업 이미지 통합 정책인 CIP(Corporate Identity Program)로 발전하였다.

② 디자인 정책 수립

디자인 정책 수립은 디자인적인 문제 해결을 위하여 제품의 사용 환경과 사용 조건에 관한 자료 수집과 사용자의 인간공학적인 자료, 시장 경쟁 제품에 관한 자료 등이 필요하다.

2) 디자인 관리(Design Management)

디자인 정책을 시행하는 전반적인 과정을 관리하고 통제하는 것을 말한다.

① 디자인 관리의 기능

- 기업체 내에서 디자인 활동이 잘 이루어지도록 분위기와 여건을 조성해준다.
- 회사의 목표와 경영진의 의사를 반영한 합리적이고 과학적인 방법을 모색하도록 도와준다.

- 디자인 전개 과정 중에 필요한 의사 결정과 평가를 적절히 내리도록 한다.
- 디자인 활동을 기업 경영 일정과 보조가 맞도록 조정 · 통제한다.

② 디자인 관리를 위한 경영자의 역할

- 조직 운영에 관한 모든 의사결정 시 결단적 역할수행을 해야 한다.
- 디자인 조직의 내 · 외부로부터 정보를 받아들이고 전달해주는 역할을 해야한다.
- 디자인 조직 내 · 외부의 사람들과 원만한 인간관계 구축에 노력을 기울여야한다.

③ 디자이너의 의식

- 미적 표현 기능만을 고집하는 사고를 없애야 한다.
- 개성적인 이미지보다 객관적인 이미지를 살려 표현해야 한다.
- 경영학, 마케팅, 심리학, 광고학, 인간공학 등 폭넓은 지식과 응용력으로 디자인 프로세스에 대한 전문적인 지식을 갖추어야 한다.
- 디자이너는 단지 미적 표현과 조형적인 창작 활동만을 하는 예술가가 아닌 경영, 과학, 예술 등을 포괄하는 마케터(Marketer)가 되어야 한다.

02 마케팅의 정의, 기능, 전략

1) 마케팅의 정의 22년 3회, 16년 1회, 10년 4회

소비자의 욕구를 철저히 조사하여 소비자가 원하는 상품 및 서비스를 개발하고 합리적인 유통경로와 가격을 통하여 소비자에게 제공하며 판매촉진을 일으켜 소비자에게 만족과 기업의 이윤 추구를 위한 기업의 총체적인 활동이다.

① 마케팅의 구성요소 19년 2회, 17년 4회, 16년 2회, …

- 제품(Product), 가격(Price), 유통(Place), 촉진(Promotion)을 4P라고 한다.
- 4P의 조화를 통하여 마케팅 효과를 높이는 것을 마케팅 믹스(Marketing Mix)라고 한다.
- 4P는 '표적 시장에 영향을 주기 위해 회사가 사용하는 통제 가능한 변수의 집합'이다.
- 마케팅 활동이 적절히 수행되기 위해서는 그 하위 기능인 제품계획(정책) · 가격정책 · 유통정책 · 촉진정책 · 분배활동 등 제반 기능이 최적으로 배합되어야한다.

🅑 기적의 TIP

마케팅 관련 용어
• 거시 마케팅 : 사회적 관점에서 바라본 마케팅. 생산과 소비로 상품을 유통시키는 데 필요한 서비스
• 미시 마케팅 : 기업의 입장에서 바라본 마케팅. 고객의 욕구를 찾아내고 그 욕구를 채워줄 상품을 생산하고 판매하려는 기업 활동
• 니치 마케팅 : 새로운 시장 부문으로 '틈새시장'
• 마켓 셰어 : 회사의 시장 점유율

제품(Product)	가장 핵심적인 요소로 회사가 판매할 모든 제품과 서비스(디자인, 포장, 재질, 색상, 품질)
가격(Price)	• 가격 결정은 기본 가격(Basic Price)에 할인, 운송, 서비스료 등이 추가되어 이루어짐 • 유통 단계에서 가장 중요한 결정으로 소비자의 구매 결정에 가장 큰 영향을 줌(정가, 할인, 공제, 할부, 신용조건)
유통(Place)	• 제품과 서비스가 소비자에게 도달될 수 있는 경로 • 유통 기관은 마케팅 관리자가 통제할 수 없는 환경 요소로 간주되어 왔지만, 시대적인 변화로 유통 환경도 변화됨(보관, 하역, 창고, 정보)
촉진(Promotion)	소비자에게 정보를 제공하고 설득시키기 위해 사용되는 각종 수단(광고, 인적 판매, 판매촉진, 홍보, 이벤트)

▲ 마케팅의 4P 요소

② **마케팅의 원칙** 22년 4회

• 수요전제의 원칙
• 판매촉진의 원칙
• 유통계열화의 원칙
• 기업주체성의 원칙
• 판매중추성의 원칙
• 과학적 시장인식의 원칙

③ **마케팅의 중요성**

• 시간 · 장소 · 정보 효용의 창조
• 소비자의 수요 및 생활양식의 충족과 지원
• 소비자 커뮤니케이션의 촉진
• 사회 · 경제적 변화의 촉진
• 국가자원의 적정 배분과 경제발전에 기여

④ **마케팅의 조건** 15년 4회

• 고객의 필요에 초점을 두어야 한다.
• 고객의 필요, 충족을 통해서 이익을 획득해야 한다.
• 기업의 제품 개발, 광고 전개, 유통 설계를 중심으로 진행해야 한다.
• 기업 중심에서 소비자 중심으로 마케팅이 이루어져야 한다.

✅ 개념 체크

1 마케팅의 원칙으로 옳은 것은 ○, 옳지 않은 것은 × 표시하시오.
  ㉠ 수요전제의 원칙 (O, X)
  ㉡ 유통계열화의 원칙 (O, X)
  ㉢ 판매 부진의 원칙 (O, X)
  ㉣ 과학적 시장인식의 원칙 (O, X)
  ㉤ 소비자 주체성의 원칙 (O, X)

  1 ㉠ ○, ㉡ ○, ㉢ ×,
    ㉣ ○, ㉤ ×

⑤ **마케팅 개념의 발전**

• 대량생산과 함께 발생하여 시대의 변화에 따른 소비자의 요구와 시대적인 유행이나 스타일에 영향을 받으면서 발전해 왔다.
• 초기의 마케팅은 생산 지향적인 마케팅에서부터 시작하여 제품 중심적 마케팅, 판매를 늘리기 위한 마케팅, 고객을 우선으로 하는 마케팅, 사회의 환경적인 문제의식을 갖는 사회 지향적인 마케팅으로 발전되었다.

생산 지향적 마케팅	초기의 마케팅 개념으로, 제품의 생산과 유통을 강조한 마케팅
제품 중심적 마케팅	기술 개발, 품질 개선을 강조한 마케팅으로, 우수한 제품을 위한 마케팅
판매 지향적 마케팅	소비자의 구매가 높아지도록 판매 기술의 개선을 중심으로 하는 마케팅
고객 지향적 마케팅	고객의 욕구 충족에 초점을 두는 마케팅
사회 지향적 마케팅	'그린 마케팅'이라고도 하며, 기업이 사회의 환경적, 사회적 문제를 공감하고 해결하려는 환경적인 방향을 지향하는 마케팅

2) 마케팅의 개발과 관리기능

- 마케팅의 관리 요소들의 최적 배합을 위해서는 우선 표적시장이 먼저 결정되고 그다음 필요와 욕구를 조사 · 분석하여, 이를 제품 · 가격 · 경로 · 촉진 등의 결정 과정에 반영함은 물론, 기업의 모든 기능을 마케팅에 조정 · 통합시키는 통합 마케팅 개념이 수반되어야 한다.
- 기업 내적으로는 기업경영 전체를 마케팅의 관점에서 파악하는 토탈 마케팅 시스템을 형성 · 유지하고, 기업 외적으로는 환경요소의 분석과 소비자 조사에 철저를 기하여야 한다. 이를 마케팅 믹스 결정의 기초로 함으로써 소비자와 사회의 이익 증진에 기여하고 회사의 장기적 이익을 달성하도록 해야 한다.
- 회사의 이익 증진과 장기적인 이익을 달성하기 위해서는 마케팅의 방향을 제시하는 기능, 전략을 세우는 기능, 정보전달과 제품을 알리는 고지의 기능, 원활한 자원의 제공을 위한 자원관리의 기능, 회사의 내 · 외적인 조직의 관리와 운영의 기능, 문제가 발생했을 때 대처할 수 있는 기능을 가져야 한다.

3) 마케팅의 분석

① SWOT 분석

- 기업의 내부 여건(역량, 경쟁적 측면)과 외부 여건(경제시장)을 분석하여 전략적 대안을 선택하는 것이다.
- 내부 여건에는 강점(Strength)과 약점(Weakness)이 있으며, 외부 여건에는 기회(Opportunity)와 위협(Threat)이 있다.

구분		내부 여건	
		강점(S)	약점(W)
외부 여건	기회(O)	강점-기회(SO) 전략 기회를 창출하기 위해 강점을 사용하는 전략	약점-기회(WO) 전략 약점을 극복함으로써 기회를 활용하는 전략
	위협(T)	강점-위협(ST) 전략 위협을 회피하기 위해 강점을 사용하는 전략	약점-위협(WT) 전략 위협을 회피하고 약점을 최소화하는 전략

✓ 개념 체크

1 SWOT 분석이란 기업의 ( ) 여건(강점 · 약점)과 ( ) 여건(기회 · 위협)을 분석하여 전략적 대안을 선택하는 것이다.

1 내부, 외부

② 제품 수명 주기 분석(Product Life Cycle) _{22년 2회, 19년 1회, 18년 2회, 13년 2회, 12년 4회}

- 제품의 아이디어 창출로부터 시작되는 제품이 출시되어 시장성이 증명되어 판매되고 사라질 때까지의 판매의 규모와 이익 등을 고려한 단계 또는 과정으로 '도입기 → 성장기 → 경쟁기 → 성숙기 → 쇠퇴기' 등으로 나눌 수 있다.
- 경쟁기와 성숙기를 하나로 묶어 '도입기 → 성장기 → 성숙기 → 쇠퇴기' 등의 4단계로 나누기도 한다.

➕ 더 알기 TIP

① 도입기
- 제품이 처음으로 출시되는 단계이다.
- 소비자의 구매저항, 판매망의 미정비, 생산시설 확충 등의 문제점이 있어 매출액이 낮으며, 광고 및 홍보 비용이 많이 사용된다.
- 경쟁자가 없어 가격의 고가 정책으로 진행한다.

② 성장기
- 광고와 홍보를 통해 제품의 인지도가 점차로 높아지는 시기로, 판매량, 이윤 등이 높아지는 시기이기도 한다.
- 대체 및 유사 제품이 등장하면서 시장이 확대되기 때문에 제품의 차별화 전략이 필요하고, 소비자에게 자사 제품을 요구하는 당김 전략★을 활용해야 한다.
- 구매시점광고와 거래점 지원 강화가 필요한 시기이다.

③ 성숙기(경쟁기)
- 유사 상품의 대거 등장으로 인하여 기업이나 회사 간에 치열한 경쟁을 하는 시기로, 매출액 성장률이 정점을 찍고 점차 둔화하여 성숙기에서 이윤이 감소하기 시작한다.
- 기업 상호간에 가격전략, 이미지 차별광고, 사은행사 등으로 소비자 유치 경쟁이 치열해진다.
- 촉진 활동 예산의 확보보다 메시지 작성, 광고 시점, 광고의 슬로건 등의 방법이나 제품의 개선 연구 등 새롭고 차별화된 마케팅 및 광고 전략이 필요하다.

④ 쇠퇴기
- 매출이 급격히 감소하여 소비시장의 위축으로 인해 제품이 시장에서 사라지는 시기이다.
- 쇠퇴기의 제품은 다른 제품으로 대체되거나 소멸하게 되며, 신상품을 다시 개발하여 소비자의 성향에 맞추는 노력이 필요하다.
- 마케팅 관리자가 체크해야 할 사항
  - 새로운 용도를 개발할 수 없는가?
  - 제품에 대한 광고비가 적절한가?
  - 제품의 약점을 강점으로 소구할 수 없는가?
  - 새로운 판매경로를 개척할 수 없는가?

▲ 제품의 수명 주기

★ 당김 전략(Pull Strategy)
시장을 확대하기 위해 직접 소비자를 공략하는 전략이다.

✔ 개념 체크

1 제품 수명 주기는 제품의 아이디어 창출로부터 시작되는 제품이 출시되어 시장성이 증명되어 판매되고 사라질 때까지의 파냄의 규모와 이익 등을 고려한 단계로 '도입기 → ( ) → 경쟁기 → 성숙기 → ( )' 등으로 나눌 수 있다.

1 성장기, 쇠퇴기

③ 표적 마케팅(Target Marketing)

- 소비자의 인구 통계적 속성과 라이프 스타일에 관한 정보를 활용, 소비자 욕구를 최대한 충족시키는 마케팅 전략이다.
- 다양한 고객에게 맞는 상품을 선택하는 시장에서 기업이 고객의 다양성을 분석하고 가장 적절한 세분시장을 한 개 또는 여러 개를 선정하여 차별화된 특성을 가지고 차별적인 마케팅을 수행하는 것을 말한다.

4) 마케팅의 시장 상황 분석

① 시장의 유행성

유행은 그 수명 동안 도입기(Introduction), 수용기(Acceptance), 쇠퇴기(Decline)의 3단계를 거치게 되는데, 매출액으로 측정되는 수용의 정도와 주·월·연 단위로 측정되는 수용의 지속(Duration) 정도에 따라 4가지 형태가 있다.

플로프(Flop)	시장에 도입되자마자 몇몇 사람만 구매하고 없어지는 유행
패드(Fad)	단시간 내에 급속도로 생겼다가 사라지는 유행
포드(Ford)	상당히 오랫동안 지속되는 유행 예 1965년~1971년까지 유행한 미니스커트
클래식(Classic)	도입기와 수용기는 있되 쇠퇴기가 없이 지속되는 유행 예 팬티스타킹, 한복, 청바지

▲ 수용의 지속에 따른 4가지 형태의 유행성

② 경쟁사 분석

- 경쟁사 분석은 경쟁업자와 잠재적 경쟁업자가 누구인지를 파악하는 것부터 출발한다.
- 경쟁업자 파악은 두 가지 방법이 있다. 하나는 고객으로 하여금 경쟁업자가 누군지를 응답하게 하는 방법이고, 다른 하나는 경쟁 전략의 유사성에 따라 경쟁업자를 전략집단으로 나누는 방법이다.

③ 소비자 분석(Consumer Analysis)

- 소비자 분석은 시장 분석의 대표적 분석 방법으로 최종 소비자의 개요를 파악하려는 것이다.
- 소비자를 소득 계층별, 지역별, 속성별 등으로 분류하고 사회적 의식, 생활 태도, 구매 태도, 구매 습관 등을 분석한다.

 기적의 TIP

대중 마케팅 (Mass Marketing)
기업이 많은 대중에게 받아들여질 수 있다고 보는 상품 하나를 중심으로 하는 마케팅이다.

🅑 기적의 TIP

니치 마케팅 (Nich Marketing)
기존 시장이 아닌 새로운 제품이나 특화된 제품을 팔 수 있는 틈새시장을 의미한다.

5) 시장세분화(Segmentation) ^{13년 4회, 10년 5회}

- 시장세분화는 큰 전체시장을 공통된 속성을 지닌 시장끼리 나누는 작업을 말한다.
- 소비자의 요구조건, 구매반응 등의 여러 요인에 의해 이루어지기 때문에 먼저 소비자와 그들의 행동에 대한 분석과 충분한 이해가 있어야 한다.

① 시장세분화를 위한 조건

- 측정 가능성 : 각 시장의 구매력이나 예상 매출액 등의 측정이 가능해야 한다.
- 접근 가능성 : 해당 시장에 마케팅 활동을 효과적으로 집중시킬 수 있어야 한다.
- 실질성 : 시장은 충분히 크고 수익성이 있어야 한다.
- 실행 가능성 : 효율적인 마케팅 프로그램의 수립이 가능하고, 실행될 수 있어야 한다.

② 시장세분화의 형태

- 동질적 선호 : 특정 지역에 집중적으로 분포된 시장 형태
- 확산된 선호 : 여러 지역으로 확산된 형태
- 밀집된 선호 : 여러 곳에 집중적으로 모여 있는 형태

▲ 동질적 선호

▲ 확산된 선호

▲ 밀집된 선호

③ 시장세분화의 주요 변수

지리적 변수	국가, 도시, 지방, 인구밀도, 기후
인구 통계적 변수	연령과 생애주기, 성별, 소득, 교육, 직업, 가족생활(기혼, 미혼, 독신)
사회 심리적 변수	사회계층, 라이프 스타일, 성격 등
행동 특성적 변수	구매형태, 소구형태(경제성, 편의성), 제품에 대한 태도, 지식, 사용률 등

6) 포지셔닝(Positioning) ^{11년 4회}

- "정해진 표적 시장에서 알맞은 마케팅 믹스 전략을 수립하고 수행하기 위해 각 세분화된 시장에서의 이상적인 지점의 위치와 자사와 경쟁사의 위치를 파악하여 표적 시장을 획득하고 경쟁사에 대항하기 위한 전략적 위치를 결정하는 것"을 말한다.

기적의 TIP

마인드 셰어(Mind Share)
상품 또는 광고 메시지에 대한 소비자의 지명도 점유율이나 이미지 점유율이다.

- 소비자의 마음 속에 자사제품을 어떻게 차별적으로 인식시킬 것인가에 대한 전략으로 표적시장을 효율적으로 만족시켜 주기 위해서 포지셔닝 전략을 이용하게 된다.
- 포지셔닝 지도 : 다차원평가척도를 이용하여 심리적인 요인과 물리적인 요소를 연결시켜주는 역할로 심리적인 어떤 느낌이 제품의 어떤 물리적인 속성에 의해서 생기게 되는 것인가를 파악하게 하며 자사와 경쟁사의 상대적인 이미지를 시각적으로 표현하는 것이다.

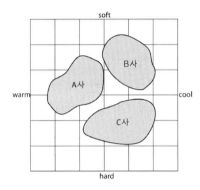

7) 마케팅의 전략 _{22년 1회, 11년 1회}

- 마케팅 목표를 달성하기 위해서 다양한 마케팅 활동을 통합하는 가장 적합한 방법을 찾아 실천하는 일이다.
- 마케팅 전략은 장기적이고 전개 방법이 혁신적이며 계속적 개선을 노리는 점에서 마케팅 전술과 다르다.
- 전개의 폭은 통합적이어야 하고 반드시 모든 마케팅 기능을 가장 적합하게 조정·구성하여야 한다.
- 마케팅 전략의 종류

블루오션 전략	신시장 창출을 위해 경쟁자가 없는 시장에서의 마케팅 전략
2등 전략 (Fast Second Strategy)	첫 번째가 아니라 적절한 시점에서 시장에 진입하는 전략
퍼플카우 전략 (Purple Cow)	순간 사람들의 시선을 잡아끄는 것으로 시장내에서 화제가 될만한 제품이나 서비스를 가리키는 전략
MOT 마케팅 (Moment Of Truth)	'진실의 순간', '결정적인 순간' 이라는 뜻으로 고객이 생각하는 기업의 이미지는 짧은 시간내에 결정나기 때문에, 이 짧은 순간에 좋은 인상을 남기기 위한 마케팅 전략
DB 마케팅	고객정보, 산업정보, 기업 내부정보, 시장정보 등 각종 1차 자료들을 수집, 분석해 이를 판매와 직결시키는 전략
DM 광고 마케팅 (Direct Mail Advertising)	우편에 의해서 직접 예상 고객에게 송달되는 광고로 직접광고의 일종
공동상표 마케팅	서로 연관된 업체가 하나의 상표를 만들어 브랜드 가치를 높이는 새로운 마케팅 전략

✅ 개념 체크

1 마케팅 전략의 종류로 바르지 않은 것을 고르시오.
( )

㉠ 퍼플카우 전략 – 우편에 의해 직접 예상 고객에게 송달되는 광고

㉡ 블루오션 전략 – 신 시장 창출을 위해 경쟁자가 없는 시장에서의 마케팅 전략

㉢ MOT 마케팅 – 짧은 순간에 좋은 인상을 남기기 위한 마케팅 전략

㉣ 2등 전략 – 첫 번째가 아니라 적절한 시점에서 시장에 진입하는 전략

1 ㉠

03 시장조사방법과 자료수집기법

1) 시장조사의 정의 10년 1회

- 마케팅 조사라고도 하며, 미국마케팅협회(AMA)에서는 "상품 혹은 서비스의 마케팅에 있어서 일어나는 문제에 관한 자료를 조직적으로 수집 · 기록 · 분석하는 것"이라고 정의를 내리고 있다.
- 고객의 필요나 욕구를 확인하는 데 필요한 정보를 얻어 상품의 이용가능성을 계획하고, 상품의 소유권 이전에 필요한 지식을 얻고, 전체 마케팅 활동을 촉진하기 위한 물적 유통을 준비할 때 필요한 정보를 목적으로 한다.

2) 시장조사의 방법 18년 2회

시장조사에는 상품조사, 소비자조사, 광고조사, 수요조사 등이 있으며 제품관련 시장조사는 제품의 서비스 방법, 시장 환경조사, 판매정책조사 등이 있다.

① 조사접근의 방법

관찰법	• 현장에서 소비자의 행동과 반응을 직접 관찰 • 관찰자의 편견, 공간, 시간적인 제약을 받음
실험법	• 직접적인 실험을 통한 조사 • 특정한 효과를 얻거나, 비교를 통한 정확한 정보를 얻고자 할 때 사용하는 방법
설문조사	• ARS, 전화, 우편 등을 통하여 응답자가 설문 내용에 답을 기입하는 방법 • 구체적인 수치를 얻고자 할 때 사용하는 방법
표적 집단조사	• 목표가 되는, 즉 타깃 층의 집단에게 조사하는 방법 • 신제품 출시 전에 방향성을 수립하기 위한 조사 방법

② 실사조사의 방법

개인 면접법	면접원이 조사 대상자와 직접 면접하는 방법
전화 면접법	• 전화를 걸어 직접 조사하는 방법 • 응답률과 신뢰도가 높음
우편 조사법	• 우편으로 질문지를 보낸 후 다시 우편으로 받는 방법 • 포괄적 질문 가능, 비용절감, 그러나 회수율과 신뢰도가 낮음
관찰 조사법	일정 시간 동안 관찰하는 방법으로 가능한 한 구체적으로 기술해야 함
그룹 인터뷰	진행자의 자격, 그룹당 소요시간, 그룹당 조사 대상자 구성, 속기원의 유무 등에 대하여 기술해야 함

04 소비자 생활유형(Life style)

1) 소비자 행동에 미치는 영향

문화적, 사회적, 개인적, 심리적 요인 등이 있으며 크게는 외적 환경의 요인과 내적 심리 요인이 있다. 외적 환경의 요인은 소속이나 준거집단이 있으며, 내적 심리 요인으로는 경험, 지식, 개성, 동기 등이 있다.

① 문화적 요인

- 소속된 문화나 사회계급에 영향을 받는다.
- 문화 : 지식, 믿음, 예술, 도덕, 가치관, 법, 능력, 태도, 관습, 버릇 등의 총체다.
- 사회계층 : 소비자의 지각, 가치관, 구매 활동 등에 영향을 미치는 요소로 교육, 직업, 소득, 기술, 노력 등에 의하여 상 · 중 · 하로 구분된다.

② 사회적 요인

- 준거집단(가정, 학교), 대면집단 등의 집단에 영향을 받는다.
- 준거집단 : 개인의 행동이나 태도에 간접적 · 직접적인 영향을 미치는 그룹으로 인간의 태도, 의견, 가치관, 의사결정, 행동 등에 영향을 미치는 집단이다.
- 대면집단 : 개인의 취향과 의견에 가장 직접적인 영향을 주는 것은 대면 집단으로 가족, 친구, 이웃, 직장동료 등 접촉 빈도가 높은 소사회가 모두 포함된다.

③ 개인적 요인

- 나이와 생활주기, 직업과 경제적 상황, 개성 등에 영향을 받는다.
- 개인의 나이와 가족의 생활주기는 구매동기에 영향을 미치며, 직업은 교육 및 소득과 더불어 소비자가 속하는 사회계층을 결정짓는 요소로 작용하기도 한다.
- 개성은 개인으로 하여금 어느 환경에 대하여 비교적 일관적인 반응을 하게 하는 개인의 뚜렷한 심리적 특성이므로 유형과 상품, 상표의 선택에 어떠한 상관관계를 알아낼 수 있어 소비자 행동을 분석하는 데 유용하다.

④ 심리적 요인

- 행동유발, 지각, 학습, 신념과 태도 등에 영향을 받는다.
- 인간의 행동은 동기유발에서 비롯되는데 동기는 목표지향적인 개인이 만족하기 위해 추구하여 자극받는 욕구이다. 욕구가 동기로서 구실을 하기 위해서는 욕구가 발생되거나 자극되어야 한다.
- 지각은 인간이 내적으로 발생한 또는 환경으로부터 들어오는 자극을 받아들이고 이를 이해하는 심리적 과정을 말한다.
- 학습은 경험에서 나오는 개인행동의 변화로 적절히 동기화하고 강력한 경험을 가지며 반복이 있을 때 학습이 이루어진다.

✓ 개념 체크

1 소비자 행동에 미치는 요인으로 개인의 행동이나 태도에 직 · 간접적인 영향을 미치는 준거집단에 영향을 받는 것을 (　　　) 요인이라고 한다.

1 사회적

2) 매슬로우의 욕구 5단계 23년 2회/1회, 22년 3회, 21년 3회, 20년 1회, …

자아실현 욕구	자아개발과 실현, 자기가치 실현
존경취득 욕구	자존심, 지위, 명성, 권위, 타인에 인정, 존경추구
사회적 수용 욕구	애정, 소속(직장, 부서), 사회적 소속감 추구
생활보존 욕구	질서, 보호, 생활의 안전 추구
생리적 욕구	음식, 성, 생존(월급), 의식주생활의 욕구

▲ 매슬로우의 욕구 5단계

3) 소비자 유형과 특성 10년 2회

관습적 집단	특정상품에 선호도가 높아, 습관적으로 상품을 구매하는 집단
감성적 집단	유행에 민감하며 개성이 강한 제품을 선호하는 집단
합리적 집단	구매 동기가 합리적이므로 구매 소구에 민감한 집단
유동적 집단	충동구매가 강한 집단
가격 중심적 집단	제품 구매 시 가격에 민감한 집단
신 소비 집단	주로 젊은 층으로, 뚜렷한 구매 동기가 없는 집단

4) 소비자의 상품 평가 기준

- 기능적 기준 : 우수 재료, 견고, 사용과 취급, 성능, 효과
- 감각적 기준 : 좋은 스타일, 색채, 디자인, 맛, 냄새, 소리, 안전, 편리
- 사회적 · 심리적 기준 : 고가, 외래품, 유행, 신형
- 경제적 기준 : 저가, 우수 품질, 유지비
- 건강 위생적 기준 : 영양, 무해, 건강, 청결 여부

5) 소비자 구매 심리 과정 23년 3회, 10년 5회

소비자가 제품을 구입할 때까지의 심리적인 과정을 미국의 'R. 홀'이 제창한 광고효과의 심리적 단계를 말한다. 먼저 광고에 주목(Attention)하고, 흥미(Interest)를 일으키고, 욕망(Desire)을 일으켜 그 상품명을 기억(Memory)시킴으로써 구매 행동(Action)으로 옮겨가게 한다는 과정을 'AIDMA(아이드마) 법칙'이라고 한다.

Attention(주의)	• 소비자에게 제품의 시선을 끌 수 있는 요소가 있어야 함 • 제품의 기능, 디자인, 서비스 기타 요소 등에 따라 결정
Interest(흥미)	흥미를 끌 수 있는 요소가 있어야 함
Desire(욕구)	제품을 구입하고 싶은 마음이 들 수 있게 하는 것으로 구입으로 인한 이익이나 만족도 등이 있을 때 생김
Memory(기억)	제품의 신뢰도나 광고 등으로 마음속에 기억하는 단계로 심리적으로 구매결정을 하는 단계
Action(행동)	직접 제품을 구매하는 단계

6) 소비자 생활유형 측정

라이프 스타일 측정이라고도 하며 크게 AIO법과 VALS법으로 나누어진다.

① AIO법

사람들이 시간을 어떻게 보내며 그들의 관심과 의견이 무엇인가를 규명하기 위한 측정법을 말한다.

활동(Activities)	• 매체를 보거나 점포에서 쇼핑을 하거나 이웃과 새로운 지식 서비스에 대해 얘기하는 것과 같은 '밖으로 드러난 움직임'을 말함 • 일, 취미, 사회활동, 휴가, 오락, 클럽활동, 지역사회활동 등
흥미(Interest)	• 어떤 사건이나 토픽 등에 대한 흥미는 특별하고 계속적인 주의를 요구하는 흥분 상태를 말함 • 가족, 가정, 직업, 직업사회, 음식, 매체, 쇼핑, 스포츠 등
의견(Opinions)	질문이 제시되었을 때 사람들이 대답하는 답으로, 말이나 문서로 되어 있음

② VALS법(Values And Life Style)

시장의 세분화를 위해 생활유형이 필요할 때 측정하는 방법을 말한다.

욕구지향 유형	자신의 욕구가 우선이 되어 소비하는 집단
외부지향 유형	타인을 보고 나서 소비를 결정하는 집단
내부지향 유형	자신의 가치관으로 판단하여 소비를 결정하는 집단

③ 다차원 측정법(Multi-Dimensional Scaling)

다차원 측정법은 제품 간의 유사성과 차이점을 속성공간의 틀 속에서 제품의 위치를 설정하는 것이다. 일차원의 개념으로 측정할 수 없는 개념을 측정할 때 쓰이는 기법으로 대상들 간의 유사성을 평가하게 된다. 이런 원리에 의해 포지셔닝 맵(Positioning Map)을 작성하는 데 다차원 측정법을 주로 이용하고 있다.

🅑 기적의 TIP

리더스 조셉 플러머(joseph T. Plummer)의 AIO법 정의
AIO분석은 사람들이 그들의 행동, 관심 및 의견에 관한 질문에 응답하도록 고안된 것이다. 그들의 활동은 그들이 작업시간과 여가시간을 어떻게 보내는가로 측정하며, 그들의 관심은 그들이 당면한 환경에서 무엇을 중요하게 여기는가를 측정하고, 그들의 의견은 사회적 문제, 제도 및 그들 자신에 대한 자세의 관심으로 측정한다.

✓ 개념 체크

1 시장의 세분화를 위해 소비자 생활유형이 필요할 때 측정하는 방법을 AIO법이라고 한다. (O, X)

1 ×

05 친환경 디자인과 마케팅

1) 에코 디자인(Eco Design)

- 에코 디자인은 그린 디자인과 환경 디자인 등으로 사용 가능하며 사용이 끝난 것에 대해서는 분해, 재이용, 폐기하기 쉽도록 설계하고, 생산 및 사용 시에 에너지 소비가 적은 디자인, 즉 제품의 전 과정에서 생길 수 있는 환경피해를 최대한 줄이면서 제품 기능과 품질 경쟁력을 높이는 환경 친화 디자인을 말한다.
- 디자인 단계에서부터 환경에 미치는 악영향을 줄이는 것이 에코 디자인의 요점이다. 그래서 환경을 생각하며 기능성, 경제성, 아름다움, 건강, 안전성 등을 고려하는 에코 디자인이 이 시대의 트렌드이다.

2) 친환경 디자인

- 친환경 디자인은 소비자들이 자연스럽게 친환경 생활 실천에 합류할 수 있도록 이끌어 주는 효과적인 수단이다.
- 친환경 소비를 하도록 하려면 환경보전이라는 공익적 명분 외에 제품의 기능, 디자인, 가격 등 마케팅적 요소가 더해져야 한다.
- 친환경 디자인 제품이 소비자들로부터 사랑받기 위해서는, 고객의 니즈 충족이라는 마케팅의 기본 원칙이 충실히 지켜져야 한다.

3) 그린 마케팅(Green Marketing)

- 그린 마케팅이란 환경 보존에 기여하고 생활의 질을 개선함으로써 회사의 이익을 추구하기 위한 마케팅 기법이다.
- 경제 개발과 산업화 과정에서 날로 악화되어 가는 자연환경을 보존하고 인간 삶의 질을 통해 회사의 존속, 성장을 꾀하려는 하나의 마케팅 전략적 개념이다.
- 사회의 장기적 복리를 중시하는 사회적 마케팅 컨셉을 실현하기 위한 하나의 방안이기도 하고 환경오염으로 인한 생태계의 위협에 대한 마케터의 적극적인 대응책이기도 하다.
- 그린 마케팅은 환경문제를 능동적으로 대응해 기업의 사회적 기여를 높이고 매출신장의 기회를 마련한다는 점에서 환경문제에 대한 창조적 대응인 셈이다.

그린 마케팅 (Green Marketing)	기업 활동의 기능과 목표를 환경적인 가치 위에 운영함
	인간과 자연의 상호 의존성에 초점을 맞춘 마케팅
	공해 물질의 배출량이 적거나, 폐기물을 재활용한 녹색상품을 개발함
	하나뿐인 지구의 환경보전을 우선으로 하는 환경주의에 바탕을 둔 마케팅

✔ 개념 체크

1 그린 마케팅에 대한 설명 중 옳은 것을 고르시오. ( )

㉠ 기업 활동의 기능과 목표를 판매를 우선으로 설정한다.

㉡ 환경 피해를 최소화하면서 제품 기능 및 품질 경쟁력을 높이는 환경 친화 디자인을 말한다.

㉢ 인간과 자연의 상호 의존성에 초점을 맞춘 마케팅 기법이다.

1 ㉢

01 디자인 정책으로 적합하지 <u>않은</u> 것은?

① 모든 디자인 문제를 시장과 환경 분석에 따라 고객의 욕구를 충족한다.
② 장래의 발전을 위한 장·단기 계획을 수립한다.
③ 제품 및 광고매체에 통일된 기업 이미지를 부여한다.
④ 디자이너의 개성적인 이미지만을 살려 표현한다.

디자인 정책이란 기업에서 생산되는 제품을 어떤 방법으로 소비자에게 알리고 판매하느냐 하는 통합적인 정책을 말한다. 즉, 소비자의 욕구를 충족시켜야 하며 장·단기 디자인 계획을 수립해야 하고, 제품과 광고 매체의 일관된 이미지 부각은 물론 기업의 전반적인 이미지를 통일시키도록 해야 한다.

오답 피하기
디자인은 디자이너보다 소비자의 입장에서 접근을 해야 한다.

02 마케팅에 대한 설명 중 <u>틀린</u> 것은?

① 고객의 필요에 초점을 두어야 한다.
② 소비자 중심에서 기업 중심으로 가야 한다.
③ 기업의 제품개발, 광고전개, 유통설계를 중심으로 한 활동이다.
④ 고객의 필요, 충족을 통해서 이익을 획득한다.

마케팅은 기업 중심에서 소비자 중심으로 전개되어야 한다.

오답 피하기
마케팅 조건
• 고객의 필요에 초점을 두어야 한다.
• 고객의 필요, 충족을 통해서 이익을 획득한다.
• 기업의 제품개발, 광고전개, 유통설계를 중심으로 진행한다.
• 기업 중심에서 소비자 중심으로 가야한다.

03 다음 중 마케팅 믹스에 속하지 <u>않는</u> 것은?

① 제품
② 가격
③ 매장
④ 촉진

마케팅의 구성요소는 제품(Product), 가격(Price), 유통(Place), 촉진(Promotion)으로, 이를 4P라고 한다.

04 다음 중 제품 수명 주기의 순서가 바르게 나열된 것은?

① 성장기-성숙기-쇠퇴기-도입기
② 도입기-성숙기-성장기-쇠퇴기
③ 성장기-도입기-성숙기-쇠퇴기
④ 도입기-성장기-성숙기-쇠퇴기

제품 수명 주기는 '도입기 - 성장기 - 경쟁기 - 성숙기 - 쇠퇴기'로 구분되며, 경쟁기와 성숙기를 합하여 '도입기 - 성장기 - 성숙기 - 쇠퇴기'의 4단계로 구분하기도 한다.

05 다음 중 효율적 시장세분화를 위한 조건에 대한 설명이 <u>잘못된</u> 것은?

① 수익 가능성 : 가능한 최대량의 판매가 가능하도록 광고를 집중하여 집행하여야 한다.
② 측정 가능성 : 각 세분시장의 구매력이나 예상 매출액 등은 측정 가능하여야 한다.
③ 접근 가능성 : 해당 세분시장에 마케팅 활동을 효과적으로 집중시킬 수 있어야 한다.
④ 실행 가능성 : 효율적인 마케팅 프로그램의 수립이 가능하고 실행될 수 있어야 한다.

• 측정 가능성 : 각 세분시장의 구매력이나 예상매출액 등은 측정 가능하여야 한다.
• 접근 가능성 : 해당 세분시장에 마케팅 활동을 효과적으로 집중시킬 수 있어야 한다.
• 실질성 : 세분시장은 충분히 크고 수익성이 있어야 한다.
• 실행 가능성 : 효율적인 마케팅 프로그램의 수립이 가능하고 실행될 수 있어야 한다.

오답 피하기
수익 가능성은 실질성의 내용으로 시장을 세분화할 정도로 크고 수익성이 있어야 한다. 또한 ①의 내용 중 '광고를 집중하여 집행해야 한다.'는 마케팅 전략으로 시장세분화를 위한 조건과 거리가 멀다.

06 마케팅에 대한 설명 중 적합하지 않은 것은?

① 마케팅은 크게 미시 마케팅과 거시 마케팅으로 구분할 수 있다.
② 경영현상으로서의 성격으로 확대되고 있다.
③ 마케팅이란 교환 과정을 통하여 욕구와 필요를 충족시키려는 인간의 활동을 뜻한다.
④ 마케팅은 생산 활동이 주요 연구 대상이다.

마케팅의 개념에 대한 문제로, 마케팅은 생산 활동뿐만 아니라 유통경로, 판매촉진 활동 등 모든 분야에 걸친 총체적인 활동이다.

오답 피하기
마케팅은 제품의 생산부터 소비자에 이르기까지의 모든 활동을 의미한다.

07 다음 중 시장의 확보와 확대를 시도하는 것에 해당하지 않는 것은?

① 시장의 세분화
② 제품의 단순화
③ 제품의 다양화
④ 제품의 차별화

시장의 확대를 시도하는 것은 시장을 세분화하여 기존의 타깃층이 아닌 소구층을 확보하기 위함이며, 그러기 위해서는 제품을 다양화시키고, 타제품과 차별화가 되어야 한다.

오답 피하기
제품의 단순화는 시장의 확대보다는 시장의 축소를 의미한다.

08 다음 중 마케팅 조사의 실사 방법이 아닌 것은?

① 개인 면접법
② 우편 조사법
③ 관찰 조사법
④ 확대 조사법

• 실사 방법 : 개인 면접법, 전화 면접법, 우편 조사법, 관찰 조사법, 그룹 인터뷰 등이 있다.
• 확대 조사법은 실사 방법이 아니다.

오답 피하기
마케팅 조사 방법에는 조사접근 방법과 실사 방법이 있다.
• 조사접근 방법 : 관찰법, 실험법, 설문조사, 표적 집단조사 등
• 실사조사 방법 : 개인 면접법, 전화 면접법, 우편 조사법, 관찰 조사법, 그룹 인터뷰 등

09 매슬로우(Maslow)의 욕구 5단계 순서가 옳게 나열된 것은?

① 자아 욕구 → 생리적 욕구 → 안전의 욕구 → 사회적 욕구 → 자기실현의 욕구
② 생리적 욕구 → 자아 욕구 → 사회적 욕구 → 안전의 욕구 → 자기실현의 욕구
③ 생리적 욕구 → 안전의 욕구 → 사회적 욕구 → 자아 욕구 → 자기실현의 욕구
④ 자아 욕구 → 생리적 욕구 → 사회적 욕구 → 안전의 욕구 → 자기실현의 욕구

매슬로우(Maslow)의 욕구 5단계는 '생리적 욕구 → 생활보존(안전)의 욕구 → 사회적 욕구 → 자아 욕구 → 자기실현의 욕구'가 있으며, 이 중 최고의 단계는 자기실현의 단계이다.

10 소비자가 물품을 구입하기까지는 다양한 심리적 변화를 거쳐야 하며 이것을 구매 심리 과정이라 한다. 구매 심리 과정이 올바르게 표현된 것은?

① 주목 – 흥미 – 욕망 – 기억 – 구매 행위
② 흥미 – 주목 – 기억 – 욕망 – 구매 행위
③ 주목 – 욕망 – 흥미 – 구매 행위 – 기억
④ 흥미 – 기억 – 주목 – 욕망 – 구매 행위

소비자의 구매 과정을 심리적으로 나타낸 AIDMA 법칙을 설명한 것으로 자주 출제되는 문제이다. 구매 심리 과정은 주목(Attention), 흥미(Interest), 욕망(Desire), 기억(Memory), 행동(Action) 등으로 진행이 된다.

CHAPTER 03

컴퓨터그래픽 활용 분야

Chapter 01과 Chapter 02에서 학습한 내용의 심화 이론입니다. 다양한 디자인 이론을 학습할 수 있으며, 출제 가능성이 높은 챕터로 개념을 정확히 알고 있어야 합니다. 실무에서도 사용할 수 있는 내용이므로 확실하게 습득한다면 디자인 기초를 다질 수 있습니다.

출제빈도

SECTION 01 상	18%
SECTION 02 중	12%
SECTION 03 중	12%

출제빈도 ⓐ 중 하
반복학습 1 2 3

▶합격 강의

빈출 태그 타이포그래피 • 인쇄 기법 • 광고의 구성요소 • POP 광고 • DM 광고

시각 디자인은 눈을 통해 이루어지는 여러 가지 의사전달 메시지를 디자인하는 분야이다. 시각 디자인 분야는 광고 디자인, 편집 디자인, 아이덴티티 디자인, 타이포그래피, 포장 디자인, 웹 디자인, 영상 디자인, 캐릭터 디자인 등이 있다.

01 광고 디자인

• 광고물을 제작하는 디자이너가 상품의 메시지를 광범위하게 전달하는 수단 예술이다.
• 급변하는 현대 산업 사회에서 절대적으로 필요한 디자인이며, 광고 디자인의 필요성은 점차 가중되고 있다.

1) 광고의 목적과 기능

① 광고의 목적

• 광고는 넓은 의미로 소비자나 잠재고객에게 어떤 아이디어를 판매하는 것이지만 실제로는 상품 판매의 한 수단으로서 매출의 증가를 목적으로 한다.
• 수요 총량의 증가를 유지시켜 대량생산의 유지를 가능케 하고 소비수준이나 문화생활을 향상시키고 기업과 사람의 친분을 조성하려는 목적이 있다.

② 광고의 기능

경제적, 심리적, 사회문화적, 정보제공, 문화적, 마케팅적, 대중매체의 육성 기능을 갖고 있다.

경제적 기능	• 제품에 대한 구매 행동을 촉진시킴 • 판매 활동을 용이하게 함 • 마케팅 활동을 유리하게 전개시킴 • 광고자와 소비자와의 인간관계를 매개하여 효율을 제고시킴 • 판매경로 및 방법을 조직화하여 상품의 배합을 원활하게 유지시킴
심리적 기능	감각적 자극 제공으로 소비주의를 환기시켜 행동이 유발되도록 함
사회문화적 기능	• 다양한 정보로 상품 선택의 폭을 넓힘 • 사용방법 및 소비에 대한 의식의 변화로 가치관 및 소비습관을 형성
정보제공 기능	• 상품 정보를 제공 • 상품의 사용법, 가격 등으로 올바른 상품선택을 하게 도와줌
문화적 기능	광고를 보고 상품을 구입 및 서비스 제공을 받는 행위는 하나의 문화를 형성

마케팅적 기능	판매 촉진, 차별화를 시켜 상품의 품질 정보를 제공하여 구입할 수 있도록 함
대중매체의 육성 기능	• 소비자에게 제품을 알리기 위해서 대중매체를 사용하여 알림 • 경제적인 기반을 제공 받으므로 대중매체가 더 발달할 수 있음

2) 광고의 분류

① 기능별 분류

상품을 구입하는 데 어떤 영향을 주느냐 하는 문제로 분류된다.

직접행동 광고	상품 구입에 직접 영향을 주는 광고
간접행동 광고	이미지 광고로 직접적으로 영향을 주지 않는 광고

② 지역별 분류

지역에 관한 문제로 일부 지역이냐, 전국이냐 하는 문제로 분류된다.

전국 광고	전국적인 매체를 사용하는 광고
지역 광고	일부 지역의 방송국을 이용하는 광고

③ 대상별 분류

누구에게 광고를 하느냐 하는 문제로 분류된다.

소비자 광고	일반 구매자를 대상으로 하는 광고
전문가 광고	전문가들을 대상으로 하는 광고

④ 소구 내용별 분류

어떤 내용을 갖고 광고를 하느냐 하는 문제로 분류된다.

상품 광고	상품의 내용이나 장점 등을 광고
기업 광고	기업의 이미지를 광고

⑤ 소구 유형별 분류

소구 유형은 감정에 소구하느냐 이성에 소구하느냐 하는 문제로 분류한다.

감성 광고	감성에 소구하는 광고로 의류, 화장품, 귀금속 등의 광고
이성 광고	이성적인 광고로 전문가에게 소구하는 광고로, 전기 · 전자 제품의 광고

✔ 개념 체크

1 광고를 일정한 기준에 따라 분류한 것으로 옳은 것은 ○, 옳지 않은 것은 × 표시하시오.

㉠ 대상별 분류 – 어떤 내용을 갖고 광고를 하느냐 하는 문제로 분류 (O, X)

㉡ 기능별 분류 – 상품을 구입하는 데 어떤 영향을 주느냐 하는 문제로 분류 (O, X)

㉢ 대상별 분류 – 일부 지역이냐, 전국이냐 하는 문제로 분류 (O, X)

㉣ 소구 유형별 분류 – 감정에 소구하느냐 이성에 소구하느냐 하는 문제로 분류 (O, X)

1 ㉠ ×, ㉡ ○, ㉢ ×, ㉣ ○

★ 타깃 오디언스
(Target Audience)
광고 마케터 입장에서 볼 때 광고
는 커뮤니케이션 과정으로 보기
때문에, 광고 대상자를 '타깃 소비
자'보다는 '타깃 오디언스'로 지칭
한다.

3) 광고 매체의 종류

- 타깃 오디언스(Target Audience)★에게 광고 메세지를 전달하기 위한 수단으로 신문, 잡지, 포스터, TV, 라디오, 옥외 광고, 교통 광고 등을 말한다.
- 광고의 4대 매체는 신문, 잡지, 라디오, TV로 구분한다.
- 매체의 구분은 인쇄 매체, 전파 매체, 기타 매체(교통 매체, 장소 매체)로 분류한다.

인쇄 매체	신문, 잡지, 포스터, DM, 팜플렛, 카탈로그 등
전파 매체	라디오, TV, 영화, 비디오 등
교통 매체	지하철, 버스 내(외) 광고, 역 구내 광고
장소(설치) 매체	옥외 광고, 공중 광고, POP 광고 등

4) 광고의 구성 요소 23년 3회, 22년 3회, 19년 1회, 16년 2회, …

① 내용적 요소

- 카피는 광고 원고라는 의미로, 광고의 내용적 요소들을 모두 포함하기도 한다. 카피의 내용으로 광고주와 소비자 간의 커뮤니케이션이 되기 때문에 광고에서는 중요한 요소이다.

헤드라인(Head Line)	헤드 카피(Head Copy)라고도 하며, 광고의 제목이나 표제를 말하며, 독자들에게 주위를 환기하고 본문으로 유도하기 위한 호소력이 담긴 간결하고 함축미가 있는 말
서브 헤드라인 (Sub-Head Line)	헤드라인을 설명하는 글 또는 바디 카피의 핵심이 되는 글
바디 카피(Body Copy)	본문 문구로 구체적인 내용의 글
캡션(Caption)	그림, 사진, 일러스트 등을 설명하는 짧은 글
캐치프레이즈(Catch-Phrase)	제품의 광고, 선전, 행사 따위에서 남의 주의를 끌기 위한 문구나 표어
슬로건(Slogan)	기업의 메시지를 전달하기 위하여 지속적으로 광고에 반복해서 사용되는 간결한 문장

- 카피 표현의 기본 조건
  - 스토리텔링이 구체적일 것
  - 의미가 알기 쉽고 문체가 간결할 것
  - 유쾌한 문체일 것
  - 대중의 공감을 자극시킬 수 있는 것

🅑 기적의 TIP

- 광고 제작의 기본 요소 : 소구 대상, 레이아웃, 매체
- 상표 : 상표는 제품 광고 시 들어가지만 광고의 기본 요소는 아니다.

- 헤드라인의 형식

뉴스 · 고지 형식	기업 의지나 상품의 편익성을 언론에서 구사하는 표현 형식 **예** "1989년 11월 9일, 베르린 장벽이 무너지다!", "드디어 대한항공 워싱턴 입성"
효용 · 편익 형식	구매자가 얻게 되는 효용이나 이익을 알리는 형식
증언 · 실증 형식	상품의 우수성을 경험자의 증언을 통하거나 실제로 증명해 보이는 형식
주장 · 제안 형식	새로운 라이프스타일을 제시하거나 의견 등을 표현하는 형식 **예** "여성들이여 일하지 말라" 「에바스 화장품」
질문 · 의뢰 형식	의문을 제기하여 소비자가 해답을 찾게 하는 방법
암시 · 경고 형식	제품이 제시하는 방법 등 취하지 않아서 생기는 불이익을 암시나 경고 형태로 표현하는 형식 **예** "장이 튼튼해야 장수할 수 있습니다" 「동아제약」

- 캐치프레이즈와 슬로건의 차이점

캐치프레이즈	• 상품, 제품을 알리기 위한 방법으로 주로 사용 • 주로 짧은 기간 동안에 사용됨
슬로건	• 기업의 이미지나 철학 등을 알리기 위한 문장 • 주로 긴 기간동안 지속적으로 사용됨 **예** 삼성전자 : 창조적 혁신과 도전으로 미래를 향해 나갑니다. SK에너지 : 언제 어디서나, SK에너지 포스코 : 소리 없이 세상을 움직인다.

② 조형적 요소

내용적 요소를 설명하고 이해시키기 위하여 사용되는 일러스트레이션, 그림, 사진 등이 있다.

일러스트레이션(Illustration)	글의 내용을 그림이나 사진 등으로 표현
심볼마크(Symbol Mark)	기업이나 회사의 상징 마크
트레이드 마크(Trademark)	상표
로고 타입(Logo Type)	회사명이나 상품명
보더 라인(Border Line)	광고 등의 외곽선

5) 신문 광고 23년 3회, 22년 3회, 21년 2회, 12년 5회, …

- 신문의 내용은 다수인의 흥미를 끌 수 있는 것이어야 한다.
- 전달 형태는 시간과 공간을 극복할 수 있는 문자를 사용해야 한다.
- 규칙적인 시차를 가지고 종이 인쇄로 발행되어야 하며 최신의 사상을 보도해야 한다.
- 신문 광고는 독자층이 안정적으로 구성되어 있다.
- 타 광고에 비해 신뢰도와 설득성이 좋다.
- 대중에게 전달하는 매체로서의 광고의 전달력이 좋은 매체이다.

✅ **개념 체크**

1 슬로건이란 상품, 제품을 알리기 위한 방법으로 주로 짧은 기간 동안에 사용되는 것을 말한다. (O, X)

2 신문 광고는 독자층이 안정적으로 구성되어 있으며, 대중에게 전달하는 매체로서의 전달력이 좋은 편이다. (O, X)

1 × 2 ○

① 신문 광고의 특성

신뢰성	• 정확한 정보에 대한 높은 신뢰도와 주목률 • 독자의 일상생활에 불가결한 것 • 보도, 교양을 위한 전통적인 매체 • 신문의 신뢰감이 신문 광고의 신뢰도로 그대로 연결될 수 있음 • 통계 자료를 이용하여 자세한 내용을 알릴 수 있음 • 신문이 갖고 있는 성격으로 신뢰성, 공공성에 관련된 소구가 적절
설득성	설득력이 타 광고에 비해 우수하여 기업 광고에 용이
안정성	• 신문은 정기 구독자가 많아 고정된 독자층이 있음 • 지역별 부수가 명확하기 때문에 지역별 광고 전략을 세우기 쉬움
편의성	• 광고의 날짜, 횟수, 게재 공간 등을 미리 선정하여 사용할 수 있음 • 광고의 수용자 범위를 예측할 수 있고 그 결과도 확인할 수 있기 때문에 이들 자료를 참고로 적절한 광고를 할 수 있음
경제성	광고 요금 및 원고 제작비가 저렴

② 신문 광고의 장 · 단점 13년 4회

장점	단점
• 매일 발행되므로 때에 맞는 광고를 할 수 있어 주목성이 좋음 • 여러 독자층에게 소구할 수 있음 • 광대한 보급으로 매체의 도달 범위가 넓음 • 지역별 광고에 편리 • 시리즈 광고에 적당해서 계속적이고 누적된 인상을 줄 수 있음 • 광고 효과가 빠름 • 상세한 카피로 제품에 대한 심층 정보를 마련할 수 있음 • 기록성과 보존성이 있음 • 광고의 크기를 자유로이 선택할 수 있음 • 광고의 상품과 서비스에 대한 확실한 결과를 얻을 수 있음	• 많은 신문을 따로 취급해야 함 • 인쇄나 컬러의 질이 다양하지 않음 • 광고의 수명이 짧음 • 독자의 계층을 선택하기 어려움이 있음 • 타 광고와 같이 게재되므로 타 광고나 기사에 영향을 받음

③ 신문 광고의 종류

- **보도란 광고** : 신문의 기사 면에 실린 광고(기사 중 광고, 제호(기사) 돌출 광고, 단독 기사 광고)이다.
- **광고란 광고** : 광고란에 실린 광고로 5단, 8단 등으로 되어 있으며 상품 광고, 기업 광고, 영업물 광고 등이 있다. 신문의 1면의 경우 5단 광고로 그 규격이 정해져 있다.
- **변형 광고** : 광고의 규격 5단, 8단, 10단, 전면 광고 이외의 규격이 변형되어 있거나 몇 개로 분할되어 있으면서 하나의 상품이나 메시지를 담고 있는 광고를 가리킨다.
- **티저(Teaser) 광고** : 티저(Teaser)는 '약 올리다', '괴롭히다', '화나게 하다'라는 뜻으로 한 번에 다 보여주지 않고 여러 번에 걸쳐서 조금씩 보여주는 방식을 말한다. 티저 광고는 대체로 런칭(Launching) 시 이용되는데 독자의 관심을 고조시키고 상품이나 서비스의 형태적, 내용적 요소를 강하게 인상 짓기 위함이다.

✓ 개념 체크

1 신문 광고의 경우, 광고의 (   )이 짧고 인쇄나 컬러의 질이 다양하지 않으며, 타 광고와 같이 게재되므로 그 (   )을 받기 쉽다는 단점이 있다.

2 런칭 시 이용되며 독자의 관심을 고조시키고 상품이나 서비스의 형태적, 내용적 요소를 강하기 인상짓기 위해 사용하는 광고를 (   ) 광고라고 한다.

1 수명, 영향 2 티저

- 멀티(Multi) 광고 : 같은 형식의 광고이나 내용을 조금씩 다르게 하여 여러 면에 걸쳐서 게재하는 것을 말한다. 다면 광고라고도 하며, 멀티 프로덕트 광고와 멀티 풀 페이지 광고로 나눈다. 특히 멀티 풀 페이지 광고는 수신자에 대해 자극력이 매우 강하다.
- 타이업(Tie–Up) 광고 : 두 회사의 상품을 같이 한 지면에 광고를 하는 것을 말한다. 타이업 광고는 관련이 있는 상품이나, 동일한 상품명 혹은 성분일 경우, 소구점이 같은 것끼리 타이업 광고를 한다.

④ 신문 광고의 규격

- 신문 광고의 규격은 1단의 길이는 3.4cm(5단=가로 37cm×세로 17cm)이다.
- 세로는 전면 15단으로 구성되어 있으며 5단, 8단, 10단 등으로 구분되어 있다.

6) 잡지 광고 23년 2회, 22년 3회, 12년 5회, …

- 본질적으로 매스 커뮤니케이션(Mass Communication) 매체의 하나로 특정한 제목을 갖고 일정한 간격으로 장기간에 걸쳐 간행되는 출판물이다.
- 매 호가 서로 연관성을 갖고 특성 있는 내용으로 편집, 발행된다.
- 특정인을 대상으로 하는 전문성을 띠고 있으며 세분화 내용으로 특정 층에게 소구된다.

① 잡지의 장 · 단점

장점	단점
• 특정한 독자층을 가짐 • 매체로서 생명이 긺 • 회람율이 높음 • 컬러 인쇄 효과가 큼 • 감정적 광고나 무드광고에 적당 • 스페이스 독점이 가능 • 구체적으로 전문적인 내용을 전달할 수 있음 • 광고비가 저렴	• 정보를 빠르게 전달할 수 없음 • 잡지의 규격이 달라 광고비가 상승할 수 있음 • 옆면의 광고에 영향을 받을 수 있음

② 잡지의 규격

구분	치수	절수
국판	148×210mm	25절
국배판	210×297mm	10절
4×6판	128×182mm	32절
4×6배판	188×257mm	16절
크라운판	176×248mm	18절

🅱 기적의 TIP

잡지의 역사
잡지를 뜻하는 매거진(Magazine)이라는 단어가 사용되기 시작한 것은 1731년 영국의 「젠틀맨스 매거진」이며, 우리나라에서는 1906년 육당 최남선의 주간 「소년」이 근대적 형식을 갖춘 잡지의 시초이다.

③ 잡지 광고의 종류 ^{23년 3회, 22년 3회, 16년 1회, 13년 2회}

표지 1면 광고	앞표지에 실리는 광고
표지 2면 광고	앞표지 내면에 실리는 광고
표지 3면 광고	뒷표지 내면에 실리는 광고
표지 4면 광고	뒷표지에 실리는 광고로 가장 효과가 큼
차례 광고(목차면 광고)	차례의 전면 또는 후면과 차례의 좌우 또는 상하에 실리는 광고
기사 중 광고	본문 기사 속에 삽입한 광고
표지 대면 광고	표지 2면 또는 3면에 대면하는 페이지에 실리는 광고
안내 광고	글이나 사진 등을 게재하여 알리는 소형 광고

★ 열독률
특정한 잡지나 신문을 읽는 사람이 전체를 차지하고 있는 비율이다.

④ 잡지 광고의 열독률★

- 상품의 종류, 남녀에 따라서 차이가 있다.
- 한 호에 광고의 수가 많을수록 열독률은 떨어진다.
- 광고비용이 현재 광고의 열독률에는 큰 영향을 미치지 못한다.
- 크기가 커짐에 따라 열독률이 증가하는 것은 아니다.
- 두 페이지, 한 페이지, 세로 반 페이지, 가로 반 페이지 순으로 열독률이 높다.
- 컬러 광고가 흑백 광고보다 열독률이 높다.
- 오른쪽 페이지가 열독률이 높다.
- 내용에 따라 다르지만, 사진보다 일러스트레이션의 열독률이 대체로 낮다.

7) 라디오 광고 ^{13년 2회}

- 1920년대에는 라디오의 등장으로 광고는 새로운 국면을 맞이하게 되었다.
- 다른 매체와 달리 소리에만 의존하기 때문에 장소에 크게 구애받지 않아 반복적인 광고를 하여 소비자들에게 어필할 수 있는 장점과 CM송으로 더욱 친근감을 줄 수 있는 매체이다.

🅕 기적의 TIP

라디오의 역사
1895~1896년에 G.마르코니가 무선통신법을 발명한 이후 소리를 전기신호로 바꾸는 마이크로폰 개발에 따라 전파방송의 가능성이 열렸으며, 1906년 미국의 드포리스트가 신호를 증폭하고 전송하는 오디언 튜브(3극 진공관)를 발명한 이후부터 라디오 방송이 가능해졌다.

① 라디오 광고의 장 · 단점

장점	단점
• 장소에 구애받지 않음 • 신속 · 정확하게 전달할 수 있음 • 시간, 연령 등을 고려하여 전달할 수 있음 • 각 지역별로 광고를 할 수 있음	• 광고를 소리로만 듣기 때문에 정확한 의미나 뜻을 혼동할 수 있음 • 이해를 필요로 하는 광고는 적합하지 않음 • 시간대별 광고로 많은 사람에게 전달이 힘듦

8) TV 광고

- 오디오와 비디오 기능이 합쳐진 매체이다.
- 광고의 탄력성도 특성의 하나이다.
- 광고시장이 전국, 지역, 지방의 어느 경우이든 TV는 이들 시장에 메시지를 전달할 수가 있다.
- 여러 가지 시간 규모가 있어서 광고주는 원하는 광고를 선택할 수 있을 뿐 아니라 시각 소구 매체로서 일련의 움직임이나 흐름을 표현할 수 있기 때문에 광고상품과 사용 모습을 실제로 보여주기에 소비자로 하여금 친근감과 이해도가 높아 매체 중 가장 큰 효과를 얻을 수 있다.

① TV 광고의 장·단점

장점	단점
• 매체 중 전달력이 가장 큰 매체임 • 대상에 따라서 광고를 시간대별로 선별할 수 있음 • 멀티적이어서 감정이입의 효과가 큼 • 대중 분포도의 힘이 가장 큼 • 방송의 빈도수가 많아 반복효과가 큼	• 비용이 비쌈 • 광고의 수명이 짧음 • 시청률에 따라서 광고 효과가 다르게 나타남 • 제작 기간이 오래 걸림

② TV 광고의 종류

스폿(Spot) 광고	TV 프로그램과 프로그램 사이에 삽입되는 광고
프로그램(Program) 광고	드라마 형식으로 프로그램 안에 광고를 삽입하여 제작
스폰서십(Sponsor Ship) 광고	프로그램의 경비를 광고주가 부담하고 광고권을 광고주가 가짐
네트워크(Network) 광고	전국적인 네트워크망을 갖고 있는 방송국에서 전국에 알리는 광고
로컬(Local) 광고	특정한 지역에 전달하는 광고
자막 광고	자막 형태로 메시지를 알리는 광고

9) 포스터(Poster) 20년 1회, 17년 4회, 10년 4회

- '기둥이나 벽 등에 붙인다'는 뜻으로 일정한 지면 위에 그림, 사진, 문양 등을 시각적으로 구성하여 강한 메시지를 전달하는 광고를 말한다.
- 부착하는 위치를 자유롭게 할 수 있으며 연속적인 부착으로 주목성을 높일 수 있다.
- 고급 인쇄가 가능하므로 크기와 색상 선택이 자유롭다.
- 수명이 짧고 훼손되기 쉬우며, 지역과 소구 대상이 한정되어 있다.

① 포스터의 기능

- 장식적 효과를 위한 것 : 광고의 매체로서 게시된 다음에 버려지는 것이 아니라 회화의 작품처럼 수집의 대상이 되고 있으며 하나의 장식처럼 사용되기도 한다.
- 상품 광고를 위한 것 : 공공장소 등에 정해진 지면으로 상품을 광고하는 기능을 갖는다.
- 계몽선전을 위한 것 : 국가나 사회단체에서 공공질서 의식, 도덕적 의식 등 국민들에게 캠페인성 기능을 갖는다.
- 고지적인 기능 : 새로운 제도나 법규 등을 알리는 기능을 갖는다.

② 포스터의 장 · 단점

장점	단점
• 설득력이 매우 높음 • 연속적인 부착을 통해 주목성이 높음 • 크기와 색상을 자유롭게 할 수 있음 • 고급 인쇄가 가능	• 수명이 짧음 • 지역에 한정되기 때문에 소구 대상에 제한이 있음 • 논리적, 설명적인 내용에 약함

③ 포스터의 종류

문화 행사 포스터	• 연극, 영화, 전람회, 박람회 등 문화 행사의 정보를 알리는 포스터 • 행사 포스터는 관객의 흐름을 유도하며 관객에게 행사의 일정을 알리는 데 목적이 있음
공공 캠페인 포스터	각종 사회 캠페인 매체로서 기능을 수행하며 단체적인 행동을 유도해내기 위한 포스터
상품광고 포스터	• 소비자와 상품과의 연결수단으로 다양한 내용과 움직이는 정보 전달의 매체로서의 기능 • 소비자로 하여금 구매의욕을 일으키게 함과 동시에 판매 활동을 촉진시켜 사회의 경제유통질서를 원활하게 하는 요소로서 사용
관광 포스터	관광객들로 하여금 관광 동기와 욕구를 유발시켜 관광 행위를 하도록 유도하는 시각광고 매체
장식 포스터	고지적 소구의 목적이 아닌 새로운 시각적 예술성을 지닌 것으로, 장식성을 강조한 포스터
계몽 포스터	사회의 공공질서 유지와 공익을 위한 포스터

✅ 개념 체크

1 포스터 제작 시 유의사항으로 옳지 않은 것을 고르시오. (   )

㉠ 레이아웃은 간결해야 한다.

㉡ 시각적 자극이 될 수 있는 이미지나 사진으로 주목성이 있어야 한다.

㉢ 어느 정도 거리를 두고 봐도 알아볼 수 있어야 한다.

㉣ 전체적인 색상의 수는 많아야 좋다.

1 ㉣

④ 포스터의 제작 시 유의 사항

- 레이아웃은 간결하게 해야 하며 내용은 전달하고자 하는 것만을 사용해야 한다.
- 시각적 자극이 될 수 있는 이미지나 사진으로 주목성이 있어야 한다.
- 포스터는 전체적인 색상의 수는 적을수록 좋다.
- 포스터는 가까이서 봤을 때 알아보기보다는 어느 정도 거리를 두고 봐도 알아볼 수 있어야 한다.

10) SP(Sales Promotion) 광고

- 마케팅 커뮤니케이션의 한 수단으로서 제품의 판매 촉진을 위한 모든 활동 수단을 말한다.
- 판매 촉진을 위한 광고 중에서 4대 매체 광고(신문, 잡지, TV, 라디오)를 제외한 모든 광고, 홍보 활동을 말한다.
- SP 광고에는 패키지, 이벤트, 디스플레이, 전시, 박람회, 옥외, 교통, POP, 프리미엄, 쿠폰 등이 포함된다.

11) POP(Point Of Purchase : 구매시점) 광고 17년 2회, 13년 2회/1회

- POP 광고는 소매점의 점두 또는 점내에서 하는 소매점 광고이다.
- 제조업자가 판매 성과를 올리기 위하여 판매점이나 소매점을 통하여 소비자와 직접적인 접촉을 갖기 위해 만든 방법으로 매장에서 소비자의 행동에 초점을 맞춘 광고를 말한다.
- 판매점의 입장에서는 판매 시점 광고(Point of Sale advertising, PS ad)이다. 즉, 소매점의 점포 내 또는 점두에서 여러 가지 형태로 나타나는 광고 메시지이며 점포 내에 들어와 있는 구매자는 물론, 동행인의 구매 행위에도 영향을 미친다.
- POP 광고 전략에서 가장 중점을 두어야 할 대상은 소비자이며, 소비자가 원하는 바를 정확하게 알아낸 후 이를 충족시킬 수 있는 서비스를 수행해야 한다.

① POP의 기능

소비자에 대한 기능	새로운 상품이 판매점에 출현했을 때 소비자에게 알릴 수 있음
판매점 측에서 본 기능	• 점원의 수고를 덜며 동시에 판매 효율을 높임 • POP 광고의 메시지가 판매 행위를 보조하며 대변하는 역할과 독특한 표현 방식에 의해 판매점의 좋은 인상을 심어줌
광고주 측에서 본 기능	• 신제품을 알리는 데 좋으며 신제품의 기능, 가격을 강조 • 타사보다 강점을 내세워 상품에 주의를 끌어 충동구매를 이끌어냄

② POP 광고의 특징

- 소비자에게 시선을 집중시켜 판매 신장을 가져온다.
- 판매원의 설명 대신 상품의 특징, 사용방법 등을 알릴 수 있다.
- 충동구매를 자극하여 상품을 구매할 수 있도록 한다.
- 매장을 미적으로 꾸밀 수 있게 한다.
- 자유로운 상품 선택과 즐거움을 준다.
- 컬러의 배색으로 시선을 자극할 수 있다.
- 상품에 주목시켜 구매할 수 있게 한다.

 개념 체크

1 POP 광고 전략에서 가장 중점을 두어야 할 대상은 (　)이며, 이들이 원하는 바를 정확하게 알아낸 후 이를 충족시킬 수 있는 서비스를 수행해야 한다.

1 소비자

③ POP 광고의 종류 12년 4회

제작자별 분류, 설치 장소별 분류, 목적 기능별 분류로 나눌 수 있다.

제작자별 분류	• 메이커 POP : 상품을 생산하는 회사에서 직영 대리점이나 체인점의 점포에 배포하는 것 • 대량 판매점 POP : 대형 슈퍼마켓과 백화점 등에서 활용하는 것 • 소매점, 판매점 : 자기 점포에 맞게 소량으로 제작하는 것
설치 장소별 분류	• 점두 : 깃발, 현수막, 휘장, 스탠드 등 • 천장 : 행거(Hanger), 모빌(Mobile), 깃발 등 • 판매대 진열 : 견본 진열대, 샘플 케이스 등 • 윈도(Window) : 쇼윈도에 사용하는 것으로 제작물의 소재, 규격 등을 고려해야 함 • 플로어(Floor) : 점포 내의 플로어에 설치하여 사용 • 벽 : 벽에 붙여 사용하는 POP(깃발, 포스터, 안내판 등) • 선반 : 상품 진열대에 붙이는 소형 POP 종류
목적 기능별 분류	• 신제품 발매 프로모션 POP • 시즌 프로모션 POP • 판매 확대 POP • 대량 진열용 POP • 전시 판매용 POP • 데몬스트레이션(Demonstration)용 POP

12) DM(Direct Mail) 광고 22년 4회, 11년 4회, 10년 1회

신문, 잡지, 라디오, TV를 매체로 하는 대량 공격적인 광고와 달리 DM 광고는 광고물을 특정한 개인이나 단체의 예상 고객에게 직접 우편으로 보내어 판매 성과를 거두려는 광고 방법이다.

① DM 광고의 특징

• 우편이나 편지로 고객들에게 보내는 우송광고이다.
• 특정 회사가 회원에게 직접 보내는 우편물에 포함되는 광고를 말한다.
• 회원제의 운용으로 예상 고객을 선별할 수 있고 시기와 빈도를 조절할 수 있다.

② DM 광고의 장 · 단점

장점	단점
• 예상 고객을 선별할 수 있음 • 시기와 빈도를 조절할 수 있음 • 다양하게 제작할 수 있음 • 타 광고와 경쟁을 피할 수 있음 • 타 광고에 비해 표현이 자유로움	• 고객선택, 관리가 어려움 • 주목성과 오락성이 떨어질 수 있음 • 우편료, 고객관리 비용, 소량 인쇄 등으로 단가가 상승할 수 있음 • 지면이 적어 많은 내용을 담으면 조잡할 수 있음

③ DM 광고의 종류 15년 4회

엽서	이벤트 광고나 초대, 전시회 안내 등이 있음
폴더(Folder)	한 장짜리 지면을 2~3겹으로 접는 소형 광고물을 말함
소책자(Booklet)	카탈로그(Catalogue), 브로슈어(Brochure), 사보, 제품 설명서 등
리플릿(Leaflet)	한 장의 소형지, 접지형태의 경우도 있음
세일즈 레터 (Sales Letter)	광고주의 메시지를 편지처럼 봉투에 넣어서 인사문을 겸하는 것으로 친근감을 느낄 수 있음
브로드사이드 (Broadside)	폴더를 다시 크게 한 것으로 보통 3절 이상이며 양면으로 인쇄하여 펼쳤을 때 각 부분의 레이아웃이 1단위가 되도록 접혀 있음
노벨티(Novelty)	광고 용품을 말하며, 수건, 장난감, 지갑, 부채, 라이터 등으로 일시적인 소모품을 가리킴
블로터(Blotter)	화장품 업계에서 주로 사용하는 것으로 탁상용 캘린더 등으로 상당 기간 수취인이 보존하여 사용할 수 있는 것을 말함

13) 옥외 광고 10년 2회

- 옥외 광고는 표출되는 광고란 뜻으로 일정한 기간 동안 포스터 등의 매체를 사용하여 상품이나 용역의 내용을 표시하는 광고를 뜻한다.
- 그 종류는 의도하는 목적이나 설치 기간, 설치 장소, 형태, 사용 재료, 조명의 여부, 전시 내용의 공공성 여부 등에 의해 분류된다.

① 옥외 광고의 특성

- 불특정 다수를 대상으로 하므로 유동 인구가 많은 곳이 소구 효과가 크다.
- 정착성, 대중성이 있다.
- 일정 지역의 광고가 유리하며 반복적인 방법이 소구 효과가 크게 나타난다.
- 대형의 매체로 상품 및 기업 이미지 광고에 효과적이다.
- 단순한 전달 매체뿐만 아니라 아름답고 쾌적한 도시의 환경 조성을 위한 배려가 필요하다.

② 옥외 광고의 장·단점

장점	단점
• 정착성, 인상성, 심층성, 대중성이 있음 • 색채, 조명, 형태 등의 표현이 자유로움 • 재료의 선택이 다양 • 시장이나 지역의 선택성을 가짐	• 내용이 한정적이므로 많은 양의 전달이 어려움 • 법제의 규제가 큼 • 주변 환경과 조화 때문에 제한적일 수 있음

✔ 개념 체크

1 DM 광고의 종류로 옳은 것은 ○, 옳지 않은 것은 × 표시하시오.

㉠ 폴더 – 한 장짜리 지면을 2~3겹을 접는 소형 광고물 (○, X)

㉡ 소책자 – 이벤트 광고, 초대, 전시회 안내 등 (○, X)

㉢ 브로드사이드 – 수건, 장난감, 지갑, 부채 등 일시적인 소모품 (○, X)

㉣ 리플릿 – 한 장의 소형지, 접지 형태의 경우도 존재 (○, X)

1 ㉠ ○, ㉡ X, ㉢ X, ㉣ ○

③ 옥외 광고의 종류

• 간판(Sign Board)

옥상간판	건물의 옥상 위에 설치하는 것
점두간판	상점의 입구에 설치하는 간판
평간판	처마 끝에 다는 간판
수간판	세로로 다는 간판
돌출간판	도로 쪽으로 돌출되게 다는 간판
입간판	점두나 옥외에 세워서 설치하는 간판
전주간판	전주에 직접 설치하는 간판
야외간판	철도노선 또는 간선 도로변의 산기슭이나 논밭에 세운 간판

• 포스터 : 용도나 크기에 맞게 제작할 수 있으나 게시는 일정한 장소에 규제되고 있다.
• 광고탑 : 광고의 표현을 목적으로 옥외에 설치된 구축물로, 일반적으로 사방에서 볼 수 있도록 높은 탑의 형태로 취한다.
• 광고 자동차 : 주로 자동차에 상품명이나 선전문을 쓴 천을 달거나, 혹은 필름지나 코팅지를 붙여서 광고하는 것이다.
• 네온사인(Neon Sign) : 밤거리를 지나는 일반인들에게 강렬한 자극을 주어 광고 효과를 얻을 수 있다.
• 애드벌룬(Adballoon) : 기구에 광고물을 매달아 공중에 띄워 대중의 시선을 끌게 하는 광고수단이다.
• 스카이 라이팅(Sky Writing) : 비행기를 이용하여 연기 따위로 공중에 문자를 쓰는 광고 수단이다.

02 편집 디자인 23년 1회, 22년 4회/2회, 21년 3회, …

• 신문 · 잡지 · 서적 등의 인쇄물을 시각적으로 구성하여 제작하는 시각 디자인의 한 분야이다.
• 출판 디자인(Publication Design) 또는 에디토리얼 디자인(Editorial Design)으로 불린다.
• 편집 디자인의 역사는 1920년대 미국의 잡지 「포춘」과 1976년 국내의 「뿌리 깊은 나무」 월간지를 들 수 있다.
• 컴퓨터그래픽의 발전으로 인하여 인쇄물뿐만 아니라 컴퓨터상에서 구현될 수 있는 방향으로 발전하고 있다.
• 소형 인쇄물을 시각적으로 구성한 시각 커뮤니케이션 표현에 중점을 둔 디자인이다.

1) 편집 디자인의 분류

- 편집 디자인은 그래픽 디자인의 분야에 해당되는 넓은 범위를 갖는데 이는 시각을 통해서 전달되는 모든 인쇄물이 편집 디자인의 대상이 되기 때문이다.
- 편집 디자인은 크게 형태별, 표현 양식별, 간행 주기별로 분류할 수 있다.

① 형태별 분류 19년 1회, 12년 5회, 11년 1회

- 단행본 · 잡지 · 전문서적 · 카탈로그 · 매뉴얼 · DM 등이 있다.
- 일상생활 속의 출판물로서 크기 · 두께 · 제본 방식 등에 따라 종류가 다양하다.

낱장(Sheet) 형식	한 장짜리의 인쇄물(DM, 레터헤드, 리플릿, 전단지, 안내장, 카드 등)
스프레드(Spread) 형식	펼치고 접는 형식(리플릿, 신문, 팸플릿, 카탈로그 등)
서적 형식	제본된 책자 형식(매뉴얼, 단행본, 화보, 잡지, 브로슈어 등)

② 표현 양식별 분류

- 내용과 목적에 따라서 표현되는 편집 디자인을 말한다.
- 사진 · 일러스트레이션 · 카피가 종합되어 목적을 정확하게 나타내는 것이다.

타이포그래피에 의한 표현	단행본, 학술지, 문학지, 사전, 기사 중심의 기관지
픽토리얼(Pictorial)에 의한 표현	사진집, 화보, 지도
타이포그래피와 픽토리얼에 의한 표현	일반 잡지, 매뉴얼, 브로슈어 등

③ 기간별 분류

정기 간행물	일간(하루), 주간(일주일), 순간(10일), 월간(1달), 계간(분기/계절), 연간(1년)
비정기 간행물	제품 카탈로그, 단행본, 시집

2) 출판물의 종류

학술지	학회나 연구소 등에서 정기적으로 발행하는 학술 · 예술 분야에 관한 전문적인 글을 싣는 잡지
문학지	문학인들의 작품, 시, 소설, 희곡, 수필, 평론 등을 발표한 책자
단행본	지속적으로 발행되는 잡지 따위와 달리 한 번의 발행으로 출판이 완료되는 책
매뉴얼(Manual)	설명서(내용이나 이유, 사용법 등을 설명한 글), 사용서, 안내서
브로슈어(Brochure)	설명, 광고, 선전 등을 위하여 만든 얇은 책자
리플릿(Leaflet)	설명이나, 광고, 선전 등의 내용을 담은 종이나 얇은 책자(팸플릿보다 더 간략한 것)
카탈로그(Catalogue)	상품을 소개하는 책자

✓ 개념 체크

1 편집 디자인을 형태별로 분류했을 때, 제본된 책자(매뉴얼, 단행본, 화보, 잡지, 브로슈어 등)는 스프레드(Spread) 형식에 해당한다. (O, X)

1 ×

3) 편집 디자인의 구성요소 10년 2회

편집 디자인은 단순한 레이아웃을 짜는 행위로만 그치는 것이 아니라 책자의 구성을 기획하는 일부터, 제작되고 판매대에 올려 졌을 때까지의 모든 과정을 포함한다.

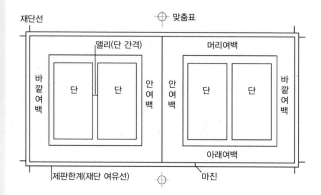

① 플래닝(Planning)

- 편집 디자인에서 기본 골격에 해당된다.
- 책자 전체의 디자인되어야 할 규정과 원칙들을 결정하여 그 처리 규정과 운영 방법을 계획하는 단계이다.

② 타이포그래피(Typography) 22년 1회, 16년 4회

- 타입(Type)과 그래피(Graphy)의 합성어이다.
- 가독성을 높이기 위하여 활자의 형태, 문자의 크기, 글의 줄 사이, 띄어쓰기 등이 그 요소로 사용되며 내용 전달이 잘 되도록 해야 한다.
- 타이포그래피는 메시지를 가장 잘 전달하는 중요한 요소 중의 하나이다.

③ 포토그래피(Photography)와 일러스트레이션(Illustration)

- 사진과 일러스트레이션은 본문을 보완하기 위하여 공간을 채우는 장식이 아니라 오히려 어떤 경우에는 언어가 갖지 못하는 강한 표현력으로 시각적 효과를 얻을 수 있다.
- 포토그래피의 사전적 의미는 '사진술'이란 용어로 사진을 그래픽적 요소와 함께 표현하여 메시지를 주는 것이다.
- 일러스트레이션의 넓은 의미로는 회화, 사진을 비롯한 도형, 도표 등 문자 이외의 시각화된 것을 의미하나 좁은 의미로는 핸드 드로잉에 의한 목적이 있는 표현을 뜻한다.

✔ 개념 체크

1 타이포그래피는 타입과 (   )의 합성어로, 메시지를 가장 잘 전달하는 중요한 요소 중 하나이며, (   )을 높이기 위해 활자의 형태, 문자의 크기, 띄어쓰기 등을 사용한다.

1 그래피, 가독성

④ 레이아웃(Lay-Out) 16년 2회, 11년 1회

- '배치하다', '배열하다' 등의 뜻이 있다.
- 문자, 기호, 그림 등과 디자인적 요소를 사용해 정해진 틀(사이즈)에 조형적으로 배치한다.
- 가독성, 전달성, 주목성, 심미성, 조형 구성 등을 주기 위해 효과적으로 구성하는 것이다.
- 레이아웃은 프리(Free) 방식과 그리드(Grid) 방식으로 나눌 수 있다.

프리 방식	디자이너의 직관에 의존하는 방식
그리드 방식	모듈(Module)에 의한 그리드의 구성과 그 구조에 의존하는 방식

- 레이아웃으로 다른 광고와의 차별화 및 주목성을 높일 수 있고, 광고의 목적을 달성하도록 레이아웃을 유도할 수 있으며, 안정감 및 속도감, 균형감 등을 줄 수 있다.

⑤ 인쇄출판물 제작 순서

기획 – 자료수집 – 아이디어 – 시안 – 제작(편집 및 레이아웃) – 필름 출력 – 교정 – 교정인쇄 – 인쇄판 작업 – 인쇄 – 제본 – 재단 – 가공 – 납품

기획	광고주와의 회의를 통하여 디자인의 전반적인 방향을 잡음
자료수집	경쟁사와 유사제품의 자료, 기획에서 필요한 정보를 수집함
아이디어	컨셉의 방향에 맞는 아이디어를 찾도록 노력함
시안	컨셉의 방향에 적절한 시안을 작업함
제작	시안 작업에서 결정이 되면 보완작업을 통하여 인쇄에 문제가 없도록 이미지, 서체, 레이아웃 등으로 제작
필름 출력	4도 분판 필름 작업을 함
인쇄판 작업	4도별 필름 작업을 통하여 인쇄판(소부판) 작업을 함
인쇄	4도 인쇄 및 별색이 있을 경우 5도, 6도 등의 인쇄를 하고 인쇄를 할 경우에도 색의 양에 따라서 어느 정도 색의 수정을 할 수 있음. 표지를 먼저 인쇄하고 내지를 나중에 인쇄함
제본	여러 장의 인쇄물을 한 권으로 묶는 작업
재단	제본된 인쇄물을 자르는 작업
가공	목적에 따라 외부 장식을 하거나 표면을 가공을 함

✓ 개념 체크

1 인쇄출판물 제작 순서는 '기획 – 자료수집 – (   ) – 시안 – 제작(편집 및 레이아웃) – 필름 출력 – 교정 – (   ) – 인쇄판 작업 – 인쇄 – (   ) – 재단 – 가공 – 납품'이다.

1 아이디어, 교정 인쇄, 제본

4) 인쇄 기법

- 인쇄란 종이를 비롯한 그 밖의 피인쇄체에 글이나 그림을 복제하는 것으로 지식과 정보를 전달, 보존하는 역할을 하는 것이다.
- 인쇄 기법에는 볼록판 인쇄, 오목판 인쇄, 평판 인쇄, 공판 인쇄 등이 있다.
- 인쇄의 5대 요소는 원고, 판, 인쇄 기계, 인쇄잉크, 피인쇄체 등이다.

① 인쇄의 종류별 특징

▲ 볼록판 인쇄

▲ 평판 인쇄

▲ 오목판 인쇄

분류	종류	장점	단점
볼록판 인쇄	활판, 목판, 선화철판, 고무판	• 망점이 선명 • 문자 인쇄가 가장 선명	• 용지에 제한을 받음 • 비용이 많이 듦 • 색채표현이 좋지 않음
평판 인쇄	옵셋(Off-Set), 석판, 금속평판	• 색상이 밝음 • 색 도수의 사용이 자유로움 • 비용이 가장 저렴	• 물의 사용으로 인쇄의 트러블이 많음 • 힘이 약함
오목판 인쇄	그라비어(Gravure), 조각요판	• 농담이 풍부 • 인쇄 질이 우수 • 용지에 제한을 받지 않음	• 수정이 곤란함 • 문자 인쇄가 좋지 않음 • 비용이 많이 듦
공판 인쇄	실크 스크린	• 수량이 적을 때 좋음 • 인쇄판이 유연해 다양한 물체에 인쇄	• 잉크가 불투명함 • 정밀, 정확하지 못함 • 인쇄 속도가 느림

② 인쇄의 종류별 용도

▲ 공판 인쇄

분류	용도
볼록판 인쇄	현재는 거의 사용하지 않고, 과거 불경 등의 탁본용으로 사용
평판 인쇄	카탈로그, 브로슈어, 책자 등에 주로 사용
오목판 인쇄	포장지, 비닐, 증권, 지폐 등에 주로 사용
공판 인쇄	문구, 완구, 전자기기, POP물에 주로 사용

③ 스크린 선 수와 인쇄 선 수

- 스크린 선 수란 인쇄에 필요한 선 수로 사방 1inch 안에 들어 있는 선의 개수를 말한다.
- 신문 인쇄와 같이 낮은 질은 80~100선 정도가 사용된다.
- 카탈로그나 책자 등의 고급 인쇄에는 133선 또는 150선이 사용된다.
- 이미지 해상도는 선 수의 2배로 계산된다.
- 150선 수의 인쇄물 이미지는 300DPI의 해상도로 작업되어야 한다.

5) 인쇄의 특징

옵셋의 4도 인쇄 (C, M, Y, K)	밝은 청색(Cyan : 시안), 자홍색(Magenta : 마젠타), 노란색(Yellow : 옐로우), 검정색(Black), 검정색은 'K'로 표시
별색 인쇄	• C, M, Y, K 색상으로 낼 수 없는 은색, 금색, 그 외 패턴컬러 인쇄 시 별도의 판을 만들어 인쇄 • 별색 인쇄 시 망점이 없기 때문에 인쇄의 색상이 선명하며 형광색과 같은 특정의 색상을 표현할 수 있음
모아레(Moire) 현상	• C, M, Y, K 각각의 분해 필름은 망점이 각도와 다르게 나타나도록 함 • 모아레 현상은 스크린의 각도가 맞지 않아 망점이 서로 겹치면서 발생하는 노이즈 현상 • 각각의 색채가 인쇄할 때 일정하게 겹치는 현상을 방지하고, 보다 선명하게 원색을 재현하기 위해서 색마다 각도를 맞추어야 함

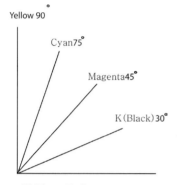

▲ 색상별 스크린 각도

03 아이덴티티 디자인(CI) 21년 1회, 16년 3회, 15년 1회, 14년 5회

- CIP는 Corporate Identity Program의 약어로서 Corporate와 Indentity
  가 합쳐진 복합적인 개념을 가지고 있다.
- 기업의 존재를 확실하게 하고, 적극적인 커뮤니케이션 활동을 통해 기업에 대
  한 내외관계자의 의식을 개선함으로써 보다 나은 시장 환경, 경영 환경을 만들
  어 내는 총체적인 전략을 지칭하기도 한다.
- CI 작업은 단순히 회사 이름이나 디자인을 변경하는 외적 환경뿐만 아니라, 조
  직의 개혁이나 인사, 새로운 비전 확립 등의 내적 환경도 포함하는 활동이어야
  한다.
- 디자인도 조형적인 아름다움을 넘어서, 기업의 이념을 담은 디자인으로 정보
  가치가 되어야 한다.

🅑 기적의 TIP

브랜드 아이덴티티
단위포장에서 느껴지는 통일된 이미지를 소비자에게 전달할 수 있도록 고려한다.

✅ 개념 체크

1 CI 디자인은 기업의 이념을 담은 디자인으로 정보 가치가 되어야 하며, 조형적인 아름다움은 필요 없다. (O, X)

1 ×

1) CI 장점

- 조직적이고 통일된 사고를 촉진하고, 네트워크가 구축된다.
- 구매자에게 친숙한 이미지는 곧 매출로 연결된다.
- 회사의 신뢰도를 확보한다.

2) CI 도입 시기

기적의 TIP

CIP 진행 순서
분석 → 디자인 모색 → 디자인 개발 완성 → 시행

- 사업을 시작하거나 확장할 때
- 운영진이 변화할 때
- 사업을 분할하거나 합병할 때
- 매출이 하락하고 있을 때
- 위기를 기회로 활용하려 할 때

3) 기본 시스템(Basic System)

심벌 마크, 로고 타입, 전용 색상, 전용 서체, 캐릭터(Character), 마스코트, 시그니처 등으로 시각적 요소를 체계적으로 표현하는 기본적인 요소로 구성되어 있다.

종류	내용
심벌 마크 (Symbol Mark)	심벌마크는 그래픽적인 요소로 기업을 나타낼 수 있는 것
로고 타입(Logo Type)	• 회사의 이름을 특정한 문자로 디자인한 것 • 식별성과 가독성, 독창성을 고려하여 제작해야 함
전용 색상 (Corporate Color)	• 지정된 회사 컬러를 반복 사용함으로써 소비자에게 통일된 느낌을 줌 • 전용 색상은 주 색상과 보조 색상으로 나누어 회사의 특성을 잘 나타내게 해야 함
전용 서체 (Special Typeface)	• 기업에서 독자적으로 만들어 사용하는 전용 서체와 기존의 서체를 통일되게 사용하는 지정 서체 등으로 나누어 사용 • 회사의 업무 시 통일된 서체를 사용하므로 서류의 통일성을 줌
마스코트(Mascot)	기업 또는 제품의 개성이나 특징을 표현한 것으로, 일반적으로 일정한 기간에 행해지는 것으로 사용 기간으로 캐릭터와 구분함
시그니처(Signature)	기본편의 각종 시각요소들을 효과적으로 조합하는 방법으로 심벌마크와 로고 타입, 국 · 영 · 한문, 캐릭터와의 조합방법을 말함

4) 응용 시스템(Application System)

- 기업의 커뮤니케이션 매체로서는 제품은 물론 사무집기 및 서식류, 포장, 유니폼, 표지 및 간판, 수송물, 건물 등 많은 것들이 있다.
- 여러 매체에 기본편의 각종 정보 전달 요소를 적용하는 것을 응용 시스템이라 한다.

개념 체크

1 기본편의 각종 시각 요소들을 효과적으로 조합하는 방법으로 심벌마크와 로고 타입, 국 · 영 · 한문, 캐릭터와의 조합 방법을 (   ) 라고 한다.

1 시그니처

종류	내용
사무집기 및 서식류	편지지, 원고지, 봉투, 명함, 메모지, 보고일지, 서류, 신분증, 표창장 등 일반 사무실 내의 각종 서식물
포장류	포장지, 캔 포장, 상자, 택(Tag) 등
유니폼	모자, 제복 등의 각종 유니폼
표지 및 간판	각종 안내표지, 홀 사인, 안내판, 각종 주의 및 안내표지
수송물	승용차, 수송용 차량, 콘테이너, 각종 운반용 기기
건물	각종 건물, 굴뚝, 저장 탱크 등 각종 건물 환경 디자인물
제품	이외에 그 기업에 따라 제품 등 다양한 매체로 전개될 수 있음

04 타이포그래피(Typography)

1) 타이포그래피 개요

- 그리스어 'typo'에서 유래되었다.
- 전통적 의미는 활판 인쇄술이다.
- 현대적 의미는 활자의 기능과 미를 위한 효율적인 운용 방법이나 학문이다.

2) 가독성(Legibility)

- 가독성은 많은 양의 텍스트를 보다 쉽고 빠르게 읽히게 하는 시각적 속성의 뜻이 있다.
- 가독성의 향상을 위해서는 서체, 글자의 크기, 색상의 조화, 글자의 공간, 행의 길이, 글자 스타일, 정렬 등의 요인을 고려해야 한다.

3) 타이포그래피의 요소

- 타입(Type)은 글자의 형태(Letter Form), 알파벳이나 한글의 낱자를 뜻한다.
- 타입페이스(Typeface)는 '서체'를 뜻하며, 다른 글자와 구분되는 글자꼴을 뜻한다.
- 타입 패밀리는 유사한 시각적 특성을 기준으로 분류된 서체집단으로, 부모 폰트(Parents Font)와 획의 굵기나 비례, 기울기가 다른 스타일의 집합체이다.

① 타이포그래피의 비례

서체의 가로 폭을 넓게 혹은 좁게하는 요소
- 장체(Condensed) : 서체의 폭이 좁아지는 비례를 좁게
- 평체(Expended) : 서체의 폭이 좁아지는 비례를 넓게
- 이탤릭 : 오른쪽으로 기울어짐, 대조나 강조를 위해 주로 이용

② 자간(Letter Spacing)

- 글자와 글자 사이의 공간
- 타이포그래피에 텍스트의 촉각적 질감과 밝고 어두운 톤을 제공

③ 행간(Line Spacing, Leading)

- 글줄과 글줄 사이의 공간
- 시선의 운동을 원활히 도와주는 요소

④ 타이포그래피 정렬

- 왼 끝 맞추기는 많은 양의 텍스트를 다룰 때 이상적이다.
- 오른 끝 맞추기는 시각적 흥미는 있지만, 많은 양의 본문에는 피하는 것이 좋다.
- 양 끝 맞추기는 단락의 양끝 모두가 일직선상에 나란히 정렬된 형태이다. 또한 배열된 문장 전체의 모양이 정돈되어 보기 쉽기 때문에 일반적으로 가장 널리 사용하고 있다.
- 가운데 맞추기는 가운데를 기준으로 모든 행을 대칭시키는 정렬이다. 또한 적은 양의 텍스트를 처리할 경우에 바람직하며 품위 있고 고급스러운 느낌이 든다.

★세리프(Serif)
글자의 획의 시작이나 끝부분에 있는 작은 돌출선을 말한다.

★산 세리프(Sans Serif)
세리프를 없앤 글자체로 읽히는 것보다는 활자체 자체를 전시하기 위한 것으로 주로 쓰인다.

🅑 기적의 TIP

루비
글자 위에 작은 글자로 강조하기 위하여 사용한다.

영진 컴퓨터 그래픽스

글꼴 (활자의 형태)	• 글자의 형태는 크게 명조체(세리프★체), 고딕체(산 세리프★체), 응용 서체로 구분 • 명조체는 본문 서체로 많이 쓰이며 여성적이고 우아, 섬세하여 가독성이 좋음 • 고딕체는 명시성이 좋아 사인이나 교통 표지판등에 주로 사용
크기	• 서체의 크기는 한글인 경우 급수(Q), 영문인 경우 포인트(Point)로 표시 • 1p=1/72inch(약 0.3514mm) 1Q=0.25mm
굵기	글자의 굵기는 가는체를 세(細, Light), 가운데 서체(中, Medium), 굵은 서체(太, Bold), 가장 굵은 서체(見出, Extra Bold) 등으로 분류 예 세명조, 명조체, 중명조, 태명조, 견명조, 견출명조
넓이	글자의 넓이를 말하는 것으로 가로와 세로의 비가 같은 체를 정체, 정체에서 가로비가 작은 체를 장체, 세로비가 작은 체를 평체라고 함
각도	• 글자의 기울임 각도에 따라서 수직체(Vertical)와 기울어진 사체(Italic)로 구분 • 일반적으로 속도감을 표현할 때 사용하며 윗부분이 우측으로 기울면 우사체, 좌측으로 기울면 좌사체 등으로 말함
자간	자간이란 글자와 글자 간의 간격을 말하며 미세 조정은 커닝(Cunning) 이라고 함
띄어쓰기	단어와 단어 사이의 간격을 말하며 띄어쓰기 간격도 하나의 글자 간격으로 함
행간	글줄과 글줄 사이의 간격을 말함

▲ 타이포그래피 요소

05 포장 디자인

- 패키지(Package) 디자인이라고도 하며 상품의 신분을 분명히 해주고 소비자가 그 상품을 사도록 충동구매를 유발하며 안전하게 사용할 수 있도록 보호의 기능을 갖는다.
- 포장은 상품 정책과 판매 정책이 밀접하게 결합한 것으로 소비자의 선택과 근본적으로 관련되는 상품화 정책의 한 요소이다.

1) 포장 디자인의 조건 23년 1회, 22년 3회, 21년 1회, 17년 2회, 16년 1회, …

좋은 포장 디자인이란 포장의 표면 디자인에만 국한되는 것이 아니라 좋은 아이디어로 제품을 쌓기 쉽고 편리하게 만드는 기능적인 면도 포함된다. 그러므로 포장은 상품의 얼굴일 뿐만 아니라 기업 이미지의 확립을 위한 중요한 요소가 되고 있다. 포장 디자인의 조건은 다음과 같다.

➕ **더 알기 TIP**

- 유통과정에서 제품을 보호할 수 있어야 하고, 제품의 정보나 성격을 잘 전달해야 한다.
- 유통 시 취급 및 보관이 용이해야 한다.
- 구매 의욕을 느낄 수 있도록 해야 한다.
- 경쟁 상품과 차별화될 수 있도록 해야 한다.
- 제조자와 소비자를 연결하는 촉진제가 돼야 한다.

2) 포장 디자인의 기능 23년 3회, 20년 1회

① 보호와 보존성

내용을 보호하는 기능은 유통과정이나 보존과정에서 상품이 여러 가지 장해로부터 내용물을 보호하는 데 주된 목적이 있다.

② 편리성

소비자나 판매 점원에게 취급 사용상의 편리를 제공해야 한다.

③ 상품성

- 포장이 상품의 소비욕구 혹은 소비자에게 어느 정도로 기여하는 것인가를 가리키는 것으로 그 효과가 크다.
- 포장은 상품과 소비자를 연결하는 매체로서, 동시에 스스로 영업자의 역할을 한다.
- 구조적 특성에서 시각적 유도와 일러스트레이션, 타이포그래피 등의 배치, 색채 등에 의한 구매의욕을 일으키는 표면 디자인을 해야 한다.

✔ **개념 체크**

1 포장 디자인의 기능으로 옳지 않은 것을 고르시오.
( )
   ㉠ 내용을 보호하는 기능
   ㉡ 소비자, 판매 점원에서 취급 사용상의 편리 제공
   ㉢ 구매 의욕을 일으켜야 함
   ㉣ 경쟁 상품과 동일한 디자인

1 ㉣

④ 심미성

- 제품의 용도와 기능에 있어서 소비자의 심미성을 느끼게 해야 한다.
- 소비자의 의사결정은 환경, 배경, 욕구 등의 영향을 받으므로 조사와 연구를 충분히 해야 한다.

3) 포장 디자인의 매체

포장 디자인의 매체로는 POP 디자인, 포장 디자인, 포장지 디자인, 쇼핑백 디자인, 라벨 디자인 등이 있다.

POP 포장 디자인	포장만으로 구매 심리를 자극할 수 있는 구조적인 형태와 색채, 재료 등을 고려해야 함
포장지 디자인	제품의 특성을 살릴 수 있는 그래픽 요소와 색채, 재질 등을 고려해야 함
쇼핑백 디자인	걸어 다니는 광고판이라고도 하며 기업이나 제품의 특징을 살릴 수 있게 디자인해야 함
라벨 디자인	상품 판매의 직접적인 관계를 가지는 것으로 그래픽적인 요소와 색채의 역할과 로고 디자인이 강조되어야 함

4) 포장 재료 ^{11년 4회}

오랜기간 종이는 포장 디자인에 자주 쓰이는 재료로, 주로 판지와 골판지가 많이 사용된다.

판지	주로 상자를 만드는 데 사용되며 여러 종이를 붙여서 두껍게 제작함
골판지	• 판지와 판지 사이에 파형의 심지를 붙여 제조 • 골판지는 상품을 외부의 충격으로부터 보호

5) 디자인의 개발시기와 요건

① 경쟁사보다 디자인을 향상하고 싶을 때
② 이윤이 점점 더 하락할 때
③ 시장의 점유율이 떨어질 때
④ 경쟁 제품이 시장을 리드한다고 느낄 때
⑤ 소비자의 구매심리가 변화를 가질 때
⑥ 제품의 기능 등이 향상되었을 때
⑦ 새로운 시장으로 진입할 때
⑧ 유통 경로가 바뀌었을 때 유통 경로에 맞게 포장 디자인을 개발
⑨ 판매 촉진을 위한 행사 등으로 제품의 샘플이 필요할 때

✅ 개념 체크

1 종이는 포장 디자인에 자주 쓰이는데, 판지와 판지 사이에 파형의 심지를 붙여 제조한 것으로 상품을 외부의 충격으로부터 보호하는 용지는 (   )이다.

1 골판지

06 웹 디자인(UX/UI)

1) UI 디자인

- UI 디자인이란 '사용자 인터페이스(User Interface)'의 약자로 인터페이스를 만드는 디자인 기술 자체와 실현해서 사용하는 실물을 의미한다.
- 웹 디자인에서 UI는 보통 그래픽 사용자 인터페이스(GUI)라고 하는데 사용자가 어떤 프로그램을 사용할 때 메뉴나 버튼, 기타 입력창들을 사용자가 사용하기 쉽게 디자인하는 것을 말한다.
- 사용자가 프로그램을 이용해서 컴퓨터에 내용을 입력하고 작업을 수행할 때 쉽고 편리하게 눈과 손이 움직일 수 있도록 메뉴나 버튼을 배치하고 디자인하는 작업이다.
- 사용자 인터페이스가 얼마나 잘 설계되었는지를 평가하는 척도는 사용성, 접근성, 편의성이 있다.
- 좋은 사용자 인터페이스는 사용자가 이용하기에 편리하고 사용자가 필요로 하는 요소를 찾고 그 요소로부터 명확하게 의도한 결과를 쉽게 얻어낼 수 있어야 한다.

2) UX 디자인

- UX 디자인은 '사용자 경험(User Experience)'의 약자이다.
- 사용자가 어떤 시스템, 제품, 서비스를 직·간접적으로 이용하면서 느끼게 되는 지각과 반응, 행동 등 총체적인 '경험'을 말한다.
- 사용자 인터페이스의 기본 평가 항목이 사용성과 접근성, 편의성인 반면에 사용자 경험은 이러한 사용자 인터페이스를 통해 사용자가 느끼는 만족이나 감정을 의미한다.
- 사용자 경험은 사용자 인터페이스처럼 기술을 효용성과 기능성, 편의성 측면으로만 보는 것이 아니라 사용자의 전체적인 경험과 감정, 감성까지 고려함으로써 사용자의 삶의 질을 향상시키는 방향을 지닌 디자인이다.
- 기능상이나 절차상의 만족뿐 아니라 사용자가 지각 가능한 모든 면에서 참여와 관찰을 통해 경험하는 가치의 향상, 즉 삶의 질의 향상을 추구하고 있다.

3) UX의 장·단점

① 장점

- 사용자의 입장(경험)에서 디자인하므로 사용자의 세부적인 욕구를 더 충족시킬 수 있다.
- 사용자가 관찰을 통하여 경험하는 가치의 향상을 추구하기 때문에 사용자의 삶의 질을 향상하는 방향으로 디자인이 이루어진다.
- 긍정적인 사용자 경험의 창출은 사용자의 만족과 브랜드 충성도 향상 등에 긍정적인 영향을 줄 수 있다.

개념 체크

1 UI디자인이란 사용자가 어떤 시스템, 제품, 서비스를 직·간접적으로 이용하면서 느끼게 되는 지각과 반응, 행동 등 총체적인 '경험'을 말한다. (O, X)

1 ×

② 단점

- 사용자의 만족, 감성 등에 초점이 맞추어져 있기 때문에 그 영역도 광범위하여 영역의 경계가 모호하다.
- 인간의 경험은 개개인의 성격적, 인지적 특성에 따라서 매우 주관적으로 반영이 되고, 사용자의 경험이 일어나는 상황적, 외적 환경에 영향을 받는 등 객관적으로 입증을 할 수가 없다.
- 제품이나 서비스에 얼마나 사용자 경험을 잘 고려했는지를 판단하기가 어렵다. 인간의 행복감, 불행감 등 감정을 측정하는 것 자체가 매우 어렵기 때문에 사용자 경험을 측정하는 데에는 어려움이 있다.

4) UI와 UX의 차이점

UI	• 경험을 기술과 연결하는 매개체 • 사용자가 원하는 것을 얻기 위해 정보를 제공하는 개념 • UI는 사용자가 바탕화면의 아이콘을 더블클릭하여 프로그램을 실행시키고자 할 때 더블클릭하기 위한 커서, 마우스 등을 말함 • 경험보다 '기능'이 더 중요시 되는 상황에서 우선적으로 고려
UX	• 제품에 대한 총체적 경험 • 원하는 것을 얻는 과정에서 사용자가 느끼고 지각하는 모든 것 • UX는 사용자가 바탕화면의 아이콘을 더블클릭하여 프로그램을 실행시키고자 할 때 프로그램이 실행될 것이라고 예측하는 것 • UI를 다루는 것을 포함하여 제품을 사용하는 데 사용자가 지각하는 모든 부분의 경험(UX를 UI보다 상위 개념이라 볼 수 있음)

07 영상 디자인 22년 4회, 10년 2회/1회

1) 애니메이션

- 그리스어의 Animal(동물), 라틴어의 Anima란 단어에서 유래된 말로 생명, 영혼, 정신을 가리킨다.
- 사전적 의미로는 '명을 불어 넣다', '활동을 시키다'라는 뜻이다.
- 움직이지 않는 사물에 생명을 불어넣어 움직임을 준다는 동적인 의미를 갖는다.
- 애니메이션은 연극, 영화보다 더 넓고 무한한 세계를 표현할 수 있다.

✔ 개념 체크

1 움직이지 않는 사물에 생명을 불어넣어 움직임을 준다는 동적인 의미를 가지며 연극, 영화보다 넓고 무한한 세계가 표현 가능한 영상 디자인은 (   )이다.

1 애니메이션

① 애니메이션의 종류

종류	내용
셀(Sell) 애니메이션	종이에 그린 그림을 셀에 트레이스 한 후, 뒷면에 컬러를 칠하고 배경과 함께 필름(16mm · 35mm) 카메라 밑에서 단일 프레임 촬영을 하는 방식
종이(Paper) 애니메이션	종이 위에 연필, 색연필, 파스텔, 크레용, 왁스 크레용, 물감, 목탄, 콩테 등으로 그림을 그린 후, 단일 프레임 촬영을 하는 방식
모래(Sand) 애니메이션	2층의 위 유리판 위에 모래로 캐릭터 동작 형상을 만들고 또한 1층의 아래쪽 유리판에 모래로 배경을 형성한 후, 2층의 동작 형상을 조금씩 바꾸어 가면서 역광(투과광)으로 프레임 촬영을 하는 방식
절지(Cut-out) 애니메이션	각 관절 부위별로 오려 낸 동작 그림들을 2차원 평면 배경 위에서 조금씩 움직여 가며 프레임 촬영을 하는 방식
스크래치 온 필름 (Scratch on Film) 애니메이션	검은 필름의 젤라틴 막에 직접 송곳 등으로 긁어서 투명한 선화의 그림을 그리고 채색하거나 투명 필름 위에 잉크나 물감으로 직접 그림을 그리는 방식
인형(Puppet) 애니메이션	철사, 납줄, 금속 볼과 소켓, 기타 재료를 사용하여 자유자재로 움직이는 관절 부위를 만들어 조금씩 움직여 단일 프레임 촬영을 하는 방식
물체(Object) 애니메이션	각종 사물인 돌, 야채, 과일, 털실 등 생활 속의 소재들을 사용하여 조금씩 움직이며 단일 프레임 촬영을 하는 방식
핀 스크린(Pin Screen) 애니메이션	수많은 핀을 카메라 앞에 배치하고 조명을 비추면서 핀의 명암으로 동작을 단일 프레임 촬영하는 방식
콜라주(Collage) 애니메이션	신문, 잡지, 사진, 그림, 엽서, 헝겊 등을 조합한 다음 카메라 아래서 조금씩 움직이며 단일 프레임 촬영을 하는 방식

2) 가상현실

가상현실(VR : Virtual Reality)은 컴퓨터 등을 사용한 실제와 유사하지만, 실제가 아닌 특정한 환경이나 상황을 의미한다.

① 가상현실의 특징

- 가상의(상상의) 환경이나 상황 등은 사용자에게 실제와 유사한 공간적, 시간적 체험을 하게 함으로써 현실과 상상의 경계를 자유롭게 드나들게 한다.
- 가상현실에 단순히 몰입할 뿐만 아니라 실재하는 디바이스를 이용해 조작이나 명령을 가하는 등 가상현실 속에 구현된 것들과 상호작용이 가능하다.
- 사용자와 상호작용이 가능하고 사용자의 경험을 창출한다는 점에서 일방적으로 구현된 시뮬레이션과는 구분된다.
- 비행훈련 시뮬레이션과 같이 3D로 표현되었으며 사용자의 의지가 반영되기도 한다.

B 기적의 TIP

애니메이션 용어
- 액션(Action) : 이야기를 구성하기 위한 인물 및 물체의 움직임을 말한다.
- 애니메이션 보드(Animation Board) : 카메라에 부속되어 있는 조정판을 말한다.
- 애트모스피어 스케치(Aatmosphere Sketch) : 애니메이션의 배경에 사용하기 위해 어느 장소의 인상을 기록해 두는 일을 말한다.
- 로스트럼 카메라 : 로스트럼의 기둥 위에 설치된 정지화상 카메라 또는 영화 카메라, 복잡한 그래픽이나 애니메이션을 찍기 위해 수직으로 세운 고정된 필름 카메라를 말한다.

B 기적의 TIP

AR(Augmented Reality), 증강현실
가상의 콘텐츠가 마치 실제로 존재하는 것처럼 화면상에 보여주는 기법

② 시스템 환경에 따른 분류

가상현실 시스템은 3차원 시뮬레이션을 통해 실제 같은 효과를 부여하는 시스템으로서 시스템이 사용되는 환경에 따라 몰입형 가상현실, 원거리 로보틱스, 데스크톱 가상현실, 삼인칭 가상 현실로 나눌 수 있다.

몰입형 가상현실 (Immersive VR)	HMD(Head Mounted Display), 데이터 장갑, 데이터 옷 등의 특수 장비를 통해 인간이 실제로 보고 만지는 것 같은 감각적 효과를 느끼게 하는 시스템
원거리 로보틱스 (Tele-Robotics)	몰입 시스템+로봇의 형태로, 로봇을 이용하여 먼 거리에 있는 공간에 사용자가 현전하는 효과를 주는 시스템
데스크톱 가상현실 (Desktop VR)	일반 컴퓨터 모니터에 간단한 입체안경, 조이스틱 등만 첨가하여 책상 위에서 쉽게 만날 수 있는 가상현실 시스템
삼인칭 가상현실 (Third Person VR)	자신의 모습을 컴퓨터가 만들어내는 가상공간에 나타나게 하여 가상공간에 직접 존재하는 것처럼 느끼게 하는 시스템

08 캐릭터 디자인

• 사전적 의미는 사람이나 사물의 성격, 특징 또는 마크나 알파벳 등의 기호, 활자라고 말할 수 있다.
• 좁은 의미는 목적을 가지고 사람, 동물, 식물, 물건 등의 개성과 특징을 형상화하여 인성을 갖는 개체로 생명력을 불어넣는 것을 말한다.
• 회사의 캐릭터, 만화, 게임, 애니메이션, 영화, 공공기관 등에서 쉽게 접할 수 있으며 친근감과 흥미로 각종 서비스나 홍보 등에서 대변인의 역할을 하고 있다.
• 캐릭터는 상징적 차별화 이미지의 제고를 위한 커뮤니케이션 수단으로 그 중요성과 역할이 나날이 증가하고 있다.

1) 캐릭터 디자인의 구성요소

캐릭터 디자인은 생명력이 있는 캐릭터를 탄생시키는 것으로 정의할 수 있고 다양한 성향을 가진 사람들로부터 자연스럽게 관심과 애정을 유발해 캐릭터가 가지는 의미를 전달하는 과정으로 다음과 같이 구성요소 3가지로 나눌 수 있다.
• 형태(Shape) : 캐릭터를 담아내는 형태 요소
• 색상(Color) : 형상을 부각하고 개성을 직·간접적으로 표현해 주는 요소
• 정서(Emotion) : 캐릭터의 성격을 나타내는 요소

2) 캐릭터 디자인의 특성

- **독창성** : 캐릭터는 하나의 독창적인 심벌이라고 할 수 있으며, 효율적인 커뮤니케이션의 수단이 되기 위해서 뚜렷한 의미를 담고 있는 상징 기호이다.
- **조형성** : 캐릭터의 조형미는 새로운 코드로 시대적 흐름을 낳고 있으며 캐릭터에서 풍기는 나름의 균형 잡힌 조형적 아름다움은 캐릭터의 시각적인 미적 감각의 표현이다.
- **다양성** : 캐릭터의 고유한 이미지를 깨트리지 않는 범위 내에서 창출된 이미지를 보다 강화하기 위해 기본적인 형태에 갖가지의 동작으로 다양함을 표현하는 것이다.
- **일관성** : 전체적인 이미지 전달을 기본으로 캐릭터의 다양한 활용은 모든 디자인의 전체적인 이미지 전달이라는 커다란 전제 아래 일관성을 가지고 체계적으로 수행되어야 한다.

➕ **더 알기 TIP**

캐릭터 디자인의 조건
- 생명력
- 내포된 스토리 및 주제
- 장르에 맞는 디자인(코믹물, 공포물, SF물, 환타지 그 외)

3) 캐릭터 산업의 특징

- 디지털콘텐츠 산업의 기초산업이자 핵심 성장산업이다.
- 21세기 마케팅 키워드인 디지털, 모바일, 키덜트의 근간을 이루는 산업이다.
- 소득수준이 성장함에 따라 동반 성장하는 산업이며, 국제화가 급속히 진전되고 매스컴이 발달함에 힘입어 유행이 빠르게 진행된다.
- 어린이 및 1318★ 세대에 특히 소구되는 산업으로 전반적인 경기침체에 민감하지 않으며, 지속적인 성장세를 특징으로 하고 있다.
- 문화콘텐츠 산업의 펀더멘탈(Fundamental)★ 요소인 동시에 모든 콘텐츠 산업의 가치를 창출하는 결과 산업(게임, 애니메이션, 만화 등 문화콘텐츠 산업의 목표 산업)이다.

★**1318 마케팅**
13세에서 18세 사이의 청소년들을 겨냥한 마케팅 용어이다.

★**펀더멘탈(Fundamental)**
한 나라의 경제 상태를 표현하는 데 있어 가장 기초적인 자료가 되는 성장률, 물가상승률, 실업률, 경상수지 등의 주요 거시경제 지표를 말한다.

01 다음 중 에디토리얼 디자인의 형태별 분류가 잘못된 것은?

① 서적 스타일 – 잡지, 화보, 단행본
② 스프레드(Spread) 스타일 – 카탈로그, 팜플렛
③ 카드 스타일 – 브로슈어, 매뉴얼
④ 시트(Sheet) 스타일 – 명함, 안내장

편집 디자인을 분류할 때 낱장(Sheet) 형식, 스프레드(Spread) 형식, 서적 형식의 형태로 구분되며, 카드 스타일은 없다.

오답 피하기

카드 스타일은 없으며 낱장(Sheet) 스타일을 말하는 것이다. 또한 브로슈어나 매뉴얼은 서적 스타일이다.

02 다음 중 편집 디자인의 분야가 아닌 것은?

① 신문 디자인   ② 패키지 디자인
③ 잡지 디자인   ④ 책 디자인

편집 디자인의 분야는 신문, 잡지, 책 등 편집을 위주로 하는 분야이다.

오답 피하기

패키지 디자인은 입체적인 디자인으로 3차원의 시각 디자인에 속하며 독립된 분야로 포장 디자인 분야에 속한다.

03 편집 디자인 작업 과정 중 인쇄소에 원고를 넘기기에 앞서 문자 원고, 사진, 일러스트레이션 등의 지정 단계는?

① 기획 회의 단계
② 취재, 자료 수집 단계
③ 편집, 레이아웃 단계
④ 인쇄 및 검품, 납품 단계

편집 디자인의 단계는 기획 단계, 자료 수집 단계, 아이디어 단계, 편집 레이아웃 단계, 필름교정 및 인쇄 단계, 제본 및 가공의 단계 등으로 구분할 수 있다.

오답 피하기

인쇄소에 원고를 넘긴다는 말은 컴퓨터에서 작업한 내용을 필름으로 출력하는 것을 말한다. 그러므로 컴퓨터 작업에서 글과 그림 등 전반적인 편집과 전체적인 레이아웃 등을 작업하는 단계이다.

04 다음 인쇄 판식에 관한 설명 중 잘못된 것은?

① 평판 : 물과 기름의 반발 원리를 이용한 것으로 옵셋 인쇄가 대표적이다.
② 볼록판 : 화선부가 볼록부이며 볼록부에만 잉크가 묻기 때문에 문자가 선명치 못하고 박력이 없다.
③ 오목판 : 평평한 판면을 약품이나 조각으로 파이게 하는 방법으로 그라비어 인쇄가 대표적이다.
④ 공판 : 인쇄하지 않을 부분의 구멍을 막아 제판하여 인쇄하며 인쇄량이 비교적 적은 인쇄에 사용된다.

볼록판 인쇄 : 볼록부에 잉크가 묻기 때문에 외곽부분이 선명하고, 힘이 있다(활판, 목판, 고무판).

오답 피하기

• 평판 인쇄 : 물과 기름의 반발 원리를 이용한 것으로 옵셋 인쇄가 대표적이다.
• 오목판 인쇄 : 오목부분에 잉크가 묻는 방법으로 그라비어 인쇄가 대표적이다(농담이 풍부, 인쇄질이 우수하다).
• 공판 인쇄 : 실크 스크린이 대표적인 인쇄 방법으로 인쇄 속도가 느리다.

05 다음 광고의 분류 중 올바른 것은?

① 기능적 분류 : 상품 광고, 기업 광고
② 소구 대상별 분류 : 소비자 광고, 업자 광고, 전문 광고
③ 소구 내용별 분류 : 감성 광고, 이성 광고
④ 소구 타입별 분류 : 직접행동 광고, 간접행동 광고

광고의 분류와 소구별 분류를 명확하게 이해하는 문제이다.
• 기능별 분류 : 직접적인 행동, 혹은 간접적인 행동에 영향을 주느냐 하는 행동의 문제
• 대상별 분류 : 소구 대상이 일반인, 혹은 전문인을 대상으로 하느냐 하는 대상의 문제
• 소구 내용별 분류 : 내용이 상품이냐, 이미지냐 하는 문제
• 소구 유형별 분류 : 소구를 하는데, 감정에 소구하느냐 이성에 소구하느냐 하는 문제

오답 피하기

소구 대상이 일반인, 혹은 전문인을 대상으로 하느냐 하는 대상의 문제로 소비자 광고, 업자 광고, 전문 광고로 분류된다.

정답 01 ③ 02 ② 03 ③ 04 ② 05 ②

06 신문 광고의 장점이 <u>아닌</u> 것은?

① 인쇄나 컬러의 질이 높고, 소구 대상이 뚜렷하다.
② 다수인을 상대로 광고하므로 광고효과가 크다.
③ 매일 발행되므로 때에 맞게 광고할 수 있다.
④ 지역별 광고가 용이하며 효과적이다.

신문 광고는 신뢰성, 설득성, 안정성, 편의성, 경제성 등의 특성이 있으며, 장점은 여러 독자층에게 소구 가능, 지역별 광고에 편리, 때에 맞는 광고를 할 수 있다는 점이다. 상세한 카피로 제품에 대한 심층 정보를 마련하고, 기록성과 보존성이 높다.

오답 피하기
①은 잡지 광고의 특성으로 신문은 소구층이 뚜렷하다기보다는 여러 소구층을 대상으로 한다.

07 다음 중 잡지 광고의 특징과 가장 거리가 <u>먼</u> 것은?

① 매체로서의 생명이 매우 짧다.
② 독자 간의 회람률이 높다.
③ 전국적으로 배포되므로 경제적이다.
④ 잡지 특성에 따라 특정한 독자층을 확보한다.

잡지 광고의 특성 및 장점에 관한 문제로 광고와 서로 비교하여 이해하면 더욱 쉽게 이해할 수 있다.

오답 피하기
매체의 생명이 짧은 것은 신문 광고이다.

08 포스터의 기능과 거리가 가장 <u>먼</u> 것은?

① 장식적 효과를 위한 것
② 상품광고를 위한 것
③ 계몽선전을 위한 것
④ 광고주가 직접 소비자에게 메시지를 전하는 것

포스터의 기능에는 장식적, 상품광고, 계몽선전, 고지적 기능 등이 있다.

오답 피하기
광고주가 직접 소비자에게 메시지를 전하는 것은 DM의 형식으로 광고주가 직접 편지를 써서 소비자에게 광고하는 것이다.

09 사전에 계획된 예상 고객에게 직접 전달할 수 있으므로 소구 대상을 정확하게 선정하여 직접 발송할 수 있는 장점을 가진 광고는?

① 직접우송 광고(DM)
② 구매시점 광고(POP)
③ 신문 광고
④ 잡지 광고

직접우송 광고(DM) : 직접 우편으로 보내어 판매 성과를 거두려는 광고방법으로 예상고객을 선별할 수 있다. 시기와 빈도를 조절할 수 있으며, 다양하게 제작할 수 있다. 타 광고와 경쟁을 피할 수 있으며 표현의 자유가 타 광고에 비해 자유롭다.

오답 피하기
구매시점 광고(POP) : 매장의 내·외부처럼 구매하는 곳에서 이루어지는 광고를 말한다.

10 포장 디자인을 할 때 갖추어야 할 점이 <u>아닌</u> 것은?

① 쌓기 쉽게 디자인되어야 한다.
② 매혹적으로 보이도록 디자인되어야 한다.
③ 상표명과 내용물, 무게는 표시하지 않아도 된다.
④ 고객의 눈에 잘 띄어야 하며, 여러 조건에서도 필요한 정보를 잘 전달하게 해야 한다.

포장 디자인의 기능은 보호와 보존성, 편리성, 상품성, 심미성 등을 들 수 있다. ①은 편리성, ②는 상품성, ④는 심미성과 상품성

오답 피하기
특히 농산물의 경우 각각의 크기가 다르므로 무게에 따라서 포장의 형태와 크기가 달라지고, 가격도 다르므로 무게의 표시는 필수적이다.

제품 디자인

▶ 합격 강의

출제빈도 상 ㉜ 하
반복학습 ① ② ③

빈출 태그 브레인스토밍, 제품 디자인 프로세스, 스케치, 렌더링, 모델링

01 제품 디자인

- 제품 디자인은 통신, 전자, 컴퓨터 관련 제품에서 생활용품(그릇이나 팬시용 품, 사무용품 등) 등을 디자인하는 분야이다.
- 어떤 제품을 개발하여 생산, 판매하기 위해서 제품을 디자인하며 시장에서 잘 팔릴 수 있는 제품, 생산이 용이하고 판매가격이 소비자에게 충분히 공감을 줄 수 있도록 안정된 가격으로 만들 수 있는 제품을 디자인해야 한다.
- 제품 디자인의 영역은 제품의 외형뿐 아니라 각 제품의 구조, 기능까지 포함하고 있어 매우 넓어지고 있는 추세이다.
- 제품 디자인을 할 때는 기획, 디자인 개발, 마케팅 등 제품 전 과정에 대한 이해가 필요하다.

F 기적의 TIP

제품 디자인의 영역
- '바늘에서 우주선까지'라고 표현할 만큼 그 대상이 광범위하다.
- 인간 생활의 편리성을 추구하는 계획이며, 디자인된 생산 제품은 인간의 모든 생활에 널리 침투되어 인간의 활동과 같이한다.

제품 디자인
독창성 상품계획

제품

마케팅
유통 및 판매

엔지니어링
생산 및 연구개발

디자인	엔지니어링	마케팅
• 심미적 지식 • 환경과의 관계 개선 • 인간공학적 요구 충족 • 디자인 추세 파악 • 마케팅과 엔지니어링에 대한 통찰력	• 기술 연구, 분석 • 생산 방식 연구 • 인간공학적 연구 • 경제적 목표 완성	• 시장 연구, 분석 • 유통 체계 확립 • 경제적 타당성 제고

▲ 제품 디자인의 협력 관계

✔ 개념 체크

1 제품 디자인을 할 때는 기획, 디자인 개발, 마케팅 등 제품 전 과정에 대한 이해가 필요하다. (O, X)

1 ○

1) 제품 디자인 이해

- 제품의 기능, 구조, 조형의 개발을 목표로 하며, 보다 나은 인간 생활의 질적 향상을 추구하는데 기여한다.
- 제품의 대량 생산이 가능한 형태의 연구와 조형미의 조화를 이루기 위한 행위이다.

2) 제품 디자인 발상 방법

- 제품 디자인에서의 아이디어 발상은 제품에 대한 이해와 인간공학적인 측면을 이해해야 한다.
- 단순히 제품의 형태와 구조 등은 물론이고 인간의 생리적, 심리적인 특성에 맞도록 하는 것이 중요하다.
- 제품 디자인이 나오기까지는 제품의 선정부터 개발에 이르기까지 다양한 아이디어 발상법을 활용해야 한다.
- 디자이너는 다양한 경험과 사고의 폭을 넓혀야 하며 항상 양면성을 생각하며 열려있는 의식이 중요하다.

3) 제품 디자인의 발전 단계 _{22년 2회, 17년 4회}

① 모방 : 디자인의 발전은 모방으로부터 시작된다.
② 수정 : 후진국에서는 모방의 단계를 거치고 발전한다.
③ 적응 : 개발도상국에서는 수정이나 모방의 단계의 디자인을 하며 발전한다.
④ 혁신 : 선진국으로 갈수록 혁신이나 발명 단계로 발전한다.

모방 디자인	기존의 형태와 기능을 그대로 모방한 디자인. 후진국의 디자인 방향
수정 디자인	기능은 그대로 사용하고 형태만 바꾸는 디자인. 리 디자인(Re Design)★
적응 디자인	기존의 기능을 사용하여 다른 용도와 형태를 디자인하는 경우, 개발도상국의 디자인 방향
혁신 디자인	기능과 형태가 새롭게 창조된 디자인. 선진국의 디자인 방향

★ 리 디자인(Re Design)
기존 디자인의 기능, 재료, 형태적 변경의 필요에 따라 디자인을 개량하거나 조형을 변경하는 것이다.

4) 아이디어 발상법의 종류 _{21년 1회, 20년 1회, 18년 2회, 16년 1회, …}

① 브레인스토밍(Brainstorming)

- 인원이 많을수록 아이디어도 많이 나오고 아이디어가 많을수록 좋은 아이디어가 나올 가능성이 많다는 전제로 시작한 집단사고에 의해 자유분방한 아이디어를 창출하는 방법이다.
- 1930년대 후반 미국의 알렉스 오즈번(Alex Osborn)이 제창하였다.
- 집단 토의식 아이디어 발상법으로 일정한 주제를 놓고 10여 명 이내로 자유롭게 주제를 발언하며 꼬리에 꼬리를 물어가는 방식으로 창조적인 아이디어를 표출해 내는 방법이다.

✅ 개념 체크

1 제품 디자인의 발전 단계로 옳지 않은 것을 고르시오.
( )

㉠ 모방 : 디자인의 발전은 모방으로부터 시작된다.

㉡ 보호 : 제품을 보호하는 기능을 가져야 한다.

㉢ 적응 : 기존의 기능을 사용하여 다른 용도와 형태를 디자인하는 경우를 말한다.

㉣ 혁신 : 기능과 형태가 새롭게 창조되는 것이다.

1 ㉡

브레인스토밍 시 명심해야 할 원칙

- 자유분방한 아이디어를 적극적으로 권장한다.
- 발언을 일체 비난하지 않는다.
- 다른 사람의 아이디어를 발전시켜 연쇄반응을 시도한다.
- 될 수 있는 한 많은 아이디어를 내게 한다.
- 많은 아이디어가 나온 후 아이디어의 조합을 생각한다.
- 아이디어의 정리는 최후에 한다.

② 시네틱스법(Synectics)

- "관계가 없는 것들을 결부시킨다."라는 의미의 그리스어에서 유래한다.
- 1944년 윌리엄 고든에 의해 개발된 아이디어 창출법이다.
- 여러 가지 유추로부터 아이디어나 힌트를 얻어, 은유법과 유추법을 사용하여 창조적인 아이디어를 끌어내는 방법이다.
- 서로 다르고 관련이 없어 보이는 요소를 합친다는 말로 문제를 보는 관점을 완전히 다르게 하여 이곳에서 연상되는 점과 관련성을 찾아내어 아이디어를 발상하는 방법이다.

직접적 유추	• 우리 주위에서 사상과 사물을 과제와 연결하여 유추하는 방법 • 동물, 식물, 자연현상 등에서 힌트를 얻음 📵 옷에 달라붙는 엉겅퀴 열매로부터 매직 파스너의 아이디어가 나왔다.
의인적 유추	과제 혹은 문제의 대상이 되어 유추하는 방법 📵 핸드폰 개량에 관한 주제라면 한 사람이 핸드폰이 되어 발언하는 방법이다.
상징적 유추	동화나 상징적 인물, 사건에서 힌트를 얻는다. 📵 백설공주 콤플렉스, 피터팬 신드롬, 신데렐라 콤플렉스

③ 고든법(Gordon Method)

사회자가 컨셉이나 키워드만 제시하여 주제에 맞는 아이디어를 찾아내는 방법이다.

④ 기타 아이디어 발상법 12년 4회

카탈로그법	도형이나 사진, 광고, 문서, 카탈로그 등을 참고하여 아이디어를 찾는 방법
체크리스트법	특정 문제에 대한 항목을 나열하고 특정 변수 등을 검토, 분석하면서 아이디어를 구하는 방법
특성열거법	제품의 특징들을 계속 열거하면서 아이디어를 찾는 방법
입출력법	문제점들의 항목을 만들어 변수 등을 검토, 분석하면서 아이디어를 찾는 방법
결점 열거법	제품의 결점을 찾아 결점을 해결해 나가는 방법
KJ법	일본의 가와기다지로가 개발한 것으로 개개인의 사실과 정보를 보고 서로 관계되는 것을 추출하는 방법
연상법	접근법, 유사법, 대비법, 인과법 등으로 아이디어를 찾는 방법

✔ 개념 체크

1 브레인스토밍이란 여러 가지 유추로부터 아이디어나 힌트를 얻어, 은유법과 유추법을 사용하여 창조적인 아이디어를 끌어내는 방법이다. (O, X)

1 ×

5) 아이디어 전개 과정 22년 1회, 20년 1회, 18년 1회, 10년 4회

발의 → 확인 → 연구 조사 → 분석 → 종합 평가 → 개발 → 전달

발의	제품의 이미지를 구상하는 단계("무엇을 어떻게 만들까?")
확인	타당성을 검토하여 문제점들을 확인하고 점검하는 단계
연구 조사	정보와 자료를 수집하는 단계로 문제점들을 연구, 조사
분석	• 수집된 자료들을 분류하고 분석하는 단계 • 가치 분석 : 제품을 이루는 부품을 하나하나 분류하여 각각에 대해 평가, 분석하여 과도한 부분이 있으면 줄이거나 제거하는 분석 • 관계 분석 : 개인과 개인 또는 개인과 사회 간의 관계를 분석하는 사회측정법
종합 평가	분석된 자료들을 종합하고, 개발 여부, 가치 등을 종합하여 최종적으로 평가하는 단계
개발	디자인된 것을 시각화하는 단계
전달	사용자에게 전달하는 단계

02 제품 디자인의 종류

1) 활용도에 따른 분류

전자 · 가전제품 디자인	정보화 사회의 도래에 따른 정보의 활용과 관련된 전자 · 가전제품
가구 디자인	신체의 편리성과 물건의 수납 및 보관을 위한 제품
액세서리(보석) 디자인	액세서리(보석)는 복장의 조화를 도모하는 장식품
잡화 디자인	일상생활에 필요한 생활용품
문구 · 완구 디자인	지능개발과 정서 함양에 필수적인 문구류와 완구용품
운송수단 디자인	장소를 이동하는데 필요한 이동 수단

2) 전자 · 가전제품 디자인

- 전자 · 가전제품의 목적은 인간의 생활에 편리를 제공하는 데에 있다. 그러므로 제품의 형태와 구조는 기능의 효율적 발현을 위해 결정되어 왔다.
- 사회적 변화와 소비자의 욕구에 따라 계속 변화 · 발전된 전자 · 가전제품은 여러 가지 기기들이 모여 유기적인 관계구조를 이루고 있으며 디지털 정보의 표준화로 인해 과거에는 서로 다른 방식으로 구동되고 제어되었던 제품들이 현대에는 한 가지 방식으로 제어될 수 있게 되었다.

🅑 기적의 TIP

전자 · 가전제품의 발달
- 1960~1971년 : 대부분 단일 기능의 제품
- 1970~1980년 : 컨버전스(서로 다른 범주간의 결합)가 본격적으로 이루어지는 토대 마련, 콘셉트 제품이 많이 출시
- 1990년대 : 컨버전스가 반도체 기술의 영향을 받아 제품들이 디지털화됨
- 현재 : 스마트 가전, 정보 가전

3) 가구 디자인

- 가구란 실내에 배치하여 생활에 사용하는 도구를 말한다.
- 공간별로 실내용과 실외용, 기능별로 수납용, 작업용, 휴식용으로 구분되며 영어의 'Furniture'는 설비된 용구, 실내에 갖추어진 물건이란 뜻으로 넓은 의미를 포함하고 있다. '가구'란 용어는 1900년을 전후한 시기부터 쓰이기 시작하였으며 본래는 세간, 세간살이라는 말을 주로 사용하였다.
- 가구는 공간의 배치에 따라서 그 의미나 역할에 큰 차이가 있으므로 건축 및 인테리어 공간에서의 의미를 파악해야 한다.

4) 액세서리(보석) 디자인

사전적 의미로 액세서리(보석)는 복장의 조화를 도모하는 장식품을 뜻한다. 보석에서 디자인이란 대상 그 자체가 모양이 되기도 하지만 대부분의 보석은 장식을 덧붙여서 아름답게 꾸미거나 강조하고 있다.

① 액세서리(보석) 디자인 시 고려 사항

- 장식이나 강조점들은 계획되어 디자인되어야 한다.
- 실용성과 아름다움이 겸비되어야 한다.
- 상점의 진열은 단순히 눈길을 멈추는 데서 끝나서는 안되며 상점 안으로 자연스럽게 유인할 수 있어야 한다.
- 상점 안의 진열된 보석을 보다 고급스럽고 품위 있고, 우아하게 고객의 눈에 들도록 진열 목적에 부합하면서 그 독창성을 갖도록 해야 한다.
- 가장 성공적인 디자인은 디자이너의 개인적인 심미성에 의한 것이 아니라, 취급 상품과 시장을 잘 파악하고 있는 상점 경영자의 요구사항을 창조적으로 해석한 결과로 볼 수 있다.

기적의 TIP

원석가공법
- 텀블링(Tumbling) : 원석의 기본 형태를 바꾸지 않고 그대로 광을 내는 연마 방법
- 패시팅(Faceting) : 여러 형태의 보석 위에 작은 평면, 즉 패시트를 만드는 연마 방법
- 캐빙(Cabbing) : 돔 형태로 만들어 광을 내는 연마 방법
- 카빙(Carving) : 자유롭게 연마하는 방법

② 액세서리(보석) 디자인의 제작 기법

제작 기법	내용
주조 기법 (Lost Wax Casting)	• 장신구 제작에 가장 널리 쓰이는 기법 • 주조하려는 금속을 가열하여 액체 상태로 녹인 후, 미리 만들어 놓은 형틀에 흘려 넣고 응고시켜 원하는 형태를 만들어 내는 기법
주름 기법 (Reticulation)	• 주로 합금된 금속의 표면을 융점에 가까운 온도로 가열하였다가 식혀서 금속 내부의 각기 다른 융점을 가진 금속 조직이 식으면서 제자리를 찾는 시간차를 이용한 기법 • 표면에 조밀한 주름을 만들어 흥미로운 질감을 만들어 내는 기법
롤 프린팅 (Roll Printing)	• 압연기를 통해 한쪽의 문양을 다른 쪽에 옮기는 기법 • 표면에 요철이나 질감을 가진 금속을 그보다 연한 금속과 겹쳐서 일정한 힘으로 눌러주면 그 질감이나 연한 금속의 표면에 옮겨져 부조적인 형태가 나타남
나전 기법	• 나전은 얇게 갈아낸 패각류를 평평하게 연마하여 이를 옻칠 바탕에 오려 붙여서 시문하는 우리나라의 대표적 칠기 기법 • 보편적인 기법으로는 줄음질 기법과 끊음질 기법, 할패법 등이 있음
난각 기법	달걀 껍데기의 안쪽 막을 식초 물에 담가 두었다가 벗겨내고 건조시킨 후, 적당한 크기로 부수어 아교나 칠로 붙이는 기법

5) 잡화 디자인

- 잡화는 다른 말로 생활용품이라 말할 수 있다. 최종 소비자나 가정에서 사용되며, 상업적인 가공 없이 쓰이는 상품들을 말한다.
- 사전적 의미로는 다른 상품의 생산 또는 서비스를 산출하기 위하여 판매되는 상품을 생산재라고 하는 데 반하여 의식주와 관련되는 소비재 상품을 생활용품이라고 한다.
- 가격 수준에 따라서 사치품과 생활용품으로 구분할 수도 있다.
- 사회가 발달하고 인류의 생활이 더욱 복잡하고 다양해질수록 인간의 신체적인 특성은 물론 정신적 특성까지 고려한 새로운 생활용품들이 요구되고 있다.
- 좋은 디자인 용품들은 인간의 사회적, 정신적 활동에 많은 영향을 끼치고 있기 때문에 능률적인 학문 탐구의 도구로써, 또한 기술의 습득과 정보 수집, 전달 그리고 정서 생활에까지 자기표현의 도구로 그 사용 범위가 확대되고 있다.

6) 문구 · 완구 디자인

① 완구 디자인

어린이용 완구는 어린이라는 특성 즉 문화적인 요인, 발달 과정, 재료, 환경 등 다각적인 부분에서 욕구를 충족시킬 수 있어야 한다. 완구는 일반적으로 '장난감', '놀이감'으로 불리는데 오래전부터 지능개발과 정서 함양에 필수적인 도구로 인식되어 왔다. 과거는 놀이도구였다면 최근에는 상상력과 교육적 의미로 중요성이 강조되고 있다.

② 문구의 종류

분류	품목
필기류	연필, 색연필, 샤프연필, 볼펜, 마킹펜, 만년필, 붓 등
회화문구류	크레용, 파스텔, 목탄, 콩테, 수채물감, 포스터컬러, 유화물감, 팔레트, 조각도, 캔버스 등
지제문구류	노트, 스케치북, 일기장, 수첩, 메모장, 편지지, 편지봉투, 원고지, 색종이, 도화지 등
정리용품류	앨범, 파일, 바인더, 스크랩북, 명함첩 등
수납용구류	파일꽂이, 파일박스, 서류 보관함, 책꽂이 등
금속문구류	스테이플, 침핀, 클립, 압침, 컴퍼스, 컷터 등
사무기구류	스테이플러, 연필깎이, 펀치, 절단기, 전자계산기 등
사무기계류	복사기, 프린터, FAX 등

7) 운송수단 디자인

- 운송수단(Transporter)이라는 용어의 의미는 매우 포괄적이다. 운송수단이라는 것은 운송의 방법보다는 운송이 실시된다는 것에 더 초점을 맞추어야 한다. 땅 위를 달리거나, 물 또는 하늘을 날거나 하는 방법에 상관없이 장소의 이동이 이루어지도록 하는 도구라는 의미이다.
- 장소의 이동이나 기구적 작동에 의한 이동 등 모든 형태의 것들이 포함된다.
- 현대적 의미의 운송수단은 기계적인 효율성과 아울러 인간의 존엄성, 노동의 신성함을 실현하는 하나의 방법으로 다루어져야 한다.

03 제품 디자인 계획 및 프로세스

1) 제품 디자인 계획

대량 생산되는 산업제품의 형태와 기능을 결정하는 분야로서 세부적으로 대상 디자인의 종류에 따라 가구, 전기전자, 운송, 주방용품 등을 디자인하는 분야로 제품 디자인의 기본 요소인 구조, 형태, 색채, 질감, 재료와 가공기술, 가격 등을 고려하여 계획을 세워야 한다.

2) 제품 디자인의 조건

제품의 디자인뿐만 아니라 제품이 생산되어 판매가 이루어지기 위한 조건으로 상품으로서의 가치를 부여하고 구매동기를 부여하며 매장에서 제품의 이미지를 유지 및 부각하도록 해야 한다. 즉, 경제적인 측면과 생산적인 측면, 판매 측면, 서비스적인 측면 등으로 나눌 수 있다.

① 경제적 측면

- 유통성 : 제품포장 및 운송, 보관의 문제
- 시장성 : 소비자 분포 조사
- 경제성 : 제품의 경제성 고려, 조금 부족한 듯한 것이 조금 많은 것보다 경제적

② 생산적 측면

- 생산성 : 제품의 생산성 고려, 단순화, 규격화
- 기술성 : 제품의 기능에 대한 검토
- 재료성 : 이용 가능한 재료에 대한 검토

③ 판매적 측면

- 상품성 : 제품의 상품성 고려, 가치, 가격
- 유행성 : 시대상의 반영표출
- 질서성 : 디자인 코디네이션(Design Coordination), 계열상품(Family Product)

🅵 기적의 TIP

기계 생산의 장점
강한 힘, 빠른 속도, 대량 생산

④ 서비스적 측면

- 안정성 : 사용자의 안전에 관한 문제
- 편리성 : 사용자의 편리를 도모, 능률, 효과
- 윤리성 : 제품의 사회적인 영향과 도의적인 문제

3) 제품 디자인 프로세스

제품 디자인의 프로세스란 제품 디자인을 전개해 나가는 과정을 말한다.

① 디자인 문제 해결 과정 _{22년 1회, 17년 1회, 16년 4회/2회/1회, …}

```
계획 → 조사 → 분석 → 종합 → 평가
```

- 분석단계 : 문제 인식, 정보 수립, 문제 해명

② 제품 디자인 프로세스 _{20년 1회, 18년 2회, 16년 2회, 15년 4회, …}

제품 디자인의 과정은 과거 수작업을 했을 때 시간의 한계로 인하여 빠르고 신속하게 작업을 할 수 없었으나 컴퓨터와 기계의 발달로 인하여 더욱 강인한 힘을 가지게 되었으며 속도 면에서도 빨라져 급속도로 변화하는 시대에 빠르게 적응되며, 대량생산 체제로 신속하게 소비자의 반응에 맞는 디자인을 선보이고 있다.

계획 단계		아이디어 단계		제시 단계			시방 단계	
계획 수립	콘셉트★ 수립	아이디어 스케치	렌더링	목업	도면화	모델링	결정	상품화

계획 단계	디자인 개발 사항을 검토하여 개발 계획과 일정, 컨셉 등을 제시하는 단계
아이디어 단계	아이디어 스케치부터 완성 예상도를 그리는 렌더링 작업 과정
제시 단계	외장 및 내부 기계적 조작까지 3차원으로 보여주는 과정
시방 단계	제품을 제작하는 단계로 대량 생산을 하게 됨

★ 콘셉트(Concept)
상품의 개념, 의미를 말하는 것으로 아이디어를 구상할 때 방향을 제시하기도 한다.

04 스케치의 역할과 종류

1) 스케치의 역할 _{13년 2회}

아이디어를 시각적으로 나타내는 기초적인 표현으로부터 구체적인 이해를 하기 위한 평면작업을 말하는 것으로 폭넓게 드로잉(Drawing)★이라는 말을 쓰기도 한다.

① 스케치의 역할

- 상상의 아이디어를 이미지화한다.
- 의도된 형태를 발전, 전개해 고착시킨다.
- 상호 이해할 수 있게 프레젠테이션의 역할을 한다.
- 아이디어를 구상에 따라 다양하게 표현한다.
- 의도한 형태의 명암, 재질감의 표현으로 평면화 작업이다.

★ 드로잉(Drawing)
주로 선에 의하여 어떤 이미지를 그려내는 기술 또는 그런 작품이다. 색채보다는 선(線)적인 수단을 통하여 표현한다.

② 스케치의 목적

- 이미지의 고착
- 이미지의 발전
- 이미지의 판단

2) 스케치의 종류 11년 4회/2회, 10년 4회/2회/1회

① 스크래치 스케치(Scratch Sketch) 22년 1회, 19년 2회, 16년 2회, 13년 1회

- 디자이너가 아이디어 발상 초기 단계에 즉흥적으로 떠오르는 여러 가지 생각을 메모의 성격을 띤 스케치로 일반적으로 빨리 그리는 스케치이기에 조형처리, 색채처리 등의 세부적인 입체 표현에 구애받지 않는 스케치이다.
- 난필의 의미로 아이디어 발상 과정의 초기 단계에서 사용하며 프리핸드 선에 의한 약화 형식으로 아이디어에 중점을 둔 스케치이며 아이디어 스케치★, 크로키, 섬네일(Thumbnail) 스케치 등이 있다.
- 스케치 표현은 자유로운 이미지의 표현, 신속한 아이디어 전개, 이미지를 포착하기 위한 방법이다.

② 러프 스케치(Rough Sketch)

스크래치 스케치 중에서 몇 가지를 선택하여 좀 더 자세하게 표현하는 것으로 아이디어를 발전시키기 위하여 형태, 구조, 재료, 가공법 등을 개략적으로 그리고 포착된 이미지를 하나하나 비교 검토하기 위한 스케치이다.

③ 스타일 스케치(Style Sketch)

러프 스케치 중에서 최종적으로 선택하여 요구자의 승인을 얻기 위하여 정밀하게 스케치하는 것이다. 주로 외관상의 상태에 대하여 상세한 연구를 하며 전체 및 부분에 대한 형상 및 재질, 비례 등의 정확함이 요구되는 스케치로 종합적인 스케치에 해당한다.

05 렌더링의 요소와 종류 23년 1회, 22년 1회, 13년 4회, 10년 5회/2회

1) 렌더링(Rendering)의 의미

제품이 최종적으로 제작되었을 때를 가상으로 평면에 제작하는 것으로 완성 예상도를 말한다. 디자인 평면 표현 기법 중 최종 디자인을 결정하려는 표현전달의 단계로 실물과 같이 충실하게 표현해야 한다. 실제 제품과 같은 상태의 형태, 재질감, 색상 등을 실감 있게 표현하는 것이다.

2) 렌더링의 요소

① 렌더링의 기본요소

- 형태 : 투시도법을 이용하여 형태와 비례 등으로 실체감 있게 표현한다.
- 재질감 : 제품은 재료에 따라서 아름다움이 결정되듯이 사용재료의 특성을 잘 살릴 수 있는 재료의 선택으로 재질감을 표현하여 사실감을 주어야 한다.
- 음영 및 색상 : 음영에 따라서 입체감이 나며 색상으로 제품의 구매의욕을 높일 수 있는 색상의 선택이 중요하다.

② 렌더링의 기법과 종류

렌더링의 기법에 따라서 제품의 성질을 효과적으로 표현할 수 있다. 그러므로 어떤 재료와 기법을 선택하느냐에 따라서 제품의 양감, 질감 등이 달라질 수 있다.

건식 기법	연필, 색연필, 파스텔, 크레용, 콩테 등
습식 기법	수채화 물감, 포스터 컬러, 마커, 잉크, 유화 물감, 아크릴 물감 등
혼합 기법	건식법과 습식법을 혼용하여 사용하는 기법

06 모델링의 종류와 특징

1) 모델링의 의미

- 스케치 등의 2차원적으로 발상된 내용을 실제의 크기로 제작한다.
- 형태를 지닌 입체로 조형하여 확인한다.
- 형태와 인간과의 관계에 따른 조직성 및 환경과의 관계를 검토한다.
- 구성 재료와 표면처리, 조형과의 관계를 검토하고 확인한다.

2) 모델링의 종류 23년 1회, 21년 2회, 20년 1회, 18년 2회, 13년 4회/2회, …

① 러프 모델(Rough Model : 연구용 모델)

디자인 과정의 초기 단계 즉, 개념화 단계에서 디자이너의 이미지 전개와 확인, 형태감과 균형을 파악하기 위한 모형을 제작하는 모델을 러프 모델이라고 한다. 러프 모델로는 스터디 모델, 스케치 모델, 스킴 모델 등이 있다.

② 프레젠테이션 모델(Presentation Model : 제시용 모델, 더미 모델)

디자인 전달에 사용되는 모델로서 외관상으로는 최종 제품의 이미지에 가장 가까운 모델로 제품 디자인의 최종 의사결정을 내려야 하는 디자인 관계자에게 제시용으로 만들어지는 모델이다.

③ 프로토타입 모델(Prototype Model : 완성형 모델, 제작 모델, 워킹 모델)

실제 생산품과 똑같게 제작하여 종합적인 성능 실험과 광고 모델, 전시회 출품에까지 사용되는 것으로 워킹 모델(Working Model)이라고도 한다. 그 재료에 따라서 목재 모형, 석고 모형, 금속 모형 등이 있다.

🅑 기적의 TIP

실험 모델
겉모양보다 성능 시험을 위하여 제작되는 것이다.

워킹 모델
실제의 기능이 작동되는 기능 모델로서 사용실험에 이용되는 모델이다.

파일럿 모델
겉모양보다는 작동 원리나 특수부품 등의 성능 시험을 위하여 제작되는 모델이다.

01 제품 디자인의 설명 중 잘못된 것은?

① 과학, 기술, 인간, 환경 등이 공존하는 분야이다.
② 생산 가능한 형태, 구조, 재료 등을 잘 선택한 설계이어야 한다.
③ 인간과 자연의 매개 역할로서 구조적 장비이다.
④ 인간의 감성에 맞춘 순수한 예술이어야 한다.

제품 디자인의 개념에 관한 문제로 제품 디자인이 인간을 위한 디자인이므로 사용자의 입장에서 모든 디자인의 개념을 갖고 디자인해야 한다.

오답 피하기
④는 사용자보다는 디자이너의 입장으로, 제품은 예술성도 있어야 하지만 순수한 예술과는 거리가 멀다.

02 다음 중 디자인의 발전 단계가 맞는 것은?

① 모방 → 적응 → 수정 → 혁신
② 모방 → 수정 → 혁신 → 적응
③ 모방 → 수정 → 적응 → 혁신
④ 모방 → 혁신 → 적응 → 수정

디자인의 발전 단계는 모방 → 수정 → 적응 → 혁신이다.

오답 피하기
디자인의 발전 단계의 문제는 자주 출제되는 문제로 확실한 이해가 필요하다.

03 브레인스토밍에 대한 설명 중 가장 부적합한 것은?

① 오스본에 의해 1930년대 후반에 제안된 아이디어 발상법이다.
② 토의 그룹을 만들어 제약이 없는 상태에서 자유롭게 아이디어를 내는 방법이다.
③ 각자의 아이디어를 토의를 통해 선별하고 기존의 아이디어를 보완하는 역할로 사용된다.
④ 이 방법을 진행하는 데 필요한 기본원칙에는 비평은 금물, 많은 양의 아이디어 요구 등이 있다.

브레인스토밍의 원칙
· 자유분방한 아이디어를 적극적으로 권장한다.
· 타인의 발언을 일절 비난하지 않는다.
· 다른 사람의 아이디어를 발전시켜 연쇄반응을 시도한다.
· 될 수 있는 한 많은 아이디어를 내게 한다.
· 많은 아이디어가 나온 후 아이디어의 조합을 생각한다.
· 아이디어의 정리는 최후에 한다.

오답 피하기
③은 선별의 시기가 최종에 이루어져야 하며, 아이디어를 보완하는 방법이 아니라 새로운 아이디어를 꼬리에 꼬리를 무는 방식으로 연결짓는 방법이다.

04 1944년 윌리엄 고든에 의해 개발된 아이디어 창출법으로 은유법과 유추법을 사용하여 창조적인 아이디어를 끌어내는 방법은?

① 입출력법   ② 체크리스트법
③ 시네틱스법   ④ 매니지먼트법

시네틱스법은 "관계가 없는 것들을 결부시킨다."라는 의미의 여러 가지 유추로부터 아이디어나 힌트를 얻고, 은유법과 유추법을 사용하여 창조적인 아이디어를 끌어내는 방법이다.

오답 피하기
체크리스트법은 특정 문제에 대한 항목을 나열하고 특정 변수 등을 검토, 분석하면서 아이디어를 구하는 방법이다.

05 다음 제품 디자인 과정 중 올바른 것은?

① 모형-렌더링-기획-아이디어 스케치-완성
② 기획-아이디어 스케치-렌더링-모형-완성
③ 기획-렌더링-아이디어 스케치-모형-완성
④ 모형-기획-아이디어 스케치-렌더링-완성

제품 디자인의 프로세스에 관한 문제이다.
· 계획 단계 : 디자인 개발 사항을 검토하여 개발 계획과 일정, 컨셉 등 '필요성을 제시'하는 단계이다.
· 아이디어 단계 : 아이디어 스케치부터 완성 예상도를 그리는 렌더링 작업 과정이다.
· 제시 단계 : 외장 및 내부 기계적 조작까지 3차원으로 보여주는 과정이다.
· 시방 단계 : 제품을 제작하는 단계이다.

오답 피하기
기획하고 스케치한 다음 평면에 실제와 같이 표현하는 것을 렌더링이라고 한다. 그리고 그것을 입체적으로 만드는 작업인 모형을 만든다.

06 디자인 문제 해결의 과정으로 옳은 것은?

① 계획 → 조사 → 분석 → 종합 → 평가
② 계획 → 분석 → 조사 → 종합 → 평가
③ 계획 → 조사 → 분석 → 평가 → 종합
④ 조사 → 계획 → 분석 → 종합 → 평가

디자인의 문제 해결 과정은 디자인에서 어떤 문제에 대한 해결책을 말하는 것으로 계획을 먼저 세우고 그 계획에 따라서 조사한 내용들을 분석해야 한다. 분석된 내용들을 분류 종합하여 평가를 내리게 된다.

오답 피하기
디자인 문제 해결에서 처음은 계획 단계에서 두 번째 조사냐 분석이냐 하는 것인데 분석을 하기 위해서는 먼저 조사를 해야 하므로 조사 다음에 분석해야 한다.

정답 01 ④ 02 ③ 03 ③ 04 ③ 05 ② 06 ①

07 제품 디자인의 스케치 목적과 가장 거리가 먼 것은?

① 이미지의 고착
② 이미지의 발전
③ 이미지의 판단
④ 이미지의 분리

스케치의 목적
• 이미지의 고착
• 이미지의 발전
• 이미지의 판단

오답 피하기

스케치의 목적은 머릿속에서 상상하고 있는 아이디어를 이미지화하는 작업을 의미한다. 즉, 이미지를 시각화하여 고착시키며, 여러 단계를 거쳐 발전시키고 프레젠테이션을 통하여 수정 및 판단을 할 수 있게 하기 위하여 스케치하는 것이다.

08 난필의 의미로 아이디어 발상 과정의 초기 단계에서 사용하며, 프리핸드 선에 의한 약화 형식의 스케치는?

① 러프 스케치
② 스타일 스케치
③ 퍼스펙티브 스케치
④ 스크래치 스케치

스케치 종류는 스크래치 스케치(Scratch Sketch), 러프 스케치(Rough Sketch), 스타일 스케치(Style Sketch) 등이 있다.

오답 피하기

형식에 제한 없이 자유롭게 하는 스케치는 스크래치 스케치이다. 스케치의 가장 초기에 하는 것이며 아이디어 위주의 스케치로 즉, 아이디어를 잊어버리지 않게 하기 위한 스케치이다.

09 제품 디자인에서 제품의 완성 예상도는?

① 렌더링(Rendering)
② 스크래치 스케치(Scratch Sketch)
③ 아이디어 스케치(Idea Sketch)
④ 일러스트레이션(Illustration)

렌더링은 제품이 최종적으로 제작되었을 때를 가상으로 평면에 제작하는 것으로 완성 예상도를 말한다.

오답 피하기

렌더링의 문제는 컴퓨터그래픽 과목에서도 나오는 문제로 서로 혼동해서는 안된다.
• 디자인이론에서의 렌더링 : 평면에 제작하는 것으로 완성 예상도를 말한다.
• 컴퓨터그래픽에서의 렌더링 : 3차원 오브젝트를 모델링한 후 색상을 입혀 사실감 있는 물체를 표현하는 것이다.

10 모델링(Modeling)의 종류 중 제품의 성능과 형태가 실제 생산품과 똑같으며 종합적인 성능 실험과 광고 모델, 전시회 출품에까지 사용되는 것은?

① 제시 모델   ② 연구 모델
③ 제작 모델   ④ 실험 모델

• 프레젠테이션 모델(제시용, 더미 모델) : 외관상으로는 최종 제품의 이미지에 가장 가까운 모델로 제품 디자인의 최종 의사결정을 내려야 하는 디자인 관계자에게 제시용으로 만들어지는 모델이다.
• 러프 모델(연구용 모델) : 디자인 과정의 초기 단계, 즉 개념화 단계에서 디자이너의 이미지 전개와 확인, 형태감과 균형을 파악하기 위한 모형이다.
• 프로토타입 모델(완성형 모델, 제작 모델, 워킹 모델) : 실제 생산품과 똑같게 제작하여 종합적인 성능 실험과 광고 모델, 전시회 출품에까지 사용되는 것이다.

오답 피하기

일반적으로 러프, 프레젠테이션, 프로토타입 등으로 말하나 그 외로 연구용, 제시용, 더미, 완성형, 제작, 워킹 등으로 불리는 것을 같이 알아 두어야 한다.

| SECTION 03 | 환경 디자인 | ▶ 합격 강의 |

출제빈도 상 ⓒ 하
반복학습 1 2 3

빈출 태그 환경 디자인, 실내 디자인의 영역, 실내 디자인의 기본요소, 실내 디자인 시 고려사항

01 환경 디자인

1) 환경 디자인의 개념 21년 3회, 18년 2회

- 환경 디자인은 모든 디자인 분야를 포괄하는 상위개념으로서 건축 디자인, 옥외 디자인, 인테리어 디자인, 산업 디자인, 공예 디자인 등의 영역이다.
- 인간이 생활하는 실내 공간과 여러 가구 그리고 주택과 정원, 도로와 건물, 거리의 시설물 등 환경을 구성하는 여러 요소의 조화와 통합을 추구하는 것이다.
- 사람이 살고 있는 공간을 더욱 아름답고 생기 있게 만들려는 활동이다.
- 넓은 의미의 환경 디자인은 건축과 그 환경 전체에 대한 엑스테리어 디자인과 건축물의 내부인 인테리어 디자인으로 구분된다.

엑스테리어 디자인 (Exterior Design)	도시 계획, 건축, 조경, 정원, 광장, 도로 및 그것들에 부속된 제설비
인테리어 디자인 (Interior Design)	실내계획, 디스플레이

① 환경 디자인의 목적

- 인간의 삶의 질을 향상하며, 자연과 인간 문명의 조화를 구축한다.
- 자연미와 인공미의 조화를 꾀하며 생활공간인 환경적 장비의 존재이다.
- 옛 건물들의 복원과 재사용, 도시 계획 등 서로 협력하여 환경을 개발한다.
- 보존과 개발이 상호 균형적으로 이루어지도록 조화와 통합을 이룬다.

② 환경 디자인의 역할

- 자연을 보호하고 보전하여 공해, 재해로부터 인간을 보호한다.
- 인공 구조물을 관리, 유지하여 사회와 개인의 질서를 유지한다.
- 생활환경을 편리하고 아름답게 꾸며 쾌적하고 풍요롭게 한다.

2) 환경 디자인의 종류 · 22년 1회

① 도시 환경 디자인

- 환경 디자인의 가장 거대한 영역인 도시 계획은 도시 계획가, 건축가, 토목기사, 행정관 등 다양한 분야의 사람들이 참여한다.

🅕 기적의 TIP

환경 디자인의 필요성
- 인간 생존의 목적
- 자연 훼손 영역의 확산 방지
- 생활의 질 향상

✔ 개념 체크

1 넓은 의미의 환경 디자인은 건축과 그 (　) 전체에 대한 엑스테리어 디자인과 건축물의 내부인 (　) 디자인으로 구분된다.

1 환경, 인테리어

- 국토계획과 같이 거대한 규모의 프로젝트에서부터 농촌의 농지정리와 계획, 신도시나 아파트 단지, 주택 단지와 같은 지역 계획을 다루는 분야이다.
- 도시는 인간에 의해 창조되고, 발전되고, 쇠퇴되는 순환적인 과정을 가진다. 오늘날의 도시 계획은 거리와 거리 시설물의 기능, 편리, 심미적 측면과 아울러, 경제성, 견고성, 안전성, 호환성, 안락성 등을 고려해야 한다.
- 도시 디자인의 목적은 건물과 시설물의 계획 및 설계 작업을 통하여 도시공간에 관한 환경의 질을 향상하고 궁극적으로 우리의 삶을 고양하는 데 있다.
- 물리적인 것(지형, 수목, 하천과 같은 자연요소에서부터 건축물, 도로 등에 이르는 인공적 요소)뿐만 아니라 그 위에서 움직이는 사람이나 차량 등과 같은 것까지 도시 디자인의 주요 관심사가 된다.

② 조경 디자인

- 자연을 보다 아름답고 경제적으로 개발, 조성하여 인간의 생활환경을 개선하는 것을 목적으로 한다.
- 조경은 토지의 선택과 그 이용계획의 방법을 논하며 토지에서의 건축물이나 구조물 사이의 공간을 잘 활용할 수 있도록 계획하여 도시와 주위 환경의 능률성 및 쾌적성을 추구한다.

③ 인테리어(실내) 디자인

- 인테리어 디자인은 실내공간에 대한 물리적, 환경적 조건, 실내에서의 인간 생활을 위한 기능적 조건, 그리고 인간의 예술적, 서정적 욕구의 만족 등을 해결하기 위한 정서적 조건 등이 고려된 실내 공간을 계획하는 작업이다.
- 생활 목적에 의한 안락한 생활공간을 만들기 위해서는 동선, 이용 빈도, 공간 규모, 기능별 요구 등을 계획한 다음 그 공간에 실제로 사람이 생활할 수 있도록 바닥, 벽, 천장, 가구, 조명 기타 재료 등의 실내 디자인의 요소를 고려하여 설계해야 한다.

④ 디스플레이 디자인

- '펼치다', '과시하다', '진열하다', '제시하다' 등의 뜻을 내포하고 있는 디스플레이는 단순한 전시, 진열의 의미로 사용될 뿐만 아니라, 커뮤니케이션의 수단으로 그 의미와 적용 범위가 확대되고 있다.
- 디스플레이는 물건을 공간에 배치, 구성, 연출하여 사람의 시선을 유도하는 강력한 이미지를 전달하는 표현기술이다.
- 상업공간에 있어서 디스플레이의 특징은 상품의 단순한 나열이나 제시뿐만 아니라, 상품의 가치를 표현하는 기술적인 연출이며, 고객의 시선각도, 색상과 조명효과, 소도구와의 조화, 관련 상품의 보조적 역할, 인근 점포와의 차별화 등을 고려하여 전체가 주는 총제적 메시지가 포함된 시각 예술이다.

🅱 기적의 TIP

옥외공간 건설관련 전문 분야
건축, 토목, 조경, 도시 및 지역 계획

✅ 개념 체크

1 자연을 보다 아름답고 경제적으로 개발, 조성하여 인간의 생활환경을 개선하는 것을 목적으로 하는 디자인은 '조경 디자인'이다. (O, X)

2 상업공간에 있어 디스플레이의 특징은 상품의 단순한 나열뿐만 아니라 상품의 가치를 표현하는 기술적인 연출을 포함한다. (O, X)

1 ○ 2 ○

- 시각 전달 수단으로써의 디스플레이는 사람, 물체, 환경을 상호 연결하며, 환경 디자인의 다양한 분야에 디스플레이 개념을 적용할 수 있다.
- 디스플레이는 궁극적인 목적에 따라 상업적인 디스플레이와 비상업적인 디스플레이로 나눌 수 있다.

구분	목적	종류
상업적인 디스플레이	제품의 판매를 목적	진열장 디스플레이, 전시, 스탠드 디스플레이
비상업적인 디스플레이	선전을 목적	기념식이나 퍼레이드

⑤ 무대 디자인

- 무대 제작에 있어 기획자는 무대의 제작 의뢰자에게 무대구성에 대한 기본적인 구상을 잘 설명해 주어야 한다.
- 어떠한 무대가 만들어져야 하고 무대 위에 얼마만큼의 장비와 인원이 올라가고, 무대 지면은 어떠한지, 그리고 특수한 장비가 사용되는 경우 이에 대한 부분도 반드시 설명을 해야 한다.

➕ 더 알기 TIP

무대 제작 시의 체크리스트
- 작품의 내용에 대한 디자인의 기여도
- 무대 디자인의 스타일은 결정되었는가?
- 디자인 요소의 우선순위는 적절한가?
- 세트와 소품은 적절한가?
- 의상과 조명이 조화를 이루는가?
- 예산의 범위 내에서 설치가 가능한가?

- 무대의 설계
  - 배경의 구조물 유무에 따라서 입체무대와 평면무대로 나눈다.
  - 무대의 높이는 60cm, 120cm, 180cm 등으로 한다.
  - 무대 바닥재는 천, 카펫, 인조가죽, 아크릴판 등을 공연의 성격에 맞춰 사용한다.
  - 입체감을 줄 수 있도록 무대를 설치한다.
  - 조명과 스크린을 고려하여 무대를 꾸민다.

02 실내 디자인 요소 22년 2회, 12년 5회

1) 실내 디자인 영역 21년 2회, 13년 2회/1회, 11년 2회, 10년 2회

- 생활공간의 그 성격에 따라 사적인 생활권과 공공의 생활권으로 나눌 수 있다.
- 구체적인 영역은 주거용 공간, 상업용 공간, 작업용 공간, 공용 공간 등이 있다.

- 실내 공간의 기능적인 면과 내부 공간의 심리적인 문제의 해결이나 독자적인 개성의 표현으로 인간에게 쾌적한 생활공간을 제공해야 한다.
- 실내의 내부 공간뿐만 아니라 내부 공간의 연장으로서의 외부 공간 및 건물 전면까지도 실내 디자인의 영역에 속한다.

① 공간 대상에 따른 분류

주거용 공간	• 의 · 식 · 주의 생활이 실내의 주목적인 공간 • 주택 본연의 물리적인 기능을 반영하여 안정감을 제공해주는 공간이어야 함 • 가족들의 개성이나 취향을 최대한 반영하여 디자인되어야 함 ⑩ 공동 주택, 단독 주택
상업용 공간	• 영리나 수익이 주목적으로 지속적인 매매행위가 이루어지는 공간 • 상업용 공간은 사람들과 직접 대면하고 판매가 이루어지는 공간으로 늘 열려있는 공간 • 고객의 편리성과 심미성, 기능성 등을 고려해야 함 • 판매원이나 직원들의 능률적 차원에서 판매 증진을 위하여 디자인되어야 함 ⑩ 식당, 상점, 백화점, 마트, 시장
작업 공간	업무 공간이라고도 하며 개인이 활용하는 공간으로 개인 연구실, 작업실로 개인의 취향에 맞게 디자인되어야 함 ⑩ 사무실, 공장, 은행
공용 공간	많은 사람들이 이용하는 공간으로 편리성, 안전성, 환경성 등을 고려해야 함 ⑩ 공항, 역사, 터미널, 미술관, 박물관 등

② 수익 유무에 따른 분류

영리 공간	수익을 주된 목적으로 운영하는 공간 ⑩ 상점, 백화점, 각종 소매점, 전문점, 호텔
비영리 공간	수익을 주된 목적으로 운영하지 않는 공간 ⑩ 주택, 아파트, 기념관, 박물관

2) 실내 디자인의 목적과 조건 22년 4회, 11년 4회, 10년 2회/1회

① 실내 디자인의 목적

인간의 정서함양과 나은 삶의 가치를 승화시키며 인간 생활의 물리적, 심리적, 미적 기능을 만족시켜야 한다. 또한 심미성과 기능성이 동시에 이루어질 수 있도록 해야 한다.

합리적인 계획	문화적 측면, 경제적 측면, 효율적 측면, 기능적 측면을 고려한 계획
창조적인 계획	아름다움의 심미적인 측면, 개성적인 측면, 독창적인 측면을 고려한 계획
환경적인 계획	쾌적한 환경을 위한 재료적 측면, 공간적 측면을 고려한 계획

② 실내 디자인의 목표

실내 디자인의 궁극적인 목표는 미적인 문제를 다루는 순수예술과 달리 인간 생활과 밀접한 관계를 갖는 것으로 효율성, 아름다움, 개성, 경제성, 창의성, 가변성, 예술성, 실용성 등을 고려하여 사용자에게 바람직한 생활공간을 제공하고 사용자로 하여금 쾌적한 환경을 통한 생활의 능률을 가져오며 더 나은 삶의 가치를 실현하는 데 있다.

🅱 기적의 TIP

주거공간을 계획하기 전 고려사항

동선, 가구, 가족형태, 연령, 취미 등을 예상한다.

✅ 개념 체크

1 실내 디자인과 관련한 '합리적인 계획'은 심미적인 측면, 개성적인 측면, 독창적인 측면을 고려하는 것을 의미한다. (O, X)

1 ×

③ 실내 디자인의 조건

실내 디자인은 인간생활이 이루어지는 내부 공간을 사용 목적에 맞추어 사용자나 사용 예정자의 만족스러운 충족으로 재창조라는 행위 일체를 말한다.

기능적 조건	인간 공학, 공간 규모, 배치와 동선, 사용자 빈도, 필요한 공간의 활용도 제공 등 공간의 사용 목적에 적합해야 함
정서적 조건	사용자의 심리적, 심미적, 정서적 성격, 습관, 취미 등 구매의욕을 충족해야 함(연령, 취미, 기호, 직업, 학력 등)
환경적 조건	공기, 소음, 일광, 설비 등 제반 요소들을 고려하여 쾌적한 환경을 제공해야 함

3) 실내 디자이너의 조건 및 역할

① 실내 디자이너의 조건

- 건축물과 주변 환경에 대한 기본적인 제반 사항을 이해하여 실내에 미치는 환경을 고려해야 한다.
- 합리적이고 체계적인 조화가 이루어지도록 한다.
- 다른 관련 전문가와 협력하여 기술적인 해결을 모색한다.
- 재창조를 위한 개성적이고 독창적인 공간이 되도록 노력한다.
- 원만한 대인관계의 기술을 지니며 결과물에 대한 기술적이고 예술적인 책임능력이 유지되어야 한다.

② 실내 디자이너의 역할

- 주어진 공간의 용도에 적합한 환경에 책임을 질 수 있는 재창조적인 해결 방안을 모색·제시함으로써 쾌적한 환경을 조성하여 사용자로 하여금 인간답게 생활할 수 있도록 그 역할에 충실해야 한다.
- 내부 공간, 가구, 조명, 주위 환경 등을 디자인하고 기획한다.
- 디자인 의뢰자의 의견을 최대한 고려하여 디자인한다.
- 지체부자유자를 위한 세심한 고려가 필요하다.
- 디자인부터 시공에 이르기까지 책임질 수 있어야 한다.

4) 실내 디자인의 기본요소 22년 2회, 19년 2회, 17년 1회, 16년 2회, …

실내 공간의 요소는 기본적 요소와 장식적인 요소로 구분된다.

기본적인 요소	바닥, 벽, 천장, 기둥, 보, 개구부 등
장식적인 요소	가구, 조명, 액세서리, 디스플레이 등

① 바닥(Floor)

- 실내 공간을 구성하는 수평적인 요소로서 인간의 감각 중 시각적, 촉각적 요소와 밀접한 관계를 갖는 가장 기본적인 요소이다.
- 바닥은 인간생활이 자유롭게 행해지는 기반으로써 물체의 중량이나 움직임을 지탱해 주므로 구조적으로 견고해야 하고 감각적으로는 신체와 접촉하는 빈도가 가장 높은 요소이다.
- 바닥은 안정성이 가장 먼저 고려되어야 하며 내구성, 관리성, 유지성, 마모성, 시각성 등의 성능이 요구된다.
- 바닥의 마감 재료는 석재, 목재, 카펫, 합성수지, 아스타일* 등이 있다.

▲ 바닥

★ 아스타일
아스팔트와 안료(顔料)를 가열하여 섞은 다음 압축하여 얇은 판자 모양으로 만든 건축 재료이다.

② 벽(Wall)

- 인간의 시선과 동작을 차단하며 공기의 움직임을 제어할 수 있는 실내 공간을 형성하는 수직적 요소로서 공간 구성요소 중 가장 많은 면적을 차지하며 가장 먼저 눈에 지각된다.
- 실내의 내벽은 내부 공간을 한정하며, 외부 공간을 구획하고, 공간의 구분, 공기의 차단, 소리의 차단, 보온 등의 기능이 있으며 인간의 시선이 가장 많이 머무르는 공간 요소이다.
- 벽은 차단적 벽체, 개방적 벽체, 상징적 벽체 등으로 구분된다.

▲ 벽

차단적 벽체	• 눈높이보다 높은 벽체로 자유로운 움직임을 완전히 제한하는 벽 • 1,700mm~1,800mm 이상의 높이
개방적 벽체	• 눈높이보다 낮은 모든 벽체로 시각적인 개방감이 좋음 • 로우 파티션(Low Partition) 등
상징적 벽체	• 개방된 공간과 밀폐된 공간을 동시에 수용할 필요가 있는 공간에 주로 사용 • 유리벽체 등 • 통행이나 시각적인 방해가 되지 않는 600mm 이하의 낮은 높이

③ 천장(Ceiling)

- 바닥과 함께 실내 공간의 수평적 요소로서 다양한 형태나 패턴 처리로 공간의 형태를 변화시킬 수 있다.
- 천장을 높이면 시원함과 확대감 및 풍만감을 주어 공간의 활성화를 기대할 수 있다.
- 빛, 소음, 습기 등 환경의 중요한 조절 매체이다.
- 천장의 종류는 평형 · 볼록형 · 오목형 · 경사형 등 다양하다.
- 천장을 경사지게 하거나 노출하면 활기찬 운동감을 주고 확장감 · 상승감 및 방향성을 갖게 된다.

▲ 천장

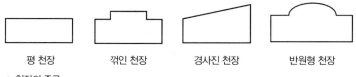

평 천장   꺾인 천장   경사진 천장   반원형 천장

▲ 천장의 종류

▲ 기둥과 보

④ 기둥 및 보(Column & Beam)

• 기둥
  - 실내 디자인상 하중의 지지에 무관하게 상징적이나 강조적 요소 또는 기능적 요소로 사용되고 있다.
  - 기둥은 평면상으로는 하나의 점으로 지각된다.
  - 입면상으로는 공간의 영역을 분할하거나 동선의 흐름을 차단하는 역할을 한다.
  - 입체적으로는 수직의 선적인 요소로 벽면과 독립되는 경우 새로운 공간감을 생성한다.

• 보
  - 천장 계획이나 조명 및 제반 설비계획에 제한적 요소로 작용한다.
  - 간접 조명과 같은 조명계획과 전기 · 냉난방 · 공기조화 · 소화 · 급배수 · 위생 등의 각종 설비 등은 보의 위치를 고려하여 계획해야 한다.
  - 천장에 위치하여 하중을 받치는 구조재로 장식과 조명을 가미할 수 있는 수평적 요소이다.

⑤ 개구부(Opening) 16년 1회

• 개구부에는 창문과 문이 있다.
• 벽을 구성하지 않는 부분을 총칭하는 말이다.
• 실내 디자인에 있어서 개구부는 실내 공간의 성격을 규정한다.
• 개구부는 동선이나 가구배치에도 결정적인 영향을 미친다.
• 개구부는 한 공간과 인접된 공간을 연결한다.
• 개구부의 위치는 공기와 빛을 통과시켜 통풍과 채광이 가능하게 한다.

5) 실내 디자인의 장식적인 요소 11년 4회, 10년 1회

① 가구

• 생활공간에서 인간이 원만한 생활을 할 수 있도록 하는 필수적인 것이다.
• 가구는 휴식 · 작업 등 어떠한 행위를 할 때, 인간을 보다 편안하고 효율적으로 행위할 수 있게 하는 도구로써 보관 · 정리 · 진열 등 수납의 기능도 한다.
• 미적인 효과가 뛰어나며 장식적 요소는 물론 공간의 영역을 제한 · 구분하는 요소로 사용된다.
• 가구 선택의 기본 충족 요소로는 기능, 재료, 형태를 들 수 있다.
• 물리적 요소에서 가구는 대공간적 기능, 대인적 기능, 대환경적 기능을 갖는다.

기적의 TIP

가구 선택
인테리어 공간의 기본평면이 완성된 후 제일 먼저 가구를 선택해야 한다.

가구배치의 유의사항

- 사용목적 이외의 것은 놓지 않는다.
- 사용자의 동선에 알맞게 배치한다.
- 크고 작은 가구를 적당히 조화롭게 배치한다.
- 의자나 소파 옆에 보조 조명기구를 배치한다.
- 충분한 여유를 두어 사용 시 불편함이 없도록 한다.
- 문이나 창이 있는 경우 높이를 고려한다.
- 전체공간의 스케일과 시각적·심리적 균형을 고려한다.

② 조명 23년 2회, 12년 5회

- 조명은 실내에서 인간에게 능률적인 생활과 기능적인 효과는 물론 휴식이나 안정이라는 생리적 효과도 갖는다.

🟢 **더 알기 TIP**

좋은 조명의 조건

- 충분한 조도와 균일한 조도, 즉 밝기에 얼룩이 없어야 한다.
- 눈부심이 없고, 적당한 그림자가 필요하다.
- 광원의 빛, 즉 배광을 조절할 수 있어야 한다.
- 광원의 교환, 청소 등 보수유지가 용이하고 효율성과 경제성이 고려되어야 한다.
- 공간의 성격과 어울려야 한다.
- 실내 전체와 조화를 갖는 재료를 선택해야 한다.
- 광색이 좋고 방사열과 조명의 심리적 효과가 적어야 한다.

- 조명 방식에 의한 분류

직접 조명	– 광원의 빛의 90~100%가 아래로 향하는 조명 – 조명률은 좋으나 조도 분포가 균일하지 않고 눈부심 현상과 강한 그림자가 생김 – 균일한 조도 분포를 위해 확산 아크릴을 사용함
간접 조명	– 광원의 빛의 90~100%가 위로 향하고, 0~10%가 아래로 향함 – 빛 전부를 천정이나 벽면에 투사하여 그 반사광으로 조명하는 방법 – 눈부심 현상이 생기지 않아 조도가 균일하고, 부드러운 분위기가 됨 – 침실이나 병실에 적당
반직접 조명	빛의 60~90%가 아래, 10~40%가 위로 향함
반간접 조명	– 빛의 60~90%가 위, 10~40%가 아래로 향함 – 가장 효과적인 조명 방식 – 천장과 벽에 반사되는 빛이 많아 조도가 균일하고 은은하며 부드러워 눈부심 현상이 거의 생기지 않음
직간접 조명	직접 조명과 간접 조명 방식을 병용하여 위·아래로 향하는 빛의 양이 40~60% 균일하게 확산·배분되는 조명 방식으로 전반확산 조명이라고 함

🅑 **기적의 TIP**

시스템 가구

- 가구와 인간, 가구와 건축, 가구와 가구 사이의 관계를 체계적으로 분석하여 조립·분해가 자유로운 가구이다.
- 실내 디자인 계획 시 공간의 형태나 성격 또는 기능에 따라 여러 형태의 배치가 가능해 통일감을 주거나, 자유로운 분위기의 공간 구성이 가능하다.

✅ **개념 체크**

1 가장 효과적인 조명 방식으로 빛의 60~90%가 ( ), 10~40%가 ( )로 향하게 하는 반간접 조명은 천장과 벽에 반사되는 빛이 많아 조도가 균일하다.

1 위, 아래

• 조명 분포에 의한 분류

전반 조명	– 전체 조명이라고도 하며 조명기구를 일정한 높이와 간격으로 빛을 밑으로 비추도록 배치하여 균등하게 조명하는 일반적인 방법 – 그늘이 적어 사무, 작업, 전시판매 등의 전체조명으로 적합
국부 조명	– 부분 조명으로 집중적인 조명 효과가 필요한 곳에 사용 – 세밀한 작업을 요하는 작업공간이나 극적인 조명 효과를 기대하는 판매 공간, 전시 공간에 적합
전반국부 조명	혼합 조명이라고도 하며 기본적으로 전체 조명을 사용하고 부분적으로 부분 조명을 사용하는 방식
장식 조명	– 분위기 조명이라고도 하며 조명기구 자체가 하나의 장식으로 취급되어 강조되거나 분위기를 살려주는 데 사용되는 조명 – 펜던트(Pendent), 샹들리에(Chandelier), 스테인드 글라스 램프(Stained Glass Lamp) 등

• 조명 기구의 부착 방법에 의한 분류

매립형	– 조명기구를 천장 면 속으로 집어넣어 내장시키는 매립 방법 – 직접 조명 방식 : 빛이 수직으로 하향 직사하는 방식
직부형	천장 면에 직접 부착시키는 가장 일반적인 방법
벽부형	벽에 부착하는 일체의 조명 기구를 말하며, 보통 브래킷(Bracket)이라고 함
펜던트(Pendent)	천장에서 파이프(Pipe)나 와이어(Wire)로 늘어뜨려 매어단 조명 방식
이동형 조명	– 필요한 장소로 옮겨 융통성 있게 설치 가능한 조명 – 플로어 스탠드(Floor Stand)와 테이블 스탠드(Table Stand)가 있음
트랙등	여러 조명을 연결시켜 필요에 따라서 조명의 위치를 조절하는 등
캐노피 조명 (Canopy Light)	– 천장 면 속이나 낮게 매달아 설치하는 조명 – 주로 카운터, 화장실의 세면대, 드레스 룸의 화장대에 설치

03 실내 디자인 프로세스

1) 실내 디자인 계획

> 기획 → 기본 계획 → 기본 설계 → 실시 설계 → 공사 감리

기획	• 고객이 공간의 사용목적, 예산 등을 종합적으로 비교 검토함 • 설계에 대한 희망, 요구사항 등을 결정하는 작업으로 시공 완성 후 관리운영에 이르기까지 운영방법, 경영의 타당성까지 기획에 포함
기본 계획	• 기획에 나타난 요구사항을 파악하여 기본 구상을 진행 • 전체의 계획안을 작성, 기본적인 디자인 실시
기본 설계	• 경영, 운영, 구상, 경제면의 합리적인 실현을 위해 주안점을 둠 • 실내 디자인 프로세스의 과정 중에서 대상 공간에 대한 모든 계획을 도면화하여 실내 디자인 프로젝트를 확정하는 단계
실시 설계(시공)	• 설계과정 결과를 기초로 하여 실제 작업을 하는 단계 • 시공 및 제작을 위해 디자인 의도를 상세하게 도면에 표시하여 시공자에게 정확하게 전달하며 공사 및 조립 등의 구체적인 근거를 제시해야 함(구조 설계도)
공사 감리	시공되는 부분을 검토하고 확인

시방서
공사에 대한 표준안의 설명이나 규정을 말하며 표준 시방서, 전문 시방서, 공사 시방서 등이 있다.

2) 실내 디자인의 전개 과정 _{23년 3회, 22년 2회, 16년 2회, 10년 1회}

기획 단계 → 설계 단계 → 시공 단계 → 사용 후 평가

기획 단계	실내 디자인 작업과 관련되어 있는 모든 정보를 수집 및 분석하는 단계
설계 단계	• 디자인 의도를 확인하고 공간의 재료나 가구, 색채 등에 대한 계획을 시각적으로 제시하는 과정 • 대상 공간에 대한 모든 계획을 도면화하여 실내 디자인 프로젝트를 확정하는 단계 • 샵 드로잉 : 특수한 기술 분야의 부분적 설계를 전문 업체가 작성하여 제시하는 상세 도면
시공 단계	설계과정의 결과를 기초로 하여 실제 작업을 하는 단계
사용 후 평가	결과를 기초로 하여 디자인을 시정하거나 시공상의 문제점을 해결하는 단계

04 실내 디자인 시 고려사항

1) 실내 디자인 계획 시 고려사항 _{18년 1회, 16년 1회, 11년 1회, 10년 2회}

① 실내 디자인과 색채 _{23년 2회, 21년 3회, 13년 1회, 12년 5회}

- 색채는 실내 분위기, 작업 수행 능력에 가장 큰 영향을 미치는 실내 디자인 요소로 인간의 감정을 자극하는 효과가 있다.
- 실내에서 감각적인 효과를 가장 먼저 주는 요소로 실생활에 이용되는 것이 바로 색채조절이다.
- 색의 수반 감정은 온도감, 중량감, 흥분·침정, 강약감, 경연감, 시간의 장단 등이 있다.

온도감	색상에 따라서 따뜻하고 차갑게 느껴지는 감정 효과
중량감	색의 밝기와 어두움에 따라 가볍고 무겁게 보이는 시각현상으로 색의 명도에 의해서 좌우됨
흥분·진정	난색계의 고채도 색은 흥분을 유발하고, 한색계의 저채도는 마음을 가라앉힘
강약감	채도에 의해서 결정되며 채도가 높으면 강한 느낌을 줌
경연감	색채의 부드럽고 딱딱한 느낌을 말함
시간의 장단	장파장 계통의 색채는 시간이 길게 느껴지고, 단파장 계통색은 시간이 짧게 느껴짐

실내 디자인의 색채 계획
- 먼저 주조 색을 결정하고 조화되는 다른 색을 선택한다.
- 휴식공간은 유사색 계열 또는 중간색 계열이 좋다.
- 밝은색을 위로 어두운색은 아래로 배치하면 안정감이 있다.

② 실내 디자인과 공간

- 건물의 형태나 자연과의 관계에 의해 기본적으로 결정되며 실내부의 바닥, 벽, 천장 등의 기본 구성요소에 의해 공간의 특성이 변화하여 공간 감각에 대한 인간의 심리적 · 시각적 영향을 받게 된다.
- 공간의 형태에 따라 가구배치나 동선의 변화 등 실내의 실제 요소들이 달라진다. 공간 형태의 종류는 규칙적인 형태 공간, 불규칙한 형태 공간, 정형 공간과 비정형 공간으로 구분된다.

규칙적인 형태 공간	• 일반적인 한 개 이상의 중심축을 갖고 일관성과 체계성이 서로 질서가 있음 • 자연스럽고 대칭적인 특징을 이루고 있어 안정된 느낌 　⑩ 원형, 정사각형, 정육각형 등의 평면형과 반구형, 원통형, 입방체 피라미드형 등
불규칙한 형태 공간	한쪽 방향으로 긴 축이 형성되어 강한 방향성을 갖게 되는 것이 특징 　⑩ 타원, 직사각형, 정삼각형
정형 공간	• 디자인에 있어서 실내의 모든 요소가 제약을 많이 받는 공간 형태 • 실내에서의 인간의 행위와 동작을 미리 예상하여 가능한 한 공간에 데드 스페이스★가 생기지 않도록 계획하여야 함(식물 등의 요소를 적절히 이용하여 처리)
비정형 공간	실내의 모든 요소가 비교적 제약을 적게 받는 요소로 작용하는 공간 형태

③ 공간과 동선(Course of Space)

- 동선이란 사람이나 물건이 이동하는 선을 말한다.
- 주거 공간의 동선은 짧을수록 효율적이고, 상업 공간의 동선은 구매의욕을 느끼게 하기 위해 동선이 긴 것이 효율적이다.
- 동선 계획은 사람이나 물건의 통행량을 먼저 고려하고 출입구의 위치, 동선의 방향, 교차, 이동 등에 의해서 결정된다.
- 합리적인 동선의 조건
  - 공간의 규모나 성격, 기능 및 용도에 맞추어 계획해야 한다.
  - 동선의 빈도, 속도, 하중의 3요소를 가진다.
  - 3요소의 정도에 따라서 동선의 길이, 넓이가 결정되지만, 사용빈도가 가장 먼저 고려되어야 한다.
  - 동선은 단순 · 명쾌하게 하며, 빈도가 높은 동선일수록 짧게 계획해야 한다.

④ 실내 디자인과 액세서리(Accessory)

- 액세서리의 의미
  - 액세서리는 실내를 구성하는 여러 요소 중 시각적인 효과를 강조하는 장식적인 오브제(Object)를 말한다.
  - 태피스트리, 회화, 목공예품, 조각품, 벽화, 도자기, 금속 공예품 등 비교적 작고 이동이 쉽다.
  - 액세서리는 실내에 활력과 즐거움을 부여하고 리듬과 짜임새 있는 공간을 구성한다.
  - 전체 공간에 있어 주된 포인트와 악센트로 통일된 분위기를 연출한다.
  - 예술적 세련미를 주어 개성의 표현, 미적 충족을 준다.

- 액세서리의 선택과 배치
  - 개인의 미적 감각으로 너무 많은 것을 진열하면 혼란을 주기 때문에 주의해야 한다.
  - 형태, 스타일, 색상 등이 위치와 잘 어울리도록 선택해야 한다.
  - 주변 물건과의 디자인 성격을 잘 고려하여 적절하게 배치해야 한다.
  - 오브제의 배치는 다소 변화를 줄 수 있는 여지를 남겨두는 것이 좋다.
  - 실사용자 개인의 개성을 나타낼 수 있어야 한다.
  - 그림을 가구의 위나 벽의 중앙에 설치할 때 그림은 안정감을 주고 가구는 동적인 느낌을 준다.

2) 실내 디자인 영역별 고려사항

① 주거 공간 21년 3회, 10년 4회

- 주거 공간은 인간이 개인 생활과 가족의 일원으로 의식주 생활을 하는 공간이며 편안한 안식처이다.

➕ 더 알기 TIP

주거용 실내 디자인 계획 시 주의할 점
- 주거용 실내 디자인을 계획할 때는 집주인의 요구에 충실해야 한다.
- 가족들의 생활양식을 고려하고 주위환경과 잘 어울릴 수 있도록 해야 한다.
- 동선의 고려 및 가구를 효율적으로 배치해야 한다.
- 가족의 취미, 연령, 취미의 변화를 예상하여 계획하여야 한다.

- 방위와 실

동쪽	아침 햇살이 실내 깊숙이 들어옴 예 침실, 식당, 부엌
서쪽	오후에 햇살이 집안에 들어옴 예 탈의실, 화장실
남쪽	여름철은 햇살이 들어오지 않으나 겨울에는 깊이 들어와 따뜻함 예 아동실, 거실, 베란다, 식당
북쪽	햇살이 종일 들어오지 않고, 겨울은 북풍이 불어와 추움 예 냉장고, 저장실, 화장실

✔ 개념 체크

1 실내 디자인 시 활용되는 액세서리는 실사용자 개인의 개성이 아닌 정형화된 스타일을 담아야 한다. (O, X)

1 ✕

• 각 실의 특징 및 계획

현관	• 기능 : 외부 공간으로부터 내부 공간에 이르는 출입구로서의 기능을 가짐(통신구, 방범구의 기능) • 재료 : 타일, 테라조, 대리석, 화강석 등
거실	• 기능 : 주거생활의 중심부, 휴식, 접객 등의 다용도실의 공동생활 공간, 각 실을 연결하는 동선의 분기점 • 계획 : 대화하기 좋은 의자배치, 밖의 경관을 관망하기 좋게, TV 시청이 합리적으로 되도록, 안정된 실내분위기 연출 • 색조 : 밝고, 안정감 있고, 싫증나지 않는 배색(엷은 무채색, 중간색, 난색계통의 색) • 조명 : 밝고 아늑한 느낌이 되도록, 직접 조명과 벽을 향한 간접 조명을 병용(펜던트와 스탠드 램프의 장식 조명)
식당	가족 전체가 사용하는 공간으로 거실과 부엌간에 연계될 수 있도록 하며, 독립된 동선을 가져야 함
부엌	• 주부의 작업 동선을 최대한 줄일 수 있는 위치, 통풍과 채광이 잘 되는 위치 • 조리작업대 순서 : 냉장고 → 준비대 → 개수대 → 조리대 → 가열대

침실	• 주거 공간의 이용적 특성에 따른 분류에서 개인적 공간으로 침실의 문과 창의 위치, 침실의 동선을 고려해야 함
	• 색채 : 개인적인 취향으로 구성하는 것이 좋음
	  – 파랑색 : 이상적 색채로 긴장을 완화, 행동을 이완시킴
	  – 녹색 : 어느 실내에서나 무난한 색
	  – 오렌지색 : 여성적이고 따뜻하고 화려한 느낌
	• 아동실 : 취침, 학습공작, 놀이 공간 등을 고려해야 함

서재	생활 공간을 리빙 니드(Living Need)에 의해 분할할 때 사적인 생활권(Private Living)에 속하는 것

② 상업 공간 23년 1회, 11년 2회

• 판매와 관련된 환경을 창조하는 분야로 '디스플레이'가 중요한 요소이다.
• 판매 공간, 판매 예비 공간, 판매 촉진 공간 등이 이에 속한다.
• 실내외 공간을 창조적이고 효율적으로 계획하여야 한다.
• 판매 신장의 결과와 수익의 증대를 위하여 소비문화의 동향을 선도할 수 있도록 해야 한다.
• 디스플레이의 목적
　– 상품을 직접, 간접적으로 판매하여 판매 신장을 꾀하고자 함이다.
　– 새로운 상품을 소개, 상품의 사용방법을 알리는 교육적인 기능을 갖는다.
　– 상품을 보다 알기 쉽고 보기에 편리하도록 하여 선전의 효과를 높인다.
　– 쾌적한 판매 환경을 조성하여 이미지의 차별화로 쇼핑의 즐거움을 준다.
　– 잠재고객에게 브랜드를 알려 유행을 창조, 주지, 선도한다.
　– 경영과 조형적 측면의 조화와 통합으로 새로운 문화 공간으로서의 판매 환경을 조성한다.

✓ 개념 체크

1 상업 공간을 효율적으로 디스플레이하여 상품을 보다 알기 쉽고 보기에 편리하도록 하여 ( )의 효과를 높일 수 있도록 해야 한다.

1 선전

• 디스플레이의 유형

상점 외부 디스플레이	사인으로서의 간판이나 파사드(Facade)는 외부 디스플레이의 대표적인 도시 환경미화의 요소이면서 상점 이미지를 나타내야 함
쇼 윈도우 디스플레이	거리의 경관을 형성하고 상품, 상점, 시기, 행사, 생활에 대한 정보를 전달
상점 내부 디스플레이	• 스테이지, 벽면 쇼케이스, 행거 등에서 이루어짐 • 어떤 상품을 강조하여 주는 토큰(Token) 디스플레이와 상품을 비교하기 쉽도록 분류, 진열하는 분류(Assortment) 디스플레이로 나뉨

③ 업무 공간

• 주로 사무 공간이며 그것이 생산업무 공간과 대비되는 개념으로 사무노동 중심의 업무 공간을 지칭한다.
• 업무영역은 총무관리, 연구개발 업무, 생산관리, 기획조사, 판매관리 등이다.
• 사무 공간의 실내 디자인은 지능 집약형 노동환경을 쾌적하고 기능적으로 개선하여 업무능률을 높이고 서비스의 질을 향상하는 것을 목적으로 한다.

④ 전시 공간 13년 1회

• 특정한 목적을 가지고 전달하는 공간 연출을 말한다.
• 공간이나 장소에 존재하는 정보를 전달하는 수단으로서 보여주는 행위를 의미한다.
• 실내 공간에 따라 요구되는 동선이 다르므로 반드시 공간에 따른 동선이 고려되어야 한다.
• 전시 공간의 형태

부채꼴형	– 부채꼴의 형태이기 때문에 관람자는 어느 공간을 볼 수 있는 선택을 제공해 줌 – 빠른 판단이 요구되는 형태 – 소규모 전시에 적합한 전시 형태
직사각형	가장 기본적인 전시 형태로 공간 형태가 단순하고, 평범한 성격을 가지고 있음
원형	– 원형의 전시 형태는 중앙을 중심으로 전시가 가능한 형태 – 고정되는 축이 없기 때문에 방향을 잡기 어려움 – 중앙에 전시물을 배치하여 방향감을 부여하는 것이 좋음
자유형	– 전체적인 한 눈에 들어올 수 있는 한정된 공간에 적합 – 복잡한 구조로 전체를 파악하기가 힘들어 큰 전시에는 좋지 않음
작은 실의 조합형	– 관람자가 자유로이 전시물을 둘러볼 수 있도록 하는 전시 형태 – 관람자의 동선을 잘 유도하여야 함

🅑 기적의 TIP

전시공간의 형태

부채꼴형

직사각형

원형

자유형

작은 실의 조합형

• 전시 방법

개별 전시	공간의 기본요소를 이용하여 벽면, 바닥, 천장 등에 전시
입체 전시	진열장, 전시대, 스크린 등을 이용하여 전시하는 형태
특수 전시	공간감과 시간상황으로 전시하는 것으로 디오라마 전시 등이 있음
파노라마 전시	연속적으로 이어서 전시하는 형태
아일랜드 전시	공간에 전시물을 중심으로 배치하는 형태
하모니카 전시	일정한 크기의 작품을 반복적으로 전시하는 형태
영상 전시	영상매체를 사용하여 전시하는 것

✅ 개념 체크

1 연속적으로 이어서 전시하는 형태를 '파노라마 전시'라고 한다. (O, X)

1 ○

이론을 확인하는 / 기출문제

01 대중이 이용하는 공항, 역사, 터미널, 미술관, 박물관 등을 대상으로 하는 디자인 분야는?

① 공공 인테리어　　② 상업 인테리어
③ 사무실 인테리어　④ 디스플레이 디자인

공간 대상에 따라 주거용 공간, 상업용 공간, 작업 공간, 공용 공간 등으로 구분한다. 그 중 공용 공간은 많은 사람들이 이용하는 공간으로 편리성, 안전성, 환경성 등을 고려한 공항, 역사, 터미널, 미술관, 박물관 등이 있다.

오답 피하기
상업은 직접 판매가 이루어지는 공간이며, 사무실은 업무를 보는 공간이다. 디스플레이는 품을 진열시키는 것으로 상업적인 영역이라 볼 수 있다.

02 다음 중 실내 디자인에서 추구하는 궁극적인 목표와 일치하는 것은?

① 유행성, 보편성, 개성
② 효율성, 아름다움, 개성
③ 기능성, 효율성, 보편성
④ 재료성, 아름다움, 유행성

실내 디자인의 목표에 관한 문제로 목표는 미적인 문제를 다루는 순수예술과 달리 인간 생활과 밀접한 관계를 갖는 것으로 효율성, 아름다움, 개성, 경제성, 창의성, 가변성, 예술성, 실용성 등을 고려해야 한다.

오답 피하기
유행성과 보편성, 재료성이 들어 있는 보기는 목표보다는 시대의 흐름이나 유행과 연관이 많으므로 시간에 따라서 변할 수 있기 때문에 목표와 구별된다.

03 실내 디자인을 구성하는 실내의 기본 요소로만 연결된 것은?

① 가구 – 조명 – 문
② 바닥 – 벽 – 천장
③ 바닥 – 벽 – 창
④ 가구 – 바닥 – 창

실내 디자인의 기본 요소에는 바닥, 벽, 천장, 기둥, 보, 개구부 등이 있다.

오답 피하기
장식적인 요소는 가구, 조명 등이 있으며, 문과 창문을 개구부라고 한다.

04 실내 공간 중 시선이 많이 머무는 곳으로 실내 분위기 형성에 가장 큰 영향을 미치는 실내 디자인 요소는?

① 바닥
② 벽
③ 천장
④ 마루

벽은 사람의 눈높이에 있기 때문에 시선이 가장 많이 머무는 곳이다.

정답 01 ① 02 ② 03 ② 04 ②

05 실내 디자인의 4단계 과정에 관한 설명 중 <u>틀린</u> 것은?

① 기획 과정은 실내 디자인 작업과 관련된 모든 정보를 수집하는 단계이다.
② 설계 과정은 기획 과정에서 수집한 정보를 활용하여 대상 공간에 실제 가구를 배치하는 단계이다.
③ 시공 과정은 설계과정의 결과를 기초로 하여 실제 작업을 하는 단계이다.
④ 사용 후 평가 과정은 결과를 기초로 하여 디자인을 시정하거나 시공상의 문제점을 해결하는 단계이다.

설계 과정은 디자인 의도를 확인하고 공간의 재료나 가구, 색채 등에 대한 계획을 시각적으로 제시하는 과정이다.

오답 피하기
• 기획 과정 : 실내 디자인 작업과 관련된 모든 정보를 수집하는 단계이다.
• 시공 과정 : 설계과정의 결과를 기초로 하여 실제 작업을 하는 단계이다.
• 사용 후 평가 과정 : 결과를 기초로 하여 디자인을 시정하거나 시공상의 문제점을 해결하는 단계이다.

06 다음 실내 요소의 기능에 관한 설명 중 <u>잘못된</u> 것은?

① 바닥 – 물체의 중량이나 움직임을 지탱해 준다.
② 천장 – 빛, 소음, 습기 등 환경의 중요한 조절 매체이다.
③ 벽 – 내부와 외부의 공간을 구획한다.
④ 창문 – 가구배치를 위한 배경이 된다.

실내 디자인의 기본 요소에는 바닥, 벽, 천장, 기둥, 보, 개구부 등이 있다. 개구부인 창문은 가구배치에 결정적인 영향을 미치긴 하지만 가구를 위한 배경의 역할을 하는 것은 벽이다.

07 다음 중 조명에 관한 설명으로 맞는 것은?

① 직접 조명 – 광원을 감싸는 조명기구에 의해 상하 모든 방향으로 빛이 확산되는 방식
② 반직접 조명 – 광원을 어떤 물체에 비추어 그 반사광으로 조명하는 방식
③ 간접 조명 – 광원의 90% 이상을 물체에 비추어 투사시키는 방식
④ 반간접 조명 – 빛의 일부가 직접 투사되고 나머지는 대부분 반사되는 방식

반간접 조명은 빛의 60~90%가 위로, 10~40%가 아래로 향한다. 천장과 벽에 반사되는 빛이 많아 조도가 균일하고 은은하며 부드러워 눈부심 현상도 거의 생기지 않는다.

오답 피하기
①은 직간접 조명, ②는 간접 조명, ③은 직접 조명에 대한 설명이다.

08 수익 유무에 따른 실내 디자인의 분류에 속하는 것은?

① 주거 공간
② 영리 공간
③ 업무 공간
④ 특수 공간

영리 공간 즉 상업 공간으로 판매와 관련된 환경을 창조하는 분야로서 판매 공간, 판매예비 공간, 판매촉진 공간 등이 이에 속한다.

오답 피하기
수익 유무에 따른 분류
• 영리 공간 : 수익을 주된 목적으로 운영하는 공간이다.
  예 상점, 백화점, 각종 소매점, 전문점, 호텔
• 비영리 공간 : 수익을 주된 목적으로 운영하지 않는 공간이다.
  예 주택, 아파트, 기념관, 박물관

01 다음은 디자인에 대한 설명으로 바르게 설명한 것은?

① 디자인의 뜻은 도안, 장식의 의미로 계획된 것을 실현하는 과정만을 말한다.
② 디자인은 라틴어로 '데지그나레'에서 유래되었으며, 데생과는 무관하다.
③ 인간의 행복을 위하여 생활환경을 개선하고 창조하여 삶의 질을 향상시키는 데 있다.
④ 순수예술과는 달리 경제적인 부분만을 추구하는 커뮤니케이션의 수단이다.

02 디자인의 조건에 관한 내용 중 잘못된 것은?

① 제품을 디자인할 때는 제품의 용도와 사용에 편리하도록 디자인해야 한다.
② 심미성은 국제성, 시대성, 질서성, 민족성 등에 영향을 받지 않는다.
③ 독창성은 디자이너의 중요한 자질이다.
④ 경제성을 갖기 위하여 재료 및 생산 방식에 대한 지식도 디자인의 중요 조건이다.

03 다음 중 조형요소의 내용 중 잘못된 것은?

① 조형을 이루는 기본 요소이다.
② 개념적 요소는 점, 선, 면, 부피이다.
③ 형식적 요소는 형, 크기, 형태, 재질, 색상이다.
④ 상대적 요소는 공간, 시각, 후각이다.

04 굿 디자인의 4대 조건이 아닌 것은?

① 합목적성
② 신비성
③ 독창성
④ 경제성

05 다음 중 선의 감정을 바르게 설명한 것은?

① 호선은 물체가 반원 모양을 그리며 날아가는 선이다.
② 유기적인 선은 여성적이며, 아름답고, 자유분방하며, 무질서한 느낌을 준다.
③ 기하학적인 선은 딱딱하고, 기계적이며, 긴장감을 준다.
④ 강직, 엄숙, 존엄, 희망, 상승, 권위, 숭고한 느낌을 주는 것은 수평선이다.

06 형태, 크기, 색채, 질감, 방향, 위치, 공간, 중량감 등에서 찾을 수 있으며, 조화보다 훨씬 강렬한 느낌으로 극적인 즐거움이 있는 것으로 디자인의 어떤 원리를 설명하고 있는 것인가?

① 통일
② 율동
③ 대비
④ 강조

07 다음 설명 중 틀린 것은?

① 형태는 이념적인 형태와 현실적인 형태로 구분된다.
② 점, 선, 면, 입체 등은 이념적인 형태이다.
③ 제품들의 형태는 모두 인위적인 형태이다.
④ 나뭇잎의 형태는 자연의 형태이므로 순수한 형태이다.

08 다음 설명 중 바르게 설명한 것은?

① 바탕과 도형 모두 형태가 인지되는 현상을 말하며 이를 반전 도형이라 한다.
② 도형이 주위의 영향을 받지 않고 항상 그대로 보이는 것을 방향 항상성 착시라 한다.
③ 수직면보다 수평면이 좁게 보이는 현상을 '수평·수직'의 착시라고 한다.
④ 같은 크기를 위와 아래로 놓았을 때 아래에 놓인 형태가 더 커 보이는 현상을 '위방향 과대시'라고 한다.

09 마케팅의 4P를 설명한 것으로 틀린 것은?

① 제품(Product)은 가장 핵심적인 요소로 회사가 판매할 제품이나 서비스를 말한다.
② 가격(Price)에는 정가, 할인, 공제, 할부, 신용조건 등이 있다.
③ 촉진(Promotion) 활동은 광고, 인적 판매, 판매 촉진, 홍보, 이벤트 등이 있다.
④ 유통(Place)은 제품과 서비스가 소비자에게 도달될 수 있는 경로를 말하며 보관, 품질, 포장, 디자인 등이 있다.

10 마케팅의 원칙이라 할 수 없는 것은?

① 수요전제의 원칙
② 유통계열화의 원칙
③ 판매촉진의 원칙
④ 기업중심의 원칙

11 제품의 수명주기 설명 중 틀린 것은?

① 매출액이 낮으며, 광고 및 홍보비용이 많이 드는 단계는 도입기이다.
② 매출은 안정적인 시점이나 소비시장의 위축으로 인해 제품이 시장에서 사라지는 시기는 쇠퇴기이다.
③ 광고와 홍보를 통해 제품의 인지도가 점차로 높아지는 시기는 성장기이다.
④ 기존 고객의 사용률을 높이고, 구매빈도를 높이는 성장세가 정점에 이르고 이윤이 감소하는 시기는 성숙기이다.

12 시장 조사 방법 중 실사 방법이 아닌 것은?

① 관찰 조사법
② 우편 조사법
③ 설문 조사법
④ 그룹 인터뷰

13 소비자 구매 과정에 속하지 않는 것은?

① 주의
② 의견
③ 행동
④ 욕구

14 시각 디자인의 분야가 **아닌** 것은?

① 그래픽 디자인
② 타이포그라피
③ 슈퍼그래픽
④ 일러스트레이션

15 일러스트레이션에 관한 내용 중 **틀린** 것은?

① 일반적인 의미는 시각 정보 전달의 기능을 가진 제품 디자인을 뜻한다.
② 표현 양식에 의한 분류는 추상적인 일러스트레이션, 구상적인 일러스트레이션, 반 구상적 일러스트레이션, 초현실적인 일러스트레이션 등으로 나눌 수 있다.
③ 내용을 보다 이해하기 쉽게 하는 시각적 요소인 그림들이다.
④ 일러스트레이션은 표현 양식에 의한 분류와 용도에 의한 분류로 구분된다.

16 다음 중 레이아웃(Lay-Out)의 설명으로 **틀린** 것은?

① '배치하다', '배열하다' 등의 뜻이 있다.
② 문자만을 사용해 정해진 틀 안에 배치하는 것이다.
③ 가독성, 전달성, 주목성, 심미성, 조형 구성 등을 효과적으로 구성하는 것이다.
④ 레이아웃은 프리(Free) 방식과 그리드(Grid) 방식으로 나눌 수 있다.

17 다음 중 포스터의 기능이 **아닌** 것은?

① 장식적 효과를 위한 것
② 상품 광고를 위한 것
③ 계몽선전을 위한 것
④ 제품을 보호하기 위한 것

18 CI 장점이 **아닌** 것은?

① 조직적이고 통일된 사고를 촉진한다.
② 네트워크가 축소된다.
③ 구매자에게 친숙한 이미지는 곧 매출로 연결된다.
④ 회사의 신뢰도를 확보한다.

19 다음 중 출판물의 종류를 나타낸 것으로 옳지 않은 것은?

① 문학지 : 문학인들의 작품. 시, 소설, 희곡, 수필, 평론 등을 발표한 책자
② 단행본 : 지속적으로 발행되는 잡지 따위와 달리 한 번의 발행으로 출판이 완료된 책
③ 브로슈어(Brochure) : 설명, 광고, 선전 따위를 위하여 만든 얇은 책자
④ 학술지 : 팸플릿, 카달로그, 신문 등 상품을 소개하는 책자

20 다음 중 인쇄의 분류별 용도를 나타낸 것으로 알맞은 것은?

① 볼록판 인쇄 : 불경 등의 탁본용으로 많이 사용되어 요즘도 많이 사용되고 있다.
② 평판 인쇄 : 카탈로그, 브로슈어, 책자 등 주로 사용된다.
③ 오목판 인쇄 : 포장지, 비닐, 증권, 지폐 등에 사용되는 석판 인쇄이다.
④ 공판 인쇄 : 문구, 완구, 전자기기, POP물에 주로 사용되는 금속공판이 대표적이다.

21 다음 중 광고의 기능으로 볼 수 **없는** 것은?

① 판매활동을 용이하게 한다.
② 감각적 자극제공으로 소비의 주의를 환기해 행동이 유발되도록 한다.
③ 제품을 소비자에게 알리기 위해서는 직접 알리는 것이 효과적이다.
④ 상품의 사용법, 가격 등으로 올바른 상품선택을 하게 도와준다.

22 광고의 내용적인 요소에서 광고를 읽고 난 후 우호적인 인상을 심어주기 위한 카피 법칙이 있다. Five I 법칙에 해당하지 <u>않는</u> 것은?

① Idea(광고의 아이디어)
② Immediate impact(직접적인 충격력)
③ Information(필요한 정보)
④ Introduction(도입, 전개)

23 신문 광고의 장점이라 볼 수 없는 것은?

① 여러 독자층에게 소구할 수 있다.
② 광고의 크기를 자유로이 선택할 수 있다.
③ 광고 효과가 빠르다.
④ 타 광고와 같이 게재되므로 타 광고나 기사에 영향을 받는다.

24 제품 디자인의 프로세스 과정은?

① 계획 단계 – 모델링 – 렌더링 – 결정 – 상품화
② 아이디어 스케치 – 렌더링 – 목업 – 결정– 상품화
③ 아이디어 스케치 – 모델링 – 목업 – 결정– 상품화
④ 컨셉 수립 – 아이디어 스케치 – 모델링 – 도면화 – 상품화

25 제품 디자인의 모델링에 관한 사항으로 관련이 <u>없는</u> 것은?

① 디자인 과정의 초기 단계의 모델링으로 스터디 모델, 스케치 모델, 스킴 모델 등이 있다.
② 디자인 전달에 사용되는 모델로서 제시형 모델이라고도 하며, 외관상으로는 최종 제품의 이미지의 의사결정을 내리는 모델을 프리젠테이션 모델이라 한다.
③ 성능 시험보다 겉모양을 위하여 제작되는 것을 파일럿 모델(Pilot Model)이라 한다.
④ 실제 생산품과 똑같게 제작하여 종합적인 성능 실험과 광고모델, 전시회 출품에까지 사용되는 것을 워킹모델(Working Model)이라고 한다.

26 다음 중 실내 디자인에서 공간 대상에 따른 분류가 서로 <u>다른</u> 것은?

① 공장   ② 식당
③ 시장   ④ 상점

27 다음 설명 중 실내 디자인의 기본 요소로 옳지 <u>않</u>은 것은?

① 바닥은 인간생활이 자유롭게 행해지는 기반으로써 신체와 접촉하는 빈도가 가장 높은 요소이다.
② 벽은 인간의 시선과 동작을 차단하며 공간의 구분, 공기의 차단, 보온 등의 기능이 있다.
③ 천장은 바닥과 함께 실내 공간의 수평적 요소로서 외부로부터의 차단과 프라이버시의 확보를 위한 공간과 공간을 구분하는 역할을 한다.
④ 개구부란 벽을 구성하지 않는 부분을 총칭하는 말로서 문과 창문의 위치는 공기와 빛을 통과시켜 통풍과 채광이 가능하게 한다.

28 다음 중 영상 디자인에서 애니메이션의 설명으로 틀린 것은?

① 희랍어의 Animal(동물), 라틴어의 Anima란 단어에서 유래되었다.
② 애니메이션의 의미는 생명, 영혼, 정신을 가리킨다.
③ 사전적 의미로는 '명을 불어 넣다', '활동을 시키다'라는 뜻이다.
④ 애니메이션은 연극, 영화보다 더 넓고 무한한 세계를 표현할 수 없다.

29 다음 중 실내 디자인의 공간 대상에 따른 분류가 **아닌** 것은?

① 주거용 공간　　② 작업 공간
③ 상업용 공간　　④ 비영리 공간

30 주거용 실내 디자인 계획시 주의할 점이 **아닌** 것은?

① 집주인의 요구에 충실해야 한다.
② 가족들의 생활양식을 고려해야 한다
③ 동선의 고려 및 가구를 효율적으로 배치해야 한다.
④ 주위 환경은 가능한 한 배제해야 한다.

31 업무 공간의 내용이 **아닌** 것은?

① 사무노동 중심의 업무 공간을 지칭한다.
② 생산업무 공간으로 생산관리를 하는 곳이다.
③ 업무영역은 총무관리, 연구개발 업무 등이다.
④ 지능 집약형 노동환경으로 쾌적하게 해야 한다.

32 환경 디자인에 관한 내용으로 **틀린** 것은?

① 환경 디자인의 가장 거대한 영역인 도시계획은 도시 계획가, 건축가, 토목기사, 행정관 등 다양한 분야의 사람들이 참여한다.
② 조경 디자인은 자연을 보다 아름답고 경제적으로 개발, 조성하여 인간의 생활환경을 개선하는 것을 목적으로 한다.
③ 디스플레이는 물건을 공간에 배치, 구성, 연출하여 사람의 시선을 유도하는 강력한 이미지를 전달하는 표현기술이다.
④ 환경적인 문제 인식으로 해결하려는 디자인 분야만을 말하며 상위 개념으로 건축 분야에 한정된다.

33 환경 디자인의 목적으로 **틀린** 것은?

① 인간의 삶의 질을 향상하며, 자연과 인간 문명의 조화를 구축한다.
② 자연미와 인공미의 조화보다는 미래공간인 4차원 공간의 존재이다.
③ 옛 건물들의 복원과 재사용, 도시계획 등 서로 협력하여 환경을 개발한다.
④ 보존과 개발이 상호 균형적으로 이루어지도록 조화와 통합을 이룬다.

34 환경 디자인의 역할로 **옳은** 것은?

① 자연을 보호하고 보전하여 공해, 재해로부터 인간을 보호한다.
② 인공 구조물을 많이 만들고 공공의 질서를 유지한다.
③ 생활환경을 미적으로만 아름답게 꾸며 자랑하도록 한다.
④ 옛 건물들의 복원을 통해 과거의 모습을 다시 구축한다.

35 전시 방법에 대한 설명으로 **틀린** 것은?

① 개별 전시 : 공간의 기본요소를 이용하여 벽면, 바닥, 천장 등에 전시
② 특수 전시 : 공간감과 시간 상황으로 전시하는 것으로 디오라마 전시 등이 있음
③ 아일랜드 전시 : 공간에 전시물을 중심으로 배치하는 형태
④ 하모니카 전시 : 연속적으로 이어서 전시하는 형태

합격을 다지는 예상문제 / 정답 & 해설

PART 01

01 ③	02 ②	03 ④	04 ②	05 ③
06 ③	07 ④	08 ①	09 ④	10 ④
11 ②	12 ③	13 ②	14 ③	15 ①
16 ②	17 ④	18 ②	19 ④	20 ②
21 ③	22 ④	23 ④	24 ②	25 ③
26 ①	27 ③	28 ④	29 ④	30 ④
31 ②	32 ④	33 ②	34 ①	35 ④

01 ③

디자인의 목적
- 인간의 행복을 위하여 생활환경을 개선하고 창조하여 삶의 질을 향상시키는 데 있다.
- 인간 생활의 물질적 경제적인 이윤 추구를 위한 수단으로써의 목적이 있다.
- 예술적인 창작, 인간의 장식적인 욕구 충족의 수단으로써의 목적이 있다.

오답 피하기
- 디자인에 대한 의미와 개념 그리고 목적에 대하여 정확하게 파악하고 있어야 한다.
- 디자인은 라틴어의 '데지그나레(Designare)' 「계획을 기호로 명시하다」에서 유래되었다.
- '계획하다, 지시하다, 표현하다, 성취하다'의 뜻으로 디세뇨(Disegno), 데생(Dessin) 등과 같은 의미로 사용된다.

02 ②

심미성은 국제성, 시대성, 민족성, 사회성, 개인성 등이 있다.

오답 피하기

합목적성	디자인이 대상과 용도, 목적 등에 맞게 이루어져 있는지를 의미(기능성, 실용성 중시)
심미성	아름다움에 대한 것, 주관적, 감성적인 특징
경제성	경제 원리에 맞는 가격인지를 의미
독창성	타제품과 차별화되고 창조적인 디자인
질서성	위 4가지 조건들의 조화를 의미

03 ④

상대적 요소는 방향, 위치, 공간이다.

오답 피하기
조형의 요소는 조형을 이루는 기본 요소이다. 또한 디자인 조형의 효과적인 표현을 위해서는 조형요소에 대한 이해가 앞서야 한다. 그리고 각 요소의 이해를 통하여 감상과 시각적인 조형 활동이 이루어져야 한다.

조형요소의 분류
- 개념적 요소 : 점, 선, 면, 부피
- 형식적 요소 : 형, 크기, 형태, 재질, 색상
- 상대적 요소 : 방향, 위치, 공간

04 ②

굿 디자인의 4대 조건은 합목적성, 심미성, 독창성, 경제성이다.

오답 피하기
굿 디자인(Good-Design)은 인간이 요구하고 필요로 하는 조건을 디자인 작업을 통하여 충족시켜 줄 수 있는 것을 말한다.

05 ③

긴장감이라는 말에 사선을 생각할 수 있으나 기하학적인 선에서도 그런 느낌을 가진다.

오답 피하기
- 호선 : 활동 모양으로 굽은 선, 유연한 느낌을 준다.
- 유기적인 선 : 물체의 외형을 따라 흐르는 선으로, 부드러우며 자유스러운 느낌을 준다.
- 수직선 : 강직, 엄숙, 존엄, 희망, 상승, 권위, 숭고한 느낌을 준다.

06 ③

대비는 형태 · 크기 · 색채 · 질감 · 방향 · 위치 · 공간 · 중량감의 대비 등이 있다.

오답 피하기

대비
- 서로 다른 요소들이 조합에 의해 상반되게 나타나는 현상이다.
- 대립과 긴장 속에 서로를 강조하게 되어 극적인 효과를 나타내게 된다.
- 대비가 크면 클수록 서로의 성격이 뚜렷해진다.
- 대비는 조화보다 훨씬 강렬한 느낌으로 극적인 즐거움이 있다.
- 과도한 이질적인 대비는 전반적인 효과가 반감될 수 있어 절제해서 사용해야 한다.

07 ④

형태의 구분은 이념적인 형태와 현실적인 형태로 나눈다. 이념의 형태에는 점, 선, 면, 입체 등을 말하며 이를 순수형태라 한다.

오답 피하기
현실적인 형태는 자연 형태와 인위적인 형태가 있다. 자연의 형태는 눈으로 확인할 수 있는 현실이기 때문에 현실적인 형태이다.

08 ①

바탕과 도형 모두 형태가 인지되는 현상을 말하며 이를 반전 도형이라 한다.

오답 피하기
- 면적 크기의 착시 : 같은 크기의 도형이 주위의 영향을 받아서 면적과 크기가 같아 보이지 않는 현상이다.
- 수평, 수직의 착시 : 면적은 수직면보다 수평면이 넓어 보인다.
- 위 방향 과대시 : 같은 크기를 위와 아래로 놓았을 때 위에 놓인 형태가 더 커 보이는 현상이다.

09 ④

유통(Place)에는 보관, 하역, 창고, 정보 등이 있다. 포장과 디자인은 제품에 속한다.

오답 피하기

제품 (Product)	가장 핵심적인 요소로 회사가 판매할 제품이나 서비스를 말한다(디자인, 포장, 재질, 색상, 품질).
가격(Price)	• 가격 결정에 있어서 어떤 기준 가격(Basic Price)이 먼저 필요하고 이에 할인, 운송, 서비스료 등이 추가된다. • 유통 단계에서 가장 중요한 결정으로 소비자의 구매 결정에 가장 큰 영향을 미친다(정가, 할인, 공제, 할부, 신용조건).
유통(Place)	• 제품과 서비스가 소비자에게 도달될 수 있는 경로로 지금까지 유통 기관은 마케팅 관리자가 통제할 수 없는 환경 요소로 간주되어 왔다. • 시대적인 변화로 유통 환경도 변화되고 있다(보관, 하역, 창고, 정보).
촉진 (Promotion)	소비자에게 정보를 제공하고 설득시키기 위해 사용되는 각종 수단을 말한다(광고, 인적 판매, 판매촉진, 홍보, 이벤트).

10 ④

마케팅의 원칙 : 수요전제의 원칙, 판매촉진의 원칙, 유통계열화의 원칙, 기업주체성의 원칙, 판매중추성의 원칙, 과학적 시장인식의 원칙 등을 들 수 있다.

오답 피하기

마케팅의 중요성 : 시간 · 장소 · 소유 · 정보 효용의 창조, 소비자의 수요 및 생활양식의 충족과 지원, 소비자 커뮤니케이션의 촉진, 사회 · 경제적 변화의 촉진, 국가자원의 적정 배분과 경제발전에 기여한다.

11 ②

제품의 수명주기는 도입기→성장기→성숙기→쇠퇴기로 나눈다.

오답 피하기

쇠퇴기에는 매출이 급격히 감소하여 소비시장의 위축으로 인해 제품이 시장에서 사라지거나 다른 제품으로 대체된다.

12 ③

실사방법에는 개인 면접법, 전화 면접법, 우편 조사법, 관찰 조사법, 그룹 인터뷰 등이 있다.

오답 피하기

실사 방법

개인 면접법	면접원이 조사 대상자와 직접 면접하는 방법
전화 면접법	전화를 걸어 직접 조사하므로 응답률과 신뢰도가 높음
우편 조사법	• 우편으로 질문지를 보낸 후 다시 우편으로 받는 방법 • 포괄적 질문 가능, 비용절감, 그러나 회수율과 신뢰도가 낮음
관찰 조사법	일정 시간 동안 관찰하는 방법으로 가능한 한 구체적으로 기술해야 함
그룹 인터뷰	진행자의 자격, 그룹당 소요시간, 그룹당 조사 대상자 구성, 속기원의 유무 등에 대하여 기술해야 함

13 ②

②번은 AIO법이다. AIO법은 활동, 흥미, 의견이다.

오답 피하기

소비자 구매과정은 주의, 흥미, 욕구, 기억, 행동 등이 있다.

14 ③

슈퍼 그래픽은 환경 디자인이다.

오답 피하기

시각 디자인은 그래픽 디자인, 타이포그래피, 일러스트레이션, 레터링 등이 있다.

15 ①

• 그래픽 디자인의 한 분야로 일반적인 의미는 시각 정보 전달의 기능을 가진 디자인을 뜻한다.
• 편집 디자인이나 광고에 사용되어 내용을 보다 이해하기 쉽게 하는 시각적 요소인 그림들이다.
• 일러스트레이션은 표현 양식에 의한 분류와 용도에 의한 분류로 구분된다.
• 표현 양식에 의한 분류는 추상적인 일러스트레이션, 구상적인 일러스트레이션, 반 구상적 일러스트레이션, 초현실적인 일러스트레이션 등으로 나눌 수 있다.

오답 피하기

제품 디자인은 삶에 필요한 물품 또는 제품을 만들기 위한 목적의식에 의해 만드는 생산품의 디자인을 말한다. 다양한 방법들로 우리 생활에 편의를 주고 있는 제품 디자인은 구조, 재료, 형태의 인자들로 구성된다.

16 ②

레이아웃(Lay-Out)은 문자, 기호, 그림 등과 디자인적 요소를 사용해 정해진 틀(사이즈)에 조형적으로 배치하는 것을 말한다.

오답 피하기

레이아웃(Lay-Out)
• '배치하다', '배열하다' 등의 뜻이 있다.
• 문자, 기호, 그림 등과 디자인적 요소를 사용해 정해진 틀(사이즈)에 조형적으로 배치한다.
• 가독성, 전달성, 주목성, 심미성, 조형 구성 등을 주기 위해 효과적으로 구성하는 것이다.
• 레이아웃은 프리(Free) 방식과 그리드(Grid) 방식으로 나눌 수 있다.

17 ④

포스터의 기능
• 장식적 효과를 위한 것 : 광고의 매체로서 게시된 다음에 버려지는 것이 아니라 회화의 작품처럼 수집의 대상이 되고 있으며 하나의 장식처럼 사용되기도 한다.
• 상품 광고를 위한 것 : 공공장소 등에 정해진 지면으로 상품을 광고하는 기능을 갖는다.
• 계몽선전을 위한 것 : 국가나 사회단체에서 공공질서 의식, 도덕적 의식 등 국민들에게 캠페인성 기능을 갖는다.
• 고지적인 기능 : 새로운 제도나 법규 등을 알리는 기능을 갖는다.

오답 피하기

제품을 보호하기 위한 것은 포장디자인 분야이다.

18 ②

CI 장점
- 조직적이고 통일된 사고를 촉진한다.
- 네트워크가 구축된다.
- 구매자에게 친숙한 이미지는 곧 매출로 연결된다.
- 회사의 신뢰도를 확보한다.

오답 피하기

네트워크가 축소되는 것이 아니라 구축된다.

19 ④

학술지는 학회나 연구소 등에서 정기적으로 발행하는 학술·예술 분야에 관한 전문적인 글을 싣는 잡지이다.

오답 피하기

출판물의 종류를 파악해야 한다.

학술지	학회나 연구소 등에서 정기적으로 발행하는 학술·예술 분야에 관한 전문적인 글을 싣는 잡지
문학지	문학인들의 작품, 시, 소설, 희곡, 수필, 평론 등을 발표한 책자
단행본	지속적으로 발행되는 잡지 따위와 달리 한 번의 발행으로 출판이 완료되는 책
매뉴얼(Manual)	설명서(내용이나 이유, 사용법 등을 설명한 글), 사용서, 안내서
브로슈어(Brochure)	설명, 광고, 선전 등을 위하여 만든 얇은 책자
리플릿(Leaflet)	설명이나, 광고, 선전 등의 내용을 담은 종이나 얇은 책자(팸플릿보다 더 간략한 것)
카달로그(Catalogue)	상품을 소개하는 책자

20 ②

평판 인쇄의 대표적인 인쇄는 오프셋 인쇄로 카탈로그, 브로슈어, 책자 등을 인쇄할 때 사용된다.

오답 피하기

볼록판 인쇄(활판, 목판, 선화철판, 고무판), 평판 인쇄(석판, 금속평판), 오목판 인쇄(그라비아, 조각요판), 공판 인쇄(실크스크린)

21 ③

③번은 제품을 소비자에게 알리기 위해서는 대중매체를 사용하여 알리는 것이 효과적이다.

오답 피하기

광고의 기능 : 경제적 기능, 심리적 기능, 사회 문화적, 기능정보제공 기능, 문화적 기능, 마케팅적 기능, 대중매체의 육성 기능 등이 있다.

22 ④

Five I 법칙에 Introduction(도입, 전개)는 해당되지 않는다.

오답 피하기

Five I 법칙
- Idea(광고의 아이디어) : 광고의 아이디어에 따라 카피의 소구력이 결정된다.
- Immediate Impact(직접적인 충격력) : 충격이 갈 정도의 힘을 가지는 카피이다.
- Incessant Interest(연속적인 흥미) : 흥미를 돋우는 카피이다.
- Information(필요한 정보) : "내게 어떤 이익이 될까"라는 기분이 들게 하는 것이다.
- Impulsion(행위여부) : 구입 행위로 끌어들일 수 있는 내용의 카피이다.

23 ④

④번은 장점이 아니라 단점에 속한다.

오답 피하기

신문 광고의 단점
- 많은 신문을 따로 취급해야 한다.
- 인쇄나 컬러의 질이 다양하지 않다.
- 광고의 수명이 짧다. 독자의 계층을 선택하기 어렵다.
- 타 광고와 같이 게재되므로 타 광고나 기사에 영향을 받는다.

24 ②

아이디어 스케치 – 렌더링 – 목업 – 결정– 상품화

오답 피하기

제품 디자인 프로세스는 크게 계획단계 – 아이디어 단계 – 제시단계 – 시방단계로 구분한다.

세부적으로 나누면 계획수립 – 콘셉트수립 – 아이디어 스케치 – 렌더링 – 목업 – 도면화 – 모델링 – 결정 – 상품화순으로 이루어진다.

25 ③

파일럿 모델(Pilot Model) : 겉모양보다는 작동 원리나 특수부품 등의 성능 시험을 위하여 제작되는 모델이다.

오답 피하기

모델링의 종류
- 러프 모델(Rough Model : 연구용 모델) : 디자인 과정의 초기 단계 즉, 개념화 단계에서 디자이너의 이미지 전개와 확인, 형태감과 균형을 파악하기 위한 모형을 제작하는 모델을 러프 모델이라고 한다. 러프 모델로는 스터디 모델, 스케치 모델, 스킴 모델 등이 있다.
- 프레젠테이션 모델(Presentation Model : 제시용 모델, 더미 모델) : 디자인 전달에 사용되는 모델로서 외관상으로는 최종 제품의 이미지에 가장 가까운 모델로 제품 디자인의 최종 의사결정을 내려야 하는 디자인 관계자에게 제시용으로 만들어지는 모델이다.
- 프로토타입 모델(Prototype Model : 완성형 모델, 제작 모델, 워킹 모델) : 실제 생산품과 똑같게 제작하여 종합적인 성능 실험과 광고 모델, 전시회 출품에까지 사용된다. 그 재료에 따라서 목재 모형, 석고 모형, 금속 모형 등이 있다.

26 ①

공장은 작업공간에 속하고, 식당, 시장, 상점 등은 상업용 공간에 속한다.

오답 피하기

사무실이나 공장, 은행 등은 작업공간으로 구분된다.

27 ③

벽은 외부로부터의 차단과 프라이버시의 확보를 위해 공간과 공간을 구분하는 역할을 한다.

오답 피하기

실내 공간의 요소는 기본적 요소와 장식적인 요소로 구분된다. 각 요소에 대한 개념을 정확히 파악하고 있어야 한다.

기본적인 요소	바닥, 벽, 천장, 기둥, 보, 개구부 등
장식적인 요소	가구, 조명, 액세서리, 디스플레이 등

28 ④

애니메이션은 연극, 영화보다 더 넓고 무한한 세계를 표현할 수 있다.

오답 피하기

영상 디자인에서의 애니메이션
- 희랍어의 Animal(동물), 라틴어의 Anima란 단어에서 유래된 말로 생명, 영혼, 정신을 가리킨다.
- 사전적 의미로는 '명을 불어 넣다', '활동을 시키다' 라는 뜻이다.
- 움직이지 않는 사물에 생명을 불어넣어 움직임을 준다는 동적인 의미를 갖는다.
- 애니메이션은 연극, 영화보다 더 넓고 무한한 세계를 표현할 수 있다.

29 ④

비영리 공간은 수익 유무에 따른 분류이다.

오답 피하기

실내 디자인의 공간 대상에 따른 분류는 주거용 공간, 작업 공간, 상업용 공간, 공용 공간이며 수익 유무에 따른 분류는 영리 공간과 비영리 공간으로 분류된다.

30 ④

환경 디자인의 역할은 자연을 보호하고 보전하여 공해, 재해로부터 인간을 보호한다.

오답 피하기

주거용 실내 디자인 계획 시 주의할 점은 다음과 같다.
- 주거용 실내 디자인을 계획할 때는 집주인의 요구에 충실해야 한다.
- 가족들의 생활양식을 고려하고 주위환경과 잘 어울릴 수 있도록 해야 한다.
- 동선의 고려 및 가구를 효율적으로 배치해야 한다.
- 가족의 취미, 연령, 취미의 변화를 예상하여 계획하여야 한다.

31 ②

업무 공간은 주로 사무 공간이며 그것이 생산업무 공간과 대비되는 개념으로 사무노동 중심의 업무 공간을 지칭한다.

오답 피하기

업무 공간은 주로 사무 공간이며 그것이 생산업무 공간과 대비되는 개념으로 사무노동 중심의 업무 공간을 지칭한다. 또한 업무영역은 총무관리, 연구개발 업무, 생산관리, 기획조사, 판매관리 등이다. 사무 공간의 실내 디자인은 지능 집약형 노동환경을 쾌적하고 기능적으로 개선하여 업무능률을 높이고 서비스의 질을 향상하는 것을 목적으로 한다.

32 ④

환경 디자인은 모든 디자인 분야를 포괄하는 상위개념으로서 건축 디자인, 옥외 디자인, 인테리어 디자인, 산업 디자인, 공예 디자인 등의 영역이다.

오답 피하기

- 인간이 생활하는 실내 공간과 여러 가구 그리고 주택과 정원, 도로와 건물, 거리의 시설물 등 환경을 구성하는 여러 요소의 조화와 통합을 추구하는 것이다.
- 사람이 살고 있는 공간을 더욱 아름답고 생기 있게 만들려는 활동이다.
- 넓은 의미의 환경 디자인은 건축과 그 환경 전체에 대한 엑스테리어 디자인(Exterior Design)과 건축물의 내부인 인테리어 디자인(Interior Design)으로 구분된다.

33 ②

환경 디자인의 목적은 자연미와 인공미의 조화를 꾀하며 생활공간인 환경적 장비의 존재이다.

오답 피하기

환경 디자인의 목적은 다음과 같다.
- 인간의 삶의 질을 향상하며, 자연과 인간 문명의 조화를 구축한다.
- 자연미와 인공미의 조화를 꾀하며 생활공간인 환경적 장비의 존재이다.
- 옛 건물들의 복원과 재사용, 도시계획 등 서로 협력하여 환경을 개발한다.
- 보존과 개발이 상호 균형적으로 이루어지도록 조화와 통합을 이룬다.

34 ①

환경 디자인의 역할은 자연을 보호하고 보전하여 공해, 재해로부터 인간을 보호한다.

오답 피하기

환경 디자인의 역할은 다음과 같다.

- 자연을 보호하고 보전하여 공해, 재해로부터 인간을 보호한다.
- 인공 구조물을 관리, 유지하여 사회와 개인의 질서를 유지한다.
- 생활환경을 편리하고 아름답게 꾸며 쾌적하고 풍요롭게 한다.

35 ④

하모니카 전시 : 일정한 크기의 작품을 반복적으로 전시하는 형태를 말한다.

오답 피하기

전시 방법에 대한 내용을 파악하고 있어야 한다.

개별 전시	공간의 기본요소를 이용하여 벽면, 바닥, 천장 등에 전시
입체 전시	진열장, 전시대, 스크린 등을 이용하여 전시하는 형태
특수 전시	공간감과 시간 상황으로 전시하는 것으로 디오라마 전시 등이 있음
파노라마 전시	연속적으로 이어서 전시하는 형태
아일랜드 전시	공간에 전시물을 중심으로 배치하는 형태
하모니카 전시	일정한 크기의 작품을 반복적으로 전시하는 형태
영상 전시	영상매체를 사용하여 전시하는 것

02

색채 및 도법

파트 소개

2파트는 색채와 도법으로 구성되어 있습니다. 색채는 디자인 전반에 걸쳐 중요한 부분이니 모든 내용을 이해하면서 학습해야 합니다. 도법은 제도학이란 학문 분야 중 디자인 제도 부분만을 따로 발췌하여 다루고 있으며 제도를 처음 접해 보는 사람에게는 이해하기 어려운 부분이 있을 수도 있습니다. 기본적인 사항을 이해하여 암기하는 것이 중요합니다. 색채 및 도법은 분량에 비하여 내용이 포괄적이지 않기 때문에 전체적인 내용의 이해보다 단편적 용어를 이해하며 학습해야 합니다.

CHAPTER 01

색채

학습 방향

Chapter 01에서는 색의 전반적인 이론을 학습할 수 있습니다. 2과목 중에서 12문제나 나오는 부분이므로 색의 개념과 속성, 먼셀과 오스트발트 색채계, 대비와 조화 이론에 대하여 중점적으로 학습하시길 바랍니다.

출제빈도

SECTION 01	중	14%
SECTION 02	상	18%
SECTION 03	상	20%
SECTION 04	중	14%

▶ 합격 강의

01 색 지각의 기본원리 13년 6월

1) 색의 의미 13년 1회, 11년 4회/2회/1회, …

① 색

• 색채학에서 색을 색(Light)과 색채(Color)로 나누고 두 가지 모두 색이라고 부른다.
• 눈을 자극함으로써 생기는 시감각으로써 물체의 존재를 지각시키는 시각의 근본이다.
• 시지각의 대상으로서 빛이 물체를 비추었을 때 생겨나는 여러 지각 현상이다.
• 반사, 흡수, 투과, 분해, 굴절 등을 통해 눈의 망막을 자극함으로써 생기는 물리적 지각 현상이다.

② **색채** 22년 3회, 16년 4회, 13년 2회

• 색채는 물리적, 화학적, 생리적, 심리적 현상에 의하여 성립되는 시감각의 일종으로, 지각된 모든 색과 지각을 배제한 순수 색감각이다.
• 우리가 일상생활 속에서 늘 보는 색을 색채라고 한다.
• 색채는 의미성, 질감, 상징성, 대조와 대비, 착시현상, 거리감 등을 일으켜 디자인을 하는 데 있어서 디자인 원리를 한층 더 느끼게 한다.

2) 색 지각과 눈의 구조

① 색 지각의 3요소

• 인간이 색을 지각하는 것은 색 지각의 3요소인 광원(빛), 물체(반사, 투과), 시각(눈)의 작용에 의한 것이다.
• 물체 표면에서 반사되는 빛이 눈의 망막을 자극하여 지각될 때 빛 에너지가 전기화학적 에너지로 바뀌어 대뇌로 전달되고 개인의 주관적인 색 경험을 바탕으로 신호와 정보를 해석한다.

🅑 기적의 TIP

색채의 분류
색채를 분류하는 방법에는 보편적으로 유채색과 무채색으로 분류한다.
• **유채색** : 순수한 무채색을 제외한 색감이 있는 모든 색
• **무채색** : 흰색과 여러 단계의 회색 및 검은색에 속하는 색채로, 유채색의 기미가 없는 색

✔ 개념 체크

1 색채는 의미성, 질감, (   ), 대조와 (   ), 착시현상, 거리감 등을 일으켜 디자인을 하는데 있어서 그 (   )를 한층 더 느끼게 하는 효과가 있다.

1 상징성, 대비, 원리

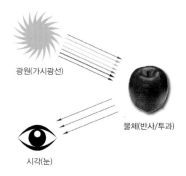

광원(가시광선)

물체(반사/투과)

시각(눈)

▲ 색 지각의 3요소

② 눈의 구조 및 기능

- 눈의 구조는 카메라 렌즈와 비교할 수 있다.
- 렌즈는 수정체, 조리개는 홍채, 필름은 망막으로 구분 지을 수 있다.
- 망막에는 색을 지각하는 시세포가 존재하며 이는 추상체와 간상체, 박명시로 구분된다.

추상체	• 원추세포라고도 하며 밝은 곳(명소시)에서 대부분의 색과 명암을 모두 구별함 • 추상체에 이상이 생기면 색맹, 색약 등의 이상 현상이 생겨서 정상적인 색 구분이 어려워짐 • 추상체는 해상도가 뛰어나고 색채 감각을 일으킴
간상체	• 막대세포라고도 하며 어두운 곳(암소시)에서 흑백의 명암만을 구별함 • 고감도의 흑백필름과 같음 • 간상체는 빛에 민감하여 어두운 곳에서 주로 활동
박명시	• 해질 무렵 명소시에서 암소시로 변화되는 시점에 추상체와 간상체가 동시에 작용되는 상태를 말함 • 박명시는 매우 짧은 시간에 발생되며 이 상태에서는 사물이 흐릿하게 잘 안보이게 됨

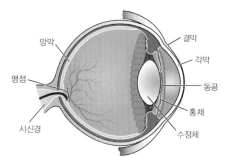

망막

맹점

시신경

결막

각막

동공

홍채

수정체

▲ 눈의 구조

3) 빛과 가시광선

- 인간은 빛을 통해 사물의 색을 인지하고 물체를 지각한다.
- 빛은 태양과 같은 자연광과 백열전구, 형광등과 같은 인공 광원 등을 말한다.
- 영국의 물리학자 맥스웰에 의하여 빛이 전자파의 일부라는 것이 밝혀졌다.

🅑 기적의 TIP

추상체와 간상체
- 추상체와 간상체를 통하여 상을 보게 된다.
- 인간의 시세포가 밤과 낮의 각기 다른 조건에서도 잘 활동할 수 있는 것은 추상체와 간상체 때문이다.
- 추상체나 간상체와 관계있는 것은 암순응, 스펙트럼 민감도, 푸르킨예 현상 등이다.
- 어두운 상태에서 우리 눈의 간상체는 흰색, 검은색, 회색 등 명암만 지각한다.
- 추상체만 있으면 야간에 활동할 수 없다.

🅑 기적의 TIP

- 측광 : 관찰자의 기준에서 측면에 빛이 비칠 때 물체에 생기는 그림자
- 배광 : 광원이 관찰자의 뒤에 있을 때 물체에 생기는 그림자
- 역광 : 관찰자의 정면에서 광원이 있을 때 물체에 비치는 그림자

• 전자파의 범위는 매우 광범위한데 이는 파장과 주파수에 따라 각기 다른 특유의 성질을 갖는다. 이 중 인간의 눈으로 지각될 수 있는 범위를 가시광선이라고 한다.

4) 가시광선과 스펙트럼 19년 1회, 18년 2회, 12년 4회

① 가시광선

• 빛은 광범위한 전자파로 이루어져 있다.
• 사람의 눈으로 인지할 수 있는 380nm~780nm 범위의 파장을 가진 전자파를 가시광선이라 한다.
• 380nm 이하의 짧은 파장(단파장)은 의료기기에 사용하는 자외선, 뢴트겐에 사용하는 X선 등으로 사용된다.
• 780nm 이상의 긴 파장(장파장)은 열선으로 알려진 적외선, 라디오, TV 등에 사용하는 전파 등으로 사용된다.

② 스펙트럼(Spectrum)

• 프리즘으로 태양광을 분광시키면 빨강, 주황, 노랑, 초록, 파랑, 남색, 보라색의 단색광으로 무지개와 같이 연속된 색의 띠가 발생하는데 스펙트럼 혹은 가시 스펙트럼이라고 한다.
• 1666년 아이작 뉴턴은 분광기인 프리즘을 통과한 빛은 파장에 따라 굴절되는 각도가 서로 다르다는 것을 실험을 통해 발견하였다.
• 빨강은 파장이 길어서 굴절률이 가장 작으며 보라는 파장이 짧아서 굴절률이 가장 크다.

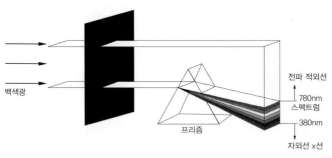

▲ 스펙트럼

5) 물체의 색 22년 1회, 20년 1회, 17년 2회, 16년 4회/2회, 11년 1회

• 사물은 빛의 자극에 의해 특정 파장만을 반사하기 때문에 각자의 고유한 색을 가지고 있는 것처럼 보이고 우린 눈을 통해 이러한 색채를 지각할 수 있다.
• 빛의 반사, 투과, 흡수, 굴절, 편광 등에 의해 나타나는 물체의 고유색을 물체색이라고 한다.
• 물체색은 크게 표면색과 투과색으로 나누어진다.

- 심리학자인 Kate에 따라 색은 표면색, 공간색, 투명색, 평면색 그리고 경영색, 금속색, 형광색, 간섭색, 조명색, 광원색, 작열, 광택, 광휘 등으로 구분된다.

표면색	불투명한 물체의 표면에서 느끼는 색으로 사물의 재질, 형태, 위치 등을 나타냄
평면색	주위의 지각 요소(질감, 환경)를 배제한 순수 색자극으로 부드럽고 미적인 상태를 나타냄
경영색	거울색이라고도 하며, 완전 반사에 가까워 거울에 비친 대상에 영향을 거의 주지 않으나, 고유한 거울면의 색이 있을 경우에는 거울면의 색이 지각되고 그 배후에 대상이 있다고 지각됨
금속색	금속의 표면에 나타나는 색으로 금, 은색 등을 의미함
투명색	유리와 같이 투명한 물체를 투과해서 보이는 색
광원색	광원에서 느껴지는 색으로 일반적으로 주황색으로 느껴짐
공간색	유리병 안의 액체와 같이 투명하거나 반투명한 물체에서 주로 볼 수 있는 것으로 삼차원적 공간의 부피감을 느낄 수 있는 것을 말함
간섭색	표면막의 빛 반사에 의해 일어나는 무지개 현상으로 반사되는 두 빛의 간섭 효과로 인해 채색된 줄무늬가 일어나는 색으로 비누거품, 물 위의 기름, 전복 껍데기 등에서 느껴지는 색

🅱 기적의 TIP

표면색에 관한 사항
• 반사한 빛의 파장 범위를 색으로 보는 것이다.
• 빛의 파장을 모두 반사하면 흰색으로 보인다.
• 반사율이 높으면 명도가 높아진다.

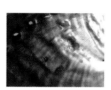

▲ 표면색   ▲ 금속색   ▲ 투명색   ▲ 간섭색

🅱 기적의 TIP

반사율
반사광의 에너지와 입사광의 에너지의 비율을 말한다. 빛을 포함한 여러 종류의 복사파가 물체의 표면에서 어느 정도 반사되는지를 나타내며, 이는 물질의 종류와 표면의 상태에 따라 달라진다. 따라서 빛의 파장에 따라 서로 다른 색감을 일으키며 물체의 색은 표면의 반사율에 의해 결정된다.

02 색채 자극과 반응 22년 3회, 21년 2회, 19년 3회, 17년 2회, 11년 2회

1) 순응

환경의 변화에 적응하여 익숙해지거나 적응하는 현상이다.

① 명암순응

- 명순응 : 어둠 속에서 갑자기 밝은 곳으로 나왔을 때 서서히 빛에 적응하는 현상이다.
- 암순응 : 밝은 곳에서 어두운 곳으로 들어갈 때 서서히 보이기 시작하는 현상이다.
- 명순응은 암순응에 비해 적응 시간이 짧다.
- 빛에 대한 망막 시신경의 반응으로 밝은 곳에서는 빛에 대한 감수성이 떨어지고, 어두운 곳에서는 늘어난다. 따라서 조명조건에 따라 광수용기의 민감도가 변화되어 추상체와 간상체의 활동이 바뀌는 것이다.

✅ 개념 체크

1 밝은 곳에서 어두운 곳으로 들어갈 때 서서히 보이기 시작하는 현상을 '명순응'이라고 한다. (O, X)

1 ×

② 색순응

어떤 조명광이나 색을 오랫동안 보면 그 색에 순응하여 색 지각이 약해지는 현상으로 색광에 대하여 순응하는 것이다.

예 노란 선글라스를 착용하고 푸른 물체를 보았을 때 처음에는 노란 기미가 보이지만 시간이 지나면서 원래의 푸른색으로 보이게 된다.

2) 연색성과 조건등색

① 연색성 13년 4회

• 조명이 물체의 색감에 영향을 끼치는 현상으로 같은 물체라도 광원에 따라 다르게 색을 인지하는 현상이다.
• 무대 디자인과 상품 진열 등에서 조명색을 결정할 때 중요한 요소이다.

예 빨간 사과가 백열전구 아래에서는 밝고 선명하게 보이고 푸른 수은등에서는 짙은 빨간색의 사과로 보인다.

② 조건등색

분광 반사율이 서로 다른 두 종류의 색이 특정한 광원에서 같은 색으로 보이는 현상으로 실내조명에서 더욱 심하게 일어난다.

3) 색각 이상

① 색각 22년 3회, 16년 1회

• 빛의 파장 차이에 의해 망막에서 색을 구별하는 감각이다.
• 추상체의 이상 유무와 이상 정도에 기인하며 이러한 기능에 이상이 생겨 정상적으로 색을 인지 못하는 것을 색각 이상이라고 한다.

② 색맹

• 망막의 결함으로 색을 정상적으로 인지하지 못하는 경우이다.
• 전색맹과 부분색맹(적록색맹, 청황색맹)으로 구분한다.

③ 색약

• 색채를 볼 수 있지만 유사색상이나 무리지어 있는 색조를 구별하기 어려운 현상이다.
• 색약은 정상적인 상태보다 강한 자극을 주어야 느낄 수 있다.

03 색의 지각 19년 2회, 17년 1회, 10년 5회/4회

색 감각에 기초하여 색의 상태를 파악하는 것으로 일상생활에서 경험하는 것을 색 지각이라고 한다. 색 지각에 필요한 3가지 요소는 광원, 물체, 시각이며, 4가지 조건에는 빛의 밝기, 사물의 크기, 색의 대비, 색의 노출이 있다.

기적의 TIP

색맹
• 전색맹 : 망막에 색을 구별하는 추상체의 기능이 없고, 명암만을 구별하는 간상체의 기능만 있다. 전색맹자는 녹색을 가장 밝게 느끼고, 상대적으로 적색을 어둡게 느낀다.
• 부분색맹
  – 적록색맹 : 적색, 녹색, 회색의 구별이 어렵다.
  – 청황색맹 : 청색, 황색, 회색의 구별이 어렵다.

기적의 TIP

시세포
빛에 의한 자극을 받아들이는 감각세포로 망막에 분포하며, 원추세포와 간상세포 두 종류가 있다.

1) 생리적 지각 효과

① 항상성(Constancy) 16년 1회

- 주변 빛의 강도와 조건이 바뀌어도 본래의 색을 그대로 느끼는 현상이다.
- 항상성은 밝은 물체에 강하고 어두운 물체에 약하다.
- 시야가 좁거나 관찰 시간이 짧으면 약해진다.
- 동일한 색상을 밝은 곳에서 볼 때와 어두운 곳에 볼 때 빛의 물리적 변화가 생기게 되어 처음엔 색이 다르게 보이지만 시간이 지나면 여전히 같은 색으로 인식되는 현상이다.

② 푸르킨예 현상(Purkinje Shift) 23년 3회, 21년 2회, 20년 3회, 17년 4회/1회, …

- 의사 푸르킨예(Purkinje, J)는 적과 청의 투톤 컬러의 우편 포스트가 낮에는 붉은 부분 쪽이 저녁때는 푸른 부분의 쪽이 밝게 보이는 것을 발견했다(1823년).
- 푸르킨예 현상은 추상체와 간상체의 움직임의 교차에 의한 것이다.
- 밝은 곳에서는 적색이나 황색이 어두운 곳에서는 청색이나 녹색, 보라색이 밝게 보이는 현상을 푸르킨예 현상 혹은 푸르킨예 쉬프트(Purkinje Shift)라고 부른다.
- 비상구를 표시할 때 초록색을 사용하는 이유는 푸르킨예 현상 때문이다. 갑자기 어두워지게 되었을 때 초록색이 가장 밝게 느껴지기 때문이다. 비상시가 되면 암전상태가 되기 때문에 초록색을 사용한다.

▲ 비상구

③ 색음 현상(Colored Shadow)

색을 띤 그림자라는 의미(괴테 현상)로 괴테는 저서 '색채론'에서 불타는 양초와 석양 사이에 연필을 세워두면 연필의 그림자가 아름다운 파란색을 띠었다고 한다. 이는 양초의 빨간빛에 의해 생기는 그림자가 보색인 청록으로 보이는 것이다.

2) 심리적 지각 효과

① 보색 심리

- 물리 보색 : 혼합해서 무채색이 되는 색. 이때의 혼합은 회전혼색판을 이용한 것이다(이렇게 해야만 화학적 특성이 배제된다).
- 심리적 보색 : 인간의 생리적 특성에 의한 보색잔상에 의한 보색이다.

🅑 **기적의 TIP**

색 지각의 4가지 조건
- 빛의 밝기 : 색 지각의 근본으로 빛의 밝기에 따라 색 지각이 다르게 나타난다.
- 사물의 크기 : 사물이 일정한 크기가 있어야 색 지각을 할 수 있다.
- 색의 대비 : 사물의 색을 지각하기 위해서는 배경색과 대비를 이루어야 색 지각이 쉽다.
- 색의 노출 : 사물을 보는 시간이 짧거나 길면 다른 색으로 보일 수 있다.

🅑 **기적의 TIP**

푸르킨예 현상
- 암소시가 되면 장파장인 적색이 제일 먼저 보이지 않고 단파장인 보라색이 마지막까지 보이게 된다. 반대로 조명이 밝아지면 청자색이 제일 먼저 보인다.
- 명소시에서 암소시로 옮겨갈 때 붉은 계통은 어둡게 되고, 녹색과 청색은 상대적으로 밝게 변화되는 현상이다.
- 낮에 빨간 물체가 밤이 되면 검게, 낮에 파랑 물체가 밤이 되면 밝은 회색으로 보인다.
  🖽 비상구 표시등(청색, 녹색)

✅ **개념 체크**

1 갑자기 어두워졌을 때 가장 밝게 느껴지는 색이 바로 (   )이며, 비상시가 되면 암전상태가 되기 때문에 비상구 표시등에 이 색을 사용한다. 이는 푸르킨예 현상과 연관이 있다.

1 초록색

② 애브니 효과(Abney Effect)

색의 채도와 관계되며 같은 색이라도 채도를 높이면 색상이 다르게 보이는 현상이다.

③ 베졸드 효과(Bezold Effect)

같은 명소시 상태라도 빛의 강도가 변화하면 색광의 색상이 다르게 보이는 것을 말한다. 단색광의 색상이 휘도에 의해 변화하는 현상이다.

3) 공간적 지각 효과

① 면적 효과(Mass Effect)

- 면적의 크기에 따라 색이 다르게 보이는 현상이다.
- 같은 색이라도 면적이 큰 색은 명도가 높아 보여 밝고 화려하고 선명하며, 면적이 작은 색은 명도가 낮아 보여 어둡고 탁하게 보인다.
- 윤곽 처리 방법에 따라 색의 면적 효과를 변화시킬 수 있다.
- 면적 대비는 색상을 선택할 때 중요한 역할을 하므로 작은 견본을 보고 선택하면 정확한 색상을 고를 수 없다.

② 소면적 3색각 이상

- 눈으로 보기 어려운 상태. 즉, 색상의 크기가 아주 작을 경우 색 지각의 혼란으로 인해 작은 색들이 일반적인 색으로 보이게 되는 이상 현상이다.
- 정상적인 눈을 가지고 있어도 흰색에 가까운 색은 흰색으로, 검정에 가까운 색은 검정으로, 빨강에 가까운 색은 빨강으로 보이는 것처럼 미세한 색을 볼 때는 색각 이상자와 같은 색각의 혼란이 오는 것이다.

③ 메카로 효과

보색을 번갈아 본 후 다른 곳을 보면 원래의 색이 연한 색으로 보이는 현상을 말한다.

04 색채지각설 22년 4회, 10년 5회

색채학을 이루는 중요한 근간이 되며 영·헬름홀츠의 3원색설과 헤링의 반대색설로 구분된다. 두 학설은 각기 장·단점을 가지고 있는데 혼색과 색각이상은 3원색설로 설명되고 동시대비와 보색잔상은 반대색설로 설명이 된다.

1) 영·헬름홀츠의 3원색설 21년 2회, 20년 1회, 19년 2회/1회, 18년 2회, …

- 인간의 망막에는 적, 녹, 청자의 색각세포와 색광을 감지하는 수용기인 시신경섬유가 있다는 가설을 1801년 영국의 의사이자 물리학자인 토머스 영(Thomas Young)이 발표하였다.

- 이후 1860년 독일의 생리학자 헬름홀츠(Herman Helmholtz)가 시신경이 뇌에 전달되는 과정을 보완하여 완성한 색각 이론이다.
- 물리학자인 토머스 영은 빨강, 노랑, 파랑을 기본으로 하는 3원색설을 주장하였지만 후에 헬름홀츠가 주장한 망막에 빨강색(적색), 녹색, 청자색의 시신경 섬유가 있다는 이론에 제창하여 이를 영·헬름홀츠의 3원색설이라고 한다.
- 망막에는 3종의 광화학 물질이 있어 이로 인해 색이 보이는 것이다.
- 영·헬름홀츠의 3원색설 이론은 혼색과 색각이상을 잘 설명하는 이론으로, 색각이상으로 인해 색을 구별할 수 없으면 색맹이 된다. 또한 색광혼합인 가산혼합과 일치된다. 그러나 색맹자의 색각현상을 설명하기 어려운 점이 있다.

기적의 TIP

영·헬름홀츠 3원색설 단점
동시대비, 대비와 잔상, 색맹을 설명하는 데는 어려운 점이 있다.

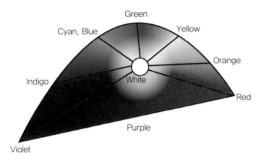

▲ 헬름홀츠의 컬러 시스템

2) 헤링의 반대색설(4원색설)

- 1874년 헤링(Ewald Hering)이 영·헬름홀츠의 3원색설에 반하여 괴테가 주장한 4원색설을 바탕으로 발표한 지각설이다.
- 인간의 눈에는 빨강-녹색물질, 노랑-파랑물질, 그리고 흰색-검정물질의 세 가지 유형의 시세포가 있고 각각의 물질은 빛에 따라 동화와 이화라는 합성 작용과 분해 작용에 의해 색을 지각할 수 있다고 주장하였다.
- 이 색채지각설은 색의 보색 잔상과 동시대비 현상을 설명하는데 근거가 되는 이론이다.

기적의 TIP

기타 색 지각설
- 돈더스의 단계설 : 망막에서는 3원색설을 따르며, 신경단계(대뇌 피질층)에서는 반대색설에 따라 색각이 지각된다.
- 그라니트와 하트리지의 다색설 : 백색광에서 동작하는 도미네이터와 여러 종류의 특정 파장에 대응하여 활동하는 모듈레이터가 있다는 지각설이다.
- 플랭크린의 발달설 : 백과 흑을 원시적 감각으로 보고 백에서 노랑과 파랑이 분화되고 다시 노랑에서 녹색과 적색이 분화된다는 설이다.

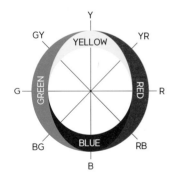

▲ 헤링의 컬러 시스템

3) 혼합설

- 1964년 미국의 맥니콜(Edward F. Mc Nichol)의 연구팀은 앞의 두 색각이론을 모두 받아들여 혼색과 색각이상은 3원색설로 대비와 잔상은 반대색설로 설명하는 혼합설을 발표하였다.
- 색이란 것은 망막에서 시신경을 거쳐 보내온 신호가 뇌세포를 자극한 결과로 일어나는 반응이라는 것이다.

05 색의 분류 및 색의 3속성

1) 색의 분류

유채색과 무채색으로 구분하며 일반적으로 말하는 색은 유채색으로 채도가 있는 색이란 뜻이다. 무채색은 채도가 없으며 명도를 나타낼 때 사용된다.

① 유채색(Chromatic Color) 13년 1회

- 인간이 맨눈으로 식별할 수 있는 가시광선 범위 안의 물체색 중에서 색상이 있는 색이다.
- 무채색인 흰색, 회색, 검정색을 제외한 모든 색을 말한다.
- 유채색은 색상, 명도, 채도를 모두 가지고 있다.
- 우리나라의 색표기법은 먼셀의 컬러 시스템을 채용하여 산업규격(KS)에서는 기본 10색을 사용하고 교육인적자원부에서는 표준 20색상을 규정지어 사용하고 있다.

▲ 유채색

② 무채색(Achromatic Color) 15년 4회

- 색상과 채도가 없고 단순히 명암만 있는 흰색, 회색, 검정색 등이 있다.
- 무채색의 온도감은 따뜻하지도, 차갑지도 않은 중성색이다.
- 무채색을 흰색과 회색, 검정색의 단계별로 나누어 놓은 것을 그레이스케일(Grayscale)이라고 한다.

▲ 무채색(Grayscale)

개념 체크

1 무채색을 흰색과 회색, 검정색의 단계별로 나누어 놓은 것을 (   )이라고 한다.

1 그레이스케일(Grayscale)

2) 색의 3속성 23년 2회, 20년 1회, 19년 2회/1회, 18년 2회, …

색은 색상, 명도, 채도의 세 가지 지각성질을 가지고 있으며, 이를 색의 3속성이라고 한다. 인간이 물체색을 느낄 때 명도, 색상, 채도의 순서로 지각하게 된다.

① 색상(Hue) 20년 2회, 17년 3회

- 다른 색과 색상을 구별하는 데 필요한 색채의 이름이다.
- 빨강, 노랑, 파랑 등과 같이 다른 색과 구분되는 그 색 고유의 성질이다.
- 색상은 명도, 채도에 관계없이 색채만을 구별하는 것을 의미한다.
- 가시광선의 색을 시계방향으로 둥글게 배열한 것을 색상환이라고 한다.
- 색상환에서 서로 가까이 있는 색을 유사색, 거리가 먼 색은 반대색이라고 한다.
- 색상환에서 서로 대각선의 정반대 편에 위치한 색을 보색이라고 한다. 보색인 두 색을 혼합하면 무채색에 가깝게 된다.
- 보색은 서로 가까이 위치하면 색의 반발로 더욱 선명해 보이는 성질이 있다.
- 적색계열은 난색, 청색계열은 한색, 연두와 자주는 중성색이라고 한다.
- 색상은 'H'로 표기하며 주요 5색은 대표숫자 5를 붙여 5R, 5Y, 5G, 5B, 5P 등으로 표기한다.

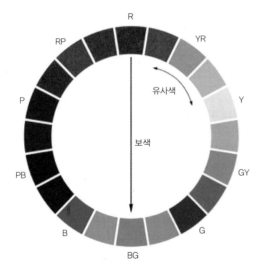

▲ 20색상환

② 명도(Lightness/Value) 22년 2회, 16년 2회

- 먼셀 표색계에서 Value(V)로 표기한다.
- 색의 3속성 중에서 인간의 눈은 명도에 가장 예민하게 반응한다.
- 색채의 무게감과 가장 관계가 있다.
- 흰색부터 검정색까지의 밝고 어두움을 나타내는 명암단계이며 그레이스케일이라고도 한다.

✔ 개념 체크

1 다음 중 색의 3속성 중 색상에 해당하는 설명으로 옳지 않은 것은 무엇인가? (   )

   ㉠ 다른 색과 구분되는 그 색 고유의 성질이다.

   ㉡ 보색은 서로 가까이 위치하면 색의 반발로 더욱 선명해 보이는 성질이 있다.

   ㉢ 색채의 무게감과 가장 관계가 있다.

1 ㉢

• 명도는 가장 어두운 흑색 명도를 0, 백색을 10으로 총 11단계로 나눈다.
• 밝기 정도에 따라 고명도, 중명도, 저명도로 구분한다.

검정 | 저명도 | 중명도 | 고명도 | 흰색

▲ 명도

③ 채도(Saturation/Chroma) 12년 4회

• 채도는 'C'로 표시한다.
• 색의 선명도를 의미하며 색의 맑기, 탁함, 흐림 등을 채도라고 한다.
• 색상 중에서 채도가 가장 높은 색을 순색★이라고 한다.
• 순색에 무채색이나 다른 색을 혼합할수록 채도는 낮아진다.
• 채도는 가장 흐린 단계 1에서 가장 맑은 단계 14까지 총 14단계로 구분한다.
• 채도는 색상마다 차이가 있는데 채도가 가장 높은 14단계의 색은 빨강과 노랑이다.

★ 순색
다른 색이 섞이지 아니한 순수한 색이다(하양, 검정, 잿빛 등이 섞이지 않은 빛깔).

고채도 ◄─────   ─────► 저채도

▲ 채도

• 채도의 구분

순색	동일 색상 계열 중에서 가장 채도가 높은 색
청색	• 순색에 흰색 혹은 검정을 혼합한 색 • 명청색 : 순색 + 흰색 = 명청색(명도는 높고, 채도는 낮아짐) • 암청색 : 순색 + 검정 = 암청색(명도, 채도가 모두 낮아짐)
탁색	• 순색에 회색을 혼합한 색으로 채도가 매우 낮음 • 순색 + 회색 / 명청색 + 검정 / 암청색 + 흰색 = 탁색

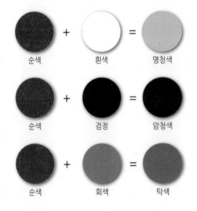

순색 + 흰색 = 명청색

순색 + 검정 = 암청색

순색 + 회색 = 탁색

01 투명한 유리컵에 청량음료를 담았을 때의 색채현상으로 적합한 것은?

① 투명색   ② 공간색
③ 경영색   ④ 표면색

공간색이란 유리병 속의 액체나 얼음덩어리처럼 3차원 공간에 투명한 부피를 느끼는 색이다.

오답 피하기
• 투명색 : 유리와 같이 빛이 투명한 물체를 투과해서 보이는 색
• 경영색 : 거울색이라고도 하며, 완전 반사에 가까워 거울에 비친 대상에 영향을 거의 주지 않으나, 고유한 거울면의 색이 있을 경우에는 거울면의 색이 지각되고 그 배후에 대상이 있다고 지각되는 현상
• 표면색 : 불투명한 물체의 표면에서 느끼는 색으로 사물의 재질, 형태, 위치 등을 나타냄

02 색에 대한 설명이 틀린 것은?

① 표면에서 반사된 빛은 우리 눈에서 색으로 느껴진다.
② 무지개는 빛의 산란에 의해 나타나는 현상이다.
③ 가장 긴 파장은 빨강색 영역이고 가장 짧은 파장의 영역은 보라색 영역이다.
④ 우리는 하늘을 볼 때 평면색(면색)을 느낀다.

빛의 산란
태양 빛이 공기 중의 질소, 산소, 먼지 등과 같은 작은 입자들과 부딪칠 때 빛이 사방으로 재방출 되는 현상을 말한다. 예를 들면 맑게 갠 날 하늘이 푸르게 보이고, 해뜨기 전 동쪽 하늘이나 해진 후의 서쪽 하늘이 붉게 보이는 현상이다.

오답 피하기
무지개는 빛의 간섭에 의해 나타나는 현상이다.

03 추상체와 간상체에 관한 설명 중 잘못된 것은?

① 추상체와 간상체를 통해 우리는 상을 보게 된다.
② 추상체는 해상도가 뛰어나고 색채감각을 일으킨다.
③ 간상체는 빛에 민감하여 어두운 곳에서 주로 기능한다.
④ 추상체는 단파장에 민감하고, 간상체는 장파장에 민감하다.

추상체는 명소시에서 대부분의 색과 명암을 모두 구별하는 반면 간상체는 암소시에서 어두운 명암만을 구별하는 시세포이다.

오답 피하기
단파장은 보라색 계열을 의미하고 장파장은 적색 계열을 의미한다. 따라서 단파장과 장파장은 추상체에서만 지각이 가능하다.

04 어떤 조명광이나 물체색을 오랫동안 보면 그 색은 선명해 보이지만 그 밝기는 낮아지는 현상은?

① 색순응   ② 색반응
③ 색조절   ④ 명시성

색순응이란 어떤 조명광이나 색을 오랫동안 보면 그 색에 순응하여 색지각이 약해지는 현상으로 색광에 대하여 순응하는 것이다.

오답 피하기
색반응이란 물질이 서로 반응할 때, 색이 나타나거나 색의 변화가 일어나는 반응을 말하며 주로 화학 분야에서 리트머스 시험지를 통한 색반응 실험이 대표적이다.

정답 01 ② 02 ② 03 ④ 04 ①

05 푸르킨예 현상에 대한 설명 중 <u>잘못된</u> 것은?

① 낮에는 추상체로부터 밤에는 간상체로 이동하는 현상이다.

② 파장이 짧은 색이 먼저 사라지고, 파장이 긴 색이 나중에 사라진다.

③ 이 현상을 이용한 것이 비상구 표시, 계단 비상등 등이다.

④ 빨간 사과가 밤이 되면 검게 보인다.

푸르킨예 현상이란 암소시가 되면 장파장인 적색이 제일 먼저 보이지 않고 단파장인 보라색이 마지막까지 보이게 되는 현상이다.

오답 피하기

푸르킨예 현상은 낮에 추상체로부터 밤에는 간상체로 이동하는 현상을 의미하기도 한다.

06 780nm에서 380nm의 파장 범위에 해당하는 것은?

① 자외선   ② 가시광선

③ 적외선   ④ 전파

가시광선이란 사람의 눈으로 인지될 수 있는 380nm~780nm 범위의 파장을 가진 전자파를 의미한다.

오답 피하기

380nm 이하의 짧은 파장(단파장)은 의료기기에 사용하는 자외선, 뢴트겐에 사용하는 X선 등으로 사용되고, 780nm의 긴 파장(장파장)은 열선으로 알려진 적외선, 라디오, TV 등에 사용하는 전파 등으로 사용된다.

07 물체의 색이 보이는 원리를 설명한 것 중 <u>잘못된</u> 것은?

① 표면색은 반사한 빛의 파장범위를 색으로 보는 것이다.

② 자연물의 경우 함유하고 있는 색소에 흡수된 빛이 눈에 보이는 것이다.

③ 적색광이 비쳤을 때 붉은 사과는 주황빛을 띠게 된다.

④ 색은 우리의 눈에 도달하는 여러 다른 파장 길이의 빛으로부터 파생되는 느낌이다.

사물은 빛의 자극에 의해 특정 파장만을 반사하기 때문에 각자의 고유한 색을 가지고 있는 것처럼 보이고 우린 눈을 통해 이러한 색채를 지각할 수 있다. 따라서 빛을 흡수하면 색을 인지하기가 어렵다.

오답 피하기

사람은 빛에서 서로 다른 분광 반사율과 파장 길이에 의해 각각의 단색광으로 구분하여 색을 인지한다.

08 영·헬름홀츠의 3원색설과 관련 있는 색은?

① 백, 흑, 순색

② 적, 녹, 청자

③ 적, 황, 청자

④ 황, 녹, 청자

영·헬름홀츠는 인간의 망막에는 적, 녹, 청자의 색각세포와 색광을 감지하는 수용기인 시신경섬유가 있다는 3원색설의 가설을 만들어과 색각이상을 설명하였다.

오답 피하기

적은 빨강, 녹은 녹색, 청자는 맑은 파랑색을 의미한다.

09 색의 3속성에 대한 설명 중 <u>틀린</u> 것은?

① 색상, 명도, 채도를 말한다.

② 색상을 둥글게 배열한 것을 색상환이라고 한다.

③ 순색에 무채색을 섞으면 채도가 높아진다.

④ 먼셀 표색계의 무채색 명도는 0~10단계이다.

색의 3속성이란 색상, 명도, 채도의 세 가지 지각성질을 말하며, 순색에 무채색을 섞으면 채도는 떨어진다.

오답 피하기

순색에 유채색 혹은 무채색을 섞으면 명도는 높아지거나 낮아질 수가 있지만 채도는 무조건 떨어진다.

10 명소시에서 암소시로 옮겨갈 때 붉은색은 어둡게 되고 녹색과 청색은 상대적으로 밝게 변화하는 현상은?

① 색각항상 현상

② 무채순응 현상

③ 푸르킨예 현상

④ 회절 현상

푸르킨예 현상이란 암소시가 되면 장파장인 적색이 제일 먼저 보이지 않고 단파장인 보라색이 마지막까지 보이게 되는 현상이다.

오답 피하기

푸르킨예 현상은 추상체와 간상체의 움직임의 교차에 의한 것이다.

정답 05 ② 06 ② 07 ② 08 ② 09 ③ 10 ③

색의 혼합 및 표시방법

▶ 합격 강의

빈출 태그 색의 혼합, 현색계·표색계, 먼셀의 표색계, 오스트발트의 색입체, 관용색명, 일반색명

01 색의 혼합(가산, 감산, 중간혼합)

1) 색의 혼합 23년 1회, 22년 1회, 20년 1회, 19년 2회/1회, 17년 4회, ...

• 색의 혼합은 서로 다른 색료 혹은 색광의 색이 섞이는 것을 의미한다.
• 색의 혼합은 크게 가산혼합, 감산혼합, 중간혼합으로 나뉜다.

① 가산혼합(색광혼합) 23년 1회, 21년 4회, 12년 4회

• 빛의 3원색인 빨강(Red), 녹색(Green), 파랑(Blue)을 혼합하는 것이다.
• 빛의 3원색(RGB)을 혼합하는 것으로 혼합이 될수록 밝아진다.
• 빛의 3원색인 빨강(Red), 녹색(Green), 파랑(Blue)을 모두 혼합하면 흰색이
된다.
• 가산혼합은 동시가법혼색★(무대조명), 계시가법혼색★(회전혼합), 병치가법혼
색★(TV) 등이 있다.

★ **동시가법혼색**
두 종류 이상의 색자극이 망막에
입사하여 생기는 색자극의 혼합이
다.

★ **계시가법혼색**
두 종류 이상의 색자극이 망막에
빠르게 교대로 입사하여 생기는
색자극의 혼합이다.

★ **병치가법혼색**
두 종류 이상의 색자극이 눈으로
구별할 수 없을 정도로 혼합한 형
태로 입사하여 생기는 색자극의
혼합이다.

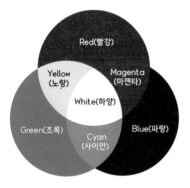

• 빨강(Red)+초록(Green) = 노랑(Yellow)
• 초록(Green)+파랑(Blue) = 시안(Cyan)
• 빨강(Red)+파랑(Blue) = 마젠타(Magenta)
• 빨강(Red)+초록(Green)+파랑(Blue)
  = 하양(White)(백색광)

▲ 가산혼합

② 감산혼합(색료혼합) 22년 1회, 13년 4회

• 색료의 3원색인 시안(Cyan), 마젠타(Magenta), 노랑(Yellow)을 혼합하는
것이다.
• 감산혼합은 그림물감, 염료, 인쇄 잉크 등의 혼합에서 나타나는 현상이다.
• 색료의 3원색(CMY)이 혼합이 될수록 명도와 채도가 낮아진다.
• 색료의 3원색(CMY)을 모두 혼합하면 검정(Black)에 가까운 무채색이 된다.
• 컬러 사진 및 각종 출판, 인쇄물 등에서 찾아볼 수 있다.

🅱 **기적의 TIP**

색조의 3원색은 혼합하여 만
들 수 없다.

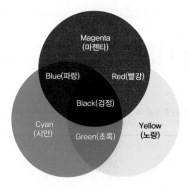

▲ 감산혼합

- 마젠타(Magenta)+노랑(Yellow) = 빨강(Red)
- 마젠타(Magenta)+시안(Cyan) = 파랑(Blue)
- 노랑(Yellow)+시안(Cyan) = 초록(Green)
- 마젠타(Magenta)+노랑(Yellow)+시안(Cyan) = 검정(Black)(검정에 가까운 무채색)

기적의 TIP

중간혼합의 특징
- 혼합된 색의 색상은 두 색의 중간이 된다.
- 혼합된 색의 채도는 혼합 전색의 채도보다 약해진다.
- 보색관계의 혼합은 중간 명도의 회색이 된다.

③ 중간혼합(평균혼합)

- 실제로 색이 혼합되는 것이 아니라 시각적으로 혼합되어 보이는 착시현상이다.
- 중간혼합은 심리적인 혼색으로 평균혼합이라고도 하며 회전혼합과 병치혼합이 있다.

④ 회전혼합

- 두 가지 색을 원판 위에 붙인 후 빠르게 회전하면 두 색이 혼합되어 보이는 현상이다.
- 영국의 물리학자인 맥스웰에 의해 발견된 것으로 '맥스웰의 회전판'이라고도 한다.
- 명도와 채도가 중간 정도의 색으로 보이게 된다.
- 두 색 중에서 명도와 채도가 높은 색 쪽으로 보인다.
- 색료가 혼합된 것이 아니므로 계시가법혼색에 속한다.
- 색팽이, 바람개비 등에서 회전혼합을 찾아볼 수 있다.

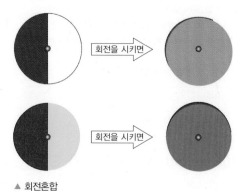

▲ 회전혼합

개념 체크

1 두 가지 색을 원판 위에 붙인 후 빠르게 회전하면 두 색이 혼합되어 보이는 현상을 회전혼합이라고 하는데, 영국의 물리학자인 (   )에 의해 발견되었다.

1 맥스웰

⑤ 병치혼합

- 직접적인 색료혼합이 아닌 밀접한 여러 옆의 색들에 의해 영향을 받아 혼합되어 보인다.
- 직물의 짜임, 점묘화 등 색을 병치시켰을 때 혼합된 것처럼 보이는 시각적인 현상이다.
- 병치혼합의 원리를 이용한 효과를 '베졸드 효과(Bezold Effect)'★라고 한다.
- 신인상파(쇠라, 시냐크 등)의 점묘화, 모자이크, 직물, 인쇄, TV영상, 옵아트 등이 있다.

★ 베졸드 효과(Bezold effect)
대비에 의해 색의 변화를 일으키는 현상으로 직물에서 하나의 색을 변화시키면 직물 전체의 색조를 변화시킬 수 있다는 현상이다.

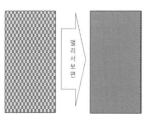

▲ 모자이크

▲ 그랑드자트섬의 일요일 오후(쇠라)

▲ 직물

▲ 베졸드 효과

02 표색계, 현색계, 관용색명, 일반색명

1) 표색계 10년 2회

- 색을 표시하는 것을 표색이라고 한다.
- 정량적이고 계통적으로 색을 표시하는 체계를 표색계라고 한다.
- 색을 과학적으로 측정하고 계량화하는 방법을 측색법이라고 한다.
- 표색계는 심리적, 물리적인 색채를 정량적으로 표시하는 현색계와 빛의 혼합을 기초로 색을 표시하는 혼색계로 구분된다.

① 현색계 21년 3회, 18년 2회/1회, 17년 4회, 16년 4회

- 색채를 표시하는 것이다.
- 심리적인 색의 3속성에 따라 번호나 기호를 사용하여, 정량적으로 표시하는 체계이다.
- 대표적인 현색계로는 먼셀 표색계, NCS, PCCS, DIN 등이 있다.
- 우리나라는 먼셀 표색계를 표준으로 쓰고 있다.

② 혼색계

- 색광을 표시하는 것이다.
- 심리적, 물리적인 빛의 혼합을 기초로 하여 색을 표시하는 체계이다.
- 현재 측색학★의 근본이 되고 있다.
- CIE(국제 조명 위원회) 표준 표색계는 혼색계의 대표적인 표색계이다.

🅑 기적의 TIP

C.I.E 표색계
- XYZ 표색계라고도 한다.
- 스펙트럼에 나타나는 색들이 활모양의 곡선으로 표시된다.
- 백색광은 색 삼각형의 중심에 놓이게 된다.

★ 측색학(Colorimetry)
색채 측정의 과학을 말하며, 측색의 기본원리 및 방법과 사용에 대한 연구를 하는 분야이다.

③ 현색계와 혼색계의 비교

현색계	• 심리적인 3속성에 따라 분류 • 빛의 색을 표시하기 어려움 • 광택, 무광택 판을 모두 보유해야 함 • 변색과 오염의 정도 파악 어려움 • 장점 : 시각적, 감각적으로 마음에 와닿음, 색표, 개수 임의조절 가능 • 단점 : 조건등색 – 광원의 영향을 받음, 연색성
혼색계	• 정확한 수치의 개념으로 표현 가능 • 빛의 반사 정도에 따라 색을 판별 • 색표계간에 정확히 변환 가능 • 장점 : 수치표기 – 탈, 변색의 물리적 영향 없음 • 단점 : 색의 감각적 느낌이 없음, 기계가 있어야 함

2) 색명법 11년 1회, 10년 4회/1회

색의 이름을 정하고, 표시하는 방법을 말하며, 기본색명, 일반색명, 관용색명으로 분류한다.

① 기본색명

• 기본적인 색을 구별하기 위한 것이다.
• 우리나라는 한국산업규격(KS)에서 빨강, 주황, 노랑, 연두, 녹색, 청록, 파랑, 남색, 보라, 자주색을 기본 10색으로 사용하고 있다.
• 2003년 12월 개정 KS A0011 물체색의 색 이름 중 기존의 10가지 기본색 이름에서 추가된 유채색은 분홍, 갈색이다.
• 무채색은 하양, 회색, 검정을 표준으로 사용하고 있다.

② 일반색명(계통색명) 22년 4회, 16년 2회, 15년 4회, 13년 1회

• 계통색명이라고도 한다.
• 색의 3속성에 따라 분류하여 '빨강 띤(Reddish)', '노랑 띤(Yellowish)', '해맑은(Vivid)', '밝은(Light)', '연한(Pale)' 등으로 표시한다.
• 관용색명의 단점을 보완하고 보다 감성적인 전달이 쉽다는 장점이 있으나, 기본색명보다 색명이 명확하지 않다.
• 기본색명에 색상, 명도, 채도를 나타내는 수식어를 붙인다.

③ 관용색명 13년 2회, 12년 4회

• 옛날부터 전해오는 습관적인 색의 이름이다.
• 동물, 식물, 광물, 원료, 인명, 지명, 자연 대상 등의 고유한 이름을 붙인 색명이다.
• 관용색명은 색을 이해하고 전달하는 데는 편리하다.
• 관용색명은 정확하게 색을 구별하기 어려워 일반색명과 같은 표색계의 색명을 사용한다.

순수 우리말	하양, 검정, 빨강, 노랑, 보라
한자	흑, 적, 황, 녹, 청, 자
동·식물	쥐색, 귤색, 라일락색, 병아리색
인명·지명	프러시안 블루(Prussian blue), 하바나 브라운(Havana brown), 보르도(Bordeaux)

03 먼셀의 색체계(Munsell Color System) _{22년 1회, 21년 3회, 17년 2회, 16년 1회, …}

1) 먼셀의 색체계 기본 원리

① 먼셀 색체계

- 1905년에 미국의 먼셀(Albert H. Munsell)이 고안한 색 표시법이다.
- 먼셀의 표색계는 영·헬름홀츠의 3원색설을 바탕으로 한다.
- 색의 3속성인 색상, 명도, 채도에 따라서 계통적으로 색을 배치하고 있다.
- 색상, 명도, 채도를 기호로 표시하여 3차원 색입체를 구성하였다.

② 먼셀 색상환

- 먼셀 색체계는 현재 우리나라의 공업규격(KS A 0062)으로 제정되어 있다.
- 우리나라 교육용(교육부 고시 312호)으로 채택되어 사용되고 있다.
- 주로 한국, 미국, 일본에서 사용되고 있다.

2) 먼셀의 색상환

① 색상(Hue) _{19년 2회/1회, 18년 1회, 16년 1회}

- 유사한 색들이 연계되면서 둥글게 배열한 것을 색상환이라고 한다.
- 빨강(R), 노랑(Y), 녹색(G), 파랑(B), 보라(P)의 주요 5색을 기준으로 한다.
- 5색 사이에 간색을 추가하여 기본 10색으로 나누고 있다.
- 주 10색까지의 색상에는 대표 숫자 '5'가 붙게 된다.
- 기본 10색에 간색을 추가하여 20색상을 만들고 다시 100단계까지 나누어 표시된다.
- 색상환에서 서로 인접한 색을 유사색, 먼 거리에 있는 색을 반대색, 정반대에 색을 보색이라고 한다. 보색은 색상차가 가장 많이 나며, 두 색을 섞으면 무채색에 가까운 회색이 된다. 대표적인 보색대비로 빨강과 청록이 있다.

🇧 기적의 TIP

먼셀(Albert H. Munsell)
미국의 화가이자 색채연구가 (1858년~1918년)로 색의 세 가지 속성을 척도로 체계화시킨 '먼셀 표색계'를 발표하였으며, 1915년에는 색 지각의 기초로 'The Atlas Munsell Color System'을 간행하였다.

🇧 기적의 TIP

먼셀의 20색상환에서 보색대비 예
- 빨강(Red) – 청록(Blue Green)
- 파랑(Blue) – 주황(Orange)
- 노랑(Yellow) – 남색(Purple Blue)

✓ 개념 체크

1 색의 3속성인 색상, ( ), 채도에 따라 계통적으로 색을 배치한 먼셀의 색체계는 현재 우리나라의 ( ) (KS A 0062)로 제정되어 있다.

1 명도, 공업규격

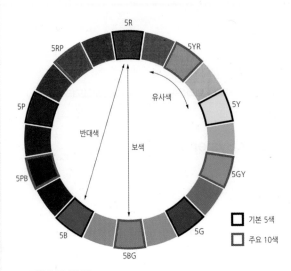

▲ 먼셀의 20색상환

② **명도(Value)** 16년 2회, 13년 2회, 12년 5회

- 명도는 색의 밝고 어두움을 말한다.
- 맨 위에 흰색을 두고 맨 아래에 검정을 두어 0~10단계까지 총 11단계로 구분하고 있다.
- 완전한 검정과 흰색은 현실에 존재하지 않는다. 검정에 가장 가까운 어두운 회색을 1로 하고, 가장 밝은 흰색에 가까운 색을 9.5라 하여 단계에 따라 저명도, 중명도, 고명도로 규정하고 있으며 기호 'N'을 숫자 앞에 붙여 무채색을 표시한다.

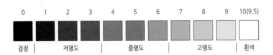

▲ 먼셀의 명도단계

③ **채도(Chroma)** 16년 1회

- 채도는 14단계로 나누어져 있다.
- 색상환에서 중심의 무채색 축을 채도가 없는 0으로 하고, 채도가 가장 높은 색을 14로 규정하여, 중심축에서 수평 방향으로 번호가 커진다.
- 번호가 커지면 채도가 높아지지만, 색상에 따라 채도는 다르다.
- 채도 단계는 0, 2, 4, 6, 8, 10, 12, 14로 이루어지나 저채도 부분에 1, 3을 추가하여 사용한다.
- 채도가 가장 높은 14단계는 빨강과 노랑이다.

3) 먼셀의 색 표기법 22년 3회, 18년 2회, 17년 2회/1회, 16년 1회, …

- 색상을 Hue, 명도를 Value, 채도를 Chroma라고 한다.
- 먼셀기호는 H,V,C로 표기하여 'HV/C'로 표시한다.
   예 빨강은 '5R 4/14'로 기록하고 '5R4의 14'라고 읽으며 색상은 5R, 명도는 4, 채도는 14를 나타낸다.

4) 먼셀의 색입체 13년 4회

- 색입체를 세로축에 명도, 입체의 원을 따라 색상, 중심의 가로축을 채도로 구성한 것이다.
- 각 색의 3속성이 다르므로 색입체의 모양은 불규칙한 타원이 된다.
- 색입체를 수직(종단면)으로 자르면 동일 색상면이, 수평(횡단면)으로 자르면 동일 명도면이 나온다.

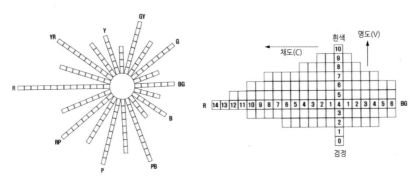

▲ 먼셀의 횡단면도(동일 명도면)   ▲ 먼셀의 종단면도(동일 색상면)

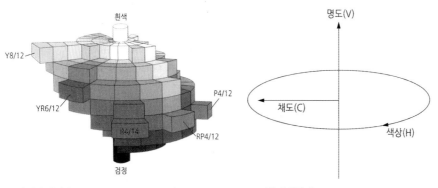

▲ 먼셀의 색입체   ▲ 먼셀의 색입체 구조

 개념 체크

1 색상을 (   ), 명도를 (   ), 채도를 (   ) 라고 하여, 먼셀 기호를 H, V, C로 표기한다.

1 Hue, Value, Chroma

04 오스트발트 색체계 23년 2회, 22년 4회, …

1) 오스트발트의 색체계 기본 원리

① 오스트발트 색체계

- 노벨화학상을 수상한 독일의 오스트발트에 의해 1919년에 창안되었다.
- 오스트발트 색체계가 실제 색표화된 것은 1923년부터이다.

② 혼합비

기적의 TIP

혼합과의 합계
무채색 : W + B = 100%
유채색 : W + B + C = 100%

- 색입체의 정삼각형 꼭짓점에 모든 빛을 완전히 반사하는 이상적인 백색(W), 모든 빛을 완전히 흡수하는 이상적인 흑색(B), 이상적인 완전색(C)을 가상으로 정하고, 이 3가지 색의 혼합량을 기호화하여 색 삼각 좌표 안쪽의 각 좌표색들을 그 세 가지 성분의 혼합비로 표시함으로써 완성하였다.
- 혼합량의 합계에서 무채색은 '흰색량(W)+검정량(B)=100%'이고, 유채색은 '흰색량(W)+검정량(B)+순색량(C)=100%'가 되어 언제나 일정하다는 공식에 의해 쌍원추체(복원추체) 형태의 색입체를 만든다.

2) 오스트발트의 색상환 16년 1회

- 헤링의 4원색설을 근거로 노랑(Yellow), 빨강(Red), 파랑(Ultramarine Blue), 초록(Sea Green) 기본으로 한다.
- 4색의 중간에 주황(Orange), 청록(Turquoise), 보라(Purple), 황록(Leaf green)을 넣어 8색을 만들고 이를 다시 3등분하여 24색상을 만들고 명도는 8단계로 나누어 사용된다.
- 먼셀 색체계에 비해 색채학적인 면에서는 약간의 결함이 있으나 색채 체계 면에 있어서는 더 나은 장점이 있어서 디자인, 건축, 응용 미술 분야에서 많이 활용된다.

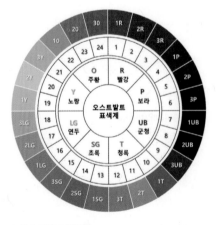

▲ 오스트발트 색상환

✔ **개념 체크**

1 오스트발트의 색상환은 헤링의 (   )을 근거로 노랑, 빨강, 파랑, 초록을 기본으로 한다.

1 4원색설

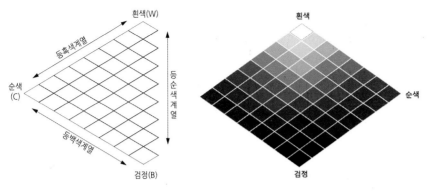

▲ 오스트발트 동일 색상면

3) 오스트발트 색체계의 기호 표기법

- 색각의 생리, 심리원색을 바탕으로 하는 기호표시법이다.
- W−B, W−C, B−C의 각 변에 각각 8단계로 등색상 삼각형을 형성하고 이것에 기호를 붙여서 표기한다.
- a, c, e, g, i, l, n, p와 같이 8단계의 알파벳을 하나씩 건너뛰어 표기하며, a는 가장 밝은 색표의 '백'이며, p는 가장 어두운 색표의 '흑'이다. 예를 들어 20ne 라 하면 색상은 20, 백색량 5.6%, 흑색량 65%가 되며, 이는 100−(5.6+65) =29.4%의 색 함유량이 된다.
- 표색계에 비해 직관적이지 못하여 이해하기 어렵다.

기호	a	c	e	g	i	l	n	p
백색량	89	56	35	22	14	8.9	5.6	3.5
흑색량	11	44	65	78	86	91.1	94.4	96.5
합	100							

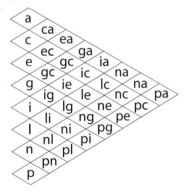

▲ 오스트발트 등색상 삼각형의 기호표시

4) 오스트발트의 색입체 15년 4회

- 정삼각 구도의 회전체인 원뿔을 상, 하로 겹쳐놓은 복원뿔로 되어 있다.
- 색입체의 아래쪽은 검정, 위쪽은 흰색, 수평 방향의 끝은 순색이며, 8등분으로 각 변이 나뉘어져 있다.
- 링스타(Ring Star)라고 부른다.
- 24개의 등가색환 계열로 되어있다.
- 등가색환 계열 속에서 선택된 색은 모두 조화된다.
- 무채색을 축으로 백색량과 특색량이 같은 등가색환 계열이다.

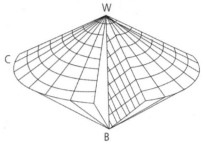

▲ 오스트발트의 색입체

01 현재 우리나라에서 사용하고 있는 교육용 색상환은?

① 오스트발트(Ostwald)의 색상환
② 먼셀(Munsell)의 색상환
③ 뉴턴(Newton)의 색상환
④ 헤링(Hering)의 색상환

먼셀(Munsell)의 색상환은 우리나라 교육용(교육부 고시 312호)으로 채택되어 사용되고 있다. 먼셀 색상환을 기준으로 기본색 10색을 추가하여 20색 색상환을 사용하고 있다.

오답 피하기
먼셀(Munsell)의 색체계는 현재 우리나라의 공업규격(KS A 0062)으로 제정되어 있으며 주로 한국, 미국, 일본에서 사용되고 있다.

02 다음 중 가산혼합은?

① 혼합할수록 명도, 채도가 낮아진다.
② 색료혼합이라고도 한다.
③ 3원색을 모두 섞으면 검정이 된다.
④ 혼합할수록 명도가 높아진다.

가산혼합이란 빛의 3원색인 빨강(Red), 녹색(Green), 파랑(Blue)를 혼합하는 것이다. 또한 혼합할수록 밝아진다. 빛의 3원색인 빨강(Red), 녹색(Green), 파랑(Blue)를 모두 혼합하면 흰색이 되며 가산혼합은 동시가법혼색, 계시가법혼색, 병치가법혼색 등이 있다.

오답 피하기
나머지 보기는 모두 감산혼합에 대한 설명이다.

03 다음 내용 중 A와 B에 들어갈 말로 알맞은 것은?

> "표색계에는 심리 물리적인 빛의 혼색실험에 기초를 두고 색을 표시하는 (A)와 지각색을 표시하는 (B)가 있다."

① 심리계, 지각계
② 혼색계, 현색계
③ 현색계, 혼색계
④ 물리계, 지각계

현색계란 색채를 표시하는 표색계로서 심리적인 색의 3속성에 따라 정량적으로 표시하는 체계를 의미하고, 혼색계란 색광을 표시하는 표색계로서 심리적, 물리적인 빛의 혼색 실험을 기초로 색을 표시하는 체계이다.

오답 피하기
현색계와 혼색계에 대한 기본 개념에 대해 말하고 있다.

04 먼셀 표색계의 색상 구성에 대한 설명으로 옳은 것은?

① 8색상을 각각 3색상으로 세분, 기본 24색상을 정함
② 12색상을 각각 2색상으로 구분, 기본 24색상을 정함
③ 스펙트럼의 7색상에 중간색을 추가, 14색상을 정함
④ 주요 5색상에 중간색을 추가, 기본 10색상을 정함

먼셀 표색계의 색상 구성은 빨강(R), 노랑(Y), 녹색(G), 파랑(B), 보라(P)의 주요 5색을 같은 간격으로 배치하고, 그 사이에 간색을 추가하여 기본 10색을 만든다.

오답 피하기
나머지 보기는 오스트발트 표색계의 색상 구성에 대한 내용이다.

05 병치혼합의 예가 아닌 것은?

① 신인상파 화가의 점묘화
② 2가지 색 이상으로 짜인 직물
③ 컬러 TV의 영상화면
④ 아파트 벽면의 그림과 배경색

병치혼합이란 직접적인 색료혼합이 아닌 밀접한 여러 옆의 색들에 의해 영향을 받아 혼합되어 보이는 현상으로 여러 가지 색이 조밀하게 분포되어 있을 때 멀리서 보면 각각의 색들이 주위 색들의 영향을 받아 혼합되어 보인다. 직물의 짜임, 점묘화 등 색을 병치시켰을 때 혼합된 것처럼 보이는 시각적인 현상이다. 신인상파(쇠라, 시냐크 등)의 점묘화, 모자이크, 직물, 인쇄, TV영상, 옵아트 등이 있다.

오답 피하기
아파트 벽면의 그림과 배경색은 동시 대비 효과를 의미한다.

06 색명법에 의한 일반색명과 관용색명에 관한 설명 중 잘못된 것은?

① 일반색명은 계통색명이라고도 한다.
② KS에서 일반색명 중 유채색의 기본색명은 오스트발트(Ostwald)의 10색상에 준하여 색명을 정하였다.
③ 관용색명은 관습적으로 쓰이는 색명으로서 식물, 광물, 지방이름 등을 빌려서 표현한다.
④ KS에서는 일반색명으로 나타내기 어려운 경우에 관용색명을 쓰도록 하였다.

KS에서 일반색명 중 유채색의 기본색명은 오스트발트(Ostwald)의 10색상에 준하여 색명을 정한 것이 아닌 먼셀의 10색상에 준하여 색명을 정하였다.

오답 피하기

KS에서는 관용색명을 색에 대해 이해하고 전달하는 데는 편리하나 색을 정확히 구별하기에는 어려움이 있다. 따라서 일반색명과 같이 표색계에 의한 색명을 사용하도록 하고 있으나 일반색명으로 나타내기 어려운 경우에는 관용색명을 쓰도록 하고 있다.

07 다음 오스트발트 색입체에서 화살표가 나타내는 계열은?

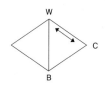

① 등흑색계열
② 등순색계열
③ 등백색계열
④ 등색상계열

오스트발트 동일 색상면에서 W+B=등순색계열, W+C=등흑색계열, B+C=등백색계열을 의미한다. 따라서 화살표는 W+C=등흑색계열이다.

오답 피하기

오스트발트 동일 색상면에서 등색상계열은 존재하지 않는다.

08 색채를 색의 삼속성에 따라 분류하여 표현한 색 이름은?

① 관용색명
② 고유색명
③ 순수색명
④ 계통색명

일반색명은 계통색명이라고도 하며, 색을 감성적으로 쉽게 이해하고 전달하기 위해서 기본색명에 형용사나 수식어를 붙여 '해맑은 빨강', '칙칙한 녹색', '어두운 파랑' 등으로 표시한다.

오답 피하기

관용색명은 이날부터 전해오는 습관적인 색이름이나 지명, 장소, 식물, 동물 등의 고유한 이름을 붙여 놓은 색이다.

09 색명법에 대한 설명으로 틀린 것은?

① 관용색명은 전통적으로 사용해 온 색명법이다.
② 일반색명은 색의 3속성으로 색을 표시하는 색명법이다.
③ 한국 산업규격에서는 일반색명 한 가지만 규정되어 있다.
④ 장미색, 살구색 등은 관용색명법에 따른 색명이다.

색명법이란 색의 이름을 정하여 색을 표시하는 방법을 말하며, 기본색명, 일반색명, 관용색명으로 분류한다.

오답 피하기

①, ④의 보기는 관용색명을, ②의 보기는 일반색명을 설명하고 있다.

10 회전원판을 이용하여 실현할 수 있으며, 결과는 혼합색의 평균치가 되는 혼색방법은?

① 색광혼합
② 중간혼합
③ 병치가법혼합
④ 감법혼합

중간혼합이란 주변의 환경적 요인에 의해 실제로 혼합된 것처럼 보이는 시각적인 혼합을 말한다. 그 결과가 두 색의 중간 밝기 내에서 만들어지며, 회전혼합과 병치혼합으로 구분된다.

오답 피하기

색의 혼합은 가산혼합(색광혼합), 감산혼합(감법혼합), 중간혼합(회전혼합, 병치가법혼합) 등으로 구분된다.

정답 06 ② 07 ① 08 ④ 09 ③ 10 ②

▶ 합격 강의

빈출 태그 색의 대비 · 동화 · 잔상 · 명시도 · 주목성, 진출과 후퇴, 팽창과 수축색의 수반 감정

01 색의 대비

- 색의 대비는 하나의 색이 그 주위에 있는 다른색 또는 인접색, 배경색의 영향으로 본래의 색과 다르게 지각되는 시각 현상이다.
- 색의 대비현상은 망막의 생리적 현상으로 잔상의 일종이다.
- 일반적으로 시간의 경과에 따른 계시대비와 동시에 경험하는 동시대비로 나뉘게 된다.
- 색의 3속성에 차이에 따라 색상대비, 명도대비, 채도대비, 보색대비, 연변대비, 면적대비, 한난대비로 구분할 수 있다.

1) 계시대비 04년 1회, 01년 5회

- 계속대비 혹은 연속대비라고도 한다.
- 어떤 색을 보다가 다른 색을 보았을 때 먼저 본 색의 영향으로 나중에 보는 색이 다르게 보이는 현상이다.
- 먼저 본 색의 보색 잔상에 의한 영향으로 뒤에 본 색이 다르게 보이는 현상이므로 잔상과 관계가 있다.
  - 예 빨간색을 잠시 본 후 노란색을 보게 되면 노란색이 황록색으로 보인다.
    (빨간색의 보색 잔상인 청록색이 가미된 황록색)

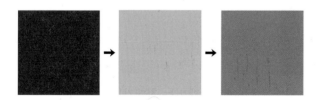

2) 동시대비 22년 4회/2회, 13년 4회, 12년 5회, 11년 1회, 10년 5회/4회/2회/1회

- 두 색을 동시에 볼 때 서로에 영향을 주어 색이 다르게 보이는 현상이다.
- 시점을 한 곳에 집중시키려는 색채지각과정에서 순간적으로 일어난다.
- 디자인 작업 시 색 선정에 효과적으로 응용한다.

🇫 기적의 TIP

동시대비의 특징
- 자극을 부여하는 크기가 작을수록 대비 효과가 강해진다.
- 자극과 자극 사이가 멀어질수록 대비 효과가 약해진다.
- 색의 차이가 클수록 대비 효과는 강해진다.
- 오랫동안 계속해서 볼 경우 대비 효과는 약해진다.
- 색의 3속성 차이에 의한 변화이다.

① 색상대비 ^{22년 1회, 12년 4회}

- 색상이 다른 두 색이 서로 대비되어 색상차가 크게 보이는 현상이다.
- 색상의 대비를 강하게 하면 주목성을 높일 수가 있다.
- 우리나라의 전통의상, 건축물의 단청, 오방색에서 쉽게 찾아볼 수 있다.
- 색상대비는 명도와 채도가 비슷할수록 차이가 크게 나타난다.
- 3원색과 같은 1차색 간의 대비가 가장 두드러진다.
- 같은 연두색이라도 파란색 위에 놓인 연두색은 좀 더 노랗게 보이며, 노란색 위의 연두색은 좀 더 파랗게 보인다.

② 명도대비

기적의 TIP

명도대비의 예
어두운색 속에 작은 면적의 색은 상대적으로 더욱 밝게 보이고, 밝은색 속에 작은 면적의 색은 더욱 어둡게 보인다.

- 동시대비 중에서 가장 인간의 눈에 예민하게 지각된다.
- 명도가 다른 두 색이 서로 대비가 되어 두 색 간의 명도차가 크게 보이는 현상이다.
- 명도대비가 강하면 명쾌하고 산뜻한 느낌을 준다.
- 명도가 높은 색끼리의 대비는 가볍고 부드러운 느낌을, 명도가 낮은 색끼리의 대비는 무겁고 차분한 느낌을 준다.
- 수묵화나 동판화에서는 명암 표현을 많이 하므로 명도대비 현상이 일어난다.
- 같은 회색을 흰색 바탕과 검은색 바탕에 놓았을 때 흰색 바탕의 회색은 더 어둡게, 검은색 바탕의 회색은 더 밝게 느껴진다.

- 유채색의 경우 명도대비가 최소가 될 때 색상대비는 최대가 된다.
  - **예** 적색 바탕에 녹색 글씨의 색상대비는 최대가 되지만 가독성이 떨어져 읽기가 매우 어려워진다.

개념 체크

1 색상대비는 명도와 채도가 비슷할수록 차이가 크게 나타난다. (O, X)

2 명도가 높은 색끼리의 대비는 무겁고 차분한 느낌을, 명도가 낮은 색끼리의 대비는 가볍고 부드러운 느낌을 준다. (O, X)

1 O 2 ×

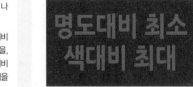

▲ 명도대비 VS 색대비

③ **채도대비** ^{22년 3회, 16년 1회}

- 채도가 다른 두 색이 서로 대비되어 두 색 간의 채도차가 나타나는 현상이다.
- 무채색 바탕의 유채색은 더욱 채도가 높아 보이고 원색 바탕의 유채색은 상대적으로 채도가 낮아 보인다.
- 하나의 색이 그보다 탁한 색 옆에 위치할 때 실제보다 더 선명하게 보인다.

④ **보색대비**

- 보색 관계인 두 색이 서로의 영향으로 더욱 선명하게 보이는 현상이다.
- 서로의 보색 잔상이 일치하기 때문에 더욱 선명하게 보인다.
- 색의 대비 중에서 가장 강한 대비이다.
- 빨강과 청록의 대비는 대표적인 보색대비이며 조형구성의 기본이 된다.
- 보색대비를 잘못 사용하면 색상이 너무 튀어서 촌스러운 배색이 되므로 주의해서 사용해야 한다.

3) 연변대비 ^{10년 1회}

- 경계면, 즉 색과 색이 접해 있는 부분의 대비로 경계대비라고도 한다.
- 인접한 두 색은 그 경계 부분에서 색상, 명도, 채도대비가 강하게 일어나게 되고 경계가 몽롱하게 보이게 되는데, 이러한 현상을 헬레네이션 현상 혹은 눈부심(Glare) 효과라고 한다.
- 색상을 색상, 명도, 채도 단계별로 배치할 때 나타난다.
- 연변대비의 현상을 막기 위해서 무채색의 테두리를 주어 분리하는 것을 분리배색이라고 한다. 주로 만화영화에서 이러한 분리배색을 볼 수 있다.

✔ **개념 체크**

1 다음 중 채도대비에 관한 설명으로 옳지 않은 것은 무엇인가? (　)

㉠ 색의 대비 중 가장 강한 대비이다.

㉡ 채도가 다른 두 색이 서로 대비가 되어 두 색 간의 채도차가 나타나는 현상이다.

㉢ 하나의 색이 그보다 탁한 색 옆에 위치할 때 실제보다 더 선명하게 보인다.

1 ㉠

4) 면적대비 ^{09년 1회}

- 적용 색채의 면적의 크기에 따라 색채가 다르게 보이는 현상이다.
- 면적이 크면 채도와 명도가 높아 보여 실제보다 선명하고 산뜻하게 보인다.
- 면적이 작으면 채도와 명도가 낮게 보여 실제보다 어둡고 탁하게 보인다.
- 같은 색상이라도 큰 면적의 색이 작은 면적의 색보다 화려하고 박력 있어 보이는 현상을 매스효과(Mass Effect)★라고 한다.

★ 매스효과
면적이 큰 도형이 작은 도형보다 명도와 채도가 더 높게 느껴지는 현상을 말한다.

- 색의 면적이 아주 작거나, 노출 시간이 너무 짧아서 색의 관찰이 어려울 때는 소면적 3색각 이상 현상★이 나타나기도 한다.

★ 소면적 3색각 이상 현상
눈으로 관찰이 어려울 만큼 색 면적이 작거나, 관찰 거리가 멀거나, 노출 시간이 짧을 경우에는 색지각의 혼란으로 인해 미세한 색들이 일반적인 색으로 보이게 되는 현상을 말한다. 즉, 적색에 가까운 색은 적색으로 보인다.

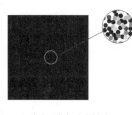

▲ 소면적 3색각 이상 현상

5) 한난대비

- 색의 차고 따뜻함에 의해서 나타나는 대비현상이다.
- 연두, 자주, 보라 계통의 중성색과 무채색은 주위색의 영향을 받아 변화하는데 차가운 한색 옆에 놓으면 차갑게 느껴지고, 따뜻한 난색 옆에 놓으면 따뜻하게 느껴진다.
- 무채색 중에서는 흰색이 차갑게 느껴지고 검정이 따뜻하게 느껴진다.
- 회화에서 원근을 암시하는 요소로서 먼 쪽은 한색을, 가까운 쪽은 난색을 사용한다.

✔ 개념 체크

1 같은 색상이라도 큰 면적의 색이 작은 면적의 색보다 명도와 채도가 더 높게 느껴져 화려하고 박력 있어 보이는 현상을 (   )라고 한다.

1 매스효과

02 색의 동화

1) 동화현상 23년 1회, 21년 1회, 11년 4회/1회

• 어떤 색이 옆에 있는 색에 의해서 옆의 색과 비슷한 색으로 보이는 현상이다.
• 한 가지 색이 다른 색에 둘러싸여 있을 때 둘러싸고 있는 색에 가깝게 보이는 현상이다.
• 직물 디자인, 텍스타일 디자인, 의상 디자인, 벽지 디자인, 그래픽 디자인 등의 배색에 중요한 요소로 작용한다.

[B] 기적의 TIP

동화현상의 특징
• 자극이 오래 지속되는 색의 정의(긍정적) 잔상에 의해 생겨난다.
• 주위에 비슷한 색이 많이 배치된 경우 발생한다.
• 좁은 시야의 색채들이 복잡하게 구성되어 있을 때 많이 생겨난다.
• 동일한 회색 배경 위에 검은색 선을 그리면 배경의 회색은 검고 어둡게 보이고, 백색 선을 그리면 배경의 회색은 밝게 보인다.

2) 베졸드 효과

• 색을 직접 혼합하지 않고 색점을 배열함으로써 전체 색조를 변화시키는 효과이다.
• 문양이나 선의 색이 배경색에 영향을 주어 원래의 색과 다르게 보이는 현상을 말한다.

03 색의 잔상

• 망막이 강한 자극을 받아 시세포의 흥분이 중추에 전해져서 색 감각이 생기는 현상이다.
• 자극으로 색각이 생기면 자극을 제거한 후에도 일정기간 상이 나타나는 것을 말한다.

1) 잔상 11년 2회/1회

색채의 자극이 없어진 다음에도 색의 감각이 계속해서 남아있거나 반대의 현상으로 나타나는 것이며 정의 잔상과 부의 잔상이 있다.

① 정의 잔상(적극적 잔상, 양성적 잔상) 22년 3회, 16년 2회/1회, 13년 1회

• 자극이 없어진 후에도 망막이 흥분되어 본래의 색이 계속 느껴지는 현상이다.
• 강한 자극에 의해 발생되며 부의 잔상보다 오랫동안 지속된다.
• 주로 쥐불놀이, 도로 표지판, 영화, TV, 네온사인, 스펙터클 전광판 등에서 볼 수 있다.

[✓] 개념 체크

1 자극이 없어진 후에도 망막이 흥분되어 본래의 색이 계속 느껴지는 현상은 부의 잔상이다. (O, X)

1 X

▲ 정의 잔상

② 부의 잔상(소극적 잔상, 음성적 잔상)

- 자극이 사라진 후 원자극의 정반대의 상이 보이는 잔상효과이다.
- 왼쪽에 있는 검은 큰 원을 보다가 오른쪽의 검은 작은 원을 보면 흰색보다 더 선명한 잔상을 느낄 수 있는데 이를 음성적 잔상이라 한다.
- 원자극의 형상과 닮았지만 밝기는 반대로 되는 현상이다.

▲ 부의 잔상

04 명시도(명시성/시인성)와 주목성(유목성) 21년 3회, 13년 4회/2회/1회, …

1) 명시도(명시성/시인성)

- 어떤 색이 인접한 주변 색에 영향을 받아 멀리서도 눈에 잘 보이거나 판독하기 쉬워서 정보를 빨리 이해하게 되는 것을 색의 명시성 또는 시인성이라고 한다.
- 명시성은 색의 색상, 명도, 채도의 차이에 따라 다르게 나타나지만, 특히 명도 차이를 높이면 명시도가 높다.
- 명시성을 가장 중요하게 고려하여 색상을 배색해야 하는 것이 바로 교통 표지판이다.

바탕색	명시성
흰색	검정 〉 보라 〉 파랑 〉 청록 〉 노랑
검정색	노랑 〉 주황 〉 빨강 〉 녹색 〉 파랑

▲ 명시도가 가장 높은 배색(안전색채)

▲ 명시도

2) 주목성(유목성) 23년 1회, 22년 2회, 18년 2회, 13년 2회/1회, …

- 사람의 눈에 자극을 주어 눈길을 끄는 색의 성질을 뜻한다.
- 한 가지 색으로 주목되는 시각적 현상으로 유목성이라고도 한다.
- 난색이나 명도와 채도가 높은 원색(빨강, 노랑 등)일수록 주목성이 높다.
- 주목성이 높은 경우는 난색, 고명도, 고채도, 색의 면적이 크고 노출시간이 길 때이다.
- 주목성이 낮은 경우는 한색, 저명도, 저채도, 색의 면적이 작고 노출시간이 짧을 때이다.
- 색의 진출, 후퇴, 팽창, 수축 현상에 따라서 주목성이 달라진다.
- 강한 고채도의 색은 주목성이 높아 다른 색과 반발하기 쉽다. 이럴 때는 주변에 중성색(연두, 녹색, 자주, 보라 등)을 배색하면 효과적이다.
- 표지판, 포스터, 광고 등에 사용된다.
- 일반적으로 명도가 높으면 주목성도 높다.

🅑 **기적의 TIP**

주위의 색과 명도, 색상, 채도의 차를 크게 주어 배색하였을 때 색의 주목성이 가장 큰 효과를 얻는다.

▲ 주목성

🅑 **기적의 TIP**

주목성이 강한 색의 순서
다홍(YR) 〉 빨강(R) 〉 노랑(Y) 〉 연두색(YG) 〉 파랑(B)

05 색채지각과 감정효과

1) 온도감 20년 1회, 18년 2회/1회, 11년 4회/1회, 10년 5회/2회/1회

- 색상에 따라서 따뜻함과 차가움 또는 중간 온도를 느끼는 시감각이다.
- 난색계열이 따뜻하게, 한색계열이 차갑게, 중성색 계열이 중간 온도를 느끼게 한다.
- 적색 계통의 난색, 청색 계통의 한색, 연두나 보라 계통의 중성색으로 구분한다.

✅ **개념 체크**

1 한 가지 색으로 주목되는 시각적 현상을 유목성이라고 하며 색의 진출, 후퇴, 팽창, 수축 현상에 따라 달라진다. (O, X)

1 ○

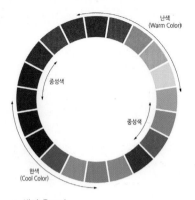

▲ 색의 온도감

난색 (Warm Color)	• 장파장 계통의 적색, 주황색 등의 난색 계열은 따뜻하게 느껴짐 • 유채색의 고명도, 고채도 • 무채색의 저명도 색이 고명도의 색보다 따뜻하게 느껴짐
한색 (Cool Color)	• 단파장 계통의 청록, 청, 남색 등의 한색 계열은 차갑게 느껴짐 • 유채색의 저명도, 저채도 • 무채색의 흰색이 검정색보다 더 차갑게 느껴짐
중성색	• 중성색인 연두, 녹색, 보라, 자주 등의 색은 따뜻하지도, 차갑지도 않게 느껴짐 • 중성색은 주변에 난색, 한색의 영향을 받아 따뜻하거나 차갑게 느껴짐 • 중성색은 채도대비 시 색의 반발성을 막아줌

2) 중량감 23년 3회, 17년 2회, 16년 4회, 13년 2회/1회, …

- 색의 느낌에서 무겁거나 가볍게 느끼는 현상이다.
- 색의 명도에 의해 중량감을 다르게 느낄 수 있다.
- 고명도의 밝은 색은 가볍게, 저명도의 어두운 색은 무겁게 느껴진다.
- 가장 가볍게 느껴지는 색은 흰색이고, 가장 무겁게 느껴지는 색은 검정색이다.
- 검정, 파랑, 빨강, 보라, 주황, 초록, 노랑, 흰색의 순으로 중량감이 느껴진다.
- 의상이나 제품의 포장 등에 검정이나 남색을 사용하면 중량감을 느끼게 된다.
- 무거운 운반도구를 고명도의 색상을 쓰면 피로감을 느끼게 하지 않고 가볍고 경쾌한 느낌을 가져 작업의 능률을 올릴 수 있다.

▲ 가벼움과 무거움

3) 경연감 13년 1회

- 색을 볼 때 느껴지는 것으로 색의 부드럽고 딱딱한 느낌을 말한다.
- 명도와 채도에 영향을 받게 된다.

- 부드러운 느낌을 주는 색은 고명도, 저채도의 색상과 난색 계통의 색상이다.
- 딱딱한 느낌을 주는 색은 저명도, 고채도의 색상과 한색 계통의 색상이다.
- 순색에 흰색을 혼합하여 만든 연한 톤의 색들은 부드럽고 안정된 느낌을 준다.

▲ 부드러움과 딱딱함

4) 강약감 10년 4회

- 색의 강하고 약한 상태를 나타내는 말로, 채도에 의해 좌우된다.
- 강한 느낌을 주는 색은 채도가 높은 색, 빨강, 파랑 등의 원색이다.
- 약한 느낌을 주는 색은 채도가 낮은 색, 무채색과 중성색이다.

▲ 강함과 약함

5) 흥분과 진정 21년 3회

색상에 따라 흥분 또는 진정감을 느끼게 하는 현상을 말한다.

흥분색	• 난색 계통의 색과 명도와 채도가 높은 색은 흥분감을 줌 • 눈에 피로감을 주기 때문에 주로 강조할 때 사용 • 패스트푸드점, 스포츠 등과 같이 활발한 움직임을 요구하는 곳에서 활용
진정색	• 한색 계통의 명도와 채도가 낮은 색은 진정감을 줌 • 기분이 안정되고, 은은함과 편안함을 느낄 수 있게 되어 피로를 풀 수 있음 • 병원, 교실, 대합실 등과 같은 장소에서 주로 활용

6) 색의 시간성

- 미국의 색채 연구가 파버 비렌(Faber Birren)★은 장파장 계통의 난색 계열은 시간이 길게 느껴지고 속도감을 빠르게 느껴지게 하며, 단파장 계통의 한색 계열은 시간의 경과가 짧게 느껴지게 한다고 강조했다.
- 단기간에 쓰이는 장소 혹은 빠른 회전율을 느끼게 하는 장소에서는 난색 계열을 사용한다.
  - 예 음식점(패스트푸드점)
- 장기간 기다리거나 사용하는 장소에서는 한색 계열을 사용한다.
  - 예 대합실, 병원, 역
- 운동을 할 때는 빨강 계열의 색을 사용하면 속도감을 높일 수 있다.

★ 파버 비렌(Faber Birren)
미국의 색채학자(1900~1988)로 색채의 지각은 단순 반응이 아니라 정신적 반응에 지배된다고 전제하고 순색, 하양, 검정 기본 3색을 결합한 4개의 색조군을 밝혔다.

7) 진출색과 후퇴색 23년 3회, 22년 3회, 17년 2회, 16년 1회, …

- 가까이 보이거나 튀어나와 보이는 색을 진출색이라고 한다.
- 멀리 보이거나 뒤에 있는 것처럼 보이는 색을 후퇴색이라고 한다.

진출색	• 가까이 있는 것처럼 앞으로 나와 보이는 색 • 고명도, 고채도, 난색계열 • 유채색이 무채색보다 진출되어 보임 (조명이나 배경색의 영향에 따라 다르게 나타남)
후퇴색	• 멀리 있어 보이는 색 • 저명도, 저채도, 한색계열 • 조명, 배경색에 영향을 받음 • 좁은 공간에 후퇴색을 칠하면 조금 넓어 보임

색의 진출   색의 후퇴

▲ 진출색과 후퇴색

8) 팽창색과 수축색 21년 2회, 12년 4회

같은 크기의 것이라도 색에 따라 면적이 실제 면적보다 작게 또는 크게 느껴지는 것 같은 심리현상이다.

팽창색	• 진출색과 비슷한 성향을 가지고 있음 • 난색이나 고명도, 고채도의 색은 실제보다 팽창되어 보임 • 같은 크기와 형태의 도형이라도 배경이 밝을 때의 어두운 도형보다는 배경이 어두울 때의 밝은 도형이 더 크게 보임 • 마른 사람은 난색의 밝은 옷을 입으면 살이 쪄 보임 • 바둑알도 크기가 같게 보이기 위해 흰 돌보다 검은 돌을 약간 크게 만듦
수축색	• 후퇴색과 비슷한 성향을 가지고 있음 • 한색, 저명도, 저채도의 색은 축소되어 보임 • 어두운 옷을 입었을 때 조금 더 작고, 마르게 보임

팽창색 ←————————→ 수축색

▲ 팽창색과 수축색

06 색의 공감각 15년 4회, 10년 5회

색채는 시각 이외의 다른 감각 기관인 미각, 청각, 후각, 촉각 등을 함께 느낄 수가 있는데, 이러한 공통된 특성을 감각 간에 서로 교류하는 현상을 색의 공감각이라고 한다.

1) 청각(음)

색을 통해 음을 느끼거나 표시하는 것을 색청이라고 한다.

낮은 음	어두운 색, 저명도의 색, 그 중량감이 낮은 음을 느낌
높은 음	밝고 강한 채도의 색은 높은 음을 느낌
탁음	둔한 색, 회색 띤 색은 불협화음을 느낌
표준음계	스펙트럼 순으로 빨, 주, 노, 초, 파, 남, 보 등의 느낌을 도, 레, 미, 파, 솔, 라 등에 결합시킬 수 있음
마찰음	회색 기미의 거칠게 칠해진 색
예리한 음	순색과 비슷한 맑고 선명한 색(Scarlet(해맑은 황색을 띤 적색), 청록)

🅱 기적의 TIP

회색은 맛과 거리가 먼 색이다.

2) 미각

- 색채가 미각의 감정을 수반하기 때문에 색에 따라서 맛을 느끼기도 한다.
- 난색은 단맛을 한색은 쓴맛을 나타낸다.
- 비렌의 색채 공감각에 의하면 가장 식욕을 돋우는 대표적인 색은 주황색이다.

단맛	적색에 주황색, 적색을 띤 황색
신맛	녹색을 띤 황색의 배색
쓴맛	청색, 브라운, 올리브 그린, 자색의 배색
짠맛	연한 녹색과 회색의 배색, 연한 파랑과 회색의 배색
달콤한 맛	핑크색, 연보라색

🅱 기적의 TIP

상품색채로 사용할 때
- 딱딱한 내용물의 색 : 다크 브라운색
- 액체 내용물의 색 : 녹색, 청색을 띤 녹색
- 짙은 크림 액체 내용물의 색 : 핑크색
- 가루로 된 내용물의 색 : 황색, 황토색의 브라운색

3) 후각(냄새)

색에 의해 직 · 간접적으로 냄새와 향을 느낄 수 있다.

맑고 순수한 고명도의 색	좋은 냄새를 느끼게 함
어둡고 흐린 난색 계열 색	나쁜 냄새를 느끼게 함
자색이나 라일락색	은은한 향기를 느끼게 함
오렌지색	톡 쏘는 냄새를 느끼게 함
코코아색, 포도주색	깊은 맛의 미각을 느끼게 함

✅ 개념 체크

1 색채는 시각 이외의 다른 감각 기관인 미각, 청각, 후각, 촉각 등을 함께 느낄 수 있는데, 그중에서 미각과 관련하여 단맛을 느낄 수 있는 색은 (   )이고, (   )을 나타내는 색은 한색이다.

1 난색, 쓴맛

07 색의 연상과 상징

1) 색의 연상

- 색을 지각할 때 개인의 경험과 심리적 작용에 의해 색과 관계된 사물, 분위기, 이미지 등을 떠올리는 것을 색의 연상이라고 한다.
- 색의 연상은 생활경험, 문화, 지역, 환경, 계절, 성별, 연령, 지식, 직업, 시대, 국가 등에 따라서 다르게 나타난다. 이러한 연상은 크게 추상적 연상과 구체적 연상으로 나눌 수 있다.

추상적 연상	빨간색을 보고 정열, 애정이라는 추상적 관념을 연상하거나 파란색을 보고 청결, 시원함이라는 관념을 연상하는 것
구체적 연상	빨간색을 보고 불이라는 구체적인 대상을 연상하거나 파란색을 보고 바다, 물을 연상하는 것

2) 색의 상징 22년 2회/1회, 16년 2회

어떤 색을 보았을 때 색의 연상이 개인차를 넘어 사회적, 지역적, 보편성을 가진 색으로써 상징적인 의미를 가지는 것이다.

색상	연상과 상징	약호
빨강(R)	정열, 열정, 흥분, 애정, 혁명, 야망, 위험	불, 태양, 피, 사과, 위험, 저녁노을
주황(YR)	기쁨, 원기, 활력, 온화, 풍부	오렌지, 가을, 추수, 금속
노랑(Y)	명랑, 쾌활, 광명, 신성, 영광, 성실	햇빛, 개나리, 봄, 병아리, 레몬
녹색(G)	평화, 청춘, 이상, 휴식, 지성, 안전	초원, 숲, 여름, 산, 자연
파랑(B)	차가움, 젊음, 시원함, 고요, 신비, 침착, 냉혹	하늘, 물, 바다, 얼음
보라(P)	고귀, 우아, 침울, 신비, 고독, 예술, 신앙, 위엄	보석, 귀부인, 포도, 가지
흰색	순결, 순수, 평화, 진실, 소박, 고독, 맑음, 신성	웨딩드레스, 눈, 병원, 간호원
회색	겸손, 평범, 소극적, 우울, 쓸쓸함, 침울, 무기력	안개, 바위, 먹구름, 노인, 종교인
검정	공포, 허무, 불안, 증오, 부정, 암흑, 정지, 침묵	밤, 공허, 상복, 죽음

3) 색의 사회적 의미와 상징

① 신분 및 계급의 상징

- 예로부터 신분이나 계급의 구분을 색으로 구분 지었음을 알 수 있다.
- 우리나라에서는 조선 시대 왕족은 금색, 1품에서 정3품은 홍색, 종3품에서 6품은 파랑, 7품에서 9품은 초록색을 사용하였고, 고대 그리스에서는 국왕의 복식 색으로 보라색을 사용하였다.

② 방위의 상징

동양권에서는 동서남북의 방위 표시를 음양오행설에 따라 동쪽-파랑, 서쪽-흰색, 남쪽-빨강, 북쪽-검정, 중앙-노랑으로 표시하였다.

③ 종교의 상징

- 종교에서는 채도가 높은 색을 주로 사용한다.
- 기독교-빨강, 천주교-흰색/검정, 불교-황금색을 사용하여 종교적 상징성을 표현한다.

④ 지역의 구분

- 올림픽의 심벌마크인 오륜기는 5대주를 상징한다.
- 유럽-청색, 아시아-황색, 아프리카-검정색, 아메리카-적색, 오스트레일리아-녹색을 상징한다.

08 색채치료

- 색채치료는 인간의 신진대사 작용을 색으로 치료하는 방법이다.
- 질병을 자연 치유력으로 높이고 자연 면역력을 증강하는 것이다.
- 색채치료 혹은 컬러테라피(Color Therapy)라고 한다.

색상	치료와 효과
빨강(R)	노쇠, 빈혈, 무활력, 화재, 방화, 정지, 긴급
주황(YR)	강장제, 무기력, 저조, 공장의 위험표시
노랑(Y)	신경질, 염증. 고독. 피로회복, 위로, 방부제, 금지선, 추월선, 주의표시
녹색(G)	안전, 해독, 피로회복, 구호
파랑(B)	침정제, 눈의 피로 회복, 맥박 저하, 피서
보라(P)	신앙심 유도, 중성색, 방사성 물질
흰색	고독감, 정돈
회색	우울한 분위기
검정	예복, 상복

✅ 개념 체크

1 인간의 신진대사 작용을 색으로 치료하는 방법과 관련하여 다음 빈칸을 채우시오.

⑦ 빨강 - 노쇠, (   ), 무활력, 화재, 방화, 정지, 긴급

ⓒ (   ) - 침정제, 눈의 피로 회복, 맥박 저하, 피서

ⓒ (   ) - 신앙심 유도, 중성색, 방사성 물질

1 ⑦ 빈혈, ⓒ 파랑, ⓒ 보라

01 다음 색의 대비 중 동시대비와 거리가 먼 것은?

① 색상대비   ② 연변대비

③ 명도대비   ④ 보색대비

색의 대비는 크게 계시대비와 동시대비로 구분되며 동시대비는 색상, 명도, 채도, 보색대비 등이 있다.

오답 피하기

연변대비란 경계대비라고도 말하며, 어떤 두 색이 맞붙어 있을 때 그 경계 부분에서 색상, 명도, 채도대비가 강하게 일어나게 되고 경계가 몽롱하게 보이게 되는 현상을 말한다.

02 색의 동화 현상에 관한 설명 중 틀린 것은?

① 주변 색과 동화되어, 색이 만나는 부분이 좀 더 색상대비 효과가 강하게 나타난다.

② 어떤 색이 다른 색에 둘러싸여 있을 때, 둘러싸여 있는 색이 둘러싸고 있는 색에 가깝게 보이는 현상이다.

③ 베졸드가 이 효과에 흥미를 갖고 패턴을 고안한 것이 베졸드 효과이다.

④ 일반적으로 색상 면적이 작을 때나, 그 색 주위의 색과 비슷할 경우 동화가 일어난다.

색이 만나는 부분이 좀 더 색상대비 효과가 강하게 나타나는 현상은 연변대비에 관한 설명이다.

오답 피하기

일반적으로 색상 면적이 작을 때나, 그 색 주위의 색과 비슷할 경우 동화가 일어나는데 이를 소면적 3색각 이상 현상이라 한다.

03 강하고 짧은 자극 후에도 계속 보이는 것으로, 어두운 곳에서 빨간 불꽃을 빙빙 돌리면 길고 선명한 빨간 원을 볼 수 있는데 이것은 어떤 현상이 계속해서 일어나기 때문인가?

① 부의 잔상   ② 정의 잔상

③ 보색 효과   ④ 도지반전 효과

정의 잔상이란 강한 자극에 의해 발생하며 자극이 사라진 뒤에도 망막의 흥분 상태가 계속 남아있어 본래의 상의 밝기와 색이 그대로 느껴지는 현상이다.

오답 피하기

부의 잔상이란 자극이 사라진 뒤에 색상, 명도, 채도가 정반대로 느껴지는 현상이다.

04 흰색(White) 배경 위에서 명시성이 높은 색 → 낮은 색 순으로 배열된 것은?

① 녹색–파랑–보라   ② 주황–노랑–빨강

③ 노랑–빨강–파랑   ④ 보라–주황–노랑

명시성은 색의 3요소의 차이에 따라 다르게 나타나지만, 배경과의 명도 차이에 가장 민감하게 나타난다.

오답 피하기

검정, 보라, 파랑, 청록, 빨강, 노랑 순으로 명시도가 나타난다.

05 강한 고채도의 색은 주목성이 높아 다른 색과 반발하기 쉽다. 어떤 색과 배색하여야 가장 효과적인가?

① 반대색   ② 난색계

③ 중성색   ④ 한색계

강한 고채도의 색은 주목성이 높아 다른 색과 반발하기 쉽다. 이런 경우 주변에 중성색(연두, 녹색, 자주, 보라 등)을 배색하면 효과적이다.

오답 피하기

반대색은 더욱 강한 색의 반발을 가져온다.

정답   01 ②   02 ①   03 ②   04 ④   05 ③

06 어떤 두 색이 맞붙어 있을 때 그 경계 언저리에 대비가 더 강하게 일어나는 현상은?

① 면적대비
② 한난대비
③ 보색대비
④ 연변대비

연변대비란 경계대비라고도 말하며, 어떤 두 색이 맞붙어 있을 때 그 경계부분에서 색상, 명도, 채도대비가 강하게 일어나게 되고 경계가 몽롱하게 보이게 되는 현상이다.

오답 피하기

보색대비란 보색 관계인 두 색이 서로의 영향으로 더욱 선명하게 보이는 현상이다.

07 색의 대비에 관한 설명 중 틀린 것은?

① 명도의 차이가 클수록 명도대비가 강하게 일어난다.
② 동일 색은 면적의 크기에 관계없이 같게 보인다.
③ 두 색의 경계 부분은 더욱 밝고 선명하게 보인다.
④ 채도대비에서 채도가 낮은 색은 더욱 흐리게 보인다.

동일 색은 면적의 크기에 따라 색이 다르게 보이며 이를 면적대비라 한다.

오답 피하기

①은 명도대비, ③은 연변대비, ④는 채도대비를 설명하고 있다.

08 교통 표지판의 색상을 결정할 때 가장 고려하여야 할 사항은?

① 심미성
② 경제성
③ 양질성
④ 명시성

멀리서도 확실히 눈에 잘 보이거나 판독하기 쉬워서 정보를 빨리 이해하게 되는 것을 색의 명시성이라 하는데 우리 주변에서 명시성을 가장 중요하게 고려하여 색상을 배색해야 하는 것이 바로 교통 표지판이다.

오답 피하기

교통 표지판의 특성상 명시성의 요소가 가장 중요하다.

09 색의 감정을 설명한 것 중 올바른 것은?

① 채도가 높은 색은 탁하고 우울하다.
② 채도가 낮을수록 화려하다.
③ 명도가 낮은 배색은 어두우나 활기가 있다.
④ 명도가 높은 색은 주로 밝고 경쾌하다.

인간은 색을 통해 온도감, 중량감, 흥분과 진정, 색의 경연감 등의 감정을 느낀다. 이 중 명도가 높은 색은 주로 밝고 활기차며 경쾌하게 느껴진다.

오답 피하기

나머지 보기는 모두 반대의 감정을 설명하고 있다.

10 주위의 색과 명도, 색상, 채도의 차를 크게 주어 배색하였을 때 나타나는 가장 큰 효과는?

① 색의 주목성
② 색의 경중성
③ 색의 한난성
④ 색의 음양성

주목성이란 사람들의 시선을 끄는 힘으로 시선유도를 잘하는 성질을 뜻하며, 시각적으로 주목되는 것이다.

오답 피하기

주위의 색과 명도, 색상, 채도의 차를 크게 해주게 되면 시선 집중의 효과가 있다.

11 색의 3속성 중 중량감과 관련 있는 것은?

① 순도
② 명도
③ 색상
④ 채도

색의 중량감은 명도에 의해서 좌우되며 고명도의 흰색은 가볍게 느껴지고 저명도의 검정은 무거움을 느끼게 된다.

▶합격 강의

01 색채조화와 배색

1) 색채조화 11년 2회/1회, 10년 5회/1회

- 두 가지 이상의 색채는 서로 융합하여 미적효과를 나타내며, 일상생활에 활용된다.
- 색채조화는 배색을 기본으로 조형적이고 미적인 디자인 원리들을 활용하여 목적에 맞게 구성하는 것이 중요하다.
- 색채조화를 통해 우리생활의 모든 환경을 보다 쾌적하고 아름답게 만드는 것이 목적이다.

① 유사조화

색상환에서 인접한 색상들이 배색되었을 때 서로 잘 어울리는 것이다.

색상의 조화	명도가 비슷한 색들을 동시에 배색하여 얻어지는 조화
단계적 조화 (명도조화)	한 개의 색상에 무채색을 혼합하여 단계를 표현하는 배색
주조색의 조화	여러 가지 색들 중 한 색이 주조색으로 보이는 효과

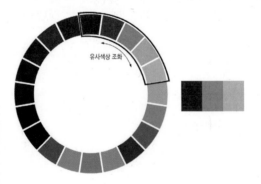

유사색상 조화

② 대비조화

색상환에서 색상이 서로 반대되는 성격으로 배색되었을 때 서로 잘 어울리는 것이다.

색상대비의 조화(색상조화)	색상환에서 색상의 간격을 크게 하여 얻어지는 조화
대비적 단계의 조화(명도조화)	같은 색상에서 명도의 차이를 크게 하여 얻어지는 조화
보색대비의 조화(보색조화)	색상환에서 정반대편에 있는 색상끼리 배색하여 얻어지는 조화

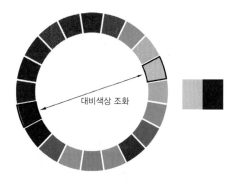
대비색상 조화

2) 색채조화의 공통 원리 22년 4회, 17년 1회, 15년 4회, 13년 4회, …

프랑스의 화학자인 슈브뢸의 색채조화 이론과 미국의 색채학자 저드의 색채조화 이론을 들 수 있다.

① 슈브뢸의 색채조화론 16년 4회

- '슈브뢸'은 프랑스의 화학자로 현대 색채조화 이론의 기초를 만들었다.
- 1839년 색채를 보는 시스템의 접근 방법과 생산되는 방법을 소개하였다.
- 기본 색채는 빨간색, 노란색, 파란색으로 반구체와 원형으로 색채의 형태를 나타낸다.
- 직물의 생산에 색채의 조직화를 꾀하였고, 인상파와 후기 인상파에 영향을 주었다.

대비조화	대립되는 두 색상에 의해서 대비적 조화를 얻을 수 있음
보색대비의 조화	색료의 3원색(C,M,Y) 중에서 두 색의 대비가 더 잘 조화됨
도미넌트 컬러	전체 색 중 영향력이 강한 하나의 톤으로 된 배색은 더 조화됨(예 노을, 숲)
세퍼레이션 컬러 (분리배색)	2색 이상이 부조화일 때 색의 경계를 검정이나 흰색 등의 무채색으로 하면 조화를 얻을 수 있음(예 만화영화, 캐릭터일러스트, 고딕성당의 스테인드글라스)
주조색의 조화	색, 형태, 질감 등에 통일감을 주는 원리
인접색의 조화	색상환에서 인접 색채끼리의 조화는 안정감을 줌
반대색의 조화	반대색의 조화는 강도를 높여주며, 쾌적감을 줌
근접보색의 조화	보색에 근접한 색상의 보색 조화는 격조 있는 효과를 얻을 수 있음
등간격 3색의 조화	• 색상환에서 등간격 3색의 배열에 있는 3색의 배합을 말함 • 근접 보색의 배열보다 더욱 선명하고 원색의 강한 효과를 가질 수 있음

🅑 기적의 TIP

색채조화의 공통 원리
- 질서의 원리
- 비모호성의 원리
- 동류의 원리
- 유사의 원리
- 대비의 원리

🅑 기적의 TIP

색채조화에서 고려할 점
- 인간 기호의 문제로 정서 반응에 따라 다르다.
- 시각의 크기에 따라 좌우된다.
- 상대적 크기에 좌우된다.
- 디자인의 요소와 형태에 따라서 좌우된다.
- 디자인의 의미나 해석에 따라서 좌우된다.

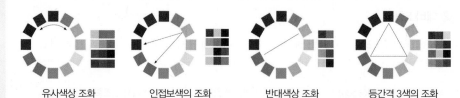

| 유사색상 조화 | 인접보색의 조화 | 반대색상 조화 | 등간격 3색의 조화 |

▲ 슈브뢸의 색채조화론

② **저드의 색채조화론** 13년 4회/2회/1회, 12년 5회

• 미국의 색채학자인 '저드(D. B. Judd)'는 1935년 통일된 색도 스케일을 만들어 맥스웰 삼각형을 제시하였다.

• 기존의 조화들을 보편성 있게 정리하여 색채조화의 원리를 4가지로 설명하고 있다.

질서의 원리	규칙적으로 선택된 색들끼리는 잘 조화됨
친근성의 원리	사람들이 친근감 있는 배색일 때 조화를 이룰 수 있음
유사성의 원리	유사한 색끼리의 배색, 3속성의 차이가 적은 배색은 조화가 잘 됨
명료성의 원리 (비모호성의 원리)★	색상, 명도, 채도 차가 큰 배색은 채색 조화를 이룸

★ 비모호성의 원리
애매함이 없고 명료하게 선택된 배색에 의해 조화된다.

3) 색채조화론 23년 1회, 22년 2회, 15년 4회, 11년 4회, 10년 2회

• 색채조화는 르네상스 이후 지속적으로 연구 발전되어 온 분야이다.

• 색채조화론은 색을 체계적으로 구성하고 조화시키는 것이다.

① 레오나르도 다빈치

• 르네상스 시대의 화가로서 색채조화 이론의 선구자이다.

• 흰색, 노랑, 녹색, 파랑, 빨강, 검정을 기본 6색으로 반대색의 조화를 최초로 주장하였다.

• 반대색의 조화는 보색대비의 조화로 녹색과 빨강을 대비시키거나 노랑에 파랑을 대비시킬 때 더욱 돋보인다는 이론이다.

• 레오나르도 다빈치는 '스푸마토(Sfumato)'라는 명암 대비법을 발표하여 색을 연속적으로 변화시키거나 농담, 명암의 순차적 분해를 표현하였다. 이 기법을 사용하면 부드러운 느낌을 얻을 수가 있다.

② 뉴턴

• 1666년 프리즘을 통한 분광실험을 통해 가시광선의 일곱 가지 색을 분류하였다.

• 색채를 수학적인 비례와 기하학적으로 비교 분석하여 색에도 음계가 있다고 주장하였다.

✔ 개념 체크

1 르네상스 시대의 화가로서 색채조화 이론의 선구자이며 흰색, 노랑, 녹색, 파랑, 빨강, 검정을 기본 6색으로 반대색의 조화를 최초로 주장한 학자는 저드이다. (O, X)

1 ×

③ 괴테

- 색채 현상을 물리적, 심리적, 화학적으로 분류하였다.
- 색상환과 색삼각형을 만들어 색채조화의 기본적인 연구를 '색채강론'을 통해서 발표하였다.

④ 베졸드, 브뤼케의 색채조화론

슈브뢸의 색채조화론의 영향으로 "유사색상의 조화에 있어서 색상차가 커지면 조화가 깨어지지만 색상차가 더욱 커지게 되면 보색조화 때와 마찬가지로 좋은 배색이 된다"라고 주장하였다.

⑤ 문·스펜서의 색채조화론

- 기존의 경험적, 주관적인 색채를 먼셀 시스템을 기초로 정량적 색좌표상에서 색채조화를 수학적 공식에 따라 구하고 있다.
- 조화이론을 질량적으로 다루므로 색채에 대한 연상, 기호 및 색의 적합성 등은 고려하지 않기로 하였다.
- 조화를 크게 쾌감과 불쾌감을 주는 것으로 구별하였다.
- 부조화 영역을 서로 판단하기 어려운 배색을 제1부 불명료와 유사조화, 대비조화의 사이에 있는 것을 제2부 불명료로 구분하였다.
- 색채조화의 기하학적 표현과 면적에 따른 색채조화론을 주장하였다.
- 지각적으로 고른 감도의 오메가 공간(색공간)을 통한 색채조화론을 주장하였다.

⑥ 비렌의 색채조화론

- 오스트발트 조화론을 기본으로 시각적, 심리학적, 정신적 반응을 연구하였다.
- 비렌의 색채조화론의 근간이 되는 색인 흰색(White), 검정(Black), 순색(Color)을 꼭짓점으로 하는 비렌의 색삼각형을 제시하였다.
- 붉은 색채의 실내에서 시간이 길게 느껴지는 등 색의 속도감을 강조하였다.
- 색채의 지각은 단순반응이 아니라 정신적인 반응에 지배된다는 색채조화론을 주장하였다.

흰색, 회색, 검정	순색과 상관없는 무채색의 자연스러운 조화
순색, 명색조, 흰색	부조화를 찾기 어려우며, 깨끗하고 신선하게 보임
순색, 암색조, 검정	색채의 깊이와 풍부함이 있음
명색조, 톤, 암색조	색 삼각형에서 가장 세련되고 감동적인 배색

🅡 기적의 TIP

문과·스펜서 조화론의 문제점

- 표면색에 대해서만 설명하고 있다.
- 면적효과가 색의 3속성 관계에 의해서 결정하는 것은 부적당하다.
- '미적 가치는 통일과 변화의 연관 위에 성립된다'라고 하는 것은 미에 대한 일반 원리이며 배색의 대비 관계도 질서로만 생각할 수 없는 문제가 있다.

미도 산출식

미도 : M=O/C (O=질서의 요소 / C=복잡성의 요소)

• 비렌의 색조군
　– 회색(Gray)＝흰색＋검정
　– 밝은 색조(Tint)＝순색＋흰색
　– 어두운 농담(Shade)＝순색＋검정
　– 톤(Tone)＝순색＋회색

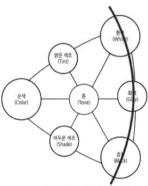

흰색, 회색, 흑색의 조화

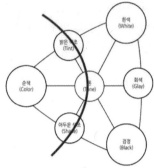

명색조, 톤, 암색조의 조화

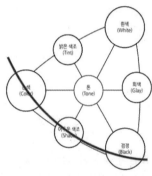

순색, 암색조, 검정의 조화

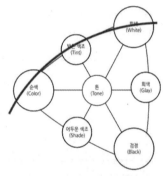

순색, 명색조, 흰색의 조화

▲ 비렌의 색조군

✅ 개념 체크

1 비렌의 색조군에서 밝은 색
조(Tint)는 순색에 검정을 섞
은 것이다. (O, X)

1 ×

색채배색에 관한 일반 지식 21년 1회, 10년 4회/2회

• 두 가지 이상의 색을 사용하는 목적에 알맞도록 서로 위치시키거나 배합하는 것을 말한다.
• 배색의 조화에서는 3속성인 색상, 명도, 채도를 사용 목적에 맞는 배색으로 선택하는 것이 바람직하다.

1) 배색의 조건

• 사용 목적과 기능에 맞아야 한다.
• 색의 심리적인 작용을 고려한 배색이어야 한다.
• 유행성을 고려해야 한다.
• 실생활에 맞게 한다.
• 미적, 안정감을 주어야 한다.
• 주관적 배색을 배제하고 객관성을 띠어야 한다.
• 재료의 질감과 형태를 고려한다.
• 광원에 어울리게 한다.
• 면적 효과를 고려하여 배색해야 한다.

우아한 배색	장중, 고귀하며 온후한 느낌의 보라색 계열 배색이 우아해 보임
개성적 배색	대조적인 느낌의 배색이 개성적임
지성적 배색	깊은 애정이 깃들여 있으며 비교적 흡수하는 힘과 엄숙한 맛을 지닌 검정이나, 이것을 보조하는 회색 계통이 들어가는 것이 좋으며, 차가운 색과 따뜻한 색을 함께 배색함
정열적 배색	빨강과 주황, 빨강에 무채색이나 반대색을 사용하면 더욱 강렬하게 느껴져 정열적으로 보임
온화한 배색	따뜻한 색 계통이나 주황색, 녹색 또는 보라색 계통의 중성색은 온화한 느낌을 줌
명쾌한 배색	고명도끼리의 배색 또는 포인트를 주기 위해 중명도의 어두운 색을 넣어 배색함

2) 배색심리 17년 2회, 16년 1회, 13년 4회

동일색상의 배색	• 동일한 색상에서 명도나 채도의 차이를 이용한 배색 • 동일성이 있기 때문에 차분하고 정적인 질서성, 간결성이 있음
유사색상의 배색	• 색상환에서 색상의 차이가 적은 배색 • 친근감, 평온감, 온화함, 안정감, 건전함 등을 느낄 수 있음
반대색상(보색)의 배색	• 색상환에서 보색 관계의 배색(예 빨강과 청록, 노랑과 남색 등) • 똑똑함, 생생함, 화려함, 강함, 동적인 느낌을 가짐
난색계의 배색	명도의 변화를 주면서 배색하며, 동적, 정열, 따뜻함 등을 느낄 수 있음
한색계의 배색	정적, 차분함, 시원함, 이성적인 느낌을 느낄 수 있음
중성색계의 배색	녹색계는 평화적, 조용함을 느끼며, 보라색계는 부드러움을 느낄 수 있음

03 색채조화와 배색 ^{09년 1회}

- 색상은 되도록 적게 사용하며 명료성을 주어 산만함과 부조화를 없앤다.
- 통일성을 주기 위하여 비슷한 색상이나 주변색, 난색, 한색 등으로 그룹화시켜 사용한다.
- 배경색과 주제가 되는 색의 배색을 고려한다.
- 명시성과 주목성을 주기 위해 색의 3속성의 차이를 크게 한다.
  - 강조나 주목성을 주기 위해 면적효과를 고려한다.
  - 무채색을 공동요소로 사용하여 통일감을 준다.
  - 색의 반발을 막기 위해 고채도끼리의 배색에 중성색을 사용한다.

04 색채조절 ^{11년 2회}

- 색채가 인간의 심리나 생리에 미치는 영향을 적극적으로 이용하여 주위의 색채를 조절하는 일이다.
- 주로 피로 방지, 작업 능률 향상, 재해 예방 따위의 목적을 위하여 건물이나 설비에 적합한 색채를 쓰는 것을 말한다.

1) 색채조절의 효과

- 자연환경 색채를 사용하면 밝고 맑은 자연의 기운을 느낀다.
- 신체의 피로와 눈의 피로를 줄여 준다.
- 산만해지지 않고 일에 대한 집중력을 높일 수 있다.
- 안전색채를 사용하면 사고가 줄어든다.
- 일의 능률을 향상한다.

2) 심리 효과를 이용한 색채조절

① 대소의 감각

- 공간을 넓게 보이도록 진출과 후퇴색으로 색채조절을 한다.
- 노랑, 흰색, 빨강, 녹색, 파랑 순으로 진출되어 보인다(난색=진출, 한색=후퇴).

② 한난색

- 난색(빨강, 노랑)은 따뜻함을, 한색(파랑, 남색)은 시원함을 느끼게 한다.
- 온도가 높은 작업장에서는 한색 계통으로 배색하고, 추운 작업장에서는 난색 계통의 배색으로 온도감을 조절한다.

✅ 개념 체크

1 (   ) 〉 흰색 〉 빨강 〉
(   ) 〉 파랑 순으로 더
진출되어 보이므로, 공간을
넓게 보이기 위해서는 난색
위주로 색채조절이 필요하
다.

1 노랑, 녹색

③ 경중색

• 색에 있어서 가볍고, 무거운 성질로 색의 팽창·수축과 관계가 있다.
• 작업장에서 이동이 많은 무거운 물건은 밝은색으로 배색하여 무게감을 줄여 작업의 능률을 올린다.
• 실내공간에서는 천장을 밝게 하고, 바닥은 어둡게 하여 심리적으로 안정감을 준다.

④ 의료 효과

• 난색 계열은 활동력을 높일 수 있으며, 청색은 진정시키는 역할을 하여 신경이나 정신과 등에 적합하다.
• 녹색은 심리적으로 안정감을 주어 혈압을 낮게 한다.

⑤ 환경색

• 물건의 색상과 반사에 의해 생기는 피로도를 줄이기 위하여 많이 사용한다.
• 항상 보는 물건은 중성 색상이나 채도가 낮은 색상을 선택한다.

05 안전색채

국내에서는 한국산업규격(KS)에 의해 색채의 종류 및 색의 지정이 규정되어 사용되고 있다.

색상	의미
빨강	방화, 금지, 정지, 고도위험물(화약, 폭발물)
주황	위험, 항해·항공의 보안시설(구명보트, 비행장용 구급차, 연료차)
노랑	주의(감전, 크레인, 바리케이드, 가전제품 경고)
녹색	안전, 피난, 위생/구호/보호
파랑	의무적 행동, 지시(보호안경착용, 가스측정, 수리 및 운전휴게장소)
보라	방사능 관련

개념 체크

1 국내에서 한국산업규격(KS)에 의해 규정된 색상 중 안전, 피난, 위생/구호/보호와 관련있는 것은 녹색이다. (O, X)

1 ○

01 슈브뢸의 색채조화론에서 12색상 중 다음과 같이 '예시'된 조건의 색 조화는?

> (예시) 빨강–파랑–노랑, 주황–녹색–보라

① 반대색 3색의 조화
② 근접 보색 3색의 조화
③ 주조색 3색의 조화
④ 등간격 3색의 조화

색상환에서 등간격 3색의 배열에 있는 3색의 배합이다.

오답 피하기

근접 보색의 조화는 격조 높은 보색 조화를 얻을 수 있으나 등간격 3색의 조화는 근접 보색의 배열보다 더욱 화려하고 원색적인 효과를 가질 수 있으며, 미적인 개성적 배색 효과를 얻을 수 있다.

02 저드(Judd. D. B) 색채조화론의 4가지 원리가 <u>아닌</u> 것은?

① 보색의 원리
② 숙지의 원리
③ 질서의 원리
④ 비모호성의 원리

저드의 4가지 색채조화론은 질서의 원리, 친근성의 원리, 유사성의 원리, 비모호성의 원리이다.

오답 피하기

숙지의 원리는 친근성의 원리를 의미한다.

03 다음 중 가장 부드럽고 통일된 느낌을 주는 배색은?

① 색상 차가 큰 배색
② 비슷한 색상끼리의 배색
③ 높은 채도끼리의 배색
④ 채도의 차가 큰 배색

유사 색상의 배색은 색상환에서 색상의 차이가 적은 배색으로 온화함, 협조, 화합과 평화감을 주며, 안정되고 차분한 느낌을 얻을 수 있다.

오답 피하기

나머지 보기는 주로 반대색상의 배색으로 화려함과 강함, 동적이며 자극적인 느낌, 예리함과 생생한 느낌을 얻을 수 있다.

04 판매 시점의 판매장 색채 계획으로 <u>부적합한</u> 것은?

① 판매되는 상품의 색채를 고려한다.
② 주조색 없이 다양한 색채를 사용한다.
③ 바닥은 천장보다 어두운 색조를 사용한다.
④ 밝은 색으로 배색하는 것이 효과적이다.

색채조화에서 색상은 필요한 색만을 사용한다. 색상 수를 줄이면 산만한 느낌과 부조화를 막을 수 있으며, 명료성을 얻을 수 있다.

정답 01 ④ 02 ① 03 ② 04 ②

05 붉은 색채의 실내에서 시간이 길게 느껴지는 등 색의 속도감을 강조한 사람은?

① 비렌
② 문·스펜서
③ 먼셀
④ 저드

파버 비렌은 장파장 계통의 난색 계열은 시간이 길게 느껴지고, 속도감을 빠르게 느껴지게 하며, 단파장 계통의 한색 계열은 시간의 경과가 짧게 느껴지게 한다고 강조했다.

06 다음 중 색채조화의 공통적 원리가 아닌 것은 ?

① 질서의 원리
② 명료성의 원리
③ 색조의 원리
④ 친근성의 원리

저드의 4가지 색채조화론인 질서의 원리, 친근성의 원리, 유사성의 원리, 비모호성의 원리(명료성의 원리)

오답 피하기

색조의 원리는 비렌이 제시한 색채조화 이론이며, 비모호성의 원리를 다른 말로 명료성의 원리라고도 한다.

07 다음 색채조화의 설명 중 가장 잘못된 것은?

① 색채조화는 애매함이 없고 명료하게 선택된 배색에 의해 얻어진다.
② 색들끼리 공통된 상태와 성질이 내포되어 있을 때 그 색군은 조화된다.
③ 색채조화는 인간의 기호 문제이지만 한 번 무관심했던 배색은 자주 대해도 마찬가지다.
④ 색채조화에서 면적이 주는 영향이 크며, 작은 면적에는 강한 색이, 큰 면적에는 약한 색이 효과적이다.

저드는 모든 사람들이 색채조화를 느끼는 것이 다르고, 낡은 배합보다는 새로운 배합을 원하며, 하나의 색으로는 의미가 없는 색의 배색도 호감이 갈 수 있다고 하였다. 이는 친근성의 원리와 비슷하다.

오답 피하기

①번, ④번은 명료성의 원리, ②번은 유사성의 원리를 설명하고 있다.

08 문(Moon)과 스펜서(Spencer)의 색채조화론에 대한 설명 중 맞는 것은?

① 부조화 영역을 제1부조화, 제2부조화, 제3부조화로 나누었다.
② 종래의 보색 조화론을 근거로 하여 감각적인 방법을 제시하였다.
③ 조화는 크게 쾌감과 불쾌감을 주는 것으로 구별하였다.
④ 색에 의한 연상, 기호, 적합성 등을 크게 반영하였다.

문·스펜서는 조화의 관계를 쾌감(동일 조화, 유사 조화, 대비 조화)과 애매모호한 배색인 불쾌감(부조화는 제1불명료, 제2불명료, 눈부심)으로 분류하였다.

09 색의 3속성 개념을 도입한 색상환에 의해서 색의 조화를 유사조화와 대비조화로 나누고 정량적 색채조화론을 제시한 사람은?

① 오스트발트(Ostwald)
② 슈브뢸(Chevreul)
③ 먼셀(Munsell)
④ 저드(Judd)

....

슈브뢸(Chevreul)은 색의 3속성을 근본으로 한 색채 체계를 만들었고, 유사 및 대비의 관계를 통해 색의 조화를 규명하였다.

10 다음 중 식욕을 촉진하는 음식점 색채계획으로 적합한 것은?

① 회색 계열
② 핑크색 계열
③ 파란색 계열
④ 초록색 계열

....

비렌의 색채 공감각에 의하면 가장 식욕을 돋우는 대표적인 색은 주황색이다.

오답 피하기

난색의 고채도, 고명도 계열의 색이 식욕을 촉진한다.

11 색채조절의 효과와 관계가 <u>없는</u> 것은?

① 자연환경 색채를 사용하면 밝고 맑은 자연의 기운을 느낀다.
② 신체의 피로와 눈의 피로가 누적된다.
③ 산만해지지 않고 일에 대한 집중력을 높일 수 있다.
④ 안전색채를 사용하면 사고가 줄어든다.

....

색채조절의 효과는 신체의 피로와 눈의 피로를 줄여 준다.

CHAPTER 02

도법

학습 방향

도법은 제도와 도법, 투상, 투시도 등이 출제되고 있습니다. 도법의 경우 정확한 방법을 이해하려 하기 보다는 개념만 핵심적으로 학습하면 됩니다. Section 01 제도일반에서 가장 많이 출제되고 있으니 제도의 개념 위주로 학습하시길 바랍니다.

출제빈도

SECTION 01	하	8%
SECTION 02	하	8%
SECTION 03	하	10%
SECTION 04	하	8%

제도일반

▶ 합격 강의

출제빈도 상 중 하
반복학습 1 2 3

빈출 태그 제도의 정의와 규격, 제도 문자, 제도 용구, 선의 종류와 용도

01 제도에 관한 사항

1) 제도의 정의

- 입체 형태인 물체의 크기 또는 모양을 일정한 규격과 규칙에 따라 평면 위에 점, 선, 문자, 부호 등을 이용하여 도면에 작성하는 것을 의미한다.
- 도면을 통해 작성자의 의도를 쉽게 전달하기 위한 방법을 제도라고 한다.

➕ 더 알기 TIP

제도의 필요조건
- 입체물의 정확한 모양, 치수, 크기, 비례, 제작 방법 등을 정확한 치수를 기입하여 이해할 수 있도록 한다.
- 설계 의도를 제작자에게 명확히 전달될 수 있도록 해야 한다.
- 선, 문자, 치수, 기호 등을 제도 규칙에 맞게 기입해야 한다.
- 신속, 정확, 깨끗하게 하여 이해도와 신뢰도를 높인다.
- 적합성, 합리성, 보편성을 가지도록 한다.
- 의사 전달이 똑같이 될 수 있도록 해야 한다.

KS   A   0005

└→ 규격번호
└→ 기본(통칙)
└→ 한국산업규격

▲ 한국산업규격

2) 제도의 규격 23년 3회, 10년 5회, 09년 1회

- 도면을 작성하는 데 적용되는 공통의 규약을 제도 규격이라 한다.
- 제도의 규격화는 상호 간의 통일화를 통해 품질의 향상과 생산성을 높일 수 있다.
- 우리나라는 1966년 한국산업규격(KS) KS A 0005로 제정되었다.

규격기호	명칭	규격기호	명칭
ISO	국제표준화기구	BS	영국산업규격
KS	한국산업규격	DIN	독일산업규격
ANSI	미국산업규격	JIS	일본산업규격

✔ 개념 체크

1 도면을 통해 (　　　)의 의도를 쉽게 전달하기 위한 방법을 제도라고 한다.

2 조립도, 부품도 공정도, 전개도 등은 도면의 용도에 의한 분류에 속한다. (O, X)

1 작성자 2 ×

⑫ 도면의 구성 22년 4회, 20년 2회, 18년 1회, 17년 1회, 16년 4회, …

1) 도면의 종류

• 용도에 의한 분류

계획도	설계 계획을 세우는 도면으로 제작도의 기초가 되는 도면
제작도	건설 또는 제품을 만들 때 사용되는 것으로 설계자의 의도를 작업자에게 필요한 모든 정보를 전달하기 위한 도면이며 충분한 내용과 가공의 용기, 제작비의 절감이 요구됨
주문도	제품을 주문할 때 사용하는 도면으로 물건의 형태, 크기, 정보 등의 내용을 수주자에게 제시하는 도면
승인도	주문자의 승인을 받은 도면
시방서	도면에 표시하지 않는 재료의 성능이나 제작 방법을 문자나 숫자 등으로 표시하는 문서로 기술적 요구 사항을 기재함
견적도	견적서에 붙여서 의뢰자에게 주는 도면
설명도	사용자에게 설명하기 위한 도면으로 물품의 구조, 기능, 성능 등을 알리기 위한 도면

• 내용에 의한 분류

조립도	조립에 필요한 정보를 나타낸 도면
부분조립도	대상물 일부분의 조립 상태를 나타낸 도면
부품도	부품들을 상세하게 표시한 도면
상세도	필요한 부분을 더욱 상세하게 표시한 도면
공정도	물품의 제조 과정을 나타내는 것으로 각 과정에 필요한 사항을 나타내는 도면
배선/배관도	배선 및 배관의 구조 등을 표시한 도면
전개도	물품을 한 평면에 펼쳐서 나타낸 도면
입면도	직립 투상면에 대한 투상도로 물품의 외형을 각 방향별로 표시한 도면

• 작성 방법에 의한 분류

스케치도	제도기를 사용하지 않고 손으로 간략하게 그리는 도면
원도	처음으로 제도 용지에 그리는 도면(연필 원도)
사도(트레이스도)	원도 위에 트레이싱 페이퍼를 대고 연필 또는 먹물로 그린 도면
청사진도	청색의 감광지에 복제하여 사용하는 도면

 기적의 TIP

원도의 작도 순서
중심선 → 외형선 → 치수 보조선 → 치수 기입

2) 제도용지

① 도면의 크기 <small>17년 4회, 16년 1회</small>

- 제도용지의 폭과 길이의 비율은 1 : √2이다.
- 도면의 크기는 제도용지 크기로 나타내며 제도용지는 mm를 기본으로 한다.
- 제도용지의 크기는 A0, A1, A2, A3, A4로 구분된다.

호칭	사이즈(단위 mm)	절지
A0	841×1189	전지
A1	594×841	2절지
A2	420×594	4절지
A3	297×420	8절지
A4	210×297	16절지

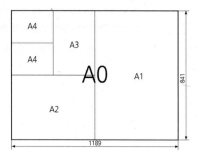

기적의 TIP

제도용지 계산법
- A4에서 위로 올라갈 때는 작은 치수 ×2를 하고 큰 치수는 그대로 적용한다.
  예 A4의 사이즈는 210×297이다. 이때 A3의 값을 구하려면 210×2=420이 되고 297은 그대로 적용해 420×297이 된다.
- A0에서 밑으로 내려갈 때는 큰 치수 ÷2를 하고 작은 치수는 그대로 적용한다.

② 제도용지의 종류

용지	특징
켄트지	연필 및 먹물제도에 사용하는 용지로 주로 원도에 사용
와트만지	채색 제도 용지로 주로 원도에 사용되며 수채화용으로도 사용
트레이싱지	반투명 황산지로 연필, 먹물제도가 가능하며, 주로 사도를 그릴 때 사용
방안지	제도 시 격자를 이용할 수 있는 모눈종이로, 1mm 혹은 2mm단위로 눈금이 표시되어 있음

③ 도면의 척도 <small>13년 1회</small>

- 물체를 도면에 표기할 때 실제의 물체 크기에 대한 도면의 크기 비율로 바꾸는 것이다.
- 척도는 표제란★에 기입한다.
- 도면에는 축척을 표시하고, 치수는 실제 치수를 기입한다.

★ 표제란
- 도면관리에 필요한 사항과 도면 내용에 관한 정형적인 사항을 기입한다.
- 기입항목 : 척도, 도명, 책임자, 일자 등을 기입한다.
- 위치 : 도면의 오른쪽 맨 아래 표로 위치한다.

종류	내용
실척	실물과 같은 크기로 그리는 것으로 현척이라고도 함(1:1)
축척	실물을 일정한 비율로 축소하여 그리는 것(1:2, 1:5, 1:10 등)
배척	실물을 일정한 비율로 확대하여 그리는 것(2:1, 5:1, 10:1 등)
N.S	도면의 형태가 치수와 비례하지 않을 때의 도면(반비례)

개념 체크

1 실물을 일정한 비율로 확대하여 그리는 것을 '배척'이라고 한다. (O, X)

1 ○

03 선의 종류와 용도 19년 1회, 13년 2회, 12년 4회, 11년 4회/2회, 10년 4회/2회

1) 선의 종류

제도에는 크게 실선, 파선, 쇄선의 세 종류로 나눈다.

① 실선

- 연속적으로 이어진 선으로 직선과 사선, 곡선, 자유곡선을 포함한다.
- 실선은 굵은 실선과 가는 실선으로 구분한다.
  - 굵은 실선 : 0.4~0.8mm의 선을 사용한다.
  - 가는 실선 : 0.3mm 이하를 사용한다.

② 점선 15년 4회

- 일정한 간격으로 선의 요소가 짧게 반복되는 선이다.
- 점선은 파선, 은선★이라고도 한다.
- 점선은 물체의 보이지 않는 부분을 표시할 때 사용한다.
- 굵기는 굵은 선의 1/2로 실선보다는 굵어야 한다.

③ 쇄선

일점 쇄선과 이점 쇄선으로 나뉘며 시작과 끝 부분에 긴 선이 닿도록 그린다.
- 일점 쇄선 : 길고 짧은 두 종류의 선이 번갈아 반복되는 선이다.
　　　　　선의 굵기는 0.3mm 이하 또는 굵은 실선의 1/2로 사용한다.
　　　　　일점 쇄선으로 된 중심선은 제도에서 가장 가는 선이다.
- 이점 쇄선 : 긴 선과 2개의 짧은 선을 번갈아 나열한 선이다.
　　　　　선의 굵기는 0.3mm 이하의 가는 선을 사용한다.

2) 선의 우선순위 22년 1회, 16년 2회

도면을 그릴 때 겹치게 될 경우에는 우선순위에 따라 선을 그려야 한다.

> 외형선 → 숨은선 → 절단선 → 중심선 → 무게중심선 → 치수 보조선

🅱 기적의 TIP

선의 종류
- 실선

- 파선

- - - - - - - - - - -

- 일점 쇄선

- 이점 쇄선

★은선
보이지 않는 부분의 현상을 표시하는 선이다.

🅱 기적의 TIP

은선 사용 시 주의할 점
- 은선이 외형선에 접속된 때는 여유를 둔다.
- 은선이 외형선에서 끝날 때는 여유를 두지 않는다.
- 다른 은선과의 교점에서는 여유를 두지 않는다.

✔ 개념 체크

1 다음 중 제도에서 사용되는 선의 종류에 대한 설명으로 옳은 것은 ○, 옳지 않은 것은 × 표시하시오.

㉠ 실선 – 0.4~0.8mm의 가는 실선을 사용한다. (O, X)

㉡ 점선 – 일정한 간격으로 선의 요소가 짧게 반복되는 선이다. (O, X)

㉢ 쇄선 – 일점 쇄선으로 된 중심선은 제도에서 가장 가는 선이다. (O, X)

1 ㉠ ×, ㉡ ○, ㉢ ○

3) 용도에 따른 선의 종류

종류	표시	명칭	선의 용도
굵은 실선	———	외형선	대상물의 외부 모양을 표시하는 선
가는 실선	——	치수선	치수를 기입하기 위한 선
		치수보조선	치수를 기입하기 위해 도형에서 연장한 선
		지시선	기호, 기술 등을 기입하기 위해 도면에서 연장한 선
		회전 단면선	부분의 절단면을 90° 회전하여 표시
굵은 선의 1/2파선	··········	숨은선	대상물의 보이지 않는 부분을 표시하기 위한 선
가는 일점 쇄선	—·—·—	중심선	대상물의 중심을 표시하는 선
		기준선	위치 결정에 근거가 되는 부분을 표시하는 선
		피치선	반복 도형의 피치를 잡는 선
가는 이점 쇄선	—··—··—	가상선	물체의 이동이나 가공 후의 모양을 표시하는 선
		무게중심선	단면의 무게중심을 연결한 선을 표시하는 선
파형, 지그재그의 가는 실선	〰	파단선	물체의 일부를 파단하거나 떼어낸 경계를 표시하는 선
가는 일점 쇄선, 변하는 부분 굵게	┐┌	절단선	단면도에서 절단 위치를 표시하는 선
45° 방향의 가는 실선	//////	해칭선	단면도의 절단면을 나타내는 선

4) 선 긋는 법 12년 4회

- 수평선 : 왼쪽에서 오른쪽으로, 위에서 아래로 긋는다.
- 수직선 : 밑에서 위로, 왼쪽에서 오른쪽으로 긋는다.
- 오른쪽 아래로 향한 사선 : 왼쪽 위에서 오른쪽 아래로 긋는다.
- 오른쪽 위로 향한 사선 : 왼쪽 아래에서 오른쪽 위로 긋는다.
- 원과 원호는 작은 것에서 큰 것 순서로 긋는다.
- 원과 원호를 그리고 수평선, 수직선을 긋는다.

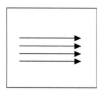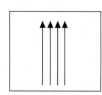

▲ 선 긋는 법

04 제도 기호 및 치수 <small>22년 3회, 12년 5회, 11년 2회/1회, 10년 4회/2회</small>

1) 제도 기호 <small>16년 2회</small>

제도에서 기호는 반드시 치수 수치 앞에 기입해야 한다.

명칭	기호	용도
지름	Φ	원의 지름을 표시할 때 사용(물체가 원이 확실한 경우는 생략)
반지름	R	원의 반지름을 표시할 때 사용(180° 이하일 때만 표시)
정사각형	□	물체가 정사각형일 때 면의 길이(숫자 앞에 표시)
구면	S	물체가 구면일 때(치수 앞에 표시)
구의 지름/반지름	SΦ/R	구의 지름과 반지름을 나타낼 때 표시
판의 두께	t	판의 두께를 나타낼 때 표시
원호	∩	원호의 길이(치수선 위에 표시)
45° 모따기	C	물체의 모서리를 45° 정도 비스듬히 잘라낼 때 사용하며, 깊이와 각도를 함께 표시

2) 치수 표시방법

① 치수 기입법

치수 기입 요소 : 치수선, 치수 보조선, 지시선(인출선)이다.

치수선		치수를 표기하기 위하여 물체의 외형선에 평행하게 그은 선
치수 보조선	가는 실선	치수선을 긋기 위하여 외형선을 연장한 선
지시선		가공법, 구멍치수, 품번 등의 지시사항을 표기하기 위한 선

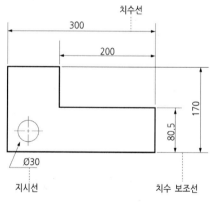

▲ 치수 기입법

🅑 기적의 TIP

치수선을 가장 가늘게 그을 때 선의 종류와 굵기는 실선 0.2mm 이하로 한다.

✔ 개념 체크

1 제도 기호 중 판의 두께를 나타내는 기호는 'ㅌ'이다. (O, X)

1 ○

② **치수 기입의 원칙** 22년 1회, 20년 1회, 18년 2회/1회, 16년 1회, ⋯

- 길이의 단위는 밀리미터(mm)를 사용한다(단, mm 단위는 기입하지 않는다).
- 치수선, 치수 보조선, 인출선 등을 사용한다.
- 치수 숫자는 치수선의 중앙에, 치수선에 약간 띄어서 쓴다.
- 경사진 치수선의 경우에는 숫자는 치수선의 위쪽에 기입한다.
- 치수 숫자의 자릿수가 많은 경우에는 3자리마다 점을 찍거나 간격을 둔다.
- 되도록 정면도에 기입하고 중복을 피하며 계산하지 않고서도 알 수 있도록 쓴다.
- 각도의 단위는 도(˚)로 사용하며 필요에 따라 분('), 초(")를 사용한다.
- 치수 기입이 어려울 때는 인출선(지시선)을 사용한다.
- 치수선에 평행하게 도면의 왼쪽에서 오른쪽으로, 아래로부터 위로 읽을 수 있게 기입한다.

05 제도 문자 11년 2회

제도용 문자는 KS A 0107의 문자 크기 표시방법에 따라 한다.

1) 제도 문자의 기입 원칙

- 상단 가로쓰기를 원칙으로 하며 너비는 적절히 가감하여 기입한다.
- 글자체는 고딕체를 사용하며 수직 또는 15˚ 경사로 쓰는 것을 원칙으로 한다.
- 가로쓰기는 왼쪽에서 오른쪽 방향을 원칙으로 한다.
- 가로쓰기가 곤란할 경우는 세로쓰기를 사용해도 된다.
- 같은도면 내에서는 글자체를 통일하여 사용하여야 한다.
- 숫자는 아라비아 숫자를 쓰는 것을 원칙으로 한다.
- 문자의 크기는 문자의 높이로 표시된다.
- 문자의 크기는 20, 16, 12.5, 10, 8, 6.3, 5, 4, 3.2, 2.5, 2mm의 11종류를 표준으로 한다.
- 문자의 굵기는 문자 높이의 1/9로 하는 것이 적당하다.

2) 제도의 순서

① 용지의 크기와 도형의 크기를 정한다.
② 도면의 위치를 정하고 중심선과 기준선을 긋는다.
③ 외형선을 주요부분에서부터 긋는다.
④ 숨은선, 상상선, 치수 보조선, 치수선을 긋는다.
⑤ 화살표를 그리고, 치수를 기입하고 기호를 기입한다.
⑥ 부품의 번호를 기입한다.
⑦ 표제란의 내용을 기입한다.

06 제도 용구 17년 1회, 16년 1회, 10년 1회

1) 제도 용구

- 컴퍼스 : 원, 원호를 그릴 때 사용한다.
  - **예** 스프링, 빔, 비례 컴퍼스
- 디바이더 : 축척의 눈금을 제도지에 옮기거나 선을 균등하게 등분할 때 사용한다.
- 먹줄펜 : 제도용 잉크(먹물)를 넣어서 선을 그을 때 사용한다.
- 삼각자 : 직각삼각형으로 된 자로서 각이 90°, 45°, 45°인 이등변삼각자와 90°, 30°, 60°인 직각삼각자 2개를 1세트로 하여 주로 T자 위에서 수직선과 사선을 그을 때 사용한다.
- T자 : 수평선, 수직선을 긋거나 삼각자와 함께 사선, 수직선을 그을 때 사용한다.
- 운형자 : 컴퍼스로 그리기 어려운 원호나 곡선을 그을 때 사용한다.
- 축척자(스케일) : 길이를 재거나 길이를 줄일 때 사용한다.
- 형판(템플릿) : 원, 사각, 타원 등의 형태를 일정한 비율로 크기 변화를 주어 구멍을 뚫어 통일되게 그을 수 있다.
- 각도기 : 각도를 측정할 수 있는 자로서 원형 또는 반원형으로 되어 있다.
- 제도용 연필 : 연필은 심이 진한 것부터 차례로 6B, 5B, 4B, 3B, 2B, B, HB, F, H, 2H, 3H, 4H, 5H, 6H, 7H, 8H, 9H, 10H로 구분한다.
- 지우개판 : 얇은 스테인리스판에 각종 모양이 찍혀져 있어서 제도 시 불필요한 선을 정확하게 지울 때 사용한다.
- 제도대(제도판) : 제도 용지를 부착하고 작업을 하는 직사각형의 판이다.
- 자유곡선자 : 임의의 곡선 컴퍼스를 그리는 데 사용하는 납과 고무 등으로 만들어져 자유자재로 구부려 사용이 가능하다.

▲ 제도용구

2) 제도용 연필

- H : 연필심의 딱딱한 정도를 나타내고 숫자가 높을수록 강도가 높고 색이 연하며, 제도에 주로 사용한다.
- B : 연필심의 진한 정도를 나타내고 숫자가 높을수록 심이 무르고 색이 진하며, 미술용이나 스케치 용도로 사용한다.
- HB : 연필심의 강도와 진한 정도가 중간으로 필기용으로 사용한다.

🅑 기적의 TIP

먹줄펜으로 선을 그을 때의 순서
소원 → 대원 → 곡선 → 직선

01 선의 종류에 관한 설명 중 **틀린** 것은?

① 실선은 물체의 외형을 표시하는 선이다.

② 가는 실선은 치수선, 지시선, 해칭선 등에 사용한다.

③ 파선은 보이는 부분의 모양을 표시하는 선이다.

④ 가는 일점 쇄선은 중심선, 절단선, 상상선, 피치선 등에 사용된다.

파선(점선, 은선)은 물체의 보이지 않는 부분을 표시할 때 사용한다.

오답 피하기

실선 중 굵은 실선은 외형선으로 대상물의 외부 모양을 표시하는 선이다.

02 물체의 절단면을 나타낼 때 사용하는 선의 명칭과 선의 종류가 바르게 연결된 것은?

① 해칭선 – 가는 실선

② 피치선 – 가는 이점 쇄선

③ 치수선 – 가는 일점 쇄선

④ 절단선 – 파선

해칭선이란 단면도의 절단면을 나타내는 선으로 45° 방향의 가는 실선으로 나타낸다.

오답 피하기

피치선은 가는 일점 쇄선을, 치수선은 가는 실선을, 절단선은 가는 일점 쇄선을 사용한다.

03 일반적인 제도 용지에 대한 설명으로 **틀린** 것은?

① 한국산업규격(KS A 0005)에 따라 A열을 사용한다.

② A열 제도용지의 짧은 변과 긴 변의 비는 $1 : \sqrt{2}$ 이다.

③ A0 도면의 넓이는 약 1m^2이다.

④ 큰 도면을 접을 때는 A2 크기로 접는다.

큰 도면을 접을 때는 A2 크기가 아니라 A4 크기로 접는다.

04 다음 제도용지 중 A3의 크기는?

① 210mm×297mm

② 297mm×420mm

③ 420mm×594mm

④ 594mm×841mm

제도용지의 크기에 관한 문제로 A4에서 위로 올라갈 때는 작은 치수 ×2를 하고 큰 치수는 그대로 적용하여 계산하면 된다.

오답 피하기

A4의 사이즈는 210×297이라는 것은 기본적으로 암기해야 계산이 가능하다.

05 곡선이 많은 한글 문자를 레터링 할 때 가장 필요한 도구는?

① 타원형 템플릿   ② 운형자

③ 디바이더   ④ T자

운형자는 주로 컴퍼스로 그리기 어려운 원호나 곡선을 그릴 때 사용한다.

오답 피하기

타원형 템플릿은 일정한 비율로 크기 변화를 주어 구멍을 뚫어 통일되게 그릴 수 있기에 레터링 시 다양한 곡선을 만들기에는 다소 무리가 있다.

06 치수 기입 시 주의 사항 중 **틀린** 것은?

① 도형의 외형선이나 중심선을 치수선으로 대용해서는 안 된다.

② 치수는 원칙적으로 축척 치수를 기입한다.

③ 서로 관련이 있는 치수는 될 수 있는 대로 한곳에 모아서 기입한다.

④ 치수는 계산을 하지 않아도 되게끔 기입한다.

치수 기입의 원칙에 관한 문제로 축척은 표기란에 기입한다.

오답 피하기

치수 기입의 다양한 원칙에 대한 암기 및 이해가 필요하다.

정답   01 ③   02 ①   03 ④   04 ②   05 ②   06 ②

▶ 합격 강의

빈출 태그 직선, 각, 다각형에 관한 도법 · 원과 원호, 타원, 소용돌이, 원추곡선 작도법

01 원, 타원, 다각형 그리기 10년 2회

1) 직선의 수직이등분

임의의 직선을 수직선으로 이등분하는 작도법이다.

① 임의의 직선 AB를 긋는다.

② 점 A를 중심으로 반지름이 선분 AB의 1/2을 넘게 하여 원을 그린다.

③ 점 B를 중심으로 반지름이 선분 AB의 1/2을 넘게 하여 원을 그린다.

④ 두 원호가 만나는 점 C, D를 긋는다.

> 🎁 기적의 TIP
>
> 원주 또는 반원주와 같은 길이의 직선을 구하는 방법이다.

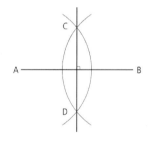

2) 직선의 평행등분(=직선의 n등분) 12년 4회

임의의 선분을 n등분하여 평행선을 그어 주어진 선분을 n등분하는 작도법이다.

① 주어진 직선 AB를 긋고, 임의의 선분 AC를 긋는다.

② 선분 AC를 같은 간격으로 n등분한다(1, 2, 3, 4, 5,...).

③ 선분 AC의 점 5에서 점 B와 연결한다.

④ 선분 AC위의 점 4에서 선분 5B와 평행이 되도록 그어 점 A4를 구한다.

⑤ 같은 방법으로 점 A3, A2, A1을 구한다.

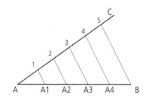

> ✅ 개념 체크
>
> 1 아래 그림과 같이 주어진 직선 A, B를 4등분할 때 이용되는 원리는? (   )
>
>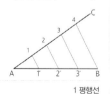
>
> 1 평행선

3) 두 직선의 교점과 만나는 정점을 연결하는 직선

두 직선이 만나는 정점(가운데)을 지나는 직선을 작도하는 방법이다.

① 임의의 직선 AB와 직선 CD를 긋는다.
② 직선 AB와 직선 CD를 지나는 선분 HG와 EF를 긋는다.
③ 선분 HG를 이등분한 점을 P″라고 한다.
④ P″에서 점 H와 G로 선을 긋는다(선분 GP″와 선분 HP″).
⑤ 점 E에서 선분 GP″와 평행이 되도록 선을 긋는다(선분EP′).
⑥ 점 F에서 선분 HP″와 평행이 되도록 선을 긋는다(선분FP′).
⑦ 두 선분이 만나는 점을 P′라고 한다. 점 P′와 P″를 연결한다.

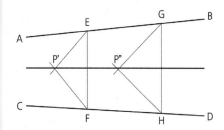

02 각에 관한 도법 11년 4회/2회, 10년 2회/1회

1) 각의 2등분

임의의 주어진 ∠ABC를 원호를 이용하여 이등분하는 방법이다.

① 임의의 ∠ABC을 긋는다.
② 점 B를 중심으로 원호를 그려 선분AB와 선분 BC에서 만나는 점을 D, E라고 한다.
③ 점 D와 E에서 임의의 원호를 그어 점 F를 구한다.
④ 점 B와 F를 연결한다.

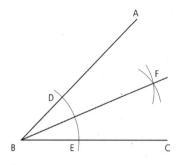

2) 직각의 삼등분 23년 1회, 22년 3회, 16년 1회, 13년 4회

주어진 직각 AOB를 원호를 이용하여 삼등분하는 방법이다.

① 임의의 직각 AOB를 긋는다.

② 점 O을 중심으로 원호를 그려 선분 OA와 선분 OB와 만나는 점을 C, D라고 한다.

③ 같은 원호로 점 C와 D에서 원호를 그어 만나는 점을 E와 F라고 한다.

④ 점 O에서 점 E와 F를 각각 연결해 선분 OE, 선분 OF를 구한다.

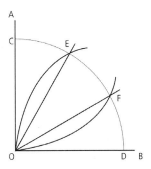

3) 각의 n등분

주어진 ∠AOB를 n등분하는 방법이다.

① 선분 OB와 선분 OA를 긋는다.

② 점 O를 중심으로 선분 OB를 지나는 임의의 원호를 그려 만나는 점을 C′, A′, D라고 한다.

③ 선분 C′D를 반지름으로 하여 점 D에서 원을 그린다. 같은 반지름으로 C′에서 원을 그려 만나는 점을 E라고 한다.

④ 점 A′와 점 E를 연결하여 선분 BD와 만나는 점을 F라고 한다.

⑤ 선분 C′F를 n등분 하고자 점 F에서 임의의 직선을 그어 n등분하여 등분점 1, 2, 3, 4, 5를 구한다.

⑥ 점 E에서 선분 C′F의 1, 2, 3, 4, 5을 지나는 선을 그어 점 S, I, J, K를 구한다.

⑦ 점 O에서 각각의 점 S, I, J, K를 연결한다.

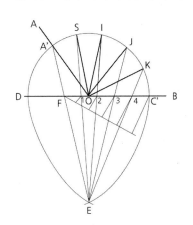

평면도법 SECTION 02 1-215

✅ 개념 체크

1 아래 그림은 주어진 직각 AOB를 원호를 이용하여 ( )하는 방법이다.

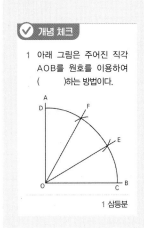

1 삼등분

03 다각형에 관한 도법 10년 1회

1) 원에 내접하는 정삼각형

주어진 원안에 정삼각형을 그리는 방법이다.

① 주어진 원을 그린다.

② 중심점 O를 지나는 선분 AB를 긋는다.

③ 점 B에서 BO를 반지름으로 원호를 그어 원과 만나는 점을 C, D라고 한다.

④ 점 A, C, D를 연결한다.

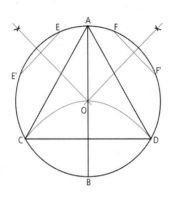

2) 원에 내접하는 정오각형 19년 1회, 18년 2회, 12년 5회

주어진 원안에 정오각형을 작도하는 방법이다.

① 점 O를 중심으로 원을 그린다.

② 중심점 O를 지나는 선분 AB를 긋는다.

③ 점 O에서 선분 AB와 수직 2등분선을 그려 원과 만나는 점을 C라 한다.

④ 선분 AO의 2등분한 점을 D라고 한다.

⑤ 점 D를 중심으로 선분 DC를 반지름으로 원호를 그어 선분 OB와 만나는 점을 E라고 한다.

⑥ 같은 원호로 점 C를 중심으로 선분 CE를 반지름으로 원호를 그어 원과 만나는 점을 F라고 한다.

⑦ 같은 원호로 점 F에서 원호를 그어 원과 만나는 점을 F1이라고 한다.

⑧ 점 F1, F2를 중심으로 원호를 그어 점 F2, F3을 구해 각각 연결을 시킨다.

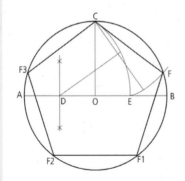

3) 한 변이 주어진 정오각형 13년 1회

한 변이 주어진 상태에서 정오각형을 작도하는 방법이다.

① 선분 AB를 긋고, 선분 AB에서 2등분한 점을 C라고 한다.

② 점 C에서 수직으로 선을 긋는다.

③ 선분 AB를 반지름으로 점 C를 중심으로 점 D를 구하고, 점 A에서 점 D를 지나는 직선을 긋는다.

④ 직선 AC를 반지름으로 점 D에서 선분 AD의 연장선과 만나는 점을 E라고 한다.

⑤ 선분 AE를 반지름으로 선분 CD의 연장선과 만나는 점을 F라고 한다.

⑥ 선분 AB를 반지름으로 점 A, 점 B를 중심으로 원호를 긋고, 점 F를 중심으로 원호를 그어 만나는 점 G와 H를 구한다.

⑦ 점 F, G, A, B, H를 연결한다.

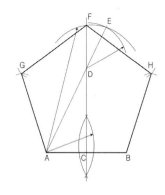

4) 한 변이 주어진 정육각형

주어진 한 변을 이용하여 정육각형을 작도하는 방법이다.

① 선분 AB를 긋는다.

② 선분 AB를 반지름으로 점 A, 점 B를 중심으로 원호를 그어 만나는 중심점 O를 구한다.

③ 중심점 O에서 선분 OA를 반지름으로 원을 그려 만나는 점을 C, D라고 한다.

④ 선분 AB를 반지름으로 점 C를 중심점으로 점 E, 점 E를 중심으로 점 F를 구한다.

⑤ 점 A, B, D, F, E, C를 연결한다.

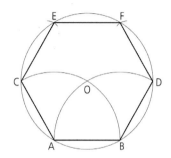

04 원과 원호 작도법

1) 원주 밖의 한 점에서의 접선 긋기

주어진 원과 원 밖의 한 점에서 원과 만나는 접선을 작도하는 방법이다.

① 임의의 원과 원 밖의 임의의 한 점을 P라고 한다.

② 원의 중심점 O와 점 P를 연결한다.

③ 직선 OP를 수직이등분한 점을 Q라고 한다.

④ 점 Q에서 선분 OQ를 반지름으로 원과 만나는 점을 A, B라고 한다.

⑤ 점 P에서 A, B를 연결한다(선분BP⊥선분 OB, 선분AP⊥선분 OA).

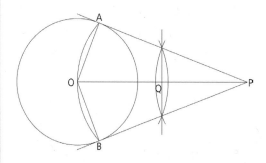

2) 삼각형의 내접원

임의의 주어진 삼각형에 내접하는 원을 작도하는 방법이다.

① 임의의 삼각형을 그려 꼭짓점을 A, B, C라고 한다.

② ∠CAB와 ∠CBA에서 각을 2등분하여 만나는 점을 O라고 한다.

③ 점 O에서 선분 AB에 수직하는 점 D를 구한다.

④ 선분 OD를 반지름으로 점 O를 중심으로 원을 그린다.

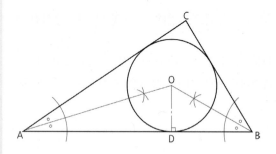

05 타원 작도법

1) 장축과 단축이 주어진 타원

임의의 주어진 장축과 단축을 기준으로 타원을 작도하는 방법이다.

① 임의의 선분 AB와 CD를 긋는다. 그 교점을 O라고 한다.

② 교점 O에서 선분 AB와 선분 CD를 지름으로 하는 원을 그린다.

③ 점 O를 지나는 임의의 공통반경(∠30인 직선)선을 그어 만나는 점 E와 F를 구한다.

④ 점 E에서 선분 CD와 평행이 되도록 선을 긋고, 점 F에서 선분 AB와 평행이 되도록 선을 그어 만나는 점을 P라고 한다.

⑤ 같은 방법으로 각 분점에 대한 교점을 구하여 곡선으로 연결한다.

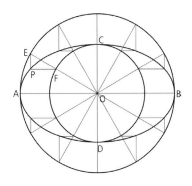

2) 두 원을 연접시킨 타원

연접한 두 원을 이용하여 타원을 작도하는 방법이다.

① 연접하는 두 원을 그린다. 그 중심점을 O와 O'라고 한다.

② 연접점을 중심으로 같은 크기의 원을 그린다.

③ 연접점을 지나는 수직선을 그려 원과 만나는 점을 A, B라고 한다.

④ 점 A와 B에서 O와 O'를 지나는 선을 그어 만나는 점을 C, D, E, F라고 한다.

⑤ 점 A에서 선분 AC를 반지름으로 원을 그린다.

⑥ 점 B에서 선분 BE를 반지름으로 원을 그린다.

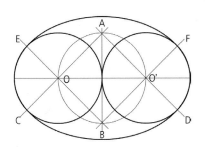

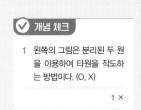

개념 체크

1 왼쪽의 그림은 분리된 두 원을 이용하여 타원을 작도하는 방법이다. (O, X)

1 ×

3) 분리된 두 원을 이용한 타원

임의의 분리된 두 원을 이용하여 타원을 작도하는 방법이다.

① 임의의 두 원을 분리되게 그리고 두 원의 중심을 연결한다.

② 두 원에서 중심을 지나는 선분 ab와 선분 cd를 구한다.

③ ∠aOO′를 이등분하여 연장선을 긋고, ∠cO′O를 이등분하여 연장선을 그어 만나는 점 A를 구한다. 점 A와 점 O를 연결시켜 점 C를 구한다.

④ ∠O′Ob를 이등분하여 연장선을 긋고, ∠OO′d를 이등분하여 연장선을 그어 만나는 점 B를 구한다. 점 A와 점 O′를 연결시켜 점 D를 구한다.

⑤ 점 A에서 선분 AC를 반지름으로 원을 그린다.

⑥ 점 B에서 선분 BE를 반지름으로 원을 그린다.

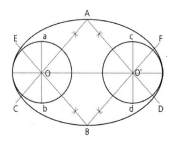

06 소용돌이선 작도법 13년 1회, 11년 1회, 10년 2회

1) 아르키메데스 소용돌이선

① 임의의 원을 그리고 중심점을 지나는 수평선을 그어 원과 만나는 점을 A라고 한다.

② 중심점에서 점 A까지 12등분을 하고, 중심점에서 12등분한 점들을 반지름으로 하여 원을 그린다.

③ 원주를 12등분하여 1′, 2′, 3′......12′점을 구하고 중심점을 지나는 직선을 긋는다.

④ 원 1과 직선 1′이 만나는 점을 1″라고 하고 원 2와 직선 2′가 만나는 점을 2″........... 원 12와 점 12′가 만나는 점을 12″라고 한다.

⑤ 점 1″, 2″, 3″, 4″.....12″를 곡선으로 연결한다.

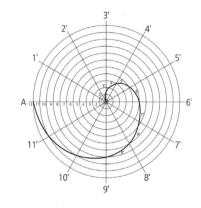

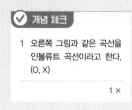

✔ 개념 체크

1 오른쪽 그림과 같은 곡선을 인볼류트 곡선이라고 한다. (O, X)

1 ×

2) 인볼류트 소용돌이선

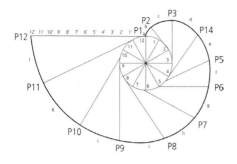

3) 대수 소용돌이선

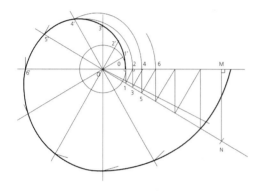

07 원추곡선 작도법 13년 4회

정원 뿔을 여러 다른 각도의 평면으로 자를 때 생기는 곡선이다. 이때 원뿔 외부
의 곡선 모양에 따라 포물선, 타원, 쌍곡선 등이 된다.

구분	원추곡선의 모양	절단 방법
A	정원	밑면과 수평이 되게 절단
B	타원	밑면과 각도를 다르게 주어 절단
C	포물선	밑면을 향하도록 하고, 각도를 주어 대각선으로 절단
D	쌍곡선	밑면과 수직되게 절단

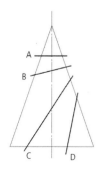
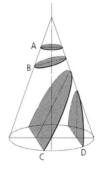

01 다음 평면도법은 무엇을 하기 위한 것인가?

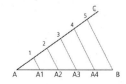

① 직선의 2등분　　② 직선의 n등분
③ 수직선 긋기　　　④ 각의 2등분

주어진 직선을 평행등분하는 방법으로 주어진 직선 AB를 평면에서 n등분하는 경우에는 평행선의 원리가 적용된다.

오답 피하기

직선의 평행등분(=직선의 n등분)

02 다음 그림과 같은 곡선은?

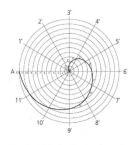

① 인벌류트 곡선 그리기
② 등간각으로 나사선 그리기
③ 아르키메데스 나사선 그리기
④ 하트형 응용곡선 그리기

아르키메데스 나사선 그리기 혹은 아르키메데스 소용돌이선의 작도법이다.

03 장축과 단축이 주어질 때 타원을 그릴 수 있는 방법이 아닌 것은?

① 직접법　　　　② 4중심법
③ 대,소부원법　　④ 평행사변형법

직접법은 투시도법을 그리는 방법이다.

04 도면과 같이 원에 내접하는 정5각형을 그리기 위해 E를 구하고자 한다. 맞는 것은?

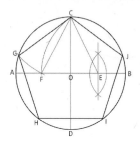

① AB, CD를 긋고 FB를 3등분한다.
② AB, CD를 긋고 OB를 2등분한다.
③ OC, OD를 긋고 OB를 2등분한다.
④ OC, CB를 긋고 OB를 2등분한다.

주어진 원의 수평(A,B)과 수직(C,D)을 구하고 원의 반지름인 O,B의 수직이등분 지점을 찾으면 E를 구할 수가 있다.

05 다음 도형에서 구하고자 하는 것은?

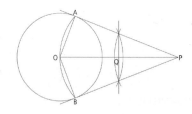

① 원주 밖의 1점에서 원에 접선 긋기
② 원의 중심 구하기
③ 주어진 반지름의 원 그리기
④ 수직선을 2등분하기

원의 중심과 원주 밖에 있는 정점을 연결하여 접선을 구하는 방법이다.

정답 01 ② 02 ③ 03 ① 04 ② 05 ①

06 그림과 같이 직각을 3등분할 때, 다음 중 선의 길이가 같지 <u>않은</u> 것은?

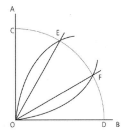

① OD 　　　　② OC
③ OF 　　　　④ EF

직각의 3등분으로 주어진 직각 AOB를 3등분하는 방법이다.

07 다음 도형은 무엇을 구하기 위한 과정인가?

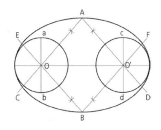

① 두 원을 격리시킨 타원 그리기
② 두 원을 연접시킨 타원 그리기
③ 장축과 단축이 주어진 타원 그리기
④ 4중심법에 의한 타원 그리기

분리된 두 원을 이용하여 타원을 그리는 방법이다.

08 다음 도형은 무엇을 구하기 위한 과정인가?

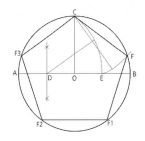

① 원주에 근사한 직선 구하기
② 원에 내접하는 정오각형 그리기
③ 원에 내접하는 반원형 그리기
④ 한 변이 주어진 정오각형 그리기

주어진 원에 내접하는 정오각형을 구하는 방법이다.

09 다음 그림과 같이 각을 이등분할 때 가장 먼저 구해야 할 것은?

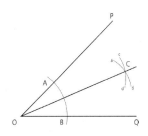

① AB 　　　　② ab
③ cd 　　　　④ OC

주어진 ∠POQ를 2등분하는 방법으로 가장 먼저 구해야 할 것은 O를 기준으로 AB의 원호를 그리는 것이다.

▶ 합격 강의

빈출 태그 제3각법, 제1각법, 축측 투상도, 옆 단면도

01 투상도법

- 3차원 표현 대상(입체물)을 2차원 평면상에 일정한 도법을 적용하여 표현하고 전달하기 위한 기하학적 도식 해법으로 형태, 크기, 위치 등을 정확하게 그려내는 것이다.
- 투상도법은 물체를 투상면의 앞에 놓고 그 물체의 뒤에서 광선을 보내면 투상면에 물체의 화상이 생기게 된다. 이러한 화상으로 물체의 위치, 크기, 형태 모양 등을 평면상에 정확히 그려내는 도법이다.

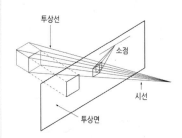

▲ 투상의 원리

1) 투상의 종류

① **직 투상** : 투사되는 선이 서로 평행을 이루고 투상되는 면이 직각인 경우
② **사 투상** : 투사되는 선이 서로 평행하고 투상되는 면이 각을 이루고 있는 경우
③ **투시 투상** : 한 점에서 출발한 투사선이 방사상으로 퍼지는 경우
④ **복 투상** : 투상면이 두 개 이상으로 표현되는 투상(정 투상 : 1각법, 3각법)
⑤ **단면 투상** : 한 면에 표현되는 투상

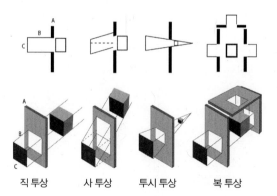

직 투상   사 투상   투시 투상   복 투상

✔ **개념 체크**

1 한 점에서 출발한 투사선이 방사상으로 퍼지는 경우에 해당하는 것은 투시 투상이다. (O, X)

1 O

2) 정 투상도 22년 2회, 18년 1회, 17년 1회, 13년 4회, …

- 서로 직각으로 교차되는 세 개의 화면. 즉, 평화면(平畵面), 입화면(立畵面), 측화면(側畵面) 사이에 물체를 놓고 각 화면에 수직되는 평행광선으로 투상하여 얻은 도형이다.
- 평면적인 표현이 가능하여 가구의 배치, 구조 등을 정확히 표시할 수 있어 실제 환경을 느낄 수 있다.
- 정 투상도는 제1각법과 제3각법이 있다.
- 한국산업규격(KS)에서는 일반적으로 제3각법을 원칙으로 사용하고 있으나 토목이나 선박의 경우 제1각법을 사용한다.
- 정면도는 입체물의 형태와 기능을 가장 잘 표현한다.

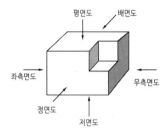

▲ 정 투상의 입면도

① 제3각법 22년 4회, 16년 2회, 13년 2회, 12년 4회

- 가장 많이 사용되는 정 투상도법으로 한국산업규격(KS)의 제도 통칙으로 사용한다.
- 물체를 보았을 때 물체 앞쪽에 물체의 형상을 수평, 수직으로 나타낸다.
- 제3각법의 원리는 눈 → 화면 → 물체의 순서로 화면을 통해서 물체를 보며, 보는 위치면에 따라서 상이 나타난다.
- 미국에서 발달하여 빠른 속도로 보급되었다.
- 제3각법의 장점은 각 방향에서 본 형상을 정면도 바로 옆에 그려주기 때문에 도면작성과 치수 기입이 용이하며, 보조 투상도를 표현하기에 적합하다.

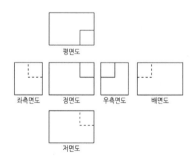

기적의 TIP

제3각법
- 눈으로 볼 때 투상면은 공간에 있는 물체보다 앞에 투상하는 방법이다.
- 일반 제도에서 원칙으로 하는 정 투상도법이다.
- 치수를 비교하기에 편리하고 모양을 이해하기 쉽다.
- 물체의 관련도를 대조하기 편리하다.

개념 체크

1 제3각법은 기준이 눈 → 화면 → ( )의 순서로 되어 화면을 통해 물체를 보며, 보는 위치면에 따라서 상이 나타나는 것이다.

1 물체

② 제1각법

- 물체의 생긴 형상을 물체의 뒤쪽의 투상면에 수평, 수직하게 나타낸다.
- 제1각법의 원리는 눈 → 물체 → 화면의 순서로 진행된다.
- 영국에서 발달하여 독일을 거쳐 우리나라에 보급되었다.
- 제1각법은 각 방향에서 본 형상을 정면도 건너편에 그려주기 때문에 도면작성과 치수 기입이 불편하며, 치수누락 및 이중기입의 우려가 있다.
- 정면도를 중심으로 물체를 보는 방향과 반대방향으로 도면이 나타난다(제3각법과 위치가 반대).

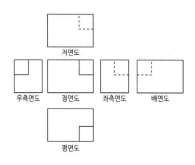

3) 축측 투상도 19년 2회, 16년 1회, 12년 4회

- 대상물의 좌표면이 투상면에 대하여 직각이거나 물체가 경사를 가지는 투상이다.
- 물체의 모든 면이 투상면과 경사가 되도록 배치하는 수직 투상이다.
- 축측 투상은 평면, 정면, 측면의 3면이 모두 한 화면에 그려지는 투상법으로 도면의 크기를 직접 측정할 수 있다.
- 각 면의 선들이 평행을 이루고 있어서 소점이 없다.
- 축측 투상은 축측 축의 각도에 따라 등각, 2등각, 부등각 투상으로 구분한다.

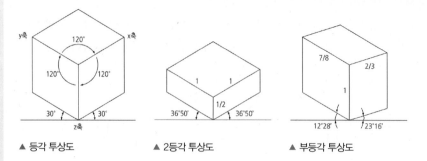

▲ 등각 투상도   ▲ 2등각 투상도   ▲ 부등각 투상도

기적의 TIP

- 등각 투상 : 3좌표 축의 투상이 120°인 투상이다.
- 2등각 투상 : 두 개의 축의 각도와 길이가 같은 투상이다.
- 부등각 투상 : 물체의 3면의 각도가 모두 다른 각을 가지는 투상이다.

개념 체크

1 아래 그림의 투상도는?
(   )

1 2등각 투상도

4) 사 투상도 13년 1회, 12년 5회/4회, 11년 4회/1회, …

- 앞면 모서리는 수평선과 평행하게 하고, 옆면 모서리는 수평선과 임의의 각도로 하여 그린 투상도이다.
- 경사축과 수평선을 이루는 각도는 30°, 45°, 60°의 각도를 많이 사용한다.
- 정육면체의 세 개의 화면이 한 화면에 실제 모양으로 나타난다.

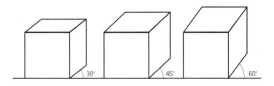

5) 표고 투상도 16년 2회, 12년 4회, 10년 1회

- 기준면을 정한 후 지형의 높고 낮음을 표시하는 것과 같이 기준면과 평행하게 평면으로 자른 수평면을 수직으로 투상하여 그린 수직 투상이다.
- 곡면선도, 지형도, 지도의 표시나 유선형의 입체물 표시에 사용한다.

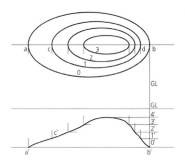

6) 투시 투상도

- 시점과 대상물을 연결한 투사선에 의해 얻는 투상을 말하며 눈으로 물체를 보는 것과 같이 원근감을 통하여 사실적인 표현을 할 수 있다.
- 일반적으로 투시도라고 말하며 1, 2, 3점 투시 투상이 있다.

7) 전개도

- 전개도란 입체의 표면을 하나의 평면 위에 펼쳐 놓은 도형이다.
- 전개도는 주로 판금 작업, 항공기, 자동차 등에 사용한다.
- 전개도의 종류에는 평행선법, 방사선법, 삼각형법이 있다.

8) 특수 투상도

종류	설명
보조 투상도	물체의 경사면을 실형의 길이 또는 형태로 나타낼 필요가 있을 경우 사용하는 투상도
부분 투상도	기계 부품 등의 특정 부분만을 나타낼 때 사용하는 투상도
국부 투상도	물체의 구멍, 홈 등의 특정 부분을 쉽게 알아보기 위한 투상도
회전 투상도	물체의 일부분이 경사져 있어 실제 모양을 표시하기 어려운 경우 그 부분을 회전시켜 표시하는 투상도
부분 확대도	물체의 특정 부분이 너무 작고 세밀해 치수 기입이 어려울 경우 해당 부분을 배척 혹은 비례척으로 확대하여 그리는 투상도이며, 확대 부분은 가는 실선의 원으로 표시하고, 확대 비율을 반드시 표기해야 함

9) 단면도 21년 2회, 13년 1회, 12년 4회, ⋯

- 물체의 내부 형태 또는 구조가 복잡하여 보이지 않을 경우 가상적으로 필요한 부분을 절단하거나 파단하여 내부가 보이도록 하는 도면이다.
- 절단면은 다른 면과 구별하기 위해 반드시 45°의 가는 평행 사선인 해칭선으로 표시한다.
- 단면도는 절단하는 방법에 따라 온 단면도, 한쪽 단면도, 부분 단면도, 회전 도시 단면도, 계단 단면도로 구분한다.

① 온 단면도

- 대칭 형태의 물체의 중심선을 경계로 반으로 절단하여 나타내는 단면도이다.
- 전개가 복잡한 조립도에서 많이 사용된다.

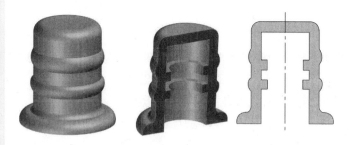

② 한쪽 단면도(반 단면도) ^{16년 4회}

대칭 형태의 물체를 중심선에서 1/4만 절단한 후 1/4은 단면도로 나머지 부분은 외형도로 나타내는 단면도이다.

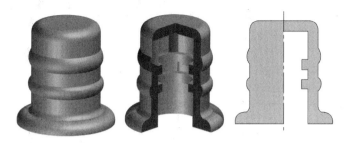

③ 부분 단면도

• 물체의 외형도에서 필요한 부분만을 절단하여 표시하는 단면도이다.
• 단면 부위는 파단선으로 표현한다.

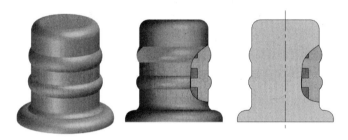

④ 회전 도시 단면도

• 절단면을 90° 회전하여 그린 단면도이다.
• 핸들이나 바퀴 등의 암 및 림, 리브, 축 등의 단면을 표시하기 쉽다.

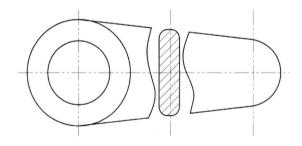

⑤ 계단 단면도 ^{16년 4회}

하나의 절단면으로 도면을 표현하지 못하거나 어려운 경우 절단면을 계단식으로 그린 단면도이다.

01 정 투상법에 대한 설명 중 **틀린** 것은?

① 투상각은 공간을 수직, 수평으로 4등분하여 1, 2, 3, 4각으로 구분한다.

② 제1각법은 영국을 기준으로 보급되어 사용되어왔다.

③ 제3각법은 미국을 중심으로 보급되어 사용되어왔다.

④ KS규격은 기계제도 중에 제 1각법을 원칙적으로 사용되도록 규정하고 있다.

....

정 투상도는 제1각법과 제3각법이 있다. 한국산업규격(KS)에서는 일반적으로 제3각법을 원칙으로 사용하고 있으나, 토목이나 선박의 경우 제1각법을 사용한다.

02 물체의 앞면 모서리는 수평선과 평행하게 옆면 모서리는 수평선과 임의의 각도로 하여 그린 투상도는?

① 사 투상

② 정 투상

③ 표고 투상

④ 투시 투상

....

사 투상은 투사선이 서로 평행하고 투상되는 면이 경사지게 그린다.

03 정 투상도법에서 제1각법에 대한 설명 중 **틀린** 것은?

① 눈 → 물체 → 화면의 순서가 된다.

② 정면도는 평면도 위에 그린다.

③ 일반적으로 제품 디자인 도면에 활용한다.

④ 좌측면도는 정면도의 우측에 그린다.

....

제1각법은 영국을 중심으로 발달하여 토목이나 선박제도 등에 쓰인다. 제품 디자인의 도면은 제3각법을 활용한다.

04 다음 중 축측 투상도에 해당하는 것은?

① 3수점 투시도   ② 전개도

③ 표고 투상도   ④ 등각 투상도

....

축측 투상은 축측 축의 각도에 따라 등각, 부등각, 2등각 투상으로 구분한다.

05 투상도법 중 기준이 눈으로부터 눈-화면-물체의 순서로 되어, 눈으로 볼 때 투상면은 공간에 있는 물체보다 앞에 투상하는 방법은?

① 제1각법   ② 제2각법

③ 제3각법   ④ 제4각법

....

제3각법의 원리는 눈 → 화면 → 물체의 순서로 진행되며, 보는 위치면에 상이 나타난다.

06 물체의 기본적인 모양을 가장 잘 나타낼 수 있도록 물체의 중심에서 반으로 절단하여 도시한 것은?

① 온 단면도   ② 한쪽 단면도

③ 부분 단면도   ④ 회전 단면도

....

온 단면도란 대칭형태의 물체를 중심선을 경계로 반으로 절단하여 나타내는 단면도를 말한다.

07 투상도의 제3각법에 대한 설명으로 **잘못된** 것은?

① 기준이 눈으로부터 눈, 화면, 물체의 순서로 되어 있다.

② 미국에서 발달하여 빠른 속도로 보급되었다.

③ 한국산업규격의 제도 통칙에 이를 적용하였다.

④ 유럽에서 발달하여 독일을 거쳐 우리나라에 보급되었다.

....

유럽에서 발달하여 독일을 거쳐 우리나라에 보급된 정 투상법은 제1각법이다.

....

정답 01 ④ 02 ① 03 ③ 04 ④ 05 ③ 06 ① 07 ④

▶ 합격 강의

출제빈도 상 중 ⑨
반복학습 ① ② ③

빈출 태그 부호와 용어, 원리, 소점에 의한 투시

① 투시도법 21년 2회, 17년 2회, 16년 4회/1회, 11년 1회

• 투시도법은 물체와 눈 사이에 투명한 화면을 놓고 시점과 물체를 연결한 투사선에 의해 비치는 현상을 그리는 것이다. 레오나르도 다빈치가 최초로 연구하였고 르네상스 시대에 발전하였다.

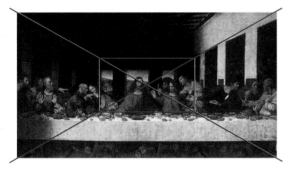
▲ '최후의 만찬' 레오나르도 다빈치 작품

• 투시도법은 사람의 눈으로 보는 것과 같이 먼 곳에 있는 것은 작게, 가까이 있는 것은 크게 화면에 그리는 도법이다.
• 원근 화법이라고도 한다.

1) 투시도법의 원리

• 물체의 입체감과 거리감을 느낄 수 있도록 대상물과 관찰자 사이에 화면을 두고 관찰자의 시점에서 대상물의 각 점을 연결한 투사선에 의해 화면에 상이 그려지는 것이다.
• 투시도는 시선을 중심으로 60° 정도 범위 내의 방사선상이며 시점의 위치에 따라 상이 다르게 그려진다.
• 투시도법의 3가지 기본 요소는 눈의 위치(시점), 대상물, 거리 등이 있다.
• 관찰자의 위치와 화면, 대상물의 각도 등에 따라 1소점, 2소점, 3소점 투시도법으로 나뉜다.

화면보다 사물이 앞에 있는 경우	사물이 화면 앞에 있으므로 방사선상에 의해 실제보다 크게 나타남
화면과 사물이 접한 경우	같은 크기로 나타남
화면보다 사물이 멀리 있는 경우	사물이 작게 나타남

🅑 기적의 TIP

• 물체를 보고 그 형상을 판별할 수 있는 범위를 시야라고 한다.
• 시점을 정점으로 하고 시중심선을 축으로 하여 꼭지각 60°의 원뿔에 들어가는 범위를 시야라고 한다.
• 시야의 넓음은 시거리에 의해서 결정된다.
• 큰 물체를 그릴 때는 시거리를 넓게 잡아야 한다.

2) 투시도법의 부호와 용어 22년 1회, 20년 1회, 18년 2회, 17년 2회, …

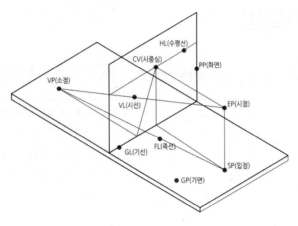

부호	용어	해설
EP(Eye Point)	시점	사물을 보는 사람 눈의 위치
SP(Standing Point)	입점, 정점	사물을 보는 사람이 서 있는 평면에 위치
GP(Ground Plane)	기면	관찰자 및 화면과 수직으로 놓인 수평면
PP(Picture Point)	화면	지표면에서 수직으로 세운 면으로 물체와 시점 사이에 놓인 면으로 투시도가 그려지는 면
GL(Ground Line)	기선	화면과 지면이 만나는 선
HL(Horizontal Line)	수평선	눈의 높이와 같은 화면상의 수평선
VL(Visual Line)	시선	사물과 시점을 연결하는 선
CV(Center of Vision)	시중심	시점에서 수평 되게 화면과 만난 점
VP(Visual Point)	소점	사물의 각 점이 수평선상에 모이는 지점
FL(Foot Line)	족선	기면에 나타난 물체와 입점을 연결한 선

02 투시도법의 종류 17년 2회, 13년 2회, 12년 5회, …

• 투시도는 대상물의 각도에 의해 1소점, 2소점, 3소점 투시도법으로 분류된다.
• 시점의 위치에 따라 일반 투시도와 조감도로 나눌 수 있다.

✓ 개념 체크

1 투시도법의 용어에 맞는 부호를 적어보세요.
ㄱ 시점 – (   )
ㄴ 기선 – (   )
ㄷ 소점 – (   )

1 ㄱ EP(Eye Point),
ㄴ GL(Ground Line),
ㄷ VP(Visual Point)

1) 소점에 의한 투시

① 1소점 투시도(평행 투시도) 21년 3회, 16년 2회

- 화면에 물체가 평행하게 놓이고 기선에 수직인 투시도를 말한다.
- 하나의 소점으로 모이게 되며 소점의 거리에 따라서 투시도의 깊이가 달라진다.
- 한쪽 면에 물체의 특징이 집중된 물체를 표현하기에 좋다.
- 기계의 내부 물체, 실내 투시에 많이 사용된다.
- 긴 복도, 곧게 뻗은 철길, 가로수 등을 표현하기에 적합하다.

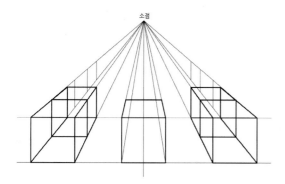

② 2소점 투시도(유각 투시도, 성각 투시도) 22년 4회, 13년 4회/1회

- 화면에 대해서 물체의 수직면들이 일정한 각도를 가지고 위아래 면은 수평인 투시도이다.
- 유각 투시도는 화면 경사에 따라 45° 투시, 30°~60° 투시, 임의의 경사각 투시 등으로 제도한다.
- 일반적인 투시도에 많이 사용한다.

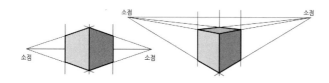

✅ 개념 체크

1 2소점 투시도는 기계의 내부 물체, 실내 투시에 많이 사용되며 한쪽 면에 물체의 특징이 집중되어 있는 물체를 표현하기에 좋다. (O, X)

1 ×

③ 3소점 투시도(사각 투시도) 22년 2회, 16년 1회

- 소점이 3개인 투시도이다.
- 위에서 아래를 내려다보는 면을 강조하기에 좋으나 물체가 과장되어 보이기도 한다.
- 조감도에 가까운 투시도를 그리려면 좌우의 소점을 높인다.
- 투시도법 중에서 최대의 입체감을 살릴 수 있어 복합건물, 아파트 단지, 공장, 조경 등 넓은 지역을 투시할 때 많이 이용된다.

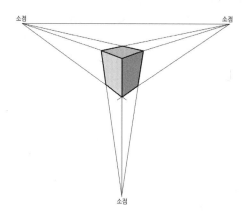

2) 시점 위치에 의한 투시

① 일반 투시도

- 사람이 일반적으로 물체를 볼 때의 투시를 말한다.
- 대략 30° 각도로 건물을 볼 때의 투시를 말한다.

② 조감도(Bird View)

- 항공사진과 같은 공중의 높은 곳에서 본 투시도이다.
- 넓은 지역의 공장, 공원, 아파트, 부지 등을 투시할 때 사용한다.

✔ **개념 체크**

1 3소점 투시도의 경우, 위에서 아래를 내려다보는 면을 강조하기에 좋으나 물체가 (   )되어 보이기도 한다.

1 과장

01 투시도법의 기호와 용어가 <u>틀린</u> 것은?

① GP – 기선   ② PP – 화면
③ HL – 수평선   ④ VP – 소점

GP(기면)은 관찰자 및 화면과 수직으로 놓인 수평면을 말한다.

02 투시도에 관한 설명 중 맞는 것은?

① 시점과 대상물을 연결한 투사선에 의해 대상물의 상이 그려지는 것
② 제3각법에 의해 알아보기 쉽게 나타낸 것
③ 물체를 직교하는 두 투상면에 투상시키는 것
④ 도형의 모양을 전개하여 펼쳐 그린 것

투시도란 입체감과 거리감을 느낄 수 있도록 대상물과 관찰자 사이에 화면을 두고 관찰자의 시점에서 대상물의 각 점을 연결한 투사선에 의해 화면에 상이 그려지는 것이다.

03 1소점 투시도법에 관한 설명이 가장 올바른 것은?

① 양면에 특징이 있는 공예품 등을 표현하기에 알맞다.
② 화면에 대한 경사각에 따라 45°, 30~60° 등의 표현방법이 있다.
③ 유각 투시도법이라고도 한다.
④ 한쪽 면에 물체의 특징이 집중된 물체를 표현하기에 알맞다.

1소점 투시도법(평행 투시도)의 특징
• 화면에 물체가 평행하게 놓이고 기선에 수직인 경우의 투시도를 말한다.
• 하나의 소점으로 모여 깊이감을 준다.
• 한쪽 면에 물체의 특징이 있는 물체 표현에 좋다.
• 기계의 내부, 실내 투시에 많이 사용한다.

오답 피하기
나머지 보기는 2소점 투시도에 관한 내용이다.

04 2소점 투시도의 설명으로 <u>틀린</u> 것은?

① 수평으로 평행한 선은 모두 좌우 각각의 소점으로 모인다.
② 수직 방향의 선은 각기 수직으로 평행한다.
③ 유각 투시도, 성각 투시도라고도 한다.
④ 긴 복도, 곧게 뻗은 철길, 가로수 등을 표현하기에 적합하다.

긴 복도, 곧게 뻗은 철길, 가로수 등을 표현하기에 적합한 투시도는 1소점 투시도이다.

05 그림과 같이 물체를 표현하는 투시법은?

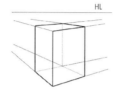

① 사각 투시   ② 유각 투시
③ 평행 투시   ④ 삼각 투시

유각 투시도는 2소점 투시도로 화면 경사에 따라 45° 투시, 30° ~ 60° 투시, 임의의 경사각 투시로 구분된다.

오답 피하기
평행 투시는 1소점 투시도이고, 사각 투시와 삼각 투시는 3소점 투시도이다.

06 투시도법에서 물체의 각 점이 수평선상에 모이는 점은?

① 시점(EP)   ② 입점(SP)
③ 소점(VP)   ④ 측점(MP)

물체의 각 점이 수평선상에 모이는 지점을 소점(VP=Visual Point)이라고 한다.

정답 01 ① 02 ① 03 ④ 04 ④ 05 ② 06 ③

01 가법혼색에서 빨강(Red)과 녹색(Green)을 혼합하였을 때 나타나는 색은?

① 시안
② 마젠타
③ 흰색
④ 옐로우

02 색채의 조화에서 공통 원리와 거리가 먼 것은?

① 비모호성의 원리
② 친근성의 원리
③ 비규격의 원리
④ 유사성의 원리

03 색채조화의 공통된 원리 중 '친근성의 원리'는 무엇인가?

① 질서 있는 계획에 따라 선택된 색은 조화된다.
② 잘 알려진 배색이 잘 조화된다.
③ 어느 정도 공통의 양상과 성질을 지니면 조화된다.
④ 애매함이 없고 명료하게 선택된 배색에 의해 조화된다.

04 여러 가지 색이 조밀하게 분포되어 있을 경우 멀리서 보면 각각의 색들이 주위 색들의 영향을 받아 혼합되어 보이는 혼색 방법은?

① 회전혼색
② 병치가법혼색
③ 계시가법혼색
④ 감법혼색

05 색의 온도감에 관한 설명으로 옳지 않은 것은?

① 단파장의 색이 차갑게 느껴진다.
② 유채색에서는 저명도, 저채도의 색이 더 차갑게 느껴진다.
③ 색의 속성 중에서 주로 색상의 영향을 받는다.
④ 무채색은 명도가 낮을수록 차갑게 느껴진다.

06 오스트발트 표색계의 색채 개념이 아닌 것은?

① 헤링의 4원색설의 보색대비에 따라 4분할하고, 다시 중간의 색상을 배열하여 8색을 기준으로 한다.
② 각 색들의 3속성이 다르게 나타나므로 색입체가 불규칙한 타원의 모양을 한다.
③ 무채색은 '흰색량(W)+검정량(B)=100%'이고, 유채색은 '흰색량(W)+검정량(B)+순색량(C)=100%'가 되어 언제나 일정하다.
④ 디자인, 건축, 응용 미술 분야에서 많이 활용된다.

07 먼셀의 색입체에 대한 설명 중 옳지 않은 것은?

① 수평으로 자르면 동일 명도면이 나타난다.
② 중심축에서 위로 가면 고명도, 아래로 가면 저명도가 된다.
③ 색의 3속성에 따라 배열되어 있다.
④ 수직으로 자르면 동일 채도면이 나타난다.

08 두 색이 서로의 영향으로 더욱 선명하게 보이는 대비는?

① 색상대비
② 명도대비
③ 채도대비
④ 보색대비

09 푸르킨예 현상을 설명한 것 중 옳지 않은 것은?

① 조명이 점차 어두워지면 붉은색 계통이 밝게 보이는 현상이다.
② 명소시에서 암소시로 옮겨갈 때 푸른 계통은 시감도가 높아져 밝게 보인다.
③ 비상구 표시등은 푸르킨예 현상을 응용한 예이다.
④ 어두워지면서 파장이 긴 색이 먼저 사라지고 파장이 짧은 색이 나중에 사라진다.

10 오스트발트 표색계에서 백색량(W)이 "14"이고, 흑색량(B)이 "55"이면 순색량은 얼마인가?

① 100   ② 34
③ 31   ④ 69

11 다음 그림은 누구의 색입체 모형인가?

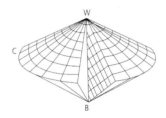

① 오스트발트   ② 먼셀
③ 문·스펜서   ④ 슈브뢸

12 선명한 빨강 바탕에 분홍색을 놓았을 때와 회색 바탕에 분홍색을 놓았을 때, 다음 설명 중 옳은 것은?

① 빨강 바탕의 분홍색이 채도가 낮아 보인다.
② 두 경우 모두 채도가 높아진다.
③ 두 경우 모두 채도의 변화가 없다.
④ 회색 바탕의 분홍색이 채도가 낮아 보인다.

13 다음 배색의 효과에 대한 설명으로 거리가 먼 것은?

① 고명도의 색을 좁게 하고 저명도의 색을 넓게 하면 명시도가 높아 보인다.
② 같은 채도의 색이라도 면적이 작아지면 저채도로 보이고 탁하게 보인다.
③ 같은 명도의 색이라도 면적이 커지면 저명도로 보이고 어둡게 보인다.
④ 고명도, 고채도의 난색 계열은 주목성이 높아 보인다.

14 색의 혼합에 관한 설명으로 잘못된 것은?

① 원색이란 다른 색을 혼합해도 얻을 수 없는 독립된 색으로 3원색의 혼합에 의해 여러 가지 색을 만들어 낼 수 있다.
② 주변의 환경적 요인에 의해 실제로 혼합된 것처럼 보이는 시각적인 혼합을 중간혼합이라 한다.
③ 색광의 3원색을 모두 혼합하면 검정색이 되고, 색료의 3원색을 모두 혼합하면 흰색이 된다.
④ 색료의 3원색을 혼합한 중간색(2차색)은 색광혼합의 3원색과 같다.

15 먼셀 표색계의 대한 설명 중 옳지 않은 것은?

① 명도는 흰색을 맨 위에 두고 검정을 맨 아래에 두어 총 11단계로 구분하고 있다.
② 번호가 증가하면 채도가 높아지지만, 모든 색상의 채도단계는 동일하다.
③ 순색은 한 색상에서 무채색의 포함량이 가장 적은 채도의 색을 말한다.
④ 먼셀의 색 표기법은 'HV/C'로 표기한다.

16 순수 녹색 페인트에 순수 흰색 페인트를 혼합하였을 때 가장 알맞은 것은?

① 색상과 채도는 변함없고, 명도는 낮아진다.
② 색상과 명도는 변함없고, 채도가 낮아진다.
③ 명도와 채도는 변함없고, 색상이 변한다.
④ 색상은 변함없고, 명도는 올라가고, 채도는 낮아진다.

17 계시대비에 관한 설명 중 옳은 것은?

① 명도가 다른 두 색을 같이 놓았을 때, 서로의 영향으로 명도가 낮은 색은 더욱 어둡게 보인다.
② 채도대비는 유채색과 무채색 사이에 더욱 뚜렷하게 느낄 수 있다.
③ 순간적으로 일어나게 되며 계속해서 한 곳을 보면 대비효과가 더욱 커진다.
④ 인접된 부분이 특별히 강하게 대비효과가 나타나는 것을 연변대비라 한다.

18 다음 오스트발트 색입체에서 화살표가 나타내는 계열은 무엇인가?

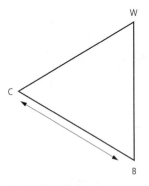

① 등백색계열
② 등순색계열
③ 등흑색계열
④ 등색상계열

19 물체의 생긴 형상을 물체의 뒤쪽의 투상면에 수평, 수직으로 나타내는 방법은?

① 제1각법
② 제2각법
③ 제3각법
④ 제4각법

20 그림과 같이 물체를 표현하는 투시법은?

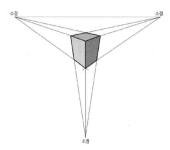

① 사각 투시
② 유각 투시
③ 평행 투시
④ 성각 투시

21 아래 도면 내용에서 형상 기호의 의미가 옳은 것은?

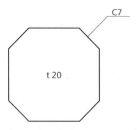

① T : 모따기 : 7 , T : 테이퍼 : 20
② C : 모따기 : 7 , T : 두께 : 20
③ C : 모깍기 : 7 , T : 테이퍼 : 20
④ T : 모따기 : 20 , C : 테이퍼 : 7

22 다음 평면도법은 무엇을 하기 위한 것인가?

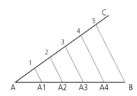

① 직선의 2등분
② 각의 2등분
③ 수직선 긋기
④ 직선의 평행등분

23 사각 투시도의 소점은 몇 개인가?

① 1개
② 2개
③ 3개
④ 4개

24 물체의 외형도에서 필요한 부분만을 절단하여 표시하는 단면 도법은?

① 온 단면도
② 한쪽 단면도
③ 부분 단면도
④ 회전 단면도

25 1점 쇄선의 용도에 대한 설명 중 옳지 <u>않은</u> 것은?

① 대상물의 중심을 표시하는 선
② 위치 결정에 근거가 되는 부분을 표시하는 선
③ 반복 도형의 피치를 잡는 선
④ 단면의 무게중심을 연결한 선을 표시하는 선

PART 02

01 ④	02 ③	03 ②	04 ②	05 ④
06 ②	07 ④	08 ④	09 ①	10 ③
11 ①	12 ①	13 ③	14 ③	15 ②
16 ④	17 ③	18 ①	19 ①	20 ①
21 ②	22 ④	23 ③	24 ③	25 ④

01 ④

가법혼색은 혼합이 될수록 점점 맑고 밝은색을 얻을 수가 있다. 빨강(Red)과 녹색(Green)의 혼합은 노랑(Yellow)이 나온다.

오답 피하기

빛의 3원색인 빨강(Red), 녹색(Green), 파랑(Blue)을 혼합하는 것으로, 빨강 + 녹색 = 노랑, 빨강 + 파랑 = 마젠타, 파랑 + 녹색 = 시안이 나온다.

02 ③

저드의 4가지 색채조화론 : 질서의 원리, 친근성의 원리, 유사성의 원리, 명료성의 원리이다.

오답 피하기

• 질서의 원리 : 규칙적으로 선택된 색채의 요소가 일정하면 조화된다.
• 유사성의 원리 : 어떠한 색채라도 공통성이 있으면 조화된다.
• 친근성의 원리 : 사람에게 잘 알려진 색은 조화된다.
• 명료성의 원리 : 여러 색채의 관계가 모호하지 않고 명쾌하면 조화한다.

03 ②

친근성의 원리 : 일반 사람들이 쉽게 색을 접할 수 있거나 익숙해져 있는 배색일 때 조화를 이룰 수 있다.

04 ②

오답 피하기

회전혼합은 영국의 물리학자인 맥스웰에 의해 발견된 것으로 '맥스웰의 회전판'이라고도 하며 두 가지 색을 원판 위에 붙인 후 빠르게 회전하면 두 색이 혼합되어 보이는 현상이다.
회전혼합은 명도와 채도가 중간 정도의 색으로 보이게 되며 색팽이, 바람개비 등에서 회전혼합을 찾아볼 수 있다.

05 ④

무채색에서는 고명도의 색이 더 차갑게 느껴진다. 검정보다는 흰색이 더 차갑게 느껴진다.

오답 피하기

유채색에서는 저명도, 저채도의 색이 더 차갑게 느껴지고 색의 속성 중에서 주로 색상의 영향을 받는다.

06 ②

먼셀의 색입체는 세로축에 명도, 입체의 원을 따라 색상, 중심의 가로축을 채도로 구성한 것이다. 각 색들의 3속성이 다르게 나타나므로 색입체가 불규칙한 타원 모양을 한다.

07 ④

먼셀의 색입체를 수직(종단면)으로 자르면 동일 색상면이, 수평(횡단면)으로 자르면 동일 명도면이 나온다.

오답 피하기

먼셀의 색입체에서 동일 채도면은 존재하지 않는다.

08 ④

보색대비 : 보색 관계인 두 색이 서로의 영향으로 더욱 선명하게 보이는 현상으로 이는 서로의 보색 잔상이 일치하기 때문에 더욱 뚜렷하게 보이는 것이다. 또한 색의 대비 중에서 가장 강한 대비이다.

오답 피하기

색상대비 : 색상이 다른 두 색이 서로 대조가 되어 색상차가 크게 보이는 현상이다.

09 ①

푸르킨예 현상 : 밝은 곳에서 적이나 황이, 어두운 곳에서는 청이나 보라가 밝게 보이는 현상이다.

오답 피하기

푸르킨예 현상은 어두운 곳에서 푸른 것이 밝게 느껴지는 현상이다. 명순응 상태에서는 파장 약 560nm의 황색광이 가장 밝게 느껴지나, 암순응 상태에서는 약 510nm의 녹색광이 가장 밝게 느껴진다.

10 ③

오스트발트는 혼합량의 합계에서 무채색은 '흰색량(W) + 검정량(B) = 100%'이고, 유채색은 '흰색량(W) + 검정량(B) + 순색량(C) = 100%가 되어 언제나 일정하다.'라고 하였다. 따라서 W14 + B55 + C31 = 100으로 계산하면 된다.

오답 피하기

흰색량(W) + 검정량(B) + 순색량(C) = 100%임을 알고 풀어야 한다.

11 ①

오스트발트의 색입체는 정삼각 구도의 회전체인 원뿔을 위, 아래로 겹쳐 놓은 복원뿔의 형태로 구성되어 있다.

오답 피하기

먼셀과 오스트발트의 색입체 모양을 구별할 수 있어야 한다.

12 ①

채도대비 : 무채색 바탕의 유채색은 더욱 채도가 높아져 보이고, 순색 바탕의 유채색은 상대적으로 채도가 낮아 보인다.

오답 피하기

바탕에 서로 채도가 다른 두 색이 제시색과 서로 대조가 되어 채도차가 반대로 보이는 현상이다.

13 ③

면적이 큰 색은 채도와 명도가 증대되어 실제보다 밝고, 선명하고 맑게 보이며, 화려하고 산뜻하게 보인다.

오답 피하기

면적이 작은 색은 채도와 명도가 감소하여 실제보다 어둡고 탁하게 보인다.

14 ③

색광의 3원색은 모두 혼합하면 흰색이 되고 색료의 3원색을 모두 혼합하면 검정이 된다.

색광의 3원색은 가산혼합을 의미하고 색료의 3원색은 감산혼합을 의미한다.

15 ②

먼셀의 표색계에서 채도는 번호가 커지면 높아지지만, 모든 색의 채도가 다 같지는 않고 색상에 따라 다르다.

채도가 가장 높은 14단계는 빨강과 노랑이다.

16 ④

순색에 흰색을 섞으면 파스텔톤이라 하고 색상은 변함없이 녹색이다.

흰색을 섞어서 명도는 올라가고, 채도의 선명도는 낮아진다.

17 ③

계시대비 : 계속대비 혹은 연속대비라고도 하며, 어떤 색을 본 후 시간차를 두고 다른 색을 보았을 때 먼저 본 색의 영향으로 나중에 보는 색이 다르게 보이는 현상이다.

①번은 명도대비, ②번은 채도대비, ④번은 연변대비 혹은 경계대비를 설명하고 있다.

18 ①

오스트발트 색입체에서 C – B = 등백색계열, B – W = 등순색계열, W + C = 등흑색계열을 나타낸다.

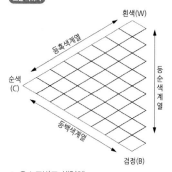

▲ 오스트발트 색입체

19 ①

제1각법의 원리 : 눈 → 물체 → 화면의 순서로 진행되어 물체의 생긴 형상을 물체의 뒤쪽의 투상면에 수평, 수직으로 나타낸다.

제3각법의 원리 : 눈 → 화면 → 물체의 순서로 진행되며, 보는 위치면에 상이 나타난다.

20 ①

사각 투시도 : 지평선상의 2개의 소점과 시점을 지나는 수선상의 위나 아래에 정하여지는 1개의 소점을 합해 3개의 소점을 갖는 투시도를 말한다. 3소점 투시도라고도 한다.

평행 투시도는 1소점 투시도이고 유각 투시도, 성각 투시도는 2소점 투시도이다.

21 ②

C는 모따기로 물체의 모서리를 45° 정도 비스듬히 잘라내는 크기를 나타낼 때 사용하며, 깊이와 각도를 함께 표시한다. T는 판의 두께를 나타낼 때 표시한다.

22 ④

주어진 직선을 평행등분하는 방법이다. 주어진 직선 AB를 평면에서 n등분하는 경우에는 평행선의 원리가 적용된다.

23 ③

사각 투시도 : 지평선상의 2개의 소점과 시점을 지나는 수선상의 위나 아래에 정하여지는 1개의 소점을 합해 3개의 소점을 갖는 투시도를 말한다.

24 ③

• 온 단면도 : 물체의 중심선을 경계로 반으로 절단하여 나타내는 단면도를 말한다.
• 한쪽 단면도 : 반 단면도라고도 하며, 물체를 중심선에서 1/4만 절단한 후 1/4은 단면도로 표시하고 나머지 부분은 외형도를 나타낸다.
• 회전 단면도 : 절단면을 90° 회전하여 그린 단면도를 말한다.

25 ④

1점 쇄선은 중심선, 기준선, 피치선으로 사용된다.

디자인재료

디자인에 필요한 종이 부분이나 디자인 표현재료, 사진 부분은 실제 디자인 작업
에서도 도움이 되는 부분이므로 심도있게 공부하면 디자인하는 데 많은 도움이
될 수 있습니다.

CHAPTER 01

디자인재료 일반

학습 방향

여러 재료를 다루고 있기에 이해하는 부분보다는 암기해야 할 부분이 더 많아 전체를 공부하는 데 많은 부담이 있을 것입니다. 가장 효율적인 공부 방법은 출제의 빈도수가 높았던 부분을 집중적으로 학습하고 출제빈도가 낮았던 부분은 개념만 파악하는 전략이 필요합니다.

※ 2025 변경된 출제기준에서 사라진 항목이나, 변경 이후 첫 시행으로 본 기본서에서는 유지하였습니다.

출제빈도

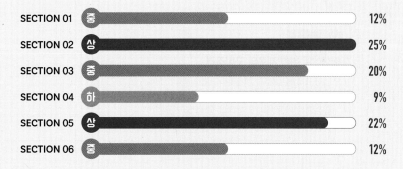

SECTION 01	중	12%
SECTION 02	상	25%
SECTION 03	중	20%
SECTION 04	하	9%
SECTION 05	상	22%
SECTION 06	중	12%

디자인재료 일반

▶ 합격 강의

빈출 태그 재료의 구비조건·분류방법·성질

01 재료 일반

1) 재료 일반 19년 2회, 11년 1회

- 인간은 자연을 극복하는 수단으로 도구를 만들었으며, 시대가 변함에 따라 재료와 도구의 기교가 숙련되었다.
- 산업혁명 이후 기계가 발달하게 되었고 생산시대가 시작되자 가공기술이 기계화됨과 동시에 새로운 여러 가지 제품과 생활에 활용되었다.
- 이처럼 재료의 개발로 인해 제품이 발전하였고 시대에 따라 재료의 개발은 그 시대의 문화에 큰 영향을 주었으며 고대 문명을 구분하는 데 시대의 특징적인 재료를 이용하였다.
- 재료는 우리 환경과 생활에 밀접한 관계를 갖고 있으며 이런 관계를 재료 사이클이라고 한다.

2) 재료의 구비 조건 11년 1회

- 재료의 구비는 어떤 물건을 만드는 데 여러 가지로 영향을 준다.
- 재료에 따라서 제품의 기능과 성능, 미적, 환경적인 부분에 영향을 주므로 재료의 선택이 매우 중요하다.
- 제품을 만들 때는 대중적인 보급을 목적으로 만드는 경우가 많으므로 구입하기 쉬운 재료를 선택해야 한다.
- 제품의 목적에 가장 잘 어울리는 재료를 선택하여 제품의 기능과 실용성 등을 높일 수 있어야 한다.

기적의 TIP

재료학
재료의 성질과 이용에 관한 성분, 구조, 제조 공정에 관한 지식의 생성과 발전을 도모하는 학문이다.

기적의 TIP

재료 사이클의 3요소
재료(물질), 에너지, 환경

기적의 TIP

재료 구입 조건이 아닌 것
특이한 재질, 특수 기계로 가공, 구입이 어려운 것, 가격이 비싼 것 등이 있다.

➕ 더 알기 TIP

대량생산을 위한 재료의 구비조건
- 구입하기에 용이해야 함(공급이 많은 것)
- 충분한 양이 확보되어야 함(양이 많은 것)
- 기술적으로 가공성이 완전해야 함(품질이 균일)
- 경제성이 있어야 함(가격이 저렴)

02 재료의 분류방법 23년 3회, 22년 3회, 17년 1회, 16년 1회, …

1) 재료의 분류방법

① 재료의 분류

생체를 가지고 있느냐 없느냐에 따라서 유기재료, 무기재료로 분류된다.

유기재료	생체를 가지고 있는 재료
무기재료	생체를 가지고 있지 않는 재료

② 유기재료(Organic Material)

• 천연에서 얻을 수 있느냐 없느냐에 따라서 분류, 탄소가 주원료가 되며 탄소와 수소의 결합으로 만들어져 탄화수소라고도 한다.
• 유기재료는 천연재료와 합성재료가 있다.

③ 무기재료(Inorganic Material)

• 광물질과 금속재료가 주원료로 금속재료, 비금속재료, 도자기재료가 있다.
• 금속재료, 비금속재료, 도자기재료 등으로 분류된다.

재료	유기재료 (생체를 가지고 있는 재료)	천연재료	• 탄소(탄화수소)로서 천연에서 얻을 수 있는 재료 • 목재, 대나무, 가죽, 천연섬유, 아스팔트, 석탄	
		합성재료	• 생합성물로 이루어진 재료 • 플라스틱, 접착제, 종이, 피혁, 도료★	
	무기재료 (생체를 가지고 있지 않는 재료)	금속재료	철재	철, 강
			비철재	알루미늄, 동, 아연, 납
		비금속재료	석재, 점토, 유리, 시멘트, 도료 방부제	
		도자기재료		

▲ 재료의 분류방법

03 재료의 일반적 성질

1) 응력(Stress)

• 외력(外力)이 재료에 작용될 때 그 내부에 생기는 힘을 뜻한다.
• 저항력, 변형력이라고도 한다.
• 응력은 외력이 증가함에 따라서 증가한다.
• 증가하는데 한도가 있어서 응력이 그 재료 고유의 한도에 도달하면 외력에 저항할 수 없게 되어 그 재료는 파괴된다.
• 응력 종류로는 수직응력, 전단응력, 활응력 등이 있다.

🅑 기적의 TIP

유기재료의 성분
단백질, 녹말, 글리코겐

유기재료의 주요소
탄소(탄화수소)로써 천연에서 얻을 수 있는 천연재료와 합성물질로 이루어진 합성재료로 분류된다.

★ 도료
물질의 표면에 칠하여 고체막을 만들어 물체의 표면을 보호하고 아름답게 하는 유동성 물질의 총칭. 도료의 종류에 따라서 유기재료와 무기재료로 구분이 된다.
• 천연수지 도료 : 아마인유 · 콩기름 · 동유(桐油) · 옻 · 합성건성유 등의 액체나 셸락 · 코펄 등
• 합성수지 도료 : 가공수지, 페놀수지 · 요소수지 · 멜라민수지 · 비닐수지 등

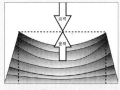

▲ 외력과 응력

2) 강도(Strength)

- 외부의 힘으로부터 재료가 파괴되기 전까지 견디는 힘을 말한다.
- 단위는 kg/cm^2으로 표시한다.

인장강도	• 재료가 잡아당기는 힘에 파괴될 경우의 하중을 단면적으로 나눈 값 • 플라스틱상의 장식용 전기도금의 밀착성 시험 등에 사용 • 종이의 인장강도 : 종이를 양쪽으로 잡아 당겨서 찢어질 때의 힘을 표시
압축강도	• 압축 파괴시의 단면에 있어서의 수직 응력 • 어떠한 물질 또는 재료가 단일 방향으로 압축하는 힘(크기를 줄이기 위해 받는 힘)을 받았을 때 파괴가 되기 전까지의 최대한의 응력을 의미
휨강도	어떤 재질을 휘게 하거나 구부러지게 하는 외력에 견디는 힘
전단강도	• 재료에 가할 수 있는 최대의 전단력을 원래의 단면적으로 나눈 값을 말함 • 부재와 직각되는 방향에 대한 힘의 저항력
파열강도	파열될 때까지의 견디는 힘

종이 파열강도 시험
종이, 판지, 골판지 등 유연성의 평면재료의 기본적인 강도를 나타내는 것 중의 하나로서 그 측정법은 기구나 조작이 간단한 종합 강도시험법으로 일정한 지름을 갖는 원공이 있는 2장의 지지판에 재료를 끼우고 한쪽에는 고무막을 개재하여 액압을 가하고 이것을 점차로 증가시켜 재료가 파열할 때의 액압을 재료의 파열강도로 한다.

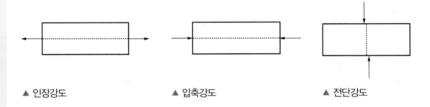

▲ 인장강도   ▲ 압축강도   ▲ 전단강도

3) 탄성 및 그 밖의 성질

탄성	힘을 가하면 변형되고, 힘을 제거하면 원래의 상태로 돌아오는 성질
소성	힘을 가하면 변형되고, 힘을 제거하면 원래의 상태로 돌아오지 않는 성질
연성	잡아 당겼을 때 길게 늘어나는 성질
인성	파괴에 대한 저항도를 말하며, '인성이 높다'란 갈라진다든지 잘 깨지지 않는 것을 의미하며, 가장 인성이 강한 소재로는 카보나도(Carbonado)가 있음
전성	• 압축력에 대하여 물체가 부서지거나 구부러짐이 일어나지 않고, 물체가 얇게 영구변형이 일어나는 성질. 즉, 펴지는 성질을 말함 • 부드러운 금속일수록 성질이 강하고, 불순물이 적을 때 강함 • 온도와 습도의 영향도 받아서, 낮은 온도에서는 전성이 떨어짐
취성	여리고 약하여 쉽게 충격 하중으로 파괴되는 성질
비중	어떤 물질의 질량과, 이것과 같은 부피를 가진 표준물질의 질량과의 비율
함수율	목재의 포함된 수분의 무게와 물을 머금고 있는 비율. 물체의 무게와 수분 무게의 백분율을 말함
경도	단단함을 가리키는 지표로 물질을 변형시킬 때 필요한 힘으로 나타냄
내구성	재료 고유의 특성이 유지되는 동안 시간의 경과에 따라 약화나 퇴화에 오래 견디는 성질

✔ **개념 체크**

1 재료 고유의 특성이 유지되는 동안 (   )의 경과에 따라 약화나 퇴화에 오래 견디는 성질을 (   )이라고 한다.

1 시간, 내구성

01 다음 중 재료의 성질과 이용에 관한 성분, 구조, 제조 공정에 관한 지식의 생성과 발전을 도모하는 학문은?

① 디자인학
② 광물학
③ 고분자학
④ 재료학

> **오답 피하기**
> • 광물학 : 광물의 물리적 · 화학적 성질과 종류, 광물이 이루어지는 원인 등을 연구하는 학문이다.
> • 고분자학 : 화합물의 원자가 결합하여 있는 분자, 섬유소, 단백질, 고무 등을 연구하는 학문이다.

02 다음 중 대량생산을 위한 재료의 일반적 구비조건이 아닌 것은?

① 가격이 비싸더라도 품질이 우수해야 한다.
② 충분한 양이 확보되어야 한다.
③ 구입이 용이해야 한다.
④ 가공 기술적으로 완전해야 한다.

> 재료의 구비 조건 : 공급이 많은 것, 양이 많은 것, 품질이 균일, 저렴한 가격 등이 있다.
>
> **오답 피하기**
> 재료의 구비 조건은 대량생산이란 특정인을 위한 것이 아니기 때문에 경제적으로 저렴한 재료를 선택해야 한다.

03 수소, 산소, 질소, 황, 인 등과 더불어 탄소가 주요소가 되는 복합물을 의미하며 특히 탄소와 수소의 결합으로 만들어진 탄화수소(Hydrocarbon)라고 부르기도 하는 재료는?

① 유리재료
② 금속재료
③ 유기재료
④ 무기재료

> 유기재료는 탄소가 주요소로 이루어져 있다.
>
> **오답 피하기**
> 생체를 이루는 재료를 유기재료라고 한다.

04 다음 중 무기재료가 아닌 것은?

① 도자기
② 유리
③ 금속
④ 플라스틱

> 무기재료는 금속, 비금속, 도자기재료 등으로 나눈다. 플라스틱은 유기재료 중 합성재료이며, 피혁과 목재는 유기재료 중 천연재료에 속한다.

05 유기재료의 주요소는?

① 산소
② 탄소
③ 비소
④ 불소

> • 재료의 구분에서 유기재료의 주성분은 탄소를 말한다.
> • 탄소를 탄화수소라고도 한다.

06 유기재료의 성분이 아닌 것은?

① 단백질
② 녹말
③ 유황
④ 글리코겐

> 재료의 유기재료 중 목재의 성분을 말한 것으로 목재는 단백질과 녹말, 글리코겐으로 이루어진 천연의 유기체 고분자 화합물이다.

정답 01 ④ 02 ① 03 ③ 04 ④ 05 ② 06 ③

종이재료 일반

▶ 합격 강의

빈출 태그 종이의 역사 • 제조 과정 • 종류 • 특성

★ 파피루스(Papyrus)
나일강에서 자라는 수초로써 그 줄기는 그물, 매트, 상자, 샌들, 경주(輕舟) 등의 재료가 되었으며 한데 묶어서 건축용 기둥으로도 쓰였다.

01 종이재료

1) 종이의 역사

- 기원전 2,400년경부터 이집트에서 파피루스(Papyrus)★를 원료로 한 종이와 비슷한 기록용 재료가 만들어졌다.
- 2,000여 년 전 중국에서 종이의 제조가 시작되어, AD100년경 '채륜'에 의해 개량되어 제지기술이 확립되었다.
- 7세기 우리나라를 거쳐 일본으로 전해졌으며 규모가 작은 수초법에 의해 만들어진 종이를 한지, 일본에서 만들어진 종이를 화지라고 한다.
- 10~16세기에 처음으로 유럽에 전파되었다.
- 17세기에는 미국에 소개되어 양지 공업으로 발전되었다.
- 19세기 초기에는 초지기가 발명되어 초지능률이 향상되었다.

2) 펄프 10년 1회

종이의 원료를 기계적 또는 화학적으로 처리하여 셀룰로오스 섬유를 모은 것을 펄프라고 하며, 원료의 종류, 용도, 제조법 등에 따라서 분류된다.

- 원료에 의한 분류(목재 펄프의 생산량이 펄프의 90%를 차지)

목재 펄프	침엽수펄프, 활엽수펄프, 린터(Linter) 펄프
비목재펄프	짚 펄프, 바가스(Bagasse) 펄프, 대나무 펄프, 인피섬유펄프, 넝마펄프, 면펄프

- 용도에 의한 분류

제지용 펄프	각종 종이나 판지의 제조에 쓰이는 펄프를 말함
용해 펄프	인조견사, 스테이플 파이버(Staple Fiber), 필름 등 셀룰로오스 화학공업의 원료로 쓰임

- 제조법에 의한 분류 16년 2회

기계 펄프	원료를 기계적으로 만든 펄프로 대표적인 펄프는 쇄목 펄프
화학 펄프	사용하는 약품에 따라서 아황산 펄프, 유산염 펄프, 소다 펄프 등으로 나눔
세미케미컬 펄프	약품 처리와 기계처리를 병용하여 만든 펄프

✔ 개념 체크

1 펄프를 분류한 것으로 바른 것은 ○, 아닌 것은 ×에 표시하시오.
ⓐ 원료에 의한 분류 - 침엽수 펄프, 대나무 펄프, 넝마펄프 (○, ×)
ⓑ 용도에 의한 분류 - 기계 펄프, 세미케미컬 펄프, 비목재 펄프 (○, ×)
ⓒ 제조법에 의한 분류 - 아황산 펄프, 유산염 펄프, 소다 펄프 (○, ×)

1 ⓐ ○, ⓑ ×, ⓒ ○

3) 종이의 일반적인 성질 23년 1회, 19년 2회, 18년 2회/1회, …

종이의 품질은 종이를 구성하는 섬유의 강도와 섬유끼리의 접착 상태, 마찰력 등 펄프 제지의 공정 과정에 따라 달라진다.

① 평량

- 종이의 단위 면적당 무게를 표시하는 것이다.
- 종이의 품질을 표시하는 가장 대표적인 단위이다.
- 단위는 g/m^2로 $1m^2$당의 무게로 표시한다.

② 강도

외력에 의해 종이를 일정량 굽히는 데 소요되는 정도이며, 단위는 kg/cm^2로 표시한다.

파열강도	종이를 눌러 찢는 힘을 표시한 것
인장강도	종이를 양쪽으로 잡아 당겨서 찢어질 때의 힘을 표시한 것
신축률	종이를 잡아 당겨서 파단(찢어짐)될 때까지의 신장률을 표시한 것
인열강도	• 종이를 일정한 길이만큼 찢는 데 필요한 에너지를 표시한 것 • 섬유의 수, 섬유의 길이, 섬유 간의 결합강도가 인열강도를 결정하는 요인이 됨
충격강도	순간적인 힘이 가해졌을 때 종이의 강도를 표시
표면강도	표면의 섬유질이 벗겨지는 정도를 표시
내절강도	종이를 일정한 장력으로 접거나 구부릴 때 종이가 저항하는 세기

4) 종이의 제조 20년 2회, 19년 1회, 18년 1회, 17년 4회, 16년 1회, 13년 1회, 11년 4회/1회, 10년 4회/2회

① 종이의 제조 공정

고해 – 사이징 – 충전 – 착색 – 정정 – 초지 – 가공 – 완성

고해	펄프를 물에 푸는 과정으로 펄프의 기계적 처리에 따라 강도, 투명도, 촉감 등이 적합하도록 하는 작업이며, 긴 섬유를 알맞게 절단하는 공정
사이징	아교물질로 섬유의 표면에 피막을 형성시켜 내수성을 높이는 작업으로 잉크의 침투를 방지, 번짐 등을 막기 위한 작업
충전	• 사이징과 전후하여 고해기 속에서 종이재료에 광물성의 가루를 넣고 걸러내는 작업 • 종이의 조직을 일정하게 하여 평활성을 높이는 작업 • 종이가 유연해지고, 불투명해짐 • 첨가제는 백토, 석고, 활석, 탄산염 등을 사용
착색	종이에 색을 넣는 과정으로 염기성 염료나 안료를 사용
정정	불순물을 제거하고 얽힌 섬유를 제거하는 작업
초지	종이층에 균일성을 주고, 수분을 압착 건조하여 종이를 만드는 과정

기적의 TIP

종이의 방향성
- 어느 방향으로 당겨도 강해야만 이상적이다.
- 섬유의 배열에 따라 방향성이 생긴다.
- 방향성에 의한 강약의 차이가 작게 제작되어야 한다.

개념 체크

1 종이는 고해 → (   ) → 충전 → 착색 → 정정 → 초지 → (   ) → 완성의 순서로 제조된다.

1 사이징, 가공

② 종이의 가공법 22년 3회, 16년 2회/1회, 15년 4회, 13년 4회/2회, 10년 2회

- 종이를 사용 목적에 따라 제조 과정에서 특수한 처리를 하게 된다.
- 종이층에 멜라민 수지 · 요소 수지를 가하면 종이의 습윤강도를 줄일 수 있고, 적분 · 규산나트륨 · 합성고무 · 라텍스 등을 가하면 종이의 힘을 증가시킬 수 있다.
- 일반적인 가공법으로는 도피가공, 흡수가공, 변성가공, 배접가공 등이 있다.

도피가공	백색 또는 유색의 안료와 접착제를 종이의 표면에 발라서 만드는 가공법 ⑩ 아트지, 바리타지(사진용 인화지)
흡수가공	용해시킨 물질을 원지에 흡수하게 하여 표면을 거칠게 하는 가공법 ⑩ 내화지, 내수지, 리트머스 시험지
변성가공	종이의 질을 변화시켜 사용 목적에 알맞게 하는 가공법 ⑩ 유산지, 벌커나이즈드 파이버(Vulcanized Fiber), 크레이프지(Crepe Fiber)
배접가공	종이를 서로 붙여서 두꺼운 판지, 골판지를 만드는 가공법

③ 종이의 표면가공

표면에 광택을 주어 미적 효과를 내기 위한 것과 인쇄면의 잉크를 보호하는 실용적인 면으로 볼 수 있다.

오버 프린트	바니시(Vanish)를 도포하여 광택을 내는 방법
비닐 코팅	• 카세인을 칠한 뒤 비닐액을 코팅하는 방법 • 내수성, 유연성, 내절성, 내후성 등이 좋아짐
프레스코트	프레스코트액을 칠한 후 면판을 열과 압력을 이용하여 가압하는 방법
원압	프레스코트액을 칠한 후 롤 실린더에 통과시키는 방법
비닐 필름 접착	접착제를 바른 후 셀로판지, 폴리프로필린 필름 등을 얹은 후 프레스기에 넣어 가압 접착시키는 방법
왁스칠	왁스로 롤 코팅하는 방법
미술가공	엠보싱(Embossing), 핫 스탬핑(Hot Stamping), 알포일(Alfoil) 등 특수 가공하는 방법

02 종이의 종류 및 특성

1) 종이의 분류 23년 3회, 22년 1회, 19년 2회, …

종이의 용도별로 양지와 판지, 기계로 만든 화지 등으로 구분한다.

종류		용도
양지	신문용지	신문용지
	인쇄용지	상질지, 중질지, 갱지, 그라비어지, 아트지, 모조지, 증권용지
	필기용지	노트용지, 편지지, 본드지
	도화지	켄트지, 와트만지, 명함용지
	포장용지	중 포장용지, 경 포장용지, 로루지
	박엽지	글래싱지, 라이스지, 인디아지, 콘덴서지, 전기 절연지, 타자지
	잡종지	가공원지, 유산지, 흡수지, 바리타지, 복사용지, 습윤강력지(지도용지, 종이타월), 황산지, 트레싱지
판지	골판지	라이너 보드, 중심원지
	백판지	아이보리 판지, 승차권용지
	황백지	황판지, 백황판지
	색판지	크라프트지
기계로 만든 화지	창호지	창호지
	습자지	화선지
	휴지	화장지
	선화지	온상지, 등지, 화약용지
	포장용지	로루지, 편광지

2) 종이의 종류 및 특성 20년 1회, 17년 4회, 10년 5회/4회

① 신문용지

- 쇄목 펄프 80~85%와 표백되지 않은 아류산 펄프에 반 표백한 크라프트 펄프 15~20%를 배합하여 만든다.
- 고속의 윤전기로 인쇄되기 때문에 찢어지지 않을 정도의 인장력과 흡유성, 평활도, 불투명도 등의 인쇄 적성을 지녀야 한다.

② 인쇄용지 22년 2회, 16년 4회/2회, 15년 4회, …

- 좋은 인쇄 효과를 얻기 위해서는 표면이 평활하여 거칠지 않고 보푸라기가 없어야 한다.
- 또한 신축성과 흡유성이 좋고 제지 과정에서의 얼룩과 종이의 앞뒷면의 차가 없어야 한다.
- 인쇄용지로는 상질지 · 중질지 · 그라비어용지 · 아트지 · 모조지 등이 있다.

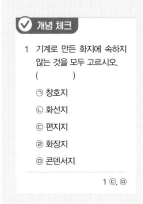

개념 체크

1 기계로 만든 화지에 속하지 않는 것을 모두 고르시오.
( )

ⓐ 창호지

ⓑ 화선지

ⓒ 편지지

ⓓ 화장지

ⓔ 콘덴서지

1 ⓒ, ⓔ

상질지	화학 펄프로만으로 만들어진 용지이며, 인쇄용지 A라고 함
중질지	화학 펄프 70%와 쇄목 펄프 30%로 만든 용지이며, 인쇄용지 B라고 함
그라비어용지	화학 펄프 50%와 쇄목 펄프 50%로 만든 윤전기용의 인쇄용지
아트지	안료와 접착제를 발라서 만든 용지이며, 고급인쇄에 사용(에 서적, 잡지)
모조지	화지라고도 하며 아류산 펄프를 원료로 만든 용지(에 잡지 표지, 사무용, 포장용)

▲ 인쇄용지의 종류

녹말풀	엷은 종이를 붙이는 데 사용되며 뒷면 배접, 합지 등에 사용
아교	물에 불린 후 사용 간접 가열하여 녹여서 사용 접착력이 강하며 열이 식으면 굳어져 고속 작업에 사용
화학풀	수분을 가해도 떨어지지 않는 성질이 있음
핫 멜트 타입	• 열가열성 합성수지로 가열 후 녹여서 사용하며 냉각하여 고착시킴 • 코팅을 한 것에도 사용 가능하여 주로 재합용으로 사용

▲ 종이에 사용되는 접착제

③ 필기용지

- 필기를 하는 데 사용하는 목적으로 불투명하며 지우개로 지웠을 때 잘 일어나지 않아야 한다.
- 파포 펄프와 화학 펄프 등의 원료로 사용하여 만들어진 종이이다.
- 필기용지 중 본드지는 내수성이 좋아 증권인쇄에 많이 사용된다.

④ 도화지 ^{12년 5회}

- 대부분 파포 펄프와 화학 펄프로 이루어져 있으며 일반적으로 스케치용이나 그림 표현, 채색용으로 많이 이용하고 있다.
- 필기용과 비슷하나 종이의 평활도와 흡수성이 좋아 연필이나 채색할 때 깊이감을 줄 수 있다.

와트만지	최고급 도화지로 사용되고, 마 또는 면의 파쇄물을 원료로 하여 만든 것으로, 특히 수채화에 많이 쓰이는 종이
켄트지	• 스케치용, 제도용, 채색용 등으로 많이 사용됨 • 일반용은 화학 펄프를 사용하고, 고급품은 파포 펄프를 사용

⑤ 포장용지

크라프트지	• 대표적인 포장용지(중포장, 경포장용) • 파열강도가 크며, 종이가 균일하여야 함
로루지	한쪽 면에 광택이 있는 종이로 양키머신*으로 만든 종이

★ 양키머신
(Yankee Paper Machine)
건조부에 지름이 큰 드라이어의 하나로 종이를 말리도록 되어 있는 초지기를 말한다.

⑥ 박엽지 ^{16년 4회}

바탕이 비치는 얇은 종이로 보통 평량이 $30g/m^2$ 이하의 것을 말한다.

글라싱지	• 화학 펄프를 분해해서 만든 것으로 강한 강도와 표면을 매끄럽게 만든 종이로 종이의 질이 균일하고 질기며 강도가 강하며, 파라핀을 가공하여 제작 • 약품, 식품, 담배 등의 간지로 사용
라이스지	• 마섬유와 화학 펄프를 주원료로 한 평량이 21~24g/m²의 얇은 종이 • 서적의 표제화 등 컬러인쇄물을 씌우는 데 많이 사용 • 불에 잘 타며 냄새가 없기 때문에 담배 종이로 주로 쓰임 • 강하고 얇으며 무미, 무취한 것이 특징
인디아지	• 면직물, 마, 화학 펄프 혹은 이러한 것의 혼합물에 다량의 충전제를 배합하여 가볍고 불투명도가 높은 종이 • 성서와 사전에 적합한 내구성이 있는 매우 얇은 고급지
콘덴서지	크라프트 펄프 등을 원료로 하는 얇은 종이로 수지, 유지, 리그닌, 무기염류 등을 제거하여 두께가 고르고 기체가 통하지 못하게 한 것
전기 절연지	• 전기가 통하지 않아 전선, 콘덴서 등의 각종 전기 기구에 널리 쓰이는 종이 • 크라프트 펄프(Kraft Pulp), 마닐라삼, 목면(木棉), 삼지닥나무 등을 원료로 함 • 화학적으로 중성이며 전기적으로 유해물질이 없어야 하고, 적당한 유연성과 내열성이 필요함

⑦ 판지

• 판지의 원료는 목재 펄프와 파지 등으로 만든 지질이 강한 종이로, 보드지라고도 한다.
• 보통 두꺼운 종이를 말하며 골판지와 백판지가 있다. 그중 골판지는 전체판지의 60%를 차지하고 있다.

➕ 더 알기 TIP

판지의 필요조건

• 인쇄효과가 좋으려면 평활도, 흡유성이 좋아야 한다.
• 접착효과가 좋으려면 표면강도가 좋아야 한다.
• 재질의 특성상 두께가 균일해야 한다.

골판지		• 두 장의 판지 사이에 파형심지를 물결모양으로 넣어 만든 종이 • 상품을 외부의 충격에서 보호하는 목적으로 많이 사용
백판지	마닐라 판지	표층을 화학 펄프를 사용하여 인쇄 적성이 좋은 판지 ⓔ 담배, 식품, 화장품, 약품 등 작은 상자
	아이보리 판지	상아색을 양면에다 칠한 광택이 나는 판지
	백보드	표층에 백색지로 종이를 뜬 것으로 주로 대형의 상자에 쓰임 ⓔ 우유 팩, 승차권, 입장권
	황판지	볏짚을 원료로 한 하급판지로 양지와 배접하여 사용

🅑 기적의 TIP

파라핀 가공(Paraffin)
파라핀을 뿜어서 다림질한다든지, 파라핀을 휘발유 등의 용제에 녹인 것을 피륙에 스며들게 하는 가공법. 방수가공의 하나로 그런 피륙을 파라핀 코팅이라고도 부른다.

폼보드
아트지와 같은 종이를 배접하여 만든 것으로 가볍고 매끄러운 전시용 판지이다.

⑧ 잡종지

유산지	• 파포, 화학 펄프를 진한 황산으로 처리하여 건조시켜 만든 종이이며, 파치먼트지 (Parchment Paper)★라고도 함 • 반투명, 내수성, 내유성이 좋음
바리타지	면포 펄프 또는 특별히 정제한 화학 펄프로 만든 원료에 황산바륨과 젤라틴을 바른 종이로 인화지용으로 사용하는 종이
박리지	한쪽이나 양쪽에 실리콘을 발라 접착성 물질을 보호하기 위한 종이
감압지	압력에 의해 복사할 수 있도록 만든 종이(한쪽 면이 카본지★로 영수증, 세금계산서)
트레이싱지	복제할 때 많이 사용되는 반투명 황산지로서 파스텔 렌더링을 할 때 앞뒷면의 명암을 조절할 수 있는 용지

이론을 확인하는 기출문제

01 기록을 위한 재료 중 가장 오래된 것은?

① 양피지
② 파치먼트
③ 파피루스
④ 채륜

가장 오래된 종이는 기원전 2,400년경부터 이집트에서 파피루스(Papyrus)를 원료로 한 종이이다.

오답 피하기
파치먼트는 내과피, 양피라고도 한다. 과육과 실버스킨(은피) 사이에 있는 다갈색의 얇은 껍질을 말한다.

02 종이의 단위 면적당 무게를 표시하는 것으로 종이의 품질을 표시하는 대표적인 단위는?

① 평량
② 인장강도
③ 파열강도
④ 인열강도

종이 무게의 단위는 g/m^2로 $1m^2$ 당의 무게로 표시하며 이를 평량이라 한다.

오답 피하기
인장, 파열, 인열강도는 무게가 아니라 강도를 나타내는 것이다.

03 다음 종이의 제조 공정을 바르게 나열한 것은?

1) 사이징	2) 충전	3) 정정
4) 고해	5) 착색	6) 초지 및 완성

① 4) - 1) - 2) - 5) - 3) - 6)
② 1) - 2) - 3) - 4) - 5) - 6)
③ 3) - 2) - 1) - 5) - 4) - 6)
④ 2) - 1) - 4) - 5) - 3) - 6)

종이의 제조 공정은 고해 - 사이징 - 충전 - 착색 - 정정 - 초지 및 완성으로 되어있다.

04 지면의 표면 가공은 표면에 광택을 주어 미적 효과를 내기 위한 인쇄면의 잉크를 보호하는 실용면으로 볼 수 있다. 종이 표면 가공법의 종류가 아닌 것은?

① 오버 프린트(Over Print)
② 색채조절(Color Conditioning)
③ 왁스 칠(Wax Coat)
④ 프레스 코트(Press Coat)

종이의 표면 가공은 오버 프린트, 비닐 코팅, 프레스 코트, 비닐 밀착, 왁스칠, 미술가공 등이 있다.

정답 01 ③ 02 ① 03 ① 04 ②

05 종이의 파열강도를 측정하는 단위는?

① kg/cm^3
② kg/cm^2
③ kg/cm
④ kg/mm

종이의 강도 표시와 파열 강도 표시는 같이 표시한다. 단위는 kg/cm^2으로 표시한다.

06 화학 펄프에 황산바륨과 젤라틴을 바른 것으로 종이 표면에 감광재를 발라 인화지로 쓰이는 종이는?

① 인디아지
② 황산지
③ 글라싱지
④ 바리타지

바리타지는 감광제를 발라 인화용으로 사용하는 종이이다.

오답 피하기
• 인디아지 : 내구성이 있는 고급지로, 성서나 사전 등에 쓰임
• 황산지 : 황산으로 처리하여 만든 종이로, 약품, 식품, 커피의 포장으로 쓰임
• 글라싱지 : 파라핀을 가공하여 만든 종이로, 약품, 식품, 담배 등의 간지로 쓰임

07 얇고 흰색으로 성서나 사전의 인쇄에 사용되는 종이는?

① 인디아지
② 콘덴서지
③ 글라싱지
④ 라이스지

인디아지는 면직물, 마, 화학 펄프 혹은 이러한 것의 혼합물에 다량의 충전제를 배합한, 가볍고 불투명도가 높은 종이로 성서나 사전에 사용된다.

08 다음 중 최고급 도화용지로 마(麻)나 면(綿)의 파쇄물을 원료로 하여 만든 것으로 수채화에 많이 쓰이는 종이는?

① 켄트지
② 아트지
③ 와트만지
④ 그라비어지

수채화용으로 많이 사용되는 것은 와트만지이다.

오답 피하기
켄트지는 채색이나 스케치용, 아트지는 고급인쇄용으로 잡지표지 사무용으로 사용, 그라비어지는 윤전기용의 인쇄용지에 사용된다.

09 다음 중 박엽지는?

① 포장지
② 인디아지
③ 신문용지
④ 골판지

박엽지의 종류에는 글라싱지, 라이스지, 인디아지, 콘덴서지, 전기 절연지 등이 있다.

오답 피하기
골판지는 판지에 속하며 신문용지, 포장지는 양지에 속한다.

10 주로 담배, 식품, 화장품, 약품 등 작은 상자의 제조에 쓰이는 판지는?

① 백 보드
② P. E 보드
③ 왁스 보드
④ 마닐라 보드

판지에는 골판지와 백판지로 나눈다. 마닐라 보드는 화학 펄프를 사용하여 인쇄 적성이 좋아 담배, 식품, 화장품, 약품 등의 작은 상자에 사용된다.

디자인 표현재료

▶ 합격 강의

01 디자인 표현재료(채색재료)

1) 염료(Dye)

일반적으로 용매에 용해된 상태로 사용하는 것을 염료라고 한다. 기본적으로 투명하다.

넓은 의미	착색제를 뜻함
좁은 의미	• 물과 기름에 잘 녹는 특성을 가진 유색물질 • 염료가 용제에 녹은 상태로 존재하기 때문에 분리되지 않음 • 섬유 물질이나 가죽 등을 염색하는데 주로 쓰이는 색소를 가리킴 • 의류 등 섬유 물질에 주로 색을 입힐 때 주로 쓰는 색소 • 입자가 없는 물질이기 때문에 액체 전체에 색이 입혀져 있어 발색의 농도가 높은 색소

▲ 염료의 의미

2) 안료(Pigment)

• 용매에 분산시켜 입자상태로 사용하는 것을 안료라고 한다. 기본적으로 불투명하다.
• 물이나 기름 등 유기용제에 녹지 않는 분말형태의 착색제를 말한다.
• 백색 또는 유색이며 아마인유, 니스, 합성수지액, 아라비아 고무 등 전색제에 섞어서 도료, 인쇄잉크, 그림물감 등을 만들어 물체 표면에 착색하거나 고무, 합성수지 등에 직접 섞어서 착색한다.(예 프린터용 토너, 페인트 등)
• 과거 석기시대부터 쓰이기 시작하였으며, 특히 동굴벽화에서 흔히 볼 수 있는 그림들은 인류 최초의 색소인 무기안료*이다.
• 현재는 과학의 발달과 함께 새로운 화학구조를 가진 수많은 유기안료가 개발되었으며 그 용도 또한 기존의 인쇄잉크, 도료, 플라스틱, 고무 등에서 잉크젯 잉크용, 전자기판용 등의 전자재료용, 감열기용 등의 특수 잉크, 차폐용 도료 등 기능성 색소로 그 용도가 다양하게 발전하고 있다.

★ 무기안료
무기안료는 사용하는 광물의 희귀성에 따라 그 값이 천차만별이다. 가장 비싸다고 알려진 울트라마린은 고가인데도 무기안료가 사랑받는 이유는 유기안료에 비해 색이 오래 지속되고 외부의 온도나 충격에 변하지 않기 때문이다.

염료	• 물에 용해하여 투명한 용액으로 되며, 섬유에 침투되어 착색되는 유기화합물 • 착색제의 총칭, 색소가 다른 물질에 흡착 또는 결합하기 쉽게 만든 것 • 섬유, 피혁, 모피, 지류 등과 같은 피염물에 염착되어 상당한 일광세탁, 마찰 등에 견뢰도를 갖는 색소
안료	• 물에 용해되지 않고 입자가 그대로 물에 한참 떠 있다가 천천히 가라앉음 • 물이나 기름에 녹지 않고 분말인 채로 물체 표면에 불투명한 유색막을 만드는 물질 • 피염물의 표면에 직접적으로 염착되지 않고 물리적 방법(접착 등)에 의해 피염물 표면에 색을 내는 것

▲ 염료와 안료의 이해

3) 전색제

안료를 포함한 도료로 고체성분의 안료를 도장면에 밀착시켜 도막을 형성하게 하는 액체성분을 말한다.

4) 잉크

일반적	필기용 잉크	필기하거나 스케치할 때 사용
	인쇄용 잉크	안료에 전색제를 섞어서 만듦
세부적	증권용 잉크	장기간 보존 가능
	로그우드 잉크★	면포와 마포 등에 사용
	제도용 잉크	유연과 가죽을 주재료로 만듦

▲ 잉크의 종류

★ 로그우드 잉크
1840년 독일의 화학자 G.룽게가 발명했다. 로그우드 나무의 심재의 삼출액에 산을 조금 첨가하고 크롬산과 염을 넣어 만들어지는 짙은 청흑색의 잉크이다.

02 표현재료의 특성

1) 연필 21년 1회, 13년 2회

• 우리와 가장 친근한 것으로 사용하기 쉬운 재료 중의 하나이다.
• 간편하게 사용할 수 있으며 어떤 재료에서도 사용이 가능하다.
• 유화, 수채화, 동양화, 기타 채색 재료를 사용하기 전의 스케치용으로 많이 사용한다.
• 연필 자체로도 하나의 작품을 완성할 수 있어서 작가들의 드로잉 작품에도 많이 사용된다.

➕ 더 알기 TIP

연필은 그 단단함과 연함에 따라서 구분된다.

• H계열은 단단하고 B계열로 갈수록 진하고 무르다.
• 제도용으로는 2H-F 연필이 사용된다.
• 일반 스케치용으로는 4B가 주로 사용된다.

✓ 개념 체크

1 물에 용해되지 않고 입자가 그대로 물에 한참 떠 있다가 천천히 가라앉는 것은 (   )이다.

1 안료

2) 수채화 물감 22년 3회, 19년 2회, 16년 1회, 13년 4회

수채화는 물감을 물에 풀어서 그림을 그릴 때 쓰는 방식으로 물의 농도에 따라 진하고 흐리게 표현할 수 있고 명도를 조절하며 가장 맑고 투명한 효과를 얻을 수 있다.

장점	단점
• 가장 맑고 투명하게 표현할 수 있음 • 물로 명도 조절을 할 수 있음 • 붓의 종류에 따라 다양하게 표현이 가능 • 물의 성질을 이용하여 흘리기나 번지기 기법의 효과를 낼 수 있음 • 가격이 저렴	• 물을 사용하기 때문에 마르는 데 시간이 걸림 • 덧칠할 때 종이가 벗겨질 수 있음 • 한 번 칠하면 수정하기 힘듦 • 테크닉을 습득하는 데 시간이 걸림

3) 포스터 컬러 23년 2회

수채화 물감이 투명인데 반하여 포스터 컬러는 불투명으로 그 종류가 다양하여 많이 사용되는 채색 도구 중의 하나이다.

장점	단점
• 색상의 종류가 다양 • 색상이 선명함 • 여러 기법과 도구의 사용이 편리 • 평붓을 주로 사용하기 때문에 면에 의한 구성 표현에 효과적	• 물감의 농도를 조절하기가 쉽지 않음 • 타 재료와 혼합하여 쓰기가 어려움 • 덧칠을 하면 붓자국이 날 수 있고, 물감이 두꺼워 질 수 있음 • 물의 양을 많이 하면 얼룩이 생김

4) 아크릴 물감 12년 4회

• 아크릴 물감은 합성수지로 만들어진 것으로 강한 접착력으로 인하여 여러 재료에 사용이 가능하다.
• 물을 사용하기 때문에 수채화 느낌의 표현이나 유화의 느낌을 표현할 수 있다.

장점	단점
• 건조가 빠름 • 내수성이 강함 • 유화와 같은 표현이 가능 • 건조 후 물에 지워지지 않음 • 접착성이 강함 • 오래 두어도 변색되지 않음	• 곱고, 부드러운 표현을 하기가 쉽지 않음 • 덧칠로 인하여 물감의 표층이 두꺼워짐 • 건조가 빠르기 때문에 표현을 빨리 해야 하며 물 감이 빨리 굳어 필요한 양만 팔레트에 담아 사용해야 함

5) 유화 물감

아마인류를 안료에 섞은 것으로, 용해제로는 린시드를 사용한다.

장점	단점
• 오래 보관할 수 있음(내구성이 강함) • 굳는 속도가 느려 수정이 용이 • 여러 번 칠할 수 있고, 광택으로 색의 깊이감과 입체감 표현을 잘할 수 있음	• 굳는 속도가 느려 제작 시간이 많이 걸림 • 취급에 주의해야 함

6) 파스텔 ^{13년 2회/1회}

색깔이 있는 가루 원료를 길게 굳힌 것으로 과거에는 석고 또는 질이 좋은 점토로만 만들었으나 지금은 물에 거른 탄산석회로 만든다.

장점	단점
• 선의 느낌이 연필과 비슷하나 그림자 부분을 묘사하기가 쉬움 • 다양한 색채를 만들 수 있어서 회화 재료로도 쓰임 • 많은 도구를 필요로 하지 않음 • 타 재료에 비해 그리기가 매우 쉬움	• 번지기 쉬움 • 세밀하게 표현하는 게 쉽지 않음 • 정착액을 사용해야 함 • 오래 보관하기가 어려움

7) 색연필

- 심에 납, 찰흙, 백악 등의 광물질 물감을 섞어서 여러 가지 색깔이 나게 만든 연필이다.
- 사용하기가 간편하여 러프 스케치용으로 많이 사용하고 있는 재료 중의 하나이다.
- 색연필의 종류
  - 유성 색연필 : 기름 성분이 있는 색연필로 물에 녹지 않는다.
  - 수성 색연필(수채 색연필) : 기름 성분이 적은 색연필로 물에 닿는 순간 색감이 옅어지면서 수채화의 느낌을 낸다.

장점	단점
• 사용이 간편 • 러프 스케치할 때 색감의 느낌을 빠르게 표현할 수 있음 • 수용성 색연필로 사용하면 수채화 같은 느낌을 표현할 수 있음	• 세밀한 표현이 쉽지 않음 • 혼색하기가 어려움 • 색상을 선명하게 표현하기 쉽지 않음

🅑 기적의 TIP

▲ 유화 물감

🅑 기적의 TIP

▲ 파스텔

✔ 개념 체크

1 물에 거른 탄산석회로 만들고, 선의 느낌이 연필과 비슷하나 그림자 부분을 묘사하기 쉬운 것은 '색연필'이다. (O, X)

1 ×

기적의 TIP

▲ 목탄

8) 목탄과 콩테 19년 2회

목탄	• 농담 표현에 효과적 • 깊이감을 표현하는 데 좋음 • 내구성이 부족하여 정착액이 필요 • 보존하기 어려움
콩테	• 색이 많지 않음 • 농담 효과가 좋아 무게 있는 감정을 줄 수 있음 • 단단하기가 연필과 숯의 중간 정도 • 화면에 잘 묻음 • 갈색, 흰색, 검은색, 밤색을 기본 4색이라고 함 • 광택이 있고 부드러움

9) 크레파스와 크레용

크레파스	• 색깔을 덧칠하거나 섞어 칠할 수 있음 • 종이에 상관없이 쉽게 사용할 수 있음 • 세밀하게 표현하기가 어려움 • 번지지 않음
크레용	• 사용하기가 간편하고 누구나 쉽게 사용할 수 있음 • 크레파스보다 단단하여 세밀한 부분을 칠할 수 있음 • 밀초★에다 안료를 섞은 왁스 크레용을 가리킴

★ 밀초
밀로 담근 식초를 말한다.

 기적의 TIP

▲ 매직마커

10) 매직마커 13년 1회

• 매직마커는 심 부분이 펠트(Felt)천으로 한쪽은 연필처럼 뾰족하게, 다른 한 쪽은 넓적하게 되어 있는 펜의 일종이다.
• 색상이 다양하고, 빠른 시간에 표현할 수 있어서 러프 스케치용이나, 렌더링 등 이 필요한 제품 디자인이나 의류 디자인, 실내 디자인, 조경 디자인 등 여러 분 야의 표현 재료로 사용되고 있다.

장점	단점
• 색상이 다양하고 풍부 • 색상이 선명하고 아름다움 • 건조시간이 빠름 • 투명한 성질 • 번지지 않음	• 오래 보관하기가 어려움 • 부드럽고, 자연스러운 질감 표현이 어려움 • 효과를 잘 살리기 위하여 많은 시간의 연습이 필요

✓ 개념 체크

1 단단하기가 연필과 ( )의 중간 정도이며, 화면에 잘 묻으며 갈색, 흰색, 검은색, 밤색으로 구성된 표현재료 는 ( )이다.

1 숯, 콩테

11) 에어브러시 _{15년 4회, 13년 4회}

에어브러시는 컴프레서에서 공기의 압력을 호스로 연결해 피스건을 통과한 잉크를 분사하여 표현하는 방법으로 잉크의 양 조절과 물체와의 거리 및 마스킹(Masking)★의 정밀성 등이 요구되는 작업이다.

장점	단점
• 정밀하게 표현할 수 있어서 광고 등의 정밀한 일러스트 작업에 많이 사용 • 반사 효과에 용이하여 금속표현에 적합 • 잉크가 분사하기 때문에 색과 색의 경계선 부분을 자연스럽게 표현할 수 있음	• 정밀한 기술이 요구되어 습득이 쉽지 않음 • 마킹작업으로 작업의 속도가 느려질 수 있으며 많은 번거로움이 있음 • 완성 후나 작업 중간에 수정하기가 쉽지 않음 • 거칠고 대담한 질감표현이 쉽지 않음

★ 마스킹(Masking)
물감을 분사했을 때 물감이 닿지 않도록 가리는 작업이다.

 기적의 TIP

▲ 에어브러시 피스건

이론을 확인하는 기출문제

01 다음 중 착색제에 해당하는 것은?

① 활석
② 염료
③ 용제
④ 파라핀

염료는 착색제의 총칭으로 사용되고 있다.

02 다음 연필의 종류 중 가장 진하고 무른 연필심은?

① 4H
② 2B
③ HB
④ 2H

연필의 종류 중 B계열은 숫자가 클수록 진하고, 무르다.

`오답 피하기`

H는 숫자가 클수록 단단하다.

03 다음 중 물을 사용하여 명도를 조절하여 가장 맑고 투명한 효과를 얻을 수 있는 것은?

① 수채화 물감
② 유화 물감
③ 컬러마커
④ 포스터 물감

수채화 물감의 가장 큰 장점은 맑고, 투명성이 좋은 점이다.

04 포스터 컬러와 관계 없는 것은?

① 물에 용해되는 채색 재료이다.
② 색과 색을 혼합하여 여러 가지 색상을 만들 수 있다.
③ 명도와 채도 조절이 용이하며 반투명하다.
④ 변색이 잘 안되며, 겹쳐 칠하기도 가능하다.

포스터 컬러는 투명한 것이 아니라 불투명하다.

정답 01 ② 02 ② 03 ① 04 ③

05 물을 섞어서도 사용할 수 있으며, 건조가 빠르고 유채 물감과 같은 효과도 표현할 수 있는 것은?

① 아크릴 물감
② 포스터 컬러
③ 유화 물감
④ 컬러 톤

아크릴 물감은 물로 농도를 조절하여 사용한다. 물의 용도에 따라서 수채화나 유화의 느낌을 표현할 수 있다.

오답 피하기
물을 사용하는 재료는 포스터 컬러, 수채화 물감, 수채용 색연필 등이 있다.

06 다음 중 번지기 쉽기 때문에 정착액을 뿌려 색상을 고정해야 하는 채색 재료는?

① 파스텔
② 마커
③ 수채화 물감
④ 색연필

파스텔은 가루원료를 길게 굳힌 것이기 때문에 정착액으로 사용하여 가루를 접착시킨다.

오답 피하기
정착액을 사용하는 재료에는 목탄, 파스텔, 콩테 등이 있다.

07 종이 위에 색연필로 그림을 그리고, 수채용 붓으로 물칠을 하면 수채 물감의 효과를 나타낸다. 이 채색 재료는?

① 수채화 물감
② 차콜 파스텔
③ 세미하드형 색연필
④ 수용성 색연필

수채용(수용성) 색연필은 색연필을 칠하고 붓에 물을 묻혀 칠할 수 있다.

08 표현재료 콩테(Conte)에 관한 설명 중 틀린 것은?

① 색의 수는 많지 않으나 색조가 광택이 있고 부드럽다.
② 연필과 목탄의 중간 정도로 색이 잘 칠해진다.
③ 지우개로 지워지므로 손가락으로 문지르지 않아야 한다.
④ 농담이 뚜렷하고 차분하며 무게 있는 감정을 준다.

콩테는 손가락으로 문질러 사용할 수 있다.

09 매직마커의 장점으로 볼 수 없는 것은?

① 색상이 다양하고 풍부하다.
② 수채화의 붓 자국 표현에 효과적이다.
③ 색상이 선명하고 아름답다.
④ 건조시간이 빠르다.

붓을 사용할 수 없기에 붓 자국 표현이 어렵다.

오답 피하기
매직마커는 일반적으로 한쪽은 넓적하게 되어 있고, 반대쪽은 둥글게 펜처럼 되어있다. 넓은 면으로 어느 정도 붓 자국 표현은 할 수 있으나 효과적이지는 않다.

10 에어브러시(Air Brush)에 관한 설명 중 틀린 것은?

① 공기의 압력을 이용해서 잉크나 물감을 내뿜어 그려진다.
② 가장 중요한 것은 컴프레서 스프레이건의 취급법이다.
③ 사실적이고 환상적인 일러스트레이션 표현에 알맞은 기법이다.
④ 거칠고 대담한 표현에 가장 적합하다.

물감을 분사하기 때문에 거친 표현보다는 섬세하고 정밀한 표현에 효과적이다.

정답 05 ① 06 ① 07 ④ 08 ③ 09 ② 10 ④

SECTION
04
사진재료 일반

▶ 합격 강의

출제빈도 상 중 (하)
반복학습 ① ② ③

빈출 태그 필름의 구조 • 특성 • 용도와 현상 및 인화

01 필름

1) 필름의 구조 및 형태

필름은 셀룰로이드와 같은 투명막(Base) 위에 빛에 민감한 화학적, 물리적 반응을 일으키는 감광유제를 암실에서 발라 만든 것이다.

① 필름의 구조

필름의 구조는 보호막층 – 고감도 유제층 – 저감도 유제층 – 필름 베이스 – 하도층 – 헐레이션 방지층 등으로 이루어져 있다.

보호막층	젤라틴으로 도포하여 필름의 유제면을 보호
유제층	• 고감도 유제층과 저감도 유제층으로 되어 있으며 • 할로겐화은을 젤라틴 속에 분산시켜 놓은 층으로 관용도가 생기도록 만들어 놓음
필름 베이스	유제를 바르기 위한 면으로 화학적, 물리적, 외부 환경에 변화가 없도록 장력, 온도, 습도 등이 강하게 만들어져 있음
하도층	유제를 바를 때 접착력을 높이기 위한 면
헐레이션 방지층	젤라틴 색소를 바른 면으로 헐레이션★을 방지하기 위한 면

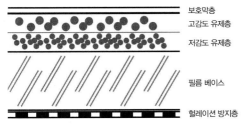

보호막층
고감도 유제층
저감도 유제층

필름 베이스

헐레이션 방지층

▲ 필름의 구조

② 필름의 형태

필름은 모양에 따라서 롤 필름, 컷 필름(시트필름), 필름 팩의 세 종류가 있다.

롤 필름	• 휴대하기 간편하고 연속으로 촬영이 가능 • 햇볕에서 카메라에 필름을 바꾸어 넣을 수 있어서 편리함 • 촬영 도중 필름을 바꿔 쓸 수 없으며, 촬영한 것만 먼저 현상할 수 없고 촬영을 다 한 후에 현상을 해야 함

🅑 기적의 TIP

카메라의 구조
• 조리개 : 빛이 렌즈를 통해 들어올 때 빛의 양을 조절하고 조리개를 최대로 열었을 때와 닫았을 때에 따라서 심도가 결정된다.
• 셔터 : 빛의 양을 조절하고 물체의 속도를 표현하는 역할을 한다.

★ 헐레이션(Halation)
강한 빛이 필름이나 사진 건판에 닿았을 때, 그 면에서 반사된 빛이 다시 유제(乳劑)에 닿아 감광되는 현상이다.

적외선 카메라
사람의 눈이 인식하지 못하는 700nm 이상의 장 파장광 촬영기이다.

시트 필름 (컷 필름)	• 촬영 도중에 필름을 바꿔 사용할 수 있음 • 촬영한 것만 먼저 현상할 수 있음 • 필름을 보호하는 데 큰 홀더가 필요하며 휴대가 불편하고 연속적인 촬영이 불가능함
필름 팩	• 롤 필름과 컷 필름의 단점을 보완해서 만든 것으로 12장 또는 16장의 컷 필름을 종이로 이어 만든 것 • 부피와 무게가 적고 연속 촬영이 가능하며, 촬영한 것만 현상할 수 있으며, 햇볕에서 카메라에 교체할 수 있음. 그러나 소형 카메라에는 사용할 수 없고 대형 카메라에 사용할 수 있음

2) 필름의 성질

① 감광도 11년 4회/2회, 10년 2회/1회

• 필름이 일정한 빛에 대하여 어느 정도 빠르게 반응하느냐하는 감광 속도를 말한다.
• 감도가 빠른 것을 고감도, 느린 것을 저감도라고 한다.

② 감도의 표시방법 21년 3회, 16년 2회, 13년 1회

ISO 100/21°로 표시하며 ISO와 DIN을 같이 사용한다.

ISO의 감도	25, 50, 100, 125, 200, 400, 800, 1,600, 3,200
DIN의 감도	15°, 18°, 21°, 24°, 27°, 30°, 33°, 36°
국제 표준화 규격	ISO
미국 표준 규격	ASA(1928년), USASI(1966), ANSI(현재)
독일 표준 규격	DIN
일본 표준 규격	JIS
영국 표준 규격	BS

③ 감도별 필름의 특징 22년 1회, 12년 5회/4회

저감도 필름	• 감도 100 미만의 필름이며, 입자가 정교하고 미세하여 선명하고 깨끗한 사진에 적합하여 콘트라스트가 강하며 정교한 디테일을 재현하고자 할 때 사용 • 필름으로 크게 확대하여도 화질이 좋음 • 빛을 많이 필요로 함(제품사진, 인물, 정물, 풍경)
중감도 필름	감도 100, 160 정도의 필름으로 일반적으로 가장 많이 사용(일반적인 사진)
고감도 필름	• 감도 200 이상의 필름, 입자가 거칠고 콘트라스트가 떨어짐 • 빛이 부족한 어두운 곳이나 속도를 요하는 운동경기 등의 빠른 움직임을 촬영할 때 사용
초 고감도 필름	감도 3,200 이상의 필름, 입자가 아주 커서 아주 작은 빛에서도 촬영을 할 수 있음

B 기적의 TIP

필름의 감도 표시

④ 감색성 ^{01년 1회} → 01년 1회

④ 감색성 01년 1회

- 빛과 색에 대하여 느끼는 성질
- 백광 안의 색인 빨강, 초록, 파랑, 노랑 등 색광에 대한 느낌을 말한다.
- 햇빛을 프리즘으로 분광시켜 나온 빨강, 주황, 노랑, 초록, 파랑, 남색, 보라 등 일곱 가지 색광으로 나타나고 파장이 다른 빛으로 이루어져 있다.
- 파장을 나타내는 단위는 nm(나노미터)와 Å(옹스트롬)으로 표시한다. (1Å은 1/1,000,000nm이며, 1nm는 10Å)
- 필름을 감색성에 따라 청감성 필름, 정색성 필름, 전 정색성 필름 등으로 나눌 수 있다.
- 촬영용 컬러 필름이 받아들일 수 있는 감색성의 범위는 400~700nm이다.

청감성 필름 (Blue Sensitive)	파장이 짧은 시안, 남색, 파랑까지만 느끼며 영화의 영사용 투명 양화를 만들기 위한 인화용 필름(Positive Film)이나 인화지의 감색성이 이에 속함 **예** 청감성 필름으로 인물을 찍으면 초록과 노랑, 빨강의 색광을 느끼지 못하기 때문에 인물의 빨간 입술이 검정으로 나오게 됨
정색성 필름 (Ortho Chromatic)	감광성 색소를 유제에 섞어 육안에 가장 밝게 보이는 노랑까지 감광되도록 한 필름으로 빨강은 느끼지 못함
전 정색성 필름 (Pan Chromatic)	모든 색상을 다 느낄 수 있도록 만든 필름

⑤ 입상성

할로겐화은이 젤라틴 막 안에 얼마나 분포되어 있는지를 나타내는 것으로, 미립자 필름과 조립자 필름으로 나뉜다.

구분	특징	감도	해상력
미립자 필름	입자가 가늘고 고르게 분포된 필름	감도가 낮음	해상력이 좋음
조립자 필름	거칠고 큰 필름	감도가 좋음	해상력이 떨어짐

⑥ 콘트라스트 ^{21년 2회, 04년 1회}

⑥ 콘트라스트 21년 2회, 04년 1회

사진의 밝고 어두움을 나타내는 명도차를 말하는 것으로, 경조, 중간조, 연조로 나뉜다.

경조	흑백의 큰 농도 차이를 나타내는 것	복사 필름으로 사용
중간조	경조와 연조의 그 중간을 중간조라 말함	일반 촬영용으로 사용
연조	흑백의 적은 농도 차이를 나타내는 것	인상 사진으로 사용

기적의 TIP

감색성 필름의 용도
- 청감성 필름 : 포지티브 (Positive Film) 필름, 일반 인화지
- 정색성 필름 : 인쇄 제판용 필름, Lith film
- 전 정색성 필름 : 일반 촬영용 필름

개념 체크

1 ( ) 필름으로 인물을 촬영하면 초록과 노랑, 빨강의 색광을 느끼지 못하기 때문에 인물의 빨간 입술이 검정으로 나오게 된다.

1 청감성

⑦ 해상력

- 사진을 얼마나 세밀하게 나타내느냐 하는 것으로 입상성과 관계가 깊다.
- 해상력은 1mm 폭 안의 선을 개수로 나타낸다.

ISO 400 필름	60/mm 안팎
ISO 200 필름	66/mm 안팎
ISO 100 필름	90/mm 안팎
ISO 50 필름	100/mm 안팎
복사필름(Micro Film)	190/mm 안팎

⑧ 관용도 01년 2회

- 인화지의 재질에 대한 유제의 민감성을 말한다.
- 노출의 양에 따라 감도를 조절하여 적당한 계조의 화상을 만들어 준다.

고감도 유제층	감광유제가 두 겹으로 위층에 해당	노출이 적을 때 감지
저감도 유제층	감광유제가 두 겹으로 아래층에 해당	노출이 많을 때 감지

이레이디에이션(Irradiation)
필름 유제층에 들어온 빛의 일부가 유제층에서 반사, 굴절하여 화상의 선명도를 낮추게 되는 현상이다.

⑨ 필름의 이상적인 조건

- 용도에 맞는 감도를 선택한다.
- 모든 색에 대해 느낄 수 있는 감색성 필름을 선택한다.
- 입자가 가늘고 고르게 분포된 것을 선택한다.
- 계조가 풍부하고 현상하기 쉬운 것을 선택한다.

3) 필름의 종류

필름의 분류는 크게 형태에 의해 분류하면 흑백 필름과 컬러 필름으로 분류되고 컬러 필름은 광원의 이용에 따른 분류와 현상처리 방법과 화상 등으로 분류된다.

① 형태에 의한 분류

롤 필름	일반적인 필름으로 휴대가 간편하고 연속 촬영할 수 있으며 밝은 곳에서도 필름 교환이 가능
시트 필름	낱장으로 되어 있는 필름으로 정확한 데이터를 처리할 수 있어 상업용이나 전문 사진촬영에 이용

② 현상 처리에 의한 분류

내형발색 필름	필름 내에 커플러를 포함하고 있는 것으로 청감 유제층에는 Yellow 발색제, 녹감 유제층에는 Magenta 발색제, 적감 유제층에는 Cyan 발색제를 사용
외형발색 필름	컬러 필름의 유제층에 발색제가 포함되어 있지 않고 현상할 때 Yellow, Magenta, Cyan의 발색제를 각각 혼합한 현상액으로 3회 발색 현상을 하는 방식

③ 화상에 의한 분류 16년 1회

컬러 네거티브 필름	• 인화용 필름으로 인화지에 인화하여 사진을 완성하기 위한 중간 목적으로 사용하는 필름 • 필름 중 현실의 상과 반대로 필름에 만들어지기 때문에 노란색은 청색으로, 붉은색은 녹색으로 필름의 상이 나타남
컬러 포지티브 필름	• 슬라이드 필름 또는 리버설 필름이라고도 하며 컬러 필름의 유제층에 발색제가 포함되어 있지 않고 현상할 때 Yellow, Magenta, Cyan의 발색제를 사용 • 현상 도중에 반전 처리하여 피사체의 명암 및 색상이 같아짐

④ 필름의 보관 13년 4회

- 유효 기간을 확인하여 구입한다.
- 고온 다습한 곳을 피한다.
- 촬영을 마친 후 바로 현상한다.
- 단기간 보관은 냉장실에서 장기간 보관은 냉동실에 보관한다.

02 현상 및 인화

1) 필름의 현상

① 현상 재료 및 도구

안전등	• 안전등은 그 용도에 따라서 색을 다르게 해야 함 • 팬크로매틱 필름용 : 짙은 녹색 필터 • 확대 인화용지 : 오렌지 필터 • 밀착 인화용지 : 노란색 필터를 사용
현상접시(Tray)와 버트(Butt)	필름이나 인화지를 현상, 정착할 때 약물을 담아 쓰는 접시
메스실린더	약물의 양을 잴 때 쓰는 용기
암실용 시계	야광으로 현상이나 인화의 시간을 측정하는 데 필요
계량컵	화학 용액의 혼합과 희석을 위해 필요
세척용 호스	필름을 세척할 때 필요
온도계	약물의 온도를 잴 때 사용 0~50℃까지 잴 수 있음
인화 건조기	인화지에 윤을 내기 위해 전열 건조기로 페로타이프판과 물기를 빼기 위한 고무 롤러가 있어야 함
현상 탱크	현상용 용기로 탱크의 릴(Reel)에 필름을 감아 넣는 통

② 현상 약품

현상 약품은 현상액, 정지액, 정착액 등이 있다.

현상액	감광된 할로겐화은을 금속은으로 환원시키는 가장 중요한 약품. 즉, 필름에 형성된 잠상을 눈에 보이는 화상으로 바꾸는 현상과정의 실질적 약품을 말함
정지액	현상이 끝난 후 필름이나 인화지에 묻은 현상액이 작용을 계속하는 것을 정지시키기 위해 사용하는 약품으로 빙초산을 사용
정착액	현상 후에도 감광되지 않은 부분의 할로겐화은을 쉽게 녹일 수 있는 은염으로 만들어 녹여 없애기 위한 약품으로 티오황산나트륨★이 쓰임

③ 현상액

현상 약품의 주성분은 현상주약, 촉진제, 보항제, 억제제로 구분된다.

현상주약	필름이나 인화지 표면에 있는 감광막 면의 취화은을 금속 은으로 환원시키는 작용을 함. 즉, 필름 면에 취화은이 빛을 받아 금속 은을 유리시켜 잠상으로 남게 되어 검정색 금속 은 입자로 됨
촉진제	• 젤라틴 막을 연하게 만들고 현상주약의 환원작용을 도와줌 • 탄산소다. 붕사, 붕산, 코닥크 등이 사용
보항제	공기 중의 산소에 의해 산화되는 것을 막고 현상이 고르게 진행되도록 현상액에 첨가하는 보조약품으로 아황산소다가 사용
억제제	현상 작용을 천천히 이루도록 하며 포그(Fog)★가 일어나는 것을 막기 위한 약품으로 취화칼륨과 요오드화칼륨이 사용

④ 현상 처리 과정 19년 2회, 17년 2회, …

```
현상 – 정지 – 정착 – 수세 – 건조
```

현상	감광된 필름의 면에 현상액을 사용하여 금속 은으로 바꾸어 상이 형성되도록 함
중간정지	현상 작용을 정지시키는 작업으로 빙초산이나 물을 사용함. 즉, 알칼리성에서 산성으로 현상액을 바꾸는 작업
정착	필름에 화상이 계속 남게 하는 작업으로 감광되지 않은 부분의 할로겐화은을 은염으로 만들어 녹여 없애기 위한 작업
수세	필름 베이스에 있는 정착액을 없애는 작업으로 화상이 변하는 것을 막음
건조	필름을 건조시키는 작업

★ 티오황산나트륨($Na_2S_2O_3$)
속칭 티오황산소다 또는 하이포라고 한다. 물에 잘 녹고, 각종 금속 이온과 반응해서 사진의 정착제, 폐가스의 중화제, 염소 표백할 때 탈염소제, 표백제, 해독제 등에 이용된다.

★ 포그(Fog)
인화지를 현상했을 때 할로겐화은이 현상되어 빛을 받지 않은 부분이 거무스레하게 되는 것이다. 저감도 필름에는 적게, 고감도 필름에는 많이 나타난다. 즉, 사진에 나타난 얼룩이나 흑화현상을 말한다.

보력(Intensification)
콘트라스트가 뚜렷하지 않고, 희미한 사진을 약품 처리하여 농도와 콘트라스트를 높이는 것이다.

⑤ 올바른 현상 방법

- 제조회사가 만든 데이터를 기초로 하여 작업을 한다.
- 정확하고 적절한 온도와 시간을 기준으로 삼는다.
- 철저한 과학적인 테스트와 데이터를 이용한 방법을 택한다.

⑥ 여름철 현상 시 주의할 점

- 물의 온도가 25~30℃되어 현상액을 식혀서 사용한다.
- 미립자 현상액을 쓰는 것이 좋다.
- 산성 경막 정착액을 쓴다.
- 긴 수세를 피하고 30분 정도의 수세로 통풍이 좋고 먼지가 없는 곳에서 말린다.

⑦ 현상 시 문제점

문제점	결과
현상 시간의 문제	시간이 짧으면 화조가 연해지고 길면 농도와 콘트라스트가 강해짐
농도가 진하고 콘트라스트가 강한 경우	현상액이 진하거나 온도가 높았을 때, 현상 시간이 긴 경우
현상액이 충분히 채우지 않았을 때	상이 부분적으로 밝게 나타남
노출 부족	어두운 부분이 잘 나타나지 않고 밝은 부분도 농도가 약하게 나옴
현상 부족	화상이 힘이 없고 엷게 나옴
현상 과다	콘트라스트가 강하게 나옴

2) 필름의 인화 10년 5회/4회

① 인화 재료 및 도구

인화 시 필요한 용구는 인화지, 밀착 인화지★, 마스크, 절단기 및 가위, 액량계, 안전등, 접시, 핀셋 등이 있다.

- 인화지

제조사에 의한 분류	컬러에 의한 분류
인화지 재질에 의한 분류	표면처리에 의한 분류
계조처리에 의한 분류	아날로그와 디지털에 의한 분류

▲ 인화지 분류

★ 밀착 인화지
밀착 인화지는 주로 가스라이트지가 쓰인다.

✓ 개념 체크

1 여름철 현상 시 주의해야 할 점으로 옳지 않은 것은? (   )

ⓐ 물의 온도가 25~30℃가 되도록 현상액을 식혀서 사용한다.

ⓑ 염기성 경막 정착액을 쓴다.

ⓒ 통풍이 좋고 먼지가 없는 곳에서 말린다.

1 ⓑ

RC(Resin−Coated)	일반적으로 쓰이는 인화지로 종이 위·아래에 수지코팅을 한 것이며 기본 베이스에 약물이 잘 스며들지 않기 때문에 약물처리나 수세 건조 공정이 신속히 이루어지며 약물 피로도가 적은 장점들을 가지고 있음
다 계조 인화지(무호지)	우선 콘트라스트를 필터로 조절한다는 것과 고감도 유제층과 저감도 유제층의 이중 도포로 되어있어 콘트라스트의 조절로 세밀한 그림이나 질감과 음영 효과가 좋음
FB(Fiber Base) (바리타지, 섬유인화지)	• 섬유지에 황산바륨 처리를 하여 유제를 도포한 인화지 • 코팅하지 않았기 때문에 약물 공정 시간과 수세 시간이 길고 노광 시간 역시 긴 편 • 사진의 질감이나 밝은 부분과 어두운 부분의 표현력이 월등

▲ 인화지 구분

• 확대기

수평식	광원과 렌즈의 중간에 콘덴서를 두어 빛을 모아서 환등기 식으로 벽에 화상을 비추는 방식
수직식	확대된 화상을 수직으로 비추어 인화하는 방식(집광식, 산광식, 집산광식, 반사식 등)

▲ 투사 방식에 따른 분류

특수 목적 렌즈
• 줌렌즈 : 초점이나 조리개 값이 변하지 않은 채로 초점 거리를 연속해서 바꿀 수 있는 렌즈
• 마이크로렌즈 : 초점 거리 55mm인 35mm용 사진의 표준 렌즈
• 시프트렌즈 : 건축물 촬영 시 왜곡 현상을 없애거나 파노라마 사진을 촬영할 때 유용한 렌즈
• 연초점렌즈 : 꿈 같은 환상적 분위기를 연출하는 데 사용하는 렌즈

집광식 확대기	• 집광식은 수평식 확대기에 많은데 그 구조는 확대 전구에서 나오는 빛을 두 개의 볼록렌즈로 모아서 밝고 강한 빛으로 화상을 만들도록 한 것 • 콘트라스트가 강하여 흑백 인화에 주로 사용
산광식 확대기	광원 밑에 오팔글라스를 설치하여 부드럽고 고운 빛으로 화상을 만드는 것
집산광식 확대기	산광식과 집광식을 혼합한 것으로 밝기와 입상, 화조가 좋음
반사식 확대기	• 수평으로 발하는 빛을 콘덴서로 90° 꺾어서 수직으로 조명하도록 한 집광식 확대기의 일종 • 컬러 사진 확대기에 주로 사용

▲ 확대기 구분

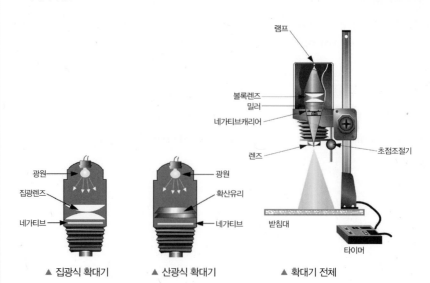

▲ 집광식 확대기   ▲ 산광식 확대기   ▲ 확대기 전체

• 그 밖의 도구

포커스 스코프	초점을 맞출 수 있는 장비
이젤	인화지 크기를 조절하는 도구
안전등	흑백 인화 시 오렌지 컬러, 밀착 인화 시 노란색을 사용
트레이	넓은 플라스틱 접시
확대 타이머	노광의 시간을 맞추는 장비
블로어 브러시	먼지 제거용 도구

② 인화 방법

> 노광 – 현상 – 중간 정지와 정착 – 수세 및 건조 – 수정

노광	유제면을 위로하고 타이머를 사용하여 시간을 맞추어 노광을 줌
현상	현상액에 인화지를 넣어 교반 함
중간 정지와 정착	남은 현상액을 제거하기 위해 중간 정지액으로 교반 함
수세 및 건조	인화지를 위·아래 교대로 수세를 함
수정	버닝, 닷징, 에칭 등으로 마무리 작업을 함

③ 수정

버닝	인화지를 어둡게 하는 작업
닷징	빛을 가려 밝게 하는 작업
스포팅, 에칭	사진의 점이나 선 등을 없애는 작업
크로핑	인화지의 필요 없는 여백을 자르는 작업
트리밍	필요한 부분만을 얻기 위해 자르는 작업

④ 인화 시 문제점

결과	원인
검은 얼룩이나 검은 점, 흰 점이 생김	카메라 내에서 필름에 먼지나 티끌 등이 묻었을 경우
가느다란 선이 생김	필름의 유제면이 스크래치가 되어 있을 경우
현상얼룩이나 화상이 흐림	짧은 시간 현상, 불충분한 교반, 기간이 지난 현상액을 사용할 경우
노란 얼룩이 생김	따뜻한 현상액을 사용했을 때, 정착액의 오염, 인화지가 노출됐을 경우, 수세를 충분히 안 했을 경우

✔ 개념 체크

1 필름의 유제면에 스크래치가 있을 경우, 인화 시 가느다란 선이 생긴다. (O, X)

1 ○

01 카메라의 기본 구조 중 빛의 양을 조절하는 것은?

① 렌즈
② 초점 조절 장치
③ 조리개
④ 필름

카메라에서 빛의 양을 조절하는 기능은 조리개와 셔터가 있다. 조리개는 심도 조절을, 셔터는 속도를 나타낼 때 조절한다.

02 강조에 따른 필름의 종류 중 세밀한 부분까지도 정교하게 나타내거나 미세한 입자로 네거티브를 크게 확대하고자 할 때 유용한 필름은?

① 저감도 필름
② 중감도 필름
③ 고감도 필름
④ 초고필름

저감도 필름은 입자가 미세하여 선명하고 깨끗한 사진에 적합하다. 네거티브를 크게 확대하고자 할 때 유용한 필름으로 크게 확대하여도 화질이 좋다.

오답 피하기

고감도 필름은 입자가 커서 속도감 있는 사진이나 야간 촬영 시 사용된다.

03 다음 중 가장 감도가 높은 필름은?

① ASA 50
② ASA 100
③ ASA 400
④ ASA 1000

숫자가 클수록 감도가 높다.

오답 피하기

감도가 높다는 말은 빛을 받아들이는 정도가 크다는 말이다. 즉, 입자가 크기 때문에 적은 빛에서도 감지한다.

04 필름이 피사체의 밝고 어두움을 나타내는 데 있어서 어느 정도로 검고 희게 또는 진하고 연하게 나타내느냐 하는 정도의 차를 무엇이라 하는가?

① 감색성
② 관용도
③ 콘트라스트
④ 입상성

콘트라스트는 사진의 밝고 어두움을 나타내는 명도차를 말하는 것이다.

오답 피하기

• 감색성 : 색을 감지하는 정도로 필름의 종류에 따라서 달라진다.
• 관용도 : 빛의 많고 적을 때를 감안하여 고감도 유제층과 저감도 유제층에서 조절한다.
• 입상성 : 입자의 크기를 말하는 것이다.

05 다음 중 필름의 현상 순서를 바르게 나열한 것은?

① 정착 – 현상 – 중간 정지 – 세척 – 건조
② 현상 – 정착 – 중간 정지 – 세척 – 건조
③ 현상 – 중간 정지 – 세척 – 정착 – 건조
④ 현상 – 중간 정지 – 정착 – 세척 – 건조

필름의 현상 순서는 현상 – 정지 – 정착 – 수세 – 건조이다.

06 네거티브 필름을 확대하기 전에 네거티브 필름과 같은 크기로 시험 인화하는 것을 무엇이라고 하는가?

① 확대 인화
② 밀착 인화
③ 에칭
④ 스포팅

밀착 인화는 필름 전체를 한눈에 볼 수 있도록 시험 인화하는 것으로 인화지는 가스라이트지(Gas Light Paper)가 쓰인다.

오답 피하기

확대 인화는 확대 인화기를 사용하는 것이며, 스포팅, 에칭은 잡티를 없애는 작업을 말한다.

07 적외선 필름 보관 방법이 가장 올바른 것은?

① 냉동 보관
② 진공 포장 보관
③ 고온에 보관
④ 물속에 보관

필름 보관하는 방법은 습기가 없는 곳에 보관해야 하며, 냉장고에 보관을 해야 한다.

정답 01 ③ 02 ① 03 ④ 04 ③ 05 ④ 06 ② 07 ①

SECTION 05

공업재료 일반

▶ 합격 강의

출제빈도 (상) 중 하
반복학습 1 2 3

빈출 태그 목재의 분류, 합판, 파티클 보드, 열경화성수지, 플라스틱 성형법, 비철금속, 접착제

01 목재 12년 4회

1) 목재의 특성

- 우리 주변에서 쉽게 구입할 수 있는 재료이며 단백질, 녹말, 글리코겐 등으로 이루어져 있다.
- 주택과 건축, 토목용 등의 구조재와 장식재로 많이 사용되고 있다.
- 목재의 장점과 단점 20년 3회, 17년 2회

장점	단점
• 가볍고 부드러워 가공이 쉬움	• 부식이 되기 쉬움
• 공급이 쉽고 가격이 저렴	• 내구성이 낮고 비틀림이나 쪼개지기 쉬움
• 열전도율이 낮고 비전도체	• 건조 변형이 심함
• 산과 알칼리에 대해 저항성이 큼	• 가연성으로 화재에 약함
• 비중에 비해 강도가 큼	• 재질의 균일성이 떨어짐
• 방한, 보온의 효과가 큼	

> **기적의 TIP**
>
> **셀룰로오스** 16년 2회
> 목재의 화학 성분 중 40~50% 가량 차지

2) 목재의 분류 21년 2회, 19년 3회, 10년 1회

목재는 식물의 분류학상 현화식물에 속한다.

① 식물의 분류

식물	은화식물	엽상, 선태, 양치식물	
	현화식물	나자식물(겉씨식물) : 침엽수	
		피자식물(속씨식물)	쌍떡잎식물 : 활엽수
			외떡잎식물 : 죽, 야자, 종려

- 현화식물 : 일정한 발육을 한 뒤에 꽃이 피어나고 열매가 열리며 씨가 생기는 고등식물
- 나자식물 : 밑씨가 밑씨껍질에 싸여 있지 않고 겉으로 나와 있는 식물(겉씨식물)
- 피자식물 : 밑씨가 씨방 내에 저장된 식물(속씨식물)

> **기적의 TIP**
>
> **내장수**
> 외떡잎식물로 죽, 등나무, 야자수, 종려나무 등이 있으며, 재료마다 탄성이 있어 공업재료나 공예재료로 이용되고 있다.

② 목재의 분류

침엽수	활엽수
• 송백과 식물 • 연재로 가벼운 편이며 결이 곧고 단조로우며 가공이 쉬워 건축 및 토목재료로 사용. • 춘재와 추재의 구분이 뚜렷함 • 취재율이 70% 정도로 높음 • 수목이 곧게 자라 대장재를 얻기 용이 • 건조가 빨라 건축 및 토목용에 적합 • 종류 : 소나무류, 화백나무, 은행나무, 전나무, 비자나무, 삼나무, 가문비나무, 편백나무, 미전나무, 적삼나무, 미노송나무, 낙엽송	• 송백과 이외의 식물 • 재질이 경재가 많음 • 건조가 오래 걸리고 건조 시 변형이 심함 • 취재율이 50% 정도로 낮음 • 나이테의 패턴이 불규칙적이어서 표면이 아름다워 가구재나 장식용으로 많이 사용 • 종류 : 자작나무, 밤나무, 느릅나무, 대추나무, 팽나무, 단풍나무, 동백나무, 떡갈나무, 벚나무, 백향단, 오동나무, 모과나무, 계수나무, 흑단나무, 자단나무, 가시나무

3) 목재의 조직 및 성질

① 목재의 조직 23년 1회, 11년 2회, 10년 5회

- 나무는 뿌리, 줄기, 잎의 세 부분으로 되어 있다.
- 뿌리는 영양분과 수분을 흡수하여 땅에 고정되어 있다.
- 줄기는 영양분과 수분의 통로이며 저장소이고 공예 재료로 많이 쓰인다.
- 잎은 햇빛을 받아 동화 작용을 하여 성장에 필요한 영양분을 만든다.

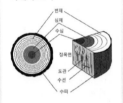
세포	• 세포막이 두꺼운 것은 목재의 강도가 커짐 • 종류는 목섬유, 도관세포, 수선세포 등이 있음	목섬유	가늘고 길게 되어있으며 목재의 대부분을 차지함
		도관세포	목섬유보다 크고 굵은 섬유
		수선세포	나무줄기의 직각 방향으로 구성
수심	목재의 가운데에 있는 부분으로 갈라지기 쉬운 부분		
심재	수심 주위에 있으며 수분이 적어 진한 색과 견고하고 내구성이 커서 무거우며 일반적으로 질이 좋음		
변재	껍질 쪽의 연한 색 부분을 말하며 무르고 연하며 수액과 탄성이 있어서 변형이 쉽게 일어남		
수피	껍질을 말함		
나이테	• 수심주위의 둥근 띠를 말하며 수목의 연수를 말함 • 성장은 봄에서 여름까지 완성하여 넓고 유연한 춘재가 되고 가을부터 겨울은 성장이 더디어 좁고 견고한 세포층을 추재라고 함 • 나이테는 한 춘재부에서 추재부를 거쳐 다음 춘재부까지를 나이테라고 함		

② 목재의 상처(흠) 21년 2회, 19년 3회

갈라짐	심재부의 섬유세포가 죽어 수분이 없어지면서 생기는 현상으로 목회, 심할, 인피, 건열 등이 있음
옹이	• 껍질의 흔적인데 섬유의 이상 발달에 의해 생김 • 나이테가 밀집하고 송진이 많아서 단단함 • 대패질이 곤란함 • 나무의 질을 저하시킴
혹	섬유의 일부가 부자연스럽게 발달하여 생긴 것
송진구멍	나이테 사이에 송진이 모여서 돋은 것
껍질박이	나무의 상처로 껍질이 나무 내부로 몰입된 것
썩정이	썩어서 얼룩이 생긴 것으로 부패균이 내부의 섬유를 파괴시켜 생긴 것

▲ 갈라짐　　　　▲ 옹이　　　　▲ 껍질박이　　　　▲ 썩정이

③ 목재의 성질

강도(强度), 의, 응력(應力)	강도란 외력을 받았을 때 절단 또는 변형을 일으키지 않고 이것에 저항할 수 있는 응력을 나타내는 척도를 말하며 대체로 외력을 받으면 의가 생기고 이것에 대응하여 내부 저항력 즉 응력이 생김		
탄성, 소성	탄성은 외력을 받아 변형된 재료에서 외력을 제거했을 때 원형으로 복귀하려는 성질을 말하며, 원형으로 복귀되지 않는 것을 소성체라고 함		
내구성	내구성에 영향을 주는 것은 풍우, 부패, 충해 등이 있음		
	풍우	수분, 자외선, 먼지 등의 영향으로 변색, 마모를 일으켜 파손되는 것	
	부패	부패균에 의해 목재에 영향을 주고, 부패균은 24~36℃에서 가장 적합한 온도이며 45℃가 넘으면 사멸함	
	충해	연질인 춘재부에서는 흰개미 벌레가 심재부나 변재부에서는 엽먹기 벌레가 충해를 일으킴	
비중	• 목재의 비중은 약 1.54 • 목재의 비중은 물리적 성질과 강도를 좌우하는 가장 큰 요인 • 일반적으로 비중이 큰 것이 단단하며, 색채도 진한 것이 많음 • 비중이 큰 중재나 경재는 비중이 0.8 이상인 목재로 흑단, 장미목, 떡갈나무 등이 있음		
함수율	• 목재의 수분을 제거한 후 수분을 제거하기 전의 무게에 대한 백분율로 표시 • 함수율은 전건재(0%) 〈 기건재(12%) 〈 생목재(25~35%) 순으로 포함		
수축	• 목재를 건조시키면 수축됨 • 무거운 목재는 수축이 크고 섬유 방향으로 수축하며 직각 방향으로 늘었다 줄었다 함 • 수축률의 비는 섬유 방향 : 무늬결 방향 : 곧은결, 방향비는 1 : 10 : 20		

🅱 기적의 TIP

목재의 비중
• 연재(비중 0.3~0.5) : 오동나무, 삼송, 피나무, 백나왕, 노송, 왜전나무, 계수나무, 전나무 등
• 보통재(비중 0.6~0.7) : 느티나무, 단풍나무, 뽕나무, 참나무, 비자나무 등
• 중재, 경재(비중 0.8 이상) : 흑단, 장미목, 떡갈나무, 아피톤, 마르멜로 등

🅱 기적의 TIP

목재의 식별과 선택
• 껍질의 두께와 성질, 모양
• 나이테와 재색
• 향기의 유무와 특수성
• 무게의 차이 정도
• 도관의 형태와 수지구의 유무
• 광택의 강약
• 단단한 정도

④ 좋은 목재의 선택법

- 나무의 속 부분을 포함하지 않은 목재가 좋다.
- 건조가 잘된 것이 좋다.
- 목재 고유의 색과 광택이 있는 것이 좋다.
- 나이테가 원형에 가깝고 재질이 균일한 것이 좋다.
- 고유의 향취가 있는 것이 좋다.
- 옹이와 균열이 없는 것이 좋다.
- 소리가 맑은 것이 좋다.

기적의 TIP

목재의 광택과 향기
- 광택 : 광선이 반사될 때 느껴지는 시각적인 감각으로 곧은결이 무늿결보다 광택이 좋다.
- 향기 : 나무 중에 포함된 휘발성 물질에 의하여 나며 건조하면 향기가 줄어든다.

4) 목재의 제재와 건조

① 목재의 벌목

가을·겨울철	수액이 적어 견고하게 빨리 건조할 수 있으며, 운반도 편리함
봄·여름	함수율이 많아 재질이 무르고 건조시간도 많이 걸림

② 목재의 건조

내구성 증진 및 부식 방지, 균열과 수축 방지, 접착성과 도장의 용이성 등을 좋게 하여 가공을 편하게 한다.

자연 건조법	자연광에서 건조하는 것으로 그늘에서 건조하는 방법
인공 건조법	건조기계를 통하여 건조하는 것으로 온도와 습도를 조절하여 빠르게 건조되고 변형도 적음
수액 건조법	벌목을 한 다음 그 장소에 두어 자연적으로 수액이 빠지게 만드는 방법

기적의 TIP

우리나라 수목 분포
- 북부 : 아고산 침엽수대
- 중부 : 낙엽 활엽수대
- 남부 : 상록 활엽수대

5) 목재의 제품 16년 1회

① 합판

- 베니어(Veneer) 합판의 줄인 말로 두께가 5mm 이하의 단판으로 얇게 켠 나무 널빤지를 나뭇결이 서로 엇갈리게 여러 겹 붙여 만든 널빤지이다.
- 소나무나 전나무, 나왕 등으로 만들며, 표면이 거칠어서 풀에 잘 붙기 때문에 천장, 벽, 가구 등에 쓴다.

② 합판의 특징

- 얇아 건조가 쉽고, 수축이나 변형이 잘 안된다.
- 넓은 판과 곡면으로 된 판을 만들 수 있다.
- 갈라짐이 적고 강도가 높다.
- 재료가 균일하고 값이 저렴하여 재료로 널리 사용된다.

개념 체크

1 소나무나 (　　　), 나왕 등으로 만들며, 표면이 거칠어서 풀에 잘 붙기 때문에 천장, 벽, 가구 등에 사용하는 목재는 합판이다.

1 전나무

③ 합판의 종류 22년 3회, 10년 4회

접착층의 접착 성능 및 구성 또는 가공 방법에 따라 분류하기도 하고, 수종 두께 플라이수 외관 등에 따라 구분하기도 한다.

보통 합판	1류 합판 (외장용)			• 내수 합판으로 페놀수지, 석탄산수지, 리소시놀수지, 멜라민수지 등의 접착제로 제조한 합판 • 실외용, 건축외장용, 콘크리트 형틀용으로 사용
	2류 합판 (내장용)			• 고도내수 합판으로 증량을 거의 하지 않은 순수한 요소수지접착제로 제조하는 것으로 습윤 상태의 노출에도 견딜 수 있어야 함 • 가구, 차량, 선박 등에 사용
	3류 합판			비내수 합판으로 카세인 접착제, 대두 접착제, 증량요소수지 접착제로 제조한 합판으로 일반 건축물의 내장, 천정판, 가구, 포장 등에 사용
특수 합판	구성 특수 합판	적층 특수 합판	2플라이 합판	단판 2매를 섬유 방향에 직교하도록 접착시킨 합판
			사교 합판	5플라이 이상의 다층 합판에서 코어의 섬유 방향을 45도 또는 30도의 각도로 겹치지 않게 적층한 합판
		코어 특수 합판	럼버 코어합판	가운데판에 각재를 사용 나비가 좁은 제재판을 접합하여 코어로 하고, 그 밖의 부심판·표판·이판 등에 단판을 사용한 합판
			보드류 코어합판	파티클 보드(Particle Board), 파이버 보드(Fiber Board) 등을 코어로 하여 만든 합판
	표면 기계 가공 합판	구두 합판		섬유 방향을 따라 구(보통V구)를 내어 입체감을 나타낸 합판
		압형 합판		철로 만든 로울러의 표면에 여러 가지 모양을 조각하여 가열하고 로울러 사이에 합판을 통과시킴으로써 그 표면에 같은 모양으로 압형시킨 합판
		유공 합판		합판에 드릴 등으로 구멍을 뚫어 장식용 벽면, 가구 재료 등에 사용하는 합판
	오버레이 합판			합판 표면에 합성수지, 종이나 베, 알루미늄판, 스테인리스판 등을 입힌 합판
	경량 합판			두꺼운 합판의 중량을 가볍게 할 목적으로 만든 합판으로서 코어에 공간을 많이 두거나 또는 비중이 가벼운 재료를 사용
	프린트 합판			표면에 천연목의 무늬나 여러 가지 모양을 인쇄한 합판

④ 집성 목재(Glued Laminated)

• 접착제로 얇은 목재를 다수 층으로 겹쳐서 결합한 목재
• 방충성, 방화성, 방부성이 좋고 큰 단면을 만들 수 있다.
• 대형 구조물, 교량, 보, 기둥, 실내 장식 및 가구의 재료 등에 사용된다.

⑤ 섬유판(Fiberboard)

- 목재를 비롯한 식물성 섬유상으로 열경화성수지 접착제를 첨가하거나 그 밖의 접착성 소재를 혼합해서 열압, 경화시킨 목재패널 제품을 총칭한다.
- 흡음성, 단열성, 내구성이 뛰어나 무른 것은 내부 장식에 쓰고 단단한 것은 외부 장식에 쓴다.
- 우리나라에서 생산되는 섬유판으로는 MDF(Medium Density Fiberboard)라는 명칭으로 이미 널리 알려진 중밀도 섬유판이 거의 대부분을 차지한다.

⑥ 파티클 보드(Particle Board)

- 못 쓰는 목재나 나무 조각을 잘게 조각을 내어 접착제로 붙여 굳혀서 만든 건재(建材)를 말한다.
- 표면에 목재의 잔 조각들이 불규칙한 무늬를 형성하며 섬유방향에 따른 방향성이 없고 각 방향의 강도 차가 없이 강도가 크며 내마멸성과 경도가 높으며 변형도 적다.
- 칸막이, 가구, 전자제품 케이스, 실내 장식재, 악기, 천장재, 방음재료 등에 쓰인다.

⑦ 압축 목재(Compressed Wood)

열을 가하고 압축하여 밀도를 높이고 강도를 높인 목재를 말하며 기계 부품 등에 쓴다.

⑧ 코르크(Cork)

- 코르크나무의 겉껍질과 속껍질 사이의 두껍고 탄력 있는 부분으로 잘게 부순 코르크에 접착제를 섞어 압착하여 만든 널빤지이다.
- 가볍고 보온성이 좋고 쉽게 타거나 썩지 않아 가구나 선박, 냉동고 등에 쓰인다.

⑨ 플로어링(Flooring)

- 일반적으로 마루 마감 재료의 총칭으로 플로어링 보드, 플로어링 블록 등으로 분류한다.
- 바닥 면은 경질(硬質)의 재료가 사용되고, 목재로는 느티나무, 참나무, 나왕 등이 많이 쓰인다.

02 플라스틱

1) 플라스틱의 특징 <small>23년 2회, 13년 4회, 11년 4회</small>

- 1930년대 석유화학의 발전의 영향으로 오늘날 여러 합성수지가 생산되어 일상 잡화에서부터 컴퓨터의 부품 등의 여러 분야에 사용되고 있는 친숙한 재료이다.
- 그 역사는 1909년도의 페놀수지의 공업화로 시작되어 천연수지와 비슷한 성질과 외관을 갖고, 인공으로 합성한 재료라는 뜻으로 합성수지라고 부르게 된 페놀수지의 출현 후 많은 종류의 플라스틱이 개발되어 우리 생활에 사용되고 있다.
- 주원료는 석탄과 석유인 유기재료이다.

장점	단점
• 가공이 용이하고 디자인의 자유도가 높음 • 착색이 용이 • 다양한 재질감 효과를 낼 수 있음(금속감, 나뭇결, 펄모양, 대리석 등) • 내수성이 좋음(녹 발생, 부식이 없음) • 전기 절연성이 우수하고 열팽창계수가 큼 • 열전도율이 낮음(차가운 느낌이 없음) • 다른 재료와 복합이 용이 • 내약품성이 우수	• 자외선에 약함 • 내열온도가 낮음 • 연소하기가 쉬움 • 표면의 경도가 낮으며 상처가 나기 쉬움 • 철에 비해 강도와 강성이 부족 • 반복하중에 약함

- 열적인 성질에 따라 가공하면 굳어지고 굳은 후에는 연화되지 않는 열경화성수지와, 성형이나 경화된 재료를 다시 가열 · 냉각하면 유동화와 경화를 반복하는 열가소성수지로 나눌 수 있다.

2) 열경화성수지 <small>21년 1회, 13년 1회, 10년 2회</small>

성형한 다음에 열을 다시 가하여도 불용의 상태가 되어 연화하지 않기 때문에 재사용이 불가능한 플라스틱을 말한다.

① 열경화성수지의 특징

- 열에 안정적이다.
- 거의 전부가 반투명 또는 불투명이다.
- 압축, 적층성형 등의 가공법에 의하기 때문에 비능률적이다.
- 성형 시 화학적 변화를 일으키지 않기 때문에 재사용이 불가능하다.
- 열 변형 온도가 150℃ 이상으로 높다.
- 열가소성 플라스틱보다 강도가 높다.

✔ 개념 체크

1 열경화성수지의 특징으로 옳은 것을 고르시오.
( )

㉠ 착색이 용이하고 열전도율이 낮다.

㉡ 자외선에 약하고 내열온도가 낮다.

㉢ 거의 전부가 투명하며, 열가소성 플라스틱보다 강도가 낮다.

㉣ 성형 시 화학적 변화를 일으키지 않기 때문에 재사용이 불가능하다.

1 ㉣

② 열경화성수지의 종류 22년 4회, 18년 3회, 15년 4회

종류	특징	용도
페놀수지(PF)	• 열경화성수지를 대표하는 플라스틱으로 절연성이 큼 • 전기 재료로 많이 사용되며 '베이클라이트'라고도 함	전기절연재료, 접착제, 도료
요소수지(UP)	• 탄산가스나 암모니아에서 얻은 요소에 포르말린으로 초기 축합물을 탈수하여 반응시켜 펄프, 착색제 등을 첨가시켜 만든 것 • 무색이며 착색효과가 자유로움	일용품, 장식용품의 접착제, 합판의 접착제
멜라민수지(MF)	• 멜라민과 포르말린을 반응시켜 만든 것 • 표면강도가 크며 내수성, 내약품성, 내용제성이 좋음 • 불투명으로 광택이 있음 • 멜라민 화장판 : 착색제와 무늬종이를 멜라민 접착제로 여러 겹 붙여서 압축 성형한 것	그릇, 쟁반
에폭시수지(DAP)	• 에폭시나 아민의 조합으로 각종 수지를 만들 수 있음 • 저압성형이 가능 • 내열성이 우수하여 열 변형 온도는 100℃에서 300℃ 정도의 것까지 얻어짐 • 전기적 특성도 우수하여 프린트 배선 기판 등에 쓰임 • 성형 시에는 FRP로 BMC(벌크몰딩컴파운드), SMC(시트몰딩컴파운드), FW(필라민트 와인딩) 등의 형태로 사용	구조용 금속 접착제, 도료
실리콘수지(SI)	• 플라스틱이 탄소가 주쇄의 주요 구성 요소인데 비해 탄소 대신에 규소와 산소가 번갈아 결합한 실록산 결합을 주쇄로 하고 있는 유기 고분자 화합물 • 전기특성이 좋아 전기 분야 용도에 적합 • 내후성, 위생상 무독하여 식품, 의료기구 등에 사용	식품, 의료기구
폴리우레탄수지(PUR)	• 강인하고 탄성이 풍부하며 내마모성, 전기특성이 좋음 • 내약품성, 접착성 등이 우수 • 단열재, 침구, 방음재 등에 사용	건재, 기구, 전기기구, 자동차, 스포츠용품, 도료
불포화 폴리에스테르수지(UP)	• 주쇄에 이중결합이 있는 폴리에스테르로, 스틸렌 모노머와 촉매를 혼합해서 가열, 반응시키면 가교반응을 일으키고 경화해서 강인한 재료가 됨 • 성형 재료는 유리섬유 등의 강화재를 배합해서 입상으로 한 것이나 시트모양의 것 등의 형태로 공급	어선, 보트, 주택자재, 스포츠용품, 자동차 부품

3) 열가소성수지 22년 1회, 13년 1회, 12년 5회, 10년 4회

합성된 고분자 화합물이 모인 것으로 상온에서는 고체이며 가열하면 용융해서 흐르고 식으면 원래의 고체로 돌아가는 성질이 있는 재료를 말한다.

① 열가소성수지의 특징

• 가소성이 크며 열변형 가공성이 용이하여 자유로운 형태로 변형이 가능하다.
• 탄성 및 신장률이 매우 좋다.
• 비중이 작지만 강도가 크다.
• 절연성이 크고 피막 형성성이 좋아 각종 필름, 도막 제작이 용이하다.

✅ 개념 체크

1 열경화성수지의 한 종류로 멜라민과 포르말린을 반응시켜 만들었으며 표면강도가 크고 내수성, 내약품성, 내용제성이 좋은 것은 ( )이다. 이는 그릇이나 쟁반 등을 만드는 데 사용된다.

1 멜라민수지(MF)

- 투명성과 광택이 좋다.
- 산, 알칼리, 화학약품에 안정하다.
- 고체에 대한 친화력이 우수하여 접착성이 좋다.
- 전기 절연성이 뛰어나다.
- 성형 시 화학적 변화가 일어나지 않고 물리적 변화만 일어나기 때문에 재사용이 가능하다.
- 열변형 온도가 낮아 150℃ 전후에서 변형된다.

② 열가소성수지의 종류

종류	특징	용도
염화비닐수지 (PVC)	• 비중이 1.4의 비결정성으로 유리질의 폴리머로 투명성이 좋음 • 전기절연성이 우수하며 아세톤 등 일부의 용제에 녹음 • 산·알칼리에도 침해되지 않고 내후성이 좋음	파이프, 시트, 레코드, 조인트, 용기
아크릴수지 (PPMA : 폴리메 타크릴산메탈)	• 플라스틱 중에서 가장 투명도가 높은 재료 • 단거리 광통신 케이블용 파이버로 각광을 받고 있음 • 표면의 광택이 우수하고 표면 경도가 높음 • 착색이 자유롭고 내광성이 좋음	창유리나 간판, 쇼케이스, 램프커 버, 렌즈, 장식품
폴리스틸렌 (PS)	• 폴리스틸렌 수지는 AS수지, BS수지, ABS수지 등이 있음 • 스틸렌계 수지는 수요가 많은 범용 수지 • 대부분이 사출성형 분야에서 차지 • 일반용 폴리스틸렌은 비중이 1.04~1.09의 투명성이 좋음 • 강성이 뛰어나며 경도가 큼 • 전기 특성 및 유전 특성이 넓은 주파수에 걸쳐서 우수	컵 등 1회용 용기, 장식용, 도료, 유리식기류, 고주파 절연재료
폴리에틸렌 (LDPE)	• 에틸렌을 중화하여 제조한 합성수지 • 저밀도 폴리에틸렌, 고밀도 폴리에틸렌 등이 있음 • 전기적 특성이 좋아 전화 케이블의 시설재로 널리 사용되며, 특히 유전특성이 우수하여 약전 관계의 절연 부분에 없어서는 안 될 재료	포장용 필름, 농업용 필름, 라미네이트 필름, 식품 포장재료
폴리아미드	• 강도, 내마모성, 내유성이 우수 • 흡수성이 높고 산이나 알칼리 스팀 등에 의해 가수 분해되어 열화 함 • 합성섬유로 개발되어 '나일론'이라는 상품명으로 실용화되어 나일론이라고도 함	공업용, 식품, 포장재료
폴리프로필렌 (PP)	• 투명한 수지로 간성 등 기계적 특성이 우수 • 반복응력에 대해 높은 저항성이 있음 • 내약품성, 산·알칼리에 침해되지 않음 • 스팀에도 잘 견디며, 전기 특성도 좋음	공업부품, 가전제 품, 자동차제품, 가정용품
폴리카보네이트 (PC)	• 유리질의 수지로서 가장 높은 내충격성을 가지고 있음 • 대표적인 엔지니어링 플라스틱의 하나 • 우수한 치수 정밀도, 치수 안정성을 가지고 있음 • 내열성과 우수한 전기 특성으로 전기·전자 기계 등의 정밀도 가 필요한 부품에 사용	TV, VTR새시, 카메라 바디, 자동차 범퍼

🅱 기적의 TIP

PVDC(염화비닐리덴)
유기계와 무기계 두 가지 재료를 혼합하여 만든 재료이다.

FRP(섬유 강화 플라스틱)
두 종류 이상의 재료를 복합하여 사용하는 복합 재료의 대표적인 것으로 기계적 강도가 매우 뛰어나 욕조, 선박, 정화조 등에 사용하는 재료이다.

✓ 개념 체크

1 열가소성수지는 전기 절연성이 뛰어나며 액체에 대한 친화력이 우수하여 접착성이 좋다. (O, X)

1 ×

4) 플라스틱 성형법

성형법	특징	종류
사출성형	• 가열하여 유동 상태로 된 플라스틱을 닫힌 상태의 금형에 고압으로 충전하여 이것을 냉각, 경화시킨 다음, 금형을 열어 성형품을 얻는 방법 • 고속, 대량, 자동화 생산이 가능 • 정밀도가 높고 안정된 성형품을 얻을 수 있음 • 원료의 낭비와 마무리 손질이 적음 • 아름다운 외관을 만들 수 있음	열가소 성수지
압출성형	• 플라스틱을 가열한 실린더 안에 녹여 회전하는 스크류에 의해 노즐을 통해 압출하여 단면이 같은 장척 부재를 만드는 방법 • 단면 모양이 복잡한 것도 만들 수 있음 • 복수 부재 및 복수 기능을 일체화한 성형이 가능 • 염화비닐 수지 이외의 가공기술이 떨어짐 • 로드★, 튜브, 바★ 등을 성형	
블로우 성형	• 재료를 연화시킨 후 공중체를 금형에 끼워 여기에 압축공기를 불어넣어 중체를 넓히고 금형에 밀착한 다음 냉각 · 경화시켜 성형품을 만드는 방법 • 병모양의 성형품을 만들 수 있음 • 손잡이가 있는 복잡한 성형품도 만들 수 있음 • 2종 벽 구조로 된 성형품을 만들 수 있음 • 종류가 다른 수지로 2층, 3층의 성형도 가능 • 소량 생산에 적합하지 않음 • 살이 얇고, 경량, 투명, 안정성 및 값이 싼 제품의 성형에 적합 • 세제, 식품, 화장품, 약품 등의 병의 생산이 가장 많음	
압축성형	• 가열한 금형에 원료를 투입하여 금형을 닫고 가압 · 가열한 다음 재료가 완전히 굳어지는 것을 기다려 성형품을 금형에서 빼내는 방법 • 성형비가 저렴하고 구조가 단순하여 시간이 짧게 걸림 • 복잡한 모양의 성형품에는 곤란함 • 내부 변형에 의한 균열이 발생하기 쉬움	열경화 성수지
주입성형 (주조법)	• 형에 액상의 열경화성수지를 주입하여 가열 · 경화시켜 성형품을 만드는 방법 • 소량 생산품으로 펜던트, 문손잡이, 토산품, 기념품, POP용	

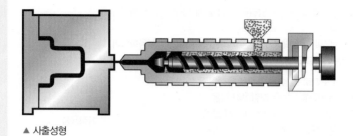

▲ 사출성형

★ 로드
단면이 둥글고 속이 비지 않은 압출형제(가는 것은 '와이어'라 한다)를 말한다.

★ 바
두께가 같고, 단면이 좌우 대칭, 속이 빈 압출형제를 말한다.

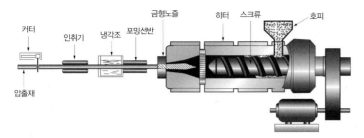

▲ 압출성형

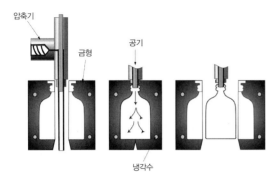

▲ 블로우성형

03 금속

1) 금속의 특징

· 고대부터 우리의 일상생활에 많은 영향을 주어 공예품이나 무기 등 다양하게 사용되어 왔다.
· 금속재료는 원광석으로부터 필요한 물질을 제련하고 정련하여 얻어지는데 순금속은 순도가 98~99%까지로 탄소의 불순물을 조금씩 포함하고 있다.

장점	단점
· 열 및 전기의 양도체 · 경도가 크고, 내마멸성이 풍부 · 전성과 연성이 좋음 · 외력의 저항과 내구력이 큼 · 이온화했을 때 양이온 · 불에 타지 않음 · 상온에서 고체 상태 결정체	· 색채가 다양하지 않음 · 비중이 큼 · 녹이 슬기 쉬움 · 비용이 많이 듦

✅ 개념 체크

1 열 및 전기의 양도체로 경도가 크고 내마멸성이 풍부하나 녹이 슬기 쉽고 가공 시 비용이 많이 들어가는 공업재료는 금속이다. (O, X)

1 ○

2) 금속의 분류

금속	철	• 철 : 선철, 순철, 주철 • 강 : 연강, 경강, 탄소강, 니켈강, 스테인리스강, 텅스텐강, 고속도강
	비철	• 구리와 합금 : 구리, 황동, 청동 • 알루미늄과 합금 : 알루미늄, 두랄루민 • 마그네슘과 합금 : 엘렉트론 • 티타늄과 합금
	기타	납, 주석, 니켈, 게르마늄, 규소, 형상기억합금, 아모르퍼스 합금
귀금속		금, 은, 백금, 팔라듐, 로듐, 루테늄, 오스뮴, 이리듐

3) 금속의 종류별 특성 12년 5회/4회

① 철

탄소(C) 함유량이 가장 중요하며, 탄소 이외에 규소(Si), 망간(Mn), 인(P), 유황(S) 등의 5개 원소로 이루어져 있다. 철재는 탄소 함유량에 따라서 선철, 순철, 주철 등으로 나누어진다.

구분	종류	특징	용도
철강	선철	• 철광석에서 직접 제조되는 철의 일종으로서 철 속에 탄소 함유량이 1.7% 이상인 것으로 고로(高爐) · 용광로에서 제철을 할 때 생기는 것 • 선철에는 백선, 회선, 반선 등이 있음	
	순철	불순물을 전혀 함유하지 않은 순도 100%인 철	선재, 판재
	주철	• 1.7~4.6% 이상의 탄소를 함유하는 철로 용광로에서 제조한 것 • 철 중에서 질이 무르고 가장 녹기 쉬워 주조성이 좋음 • 압축력과 파열에 견디는 힘이 매우 큼 • 내마모성, 내식성이 좋음 • 종류는 회주철, 백주철, 가단주철, 합금주철 등이 있음	냄비, 솥, 난로, 가스기구, 주철관
	연강	• 탄소 함유량이 0.3% 이하로 질이 부드럽고 연한 것 • 강도와 점성이 좋음	토목, 건축, 철골, 철도
	경강	탄소 함유량이 0.3% 이상인 것으로 단단하며, 강도와 내마멸성이 큼	차축, 로롤러, 스프링, 레일
	탄소강	• 철에 0.02~2.06% 탄소를 합금한 것 • 탈산제의 잔류로 규소와 망간이 함유되어 있음 • 저탄소강(탄소 함유량 0.02~0.255), 중탄소강(탄소 함유량 0.25~0.60%), 고탄소강(탄소 함유량 0.62~2.06%)	토목, 건축기구, 자동차, 철도, 교량, 선박, 일용품
	니켈강	탄소강에 니켈을 첨가하여 담금질이 잘되게 하여 강철을 강인하게 만든 특수강으로 점성이 뛰어남	자동차용, 교량, 기어, 차축, 크랭크축, 볼트
	스테인리스강	철, 크롬, 니켈의 합금강으로 내식성의 부족을 개선할 목적으로 만들어진 내식용 강(鋼)의 총칭	건축, 가구, 기계, 주방용품, 용기

✔ 개념 체크

1 토목, 건축, 철골, 철도에 사용되는 연강은 탄소 함유량이 (   )% 이하로 질이 부드럽고 연한 것을 말한다. 강도와 점성이 좋은 편이다.

1 0.3

구분	종류		특징	용도
철강	텅스텐강		스테인리스, 니켈의 합금강으로 점성이 좋아 가공하기 쉬움	단조용 공구, 파이프
	고속도강		• 표준조성은 텅스텐 18%, 크로뮴 4%, 바나듐 1%의 합금강 • 절삭용 공구에 사용되는 특수강	전기 공구

② 비철금속 21년 2회, 16년 4회, 11년 5회/2회

철 이외의 금속을 비철금속이라고 한다. 비철금속에는 구리(Cu), 주석(Sn), 알루미늄(Al), 니켈(Ni), 크롬(Cr), 텅스텐(W), 마그네슘(Mg), 납(Pb), 아연(Zn), 망간(Mn) 등이 있다.

구분	종류	특징	용도
구리와 합금	구리	• 전기 및 열의 양도체, 부식이 잘 안됨 • 색이 아름답고 절연성이 좋고, 비중은 8.96 • 아연, 주석, 니켈과 합금하면 귀금속적 성질을 가짐 • 오렌지계의 적동색의 고유색을 가짐 • 소금물에 부식됨 • 비철금속으로 열전도율이 가장 높음	기계부품, 건축용 재료, 가구장식, 화폐
	황동 (Cu+Zn)	• 구리에 아연 40% 이하로 합금한 것 • 아연이 많아지면 비중, 전기, 열전도율이 감소됨 • 구리보다 단단하고 가공이 용이	봉, 관, 전기용품, 기계부품
	청동 (Cu+Sn)	• 구리와 주석을 합금한 것 • 녹슬지 않는 내식성과 주형에 부으면 잘 흐름 • 청록색, 적황색, 회백색 등 색이 아름다움	공예품, 장식품
알루미늄과 합금	알루미늄	• 보오크사이트 광석에서 정련, 제련되어 가벼운 경금속 • 잘 부식되지 않는 내식성, 전기의 양도체, 전성과 연성이 풍부, 성형성이 좋고, 강도가 높음 • 주조용 알루미늄 합금 : 주조용으로 사용하기 위해 알루미늄을 구리, 아연, 규소 등과 합금 • 내열성 알루미늄 합금 : 알루미늄을 구리, 니켈, 마그네슘 등과 합금 • 두랄루민 : 강력알루미늄 합금으로 강도, 기계적 성질이 우수함. 알루미늄을 구리, 마그네슘, 망간, 규소 등과 합금	항공기, 자동차, 기차
마그네슘과 합금		• 비중이 1.743으로 가장 가벼움 • 항공기 등 기타 구조재에 사용 • 고온에서 발화하기 쉬워 분말이나 박으로 만들어 사진용 플래시로 사용	항공기 및 구조재, 사진용 플래시
티타늄과 합금		• 비중이 4.51이고 용융점은 높고 고온저항이 큼 • 내해수성이 우수 • 염산, 유산, 초산에 대한 저항이 큼 • 비중과 강도의 대비가 금속 중 가장 큼	제트기관, 터빈 블레이드, 수중용 시계 케이스

소결합금(Sintered Alloy)
금속의 분말을 압축성형한 후 고온에서 소결시킨 합금이다.

기타	납(Pb)	• 비중이 11.34로 금속 중 비중이 크고 연함 • 산성에 강하나 알칼리에 침식이 됨	항공기, 자동차, 기차
	주석(Sn)	비중이 7.298, 용융점이 231.84℃로 극히 낮기 때문에 나무형, 석고형, 시멘트형, 모래형 등 어느 주형에도 주조가 가능	완구, 식용품 캔
	니켈	은백색의 금속으로 비중이 8.85로 공기 중 잘 부식되지 않으나 아황산가스를 함유한 공기에는 심하게 부식됨	판, 봉, 관, 식품 공업용, 화폐, 전기 도금용
	게르마늄	• 비중이 5.36, 용융점은 9.58로 600℃까지는 산화되지 않음 • 취성이 있어서 가공이 곤란하며, 높은 온도가 요구됨	반도체 재료
	규소	• 일명 실리콘이라 함 • 비중 2.33, 용융점 1414℃를 가짐	트랜지스터 재료
	형상기억 합금	일정한 온도가 되면 원래의 형상으로 되돌아가는 금속	파라볼라(Parabola) 안테나★, 화재경보기
	아모르퍼스합금	• 일정한 결정 구조를 가지고 있는 금속을 녹아 있는 상태에서 1초 동안 100만℃로 급속 냉각시켜 새로운 결정 구조로 바꾼 금속 • 높은 강도를 가지고 있으며, 뛰어난 내식성과 내마모성, 자기 특성을 가지고 있음	

★ 파라볼라(Parabola) 안테나
달 표면에 세우는 우산 형태의 안테나를 말한다.

 기적의 TIP

형상 기억 합금의 고려사항
• 온도를 임의로 조절할 수 있는가
• 형상 회복에 따라 발생하는 힘은 어느 정도인가
• 몇 ℃에서 형상이 회복되는가

 기적의 TIP

열전도율이 큰 순서
Ag 〉 Cu 〉 Al 〉 Au
(은) (구리) (알루미늄) (금)

③ 귀금속

금(Au)	• 학명은 Aurum으로 아침의 태양광선, 찬란히 빛나는 아침햇살을 의미 • 석영맥속에서 산출 • 비중이 크고 전연성이 풍부 • 모든 금속중 가장 안정된 금속으로 공기나 물속에서도 영구히 변하지 않음
은(Ag)	• 학명은 Argentum으로 면심입방의 구조를 가지며 주광석은 휘은광에서 산출 • 전성과 연성이 금에 이어 큼 • 열과 전기의 전도성은 금속 중 가장 큼 • 의료기기, 전기용품, 양식기류 등에 사용
백금(Pt)	플라티늄(Platinum)의 회백색의 귀금속
팔라듐(Pd)	• 은백색으로 산출량이 비교적 많음 • 백금과 함께 핀, 선으로 가공하여 쓰임
로듐(Rh)	• 약간 푸르스름한 은백색으로 너무 단단하여 상온에서 가공이 불가능해 고온에서 가공 • 식기용 은제품, 소형시계의 도금으로 은의 변색을 방지
루테늄(Ru)	산화되기 쉬워서 600℃ 이상으로 가열하여 분말 상태로 된 것을 사용
오스뮴(Os)	• 회청색을 띤 은백색으로 염소와 같은 냄새가 남 • 순 금속으로 사용하는 경우가 없으며 생화학용 약품으로 사용
이리듐(Ir)	• 가공이 어려우며 2000℃ 이상에서 제조 • 분말 상태로 사용

④ 금속의 열처리 23년 1회, 21년 2회, 18년 3회, …

풀림	• 800~1000℃에서 가열한 후 서서히 냉각시키는 방법 • 가열에 의해서 금속을 정상적인 성질로 회복시키는 열처리 • 결정입자를 균일하게 하여 가공성을 좋게 하기 위한 열처리 방법
담금질	• 금속을 높은 온도까지 가열하여 물이나 기름의 용액 속에 급랭시키는 방법 • 단단한 성질을 얻게 됨
뜨임	• 200~600℃에서 가열한 후 대기 중에서 서서히 냉각시키는 방법 • 담금질에 의해 변화된 금속을 뜨임하면 담금질 이전의 상태로 돌아감 • 담금질과 풀림의 중간성질을 갖게 됨 • 경도가 컸으나 인성이 부족할 때 뜨임을 하면 인성과 경도가 높아짐
표면 경화법	표면이 마찰에 잘 견디도록 굳게 하고, 탄소 함유량을 부분적으로 열처리하여 충격에 견딜 수 있도록 하는 방법

⑤ 금속의 가공 11년 1회, 10년 5회

주조	• 용해한 금속을 모래형이나 금형의 주형 속에 부어 넣어서 굳게 한 후 각종의 형태로 만드는 것을 말함 • 주형에는 모래형과 금형이 있음 • 모래형은 주물사로 형을 만드는 것을 말하며 주형 한 개마다 사형 한 개가 필요함 • 금형은 금속의 형을 만드는 것으로 한 개의 주형으로 대량생산이 가능
단조	• 적당한 온도로 금속을 가열한 후 두들겨서 가압 성형하는 방법 • 단조에는 자유 단조, 형 단조, 업세팅 단조 등이 있음
단금	사람이 금속을 망치로 두드려 가면서 하는 작업을 말함
압연	상온에서 회전하는 두 롤러 사이에 재료를 통과시켜 봉이나 관을 만드는 가공법으로 판재, 대재, 형재, 관재 등을 성형함
압출	원료를 압출기에 공급하고 금형에서 밀어내어 일정한 모양의 단면을 가진 연속체로 변환하는 성형법으로 열가소성수지인 폴리에틸렌이나 염화비닐수지 등의 주요한 성형법
드로잉 (인발)	선재(線材)나 가는 관을 만들기 위한 금속의 변형 가공법으로 인발(引拔)이라고도 하는데 정해진 굵기의 소선재(素線材)를 다이(Die)라는 틀을 통해서 다른 쪽으로 끌어내어 다이에 뚫려 있는 구멍의 모양에 따른 단면형상의 선재로 뽑는 작업
판금	금속판을 소재로 하여 구부린다든가 접합한다든가 때로는 구멍을 뚫고 절단하기도 해서 자기가 원하는 모양의 물품을 만드는 금속공작을 말하며 판을 요철로 무늬를 내는 것을 말함
전조	• 전조다이스 사이에 소재를 끼워 소성 변형시켜 원하는 모양으로 만드는 가공법으로 상온에서 하며 나사나 기어를 만드는데 이용 • 전조다이스는 금형강·베어링강·합금공구강 등으로 만들어지며 나사 또는 기어의 모양으로 되어 있음
엠보싱 가공	얇은 철판에 두께의 변화를 주지 않고 표면과 이면에 오목한 부분과 볼록한 부분이 반복되도록 금형을 사용하여 성형하는 기법

> ✓ 개념 체크
>
> 1 (　　　)~600℃에서 가열한 후 대기 중에서 서서히 냉각시키는 방법으로 담금질과 풀림의 중간성질을 가지는 것을 (　　　)이라고 한다.
>
> 1 200, 뜨임

B 기적의 TIP

연마의 종류
• 샌드 블라스트법 : 분마연 마(분사가공)에서 미세한 규사 알갱이와 같은 연마 제를 압축 공기와 함께 금속 가공물에 분사하여 연마하는 방법이다.
• 버프연마 : 버프의 표면 또는 주위에 연마제 등을 부착해 버프를 회전시켜 소재를 연마하는 방법을 말한다.
• 전해연마 : 양극의 금속표면에 미세한 볼록 부분이 다른 표면 부분에 비해 선택적으로 용해하는 것을 이용한 금속연마법이다.

⑥ 금속의 표면 처리

도금	금속의 표면에 금, 은, 구리, 니켈, 크롬 등과 같은 금속을 얇게 정착시키는 것을 말함	
	금도금	전기, 전자 부품 속에 많이 사용
	은도금	장식용, 의료기기, 양식기류, 전기용품 등에 많이 사용
	탄도금	귀금속을 도금할 때 너무 많은 전류가 흘러서 거친 도금이 된 것으로 갈색, 무광택, 백색, 회흑색 석출물로 나타나는 도금 결함을 말함
도장	금속의 표면에 도료 등을 도포하는 것	
	핫스프레이 도장	• 가장 일반적인 도장법으로 건조 시간이 길고 광택이 좋음 • 흐름, 플링, 메마름이 적음
라이닝	금속의 표면에 합성수지나 고무 등을 입히는 것을 말함	
연마	금속에 광택을 내는 것으로 강제의 광쇠로 문질러서 금속광택을 낸 후 산화철분, 크롬분을 기름과 섞어서 마무리를 함	
	샌드 블라스트 법	주물 등 금속제품의 표면을 깨끗하게 마무리 손질을 하기 위해 모래를 압축공기로 뿜어대는 공법

04 점토, 석고, 석재

1) 점토 10년 2회

장석질*로서 규산이나 알루미늄을 함유한 화성암, 화강암, 석영 조면암 등이 온천 작용과 풍화 작용으로 오랜 시간이 흐른 뒤 변질된 생성물이다.

① 점토의 특징

• 습하면 가소성이 좋아진다.
• 건조 상태에서 강도가 커진다.
• 성형 능력이 좋으며 건조하면 수축하는 특징을 보인다.
• 미세한 입자가 많고 부식산이 많이 함유할수록 성형 능력이 증대한다.

② 점토의 분류

B 기적의 TIP

목절 점토의 특징
• 점토 원료 중에서 가장 가소성이 풍부하다.
• 백목절, 태목절, 청목절로 나누어진다.
• 유기물과 철분 등 불순물을 많이 함유하고 있다.

가소성 점토	• 점력을 높이기 위하여 사용하는 점토로 가소성과 건조성이 큼 • 유기물을 많이 함유하고 있으며 고령토보다 불순물이 많아 황색을 띰 • 도자기 원료로 쓰임 • 볼크레이, 와목 점토, 목절 점토 등이 있음
내화 점토	• 산출 상태에 따라서 1차 점토와 2차 점토로 나눔 • 1차 점토는 고령토, 2차 점토는 볼크레이가 있음 • 경질 내화 점토, 가소성 내화 점토, 고알루미나질 내화 점토 등이 있음
벽돌 점토	적점토라 불리는 것으로 기와나 벽돌 제조에 적합한 점토
석기 점토	가소성이 크고 소성온도(1160~1300℃)가 넓은 점토, 색상은 황색 계열의 회백색을 띰
고령토	고령토를 구성하는 주 광물은 카올리나이트(Kaolinite)질, 할로이사이트(Halloysite)질, 디카이트(Dickite)질 등으로 우리나라의 고령토는 다른 나라에 비해 풍화 잔류인 할로나이트가 주 광물로 되어 있음

③ 점토 제품의 분류 10년 2회

토기	• 소성온도 900℃로 유약을 사용하지 않은 점토를 재료로 하여 형태를 만들고 불로 구운 다공 질의 용기를 말함 • 다공질로 흡수성이 높음 • 날카로운 금속으로 기면을 긁으면 긁힘 • 소성온도가 높지 않아 입자와 입자에 공간이 많음 • 대부분 유약을 바르지 않음 • 원시시대의 기물, 화분, 기와, 토관, 테라코타 등이 이것에 속함
도기	• 소성온도 1,000~1,100℃로 점토질 원료를 성형한 뒤 산화 소성시켜 만듦 • 그릇, 타일, 위생도기·식기·장식품·미술품 등으로 쓰임 • 바탕에 불순물의 색이 남는 것을 조도기, 백색으로 구워진 것을 정도기라고 함
석기	• 점토를 재료로 하여 빚어서 단번에 구워낸 도자기로 자기와 도기의 중간쯤임 • 일반적으로 유색이고 투광성이 없음 • 유약은 식염유, 만강유, 기타 불투명한 브리스틀유 등을 시유한 것이 많음 • 제품으로는 부엌용 용기, 내열내산벽돌, 도관, 외장타일, 기와 등이 있음
자기	• 소성온도 1,300℃ 이상 • 투광성이 있고 매우 단단하며 경도 및 강도가 점토 제품 중 가장 크고 손끝으로 두드리면 가 벼운 청음이 남 • 건축용이나 장식용으로 사용

④ 점토의 제조 공정

원토처리 – 원료 배합 – 반죽 – 성형 – 건조 – 소성 – 냉각 – 검사

원토처리	대기 중 혹은 정제하여 사용
원료배합	모래나 사모토로 점성을 조절하며 산화철, 산화마그네슘으로 용융점을 낮춤
반죽	물로 반죽을 함
성형	대부분 기계로 성형을 함
건조	그늘에서 건조시킴
소성	제품에 따라서 소성온도를 조절하여 소성을 함
냉각	소성 후 냉각시켜 꺼냄
검사	검사

개념 체크

1 점토질 원료를 성형한 뒤 산화 소성시켜서 만드는 것으로 그릇, 타일, 위생도기, 식기, 장식품 등으로 쓰이는 점토 제품은 '자기'이다. (O, X)

1 ×

⑤ 점토 제품의 종류

벽돌	• 진흙과 모래를 차지게 반죽하여 틀에 박아서 600~1,100℃에서 구워 만들거나, 시멘트와 모래를 버무려 틀에 박아 만든 건조한 네모진 건축 재료 • 표준 크기는 190×90×57mm
타일	점토를 구워서 만든 겉이 반들반들한 얇고 작은 도자기 판, 벽이나 바닥 따위에 붙여 장식하는 데 사용
테라코타	• '점토(Terra)를 구운(Cotta) 것'의 뜻 • 벽돌, 기와, 토관, 기물, 소상 등을 점토로 성형하여 초벌구이 한 것으로 점토로 조형 작품을 그대로 건조하여 굽는 것으로 쉽게 만들 수가 있음 • 흡수성이 적고 색조도 자유롭지만 작은 작품에 한정됨 • 조금만 커지면 점토층이 두꺼워져서 구워낼 때 갈라질 우려가 있음
뉴 세라믹	• 천연 광물 원료는 불순물을 많이 포함하고, 그 함유량도 일정하지 않으므로 화학적으로 조정하여 제품의 순도를 높이거나 필요한 첨가물을 정확히 넣어 원하는 재료 특성을 갖게 한 세라믹을 말함 • 경도가 크고 가볍고, 고온에서도 잘 견뎌 인공 섬유, 인공 뼈, 인공 관절 등에 사용

2) 석고

① 석고의 특성

★ 단사정계
광물 결정 모양의 하나. 결정의 세 축 가운데 둘은 경사지게 만나고, 다른 하나는 그것들과 직각으로 만나되, 세 축의 길이가 각각 다르다. 휘석, 정장석, 석고 등에서 볼 수 있다.

• 황산칼슘의 이수화물로 이루어진 석회질 광물로 단사정계★에 속하며 기둥 모양 또는 널조각 같은 모양의 결정을 이룬다.
• 흔히 무색이지만 불순물이 섞이어 회색, 황색, 붉은색을 띠기도 한다.
• 석고는 열을 가하여 소석고(燒石膏)를 만들어 도자기 제조용 원형으로 쓰거나 분필, 모형, 조각, 시멘트 등의 재료로 쓴다.

② 석고의 분류

소석고	• 석고를 가열하여 결정수를 일부 없앤 흰색 가루 • 경석고에 비해 건조 시간이 짧음 • 석고원석을 190℃ 이내로 장시간 가열하면 소석고가 됨 • 작업 시 물의 중량비는 40~50% 정도 • 굳는 시간을 연장시킬 때는 식초를 사용 • 점도가 낮고 급응결성이므로 도벽시공에 불편함
경석고	• 500~1,300℃에서 소성함 • 경화시간은 1시간에서 1주일 정도로 긴 편임 • 굳기 시작한 것도 다시 사용할 수 있음 • 철 못에 녹이 생기기 쉬움 • 염산에 녹고 물을 흡수하여 석고가 됨
돌로마이트 플라스터	• 백운석을 소성한 후 가루 분말화, 채가름하여 제조 • 시공이 간단하며 청색을 띤 순백색에 가까움 • 인장강도와 수축이 크므로 초벌이나 재벌 시 고운 모래를 많이 혼합해서 사용
마그네시아 시멘트	• 백색, 담황색의 분말로 가수해도 경화 현상이 일어나지 않으나 염화마그네슘이나 황산마그네슘 등의 용액을 가하면 잘 경화함 • 안료를 섞어서 인조석을 만듦

✔ 개념 체크

1 소석고의 경우, 석고원석을 190℃ 이내로 장시간 가열하면 만들어지는 것으로 점도가 낮고 급응결성이므로 도벽시공에 불편하다. (O, X)

1 ○

3) 석재

① 석재의 특성

• 외관미, 내구력, 강도 등이 좋다.
• 압축강도, 비중이 크다.
• 대재를 얻기가 어렵다.
• 조직 방향에 따라서 강도의 차이가 난다.
• 경질인 화성암, 변성암은 흡수성이 작으나 응회암, 사암은 흡수율이 크다.

② 석재의 종류 13년 2회

화성암★	화강암	• 석영, 운모, 정장석, 사장석을 주성분으로 하는 심성암. 완정질로 이루어지며, 흰색 또는 엷은 회색을 띰 • 닦으면 광택이 나며 단단하고 아름다워서 건축이나 토목용 재료, 비석 재료 등에 쓰임(압축 강도가 가장 큼)
	안산암	• 사장석, 각섬석, 흑운모, 휘석 따위로 이루어진 화성암 • 검은 회색을 띠며, 단단하고 견디는 힘이 강하여 건축이나 토목에 쓰임
	감람석	• 마그네슘, 철 따위를 함유한 규산염 광물. 사방 정계에 속하며, 감람녹색 · 흰색 · 회색을 띰 • 빛깔이 곱고 맑은 것은 보석에 쓰임
	섬록암	• 각섬석과 사장석을 주성분으로 하는 심성암 • 녹색 및 녹색을 띠는 회색이며, 석영 · 운모 · 휘석도 가끔 들어 있음 • 조직이 단단하고 치밀하여 건축용 석재로 쓰임
	부석	화산의 용암이 갑자기 식어서 생긴 다공질의 가벼운 돌
수성암★	응회암	화산이 분출할 때 나온 화산재 따위의 물질이 굳어져 만들어진 암석으로 장식재로 쓰임
	사암	• 모래가 뭉쳐서 단단히 굳어진 암석. 흔히 모래에 점토가 섞여 이루어짐 • 건축 재료나 숫돌로 쓰임
	석회암	• 탄산칼슘을 주성분으로 하는 퇴적암 • 수중 동물의 뼈나 껍질이 쌓여 생기며, 섞여 있는 광물의 종류에 따라 여러 가지 색깔을 띰 • 시멘트, 석회, 비료 등의 원료에 쓰임
	점판암	• 점토, 화산재와 같은 세립질 퇴적물이 광역 변성 작용을 받아 만들어짐 • 변성암. 광물에 따라 초록색, 검은색, 누런색 등을 띰 • 평면적인 조각으로 잘 갈라지고 슬레이트, 석판, 벼룻돌 따위를 만드는 데 쓰임
변성암★	대리석	• 주성분은 탄산칼슘 • 석회암이 변질되어 만들어진 것 • 치밀, 견고하고 색채와 반문이 아름다움 • 열과 산에 약한 것이 결점 • 공예품, 조각품, 실내 장식용으로 적당
	트래버틴	대리석의 일종으로 다공질이며, 아치가 풍부한 특수 장식으로 이용
인조석		천연석의 모조품으로 시멘트에 모래를 혼입하고 각종 쇄석과 돌가루에 안료를 섞어 반죽하여 형에 넣거나 발라서 제조

★ 화성암
마그마가 냉각 · 응고되어 이루어진 암석이다.

★ 수성암(퇴적암)
퇴적 작용으로 생긴 암석이다. 기존 암석의 풍화 분쇄물, 물에 용해된 광물질 등이 물속에 침전되어 오랜 세월 동안 지열과 지압의 영향으로 응고, 경화된 석재이다.

★ 변성암
수성암 또는 화성암이 땅 밑 깊은 곳에서 온도, 압력 따위의 영향이나 화학적 작용을 받아 변질하여 이루어진 암석이다.

05 섬유와 유리

1) 섬유

- 주로 실과 직물의 제조 원료가 되는 가늘고 긴 유연성을 가진 물질이다. 실제로 인공적인 섬유를 만든 사람은 프랑스의 '샤르도네'이며, 나이트로셀룰로스를 에테르와 알코올의 혼합용액에 용해하여 1889년 파리 박람회에서 선을 보였다. 섬유들 중 면이나 마·모·견 등과 같은 천염섬유는 오래전부터 이용되어 왔다.
- 섬유는 천연섬유와 인조섬유로 나눈다. 천연섬유는 식물성섬유·동물성섬유·광물성섬유로 나누며, 인조섬유는 재생섬유·반합성섬유·합성섬유·무기질섬유로 구분한다.

① 천연섬유 22년 2회

방직 섬유 가운데 솜, 삼 껍질, 명주실, 털 등 천연물의 세포로 되어 있는 섬유를 말한다.

★ 흡습성
수분을 흡수하는 성질을 말한다.

천연섬유	식물성 섬유	• 종자섬유(면화, 케이폭) • 면화(무명) : 보온과 흡습성★이 좋고 비중이 높다. 취급이 쉬우며 열에 강함
		• 줄기섬유(아마, 대마, 저마, 황마) • 마 : 찬 느낌을 주고 수분의 흡수와 발산이 빨라서 여름 의복에 적합한 식물성 섬유 • 흡습성, 방습성, 내구성이 강함
		잎섬유(마닐라, 삼) : 마닐라 잎에서 채취한 섬유
		과실 섬유(야자섬유), 잡 섬유(볏짚, 왕골)
	동물성 섬유	• 모 섬유(양털, 낙타털) : 흡수성과 절연성, 탄성회복, 염색성 등이 좋음 • 열과 충해에 약함
		• 명주 섬유(가잠견, 야잠견) • 견 : 주성분은 단백질이며 흡습성, 보온성은 좋으나 빛, 마찰, 내구성이 약함
	광물성 섬유	• 석면섬유 • 석면 : 발화성 물질로 사용이 규제되고 있음

② 인조섬유

인공적으로 만들어낸 섬유를 통틀어 이르는 말로 천연섬유소를 쓴 재생섬유, 섬유소의 에스테르를 쓴 반합성섬유, 완전한 합성물인 합성섬유 등이 있다.

✓ 개념 체크

1 천연섬유에 대한 것으로 바른 것은 ○, 아닌 것은 ×에 표시하세요.

㉠ 식물성 섬유 – 종자섬유, 면화, 마, 잎섬유(마닐라, 삼) (○, ×)

㉡ 광물성 섬유 – 줄기섬유, 합성섬유, 무기질섬유 (○, ×)

㉢ 동물성 섬유 – 모 섬유(양털, 낙타털), 명주 섬유(가잠견, 야잠견) (○, ×)

1 ㉠ ○, ㉡ ×, ㉢ ○

	재생 섬유	섬유소섬유(비스코스 인견, 구리 암모니아 인견), 단백질섬유(우유, 단백질섬유), 목재 · 펄프 등의 섬유소나 단백질 · 천연고무 · 키틴 등을 약품에 녹여 섬유 상태로 뽑아낸 다음 약물로 처리하여 굳힌 화학섬유
		레이온 : 인조 견사나 인조 견을 통틀어 이르는 말로 흡습성과 부드러운 촉감을 가지며, 물에 젖으면 줄어들고 주름이 잘 짐
인조섬유	반합성 섬유	아세테이트 : 광택과 탄력성이 있고 가벼워 피복이나 의류 등에 사용
	합성 섬유	나일론 : 가볍고 부드럽고 탄력성이 강하나 습기를 빨아들이는 힘이 약함. 의류, 어망, 낙하산, 밧줄 등에 쓰임
		폴리에스테르 : 다가카복실산과 다가알코올의 축합 중합으로 얻는 고분자 화합물을 통틀어 이르는 말로 내약품성 · 내열성이 뛰어남. 가구, 건재, 합성섬유 등을 만드는 데에 쓰임
		폴리우레탄 : 우레탄 결합을 주요 구성 요소로 가지는 사슬 모양의 고분자 화합물을 통틀어 이르는 말로 스판덱스라고도 한다. 내열성 · 내마모성 · 내용제성 · 내약품성이 뛰어나며, 탄성섬유(스포츠 의류) · 도료 · 접착제 · 합성 피혁 원료 등으로 쓰임
		폴리아크릴 : 내열성 · 내후성 · 탄성 · 내화학성이 좋아 스웨터, 의류용, 모포 등에 쓰임
	무기질 섬유	유리섬유, 금속내열성섬유, 로크 울(Rock Wool)
		• 탄소섬유 : 유기 섬유를 소성하여 탄소만 남긴 섬유를 통틀어 이르는 말로 내열성과 탄성률이 높음 • 항공기 부품, 고온 단열재, 골프채, 낚싯대 등에 사용

③ 직물

경사와 위사의 두 실이 교차해서 직물을 만들며 직물의 종류에는 평직, 능직, 주자직을 직물의 3원조직이라고 한다.

평직	• 경사와 위사가 한 올씩 짜인 단순한 조직으로 튼튼하며 제일 많이 사용 • 광목, 옥양목, 명주, 포플린★, 태피터★ 등
능직	• 경사와 위사가 두 올 이상씩 교차하여 짜인 대각선의 조직 효과가 있어서 사문직이라고도 함 • 능직은 표면에 뚜렷한 능선이 나타남 • 평직에 비해 광택이 좋고 유연함
주자직	• 경사와 위사가 다섯 올 이상씩 교차하여 짜인 조직 • 표면이 매끄럽고, 광택과 촉감이 좋음 • 양단, 공단 등
첨모직	직물의 표면에 털이 나오도록 짜인 조직

★ 포플린(Poplin)
날실을 가늘고 촘촘하게 하고 씨실은 굵은 실을 이용하여 짠 부드럽고 광택이 나는 평직물이다. 주로 무명의 것을 이르며 와이셔츠나 여성복용으로 쓴다.

★ 태피터(Taffita)
광택이 있는 얇은 평직 견직물. 여성복이나 양복 안감, 넥타이, 리본 등을 만드는 데에 쓴다.

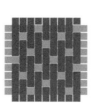

▲ 평직   ▲ 능직   ▲ 주자직

2) 유리 ^{23년 3회}

- 투명하고 내구성이 있고 광선을 굴절시키는 것으로 다른 재료에서 볼 수 없는 성질을 갖고 있다.
- 강철과 함께 주요한 재료로 사용되고 있다.
- 유리공예로 음식기, 꽃병, 장식품 등 많은 종류가 있으며 현대에는 기술의 발달로 경제적이며 보편적인 재료가 되었다.
- 특히 최근에는 글라스 파이버(Glass Fiber : IC직접회로 기판), 글라스 시트 (Glass Sheet), 콘덴서 등에 걸쳐 신소재로서의 적용성이 높아지고 있다.

① 유리의 특성 ^{11년 4회}

- 규사, 탄산나트륨, 탄산칼슘 등을 고온으로 녹인 후 냉각하면 생기는 투명도가 높은 물체이다.
- 보통 유리의 비중은 2.5~2.6 정도이다.
- 전기의 부도체이지만 표면의 습도량이 크면 전기 저항력이 약해지며 용융 상태에서는 전기가 통하게 된다.
- 유리의 휨강도는 430~630 kg/㎠ 정도이나 두꺼워질수록 휨강도는 작아진다.
- 광선을 굴절, 분산, 반사, 흡수, 투과시키는 성질을 가지고 있다.
- 고형* 상태로부터 완전한 용융상태로 될 때까지 점도가 연속적으로 변한다.
- 밀도, 굴절률은 서냉된 유리일수록 크며 도전율*은 급랭한 유리가 크다.
- IC 직접회로의 기판, 콘덴서 등에 걸쳐 신소재로서 적용성이 높아가고 있다.

② 유리 제품의 종류와 특징 ^{13년 4회, 05년 2회}

소다석회 유리	압축 세기는 크고 충격에는 약하지만 가장 흔하고 실용적임
칼륨석회 유리	소다석회 유리에 있는 소다 대신 칼륨을 넣은 것으로 광학 유리나 안경용 유리에 사용
알칼리납	유리 열 및 산에 약하지만 광선에 대한 굴절률이 커서 장신구나 광학용품에 이용
석영 유리	다른 성분을 함유하지 않고 거의 규산무수물로 이루어진 유리를 석영 유리라고 하며, 기계적 강도, 내화학성이 풍부해 화학기구 등 특수한 방면에 쓰임
강화 유리	• 고열에 의한 특수 열처리로 기계적 강도를 향상시킨 특수 유리로 일반 유리에 비해 강도가 3~5배 • 성형 유리판을 약 600℃로 열압, 공기를 뿜어 급랭시켜서 만듦. 깨지더라도 조각이 모나지 않게 콩알 모양으로 부수어짐. 가공이 불가능하므로 제작 전에 나사구멍, 절단 등의 작업을 하여야 함 • 건축용·산업용으로 많이 쓰임
스테인드 글라스	• 금속산화물을 녹여 붙이거나 표면에 안료를 구워서 붙인 색판 유리조각을 접합시키는 방법으로 채색한 유리판으로 주로 유리창에 쓰임 • 착색에는 구리·철·망가니즈와 같은 여러 가지 금속화합물이 이용되며, 세부적인 디자인은 갈색의 에나멜유약을 써서 표현함
색 유리	금속산화물을 원료에 섞어서 만든 유리

★ 고형
물체의 질이 단단하고 굳은 일정한 형체를 말한다.

★ 도전율
전기 전도율로 도체에 흐르는 전류의 크기를 나타내는 상수이다.

✓ 개념 체크

1 보통 유리의 비중은 2.5~( ) 정도이며 밀도, 굴절률은 ( )된 유리일수록 크며 도전율은 급랭한 유리가 크다.

1 2.6, 서냉

---

③ 유리의 제조 과정

> 원료조합 → 용융 → 청정 → 성형 → 서냉 → 인쇄 및 소부 → 검사

조합	• 유리의 조성을 정하는 과정으로 각 원료로부터 유리로 들어가는 산화물의 양을 계산하고 원료의 관리와 칭량★ 및 혼합 과정을 거침 • 혼합기에서 꺼낸 유리 원료는 될 수 있는 대로 저장하지 않고 곧 용융로에 넣어야 함 • 호퍼를 통해서 유리 원료를 넣음 • 운반 도중의 진동으로 유리 원료가 성분 분리를 일으킬 수 있기 때문에 규사, 석회석과 같은 비교적 큰 입자와 미분자가 분리되기도 하고 가벼운 성분과 분리됨
용융	• 유리원료가 가열되어 절질(切質)한 액상으로 변화하는 과정 중의 복잡한 물리, 화학적 변화를 말함 • 녹는점을 낮추기 위해 사용되는 용융제는 질산나트륨이나 형석을 사용
청정	용융한 유리 중에서 분해에 의해 생긴 기포가 있기 때문에 이것을 제거하고 유리의 액상으로서 균질하지 않은 것을 균질하게 만드는 것
성형	• 인공 성형법과 기계에 의한 자동 성형법으로 나눔 • 블로우 머신에 의한 방법, 수취법, 평판법, 로울러법, 기포유리의 제법, 앰플제법 등이 있음
서냉	• 제조 최후의 공정으로 성형된 제품의 품질 가치를 좌우함 • 성형물을 공기 중에서 냉각시키면 성형물 내 · 외층의 냉각속도 차이로 유리질 내에 틈이 생김
인쇄 및 소부	제품의 표면에 상표, 상품명을 인쇄하는 것
검사	생산된 제품은 외관, 용량, 중량, 치수, 매열, 내압, 알칼리 용출시험★ 등의 검사를 함

★ 칭량
보통은 천칭을 사용하여 물질의 무게를 측정하는 것을 말한다.

★ 용출시험
정제, 과립제 등의 고형 제제에 들어 있는 약물이 용매에 의하여 녹아 나오는 시간을 측정하는 시험을 말한다.

④ 유리의 성형법 16년 1회

블로우 머신에 의한 방법	주로 용기 생산에 많이 사용되는 것으로 병의 중량이 일정하면 형태가 다른 병도 동시에 생산할 수 있으며 생산효율이 좋고 대량생산이 가능
수취법	용해된 유리 소지를 취관 끝에 두고 불어서 늘리는 방법으로 가장 오래된 용기성형 방법
평판법	평판을 제조할 때 쓰이는 것으로 가마에서 정제된 용융 유리를 판형으로 수직 인상하는 포코울트식(F.Fourcoult)과 이를 개량한 피츠버그(Pittsburgh)식이 있음
롤러법	일반유리판, 형판 유리, 망입 유리 등에 주로 쓰이는 방법
기포유리의 제법	유리의 분해가스★ 발생제를 첨가해서 형틀에 넣고 가열한 후 서냉시켜 얻음

★ 분해가스(Cracked Gas)
석유 유분의 분해로 얻게 되는 가스를 말한다.

⑤ 유리의 표면처리

표면요철의 조절	• 플루오르산 수소액에 의해 부식하는 방법이 널리 쓰임 • 플루오르산 수소는 유리 표면을 급속히 침식시키므로 이러한 성질을 이용하여 부분 부식 등 유리표면을 가공함
표면의 박막 형성	유리의 표면처리 중 가장 효과가 큰 방법이며, 재료선택이 자유롭고 다양한 코팅 기술을 적용시킬 수 있음
가수분해에 의한 코팅	금속 산화물을 함유하는 용액을 적당한 수단에 의해 유리표면에 균일하게 코트(Coat)하여 건조시킨 후 정해진 온도에서 소성하는 방법. 균일성이 좋고 코트물질의 부착효율이 좋아 고급재료에 이용됨
진공 증폭법	진공 중에 증착물질을 가열, 기화시켜 유리의 표면에 코팅하는 방법

⑥ 유리의 가공

에나멜 소착	유리 표면에 실크스크린 프로세스 인쇄로 가공하거나 전사 소착하는 방법
금속 소착	금, 백금, 팔라듐 등을 페인트 상태로 하여 붓이나 인쇄로 가공하는 방법
연마	유리제품 성형 시 완전한 평형상태가 불가능함
부식	불화수소, 불화암모늄의 혼합액 등을 이용하여 유리를 불투명한 상태로 가공, 장식효과를 높이게 해주는 가공법
샌드 블라스트 (Sandblast)	금강사립의 크기, 뿜는 시간, 압력의 크기 등에 의해 텍스처가 결정됨 섬세한 부분이나 모서리 부분, 표면효과의 다양성 등에 이용
그래빌 (Grabill)	광선의 반사효과나 불투명감의 효과를 극대화시켜 아름다움을 더해주는 가공법

06 연마, 광택, 접착제

1) 연마

그라인더 연마	다듬질 면이 매끄러우며 가공의 정밀도가 높아 금속공예에 많이 사용
버프 연마	헝겊 등의 재료로 원주나 측면에 분말 연마제를 부착시켜 회전시키고 그것에 일감을 붙여 표면을 매끄럽게 다듬질하는 방법
전해 연마	• 전기 화학적 연마법으로 표면의 변질층이 생기지 않고, 복잡한 형상의 일감 등을 가는 데 이용 • 극히 부드럽고 질긴 금속과 아주 강한 금속질의 연마에 이용
약품 발색법	초산(HNO_3)에 염화아연이나 염산을 가한 용액 속에 담근 뒤 공간의 접촉을 하면서 곧바로 맑은 물에 행구면 금속 표면광택으로 발색시킬 수 있음

✓ 개념 체크

1 도자기 표면을 덧씌운 글라스 질의 피막인 (   )은 바탕의 흡수성을 없애고 도자기 자체의 강도를 늘리며 기면을 (   )나게 하고, 아름답게 만드는 효과가 있다.

1 유약, 광택

2) 광택

① 유약 ^{22년 1회, 17년 1회, 16년 4회}

- 잿물, 도자기를 구울 때 덧씌우는 약, 단순히 유(油)라고도 한다.
- 도자기 표면을 덧씌운 글라스 질의 피막으로 바탕의 흡수성을 없애고 도자기 자체의 강도를 늘리며 기면을 광택나게 하고, 아름답게 만드는 효과가 있다.
- 소성온도에 의해 고화도유와 저화도유 등이 있다.
- 외관에 의해 투명유, 불투명유, 매트유(윤을 지우는 유), 색유, 결정유 등이 있다.
- 성분에 의해 철유, 동유, 연유, 장석유, 회유, 소다유 등으로 분류된다.
- 성분은 규산과 산화알루미늄(알루미나)이 주체이고 여기에 나트륨, 칼륨, 칼슘, 마그네슘 등이 보태지고 종류에 따라서는 연, 아연 등이 쓰인다.
- 장석, 규석, 석회석의 3대 요소가 적절하게 혼합되어 만들어진다.

② 칠보

- 금속 등의 재료에 유리질을 녹여 붙이는 과정을 거쳐 아름답고 귀한 색상의 물건을 만드는 공예기법이다.
- 이때 부식을 방지하고 강도를 더해주어 마치 일곱 가지 보물과 같은 색상이 나타난다고 하여 '칠보'라고 한다. 우리나라에서는 '파란'이라고도 한다.

유선 칠보	바탕 표면에 가는 금속조각으로 문양을 만들고, 그 사이에 유약을 발라서 구운 것
무선 칠보	바탕에 경계선을 만들지 않고 유약만으로 문양을 나타낸 것
투명 칠보	바탕에 선각 또는 얕은 부조를 하고, 그 위에 투명유약을 바른 것
성태 칠보	유선 칠보의 바탕을 없앤 것
추기 칠보	문양을 두드려 나타낸 바탕에 얇은 투명유약을 바른 것

3) 접착제

① 동물성 접착제

아교	• 소, 말, 돼지 등의 가죽이나 근육 또는 뼈, 그 밖의 물고기 껍질 등으로 만든 동물성 접착제 • 엷은 색으로 투명성과 탄성이 큼 • 짐승의 가죽이나 뼈 등으로 만듦 • 주로 나무나 가구의 맞춤 접착제로 쓰임 • 내수성 · 내습성이 없는 것이 결점 • 먹, 회화용, 성냥 제조, 사진제판용 감광액 등에 쓰임
어교	물고기의 부레를 끓여서 만든 것으로 주로 목재에 사용
알부민	• 가축의 혈액을 이용하여 알부민의 접착력과 암모니아 또는 석회수를 혼합하여 사용 • 알부민은 글로불린과 함께 세포의 기초 물질을 구성하며, 동식물의 조직 속에 널리 존재
카세인	• 카세인은 우유 속에 약 3% 함유되어 있으면서, 우유에 함유된 단백질의 약 80%를 차지함 • 카세인의 화학 조성은 아미노산 외에 1%의 인과 1%의 당을 함유하고 있음 • 카세인에 암모니아수와 석회수를 혼합하여 만든 것 • 목재, 수성페인트의 원료로 사용

✔ 개념 체크

1 다음 중 동물성 접착제에 대한 특징으로 옳은 것을 고르시오. (　　)

㉠ 어교 – 내수성, 내습성이 없는 결점을 가진다.

㉡ 아교 – 짐승의 가죽이나 뼈 등으로 만들고 주로 나무나 가구의 맞춤 접착제로 쓰인다.

㉢ 알부민 – 아미노산 외에 1%의 인과 1%의 당을 함유하고 있다.

㉣ 카세인 – 가축의 혈액을 이용하며, 동식물의 조직 속에 널리 존재한다.

1 ㉡

② 식물성 접착제 ^{10년 1회}

전분(녹말풀)	• 감자, 밀, 옥수수, 고구마 등의 전분을 물에 섞은 후 가열하여 만든 것 • 내수성과 부패성이 약함 • 종이류, 일반 사무용 접착제로 사용
콩풀	• 콩으로 갈아 만든 것으로 내수성이 크며 상온에서 붙일 수 있음 • 내수성이 좋으나 접착력이 떨어짐
옻풀	• 옻나무의 수피에서 나오는 액과 밀가루를 혼합하여 사용 • 도자기, 목재용으로 사용
아라비아고무	아라비아 고무나무의 수목에서 분비되는 황색의 투명한 고무를 원료로 만든 것

③ 합성수지 접착제 ^{08년 1회}

페놀수지 접착제	• 알코올 용액형으로 페놀류와 포름알데하이드류를 축합 반응시킨 것을 주성분으로 한 접착제 • 접착력이 크고, 내수 · 내열 · 내구성이 뛰어나지만, 사용 가능 시간의 온도에 의한 영향이 큼
요소수지 접착제	• 요소와 포름알데히드의 축합으로 얻어지는 요소수지를 사용한 열경화성수지 접착제 • 내수성은 뛰어나지만 노화성이 큼
실리콘수지 접착제	• 알코올과 벤젠 등을 60% 정도의 농도를 녹여서 만든 것으로 고온에서도 견디어 절연성과 내수성이 우수 • 접착력이 좋아 모든 재료에 사용
비닐수지 접착제	• 화염과 독성에 강하며, 안정성도 우수 • 값이 싸서 목재, 종이, 섬유, 가구 등에 사용
멜라민수지 접착제	• 멜라민수지 접착제는 내수성, 내열성, 접착성, 내약품성이 양호하고, 가사 시간이 길어서 취급하기가 쉽다는 장점이 있으나, 값이 비싸기 때문에 용도는 한정되어 있음 • 금속과 유리를 제외한 목재나 합판용으로 사용
에폭시수지 접착제	접착력이 가장 우수하여 금속, 항공기, 플라스틱 등 다양한 분야에 사용

✔ 개념 체크

1 실리콘수지 접착제는 알코올 용액형으로 페놀류와 포름알데하이드류를 축합 반응시킨 것을 주성분으로 한 것으로 접착력이 크지만 사용 가능 시간의 온도에 의한 영향이 크다. (O, X)

1 ×

이론을 확인하는 / 기출문제

01 다음 중 오버레이 합판에 관한 설명으로 옳은 것은?

① 합판에 드릴프레스로 구멍을 뚫어 흡음효과가 있다.
② 합판표면에 특수한 무늬를 전사 인쇄한다.
③ 합판표면에 합성수지판 등을 입힌다.
④ 합판표면에 금속판을 접착한다.

오버레이 합판은 표면에 합성수지나 종이, 베, 알루미늄판 등을 입힌 합판을 말한다.

오답 피하기
①은 유공 합판, ②는 프린트 합판을 설명한 것이다.

02 플라스틱 재료의 특성이 아닌 것은?

① 열전도율이 낮다.
② 표면의 강도가 크고, 불합성 재료이다.
③ 가공이 용이하고 디자인의 자유도가 높다.
④ 전기 절연성이 우수하다.

플라스틱의 특성 중 표면의 강도가 낮아 상처나 긁힘이 생긴다.

오답 피하기
일반 강도는 크나 표면 강도는 약하다.

03 열경화성수지에 대한 설명으로 틀린 것은?

① 성형 시 화학적 변화를 일으키지 않기 때문에 재사용이 가능하다.
② 압축, 적층 성형 등의 가공법에 의하기 때문에 비능률적이다.
③ 거의 전부가 반투명 또는 불투명이다.
④ 열에 안정적이다.

열경화성수지는 재사용이 불가능한 수지이다.

오답 피하기
가소성은 재사용이 가능하고, 경화성은 재사용이 불가능하다.

04 다음 중 금속의 성질이 아닌 것은?

① 고체 상태에서 결정체이다.
② 열 및 전기의 양도체이다.
③ 전성과 연성이 좋다.
④ 비중이 비교적 작다.

금속은 비중이 큰 재료다.

05 규사, 탄산나트륨, 탄산칼슘 등을 고온으로 녹인 후 냉각하면 생기는 투명도가 높은 물체이며, IC 직접회로의 기판, 콘덴서 등에 걸쳐 신소재로서 적용성이 높아가고 있는 것은?

① 금속재료
② 플라스틱재료
③ 세라믹재료
④ 유리재료

투명도가 높다는 것에 힌트가 있다. 투명도가 가장 높은 것은 유리재료이다.

오답 피하기
세라믹은 비금속 무기질 고체 재료, 유리, 도자기, 시멘트, 내화물 등을 통틀어 이른다.

▶ 합격 강의

01 도료의 구성 19년 1회, 17년 2회, 15년 4회, …

- 페인트나 에나멜과 같이 고체 물질의 표면에 칠해 고체막을 만들어 물체의 표면을 습기나 빛·약품 등으로부터 보호하고 녹과 부식을 방지하며 아름답게 하는 유동성 물질을 말한다.
- 칠한 후에는 빨리 건조하는 것이 좋다.

★ 도막
물체의 표면에 칠한 도료의 얇은 층이 건조, 고화, 밀착되면서 연속적 피막이 형성되는 것을 말한다.

⊕ 더 알기 TIP

도료의 일반적인 조건
- 색깔의 변색과 퇴색이 없어야 한다.
- 색깔의 광택이 지정된 것과 일치해야 한다.
- 여러 가지 성능도 갖출수록 좋다.
- 강한 도막★을 형성할 수 있어야 한다.
- 부착성이 좋아야 한다.
- 도막의 경도가 높아야 한다.

1) 전색제

- 도료 속에서 안료를 분산시키는 액체상의 성분으로 천연수지·합성수지·섬유소·전분·동식물유·카세인 용매 등이 사용되며, 건조시간을 짧게 하기 위해 일반적으로 유류 등을 사용한다.
- 전색제는 도장하고자 하는 표면에 도막을 형성시켜 안료를 고착시켜 주는 역할을 한다.
- 전색제의 구성 성분은 용제, 중합체, 첨가제 등이 있다.

★ 점착제
물질을 달라붙게 하는 작용을 하는 물질이며, 풀, 고무풀 등이 있다.

★ 스탠드 유(Stand Oil)
아마인유를 가열한 것이다.

유성 페인트	보일유화한 들깨기름, 동유, 마유, 콩기름, 어유
수성 페인트	카세인 등의 점착제★ 수용액
에나멜	오일니스(Oil Varnish)나 스탠드 유★ 등이 사용됨

2) 안료 17년 1회, 16년 2회, 13년 4회

물 및 대부분의 유기용제에 녹지 않는 분말 상의 착색제로 백색 또는 유색이며 아마인유·니스·합성수지액·아라비아고무 등 전색제에 섞어서 도료·인쇄잉크·그림물감 등을 만들어 물체 표면에 착색하거나, 고무·합성수지 등에 직접 섞어서 착색한다.

① 무기안료 ^{23년 3회, 16년 4회}

- 열이나 햇볕에 안정적이고 색이 변하지 않는 특징으로 동굴의 벽화에서 찾을 수 있다.
- 천연 광물성 안료로 내광성과 내후성, 내약품성 등이 우수하다.
- 유기안료에 비해 색상이 선명하지 못하다.

흰색 무기안료	산화아연, 리토폰(ZnS+BaSO₄), 연백(2PbCO₃ · Pb(OH)₂), 탄산칼슘(CaCO₃), 티탄백(착색력과 은폐력이 가장 좋음)
황색 무기안료	크롬황(PbCrO₄), 아연황(ZnCrO₄), 카드뮴황(CdS)
주홍색 무기안료	황화수은(HgS)
붉은색 무기안료	벵가라(Fe₂O₃), 연단(Pb₃O₄)
녹색 무기안료	크롬록(크롬황+감청+BaSO₄), 산화크롬(Cr₂O₃)
흑색 무기안료	카본 블랙

② 유기안료

- 염료를 물에 녹지 않는 형태로 만든 것으로 색도 선명하고, 착색력도 크다.
- 임의의 색조를 얻을 수 있으나 내광성과 내열성이 떨어진다.
- 투명성이 우수하고 오일니스 등과도 친화성이 크다는 등의 이점이 많다.

3) 용제 ^{22년 2회, 12년 4회}

- 도막 원료를 용해하거나 묽게 하여 바르기 쉽게 한다.
- 수지를 용해하여 도막에 평활성을 부여하는 성분으로 도료의 점도, 유동성, 증발속도를 조절해 주는 물질이다.
- 도료의 점착력을 줄이고 솔질을 수월하게 하여 모체에 대한 기름의 흡수를 조절하기 위하여 쓰는 것으로, 주로 테레빈유★를 사용하여 벤젠, 벤졸 등이 있다.

4) 건조제

- 물질 속의 수분을 제거하여 건조하기 위해 사용되는 약품
- 수분과 반응하여 수분을 고착시키는 화학적 작용과 수분을 흡착 또는 흡수하는 물리적 작용으로 대별되는데, 건조제를 사용하여 건조할 때 가장 중요한 일은 건조하려는 물질에 알맞은 건조제를 선택하는 일이다.
- 건조제로는 납, 망간, 코발트★ 등이 있다.

5) 첨가제

도료의 필요한 기능이나 사용 목적에 맞도록 조성하는 성분으로 도료 속에 적은 양을 가미하여 사용한다.

★ 테레빈유(Turpentine Oil)
송진을 수증기로 증류하여 얻은 정유이다.

★ 코발트(Cobalt)
원소기호는 Co로 쇠보다 무겁고 단단한 회백색의 금속이다. 연성과 전성, 강한 자성이 있으며, 석유 합성의 촉매, 유리 착색의 도료, 도금 원료, 강철 합금 등에 쓰인다.

02 도료의 종류

1) 페인트 23년 1회, 12년 5회, 11년 2회/1회

수성 페인트	• 재료 중 취급이 간편하며, 발화성이 낮고 경제적인 도료 • 안료를 물로 용해하여 수용성 교착제와 혼합한 분말 상태의 도료 • 시판되는 것은 대부분 흰색이므로 원하는 색을 내고자 할 때는 수성 조색제나 아크릴 물감을 사용 • 전색제에는 카세인(Casein) · 소석회 · 아교 · 덱스트린 · 아라비아고무 등이 있음 • 수성 페인트는 건물 외벽이나 콘크리트, 시멘트벽, 목재, 벽지 등에 주로 사용
유성 페인트	• 보일유와 안료를 섞어 만든 불투명한 도료 • 보일유의 양에 따라 된 반죽 페인트는 안료를 최소량의 보일유와 섞어놓아 걸쭉한 상태의 페인트 • 조합 페인트는 일정한 용도를 목적으로 미리 배합하여 제조된 페인트 • 보통 철재 및 목재에 칠하는 일반적인 도료가 유성 페인트
에멀전 페인트	유지나 합성수지를 물에 분산시켜 안료를 섞어 만든 것으로 금속에 사용
에나멜 페인트	• 오일니스와 안료가 주성분 • 건조가 빠르고 광택이 잘나며, 내열성, 내유성, 내약품성이 좋고 경도가 큼 • 초벌칠용과 덧칠용이 있음 • 건축용, 차량, 선박, 기계 등에 널리 사용

2) 바니시

• 도료의 일종으로서 니스라고도 하며 유성 니스, 휘발성 니스 등이 있다.
• 천연 수지, 합성수지 등을 건성유와 같이 가열-융합시켜 건조제를 넣고 용제로 녹인 도료이다.
• 일반적으로 도막은 투명 또는 반투명이어서 바탕을 투시할 수 있다.
• 불투명 피막을 형성하는 도료를 페인트라고 하는 반면 광택이 있는 투명한 피막을 만드는 것을 바니시라고 한다.
• 휘발성 니스는 수지를 알코올 등의 휘발성 용제로 용해시킨 것이다.
• 바니시는 건조가 빠르고 광택, 작업성, 점착성 등이 좋으나 내약품성이 나쁘다. 칠하면 매끄럽고 광택이 나고 투명막으로 되므로 주로 옥내 목부 바탕의 투명 마감 도료로 사용된다.

3) 래커

• 셀룰로오스 도료라고도 하며, 안료를 넣은 것은 래커 에나멜이라고 한다.
• 재료나 제품의 미장, 보호를 목적으로 하는 도료이다.
• 도막이 견고하고 건조가 빠르며 광택이 좋고 연마가 용이하다.
• 내마멸성, 내수성, 내유성이 강한 고급 도료이다.
• 건축, 가구, 차량용으로 사용되며 특히 목재부분의 도장에 많이 사용된다.

🅕 기적의 TIP

스트리퍼블 페인트 (Strippable Paint)

• 바탕이나 도막 위에 부착하지 않는 도막을 형성하고, 그들을 보호하는 도료. 필요한 보호 기간을 거친 다음 쉽게 벗겨서 제거할 수 있다.
• 도장재의 더러움 방지를 위해 일시적으로 사용한다.
• 필요할 때 간단히 벗겨낼 수 있다.
• 비닐계 수지이다.

✅ 개념 체크

1 래커는 건조가 빠르고 광택, 작업성, 점착성 등이 좋으나 내약품성이 나쁘다. 칠하면 매끄럽고 광택이 나면서 투명막이 생기므로 주로 옥내 목부 바탕의 투명 마감 도료로 사용된다. (O, X)

1 ×

4) 합성수지 도료

- 안료 등의 착색제를 합성수지와 첨가제를 배합한 도료이다.
- 도장에 의해 피도장물 표면에 부착성 보호피막이나 장식용 피막을 형성한다.
- 내수성, 내유성, 내약품성이 우수하며 목재, 금속, 콘크리트 등의 도장에 사용된다.
- 합성수지로는 알키드수지 도료, 요소수지 도료, 아크릴수지 도료, 아미 노계, 불포화 폴리에스터수지 도료, 에폭시수지 도료, 우레탄계, 페놀계, 비닐계, 실리콘계 등이 있다.

5) 천연수지 도료 22년 3회, 16년 1회

옻	주성분이 우루시올★이며 용제가 적게 들고 광택이 우아하여 공예품에 주로 사용되는 천연 수지 도료로 나무껍질에 상처를 내고 채취한 수액(생옻)에서 얻은 도료이며, 옻액에 건성유·수지 등을 배합함
캐슈계 도료	캐슈 열매 껍질에서 추출한 액과 포르말린의 축합물(縮合物)을 주성분으로 하고, 여기에 각종 합성수지를 가한 것을 전색제로 한 도료인데 도막은 옻과 비슷하고 값이 저렴
유성 페인트	• 보일유를 전색제로 하는 도료이며 보일유의 원료 건성유는 아마인유·콩기름·동유·어유 등이 사용됨 • 안료와 보일유의 배합비에 따라 된 반죽 페인트와 조합 페인트로 나누어짐
주정 도료	수지를 알코올에 용해할 니스와 안료를 가하여 착색한 도료

★ 우루시올(Urushiol)
카테콜 유도체의 혼합물로 옻나무 껍질에서 나오는 연한 노란색 액체를 말한다.

6) 도장 방법

표면처리가 끝난 피도물을 오염에 의한 표면결함을 방지하기 위해 표면처리 후 8시간 내 도장되어야 하며 하루를 넘겨서는 안 된다. 도료는 각각의 도료를 충분히 교반 후 제품 및 기술 자료에 표시된 혼합비에 따라 혼합해야 하고 희석이 필요한 경우 반드시 지정된 희석제를 사용해야 한다. 다액형 도료는 도장 전에 미리 혼합하여 가사시간 내에 사용해야 한다.

① 붓 도장

- 붓은 소지의 종류나 상태, 도료의 종류 등 용도에 맞는 붓을 선택한다.
- 좋은 붓은 털에 광택이 있고 촉감이 좋으며 잘 휘어지지 않는다.
- 붓으로 도장할 때 영향을 받는가를 확인해야 한다.
- 도장 속도가 느리기 때문에 적은 면적을 도장할 때나 협소한 지역을 도장할 때 주로 사용한다.

✔ 개념 체크

1 옻은 주성분이 (   )이며 용제가 적게 들고 광택이 우아하여 (   )에 주로 사용되는 천연 수지 도료이다. 나무껍질에 상처를 내고 채취한 수액에서 얻을 수 있다.

1 우루시올, 공예품

★ 하이빌드 도료
후막에 의해 고성능을 얻는 도료로 교량, 탱크, 건축 및 선박 등의 대형 철강 구조물에 사용한다. 특히 부식 성분을 도장막이 차단하는 데 중점을 둔 것이다.

② 롤러 도장

- 롤러 도장은 붓 도장 같이 일정한 도막 두께를 유지하기가 어려우므로 표면이 거칠거나 불규칙한 부분에 특히 주의 깊게 도장을 해야 한다.
- 평활한 표면에서는 섬유가 짧은 것을 사용하고 기타 표면에는 섬유가 긴 것을 사용하고 붓 도장과 같이 하이빌드형 도료★를 도장하는 데는 사용하지 않는다.

③ 에어 스프레이 도장

- 압축공기를 사용하며 표면 도장의 마무리 작업을 할 때 미세한 부분까지 작업할 수 있다.
- 다양한 스프레이 패턴과 도료의 점도를 조절하여 도장할 수 있다.
- 훌륭한 도막의 외관을 얻기 위해서는 공기의 양과 압력 그리고 유속이 삼위일체가 되어야 한다.
- 에어 스프레이 도장은 도료의 손실량이 많다.
- 공기 중에 일시적으로 남아 있는 도료의 입자는 건조되면서 도장물 표면에 묻게 되어 도막 표면을 거칠게 만들기 쉽다.
- 에어 스프레이 도장은 금속, 목재, 플라스틱 도장에서 넓게 이용된다.

④ 전착 도장(Electro-Deposition Coating)

- 전착용 수용성 도료 용액 중에 피도물을 양극 또는 음극으로 하여 피도물과 그 대극 사이에 직류 전류를 통하여 피도물 표면에 전기적으로 도막을 석출시키는 도장 방법이다.
- 자동화로 대량생산이 가능하며 도료 손실이 없고 도막 두께가 일정하며 화재 위험이 없다. 단, 도전성 피도물이어야 하며 재도장이 불가능하고 소량 생산에 부적합하며 색상 교체가 곤란하다.

음이온 전착 도장	피도물에 양극을 통하게 하여 전착 도장하는 도장 방법
양이온 전착 도장	피도물에 음극을 통하게 하여 전착 도장하는 도장 방법

✅ 개념 체크

1 도장 방법에 대한 것으로 바른 것은 ○, 아닌 것은 ×에 표시하시오.

㉠ 롤러 도장 – 도장 속도가 느리기 때문에 적은 면적을 도장할 때 주로 사용한다. (O, X)

㉡ 에어 스프레이 도장 – 압축공기를 사용하며 표면 도장의 마무리 작업을 할 때 미세한 부분까지 작업할 수 있다. (O, X)

㉢ 핫 스프레이 도장 – 흐름, 풀림, 메마름이 적고 물체와의 스프레이 거리는 가깝게 하고 조작 속도를 느리게 한다. (O, X)

1 ㉠ ×, ㉡ ○, ㉢ ○

⑤ 핫 스프레이 도장 10년 1회

- 고점도 도료는 스프레이 도장을 할 수 없으므로 도료의 점도를 저하하는 수단으로 가온하는 스프레이 도장 장치이다.
- 건조에 충분한 시간이 필요하며, 광택이 좋다.
- 흐름, 풀림, 메마름이 적고 물체와의 스프레이 거리는 가깝게 하고 조작 속도를 느리게 한다.
- 공기의 소비량이 작다.

⑥ 도장 작업에 의한 재해

- 화재, 폭발
- 자연발화(혼합발화도 포함), 유기용제 중독, 피부점막의 자극 등
- 도장기계기구에 의한 재해
- 배기장치에 의한 재해
- 건조설비에 의한 재해, 고소작업★에 의한 재해, 감전재해, 기타 등

★ 고소작업
높은 곳에서 작업하는 것이다.

⑦ 도장 작업 시 재해 방지

설비면의 대책	도장기계 기구, 건조 설비, 기타 등
작업면 등의 대책	환기, 화기 관리, 유해물 대책, 교육 훈련 등

03 염료

1) 염료의 역사

- 염료 사용의 역사는 오래되어 BC 2000년경에는 쪽염색이 행해졌다.
- 1856년 'W.H.퍼킨'이 최초의 합성염료인 모베인 합성에 성공하고 이듬해 영국에서 공업화 될 때까지는 주로 천연염료가 사용되었다.
- 천연염료는 대부분 견뢰도★가 낮고 색조가 선명하지 않으며 염색이 복잡하기 때문에 점차 합성염료로 대체되어 오늘날 천연염료는 공예품 등 특수한 용도에만 사용되고 있다.
- 오늘날 유기화학의 발달은 합성염료의 진보에 힘입어 20세기에 많은 배트염료★가 독일에서 개발되어 1910년경 독일이 세계 염료의 80%를 생산했다.
- 염료의 합성기술은 화약류나 독가스의 제조 기술에도 적용되었기 때문에 제1차 세계대전을 계기로 각국이 염료공업의 발전에 힘을 쏟아 여러 나라에 염료공업이 보급되었다.
- 1912년 불용성 아조염료인 나프톨 AS, 1915년 합금속 염료, 1930년 안트라퀴논계 아세테이트염료 등이 개발되어 시판되었다.
- 제2차 세계대전 후 형광 백색염료, 중성 금속함유염료, 합성섬유용 염료, 반응성 염료 등이 미국과 유럽 각국에서 제조되었다.
- 염료는 물과 기름에 녹지 않고 가루인 채로 물체 표면에 불투명한 유색막을 만드는 안료와 구별하며, 물체에 따라서는 같은 유색물질(색소)이 염료로 사용되는 경우도 있고 안료로 사용되는 경우도 있다.

★ 견뢰도
굵고 튼튼한 정도를 말한다.

★ 배트염료(Vat Dyes)
물에 녹지 않는 염료에 알칼리성 환원제인 하이드로설파이트와 수산화나트륨을 가하여 가온하면 생기는 류코화합물을 공기 산화시켜서 만들어진 염료를 말한다.

✔ 개념 체크

1 (   )는 대부분 견뢰도가 낮고 색조가 선명하지 않으며 염색이 복잡하기 때문에 점차 합성염료로 대체되었다. 오늘날에는 공예품 등 특수한 용도에만 사용하고 있다.

1 천연염료

2) 천연염료

홍화와 같은 직접 염료와, 남이나 패자와 같이 건축 자재에 속하는 것이 있는데, 꼭두서니★, 로그우드★, 차륜매★, 코치닐★과 같이 금속 매염 염료에 속하는 것이 압도적으로 많다.

★ 꼭두서니
우리나라 각처에서 자라는 다년생 덩굴식물이며, 뿌리에 출혈을 멎게 하는 성분이 있다.

★ 로그우드(Logwood)
쌍떡잎식물 장미목 콩과의 소 교목으로 서인도와 중앙아메리카가 원산지이다.

★ 차륜매
쌍떡잎식물로 장미과에 속하는 관목이다.

★ 코치닐
선인장에 기생하는 곤충의 수컷 및 그것에서 추출하는 적색계의 염료이다.

식물염료	식물의 뿌리, 껍질, 물관부, 꽃잎, 열매, 잎사귀, 줄기 등에 포함되는 색소 및 여기에서 채취한 염료로 꼭두서니, 로그우드(Logwood), 소귀나무, 심황, 오배자, 쪽, 치자나무, 카테큐(Catechu), 해당화, 홍수피, 황벽나무 등이 있음
동물염료	• 동물로부터 채취하는 색소를 염료로 하여 이용하는 것 • 동물이 분비하는 색소, 동물조직체의 일부에 포함되어 있는 색소 등이 있음 • 붉은 색 : 연지벌레의 암컷에서 얻게 되는 색소로 카민이라고 함 • 보라 조개는 고대 페니키아 해안에서 잡힌 조개 속에 포함되어 있는 색소에 의한 자색 염료로서 티리안 퍼플로 유명함 • 오징어의 먹물은 세피아라고 하여 갈색 색소로 사용

3) 광물염료

- 광물성의 색소를 섬유 속에 생성시키는 방법으로 염색하는 재료를 말한다.
- 일반적으로 광물성 색소의 재료는 물에 녹지 않으며 안료로서의 착색제로는 널리 이용되고 있지만 그대로의 색소는 염료로써 사용할 수 없고 아교나 동물 기름 등의 전착제를 사용하여 염료로 만들 수 있다.

4) 인조염료

★ 탄닌(Tannin)
단백질 또는 다른 거대 분자와 강하게 착화합물을 형성할 만한 수의 하이드록시기 등을 가지고 있는, 페놀성 화합물을 통틀어 이르는 말이다.

직접염료	• 물에 용해되고, 대개 콜로이드 용액으로 되며 혼색이 자유로움 • 주로 식물성 섬유(면, 마, 인견)에 사용되나 동물성 섬유(견, 양모)에도 사용됨 • 종류 : 디아조염료, 트리아조염료, 스틸벤젠염료, 디아롤염료, 디옥사진염료 등
산성염료	• 산성염료는 발색단을 함유하는 색소산으로 나트륨염으로 시판되고 있으며 구조가 다양한데도 일반적으로 산성의 염욕에서 염색함 • 종류 : 니트로염료, 모노아조염료, 디아조염료, 니트로조염료, 크산텐염료, 아진염료 등
염기성염료	• 견, 양모, 나일론, 황마, 탄닌★으로 처리한 유혁피에 직접 염착함 • 색상이 선명하고 착색력이 좋으나 햇빛에 약함
황화염료	• 무명이나 레이온 등의 알칼리성이 강한 셀룰로오스 섬유에 직접성이 있음 • 물에 녹지 않으며, 알칼리성으로 환원시켜 사용
배트염료	• 물에 녹지 않으며, 소금이나 황산소다를 첨가해서 염착함 • 식물성 섬유의 염색에 좋으며 고급재료에 속함

01 도료의 구성 성분 중 전색제에 속하지 <u>않는</u> 것은?

① 중합체
② 안료
③ 용제
④ 첨가제

전색제의 구성 성분은 용제, 중합체, 첨가제 등이 있다.

02 다음 백색계 안료 중 착색력과 은폐력이 가장 큰 것은?

① 티탄백
② 아연화
③ 황화아연
④ 리토폰

백색계 안료에는 티탄백, 산화아연, 리토폰, 연백, 탄산칼슘 등이 있다.

03 용제에 대한 설명 중 옳은 것은?

① 도료에 여러 가지 색상을 나타낸다.
② 도막을 결정하는 성분이다.
③ 수지를 용해하여 도막에 평활성을 부여하는 성분이다.
④ 도막에 방습효과를 주는 성분이다.

도료의 점도, 유동성, 증발속도를 조절해주는 물질로 평활성을 주는 성분이다.

04 에나멜 페인트에 관한 내용 중 <u>틀린</u> 것은?

① 외부용 도료는 단유성 및 중유성 니스가 사용된다.
② 건축용, 차량, 선박, 기계 등에 널리 사용된다.
③ 초벌칠용과 덧칠용이 있다.
④ 오일니스와 안료가 주성분이다.

유성 페인트는 보일유와 안료를 섞어서 만들며, 에멀전 페인트는 물에 유지나 합성수지를 분산시켜 안료를 섞는다.

오답 피하기
②, ③, ④는 에나멜 페인트의 특징을 나타내고 있다.

05 스트리퍼블(Strippable) 페인트의 설명으로 <u>잘못된</u> 것은?

① 도장재의 더러움 방지를 위해 일시적으로 사용한다.
② 필요할 때 간단히 벗겨낼 수 있다.
③ 얇게 도장해야 한다.
④ 비닐계 수지이다.

비탕이나 도막 위에 부착하지 않는 도막을 형성하고, 그들을 보호하는 도료. 필요한 보호 기간 동안에 필요한 도장으로 두껍게 도장을 해야 한다.

06 다음 도료 중 합성수지 도료에 해당하는 것은?

① 요소수지 도료
② 주정 도료
③ 캐슈계 도료
④ 유성 페인트

합성수지 도료는 알키드수지 도료, 요소수지 도료, 아크릴수지 도료, 아미노계 도료, 불포화 폴리에스터수지 도료, 에폭시수지 도료, 우레탄계 도료, 페놀계 도료, 비닐계 도료, 실리콘계 도료 등이 있다.

오답 피하기
천연수지 도료는 옻, 캐슈계 도료, 유성 페인트, 유성에나멜, 주정도료 등이 있다.

07 주성분이 우루시올이며 용제가 적게 들고 광택이 우아하여 공예품에 주로 사용되는 천연 수지 도료는?

① 옻
② 래커
③ 에멀션 도료
④ 에폭시수지 도료

옻은 주성분이 우루시올이며 용제가 적게 들고 광택이 우아하여 공예품에 주로 사용되는 천연수지 도료이다.

오답 피하기
래커는 바니시이며, 에폭시수지 도료는 합성수지 도료이다.

08 다음 중 도장 방법에 따른 분류가 <u>아닌</u> 것은?

① 전착 도료
② 분무 도료
③ 붓칠 도료
④ 방청 도료

방청 도료는 각종 금속, 특히 철이 녹스는 것을 방지하기 위한 도료이다.

오답 피하기
방청 도료는 용도를 나타내는 것이므로 도장의 방법이 아니다.

정답 01 ② 02 ① 03 ③ 04 ① 05 ③ 06 ① 07 ① 08 ④

01 다음 중 대량생산을 위한 재료의 구비조건 중 맞지 않는 것은?

① 다양한 재료선택
② 충분한 양의 확보
③ 품질이 균일한 것
④ 가격이 저렴

02 무기안료의 특징과 거리가 먼 것을 고르면?

① 은폐력이 크다.
② 색상이 선명하다.
③ 내열성이 크다.
④ 내광성이 크다.

03 디자인재료에 관한 내용으로 맞지 않는 것은?

① 탄소가 주원료가 되며 탄소와 산소의 결합으로 만들어진 재료를 유기재료라 한다.
② 유기재료에는 천연재료와 합성재료가 있다.
③ 석재, 점토, 유리는 무기재료 중 비금속재료에 속한다.
④ 알루미늄, 동, 아연, 납 등은 무기재료 중 금속재료에 속한다.

04 다음 중 유기재료 설명으로 맞지 않는 것은?

① 생체를 가지고 있는 재료
② 목재, 대나무, 아스팔트
③ 종이, 피혁
④ 점토, 도료 방부제

05 단단함을 가리키는 지표로 물질을 변형시킬 때 필요한 힘으로 나타내는 것은?

① 전성   ② 소성
③ 경도   ④ 내구성

06 강도 종류의 설명으로 맞지 않는 것은?

① 양쪽으로 잡아 당겨서 찢어질 때의 힘은 인장강도
② 부재와 직각되는 방향에 대한 힘의 저항력은 전단강도
③ 어떤 재질을 휘게 하거나 구부러지게 하는 외력에 견디는 힘은 파열강도
④ 압축강도는 인장 강도와 반대로 크기를 줄이기 위해 가해지는 하중을 견딜 수 있는 재료

07 펄프에 대한 설명으로 옳지 않은 것은?

① 원료에 의해 목재펄프와 비목재펄프로 구분된다.
② 인조견사, 스테이플 파이버(Staple Fiber), 필름은 용해펄프로 분류
③ 침엽수펄프, 활엽수펄프, 린터(Linter) 펄프는 목재펄프이다.
④ 약품 처리와 기계처리를 병용하여 만든 펄프는 화학펄프이다.

08 종이의 용도별 분류 중 양지를 나타내는 것 중 옳지 않은 것은?

① 온상지   ② 박엽지
③ 도화지   ④ 잡종지

09 다음 중 판지의 종류는?

① 라이스지
② 백보드
③ 박리지
④ 로루지

10 종이에 대한 설명으로 옳지 <u>않은</u> 것은?

① 박엽지는 글라싱지, 콘덴서지, 라이스지가 있다.
② 종이의 표면가공 중 바니시를 도포하여 광택을 내는 비닐코팅이 있다.
③ 전기가 통하지 않는 종이는 크라프트 펄프, 삼지닥나무가 있다.
④ 종이의 가공법 중 유산지는 종이의 질을 변화시켜 알맞게 가공하는 변성가공이다.

11 물에 용해하여 투명한 용액으로 되며, 섬유에 침투되어 착색되는 유기화합물은?

① 안료
② 염료
③ 프린트용 토너, 페인트 등
④ 울트라마린

12 연필 재료에 대한 설명으로 맞지 <u>않는</u> 것은?

① 연필은 그 단단함과 연함에 따라서 구분된다.
② B계열은 단단하고 H계열로 갈수록 진하고 무르다.
③ 제도용으로는 2H-F 연필이 사용된다.
④ 일반 스케치용으로는 4B가 주로 사용된다.

13 아크릴 물감에 대한 설명으로 맞지 <u>않는</u> 것은?

① 합성수지로 만들어진 것으로 오래 두어도 변색되지 않다.
② 수채화 느낌의 표현이나 유화의 느낌을 표현할 수 있다.
③ 건조가 빠르고 내수성이 약하다.
④ 곱고, 부드러운 표현을 하기가 쉽지 않다.

14 다음 설명은 디자인의 어떤 표현재료를 설명한 것은?

오래 보관할 수 있으며 여러 번 칠할 수 있다. 굳는 속도가 느려 제작 시간이 많이 걸리는 단점이 있으나 굳는 속도가 느려 수정이 용이하다.

① 유화 물감
② 아크릴 물감
③ 파스텔
④ 포스터 컬러

15 필름의 감도를 나타내는 국제 표준화 기구에서 제정한 표시기호는?

① DIN
② ASA
③ ISO
④ BS

16 사람의 눈으로 볼 수 없는 파장에 반응하는 필름은?

① 오르토크로매틱 필름
② 팬크로매틱 필름
③ 적외선 필름
④ 레귤러 필름

17 감도별 필름의 특징 중 맞지 <u>않는</u> 것은?

① 저감도필름 : 콘트라스트가 강하며 정교한 디테일을 재현하고자 할 때 사용
② 중감도필름 : 일반적으로 가장 많이 사용
③ 고감도필름 : 빛이 부족한 어두운 곳이나 속도를 요하는 운동경기 등에 사용
④ 최고감도필름 : 감도 200 이상의 필름, 입자가 아주 커서 아주 작은 빛에서도 촬영을 할 수 있음

18 빛과 색에 대하여 느끼는 성질을 말하는 것으로 맞는 것은?

① 콘트라스트
② 감색성
③ 입상성
④ 해상력

19 목재의 화학성분 중 40~50% 가량을 차지하는 것은?

① 셀룰로오스
② 헤미셀룰로오스
③ 리그닌
④ 물

20 다음 중 목재에 대한 설명으로 맞지 <u>않는</u> 것은?

① 열전도율이 높고 전도체
② 공급이 쉽고 가격이 저렴
③ 산과 알칼리에 대해 저항성이 큼
④ 구조재와 장식재로 많이 사용

21 다음을 설명하는 것은?

> 접착제로 얇은 목재를 다수 층으로 겹쳐서 결합한 목재로서 방충성, 방화성, 방부성이 좋고 대형 구조물, 교량, 보, 기둥, 실내 장식 및 가구의 재료 등에 사용된다.

① 파티클 보드
② 집성 목재
③ 합판
④ 압축 목재

22 플라스틱 특징으로 맞지 <u>않는</u> 것은?

① 주원료는 석탄과 석유인 무기재료이다.
② 가공이 용이하고 디자인의 자유도가 높음
③ 자외선에 약하며 반복하중에 약함
④ 전기 절연성이 우수하고 열팽창계수가 크다.

23 열가소성수지에 대한 설명으로 틀린 것은?

① 성형 시 화학적 변화를 일으키지 않기 때문에 재사용이 가능하다.
② 절연성이 크고 피막 형성성이 좋아 각종 필름, 도막제작이 용이하다.
③ 열변형 온도가 낮아 150℃ 전후에서 변형된다.
④ 열에 안정적이다.

24 가열한 금형에 원료를 투입하여 금형을 닫고 가압·가열한 다음 재료가 완전히 굳어지는 것을 기다려 성형품을 금형에서 빼내는 방법은?

① 압축성형
② 사출 성형
③ 압출 성형
④ 블로우 성형

25 다음 재료 중 가볍고 표면의 산화 피막 때문에 내식성이 좋으며, 철강 다음으로 사용량이 많은 금속은?

① 납
② 아연
③ 구리
④ 알루미늄

26 금속의 가공법 설명으로 맞지 <u>않는</u> 것은?

① 주조는 용해한 금속을 모래형이나 금형의 주형 속에 부어 넣어서 굳게 한 후 각종의 형태로 만드는 것을 말함
② 단조는 적당한 온도로 금속을 가열한 후 두들겨서 가압 성형하는 방법을 말함
③ 담금은 사람이 금속을 망치로 두드려 가면서 하는 작업을 말함
④ 압출은 상온에서 회전하는 두 롤러 사이에 재료를 통과시켜 봉이나 관을 만드는 가공법을 말함

27 다음 중 금속의 열처리 방법이 <u>아닌</u> 것은?

① 풀림
② 담금질
③ 라이닝
④ 표면 경화법

28 점토에 해당되지 <u>않는</u> 것은?

① 벽돌
② 테라코타
③ 뉴 세라믹
④ 규소

29 수중 동물의 뼈나 껍질이 쌓여 생기며, 섞여 있는 광물의 종류에 따라 여러 가지 색깔을 띠며, 시멘트, 비료 등의 원료에 쓰이는 것은?

① 석회암
② 변성암
③ 화성암
④ 감람석

30 다음 중 설명이 맞지 <u>않는</u> 것은?

① 재생섬유 : 비스코트 인견, 구리 암모니아 인견, 레이온
② 아세테이트 : 광택과 탄력성이 있고 가벼워 피복이나 의류 등에 사용
③ 무기질섬유 : 스판덱스, 탄성섬유(스포츠 의류) · 도료 · 접착제 등으로 쓰임
④ 광물성섬유 : 천연섬유로 석면섬유이다.

31 직물의 3원조직인 평직, 능직, 주자직이 고루 들어간 것은?

① 포플린, 양단, 광목
② 명주, 양단, 광목
③ 사문직, 옥양목, 공단
④ 양단, 공단, 광목

32 용기 생산에 많이 사용되는 것으로 병의 중량이 일정하면 형태가 다른 병도 동시에 생산할 수 있으며 생산효율이 좋고 대량생산이 가능한 유리 성형법은?

① 기포유리의 제법
② 블로우 머신에 의한 방법
③ 드로잉(인발)
④ 엠보싱 가공

33 도료의 일반적인 조건과 맞지 <u>않는</u> 것은?

① 색깔의 변색과 퇴색이 없어야 한다.
② 여러 가지 성능도 갖출수록 좋다.
③ 도막의 경도가 낮을수록 좋다.
④ 색깔의 광택이 지정된 것과 일치해야 한다.

34 안료의 설명으로 맞지 <u>않는</u> 것은?

① 무기안료는 열이나 햇볕에 안정적이고 색이 변하지 않는 특징이 있다.
② 천연 광물성 안료로 무기안료는 유기안료에 비해 색상이 선명하지 못하다.
③ 유기안료는 염료를 물에 녹지 않는 형태로 만든 것으로 색도 선명하고, 착색력도 크다.
④ 물 및 대부분의 무기용제에 자연스럽게 녹으며 분말상의 착색제이다.

35 재료 중 취급이 간편하며, 발화성이 낮고 경제적인 도료로서 콘크리트, 시멘트벽, 목재, 벽지 등에 주로 사용하는 것은?

① 래커
② 에나멜 페인트
③ 바니시
④ 수성 페인트

36 도장 방법으로 설명이 맞지 <u>않는</u> 것은?

① 롤러 도장은 자동화로 대량생산이 가능하며 도료 손실이 없고 도막 두께가 일정하며 화재위험이 없다.
② 좋은 붓은 털에 광택이 있고 촉감이 좋으며 잘 휘어지지 않는다.
③ 에어 스프레이 도장은 다양한 스프레이 패턴과 도료의 점도를 조절하여 도장할 수 있다.
④ 핫 스프레이 도장은 건조에 충분한 시간이 필요하며, 광택이 좋다.

37 안료에 대한 설명 중 옳은 것은?

① 안료는 일반적으로 물이나 기름 등에 녹는다.
② 안료는 미립자상태의 액체로 되어 있고, 백색 또는 유색이다.
③ 안료는 입자의 크기가 작아지면 내광성이 커진다.
④ 안료는 전색제와 함께 물체에 착색된다.

38 도료의 구성성분이 <u>아닌</u> 것은?

① 안료
② 건조제
③ 첨가제
④ 향료

39 내수성, 내유성, 내약품성이 우수하며 목재, 금속, 콘크리트 등의 도장에 사용되는 것은?

① 유성 니스
② 아크릴수지 도료
③ 바니시
④ 유성 페인트

40 도료의 종류 중 천연수지 도료가 <u>아닌</u> 것은?

① 옻
② 캐슈계
③ 동유
④ 에폭시수지

PART 03

01 ①	02 ②	03 ①	04 ④	05 ③
06 ③	07 ④	08 ①	09 ②	10 ②
11 ②	12 ②	13 ③	14 ①	15 ③
16 ③	17 ④	18 ②	19 ①	20 ①
21 ②	22 ①	23 ④	24 ①	25 ④
26 ④	27 ③	28 ④	29 ①	30 ③
31 ③	32 ②	33 ③	34 ④	35 ④
36 ①	37 ④	38 ④	39 ②	40 ④

01 ①
대량생산을 위한 재료의 구비조건
- 구입하기 용이해야 한다(공급이 많은 것).
- 충분한 양이 확보되어야 한다(양이 많은 것).
- 기술적으로 가공성이 완전해야 한다(품질이 균일).
- 경제성이 있어야 한다(가격이 저렴).

오답 피하기
다양한 재료의 선택이 아닌 많은 공급량 확보가 되어야 한다.

02 ②
무기안료 : 천연 광물성 안료로 내광성과 내후성, 내약품성 등이 우수하나 유기안료에 비해 색상이 선명하지 못하다.

03 ①
유기재료 : 탄소와 수소의 결합으로 만들어진 재료

04 ④
점토, 도료 방부제는 무기재료 중에서 비금속재료에 속한다.

05 ③
오답 피하기
- 전성 : 압축력에 대하여 물체가 부서지거나 구부러짐이 일어나지 않고 펴지는 성질
- 소성 : 힘을 가하면 변형되고, 힘을 제거하면 원래의 상태로 돌아오지 않는 성질
- 내구성 : 재료 고유의 특성이 유지되는 동안 시간의 경과에 따라 약화나 퇴화에 오래 견디는 성질

06 ③
- 휨강도 : 어떤 재질을 휘게 하거나 구부러지게 하는 외력에 견디는 힘
- 파열강도 : 파열될 때까지의 견디는 힘

07 ④
세미케미컬 펄프 : 제조법에 의한 분류 중 약품 처리와 기계처리를 병용하여 만든 펄프

08 ①
양지 : 긴문용지, 인쇄용지, 필기용지, 도화지, 포장용지, 박엽지, 잡종지

오답 피하기
온상지는 기계로 만든 화지에서 선화지에 해당한다.

09 ②
판지 : 골판지, 백판지, 황백지, 색판지

오답 피하기
- 라이스지 : 박엽지
- 박리지 : 잡종지
- 로루지 : 포장용지

10 ②
바니시를 도포하여 광택을 내는 방법은 오버 프린트이다.

오답 피하기
비닐코팅 : 카세인을 칠한 뒤 비닐액을 코팅하는 방법

11 ②
오답 피하기
- 안료 : 물이나 기름 등 유기용제에 녹지 않는 분말형태의 착색제를 말한다. 프린트용 토너, 페인트 등은 안료라 할 수 있다.
- 울트라마린 : 무기안료이며, 유기안료에 비해 색이 오래 지속되고 외부의 온도나 충격에 변하지 않는다.

12 ②
H계열은 단단하고 B계열로 갈수록 진하고 무르다.

13 ③
아크릴 물감은 건조가 빠르고 내수성이 강하다.

14 ①

장점	단점
• 오래 보관할 수 있음(내구성이 강함) • 굳는 속도가 느려 수정이 용이 • 여러 번 칠할 수 있고, 광택으로 색의 깊이감과 입체감 표현을 잘할 수 있음	• 굳는 속도가 느려 제작 시간이 많이 걸림 • 취급에 주의해야 함

15 ③
오답 피하기
- DIN : 독일 표준 규격
- ASA : 미국 표준 규격
- BS : 영국 표준 규격

16 ③
사람의 눈으로 식별할 수 있는 빛의 범위가 가시광선이다. 한색계열의 단파장인 자외선이나 난색계열의 장파장인 적외선은 사람의 눈으로 식별할 수 없으니 사람의 눈으로 볼 수 없는 파장에 반응하는 필름은 적외선 필름이다.

오답 피하기
- 팬크로매틱 필름 : 빨강에서 보라까지 가시광선 모두를 감광하는 흑백 필름
- 오르토크로매틱 필름 : 자주, 파랑, 초록, 황색 빛에 반응하는 필름

17 ④
최고감도필름 : 감도 3,200 이상의 필름. 입자가 아주 커서 아주 작은 빛에서도 촬영을 할 수 있다.

18 ②

- 콘트라스트 : 사진의 밝고 어두움을 나타내는 명도차를 말하는 것
- 입상성 : 할로겐화은이 젤라틴막 안에 얼마나 분포되어 있는지를 나타내는 것
- 해상력 : 사진을 얼마나 세밀하게 나타내느냐 하는 것

19 ①

셀룰로오스 : 목재의 화학 성분 중 40~50% 가량 차지

20 ①

목재는 열전도율이 낮고 비전도체이다.

21 ②

오답 피하기

- 파티클 보드 : 못 쓰는 목재나 나무 조각을 잘게 조각을 내어 접착제로 붙여 굳혀서 만든 건재를 말한다.
- 합판 : 베니어 합판의 줄인 말로 두께가 5mm 이하의 단판으로 얇게 켠 나무 널빤지를 나뭇결이 서로 엇갈리게 여러 겹 붙여 만든 널빤지이다.
- 압축 목재 : 열을 가하고 압축하여 밀도를 높이고 강도를 높인 목재를 말하며 기계 부품 등에 쓴다.

22 ①

플라스틱 주원료는 석탄과 석유인 유기재료이다.

23 ④

열경화성수지 : 열에 안정적이며 반투명 또는 불투명이다. 열변형 온도가 150℃ 이상으로 높고 열가소성 플라스틱보다 강도가 높다.

24 ①

오답 피하기

- 사출 성형 : 닫힌 상태의 금형에 고압으로 충전하여 이것을 냉각, 경화시킨 다음, 금형을 열어 성형품을 얻는 방법
- 압출 성형 : 플라스틱을 가열한 실린더 안에 녹여 회전하는 스크루에 의해 노즐을 통해 압출하여 단면이 같은 장척 부재를 만드는 방법
- 블로우 성형 : 재료를 연화시킨 후 공동체를 금형에 끼워 여기에 압축공기를 불어넣어 중체를 넓히고 금형에 압착한 다음 냉각·경화시켜 성형품을 만드는 방법

25 ④

오답 피하기

- 납 : 산성에 강하나 알칼리에 침식이 되며 금속 중 비중이 크고 연하다.
- 아연 : 광택이 있고 부서지기 쉬우며, 철보다 밀도가 다소 낮으며, 전기 전도성이 우수하다.
- 구리 : 색이 아름답고 절연성이 좋고, 전기 및 열의 양도체, 부식이 잘 안 된다.

26 ④

압연 : 상온에서 회전하는 두 롤러 사이에 재료를 통과시켜 봉이나 관을 만드는 가공법

오답 피하기

압출은 플라스틱 성형법이다.

27 ③

금속의 열처리 방법은 풀림, 담금질, 뜨임, 표면 경화법이다.

오답 피하기

라이닝 : 금속의 표면에 합성수지나 고무 등을 입히는 것을 말한다.

28 ④

규소 : 일명 실리콘이라 한다.

29 ①

오답 피하기

- 변성암 : 수성암 또는 화성암이 땅 밑 깊은 곳에서 온도, 압력 따위의 영향이나 화학적 작용을 받아 변질하여 이루어진 암석이다.
- 화성암 : 마그마가 냉각·응고되어 이루어진 암석이다.
- 감람석 : 빛깔이 곱고 맑은 것은 보석에 쓰인다.

30 ③

- 스판덱스, 탄성섬유(스포츠 의류)·도료·접착제 등으로 쓰이는 합성섬유는 폴리우레탄이다.

오답 피하기

- 무기질섬유 : 유리섬유, 금속내열성섬유, 로크 울, 항공기부품, 고온 단열재, 골프채, 낚시대 등에 사용한다.

31 ③

- 평직 : 광목, 옥양목, 명주, 포플린, 태피터 등
- 능직 : 사문직
- 주자직 : 양단, 공단 등

32 ②

오답 피하기

- 기포유리의 제법 : 유리의 분해가스 발생제를 첨가해서 형틀에 넣고 가열한 후 서냉시켜 얻는다.
- 드로잉(인발) : 선재나 가는 파이프를 만들기 위한 금속가공법으로 적당한 온도로 금속을 가열한 후 두들겨서 가압 성형하는 방법이다.
- 엠보싱 가공 : 얇은 철판에 두께의 변화를 주지 않고 표면과 이면에 오목한 부분과 볼록한 부분이 반복되도록 금형을 사용하여 성형하는 기법이다.

33 ③

도료 : 강한 도막을 형성할 수 있어야 하며 도막의 경도가 높아야 한다.

34 ④

안료 : 물 및 대부분의 유기용제에 녹지 않는 분말상의 착색제로 백색 또는 유색이다.

35 ④

오답 피하기

- 래커 : 재료나 제품의 미장, 보호를 목적으로 하는 도료이다.
- 에나멜 페인트 : 오일니스와 안료가 주성분으로 건조가 빠르고 광택이 잘 나며, 건축용, 차량, 선박, 기계 등에 널리 사용된다.
- 바니시 : 도료의 일종으로서 니스라고도 하며 유성 니스, 휘발성 니스 등이 있다.

36 ①
- 전착 도장법 : 자동화로 대량생산이 가능하며 도료 손실이 없고 도막 두께가 일정하며 화재위험이 없다.
- 롤러 도장 : 붓 도장 같이 일정한 도막 두께를 유지하기가 어려우므로 표면이 거칠거나 불규칙한 부분에 특히 주의 깊게 도장을 해야 한다.

37 ④
안료 : 물 및 대부분의 유기용제에 녹지 않는 분말상의 착색제이다.

38 ④
도료의 구성성분 : 전색제, 안료, 용제, 건조제, 첨가제 등이다.

39 ②
아크릴수지 도료 : 합성수지 도료로 안료 등의 착색제를 합성수지와 첨가제를 배합한 도료로 내수성, 내유성, 내약품성이 우수하다.

오답 피하기
- 바니시 : 천연 수지, 합성수지 등을 건성유와 같이 가열-융합시켜 건조제를 넣고 용제로 녹인 도료이다. 유성 니스, 휘발성 니스 등이 있다.
- 유성 페인트 : 보일유를 전색제로 하는 도료이며 보일유의 원료 건성유는 아마인유 · 콩기름 · 동유 · 어유 등이 사용된다.

40 ④
오답 피하기
- 천연수지 도료 : 옻, 캐슈계 도료, 유성 페인트, 주정 도료
- 합성수지 도료 : 알키드수지 도료, 요소수지 도료, 아크릴수지 도료, 아미노계, 불포화 폴리에스터수지 도료, 에폭시수지 도료, 우레탄계, 페놀계, 비닐계, 실리콘계 등

PART
04

컴퓨터그래픽

파트 소개

컴퓨터그래픽은 기존의 수작업에서 점차 발전하여 컴퓨터를 통해 디자인을 구현하는 하나의 수단으로서 디자이너에게는 필수적인 내용이 되었습니다. 그러므로 이론과 더불어 각 프로그램에 대한 기능 및 운영 부분도 함께 습득해 두어야 합니다. 컴퓨터그래픽은 비교적 쉽게 점수를 얻을 수 있으므로 필기 합격에 중요한 역할을 합니다. 또한 디자이너에게 기본이 되는 과목이므로 전체 내용을 충분히 이해하고 중요한 부분을 암기해 두어야 합니다. 특히 출제 비중이 높아지고 있는 디자인과 컴퓨터그래픽, 컴퓨터 응용 디자인 부분을 충분히 학습해야 합니다.

CHAPTER 01

컴퓨터그래픽 일반

학습 방향

Chapter 01에서는 컴퓨터그래픽의 개념부터 역사까지 학습할 수 있습니다. 많은 부분 출제되진 않지만 매년 출제되는 부분인 만큼 숙지하시길 바랍니다.

출제빈도

SECTION 01 중 ━━━━━━━━━━━━━━━ **17%**

컴퓨터그래픽 일반

▶ 합격 강의

빈출 태그 세대별 주요 소자, 정보 표현 단위, 기억 용량 단위, 극좌표계

01 컴퓨터그래픽의 개념 11년 5회, 10년 5회/4회/2회

1) 컴퓨터그래픽의 정의

• 컴퓨터그래픽이란 컴퓨터를 이용하여 이미지나 그림을 만들어 내는 일련의 과정과 관계된 모든 기술을 말한다.
• 컴퓨터와 소프트웨어를 이용하여 도형 및 화상, 그림을 만드는 기술로 시각적인 요소들을 디지털화하는 것을 말한다.

좁은 의미	입력장치를 통하여 입력된 화상정보를 컴퓨터가 처리하여 실제의 화상을 모니터를 통하여 만들어내는 것
넓은 의미	인간의 창의력, 구상력을 바탕으로 우리가 가지고 있는 제반 문제점에 대해 보다 나은 해답을 얻기 위한 폭넓은 행위 그 자체

2) 컴퓨터그래픽의 분류

2D	• 컴퓨터그래픽을 이용한 2차원상의 모든 작업을 말함 • 평면으로 출력된 모든 이미지 • 2D는 높이(Height)와 폭(Width)으로 표시
3D	• 3차원 모델 및 음영 표현, 재질 표현 등 프로그램에 의한 모든 입체 표현 과정 • CAD, CAM 분야의 렌더링이 대표적 • 3D는 높이(Height), 폭(Width), 깊이(Depth)로 표시
4D	• 3차원이나 2차원의 공간에 시간 축을 더하여 움직이는 화면을 생성하는 것 • 시간 예술 혹은 컴퓨터애니메이션이라고 함

3) 컴퓨터그래픽의 특징 15년 4회

장점	• 수작업으로 불가능한 표현이나 효과를 짧은 시간에 낼 수 있음 • 상상의 이미지를 자유롭게 표현할 수 있음 • 시간과 비용을 줄일 수 있고 대량 생산이 가능 • 수정, 반복, 변형 등이 자유로움 • 정확성과 정밀도를 높일 수 있어 보다 사실적인 표현이 가능함 • 정보들의 축적으로 나중에 다시 이용 가능 • 다양한 대안의 제시가 비교적 쉬움
단점	• 창조성이나 아이디어 제공이 불가능함 • 자연적인 표현이나 기교의 순수함이 없어 기계적일 수 있음 • 모니터 크기의 제한 때문에 큰 작업물을 한 눈에 볼 수가 없어 실체감이 떨어질 수 있음 • 모니터와 인쇄물의 컬러가 동일하지 않아 교정이 필요하며 색감각이 떨어질 수 있음

B 기적의 TIP

컴퓨터그래픽의 분류

2차원 그래픽

3차원 그래픽

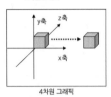

4차원 그래픽

02 컴퓨터그래픽의 역사 11년 4회/1회, 10년 4회

컴퓨터그래픽의 역사는 컴퓨터의 발달 과정이며 전자식 컴퓨터가 등장한 시기를 시작으로 한다.

1) 컴퓨터그래픽 역사의 발달 과정 23년 3회, 22년 2회, 17년 4회, 16년 4회/2회/1회

세대별	시기	소자별	기기별 특징
제1세대	1950년대	진공관	프린터, X-Y 플로터, 진공관, ENIAC컴퓨터
제2세대	1960년대	트랜지스터	CAD/CAM시스템, 리플레시형 CRT모니터, DAC-1
제3세대	1970년대	IC(집적회로)	벡터스캔형 CRT, 3D 셰이딩기법
제4세대	1980년대	LSI(고밀도 집적회로)	래스터 스캔형 CRT, 매킨토시 발표
제5세대	1990년대	SVLSI와 바이오 소자	멀티미디어, 인터넷, GUI, 종합정보 네트워크

2) 제1세대(1945년~1950년대 말) – 진공관 시대 16년 2회

- 미 육군의 탄도 계산을 목적으로 국방성의 요구에 의해 필라델피아 대학의 에 커드, 모클리에 의해 세계 최초의 진공관 컴퓨터인 에니악(ENIACElectronic Numerical Integrator And Calculator)이 발명되었다.
- 에커드 모클리사에서 개발한 세계 최초의 상업용 컴퓨터인 UNIVAC-1을 개 발하여 미국의 조사 통계국에서 사용했다.
- 캘컴사가 565드럼 플로터를 개발했다.

3) 제2세대(1960년대) – 트랜지스터 시대

- IBM사와 GM사가 공동으로 자동차 설계를 위한 시스템 DAC-1을 개발하여 세계 최초의 CAD/CAM★ 시스템을 만들었다.
- MIT공과대학의 이반서덜랜드가 '스케치 패드'★라는 컴퓨터 드로잉 프로그램 을 개발하였다.
- 최초의 비디오 게임 '스페이스워'가 개발되었다.
- IBM사가 최초의 상업용 디스플레이인 IBM2250(리플레시형 CRT)을 출시하 면서 본격적인 CRT★ 시대가 개막되었다.

★ CAD/CAM
컴퓨터에 의해 설계, 제조, 컴퓨터를 이용해 제품 설계를 하고 그 설계 데이터를 토대로 공작기계 등을 작동시키는 NC(수치제어)테이프를 작성하여 자동 생산하는 시스템이다.

★ 스케치 패드(Sketch Pad)
1963년 MIT의 이반서덜랜드에 의해 발표된 모니터에 광팬을 부착한 시스템으로 최초의 대화형 컴퓨터그래픽스이다.

★ CRT(Cathode Ray Tube)
전자총을 사용하여 컴퓨터의 출력 자료를 브라운관에 눈으로 볼 수 있는 형태로 표시하는 장치이다.

4) 제3세대(1970년대) – 집적회로(IC) 시대

- 미국의 벨 연구소에서 집적회로(IC) 개발에 성공했다.
- 면 표시가 가능한 벡터 스캔형 CRT가 개발되어 컴퓨터그래픽의 적용 범위가 확대되었다.
- 제조업 전 분야에 CAD/CAM 시스템이 도입되었으며 와이어프레임 기법이 사용되었다.
- 3D 셰이딩 기법이 개발되어 음영 처리를 세밀히 처리하게 되었다.
- 서덜랜드와 에반스에 의하여 최초의 하프톤 애니메이션이 제작되었다.

5) 제4세대(1980년대) – 고밀도 집적회로(LSI) 시대

- 애플 컴퓨터사에서 최초로 GUI를 사용한 개인용 컴퓨터 매킨토시를 발표하였고, IBM사에서는 개인용 컴퓨터인 PC를 개발하여 컴퓨터그래픽의 대중화에 크게 기여하였으며 OA★ 시대가 개막되었다.
- 래스터 스캔형 CRT가 개발되어 현실과 가까운 색상, 선, 면 표시까지 가능해졌다.
- 컴퓨터그래픽이 사회 전반적으로 보편화되고 실용화되어 급격한 발전을 가져왔다.
- 컴퓨터그래픽을 이용한 애니메이션 기법의 발달로 영화산업에 큰 발전을 가져왔다.

6) 제5세대(1990년대) – 컴퓨터그래픽 대중화 시대

- GUI★가 발전되어 컴퓨터 환경이 사용자 중심의 그래픽 환경으로 발전하였다.
- 바이오 소자와 광소자가 개발되었으며 인공지능 컴퓨터가 등장하였다.
- 문자, 그림, 영상, 음성 등의 종합적인 컴퓨터 기술인 멀티미디어★가 발전되었다.
- 대규모 종합 정보 네트워크(LAN, ISDN, ADSL)가 실현되었다.
- 인터넷이 대중화, 보편화, 개인화되어 정보의 활용도 및 인터넷 활용이 급격히 증가하였다.

★ OA(Office Automation)
사무실 내의 업무를 효율화하기 위해서 컴퓨터를 비롯하여 전자기술을 응용한 각종 사무기기에 의해서 사무 작업의 자동화를 기하는 것이다.

★ GUI
(Graphical User Interface)
사용자가 컴퓨터와 정보를 교환할 때, 그래픽을 통해 작업할 수 있는 환경을 말한다. 마우스 등을 이용하여 화면에 있는 메뉴를 선택하여 작업을 할 수 있다.

★ 멀티미디어
정보인식(입력) 및 표현(출력) 기술이 발전함으로써 문자 이외에도 음성, 도형, 영상 등으로 이루어진 다양한 매체를 컴퓨터로 상호전달이 가능하게 처리할 수 있게 되었는데 이를 멀티미디어라 한다.

03 컴퓨터그래픽의 원리 ^{11년 2회}

1) 정보의 표현 단위

비트(Bit)	• 컴퓨터에서 쓰이는 정보 표현의 최소 단위 • 0, 1로 구성된 2진수의 체계를 바이너리(Binary)라고 함
바이트(Byte)	• 8Bit로 이루어진 문자 표현의 최소 단위 • 숫자나 문자, 영문, 한글 등을 나타낼 수 있는 최소 단위 • 숫자, 영문은 1Byte, 한글, 한자는 2Byte로 표현 • 1Byte로 1개의 영문자 코드를 나타낼 수 있음
워드(Word)	• 하나의 단어를 의미하는 것으로 연산의 기본 단위 • Half Word(2Byte), Full Word(4Byte), Double Word(8Byte)
필드(Field)	• 레코드를 구성하는 기본 단위 • 데이터 처리의 최소 단위
레코드(Record)	연관성 있는 데이터들을 묶어놓은 단위. 하나 이상의 필드로 구성

2) 처리 속도와 기억 용량의 단위

① 컴퓨터의 처리 속도 단위

기호(명칭)	처리 속도 단위
ms (milli) (밀리초)	10^{-3}
μs (micr) (마이크로초)	10^{-6}
ns (nano) (나노초)	10^{-9}
ps (pico) (피코초)	10^{-12}
fs (femto) (펨토초)	10^{-15}
as (atto) (아토초)	10^{-18}

② 기억 용량의 단위 ^{21년 3회, 18년 2회}

> 1bit − 1Byte − 1KB − 1MB − 1GB − 1TB − 1PB

단위	크기	단위	크기
Bit(비트)	0, 1	GB(giga)(기가바이트)	1,024MB(2^{30})
Byte(바이트)	1Byte = 8 Bit	TB(tera)(테라바이트)	1,024GB(2^{40})
KB(kilo)(킬로바이트)	1KB = 1,024Byte(2^{10})	PB(peta)(페타바이트)	1,024TB(2^{50})
MB(mega)(메가바이트)	1,024KB(2^{20})	EB(exa)(엑사바이트)	1,024PB(2^{60})

> **🅱 기적의 TIP**
>
> **비트 수에 따른 색상 표현의 수**
> • 1비트 : 0 또는 1의 검정이나 흰색
> • 8비트 : 256 컬러
> • 16비트 : 6만 5천 컬러
> • 24비트 : 16만 7천 컬러
> • 32비트 : 16만 7천 컬러 이상의 색과 256단계의 회색 음영 마스크

3) 좌표계 23년 3회, 13년 1회, 12년 5회

3차원 공간에서 물체의 위치는 주어진 좌표계(Coordinate System)를 기준으로 표시한다.

① 직교 좌표계(Cartesian Coordinate System)

- 3차원 직교 좌표계는 서로 직각으로 교차하는 3개의 좌표축 벡터로 이루어진다.
- 각 축의 교차점을 원점(x, y, z)이라고 하며 원점의 좌푯값은 모두 (0, 0, 0)의 값으로 표현된다.
- 좌표계에 나타난 점은 원점으로부터의 x, y, z의 값으로 표현되어 정확한 위치를 표현할 수 있다.

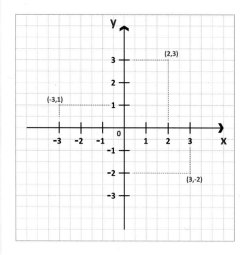

② 극 좌표계(Polar Coordinate System)

수치값을 정의하지 않고 임의의 점의 위치를 원점으로부터의 거리와 각도의 크기에 따라 정하는 좌표계를 말한다.

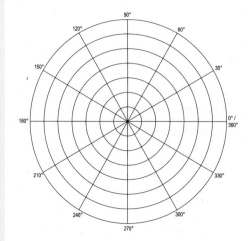

③ 원통 좌표계(Cylindrical Coordinate system)

3차원 공간의 한 점을 (R, θ, Z)로 나타내며 2차원의 극좌표에서 Z가 추가된 형태이다.

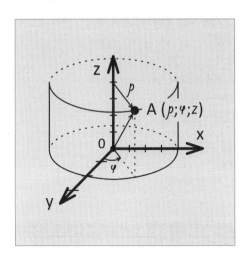

④ 모델 좌표계(Model Coordinate system)

3차원 좌표이며(Xm, Ym, Zm), 이 좌표는 물체(Object)의 3차원 원점에서 각각의 정점(Vertex)이 얼마나 떨어진 공간에 있는지를 나타낸다.

⑤ 2차원 및 3차원 그래픽 좌표 표현

• 2차원 그래픽 좌표 : 좌표에 나타난 점과 점을 연결하여 선과 면을 표현한다.
• 3차원 그래픽 좌표 : 3차원 공간상에 입체물을 만들기 위해서는 x, y, z 3개의 축을 이용하여 만든다(x=넓이, y=높이, z=깊이).

✔ 개념 체크

1 그래픽 좌표 표현에 대한 설명으로 바른 것은 ○, 아닌 것은 ×에 표시하시오.

ㄱ 좌표에 나타난 점과 점을 연결하여 선과 면을 표현하는 것을 2차원 그래픽 좌표라고 한다. (○, ×)

ㄴ x, y, z 3개의 축을 이용하여 3차원 공간상에 입체물을 만든다. (○, ×)

ㄷ 3차원 좌표에 쓰이는 x는 높이, y는 깊이, z는 넓이를 말한다. (○, ×)

1 ㄱ ○, ㄴ ○, ㄷ ×

01 컴퓨터그래픽의 발달 역사에 대한 설명으로 옳은 것은?

① 1950년대 컴퓨터의 등장과 함께 컴퓨터 그래픽이 탄생된 시기로, 주요 소자는 진공관으로 컴퓨터의 초기 단계에 해당한다.

② 1960년대 그라우드에 의하여 면과 면사이의 영역을 부드럽게 처리하는 매핑(Mapping)기법이 개발되었다.

③ 1970년대는 개인용 컴퓨터의 급속한 발전과 보급으로 컴퓨터 그래픽이 대중화된 시기로 컴퓨터 그래픽의 전성기라고 할 수 있다.

④ 1980년대는 서덜랜드에 의하여 CRT 위에 라이트 펜으로 직접 그릴 수 있는 플로터(Plotter)가 개발되었다.

오답 피하기
· 1970년 그라우드에 의하여 면과 면 사이의 영역을 부드럽게 처리하는 셰이딩 기법이 개발되었다.
· 매핑(Mapping)은 2D 이미지를 3D 오브젝트 표면에 덮히게 하는 것이다.
· 컴퓨터 그래픽의 전성기는 1980년대이다.
· 1963년 이반 서덜랜드(Ivan Sutherland)는 입력장치로 라이트 펜을 사용하는 스케치패드에 관한 논문을 발표하였다.
· 플로터는 그래프나 도형, 건축용 CAD, 도면 등을 출력하기 위한 대형 출력 장치이다.

02 다음 소자에 따른 컴퓨터그래픽 역사의 분류가 맞지 않는 것은?

① 제1기 - 진공관
② 제2기 - 트랜지스터
③ 제3기 - 집적회로
④ 제4기 - 인공지능

소자별 분류 중 제4기는 고밀도 집적회로(LSI)이다.

오답 피하기
인공지능은 제5기에 등장하였다.

03 정보 용량의 단위를 작은 단위에서 큰 단위로 옳게 나타낸 것은?

① 1KB 〈 1GB 〈 1MB 〈 1TB
② 1MB 〈 1KB 〈 1GB 〈 1TB
③ 1KB 〈 1MB 〈 1GB 〈 1TB
④ 1GB 〈 1MB 〈 1KB 〈 1TB

기억 용량의 단위는 1BIT 〈 1BYTE 〈 1KB 〈 1MB 〈 1GB 〈 1TB의 순서로 커진다.

정답 01 ① 02 ④ 03 ③

04 1,024 메가바이트(MB)와 같은 크기는?

① 1킬로바이트(KB)
② 1기가바이트(GB)
③ 1,000기가바이트(GB)
④ 1,000,000바이트(B)

- 1MB = 1,024KB
- 1GB = 1,024MB
- 1TB = 1,024GB

05 다음 설명 중 **틀린** 것은?

① 비트(Bit)는 정보의 가장 작은 양이며 컴퓨터의 정보를 처리할 뿐만 아니라 정보를 표현하기 위해서도 사용된다.
② 1바이트(Byte)는 8비트(Bit)이다.
③ 1킬로바이트(KB)는 1,024바이트(Byte)이다.
④ 1기가바이트(Giga Byte)는 1,024KB이다.

1GB는 1,024MB이다.

06 다음 중 원점으로부터의 거리와 각도를 사용하여 좌표를 나타내는 좌표계는?

① 원통 좌표계(Cylindrical Coordinate System)
② 극 좌표계(Polar Coordinate System)
③ 모델 좌표계(Model Coordinate System)
④ 직교 좌표계(Cartesian Coordinate System)

극 좌표계는 수치를 정의하지 않고 원점으로부터 거리와 각도로 표현한다.

오답 피하기
직교 좌표계는 원점으로부터의 x, y, z의 값으로 표현되어 정확한 위치를 표현할 수 있다.

07 컴퓨터그래픽에 대한 설명 중 **틀린** 것은?

① 컴퓨터 처리에 의해 만들어진 화상이나 그를 위한 기술 그래픽디자인인 2D 작업만을 의미한다.
② 표현기법에는 색채표현이나 좌표변환 외에 물체를 수치 데이터로 표현하는 형상 모델 등 많은 처리 기법이 있다.
③ 그래픽 디스플레이에는 도형을 점의 집합으로 표시하는 래스터식과 좌표상의 도형으로 표시하는 벡터식이 있다.
④ 컴퓨터그래픽의 환경은 컴퓨터 본체와 화상을 표시하는 그래픽 디스플레이, 대화형으로 조작하는 조이스틱이나 주변장치 및 그 소프트웨어로 이루어진다.

컴퓨터그래픽의 분류는 2D, 3D, 4D로 나누어진다.

오답 피하기
분류, 표현 기법, 표현 방식, 장치 구성에 대해 구분해야 한다.

08 8비트 컬러가 표현할 수 있는 색상의 수는?

① 65,536색
② 256색
③ 64색
④ 8색

- 1비트 : 0 또는 1의 검정이나 흰색
- 8비트 : 256 컬러
- 16비트 : 6만 5천 컬러
- 24비트 : 16만 7천 컬러
- 32비트 : 16만 7천 컬러 이상의 색과 256단계의 회색 음영 마스크

09 IBM사와 제너럴 모터스(GM : General Motors)사가 공동으로 자동차 설계를 위한 시스템 DAC-1을 개발하여 CAD/CAM 시스템을 만든 컴퓨터그래픽 세대는?

① 제1세대
② 제2세대
③ 제3세대
④ 제4세대

제2세대에 대한 설명이다.

10 MIT 출신으로 '스케치 패드'라는 컴퓨터 드로잉 프로그램을 개발하여 컴퓨터그래픽스의 큰 발전을 가져온 사람은?

① 밥 노이스(Bob Noyce)
② 존 휘트니(John Whitney)
③ 스티브 러셀(Steve Russell)
④ 이반 서더랜드(Ivan Sutherland)

스케치 패드란 모니터에 광펜을 부착한 시스템으로 최초의 대화형 컴퓨터그래픽스이다.

11 다음 중 세계 최초의 진공관식 컴퓨터는?

① ENIAC
② EDSAC
③ EDVAC
④ UNICAD-1

미 육군의 탄도 계산을 목적으로 국방성의 요구에 의해 필라델피아 대학의 에커드, 모클리에 의해 발명되었다.

정답 09 ② 10 ④ 11 ①

CHAPTER 02

컴퓨터그래픽 활용

학습 방향

Chapter 02에서는 컴퓨터그래픽의 용어, 컴퓨터그래픽의 원리, 그래픽 프로그램 등을 학습합니다. 벡터와 비트맵을 구분하는 문제가 자주 출제되니 잘 숙지하시길 바랍니다.

출제빈도

SECTION 01	중	17%
SECTION 02	상	32%
SECTION 03	상	26%
SECTION 04	하	8%

컴퓨터그래픽의 시스템 구성

▶ 합격 강의

출제빈도 상 (중) 하
반복학습 ① ② ③

빈출 태그 입력 장치, 중앙 처리 장치, ROM, RAM, 필름 레코더

01 입력 장치 21년 1회, 12년 4회, 11년 5회/1회, …

컴퓨터로 데이터나 도형, 그림, 음성, 문자 등의 정보를 입력해 주는 장치로 2진 코드로 변환하여 저장한다.

1) 키보드(Keyboard)

- 대표적인 컴퓨터 입력장치로 문자, 숫자, 기호 등을 입력할 때 사용한다.
- 키의 수에 따라 86키, 103키, 106키, 107키 등이 있고 작동 방식에 따라 기계식과 멤브레인식이 있다.

2) 마우스(Mouse)

- 포인터라는 화살표 모양의 커서를 조정하는 입력장치로서 위치 선정, 실행 등의 동작을 하기 위해 사용한다.
- 종류에 따라 볼 마우스, 광학 마우스, 기계식 마우스 등으로 나뉜다.
- 매킨토시용 마우스는 1개의 버튼, IBM용은 보통 2~3개의 버튼으로 되어 있다.

3) 태블릿(Tablet) 13년 4회

- 특수 감응판 위에 스타일러스 펜이나 퍽(Puck)과 같은 특수 광학 장치를 이용하여 위치를 입력한다.
- 펜의 압력 강도를 인식하는 기능이 있어서 그래픽 작업 시 자유로운 표현 및 드로잉에 유용하여 디자이너들이 많이 사용하고 있다.

4) 디지타이저(Digitizer)

- 그림, 도표, 설계도면 등의 복잡한 그림이나 정확한 좌푯값을 입력할 때 사용하는 장치를 말한다.
- 조밀한 점들로 구성된 태블릿 위를 커서가 움직이기 때문에 정밀하며, 데이터의 절대 위치를 정확하게 입력시킬 수 있다. 주로 설계나 공학용 제도에 사용한다.

🅑 기적의 TIP

키보드

🅑 기적의 TIP

마우스

🅑 기적의 TIP

태블릿

5) 스캐너(Scanner) ^{23년 3회}

- 종이, 필름 등에 인쇄되어 현상된 그림, 문자, 글자 등을 읽어 들여 컴퓨터 내의 프로그램에서 볼 수 있도록 변화시키는 장치를 말한다.
- 이미지 처리 프로그램인 포토샵 등에서 사용할 수 있도록 사진, 그림 등을 입력할 수 있다.

핸드 스캐너	손으로 스캐너를 움직이면서 이미지를 입력하는 스캐너
플랫배드 스캐너	가장 대중적으로 사용되는 평판 스캐너로 복사기와 같은 구조이며 종이로 된 그림이나 문서를 스캔할 수 있는 저해상도용 일반 스캐너
드럼 스캐너	드럼에 필름을 감아 고속 회전으로 스캔하는 방식으로 고해상도 스캔용
3D 스캐너	대상물을 레이저 등을 사용해 좌표값으로 인식하여 측정하는 스캐너

6) 디지털 카메라(Digital Camera)

외부에서 촬영한 영상을 내부 기억장치로 저장하여 컴퓨터에 직접 입력할 수 있도록 입력하는 장치를 말한다.

7) 터치스크린(Touch Screen)

모니터에 특수 직물을 씌워 스크린에 접촉하면 감지하는 방식으로 메뉴 및 아이콘을 직접 선택할 수 있는 입력장치로 은행, 지하철, 백화점, 휴대폰 등의 광범위한 범위에서 응용되고 있다.

8) 조이스틱(Joy Stick)

스틱을 사용하여 화면상의 위치를 선택 조정하는 입력장치로서 게임, 시뮬레이션 등에 쓰인다.

9) 라이트펜(Light Pen)

광펜이라고 하며, 모니터 상에 터치를 위해 사용되는 펜 형태의 입력장치를 말한다.

10) 모션 캡처(Motion Capture)

몸에 센서를 부착시키거나, 적외선을 이용하는 등의 방법으로 인체의 움직임을 디지털 형태로 기록하는 작업을 말한다.

✅ 개념 체크

1 종이, 필름 등에 인쇄되어 현상된 그림, 문자, 글자 등을 읽어 들여 컴퓨터 내의 프로그램에서 볼 수 있도록 변환시켜주는 장치를 스캐너라고 한다. 이중 가장 대중적으로 사용되는 평판 스캐너로 (　　)와 같은 구조이며 종이 문서를 스캔할 수 있는 저해상도용 일반 스캐너는 (　　) 스캐너이다.

1 복사기, 플랫배드

02 중앙 처리 장치(CPU) _{21년 2회, 19년 3회, 17년 4회, 13년 4회, …}

1) 중앙 처리 장치(CPU)의 구성과 기능 _{15년 4회}

- CPU(Central Processing Unit)는 컴퓨터의 머리에 해당하며 모든 자료와 정보를 교환, 분석, 처리하는 장치로 컴퓨터의 속도에 영향을 준다.
- 중앙 처리 장치의 기능은 크게 기억, 연산, 제어 장치로 구분된다.

연산 장치 (Arithmetic Logic Unit)	중앙 처리 장치의 핵심이 되는 기능을 수행하는 장치로서 자료를 입력받아 사칙 연산, 논리 연산, 편집, 비교와 판단 등을 수행하는 장치
제어 장치(Control Unit)	입력, 출력, 기억, 연산 등 컴퓨터 내의 각종 장치들의 동작을 지시, 감독, 통제, 해독하는 역할
레지스터(Register)	고속의 임시 기억 장치로 연산의 결과나 주소 등을 일시적으로 보관하는 장치

2) 주기억 장치

- ROM(Read Only Memory)과 RAM(Random Access Memory)이 있다.
- 데이터나 프로그램을 기억하는 장치이다.
- 데이터를 보조기억 장치로 옮기거나 컴퓨터 작업수행에 필요한 장치로 고가의 가격이다.
- 주기억 장치, 보조기억 장치, 캐시 기억 장치로 구분된다.

① ROM _{21년 2회, 12년 5회}

- 전원이 중단되어도 데이터가 지워지지 않는 비휘발성 메모리이다.
- 반복해서 같은 내용을 읽을 수 없다.
- 읽기만 할 수 있고 변경 또는 수정할 수 없다.
- 부팅 시 컴퓨터의 기본 작업 환경을 조성(입출력 시스템, 글자 폰트, 자가 진단 프로그램 등의 펌웨어를 저장)한다.

Mask ROM	제조 시 미리 내용을 기억시킨 것으로 변경할 수 없음
PROM	단 한번만 정보를 입력할 수 있으며, 이후엔 읽기만 할 수 있음
EPROM	자외선을 이용하여 반복적으로 쓰고 지울 수 있는 기억 장치로 UV-ROM과 E-EPROM 이 있음
EEPROM	전기적인 방법을 이용하여 반복적으로 쓰고 지울 수 있는 기억 장치

② RAM

- 전원 공급이 중단되면 모든 데이터가 지워지는 휘발성 메모리이다.
- 일반적으로 주기억 장치를 의미한다.
- 읽기와 쓰기가 자유롭다.

SRAM	• 전력소비가 많고 가격이 비쌈 • 동작속도가 빨라 캐시 메모리로 사용됨 • 대량의 기억을 저장하기는 어려움 • 정적 램으로 전원이 공급되는 한 기억 내용을 유지함
DRAM	• 전력소비가 적고 가격이 저렴 • 동작속도가 느리며 일반적으로 주기억 장치라고 하면 DRAM을 말함 • 전원이 공급되어도 일정시간이 지나면 방전되어 기억 내용이 지워짐

3) 기타 기억 장치 15년 4회, 13년 1회

가상 메모리 (Virtual Memory)	• 프로그램이 사용할 수 있는 주소 공간의 크기가 실제 주기억 장치의 기억 공간보다 클 경우에 사용 • 사용하는 응용 프로그램의 메모리가 내장되어 있는 메모리보다 클 경우 하드 디스크를 메모리처럼 사용하는 기능
캐시 메모리 (Cache Memory)	• 고속의 기억 장치로 중앙 처리 장치와 주기억 장치 사이에서 실행 속도를 높이기 위해 사용 • 기억 용량은 작으나 고속 접근이 가능한 SRAM을 사용

4) 보조기억 장치

주기억 장치의 한정된 용량을 보조하기 위한 용도로 전원이 차단되어도 대용량의 데이터를 보관하며, 전원이 꺼져도 메모리가 지워지지 않아 영구적으로 데이터를 보관할 때 사용하는 저장 장치이다.

하드 디스크 (HDD)	• 고정식 대용량 기억 매체 • 처리속도가 빠르고 많은 자료를 처리하는 보조 기억 장치
플로피 디스크	• 자기 디스크 장치의 일종 • 비고정형 소용량 입출력 기억 매체이나 현재는 거의 사용되지 않음
자기 테이프	• 순차 접근 기억 장치(SASD)로 가격이 저렴하고 용량이 큼 • 속도가 느려서 주로 데이터 백업용으로 사용
자기 디스크	• 자성 물질을 입힌 금속 원판이 여러 장 겹쳐진 디스크 팩 • 기억 용량이 크고 처리 속도가 빠르며, 가격이 저렴
CD-R	• 1회성 기록만이 가능한 매체로 대량의 광디스크 기억 장치 • 반영구적이기 때문에 완성된 데이터의 백업용으로 많이 쓰임
CD-RW	• 재기록이 가능한 매체로 • 대량의 광디스크 기억 장치
DVD	• 차세대 멀티미디어 기록 매체 • CD의 4배 용량을 저장할 수 있음
플래시 메모리	• EEPROM의 일종으로 전기적으로 내용을 변경하고 제거할 수 있음 • 주로 휴대용 컴퓨터 및 기타 디지털 장치의 보조 기억 장치로 사용

기적의 TIP

HDD
보조기억장치
속도 – 매우 느림
전원이 꺼져도 데이터가 지워지지 않음

개념 체크

1 대량의 광디스크 기억 장치로 반영구적이라 완성된 데이터의 백업용으로 많이 쓰이는 것은 CD-R이다. (O, X)

1 ○

03 출력 장치 22년 3회, 12년 4회, 11년 5회/2회, 10년 2회

컴퓨터에 의해 처리된 결과나 데이터를 사람이 볼 수 있도록 변환하여 외부로 출력해 주는 장치로 문자나 기호, 소리 등으로 변환하여 화면에 표시하거나 인쇄 등의 결과물로 출력하는 장치를 말한다. 대표적으로 모니터와 프린터 등으로 구분할 수 있다.

1) 모니터(Monitor)

- 컴퓨터 내부의 작업 내용을 사용자에게 표시해 주는 장치로서 디스플레이라고도 한다.
- 화상 이미지를 표현하는 출력 장치로서 그래픽 카드의 신호를 받아들여 시각적 형태의 영상물로 나타낸다.

① 모니터의 종류

CRT 모니터	• 음극선관을 이용하여 출력을 표시하는 브라운관 구조의 PC 모니터 • LCD에 비해 디스플레이 속도가 빠르며 가격이 저렴하고 화면이 커서 그래픽 작업이나 편집 작업에 용이 • 전력 소모가 많고 부피가 커서 공간을 많이 차지하며 눈의 피로가 큼
LCD 모니터	• 액체와 고체의 중간적 성질인 액정을 이용하여 화면을 표시하는 장치를 말함 • CRT에 비해 전력 소모가 적고 휴대가 간편하며 눈에 피로가 적음 • 가격이 비싸고 화면이 작고 각도와 빛의 밝기에 따라 다르게 보이므로 정밀한 작업에 어려움이 있으며 CRT보다 표시 속도가 느림
PDP 모니터	• 플라즈마 가스의 발광을 이용하여 화면을 표시하는 장치 • 고해상도이며 화면 떨림이 없어 눈의 피로가 덜하며, 대형 표시가 가능 • 가격이 비싸고 전력 소모가 많으며 많은 열이 발생
LED 모니터	• 발광 다이오드를 이용하여 화면을 표시하는 장치 • 전등에 비해 전력 소모가 적고, 내구성이 우수하며, 회로가 간단함 • 컴퓨터, 프린터, 오디오, VTR 등 각종 가전제품 전면 판의 표시등으로 사용 • 가격이 비쌈

② 모니터 화면의 구성

화면의 크기	대각선의 길이를 인치(Inch)로 표시
해상도	모니터 상에 디스플레이 되는 가로×세로 픽셀 수로 결정되고, 픽셀 수가 많을수록 해상도가 높다. 보통 1,024×768의 해상도가 사용됨
해상도의 수치	72dpi상의 픽셀의 개수를 의미함
디스플레이의 색상 표현 수	프레임 버퍼에 영향을 받음
도트피치(Dot Pitch)	화면을 구성하는 점과 점 사이의 간격으로 모니터의 출력 상태를 결정하는 데 중요한 역할을 함
멀티싱크	여러 해상도를 지원함

🅑 기적의 TIP

모니터의 종류
- CRT 모니터

- LCD 모니터

- PDP 모니터

- LED 모니터

🅑 기적의 TIP

해상도 단위 16년 4회
- DPI(Dot Per Inch) : 1인치에 인쇄된 점의 수
- LPI(Line Per Inch) : 1인치에 출력되는 선의 수

2) 프린터(Printer)

- 컴퓨터 내에서 작업자가 제작한 문서, 이미지, 문자 등을 종이나 기타 재료 등에 인쇄할 때 사용하는 출력 장치를 말한다.
- 프린터는 충격식과 비충격식으로 나누어지며 색상 표현에 따라 흑백 프린터와 컬러 프린터로 나누어진다.

① 충격식 프린터

도트매트릭스 방식	• 충격식 프린터로 리본에 이미지나 문자를 점으로 찍어서 인쇄하는 방식으로 주로 초창기에 많이 사용했음 • 가격이 저렴하나, 인쇄 품질이 떨어지고 소음이 커서 현재는 거의 사용하지 않음

② 비충격식 프린터 16년 1회

잉크젯 방식	• 종이 위에 잉크를 분사시켜서 정보를 인쇄하는 비충격식 프린터 • C, M, Y, K의 잉크노즐을 통해 해당 컬러 부분에 잉크를 흩뿌려서 출력하고, 흑백과 컬러 모두 지원되어 미려한 인쇄물 출력이 가능 • 잉크를 사용하기 때문에 용지 번짐과 인쇄물이 변질될 우려가 있음
열전사 방식	• 왁스로 만들어진 4색 전용 용지(롤)에 열을 가해 녹인 후 종이에 전달하는 인쇄 방식 • 해상도가 높아 색상이 선명하고 밝아 중급 시안용으로 적합하나, 열에 약하고 이미지가 긁히는 경우가 많으며 경비의 손실이 큰 단점이 있음
염료승화 방식	• 폴리에스테르 필름으로 된 리본에 염료를 사용하여 프린트하는 방식 • 인화지와 같은 특수 용지에 적합하며, 속도가 느린 단점이 있으나 고해상도의 결과물을 얻을 수 있음
레이저 방식	• 복사기 원리와 레이저 빔의 원리를 이용하여 C, M, Y, K 등 각각의 토너가 여러 번 지나가면서 인쇄하는 방식 • 열전사 방식보다 속도가 빠르고 서체의 지원이 다양하여 흑백과 컬러 출력용으로 가장 많이 사용 • 번짐 현상이 없고 인쇄가 선명하여 출력소나 디자인실 등에서 전문적인 시안용으로 많이 사용

3) 플로터(Plotter)

- 대형 인쇄물을 출력할 수 있는 출력기로 도면, 건축용 CAD 등을 출력하는 출력 장치를 말한다.
- A0(841×1,189mm) 이상까지 출력이 가능하고 C(사이안), M(마젠타), Y(노랑), K(검정)의 잉크 뿐만 아니라 8색까지도 프린트한다.
- 사인물이나 현수막 등의 글자 및 도안에 사용된다.

4) 필름 레코더(Film Recorder) 23년 1회, 22년 1회, 16년 1회

컴퓨터에서 나온 최종 디지털 이미지 데이터를 컬러 필름에 출력하는 장치이며, 필름의 출력 사이즈는 35mm부터 가능하다.

01 소비 전력이 작고 전원이 꺼지더라도 저장된 정보가 유지되며, 작고 가벼워 이동성이 편리한 메모리는?

① ROM
② RAM
③ 플래시 메모리
④ 캐시 메모리

플래시 메모리란 EEPROM의 일종으로, 전기적으로 내용을 변경하고 소거할 수 있으며, 주로 휴대용 컴퓨터 및 기타 디지털 장치의 보조기억 장치로 사용된다.

오답 피하기
ROM, RAM은 주기억 장치이다.

02 네 가지 노즐을 통해 잉크를 뿌려서 문자나 이미지를 나타내는 프린트 방식은?

① 레이저 프린터(Laser Printer) 방식
② 펜 플로터(Pen Plotter) 방식
③ 잉크젯 프린터(Inkjet Printer) 방식
④ 도트 매트릭스(Dot Printer) 방식

C, M, Y, K의 잉크노즐을 통해 해당 부분에 잉크를 흩뿌리는 방식으로 흑백과 컬러 모두 지원되어 미려한 인쇄물 출력이 가능하다.

오답 피하기
레이저 프린터 방식은 감광을 이용한 프린트 방식이다.

03 다음 중 스캐너에 대한 설명으로 틀린 것은?

① 해상도의 단위는 LPI이다.
② 스캐너는 반사된 빛을 측정하기 위해 CCD라는 실리콘 칩을 사용한다.
③ 입력된 파일의 크기를 작게 하거나 원하는 영역만 스캔할 수도 있다.
④ 색상과 콘트라스트를 더욱 정확하게 조절하기 위해 감마보정이라는 방법을 사용한다.

스캐너 해상도의 단위는 PPI 혹은 DPI이다.

오답 피하기
LPI는 인쇄 선 수를 말한다.

04 다음 중 주기억 장치의 설명으로 옳은 것은?

① 외장하드, 플로피디스크, Jazz/ZIP 드라이브, CD-ROM 등이 있다.
② CPU에서 지금 필요하지는 않지만 언젠가는 필요한 정보들을 저장하는 장치이다.
③ 입력 장치와 중앙 처리 장치에서 행한 행동을 사람이 눈으로 확인할 수 있도록 하는 장치이다.
④ CPU에서 연산할 명령, 데이터, 그 결과를 저장하는 곳으로 RAM, ROM이 있다.

주기억 장치에는 RAM과 ROM이 있다.

오답 피하기
주기억 장치와 보조, 기타 기억 장치의 특성을 잘 파악해야 한다.

05 다음 컴퓨터그래픽 시스템 구성 중 출력 장치는?

① 플로터
② 스캐너
③ 키보드
④ 디지타이저

플로터는 그래프나 도형, 건축용 CAD, 도면 등을 출력하기 위한 대형 출력 장치이다.

06 데이터를 한번 기록하면 이후에 그 내용을 바꿀 수 없고 읽을 수만 있는 기억 장치로서 전원이 차단되어도 내용이 소멸하지 않는 기능을 갖고 있어 비휘발성 메모리라고도 하는 것은?

① RAM
② ROM
③ CPU
④ LAN

ROM은 부팅 시 컴퓨터의 기본 작업 환경을 조성하며 입출력 시스템, 글자 폰트, 자가 진단 프로그램 등의 펌웨어를 저장한다.

정답 01 ③ 02 ③ 03 ① 04 ④ 05 ① 06 ②

07 컴퓨터 모니터상의 컬러와 인쇄 출력용의 컬러 차이가 생기는 원인이 <u>아닌</u> 것은?

① 모니터의 색상을 구성하는 컬러와 인쇄잉크의 컬러 구성이 다르기 때문에
② 모니터의 이미지 전송 속도와 프린터의 처리 속도가 다르기 때문에
③ 모니터와 프린터의 캘리브레이션(Calibration)이 부정확하기 때문에
④ 모니터의 색상 표현 영역(Color Gamut)과 인쇄잉크의 표현 영역이 다르기 때문에

모니터의 이미지 전송 속도와 프린터의 처리 속도는 컬러 차이와 상관이 전혀 없다.

08 다음 컴퓨터 하드웨어 장치 중 그 성격이 <u>다른</u> 것은?

① 제어 장치
② 연산 장치
③ 주기억 장치
④ 보조기억 장치

보조기억 장치는 주기억 장치의 한정된 용량을 보조하기 위한 용도로 전원이 차단되어도 대용량 데이터를 보관하는 장치이다.

오답 피하기

중앙 처리 장치의 기능은 크게 기억, 연산, 제어 장치로 구분된다.

09 모니터에 나타난 도형이나 그림을 35mm 슬라이드에 저장하는 출력 장치는?

① 레이저 프린터
② 필름 레코더
③ 플로터
④ 스캐너

필름 레코더란 컴퓨터에서 나온 최종 디지털 이미지 데이터를 컬러 필름에 출력하는 장치이며, 필름의 출력 사이즈는 35mm부터 가능하다.

10 Spot Color(별색)에 대한 설명이 <u>틀린</u> 것은?

① 배합해서 색을 나타내지 않고 개별적인 색을 사용한다.
② CMYK를 4색 분해하여 망점을 섞어 표현한다.
③ 인쇄 시 Spot Color에 해당하는 컬러판이 추가로 필요하다.
④ 반짝이는 금색, 은색과 같은 색상을 인쇄할 때 주로 지정한다.

Spot Color(별색) : 문서 내의 색을 처리하는 방법의 하나로, 개개의 잉크색을 지정하여 그 색의 요소를 갖는 각 페이지를 각각 독립된 하나의 층(Layer)으로 인쇄하는 방식이다. 인쇄기는 문서 내 스폿 컬러의 수만큼 인쇄 공정을 거쳐 문서를 인쇄한다. 스폿 컬러 방법은 프로세스 컬러 방법과 같이 배합해서 색을 나타내지 않고 개별적인 색을 사용한다.

11 컴퓨터에 내장된 실제 RAM이 사용하려고 하는 프로그램의 권장 메모리보다 작을 때 취해야 할 옳은 방법은?

① Video Ram(비디오 램)을 증가시킨다.
② Hard Disk(내장 하드디스크) 용량을 증가시킨다.
③ ROM(Read Only Memory)을 이용한다.
④ Virtual Memory(가상메모리)를 사용한다.

12 다음 중 입력장치에 해당되는 컴퓨터 그래픽 시스템은?

① 프로젝트
② 프린터
③ 스캐너
④ 플로터

출력 장치로는 대표적으로 모니터와 프린터, 플로터 등으로 구분할 수 있다.

▶ 합격 강의

01 디자인 도구로서의 컴퓨터그래픽

컴퓨터의 개발은 일상생활에 많은 변화를 불러왔다. 특히 과거 수작업으로 하였던 디자인은 컴퓨터 그래픽 기술이 발전함에 따라 점차 디자이너의 표현 방법에도 영향을 미쳐 대부분 지금 컴퓨터를 통해서 표현하고 있다.

1) 하드웨어

• 컴퓨터를 이용한 디자인 이미지 표현을 위한 물리적인 장치이다.
• 붓과 연필을 대신하는 입력장치, 그림이 표현되는 종이의 역할을 하는 출력 장치로 구분된다.
• 과거엔 전통적 수작업에 의해 많은 시간과 노력, 인원이 필요했으나 현재의 컴퓨터그래픽은 시간과 비용을 줄이고 정확성과 정밀도를 높여 빠르게 다량의 작업이 가능해졌다.

2) 소프트웨어

① 시스템 소프트웨어(운영체제)

Dos(도스)	• 1981년 IBM사가 운영체제로 채택한 이후 표준적인 운영체제가 되었음 • 기억 장치에 상주하여 PC가 정상적으로 동작하도록 관리하여 사용자의 명령을 실행시킴
Windows	• 미국의 마이크로소프트사가 개발한 개인용 컴퓨터(PC) 운영체제로 현재 가장 많이 사용되고 있음 • 도스에서 발전된 체제로 GUI★를 기본으로 하여 아이콘 방식으로 마우스를 이용하여 사용하므로 사용이 쉽고 간편
MacOS	• 미국의 애플사가 만든 매킨토시용 운영체제 • 다양한 멀티 GUI 기능을 통해 사용이 간편하며, 쉽고, 그래픽 기능이 뛰어나지만, 가격이 비쌈 • 현재 매킨토시는 그래픽, 디자인, 출판, 영상 등의 전문 분야에서 주로 사용함
Linux	유닉스를 기반으로 만들어졌으며 시스템 유틸리티를 공개하여 사용자 간 OS를 공유할 수 있도록 하며, 뛰어난 신뢰성과 안정성, 보안성, 다양한 파일 시스템을 지원함
Unix	• 1969년 미국 AT&T사에서 개발한 대형 오퍼레이팅 시스템 • C언어를 기반으로 크게 커널, 셸, 파일 시스템으로 구성 • 대화형 시스템, 높은 이식성, 멀티태스킹 시스템, 셸 프로그래밍, 계층적 파일 시스템을 특징으로 중/대형 컴퓨터에서 주로 사용

★ GUI
(Graphical User Interface)
아이콘 또는 윈도 등 그래픽 표시를 기초로 한 조작환경이다. Graphical User Interface의 약자로 사용자가 컴퓨터와 정보를 교환할 때, 그래픽을 통해 작업할 수 있는 환경을 말한다. 마우스 등을 이용하여 화면에 있는 메뉴를 선택하여 작업을 할 수 있다.

② 그래픽 소프트웨어 20년 1회, 18년 2회/1회, 16년 2회

드로잉 프로그램 (Drawing Program)	벡터 방식을 기본으로 컴퓨터 내에 직접 그림을 그리는 프로그램 📵 일러스트레이터, 파이어웍스, 코렐드로우, 오토캐드, 프리핸드 등
이미지 프로그램 (Painting Program)	비트맵 방식을 기본으로 사진의 수정, 변형, 합성, 효과 등의 작업에 필요한 툴 과 기능을 제공하는 프로그램 📵 포토샵, 페인터, 페인트샵프로, 코렐 포토페인트 등
편집 프로그램 (Editing Program)	• 전반적인 편집이나 레이아웃 작성에 사용되는 디자인 편집을 전문적으로 하 는 프로그램 • 출력이나 인쇄용으로 제작할 때 고해상도의 이미지를 지원하고 4도 분판 기 능을 제공 📵 쿼크 익스프레스, 페이지메이커, 인디자인★, 코렐 드로우 등

★ 인디자인(InDesign)
전자출판 방식으로 디자인하고자
할 때 효과적인 소프트웨어이다.

02 디자인 프로세스와 컴퓨터그래픽 23년 1회, 22년 4회, 11년 2회

1) 과거의 디자인 프로세스

기획 → 아이디어 구상 → 시안 작업 → 식자제판 → 촬영 → 4도 필름 분판 → 교정 → 교정지 인쇄 →
인쇄판 → 인쇄 → 가공

2) 컴퓨터그래픽에 의한 디자인 프로세스

기획 → 아이디어 구상 → 시안(스캔/입력) 작업 → 컴퓨터그래픽 작업 → 4도 분판 필름 출력 → 교정
→ 교정지 인쇄 → 인쇄판 → 인쇄 → 가공

3) 이미지 표현 프로세스

이미지 구상 → 드로잉을 위한 툴 선택 → 색상 선택 → 최종 이미지 표현

① 이미지 구상 : 디자이너가 이미지 작업을 위해 아이디어를 어떻게 표현할 것인
가를 구상하는 단계다.
② 드로잉을 위한 툴 선택 : 디자인된 이미지의 변형, 수정 등의 작업 과정이다.
③ 색상 선택 : 색상 선택의 단계로 색상, 명도, 채도 등을 고려하여 섬세한 조절과
다양하고 정확한 선택이 필요하다.
④ 최종 이미지 표현 : 구상된 아이디어를 최종적으로 이미지로 표현하는 단계로 계
속적이며 발전적인 수정 과정을 거쳐 이미지를 완성하는 단계다.

✔ 개념 체크

1 다음 중 그래픽 소프트웨어
에 대한 특징으로 옳지 않은
것을 고르시오. (   )

⊙ 드로잉 프로그램 - 전반
적인 편집이나 레이아웃 작
성에 사용되는 디자인 편집
을 전문적으로 하는 프로그
램

ⓒ 이미지 프로그램 - 비트
맵 방식을 기본으로 사진의
수정, 변형, 합성 등 작업에
필요한 툴과 기능을 제공하
는 프로그램

ⓒ 편집 프로그램 - 인쇄용
으로 제작할 때 고해상도의
이미지를 지원하고 4도 분
판 기능을 제공하는 프로그
램

1 ⊙

03 디자인 작업을 위한 컴퓨터그래픽

1) 이미지 표현 방법

▲ 비트맵 방식

▲ 벡터 방식

비트맵 방식 (Bitmap Format)	• 컴퓨터의 모니터에 픽셀들이 모여서 그림을 표현하는 방식으로 픽셀 이미지 또는 래스터 이미지라고도 함 • 다양한 픽셀들이 각각의 정보를 가지고 있으므로 상세한 명암과 색상을 필요로 하는 사진이나 그림을 표시하는데 매우 적합함 • 확대 및 축소할 경우 이미지에 화질이 떨어지고 용량이 늘어날 수 있음 • 비트맵 방식에서 이미지의 상태는 해상도와 크기로 결정이 되기 때문에 사용 목적에 맞는 해상도와 1:1 작업이 되어야 함 • 비트맵 방식은 포토샵, 페인터, 코렐 포토페인트 등에서 사용
벡터 방식 (Vector Format)	• 그래픽 화면에 나타나는 도형, 글자, 문양의 모양을 각 선분이나 곡선 요소, 위치, 두께 등을 수학적 연산에 의해 기억하여 연산하는 방식 • 수학적 연산에 의해 이미지를 만들기 때문에 비트맵 방식보다 파일 용량이 작음 • 이미지 크기에 상관없이 축소, 확대하여도 이미지에 손상이 전혀 없으며, 수정과 변형이 자유로움 • 선과 면에 색상을 표현하는 방식을 사용하므로 부드럽고 정교한 선을 표현하는 데 적합하나, 비트맵처럼 상세한 명암과 풍부한 색감 표현을 할 수 없음 • 객체 지향적 이미지, 오브젝트 이미지, 포스트스크립트 이미지라고도 함 • 벡터 방식은 Illustrator(일러스트레이터), Corel Draw(코렐 드로우), 프리래스터라이징 핸드, CAD 등에서 사용

2) 컴퓨터그래픽 색상 22년 1회, 21년 2회, 16년 2회/1회, 15년 4회, 13년 4회

RGB 모드	• 컴퓨터그래픽에서 사용하는 가장 기본적인 컬러 모드 • 빛의 3원색(Red, Green, Blue)을 혼합하여 색을 표현 • 모니터, 영상, 홈페이지 등 화면용 작업에 많이 활용됨
CMYK 모드	• 인쇄(4도 분판)나 프린트에 사용되는 모드 • C, M, Y, K 모드는 혼합할수록 어두워지는 감산혼합이며, RGB 모드에 비하여 색상 표현이 제한적 • 4도 분판은 하나의 이미지를 인쇄하기 위해 4도를 분리, 출력하며 각각의 분판은 컬러값이 흑색 망점으로 표현됨
HSB 모드	• 인간이 색을 인지하는 방식을 기초로 색상, 채도, 명도에 의해 색을 표현하는 모드 • 일반적으로 디자이너나 색채를 다루는 사람들이 보통 사용하는 방식
Grayscale 모드	• 검은색부터 흰색까지의 중간 단계를 나타내는 모드 • 화소당 8비트로 256단계의 명암으로 표현
Index 모드	• 24비트 컬러 중 정해진 256컬러의 컬러표를 사용하는 단일 채널 이미지 • 부족한 컬러를 표현하기 위해 디더링 기법이 사용 • 대부분 웹상에서 이미지 전송용, 게임 그래픽용으로 사용하며 대표적인 포맷은 GIF 이미지가 있음
Duotone 모드	그레이스케일에서 변경이 가능하며 한 가지 색 계열인 모노톤 이미지를 표현할 때 사용하는 모드
Bitmap 모드	그레이스케일에서만 변경이 가능하며 이미지가 가질 수 있는 가장 간단한 형태의 색상 체계로서 흰색과 검정으로만 이미지를 표현
Lab 모드	• CIE(국제조명위원회)에서 제안한 모델을 기반으로 서로 다른 환경에서도 이미지의 색상을 유지해 주기 위한 컬러 모드 • L(명도), ab는(빨강/초록, 노랑/파랑)의 값으로 색상을 정의함

3) 컴퓨터그래픽 표현 요소

① 해상도(Resolution)

- 해상도는 모니터 화면에 그래픽을 얼마나 선명하고 정밀하게 표현할 수 있는지를 결정하는 요소이다.
- 모니터상의 작은 점이 화면을 구성하는 최소 단위이며, 픽셀(Pixel)이라고 한다.
- 해상도가 클수록 선명하게 표현되나 파일의 용량은 늘어난다.
- 한 화면을 구성하고 있는 픽셀의 수를 해상도라고 하며, 보통 DPI 또는 PPI라고 한다.
- 해상도와 이미지의 크기는 반비례의 관계로 이미지 크기가 커지면 해상도는 감소하고 이미지 크기가 작아지면 해상도는 증가한다.
- 그래픽 작업을 하기 위해서는 목적에 맞는 해상도로 작업해야 한다. 화면용일 경우 72dpi의 저해상도로 작업하고, 인쇄용일 경우 200~300dpi의 고해상도로 작업하는 것이 좋다.

▲ dpi(dots per inch) 비교

② 앨리어싱(Aliasing)과 안티앨리어싱(Anti-Aliasing) 22년 4회/2회, 20년 2회, 18년 1회, 15년 4회

- 비트맵 이미지는 픽셀 단위로 처리되기 때문에 곡선이나 사선을 표현할 때 계단 모양으로 나타나는데 이를 앨리어싱 현상이라고 한다.
- 안티앨리어싱은 픽셀과 픽셀로 이어지는 계단모양의 가장자리 부분에 주변 색상과 혼합한 중간 색상을 넣어 계단 현상의 외형을 부드럽게 처리해 주는 방식이다.

▲ 앨리어싱   ▲ 안티앨리어싱

③ 캘리브레이션(Calibration)

모니터와 실제 인쇄물과의 색상이 일치하지 않을 때 여러 과정을 통해 일치하도록 조정해주는 작업이다.

기적의 TIP

DPI와 LPI의 적용
- 고급 카탈로그, 브로슈어, 잡지, 포스터 : 150~175선 수(lpi)=300~350dpi
- 신문 : 80~120선 수(lpi)=200dpi
- DPI:LPI=2:1의 비율이다.

기적의 TIP

디더링(Dithering)
제한된 색상을 이용하여 음영이나 색을 나타내는 방법이다.

기적의 TIP

하프톤(Halftone)
다양한 크기의 쪼개진 점들로 이미지를 구성하는 방식이며 망점으로 표현된다.

개념 체크

1 픽셀과 픽셀로 이어지는 (   ) 모양의 가장자리 부분에 주변 색상과 혼합한 (   ) 색상을 넣어 외형을 부드럽게 처리해주는 방식을 안티앨리어싱이라고 한다.

1 계단, 중간

④ 색상 영역(Color Gamut)

컴퓨터, 모니터, 프린터, 디스플레이 장치, 소프트웨어 등에서 지원할 수 있는 컬러 시스템이 표현할 수 있는 컬러 대역이다.

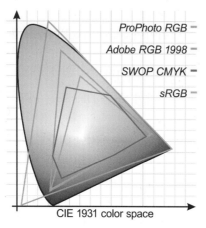

▲ 컴퓨터그래픽의 색상 표현 영역(Color Gamut)

⑤ 그래픽 파일 형식 22년 4회, 20년 2회/1회, 19년 2회/1회, 16년 1회, …

비트맵 파일	PSD	포토샵 전용 파일 포맷으로 레이어, 채널, 패스 등을 모두 저장할 수 있는 파일 포맷
	GIF	• 웹상의 아이콘이나 로고 등의 이미지를 제작할 때 많이 저장하는 방식 • 파일의 압축률이 좋고, Index 모드에서 최대 256컬러의 컬러 색상표를 이용하여 압축하는 방식 • 투명도, 인터레이스, 애니메이션 지원이 가능한 파일 포맷으로 비손실 압축 방식
	JPG	• 그래픽 파일 포맷 중에 가장 널리 사용되는 파일 포맷 • 24비트 색상의 트루컬러를 지원하며, 인터넷상에서 GIF와 함께 가장 많이 사용되는 포맷 • 손실 압축 방식으로 압축률이 가장 뛰어남
	PNG	GIF와 JPG의 장점을 합친 것으로 8비트 컬러를 24비트 컬러처럼 저장할 수 있음
	TIFF, EPS	• 인쇄 시 4도 분판 기능이 있어 편집 프로그램이나 고해상도의 출력물을 얻을 때 사용하는 방식 • 무손실 압축 방식을 지원하여 디지털 카메라나 스캔 받은 파일을 압축하여 사용할 때 사용
	TGA	• 트루비전사에서 개발한 타가 보드와 Vista 보드를 사용한 그래픽 프로그램에서 사용하는 이미지 파일 형식 • 알파채널을 지원하며, Sequence방식이 지원되어 영상, 3D 등의 이미지로 활용
	BMP	24비트 비트맵 파일 포맷으로 윈도우 등에서 사용하는 압축하지 않은 표준 그래픽 형식
비트맵 파일	PICT	매킨토시용 표준 그래픽 파일 포맷으로 화면용 파일 포맷
	RAW	• 이미지 상에서 화소 자체의 정보만을 담고 있는 가장 넓은 의미의 래스터 이미지 포맷 방식 • 주로 DSLR 카메라에서 많이 사용되는 파일 포맷

벡터 파일	AI	벡터 파일 포맷 중 가장 많이 사용하며, 어도비 일러스트레이터에서 사용되는 기본 파일 포맷
	CDR	코렐 드로우의 벡터 파일 포맷
	EPS	• Encapsulated Post Script의 약자로 전자 출판이나 고해상도의 그래픽을 지원하는 파일 포맷 • 4도 분판을 목적으로 비트맵이나 벡터 방식 모두 사용할 수 있는 파일 포맷
	WMF	• 마이크로소프트 오피스 등에서 클립아트로 활용되는 파일 포맷 • 임의의 크기로 확대해도 해상도가 떨어지지 않음
문서 파일	TXT	텍스트 표준 파일 포맷
	PDF	Portable Document Format의 약자로 미국 Adobe사가 서체, 프린팅 기술을 지원하기 위해 PostScript를 기반으로 개발한 소용량의 전자 문서 작성용 파일 포맷
3D 파일	DWG	오토캐드용 도면 저장 포맷
	DXF	오토캐드용 3D 프로그램으로 전환 시에 저장하는 포맷
	3DS	오토데스크사의 3D 스튜디오의 3D 파일 포맷
사운드 파일	WAV	윈도의 표준 사운드 포맷
	MP3	CD에 가까운 음질을 유지시키면서 압축한 파일 포맷
	MID	표준 형식의 미디 파일
	AU	유닉스에서 사용하는 포맷
	AIFF	오디오 교환 파일 포맷

✅ 개념 체크

1 EPS는 미국 Adobe사가 서체, 프린팅 기술을 지원하기 위해 PostScript를 기반으로 개발한 소용량의 전자 문서 작성용 파일 포맷을 말한다. (O, X)

1 ×

01 벡터 방식의 이미지를 비트맵 방식의 이미지로 전환하는 과정을 나타내는 용어는?

① 드로잉(Drawing)
② 페인팅(Paintind)
③ 래스터라이징(Rasterising)
④ 이미지 프로세싱(Image Processing)

래스터라이징이란 벡터 방식의 이미지를 비트맵 방식의 이미지로 전환하는 작업이다.

02 다음 중 웹디자인에서 특정 색상을 투명하게 만드는 투명 인덱스(Transparency Index)를 하기 위한 파일 포맷은?

① JPEG
② GIF
③ EPS
④ HTML

GIF 포맷은 파일의 압축률이 좋고, Index 모드에서 최대 256컬러의 컬러 색상표를 이용하여 압축하는 방식으로 투명도, 인터레이스, 애니메이션 지원이 가능한 파일 포맷이다.

03 대상체를 중심으로 하는 일러스트레이터 이미지로 객체 지향성 이미지는?

① 래스터 이미지
② 안티앨리어싱 이미지
③ 비트맵 이미지
④ 벡터 이미지

벡터 이미지, 포스트스크립트 이미지, 랜덤 이미지, 객체 지향성 이미지는 모두 벡터 방식을 의미하며, 비트맵 이미지, 래스터 이미지, 픽셀 이미지는 비트맵 방식을 의미한다.

04 물감의 여러 색을 혼합하고 다시 여기에 흰색이나 검정을 섞어 색을 만드는 전통적인 혼합 방식과 유사하여 예술가나 디자이너들이 쉽게 조정할 수 있는 컬러 방식은?

① Lab 모드
② RGB 모드
③ HSB 모드
④ CMYK 모드

HSB 모드는 인간이 색을 인지하는 방식을 기초로 색상, 채도, 명도에 의해 색을 표현하는 방식이다.

05 컴퓨터그래픽 작업 시 이미지를 스캔하여 모니터에서 작업을 하게 되면 원본 이미지의 색상과 모니터상의 색상이 다르게 보인다. 이때 색상을 이미지의 원본 색상과 같이 조절하는 것을 무엇이라고 하는가?

① 해상도조절
② 명도조절
③ 채도조절
④ 캘리브레이션

캘리브레이션이란 모니터와 실제 인쇄했을 때의 색상이 일치하지 않을 때 여러 시험을 통해 일치하도록 조정해 주는 작업이다.

06 톱니 모양의 우툴두툴한 비트맵 이미지의 가장자리 픽셀들을 주변색상과 혼합한 중간색상을 넣어 매끄럽게 처리하는 방식은?

① 질감전사(Mapping)
② 렌더링(Rendering)
③ 모델링(Modeling)
④ 안티앨리어싱(Anti-Aliasing)

안티앨리어싱이란 픽셀과 픽셀로 이어지는 가장자리 부분에 주변 색상과 혼합한 중간 색상을 넣어 계단 현상의 외형을 부드럽게 처리해 주는 방식이다.

오답 피하기

나머지 보기는 3D 그래픽의 내용이다.

07 화소 자체의 정보만을 담고 있는 그래픽 포맷 방식은?

① RAW   ② EPS
③ TGA   ④ BMP

RAW 파일은 이미지 상에서 화소 자체의 정보만을 담고 있는 가장 넓은 의미의 래스터 이미지 포맷 방식으로 주로 DSLR 카메라에서 많이 사용되는 파일 포맷이다.

오답 피하기

EPS는 주로 인쇄의 4도 분판 시 많이 쓰인다.

08 CMYK 모델을 모두 수용할 수 있는 색영역을 가지기 때문에 RGB 모델로의 변환 시에 중간 단계로 사용되는 컬러모델은?

① HSB 모델
② Lab 모델
③ HSV 모델
④ Indexed 모델

Lab 모델이 CIE(국제조명위원회)에서 제안한 모델을 기반으로 서로 다른 환경에서도 이미지의 색상을 유지시켜 주기 위한 컬러 모드이다.

09 벡터 방식 그래픽에 대한 설명으로 가장 거리가 먼 것은?

① 일러스트레이터(Illustrator) 응용 프로그램 등에서 사용하는 방식이다.
② 이미지를 수학적으로 기술된 선으로 표현한다.
③ 그래픽 작업에서 해상도를 고려할 필요가 없다.
④ 픽셀이라는 작은 사각형의 격자를 사용하여 이미지를 만드는 방식이다.

• 픽셀이라는 작은 사각형의 격자를 사용하여 이미지를 만드는 방식은 비트맵 방식이다.
• 일러스트레이터와 포토샵을 비교하면서 벡터와 비트맵 방식을 이해하면 좋다.

10 비트맵 이미지의 특징이 아닌 것은?

① 깊이 있는 색조와 부드러운 질감을 나타낼 수 있다.
② 이미지의 크기에 따라 출력에 영향을 준다.
③ 압축을 통해 해상도와 파일크기의 조절이 가능하다.
④ 베지어 곡선의 오브젝트로 구성된다.

베지어 곡선의 오브젝트로 구성되는 것은 벡터 방식이다.

11 다음 중 비트맵 파일 포맷이 아닌 것은?

① GIF
② PSD
③ AI
④ BMP

일러스트레이션은 벡터 이미지로 그림을 확대해도 계속 그 위치의 좌표로 이미지를 표시해주기 때문에 그림이 깨지지 않는다.

12 컴퓨터그래픽 파일 포맷에 대한 설명으로 틀린 것은?

① BMP : 마이크로소프트사에서 지원하는 파일 포맷으로 압축방법을 사용하지 않는다.
② EPS : 포스트스크립트 형태의 파일 형식으로 비트맵 이미지와 벡터 그래픽 파일을 함께 저장할 수 있다.
③ GIF : 사진이미지의 압축에 가장 유리한 포맷으로 정밀한 이미지 저장에 적합한 파일이다.
④ PNG : JPG와 GIF의 장점만을 가진 포맷을 투명성과 관련된 알파채널에서 향상된 기능을 제공한다.

• 사진 이미지의 압축에 가장 유리한 포맷으로 정밀한 이미지 저장에 적합한 파일은 JPG이다.
• GIF는 웹상의 아이콘이나 로고 등의 이미지를 제작할 때 많이 저장하는 방식이다.

SECTION

03

컴퓨터 응용 디자인

▶ 합격 강의

출제빈도 (상) 중 하
반복학습 1 2 3

빈출 태그 포토샵, 일러스트레이터, 모델링의 종류, 셰이딩, 애니메이션

01 컴퓨터 응용 평면 디자인 23년 2회/1회, 22년 1회, 21년 3회, 17년 4회, …

1) 포토샵(Photoshop)

- Adobe사가 개발한 이미지편집을 위한 2차원 그래픽 소프트웨어로서 전문 사진 편집을 위한 비트맵 방식의 소프트웨어이다.
- 디자인에 관련된 모든 작업에서 포토샵을 폭넓게 사용하고 있다.
- 사진 등의 이미지를 수정 보완하거나 색상, 변형, 합성 등의 디자인에 필요한 소스로 제작이 가능하며, 타 프로그램 간의 호환성도 뛰어나다.
- 그림이나 문자를 픽셀로 나타내며 비트맵으로 데이터를 처리한다.
- 웹디자인, 영화, 광고, 출판 등의 다양한 분야에서 이용되고 있다.

① 포토샵 툴(Tool) 기능

선택 툴	작업 영역을 선택하여 색상이나 효과를 적용할 수 있음
Lasso	자유선택 툴로 임의의 영역을 자유롭게 선택하는 기능
Magic Wand	색상 범위에 따라 특정 부분을 선택하여 영역으로 선택
Crop	원하는 부분의 이미지만을 남기고 나머지 부분은 삭제
AirBrush	작은 색입자를 뿌려서 페인팅 할 수 있음
Gradient	선택 영역에 2가지 이상의 색을 점진적으로 혼합하여 영역을 채울 때 사용
Stamp	이미지의 특정 부분을 패턴화하여 다른 곳에 복제하는 기능
Quick Mask	이미지의 보정을 위해 선택 영역을 마스크 형태로 보면서 선택할 수 있는 기능

Ⓟ 기적의 TIP

패스(Path) 기능이 필요한 경우 16년 2회
- 경로를 따라가는 글자 입력하기
- 스캔 받은 이미지의 일부분을 따내기
- 특정 모양을 만들어 채색하기

✓ 개념 체크

1 포토샵은 전문 사진 편집을 위한 비트맵 방식의 소프트웨어이며 타 프로그램 간의 호환성도 뛰어나 웹디자인, 영화, 광고, 출판 등 다양한 분야에서 이용된다. (O, X)

1 ○

② 포토샵 메뉴 기능

File	작업물의 저장, 열기, 도큐먼트 환경 설정, 프린트 설정, 프로그램 환경 설정을 하는 기능
Edit	작업물의 복사, 이동, 크기, 변경, 패턴 인식 등의 작업 수행을 하는 메뉴
Image	작업의 색상, 크기, 밝기 등을 조절하거나 이미지를 수정하는 데 필요한 기능
Layer	레이어를 만들고 수정하는 기능을 하는 메뉴
Select	선택 툴 이외의 선택을 할 수 있는 기능의 메뉴
Filter	• 포토샵의 필터는 대부분 RGB모드에서 적용됨. 특히 빛을 이용하는 필터는 CMYK모드에서는 적용되지 않음 • Blur : 이미지의 초점을 흐리게 하는 효과 • Distort : 이미지를 왜곡시키거나 변형하는 효과 • Noise : 이미지에 임의의 픽셀을 생성시켜 노이즈 현상을 만듦 • Sharpen : 이미지를 선명하게 하는 효과 • Render : 빛과 관련된 구름과 렌즈플레어 등의 효과 • Sketch : 이미지를 모노톤의 회화적인 느낌이 나도록 하는 효과 • Emboss : 이미지의 경계 부분을 밝고 어둡게 하여 3차원적인 입체효과를 만드는 효과 • Texture : 이미지에 재질감을 주는 효과
View	작업 환경을 편리하게 도와주는 눈금자, 가이드선, 그리드 등의 보조 기능
Window	이미지 윈도우 정렬, 툴 박스, 팔레트 등을 표시

③ 포토샵 팔레트 기능

레이어	투명한 여러 장의 필름이 겹쳐있는 것과 같아 각 층별로 작업을 할 수 있게 함
채널	컬러모드에 따른 각각의 고유 컬러 정보를 통해 컬러 수정, 특수질감 효과를 낼 수 있음
알파 채널	256단계의 회색 음영으로 된 추가 채널로서 이미지의 선택이나 마스크 작업을 하여 다양한 효과를 낼 수 있게 함
히스토리	작업의 과정을 보여주어 해당 작업 상태로 되돌아갈 수 있도록 하는 기록 기능
액션	반복적인 작업물을 비디오 녹화하듯이 저장하여 동일한 작업을 반복하게 해 줌

④ 포토샵 작업 시 주의 사항 16년 1회

• 포토샵의 결과물은 해상도에 영향을 많이 받는다. 따라서 결과물의 종류에 따라 해상도 및 컬러모드를 적절히 선택해서 작업을 해주어야 한다.
• 비트맵 프로그램의 특성상 크기를 변화하면 이미지에 손상이 가므로 반드시 1:1비율의 크기로 작업해야 한다.

구분		해상도	컬러모드	확장자
웹용(게임, 홈페이지)		72dpi	RGB모드, Index모드	GIF, JPG, PNG
인쇄물	저해상도(신문, 시안)	150~200dpi	CMYK모드	EPS, TIFF, PDF
	고해상도 결과물(서적, 잡지)	300~350dpi	CMYK모드	EPS, TIFF, PDF

✓ 개념 체크

1 다음 중 포토샵의 필터 메뉴에 해당하지 않는 기능이 무엇인지 모두 고르시오.
(   )

㉠ Lasso

㉡ Blur

㉢ Noise

㉣ Crop

㉤ Emboss

1 ㉠, ㉣

⑤ 포토샵의 작업 속도 향상 방법

- 불필요한 프로그램을 동시에 열어 놓고 사용하지 않도록 한다.
- 클립보드에 너무 큰 용량의 데이터가 들어 있지 않도록 사용 후에는 비워 준다.
- 시스템과 프로그램의 메모리 관리 설정을 적절하게 해준다.
- 레이어(Layer)와 채널을 가능한 적게 사용하는 방식을 취한다.
- 메뉴 명령 대신 가급적 동등 키(단축키)를 사용하여 곧바로 실행될 수 있도록 작업하여 효율을 높인다.
- 최초 작업은 저해상도 파일로 미리 해봄으로써 실제 출력 크기의 이미지 해상도 작업 시 제작상의 착오를 최소화 한다.

2) 일러스트레이터(Illustrator)

- Adobe사가 개발한 2차원 그래픽 소프트웨어로서 그래프나 도형, 문자, 글자 등의 드로잉 작업이 가능한 벡터 방식의 소프트웨어이다.
- 수정, 편집이 자유롭고 축소, 확대, 변형에도 이미지에 왜곡이 없으며, 해상도의 영향을 받지 않는다.

① 일러스트레이터 툴(Tool) 기능

Selection	오브젝트를 선택하거나 이동할 때 사용 Shift와 함께 누르면 다중 선택 기능
Direct Selection	오브젝트의 패스나 앵커 포인트를 부분적으로 선택하여 수정할 때 사용
Pen	오브젝트를 생성하는 기본 툴로 앵커 포인트를 추가, 삭제, 변경할 수 있음
Paint Brush	자유로운 곡선을 그리는 붓 도구로서 브러시 팔레트를 이용하여 두께 및 스타일을 적용할 수 있음
Rotate	오브젝트를 원하는 방향으로 회전하는 기능
Reflect	오브젝트를 선택하는 방향에 따라 반전시켜주는 기능
Scale	오브젝트의 크기를 확대하거나 축소하는 기능
Distort	오브젝트를 변형하거나 왜곡시켜주는 기능
Gradient	선택 영역에 2가지 이상의 색을 점진적으로 혼합하여 영역을 채울 때 사용
Mesh	오브젝트에 더욱 세밀한 그라디언트 효과를 나타냄
Blend	두 개 이상의 오브젝트 사이에 컬러나 모양을 연속적으로 만들어주는 기능

② 일러스트레이터 메뉴 기능

File	작업물의 저장, 열기, 도큐먼트 환경 설정, 프린트 설정, 프로그램 환경 설정
Edit	작업물의 실행 취소, 재실행, 복사, 오리기, 붙이기
Object	오브젝트의 형태를 변형, 이동, 정렬 등
Type	• 문자의 크기, 폰트, 정렬 방식 등 • Create Outlines : 입력된 문자를 그림으로 변환
Filter	특수 효과
View	작업환경을 편리하게 도와주는 눈금자, 가이드선, 그리드 등의 보조 기능
Window	이미지 윈도우 정렬, 툴박스, 팔레트 등을 표시

③ 일러스트레이터 작업 시 주의 사항

- 해상도와 크기에 제약을 받지 않아 작업을 할 경우 오브젝트를 작게 작업하고 부분 확대하여 작업하는 것이 더 정확하고 효율적이다.
- 작업이 완료되면 실제 사이즈로 재조정한다.

3) 오토캐드(Auto CAD)

- Computer Aided Design의 약어로 컴퓨터를 이용하여 설계하는 것이다.
- 건축이나 기계, 자동차, 항공 등의 설계나 제도를 할 때 광범위하게 사용된다.
- 정밀한 도면 및 데이터 작성이 가능하며 규격화와 데이터 관리가 쉽다.

① 오토캐드의 기본 기능

- 초기 화면

Status Line(상태 라인)	도면의 상태 및 커서의 위치 보기
Graphic Area(도면 영역)	도형을 그리고 편집하는 영역
Command Line(명령어 라인)	사용 중인 명령어의 실행 상태를 보여주거나 직접 명령어를 입력하는 라인

- 기초 명령

Limits	좌측 하단과 우측 상단에 절대 좌표를 입력하여 도면의 크기를 설정하는 기능
Grid	화면에 보이는 격자를 표시하여 작업의 효율성을 높임
Snap	그래픽 커서의 움직이는 간격을 지정
Offset	평행하게 복사하는 기능
Ortho	수직선과 수평선을 그리는 기능
Mline	다중선 긋기 기능
Xline	선 긋기 기능

✔ 개념 체크

1 일러스트레이터 메뉴 중 오브젝트의 형태를 변형, 이동, 정렬하는 기능은 Edit에 해당한다. (O, X)

1 ×

02 3차원 형상 모델링 13년 2회, 11년 4회/2회/1회, 10년 2회/1회

1) 3차원 그래픽의 개념 16년 4회

- 모델링이란 실제와 같은 공간, 입체물 등을 제작하는 모든 작업을 말한다.
- 3차원 그래픽의 점(Vertex), 선(Segment), 면(Polygon)은 X(넓이), Y(높이), Z(깊이)축을 중심으로 이동, 변형한다.
- 모델링의 종류는 와이어프레임, 서페이스, 솔리드, 파라메트릭, 프랙탈, 파티클 모델링 등으로 구분된다.

2) 모델링 제작 과정

모델링 → 투영 → 은면소거 → 셰이딩 → 매핑 → 렌더링

3) 모델링의 종류 및 특징 23년 1회, 22년 2회, 21년 2회, 16년 2회/1회, …

와이어프레임 모델 (Wire-Frame Model)	• 물체를 표현하는 가장 기본이 되는 모델링으로 물체를 직선과 곡선으로만 나타냄 • 면과 면이 만나는 선만으로 입체를 생성하는 방법 • 물체의 표면, 부피, 무게, 실제감 등을 나타낼 수는 없음
서페이스 모델 (Surface Model)	• 기본적인 와이어프레임 위에 표면만을 입히는 방식 • 속은 비어 있고 겉면만 생성되어 있는 상태로 표면은 대부분 다각형으로 구성 • 표면처리 방식의 모델링으로 실제적인 입체감을 느낄 수 있음
솔리드 모델 (Solid Model)	• 물체의 내·외부를 명확히 표현하고 물체의 성격과 부피 등 성질의 계산이 가능 • 표현력이 크고 응용 범위가 넓어 상업적으로 가장 많이 사용 • 데이터 구조가 복잡하며, 컴퓨터의 사양에 따라 데이터를 처리하는 시간이 오래 걸리는 단점이 있음
파라메트릭 모델 (Parametric Model)	• 수학적으로 계산되는 '곡면모델'이라고 함 • 점과 점 사이의 선분이 곡선으로 되어 있어 가장 많은 렌더링 시간이 필요 • 항공기, 자동차, 선박 등의 설계 시에 사용
프랙탈 모델 (Fractal Model)	• 단순한 형태의 직선에서 출발하여 점차 복잡한 형상을 만들어가는 모델 • 자연물, 지형, 해안, 구름, 산, 혹성 등과 같이 복잡한 도형의 표현이 가능 • 대표적으로 Bryce 3D를 들 수 있음
파티클 모델 (Particle Model)	구조가 작은 입자라는 뜻으로 연기나 불, 수증기, 먼지 등의 자연 현상을 표현하는 기법

B 기적의 TIP

3차원 모델링
- XYZ 좌표상의 특정한 위치에 고정된 객체들은 다른 특성들은 그대로 유지하면서 쉽게 위치, 크기, 각도를 변경할 수 있다.
- 축을 중심으로 회전시켜 모델링 하는 것을 Lathe라고 한다.
- 크기 조절은 대상물의 크기와 비율을 바꾼다.

솔리드 모델링의 구현 방식
- CSG 방식 : 여러 다면체의 도형을 조합하여 복잡한 물체를 생성해 나가는 방법이다.
- B-Rep 방식 : 좌표를 인식하여 모델을 구축하는 방법이다.

와이어 프레임 모델

서페이스 모델

솔리드 모델

파라메트릭 모델

프랙탈 모델

▲ 모델링의 종류

03 컴퓨터그래픽 렌더링 22년 1회, 20년 2회, 17회 1회, 13년 1회, 11년 5회/2회, 10년 5회/4회

렌더링이란 3차원으로 생성된 모델링에 색상, 명암, 재질, 그림자 등을 적용하여
실제감과 사실감을 부여하여 최종 이미지를 표현하는 작업을 말한다.

1) 셰이딩(Shading)

- 물체에 입체감을 더하기 위해 빛으로 음영의 밝기를 조절하는 것이다.
- 광원의 각도, 입체물의 각도, 시점의 각도에 따라 물체의 입체감과 사실감을
  더할 수 있다.
- 셰이딩은 크게 플랫 셰이딩, 고러드 셰이딩, 퐁 셰이딩, 메탈 셰이딩으로 구분
  할 수 있다.

🅱 기적의 TIP

발광도(Luminescence)
태양을 비롯하여 빛을 발생
하는 물체의 자체 발광 정도
를 말한다.

플랫 셰이딩 (Flat Shading)	• 단일다각형으로 음영을 주는 기법으로 가장 단순한 셰이딩 기법 • 면과 면 사이의 경계에서 급격한 명암차를 만들어 주어 입체물이 각진 면으로 보이게 됨
고러드 셰이딩 (Gouraud Shading)	• 물체의 각 꼭지점의 빛의 양을 계산하여 플랫 셰이딩보다 부드러운 효과를 나타냄 • 모서리의 경계선 모양이 드러남 • 빛의 반사효과가 없는 셰이딩으로 플랫 셰이딩과 퐁 셰이딩의 중간 단계의 이미지를 만들어 냄
퐁 셰이딩 (Phong Shading)	• 가장 사실적이고 부드러운 입체감을 부여할 수 있는 셰이딩 기법 • 물체의 각 점에 전달되는 빛의 양을 계산하여 부드러운 곡면 표현에 적합 • 반사와 그림자 등의 표현이 가능하기 때문에 실제감을 느낄 수 있음
메탈 셰이딩 (Metal Shading)	반사율이 많은 금속의 재질이나 반사를 표현하는 셰이딩 기법

✅ 개념 체크

1 물체에 입체감을 더하기 위
해 빛으로 음영의 밝기를 조
절하는 셰이딩의 종류로 바
르게 연결된 것을 고르시오.
( )

ⓐ 플랫 셰이딩 – 반사율이
많은 금속의 재질이나 반사
를 표현하는 기법

ⓑ 퐁 셰이딩 – 단일다각형
으로 음영을 주는 것으로 가
장 단순한 셰이딩 기법

ⓒ 고러드 셰이딩 – 물체의
각 꼭지점의 빛의 양을 계산
하여 플랫 셰이딩보다 부드
러운 효과를 나타내는 기법

1 ⓒ

기적의 TIP

스키닝
캐릭터의 피부 등과 같은 표면을 사실적으로 표현하기 위해 여러 개의 단면 형상을 배치하여 재질을 부여한다.

기적의 TIP

모션블러
움직임을 사실적으로 표현하기 위하여 움직이는 개체를 흐릿하게 표현하고자 할 때 사용하는 기법이다.

기적의 TIP

렌더링 기법
• 스캔라인(Scan Line) : 기본 렌더링 기법으로 상단에서부터 스캔하듯이 물체를 대략적으로 렌더링하는 기법이다.
• 브이레이(V-Ray) : 현실적인 빛과 조명에 대한 계산을 통하여 사실적인 빛의 속성값을 모두 표현하는 기법이다.

★ NTSC
미국, 캐나다, 한국, 일본 등에서 널리 쓰이는 아날로그 텔레비전 방식이다.

2) 매핑(Mapping)

• 3차원 물체에 컬러와 셰이딩을 입히고 마지막으로 사실감을 높이기 위해 표면에 질감을 표현하는 것이다.
• 2D이미지를 3D오브젝트의 표면에 투영시켜 주는 것으로 크게 이미지(텍스처) 매핑과 범프 매핑으로 구분하며 질감전사라고도 한다.

이미지 매핑 (Image Mapping)	• 2차원으로 된 텍스처맵을 3차원 물체의 표면에 투영시킴으로써 물체의 사실감을 표현 • 텍스처 매핑이라 하며 일반적으로 텍스처는 비트맵 그래픽으로 이루어져 있음 • 물체의 표면이 부드러운 재질일 때 많이 쓰임
범프 매핑 (Bump Mapping)	• 요철이 있는 면을 표현하기 위한 질감 전사 방법 • 이미지 매핑을 한 후 다시 범프 매핑을 하여 좀 더 현실감을 부여함 • 벽돌, 자갈, 나무껍질, 혹성표면 등의 울퉁불퉁한 면을 나타내는 데 많이 사용

▲ 질감처리 방법

3) 반사기법 15년 4회, 13년 1회

광원을 통하여 물체의 표면을 반사하는 것을 말한다.

광선추적법 (Ray Tracing)	• 가상적인 광선이 물체의 표면에 반사되어 카메라를 거쳐 다시 돌아오는 과정을 모두 추적하여 모든 빛을 매우 정확하게 계산하는 반사 기법 • 가장 사실성 있는 이미지를 얻을 수 있으나 많은 계산이 필요하기 때문에 렌더링 속도가 오래 걸림
리플렉션 (Reflection)	물체에 빛이 비추어진 부분에 반사되는 것을 표현하는 것으로 가장 일반적인 반사 기법

04 컴퓨터 애니메이션

• 애니메이션이란 정지된 이미지를 연속적으로 배열함으로써 움직이는 환상을 만들어내는 것이다.
• 라틴어의 '아니마투스(Animatus : 생명을 불어넣다)'에서 유래되었다.
• 3차원 공간에 시간의 축인 4차원을 더한 것으로 시간 예술이라고도 한다.
• 우리나라에서는 NTSC★방식을 채택하고 있는데 초당 30프레임을 사용한다.
• NTSC TV 방송을 위한 이미지 출력 해상도는 720*486이 적당하다.

1) 애니메이션의 제작 과정

기획	애니메이션 전체를 기획하는 단계
스토리보드	영상을 제작하기 전에 영상의 내용을 그림으로 설명하는 단계
제작	실제로 애니메이션을 만드는 단계
음향 및 합성	각 부분의 움직이는 내용에 따라 음악, 음향, 효과 등을 선별하여 제작하는 단계
레코딩	최종적으로 완성된 애니메이션을 각 매체별로 기록하는 과정

2) 애니메이션 방식

프레임
(Frame) 방식
	• 영상에서 기본이 되는 단위
	• 정해진 한 컷, 한 컷을 보여주어 정지화면을 연속적으로 빠르게 보여주는 방식으로
	  움직임을 부여함
	• 보통 만화는 초당 12~24프레임을 사용하고, 영화나 광고 등은 초당 30프레임을 사
	  용하고 있음

키 프레임 (Key Frame) 방식	• 대상물의 시작과 끝을 잡고 중간 단계를 생성하는 방식 • 애니메이션의 흐름 중 동작의 중요한 변환점을 키프레임이라고 함 • 대상물과 대상물의 중간 단계를 이어주는 기법을 '보간법'이라고 함(트위닝기법)

3) 애니메이션의 종류 _{16년 2회, 15년 4회, 12년 4회}

셀 애니메이션 (Cell Animation)	• 초창기 만화 영화를 만드는 제작 기법 • 움직이지 않는 배경 그림 위에 수작업으로 그려진 그림을 투명한 셀룰로이 드 필름에 겹쳐 놓고 촬영, 편집하는 방법
로토스코핑 (Rotoscoping)	• 실사와 애니메이션을 합성하는 기법 • 셀에 그린 후 촬영된 애니메이션 필름과 동화상 필름을 하나의 필름으로 만드는 방법을 사용
컷 아웃 애니메이션 (Cut-out Animation)	종이 위에 형태를 그리고 잘라낸 후 각각의 종이들을 한 장면씩 움직여가면 서 촬영하는 기법
플립북 애니메이션 (Flip Book Animation)	책이나 노트의 귀퉁이에 움직이고자 하는 이미지를 각각 한 장씩 단계적으로 그려 넣어 종이를 일정한 속도로 넘기면 움직임이 생겨나는 효과
모래 애니메이션 (Sand Animation)	모래를 유리판 위에 펼쳐 놓고 형상을 만든 다음, 유리판 밑에서 빛을 투과하 면서 형상을 변화시키고, 그 변화된 형상을 카메라로 촬영
모핑 기법(Morphing)	• 하나의 이미지에서 다른 하나의 이미지로 변화시키는 작업 • 한 사람의 얼굴을 다른 사람 혹은 동물의 얼굴 등으로 자연스럽게 바꿀 때 사용하는 기법
스톱모션 애니메이션 (Stop Motion Animation)	• 인형 애니메이션, 클레이 애니메이션이라고도 하는 기법 • 점성이 있는 찰흙을 소재로 인형을 만들고 이 인형을 한 콤마씩 촬영을 한 다음 연결하는 기법 • 대표작 : '크리스마스의 악몽', '월리스와 그로밋', '치킨런' 등
모션 트위닝 (Motion Tweening)	셀 애니메이션에서 발전된 기법으로, 두 개의 키 프레임 사이에 중간 그림을 자동으로 생성시켜주는 기법
3차원 애니메이션 (3D Animation)	• 컴퓨터 애니메이션이라고도 하며, 3차원 모델링 기법에 의해 제작된 캐릭 터를 이용하여 애니메이션을 만드는 기법 • 대표작 : '토이스토리', '카', '슈렉' 등

4) 애니메이션의 기법

인비트윈(In-between)	두 개의 키프레임 이미지 사이의 중간 단계 프레임을 연결하는 과정
모핑(Morphing)	이미지의 형태가 다른 이미지의 형태로 점차 변형되는 효과
로토스코핑(Rotoscoping)	애니메이션 이미지를 실제 영상과 합성하는 기법
트위닝(Tweening)	셀 애니메이션에서 오브젝트 사이에 변형되는 단계의 중간프레임을 제작 하는 보간법

✓ **개념 체크**

1 인형 애니메이션, 클레이 애
  니메이션이라고 하며 점성
  이 있는 찰흙을 소재로 인형
  을 만들고 이 인형을 한 콤
  마씩 촬영한 다음 연결하는
  기법은 '스톱모션 애니메이
  션'에 해당한다. (O, X)

2 이미지의 형태가 다른 이미
  지의 형태로 점차 변형되는
  효과는 (   )이다.

1 O 2 모핑

01 포토샵에서 이미지 편집 시 패스(Path) 기능이 필요 없는 경우는?

① 전체 이미지의 밝기와 색상 보정하기
② 경로를 따라가는 글자 입력하기
③ 스캔 받은 이미지의 일부분을 따내기
④ 특정 모양을 만들어 채색하기

02 Illustrator 작업에서 문자를 Create Outline(윤곽선 만들기)으로 변화하는 이유가 아닌 것은?

① 사용서체가 없는 컴퓨터에서 출력할 때도 서체 가 깨지지 않기 때문이다.
② 글자나 단어의 각각 기준점과 곡선을 그래픽 적으로 변화하거나 변형시킬 수 있기 때문이 다.
③ 글자를 마스크용 오브젝트로 만들 수 있기 때 문이다.
④ 해상도가 좋아지고 용량이 줄어들기 때문이다.

Create Outline(윤곽선 만들기)으로 변화하면 오히려 용량은 늘어난다.

03 포토샵 프로그램에서 Lighting Effects 필터를 적용 할 때, 적합한 컬러 모드는?

① RGB 모드   ② CMYK 모드
③ Gray Scale 모드   ④ Index 모드

포토샵에서 빛(Rander)에 관련된 필터는 RGB 모드에서만 적용이 가능하다.

04 3D로 모델링된 객체에 재질감을 부여하기 위하여 이 미지나 표면 재질을 입히는 과정은?

① 포토리얼(Photoreal)
② 안티앨리어싱(Anti-Aliasing)
③ 매핑(Mapping)
④ 패치(Patch)

매핑이란 3차원 물체에 컬러와 셰이딩을 입히고 마지막으로 사실감을 높이기 위 해 표면에 질감을 표현하는 것이다.

05 컴퓨터 애니메이션 작업에서 작업을 하는 사람과 사 람 사이의 의사소통 수단이며, 일정한 형식은 없지만 연속되는 장면을 위주로 음악, 음향, 카메라, 물체, 빛 등의 움직임, 편집 과정(또는 작업 순서 등)을 자세하 게 적어 놓은 것은?

① 스토리보드   ② 아이디어 스케치
③ 렌더링   ④ 벡터 그래픽스

스토리보드란 영상을 제작하기 전에 영상의 내용을 그림으로 설명한 것이다.

06 3차원 모델링 방식 중 산이나 구름 같은 자연 대상물 의 불규칙한 성질을 갖는 움직임을 표현할 경우 사용 하며 자연의 무질서 현상을 연구 대상으로 하는 개념 에 기초하고 있는 모델링은?

① 와이어프레임 모델링
② 프랙탈 모델링
③ 솔리드 모델링
④ 파라메트릭 모델링

프랙탈 모델은 단순한 형태의 직선에서 출발하여 점차 복잡한 형상을 만들어가 는 모델로서 자연물, 지형, 해안, 구름, 산, 혹성 등과 같이 복잡한 도형의 표현이 가능하다.

정답 01 ① 02 ④ 03 ① 04 ③ 05 ① 06 ②

07 평평한 표면에 울퉁불퉁 튀어나온 부분을 표현하는 매핑 기법은?

① 리플렉션 맵(Reflection Map)
② 프로젝션 맵(Projection Map)
③ 투명 맵(Transparency Map)
④ 범프 맵(Bump Map)

범프 맵핑은 요철이 있는 면을 표현하기 위한 질감 전사 방법으로 주로 벽돌, 자갈, 나무껍질, 혹성표면 등의 울퉁불퉁한 면을 나타내는 데 많이 사용한다.

오답 피하기
질감처리 기법 중 범프맵에 대한 내용이다.

08 컴퓨터 애니메이션 기법 중의 하나로, 이미지의 형태를 다른 이미지의 형태로 점차 변형되는 효과를 만드는 기능을 말하며 상업용 광고나 영화의 특수효과 처리에 많이 활용되는 것은?

① 셀 애니메이션(Cell Animation)
② 키 프레임(Key Frame)
③ 모핑(Morphing)
④ 로토스코핑(Rotoscoping) 기법

모핑 기법이란 하나의 이미지에서 다른 하나의 이미지로 변화시키는 작업으로 한 사람의 얼굴을 다른 사람 혹은 동물의 얼굴 등으로 자연스럽게 바꿀 때 사용하는 기법이다.

오답 피하기
로토스코핑이란 실사와 애니메이션을 합성하는 기법이다.

09 3차원 물체에 색상, 음영, 질감을 입히는 표현 기법이며 완성 제품과 조금도 다르지 않게 그려지기 때문에 팜플렛 및 광고 선전을 사용하는 표현 방법은?

① 모델링
② 렌더링
③ 컬러링
④ 디더링

렌더링이란 3차원으로 생성된 모델링에 색상, 명암, 재질, 그림자 등을 적용하여 실제감과 사실감을 부여하여 최종 이미지를 표현하는 작업이다.

10 컴퓨터 애니메이션에서 보간법을 이용하여, 두 프레임 사이의 중간 프레임들을 자동으로 생성시켜 주는 것을 무엇이라 하는가?

① 트위닝
② 스톱모션
③ 모핑기법
④ 키프레임

오답 피하기
스톱모션이란 인형을 한 콤마씩 촬영을 한 다음 연결하는 기법, 애니메이션의 흐름 중 동작의 중요한 변환점을 키프레임이라고 한다.

11 3차원 형상 모델링 중 제품 디자인에서 많이 사용되는 속이 꽉 찬 모델링으로 수치 데이터 처리가 정확하여 제품생산을 위한 도면 제작과 연계된 모델은?

① 와이어프레임 모델
② 서페이스 모델
③ 솔리드 모델
④ 곡면 모델

솔리드 모델은 물체의 내·외부를 명확히 표현하고 부품 간의 간섭과 물리적인 성질 등의 계산이 가능한 모델링이다.

오답 피하기
곡면 모델은 파라메트릭 모델을, 서페이스 모델은 표면처리방식의 모델링을 의미한다.

기타 컴퓨터에 관한 지식

▶ 합격 강의

빈출 태그 하드웨어 관련 지식, 소프트웨어 관련 지식, 인터넷 관련 지식

01 하드웨어 관련 지식 16년 2회, 09년 4회

1) 가상현실(Virtual Reality)

어떤 특정한 환경이나 상황을 컴퓨터로 만들어서, 그것을 사용하는 사람이 마치 실제 주변 상황·환경과 상호작용을 하고 있는 것처럼 만들어 주는 인간과 컴퓨터 사이의 인터페이스이다.

2) 버스(Bus)

• 컴퓨터 내부의 회로에서 중앙 처리 장치(CPU)와 주기억 장치, 입출력 장치 간에 정보를 전송하는 데 공용으로 사용하는 전기적 통로를 말한다.
• 한 번에 처리할 수 있는 데이터양에 따라 ISA 버스·EISA 버스·VESA 버스·PCI 버스 등으로 구분된다.

3) 버그(Bug)

• 소프트웨어 버그(Software Bug) 또는 줄여서 버그(Bug)는 소프트웨어가 예상한 동작을 하지 않고 잘못된 결과를 내거나, 오류가 발생하거나, 작동이 실패하는 등의 문제를 뜻한다.
• 버그는 프로그램의 소스 코드나 설계 과정에서 발생한 실수와 오류 때문에 발생한다.

4) 디스크 캐시

• 디스크에서 읽어 온 정보를 일시적으로 저장하기 위해 특별히 할당된 컴퓨터 주기억 장치의 일부분이다.
• 디스크 캐시는 램 디스크와 같이 파일 전체를 저장하지 않고, 최근에 디스크에서 요구되었거나 직전에 디스크에 기록된 정보를 저장하기 위해 사용된다.
• 요구된 정보가 디스크 캐시에 저장되어 있으면, 프로그램은 디스크 구동 장치가 그 정보를 디스크로부터 꺼내 오는 것을 기다리지 않아도 되기 때문에 프로그램의 실행을 상당히 고속화 한다.

✓ 개념 체크

1 어떤 특정한 환경이나 상황을 컴퓨터로 만들어서 그것을 사용하는 사람이 마치 실제 주변 상황, 환경과 상호작용을 하고 있는 것처럼 만들어주는 것을 버그라고 한다. (O, X)

1 ×

5) 캐시 메모리(Cache Memory)

컴퓨터에서 빈번하게 사용하는 명령어나 자료들을 중앙 처리 장치(CPU)를 거치지 않고 처리할 수 있도록 메모리를 할당하는 방법이 있는데 이를 캐시 메모리라고 한다.

6) 버퍼(Buffer)

컴퓨터에 전달되는 데이터를 임시로 저장했다가 전달하는 곳으로, 특히 하드웨어 장치나 프로그램 간에 처리 속도에서 현격한 차이를 보일 때 각자가 상대방에 의해 정체되지 않도록 완충 역할을 해준다.

7) 스풀(Spool)

컴퓨터의 중앙 처리 장치(CPU)와 주변장치 사이에서 데이터를 주고받을 때, 고속의 보조 기억 장치를 버퍼 기억 장치(Buffer Memory)로 사용함으로써 저속의 주변장치의 처리를 기다리지 않고 지체없이 프로그램의 처리를 계속하는 기술이다.

8) 셰어웨어(Shareware)

일정 기간 또는 일정 기능이 제한된 상태로 사용하는 공개 프로그램으로, 일종의 맛보기 프로그램이다.

9) 바이너리(Binary)

- 2진수는 2를 기반으로 하는 숫자 체계로 컴퓨터에서 데이터를 표현하기 위해 사용된다.
- '0'과 '1'이라는 오직 2가지 종류의 숫자로만 구성된다.

10) 스카시(SCSI)

컴퓨터와 스캐너, 외장 하드 등의 외부기기 연결하는 데 사용하는 인터페이스로 전송 속도가 빠르고 장치와의 분리가 쉽다.

11) 바이오스(BIOS)

컴퓨터의 하드웨어와 소프트웨어 사이를 중개해 입출력을 관장하는 소프트웨어로 컴퓨터를 처음 부팅 할 때부터 전원을 끌 때까지 모든 컴퓨터의 흐름을 제어하는 프로그램이라고 할 수 있다.

12) 컴파일러(Compiler)

컴퓨터의 프로그램 작성을 더욱 간단하게 하기 위한 소프트웨어를 말하며, 일상 언어에 가까운 문장으로 작성한 프로그램을 기계어(機械語)로 번역하는 것이다.

개념 체크

1 바이너리는 컴퓨터에서 데이터를 표현하기 위해 사용하며 (   )과 (   )이라는 오직 2가지 종류의 숫자로만 구성된다.

1 0, 1

13) 유비쿼터스(Ubiquitous)

- 라틴어에서 유래한 것으로 '언제 어디서나', '동시에 존재한다'라는 뜻으로 물이나 공기처럼 도처에 편재(遍在)한 자연 상태를 의미한다.
- RFID, 홈네트워크, 디지털세탁기 등이 있다.

14) 펌웨어(Firmware)

- 사용자 입장에서 변경할 수 없는 컴퓨터 프로그램과 자료가 들어 있는 하드웨어이다.
- 펌웨어에 들어 있는 컴퓨터 프로그램과 자료는 소프트웨어로 분류되고, 그 프로그램과 자료가 들어 있는 전기 회로는 하드웨어로 분류된다.

14) 디버깅(Debugging)

- 밝혀진 결함을 분리해 정정하는 과정으로 결함 분리 수정을 성공적으로 하려면 고도로 숙련된 문제 해결 기술이 필요하다.
- 통상적으로 사용되는 결함 분리 수정 방법에는 귀납법, 연역법, 역행법이 있다.

15) 클론(Clone)

본래는 '완전히 같은 유전자를 가진 생물'을 의미하는 것으로, 컴퓨터 분야에서는 어떤 제품과 호환성을 가지며 기능도 동등한 하드웨어나 소프트웨어이다.

16) 시뮬레이션(Simulation)

- 제품, 건축, 도시환경 디자인 시 사전에 결과를 예측하기 위해 컴퓨터그래픽을 활용하는 방법이다.
- 비용과 시간을 절감시키며 실제상황에서 벌어질 수 있는 일들을 체험하게 해서 사고를 줄일 수 있다.

02 소프트웨어 관련 지식 22년 2회, 16년 2회, 13년 4회/2회/1회, …

1) 포스트스크립트(Postscript)

미국 어도비 시스템즈사에서 개발한 페이지 기술 언어(PDL). 매끄럽고 섬세한 고품질 폰트와 도형의 이미지를 인쇄기에 인쇄하거나 화면에 표시할 수 있게 한다.

2) 마스터 페이지(Master Page)

- 데스크톱 출판(DTP) 프로그램이나 문서 편집 응용 프로그램에서 각 페이지에 적용될 공통 요소들을 미리 설정해 둔 페이지이다.
- 페이지마다 반복되는 단순 편집 작업을 수행할 때 시간과 노력을 줄여서 효과적인 작업을 가능하게 해준다. 폰트, 그림, 선 등의 공통 요소와 그 적용에 대한 정보가 담겨 있다.

3) 픽셀(Pixel)

- 컴퓨터 디스플레이 또는 컴퓨터 이미지를 구성하고 있는 최소 단위의 점으로, 영어의 Picture Element를 줄인 것이다.
- '화소'라고 번역되며, 모니터를 통해서 보는 모든 이미지는 실제로는 픽셀이라고 하는 매우 작은 사각형의 점들로 구성되어 있다.

4) 벡터(Vector)

컴퓨터 과학에서 그림을 보여줄 때 수학 방정식을 기반으로 하는 점, 직선, 곡선, 다각형과 같은 물체를 사용하는 것이다.

5) 안티앨리어싱(Anti-Aliasing)

저해상도 곡선이나 사선을 표현할 때 생기는 계단 현상을 완화하기 위해 사용되는 기법이다.

6) 앨리어싱(Aliasing)

물체 또는 이미지의 경계 모양이 매끈하지 않고 계단 형태로 표현된다.

7) 모핑(Morphing)

어떤 형체가 서서히 모양을 바꿔 다른 형체로 탈바꿈하는 것으로, 이미지 변화에 사용되는 컴퓨터 애니메이션 기법이다.

8) 그리드(Grid)

가로와 세로로 일정하게 배열된 교차선들의 집합으로 정밀한 좌표를 사용하는 그래픽 프로그램에서 사용자들이 시각적으로 좌표의 기준을 삼을 수 있도록 일정한 간격마다 설치한 격자선이다.

9) 디더링(Dithering)

색상 수가 부족하여 특정 색을 표시할 수 없는 경우, 표시할 수 있는 색상들의 화소를 모아 되도록 비슷한 색상으로 만들어내는 것을 말한다.

10) 레이어(Layer)

레이어는 투명한 이미지로 된 계층으로 복잡한 그림일 경우 레이어(계층)로 분리하여 작업을 하게 된다.

11) 렌더링(Rendering)

- 2차원의 화상에 광원 · 위치 · 색상 등 외부의 정보를 고려하여 사실감을 불어넣어, 3차원 화상을 만드는 과정을 뜻하는 컴퓨터그래픽 용어이다.
- 와이어프레임(Wireframe), 레이트레이싱(Raytracing) 렌더링 방법 등이 있다.

✔ **개념 체크**

1 물체 또는 이미지의 경계 모양이 매끈하지 않고 계단 형태로 표현되며, 컴퓨터 이미지를 구성하고 있는 최소 단위의 점을 '안티앨리어싱'이라고 한다. (O, X)

1 ×

12) 매핑(Mapping)

- 컴퓨터 애니메이션에서 모델을 사실적으로 보이기 위해 2차원의 이미지를 3차원의 굴곡이 있는 표면 위로 옮겨 표현하는 것이다.
- 평면상에서 작성한 무늬와 질감을 입체로 변환하는 작업이며 이 작업을 통해 모델은 사실성을 획득하게 된다.

13) JPEG(Joint Photographic Experts Group)

- 이미지 압축 방식으로 RGB 모드와 CMYK 모드를 지원하여 컬러 이미지의 손상을 최소화하며 비트맵 이미지를 가장 효율적으로 압축하는 포맷 방법이다.
- 높은 압축률 덕분에 파일 용량이 적어 웹상에서 GIF 파일 포맷 방식과 함께 가장 많이 쓰이는 포맷으로 24바이트를 전부 구현할 수 있으므로 색상의 정교한 표현 등에 많이 쓰인다.

14) GIF(Graphics Interchange Format)

- 미국의 컴퓨서브(CompuServe)사가 1987년에 개발한 화상 파일 형식이다.
- GIF는 인터넷에서 래스터 화상을 전송하는데 널리 사용되는 파일 형식으로, 최대 256가지 색이 사용될 수 있는데 실제로 사용되는 색의 수에 따라 파일의 크기가 결정된다.
- 파일의 압축물이 좋고 인터넷에서 아이콘이나 로고 등 간단한 그래픽의 제작 시 유용하게 사용된다.

15) 도트피치(Dot Pitch)

- 화점 간격이라고 불리는 도트피치는 액정을 구성하는 점의 간격을 이야기한다. RGB 3색을 위한 인접한 점 사이의 거리를 이야기하며 도트피치는 모니터의 해상도를 결정하게 된다.
- 모니터의 크기에 따라 글자 크기가 좌우되는 것이 아니라 해상도와 도트피치에 따라 표현할 수 있는 글자의 크기가 달라진다.

16) 도큐먼트 설정(Document Setup)

그래픽 프로그램 내에서 페이지의 크기 및 종이의 방향을 설정하는 기능이다.

17) 클립아트(Clip Art)

컴퓨터로 문서를 만들 때 편리하게 이용할 수 있도록 모아 놓은 여러 가지 조각 그림이다.

18) 알고리즘(Algorithm)

- 문제를 해결하기 위해 정해진 일련의 절차를 말한다.
- 프로그램을 작성하는 기초가 되는 것이며, 컴퓨터를 동작시키기 위해서는 어떻게 입력하고 입력된 정보를 어떻게 처리하며, 얻어진 데이터를 어떠한 형으로 출력, 표시하는가 등의 알고리즘을 프로그램으로 완전히 기술해야 한다.

19) 캘리브레이션(Calibration)

입출력 시스템인 스캐너, 모니터, 프린터와 같은 장치들의 특성과 성질에 따라 색온도, 컬러 균형 및 기타 특성을 조절하여 일정한 표준으로 보이도록 하는 과정이다.

20) 개멋(Gamut)

컬러 시스템이 표현할 수 있는 컬러 표현범위를 말한다.

21) 커서(Cursor)

컴퓨터의 표시 화면에서, 데이터의 입력·수정을 할 때의 위치 지정 및 기능을 선택할 때 사용하는 마크이다.

22) 모아레(Moire)

전자출판 시 4원색의 분해 과정 중에 색의 스크린 각도가 맞지 않아 생기는 물결 모양의 현상이다.

23) 위지윅(WYSIWYG)

- What You See Is What You Get(당신이 보는 것이 당신이 얻는 것)의 약어로 화면에 보이는 것과 동일한 인쇄 출력을 얻을 수 있는 기술을 말한다.
- 매킨토시가 제공하는 탁상출판기능(DTP : Desk Top Publishing)이 대표적이다.

24) 하프톤 스크리닝(Halfton Screening)

- 흑백 이미지는 검은 부분을 검정색 잉크로 흰색 부분은 흰 종이를 그대로 사용하며 나타낸다.
- 컴퓨터는 그라데이션 이미지를 일정색의 작은 점들로 나누는데 이를 하프톤 스크리닝이라고 한다.

25) 스키닝(Skinning)

여러 개의 단면 형상을 배치하고 껍질을 입혀 3차원 입체를 만드는 방법이다.

26) 스위핑(Sweeping)

3차원 모델링에서 2차원 도형을 어느 직선 방향으로 이동시키거나 어느 회전축을 중심으로 회전시켜 입체를 생성하는 기능을 말한다.

27) 이미지 프로세싱(Image Processing)

문서, 도형, 패턴 등을 컴퓨터로 확대, 축소, 이동, 회전, 편집 등을 하는 것이다.

 개념 체크

1 모아레는 전자출판 시 ( ) 원색의 분해 과정 중에 색의 스크린 ( )가 맞지 않아 생기는 물결 모양의 현상을 말한다.

1 4. 각도

1) DHTML(Dynamic HTML; 동적 HTML)

정적 마크업 언어인 HTML과 클라이언트 기반 스크립트 언어(자바스크립트 같은) 그리고 스타일 정의 언어인 CSS를 조합하여 대화형 웹 사이트를 제작하는 기법을 의미한다.

2) 핑(Ping)

인터넷에 연결된 특정 시스템이 정상적으로 연결되었는지를 확인하기 위해서 이용하는 통신 프로그램이다.

3) 풀(Pull)

인터넷에서 클라이언트 측 사용자의 조작에 의해서 서버로부터 정보를 검색하는 것이다.

4) 캐싱(Caching)

사용자의 요청이 많은 콘텐츠를 별도 서버에 저장해 데이터를 전송하는 방식으로 네티즌에게 빠른 데이터 전송을 가능케 하는 기술이다.

5) 프로토콜(Protocol)

표준화된 통신규약으로 두 대의 컴퓨터가 주고받는 정보의 일정한 형식과 절차, 순서를 규정하는 것이다.

6) 라우터(Router)

둘 혹은 그 이상의 네트워크와 네트워크 간 데이터 전송을 위해 최적 경로를 설정해 주며 데이터를 해당 경로에 따라 한 통신망에서 다른 통신망으로 통신할 수 있도록 도와주는 인터넷 접속 장비이다.

7) 인터넷(Internet)

- 전 세계적으로 서로의 정보를 교환·공유할 수 있도록 구성한 통신망이다.
- TCP/IP 프로토콜을 사용하는 네트워크의 네트워크, 또는 네트워크의 집합체를 의미한다.

8) ASP(Active Sever Page)

하나 이상의 작은 내장 프로그램(스크립트)을 갖고 있는 HTML 페이지가 사용자에게 보이기 위해 서버에서 수행되는 것이다.

✅ **개념 체크**

1 프로토콜은 표준화된 통신 규약으로 3대 이상의 컴퓨터가 주고받는 정보의 다양한 형식과 절차, 순서를 규정하여 데이터 전송을 위한 최적 경로를 설정하는 데 사용한다. (O, X)

1 ✕

9) MPEG(Moving Picture Experts Group)

MPEG은 ISO 및 IEC 산하에서 비디오와 오디오 등 멀티미디어의 표준의 개발을 담당하는 소규모의 그룹으로서 동영상 전문가 그룹에 의해 개발되어 진화되고 있는 일련의 표준이라고 할 수 있다.

10) XML(Extensible Markup Language)

1996년 W3C(World Wide Web Consortium)에서 제안한 것으로서 HTML보다 홈페이지 구축 기능, 검색 기능 등이 향상되었고 클라이언트 시스템의 복잡한 데이터 처리를 쉽게 한다. 또한 인터넷 사용자가 웹에 추가할 내용을 작성, 관리하기에 쉽게 되어있다.

11) 자바(Java)

- 미국의 선 마이크로시스템스사가 개발한 객체 지향 프로그래밍 언어를 말한다.
- 1995년 5월에 발표, 1996년 1월부터 정식 버전을 배포하였다. C++을 바탕으로 언어 규격을 규정하였다.

12) 자바 스크립트(Java Script)

자바로 구현되는 애플릿(Applet)을 일반 사용자가 쉽게 사용할 수 있도록 개발한 스크립트이다.

13) HTML(Hyper Text Makeup Language)

- 인터넷의 홈페이지 등을 만들기 위한 언어
- HTML으로 만들어진 것을 하이퍼텍스트라고 하고 태그라는 명령어를 사용해 다양하게 표현할 수 있다.

14) FTP(File Transfer Protocol)

- 두 컴퓨터 간의 파일 전송을 위한 인터넷 표준 프로토콜을 말한다.
- FTP 클라이언트를 써서 상대방 컴퓨터에 접속, 파일을 보내고 받는 일을 수행한다.

15) DNS(Domain Name System)

인터넷망 통신규약인 TCP/IP 네트워크상에서 사람이 기억하기 쉽게 문자로 만들어진 도메인을 컴퓨터가 처리할 수 있는 숫자로 된 인터넷 주소(IP)로 바꾸는 시스템이다.

16) TCP/IP(Transmission Control Protocol/Internet Protocol)

네트워크 전송 프로토콜로, 서로 다른 운영체제를 쓰는 컴퓨터 간에도 데이터를 전송할 수 있어 인터넷에서 정보 전송을 위한 표준 프로토콜로 쓰이고 있다.

1 두 컴퓨터 간의 파일 전송을 위한 인터넷 표준 프로토콜인 FTP(File Transfer Protocol)를 통해 상대방 컴퓨터에 접속할 수 있다. (O, X)

1 ○

17) 인트라넷(Intranet)

인터넷의 기술을 응용하는 기업 내 전용 컴퓨터 네트워크로 기업의 각종 정보를 표준화하여 서버를 통해서 공유하는 기업 내 인터넷이다.

18) LAN(Local Area Network)

한정된 지역 내에서 각기 다른 기능을 가진 단말기들을 연결하여 사용하는 통신망으로 근거리 통신망이라고도 한다.

19) SIGGRAPH(시그라프)

미국에서 설립된 컴퓨터 학술단체인 ACM 산하의 한 분과로 컴퓨터 그래픽에 관련된 국제 행사 기구이다.

20) 아이콘 (Icon)

컴퓨터 디스플레이에서 아이콘은 조그마한 픽토그램으로 컴퓨터 인터페이스를 좀 더 쉽게 다룰 수 있는 도구로서 아이콘은 컴퓨터의 일반 문자와 숫자를 모두 처리할 수 있다.

21) 맥킨토시(Macintosh)

미국의 애플컴퓨터가 1984년 1월에 발표한 개인용 컴퓨터의 상품명으로, 아이콘, 메뉴, 마우스 등의 GUI 시스템으로 컴퓨터의 사용을 쉽고 간편하게 하였다. 맥(Mac)이라고도 한다.

22) 소프트웨어 프로토타이핑(Software Prototyping)

소프트웨어 시작(試作) 모델법. 소프트웨어 개발 기법의 하나로, 개발의 초기 단계에서 시작 모델 또는 잠정판을 작성하여 시험과 개선을 반복해서 최종판을 작성하는 방법이다.

23) 소셜 네트워크 서비스(Social Network Service)

웹상에서 친구·선후배·동료 등 지인(知人)과의 인맥 관계를 강화시키고 또 새로운 인맥을 쌓으며 폭넓은 인적 네트워크(인간관계)를 형성할 수 있도록 해주는 서비스이다. 간단히 'SNS'라 부르기도 한다.

24) 코덱(Codec)

음성 또는 영상의 신호를 디지털 신호로 변환하는 코더와 그 반대로 변환시켜 주는 디코더의 기능을 함께 갖춘 기술.

25) 인터레이스(Interlace)

화상을 이중으로 비추기 위해 필요한 래스터 스캔 디스플레이에 사용되는 기술이다.

26) RIP(Raster Image Processor, 래스터 이미지 프로세서)

이미지 데이터의 출력을 위한 픽셀 정보로 전환하는 래스터 이미지 처리 과정이다.

27) 다이렉트 X(Direct X)

게임이나 멀티미디어 응용프로그램에서 3D 그래픽, 사운드 등을 표현하기 위한 기술이다.

28) 플러그 앤드 플레이(PnP : Plug and Play)

PnP는 꽂으면 실행된다는 뜻으로, 컴퓨터 실행 중에 주변장치를 부착해도 별다른 설정 없이 작동함을 뜻한다.

29) 광학식 모션 캡처 시스템

- 캡처 대상이 최소 두 개 이상의 카메라에서 동일한 지점에 투영되도록 한 뒤 삼각측량법을 통해 대상의 삼차원적 좌표를 역산하여 이루어진다.
- 일반적으로 광학식 모션 캡처는 측정의 정확도를 위해 캡처 대상에 마커를 부착한다. 마커는 광학적 성질로 인해 데이터적으로 식별이 용이하여 보다 정확한 측정을 가능하게 한다.

30) 레지스터(Resister)

컴퓨터의 프로세서 내에서 자료를 보관하는 아주 빠른 기억 회로이다.

31) ISDN(Integrated Services Digital Network 종합 정보 통신망)

디지털 통신망을 이용하여 음성, 문자, 영상 등의 통신을 종합적으로 할 수 있는 통신 서비스이다.

32) LPI(Line Per Inch : 행 / 인치)

출력 시 이미지 해상도로, line per inch 인치당 라인 수이다.

33) 쿠키(Cookie)

웹사이트에 접속할 때 자동으로 만들어지는 임시 파일로, 이용자가 본 내용, 상품 구매 내역, 신용카드 번호, 아이디(ID), 비밀번호, IP 주소 등의 정보를 담고 있는 일종의 정보 파일이다.

34) 대시보드(Dash Board)

중앙 집중형의 정보 관리를 하는 인터페이스를 가리킨다. 대시보드를 이용하면 웹 페이지뿐 아니라 문서와 미디어, 메시지 등 여러 콘텐츠를 한꺼번에 관리할 수 있다. 또 관리가 쉽고 이동 장비에도 사용할 수 있는 장점이 있다.

35) 해시태그(Hashtag)

인스타그램, 트위터 등 소셜 네트워크 서비스(SNS)에서 사용되는 메타데이터 태그로, 해시 기호(#) 뒤에 특정 단어를 쓰면 그 단어에 대한 글을 모아 분류해서 볼 수 있다.

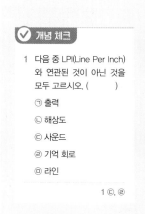

✔ 개념 체크

1 다음 중 LPI(Line Per Inch)와 연관된 것이 아닌 것을 모두 고르시오. (   )

㉠ 출력

㉡ 해상도

㉢ 사운드

㉣ 기억 회로

㉤ 라인

1 ㉢, ㉣

01 전자출판의 4원색 분해 인쇄 과정에서 각 색상의 스크린 각도가 일치하지 않아서 생기는 물결모양의 현상은?

① 캘리브레이션(Calibration)
② 디더링(Dithering)
③ 트래핑(Trapping)
④ 모아레(Moire)

모아레 현상은 전자출판 시 4원색의 분해 과정 중에 색의 스크린 각도가 맞지 않아 생기는 물결모양의 현상이다.

02 다음 중 입출력 데이터를 일단 고속의 보조기억 장치에 일시 저장해두어 중앙 처리 장치가 지체 없이 프로그램의 처리를 계속하는 방법을 뜻하는 말은?

① 클립보드(Clip Board)
② 캐시 메모리(Cache Memory)
③ 스풀(Spool)
④ 하드 디스크(Hard Disk)

스풀이란 입출력 데이터를 고속의 보조기억 장치에 일시 저장해 두어 중앙처리 장치가 지체 없이 프로그램의 처리를 계속하게 하는 방법이다.

03 컴퓨터 내부 연산 처리 방법에는 보통 8, 16, 32, 64 비트가 있는데, 이들을 동시에 전송할 수 있는 데이터 크기를 제한하여 신호를 주고받기 위한 역할을 수행하는 것은?

① CPU   ② ROM
③ RAM   ④ BUS

버스(Bus)란 컴퓨터 시스템에서 연결된 각 부품의 구성 요소 사이에 데이터를 전송하는 전자 통로이다.

04 현재의 컴퓨터 운영체제에서 대부분 사용되고 있는 방식으로, 그림을 기반으로 사람과 컴퓨터를 연결해 주는 일종의 맨-머신 인터페이스(Man-Machine Interface)는?

① CUI(Character User Interface)
② GUI(Graphical User Interface)
③ VRUI(Virtual Reallity User Interface)
④ CAI(Computer Assisted Instruction)

GUI(Graphical User Interface)란 사용자가 컴퓨터와 정보를 교환할 때, 그래픽을 통해 작업할 수 있는 환경이다.

05 컴퓨터에서 어떤 작업을 수행하려고 할 때 일을 구체적으로 실행하기 위한 처리나 동작의 방법 또는 순서가 필요한데 이것을 무엇이라고 하는가?

① Algorithm(알고리즘)
② Aliasing(앨리어싱)
③ Alphabet(알파벳)
④ Alphameric(알파메릭)

알고리즘이란 문제를 해결하기 위해 정해진 일련의 절차로서 프로그램을 작성하는 기초가 되는 것이며, 컴퓨터를 동작시키기 위해서는 어떻게 입력하고 입력된 정보를 어떻게 처리하며, 얻어진 데이터를 어떠한 형으로 출력, 표시하는가 등의 처리 순서나 동작 방법이다.

06 범위가 그리 넓지 않은 일정 지역 내에서 다수의 컴퓨터나 OA 기기 등을 연결해 주는 근거리 통신망을 나타내는 약어는?

① VAN   ② LAN
③ WAN   ④ RAN

LAN이란 한정된 지역 내에서 각기 다른 기능을 가진 단말기들을 연결하여 사용하는 통신망으로 Local Area Network의 약어이며, 근거리통신망이라고도 한다.

정답 01 ④ 02 ③ 03 ④ 04 ② 05 ① 06 ②

07 버퍼(Buffer)에 대한 기능의 설명 중 가장 옳은 것은?

① 데이터의 일시적 저장, 다양한 입출력기와 관련 기능 및 자료 저장 장치의 기능
② 실제 기억용량보다 더 많은 프로그램을 실행하게 하는 장치
③ 도표 및 자료명령 및 기호체계 기록 장치
④ 컴퓨터의 성능을 최대화하기 위한 비디오 메모리 관리 보조장치

버퍼(Buffer)란 컴퓨터 내의 정보를 임시로 보관하기 위한 기억 장소로서, 데이터 사용 시간이 서로 다른 두 장치나 프로그램 사이에서 데이터를 주고받기 위한 목적으로 사용된다.

08 제품, 건축, 도시환경 디자인 시 사전에 디자인 결과를 예측하기 위해 컴퓨터그래픽을 활용하는 방법을 무엇이라고 하는가?

① 렌더링(Rendering)
② 과학적 시각화(Scientific Visualization)
③ 시뮬레이션(Simulation)
④ 캐드 캠(CAD CAM)

시뮬레이션이란 복잡한 문제를 해석하기 위하여 모델에 의한 실험 또는 사회현상 등을 해결하는 데서 실제와 비슷한 상태를 수식 등으로 만들어 모의적(模擬的)으로 연산(演算)을 되풀이하여 그 특성을 파악하는 일이다.

09 PC에서 데이터를 호환하기 위해 사용하는 주변장치 연결 방식이 아닌 것은?

① IDE ② SCSI
③ ISDN ④ USB

ISDN(Integrated Services Digital Network)이란 디지털 통신망을 이용하여 음성·문자·영상 등의 통신을 종합적으로 할 수 있도록 하는 통신서비스이다.

10 워드프로세싱이나 전자출판에서 컴퓨터 화면에 나타나는 문자와 그림의 형상이 프린터로 최종 인쇄한 문서의 모양과 똑같다는 것을 나타내는 용어는?

① 하이퍼미디어(Hypermedia)
② 하이퍼텍스트(Hypertext)
③ 위지윅(WYSIWYG)
④ 포스트스크립트(Postscripts)

위지윅은 What You See Is What You Get의 약칭으로 사용자가 현재 화면에서 보고 있는 내용과 동일한 출력 결과를 얻을 수 있다는 개념이다.

11 유비쿼터스(Ubiquitous) 네트워킹과 관련이 가장 먼 것은?

① RFID
② 홈 네트워크
③ 디지털 세탁기
④ 아날로그 TV

12 컴퓨터 내에서는 산술논리장치와 제어장치로 구성되어 정보를 실행하는 것은?

① CPU
② Clock
③ Memory
④ BUS

01 세대별 컴퓨터 소자의 구별이나 특징이 바르게 된 것은?

① 제1세대 - CRT모니터
② 제2세대 - 트랜지스터
③ 제3세대 - LSI, 매킨토시
④ 제4세대 - IC, 3D 셰이딩기법

02 컴퓨터그래픽의 특징에 대한 설명 중 옳지 않은 것은?

① 수작업으로 불가능한 표현이나 효과를 낼 수 있다.
② 모니터와 출력물 간의 컬러가 동일하지 않아 교정이 필요하다.
③ 비용을 줄일 수 있으며, 대량생산이 가능하나 작업시간이 오래 걸린다.
④ 자연적 표현이나 기교의 순수함이 없다.

03 숫자나 문자, 영문, 한글 등을 나타낼 수 있는 최소 단위를 무엇이라고 하는가?

① 비트(Bit)
② 바이트(Byte)
③ 워드(Word)
④ 문자(Character)

04 수치값을 정의하지 않고 원점으로부터 거리와 각도로 표현하는 좌표계를 무엇이라고 하는가?

① 원통 좌표계(Cylindrical Coordinate system)
② 모델 좌표계(Model Coordinate system)
③ 직교 좌표계(Cartesian Coordinate system)
④ 극 좌표계(Polar Coordinate system)

05 ROM의 설명 중 옳지 않은 것은?

① 전원이 중단되어도 데이터가 지워지지 않는 비휘발성 메모리이다.
② 읽기만 할 수 있고 변경 또는 수정할 수 없다.
③ 일반적으로 주기억 장치라 하면 ROM을 의미한다.
④ 반복해서 같은 내용을 읽을 수 없다.

06 주기억 장치 및 기타 기억장치 설명으로 맞지 않는 것은?

① 캐시메모리 - 고속의 기억 장치
② 가상메모리 - 하드 디스크를 메모리처럼 사용하는 기능
③ RAM - 전원 공급이 중단되면 모든 데이터가 지워지는 휘발성 메모리
④ CPU - 주기억 장치, 보조기억 장치, 캐시 기억 장치로 구분된다.

07 모니터의 설명에 대한 설명이 잘못된 것은?

① 화면의 크기는 대각선의 길이를 인치(Inch)로 표시한다.
② 해상도의 수치는 72dpi 상의 픽셀의 개수를 의미한다.
③ 디스플레이의 색상 표현 수는 RAM에 영향을 받는다.
④ 여러 해상도를 지원하는 멀티싱크 모니터가 주류를 이루고 있다.

08 컴퓨터에서 나온 최종 디지털 이미지 데이터를 컬러 필름에 출력하는 장치를 무엇이라고 하는가?

① 필름 레코더 ② 잉크젯 프린터
③ 열전사 프린터 ④ 플로터

09 픽셀로 이루어진 일반적인 사진 이미지 합성작업에 사용되는 이미지의 종류가 <u>아닌</u> 것은?

① 픽셀 이미지 ② 랜덤 이미지
③ 래스터 이미지 ④ 비트맵 이미지

10 24비트 컬러 중 정해진 256컬러의 컬러표를 사용하는 단일 채널 이미지로 웹에서 이미지 전송용으로 많이 사용되는 컬러 모드를 무엇이라고 하는가?

① Duotone 모드
② RGB 모드
③ Index 모드
④ HSV 모드

11 그래픽 파일 형식의 설명으로 맞지 <u>않는</u> 것은?

① TIFF – 무손실 압축 방식을 지원
② BMP – 24비트 비트맵 파일 포맷으로 압축하지 않은 표준 그래픽 형식
③ 비트맵 파일 형식으로는 PSD, PNG, RAW, WMF 등이 있다.
④ PDF – PostScript를 기반으로 개발한 소용량의 전자 문서 작성용 파일 포맷

12 비트맵 이미지는 픽셀 단위로 처리되기 때문에 곡선이나 사선을 표현할 때 계단모양으로 나타나는 것을 무엇이라고 하는가?

① 앨리어싱(Aliasing)
② 안티앨리어싱(Anti-Aliasing)
③ 디더링(Dithering)
④ 하프톤(Halftone)

13 기본 채널에 추가하여 사용하는 채널로서 이미지의 선택이나 마스크를 위한 작업을 용이하게 해주며 256단계의 회색 음영으로 표현되는 것을 무엇이라고 하는가?

① 레이어 ② 히스토리
③ 액션 ④ 알파채널

14 두 개의 오브젝트 사이에 컬러나 모양을 연속적으로 만들어주는 기능을 무엇이라고 하는가?

① Gradient ② Mesh
③ Blend ④ Reflect

15 모델링의 종류 및 특징으로 설명이 맞지 <u>않는</u> 것은?

① 프랙탈 모델 – 단순한 형태의 직선에서 출발하여 점차 복잡한 형상을 만들어가는 모델
② 솔리드 모델 – 구조가 작은 입자라는 뜻으로 연기나 불, 수증기, 먼지 등의 자연 현상을 표현하는 기법
③ 서페이스 모델 – 표면처리 방식의 모델링으로 실제적인 입체감을 느낄 수 있다.
④ 와이어프레임 모델 – 면과 면이 만나는 선만으로 입체를 생성하는 방법

16 렌더링에서 셰이딩의 설명이 맞지 <u>않는</u> 것은?

① 플랫 셰이딩 – 단일다각형으로 음영을 주는 기법
② 메탈 셰이딩 – 반사율이 많은 금속의 재질이나 반사를 표현하는 기법
③ 퐁 셰이딩 – 빛의 반사효과가 없는 셰이딩으로 모서리의 경계선 모양이 드러남
④ 고러드 셰이딩 – 물체의 각 꼭지점의 빛의 양을 계산하여 플랫 셰이딩보다 부드러운 효과를 나타냄

17 매핑의 설명으로 맞지 <u>않는</u> 것은?

① 물체에 입체감을 더하기 위해 빛으로 음영의 밝기를 조절한다.
② 2D이미지를 3D오브젝트의 표면에 투영시켜 준다.
③ 텍스처 매핑은 일반적으로 텍스처는 비트맵 그래픽으로 이루어져 있다.
④ 범프매핑은 요철이 있는 면을 표현하기 위한 질감 전사 방법이다.

18 실사와 애니메이션을 합성하는 기법으로, 셀에 그린 후 촬영된 애니메이션 필름과 동화상 필름을 하나의 필름으로 만드는 방법을 무엇이라고 하는가?

① 플립북   ② 모핑
③ 로토스코핑   ④ 스톱모션

19 다음 중 애니메이션 제작 과정으로 올바른 것은?

① 기획 – 제작 – 스토리보드 – 레코딩 – 음향 및 합성
② 스토리보드 – 기획 – 음향 및 합성 – 제작 – 레코딩
③ 기획 – 스토리보드 – 제작 – 음향 및 합성 – 레코딩
④ 스토리보드 – 기획 – 레코딩 – 음향 및 합성 – 제작

20 애니메이션 종류 중 설명이 맞지 <u>않는</u> 것은?

① 모션 트위닝 – 두 개의 키 프레임 사이에 중간 그림을 자동으로 생성시켜주는 기법
② 모핑기법 – 셀에 그린 후 촬영된 애니메이션 필름과 동화상 필름을 하나의 필름으로 만드는 방법
③ 로토스코핑 – 실사와 애니메이션을 합성하는 기법
④ 스톱모션 – 인형을 한 콤마씩 촬영을 한 다음 연결하는 기법

21 포토샵에서 오브젝트를 변형하거나 왜곡시켜주는 기능의 필터를 무엇이라고 하는가?

① Reflect
② Render
③ Emboss
④ Distort

22 좌측 하단과 우측 상단에 절대 좌표를 입력하여 도면의 크기를 설정해 주는 명령어는 무엇인가?

① Limits
② Mline
③ Ortho
④ Offset

23 파일의 압축률이 좋고, Index모드에서 최대 256 컬러의 컬러색상표를 이용하여 압축하는 방식으로 투명도, 인터레이스, 애니메이션 지원이 가능한 파일 포맷을 무엇이라고 하는가?

① GIF
② JPG
③ PICT
④ PNG

24 자료를 입력받아 사칙 연산, 논리 연산, 편집, 비교와 판단 등을 수행하는 장치를 무엇이라고 하는가?

① 제어장치
② 연산장치
③ 기억장치
④ 논리장치

25 C언어를 기반으로 크게 커널, 셸, 파일 시스템으로 구성된 미국 AT&T사에서 개발한 대형 오퍼레이팅 시스템을 무엇이라고 하는가?

① Windows
② MacOS
③ Unix
④ Linux

26 스크린의 각도가 맞지 않아 망점이 서로 겹치면서 생기는 물결 모양의 노이즈 현상은 무엇인가?

① 도트게인
② 모아레
③ 트랩
④ 스풀

27 특수 감응판 위에 스타일러스 펜이나 퍽(Puck)과 같은 특수 광학 장치를 이용하여 위치를 입력하는 장치를 무엇이라고 하는가?

① 라이트 펜
② 스캐너
③ 터치스크린
④ 태블릿

28 매끄럽고 섬세한 고품질 폰트와 도형의 이미지를 인쇄기에 인쇄하거나 화면에 표시할 수 있게 하는 것은?

① 마스터 페이지
② 위지윅
③ 포스트스크립트
④ 모아레

29 렌더링 시 가상적인 광선이 물체의 표면에 반사되어 카메라를 거쳐 다시 돌아오는 과정을 추적하여 모든 빛을 계산하는 표현 방식을 무엇이라고 하는가?

① Ray Tracing
② Mapping
③ Extruding
④ Painting

30 여러 개의 단면 형상을 배치하고 여기에 껍질을 입혀 3차원 입체를 만드는 방법은?

① 캘리브레이션(Calibration)
② 스키닝(Skinning)
③ 스위핑(Sweeping)
④ 디더링(Dithering)

PART 04

01 ②	02 ③	03 ②	04 ④	05 ③
06 ④	07 ③	08 ①	09 ②	10 ③
11 ③	12 ①	13 ④	14 ③	15 ②
16 ③	17 ①	18 ③	19 ③	20 ②
21 ④	22 ①	23 ①	24 ②	25 ③
26 ②	27 ④	28 ③	29 ①	30 ②

01 ②

- 제1세대 : 진공관
- 제2세대 : 트랜지스터
- 제3세대 : IC
- 제4세대 : LSI
- 제5세대 : Bio소자, 인터넷

02 ③

컴퓨터그래픽의 장점 : 시간과 비용을 줄일 수 있고 대량 생산이 가능하다.

03 ②

1바이트(Byte)는 8Bit로 이루어진 문자 표현의 최소 단위이다.

04 ④

극 좌표계는 수치값을 정의하지 않고 원점으로부터 거리와 각도로 표현한다.

오답 피하기

- 원통 좌표계 : 3차원 공간의 한 점을 (r, θ, z)로 나타내며 2차원의 극좌표에서 z가 추가된 형태이다.
- 모델 좌표계 : 3차원 좌표이며(Xm, Ym, Zm) 이 좌표는 물체(object)의 3차원 원점에서 각각의 정점(vertex)이 얼마나 떨어진 공간에 있는지를 나타낸다.
- 직교좌표계 : 교차점 원점의 좌표값이 모두 0, 0, 0의 값으로 표현한다.

05 ③

일반적으로 주기억 장치는 RAM을 의미한다.

06 ④

주기억 장치, 보조기억 장치, 캐시 기억 장치로 구분되는 주기억 장치로는 ROM, RAM이 있다.

오답 피하기

- 캐시메모리 : 고속의 기억 장치로, 중앙 처리 장치와 주기억 장치 사이에서 실행 속도를 높이기 위해 사용되며 기억 용량은 작으나 고속 접근이 가능한 SRAM을 사용한다.
- 중앙 처리 장치 CPU : 모든 자료와 정보를 교환, 분석, 처리하는 장치로 컴퓨터의 속도에 영향을 준다. 장치 기능은 크게 기억, 연산, 제어, 장치로 구분한다.

07 ③

디스플레이의 색상 표현 수는 버퍼에 영향을 받는다.

08 ①

출력 장치 중 필름 레코더란 컴퓨터에서 나온 최종 디지털 이미지 데이터를 컬러 필름에 출력하는 장치이며, 필름의 출력 사이즈는 35mm부터 가능하다.

09 ②

비트맵 방식 : 컴퓨터의 모니터에 픽셀들이 모여서 그림을 표현하는 방식으로 픽셀 이미지 또는 래스터 이미지라고도 한다.

10 ③

Index 모드 : 24비트 컬러 중 정해진 256컬러의 컬러표를 사용하는 단일 채널 이미지로 대부분 웹상에서 이미지 전송용, 게임 그래픽용으로 사용하며, 대표적인 포맷에는 GIF이미지가 있다.

11 ③

WMF는 벡터 파일이다.

12 ①

비트맵 이미지는 픽셀 단위로 처리되기 때문에 곡선이나 사선을 표현할 때 계단모양으로 나타나는데 이를 앨리어싱 현상이라고 한다.

13 ④

알파채널 : 기본 채널에 추가하여 사용하는 채널로서 이미지의 선택이나 마스크를 위한 작업을 용이하게 해주며 256단계의 회색 음영으로 표현할 수 있다.

14 ③

오답 피하기

- Gradient : 2가지 이상의 색을 점진적으로 표현한다.
- Mesh : 오브젝트에 그라디언트 효과를 나타낸다.
- Reflect : 오브젝트를 선택 방향에 따라 반전시켜 준다.

15 ②

솔리드 모델은 물체의 내·외부를 명확히 표현하고 물체의 성격과 부피 등 성질의 계산이 가능하다.

오답 피하기

구조가 작은 입자라는 뜻으로 연기나 불, 수증기, 먼지 등의 자연 현상을 표현하는 기법은 파티클 모델이다.

16 ③

퐁 셰이딩은 가장 사실적이고 부드러운 입체감을 부여하는 기법, 물체의 각 점에 전달되는 빛의 양을 계산하여 부드러운 곡면 표현에 적합하다.

오답 피하기

빛의 반사효과가 없는 셰이딩으로 모서리의 경계선 모양이 드러나는 기법은 고러드 셰이딩이다.

17 ①

반사기법 : 물체에 입체감을 더하기 위해 빛으로 음영의 밝기를 조절하는 것이다.

18 ③

로토스코핑 : 실사와 애니메이션을 합성하는 기법으로, 셀에 그린 후 촬영된 애니메이션 필름과 동화상 필름을 하나의 필름으로 만드는 방법이다.

19 ③

애니메이션의 제작 과정 : 기획 – 스토리보드 – 제작 – 음향 및 합성 – 레코딩의 순서이다.

20 ②

모핑기법은 하나의 이미지에서 다른 하나의 이미지로 변화시키는 작업을 말한다.

오답 피하기

셀에 그린 후 촬영된 애니메이션 필름과 동화상 필름을 하나의 필름으로 만드는 방법은 로토스코핑이다.

21 ④

포토샵의 필터 중 Distort란 이미지를 왜곡하거나 변형하는 효과이다.

22 ①

Limits : 좌측 하단과 우측 상단에 절대좌표를 입력하여 도면의 크기를 설정한다.

23 ①

GIF파일 : 파일의 압축률이 좋고, Index모드에서 최대 256컬러의 컬러 색상표를 이용하여 압축하는 방식으로 투명도, 인터레이스, 애니메이션 지원이 가능한 파일 포맷이다.

24 ②

연산 장치 : 중앙 처리 장치의 핵심이 되는 기능을 수행하는 장치로써 자료를 입력받아 사칙 연산, 논리 연산, 편집, 비교와 판단 등을 수행하는 장치이다.

25 ③

Unix 시스템 : C언어를 기반으로 크게 커널, 셸, 파일 시스템으로 구성된 미국 AT&T사에서 개발한 대형 오퍼레이팅 시스템으로 대화형 시스템, 높은 이식성, 멀티태스킹 시스템, 셸 프로그래밍, 계층적 파일 시스템을 특징으로 한다.

26 ②

모아레(Moire) 현상 : 스크린의 각도가 맞지 않아 망점이 서로 겹치면서 생기는 물결 모양의 노이즈 현상이다.

27 ④

태블릿 : 특수 감응판 위에 스타일러스 펜이나 퍽(puck)과 같은 특수 광학 장치를 이용하여 위치를 입력한다.

28 ③

포스트스크립트(Postscript) : 미국 어도비 시스템즈사에서 개발한 페이지 기술 언어(PDL)로 매끄럽고 섬세한 고품질 폰트와 도형의 이미지를 인쇄기에 인쇄하거나 화면에 표시할 수 있게 한다.

29 ①

광선추적법(Ray Tracing) : 가상적인 광선이 물체의 표면에 반사되어 카메라를 거쳐 다시 돌아오는 과정을 추적하여 모든 빛을 계산하는 반사기법이다.

30 ②

오답 피하기

• 캘리브레이션 : 입출력 시스템 장치들의 특성에 따라 색온도, 컬러 균형 및 기타 특성을 조절하여 일정한 표준으로 보이도록 하는 과정
• 스위핑 : 3차원 모델링에서 2차원 도형을 어느 직선 방향으로 이동시키거나 어느 회전축을 중심으로 회전시켜 입체를 생성하는 기능
• 디더링 : 색상 수가 부족하여 특정 색을 표시할 수 없는 경우, 표시할 수 있는 색상들의 화소를 모아 되도록 비슷한 색상으로 만들어내는 것

PART

05

비주얼
아이데이션

파트 소개

2025년부터 변경된 출제기준에 따라 새로 개설된 파트입니다. 비주얼 아이데이션을 구상하고 전개하는 방법, 비주얼 아이데이션을 실제로 구체화하는 적용 방법에 대해 학습하는 파트입니다.

CHAPTER 01

비주얼 아이데이션
구상과 전개

아이디어를 구상하고 전개하는 방법, 아이디어를 직접 스케치하여 표현하는 방법, 비
주얼 방향을 구상하고 전개하는 방법 등을 학습합니다. 아이디어 자료수집은 어떻게
하는지, 그 스케치의 표현영역은 어떠한지, 적절히 시각화하는 방법은 무엇인지 학습
할 수 있습니다.

아이디어 구상 및 전개

빈출 태그 아이디어 발상 방법, 아이디어 발상 기법, 자료수집의 경로, 무드보드

01 아이디어 발상의 개요와 영역

디자인 개발 목적에 맞는 커뮤니케이션 능력, 아이디어 시각화를 예측하는 능력을 바탕으로 최적의 아이디어를 도출한다.

① 초기 아이디어 단계

자유로운 연상으로 아이데이션 사전 정보가 적은 상태에서 도출하는 발상이다.

② 콘셉트 구체화 단계

조사 데이터를 근거로 목표를 설정하고 관련 리서치를 진행하여 데이터를 모아 계열화함으로써 최적의 아이디어를 수렴하는 발상이다.

02 아이디어 발상을 위한 방법

기존의 아이디어와 개념에 새로운 아이디어를 융합하여 또 다른 아이디어를 창출하는 방법을 적용한다. 시각화를 위한 발상법은 확산기법, 수렴기법, 통합기법으로 나눌 수 있다.

① 확산기법

- 기존에 구축된 논리만을 의존하지 않고 다양한 관점에서 가능한 많은 아이디어를 도출하기 위하여 비교적 빠른 속도로 진행하는 방법이다.
- 브레인스토밍법, 브레인라이팅법, 마인드맵, 열거법, 체크리스트법, 매트릭스법, 시네스틱스법 등이 있다.

② 수렴기법

- 확산기법에 의해 수집된 다양한 데이터를 정리하고 집약하여 의미 있는 정보 구조를 수렴적으로 만들어 가는 방법이다.
- 상하위관계 분석법, 계통도, 연관도, 시나리오 라이팅법, 카드 분류법 등이 있다.

③ 통합기법

- 확산기법과 수렴기법을 반복하면서 목적에 맞는 아이디어를 구체화하는 방법이다.
- 워크 디자인법, 매트릭스, 구조화 분석법 등이 있다.

기적의 TIP

심리학자 조이 길포드(Joy Paul Guilford)는 인간의 사고에는 방향성을 넓혀가는 '확산적 사고'와 방향성을 좁혀가는 '수렴적 사고'가 있으며 창의적 사고는 이 두 가지를 반복하면서 일어난다고 하였다.

03 아이디어 구상의 영역

아이디어 구상 방법은 새로운 콘셉트를 통한 디자인 개발에 시각적 브레인스토밍 차원에서 유용한 방법이다.

1) 자유로운 연상에 의한 아이디어 구상

- 초기 아이디어 구상을 시작으로 스케치를 위한 아이데이션을 한다.
- 참고 자료가 개입되지 않은 상태에서 온라인 검색을 통해 자료를 검색한다.
- 마인드맵과 브레인스토밍을 통하여 자유로운 발상을 진행하도록 한다.
- 관련 키워드와 단문 형식의 문장 등을 도출한다.
- 도출한 아이디어를 기록하거나 스케치를 진행한다.

2) 설정된 콘셉트에 의한 아이디어 구상

- 조사와 브레인스토밍을 통한 키워드를 바탕으로 수립된 디자인 콘셉트의 결과 물이다.
- 디자인 결과물을 통해 의도된 시각적 커뮤니케이션 방안을 실현하기 위한 핵심 근거이다.
- 개발 정의가 콘셉트의 시각화로 이어져 디자인 결과물을 예측할 수 있다.

04 아이디어 발상을 위한 태도

소비자와 소비 환경, 트렌드, 클라이언트 요구 사항 등에 대한 조사와 디자인 콘셉트의 시각화의 긴밀한 연결이 중요하다. 또한, 기존에 없는 새로운 이미지를 창작하는 방식보다는 다양한 조사 결과를 바탕으로 핵심 키워드 등을 융합하여 디자인 개발 목적에 적합한 의미의 과정으로서 아이디어를 발상하는 태도가 중요하다.

1) 융합적 사고와 세심한 자료수집 태도

- 콘셉트 설정에 필요한 키워드들을 추출해내고자 하는 융합적 사고와 세심한 자료수집 태도가 필요하다.
- 자료 수집자는 콘셉트 도출을 위해 마켓, 트렌드, 사회적 이슈, 소비 방식 등을 파악할 수 있는 다양한 자료에 접근하여 융합적 사고에 의한 아이디어를 도출한다.

2) 추출된 초기 아이디어를 계열화하는 창발적 사고 태도

마인드맵과 같이 상호 연계되어있는 키워드 그룹을 추출하거나 어피니티 다이어그램과 같이 추출된 키워드들의 상호 연관성을 찾아내어 시각적 콘셉트를 만들기 위한 아이디어 키워드를 그룹화 또는 계열화하는 사고가 필요하다.

05 아이디어 발상 기법

1) 브레인스토밍(Brainstorming)

① 브레인스토밍의 개념

브레인스토밍은 1953년 알렉스 오스본(Alex F. Osborn)에 의해 개발된 집단 토의식 아이디어 발상법으로 문제 해결을 위한 대표적인 방법이다. 브레인스토밍의 가치는 최적의 아이디어보다는 문제와 연관된 다양한 아이디어를 수집하는 데 있다.

② 브레인스토밍의 개요

- 아이디어 발상을 위한 기법 중 대표적 기법이다.
- 자유로운 토의를 통해 창의적 아이디어를 도출하는 방법이다.
- 디자인 콘셉트 기획 단계에서 구성원들이 협업한다.
- 초기 아이디어를 도출하고 문제 해결을 위한 아이디어 풀(Pool)을 만든다.
- 구성원은 6~10명 정도가 적절하다.
- 사회자, 기록자가 토론 참가자들의 의견을 보드나 큰 종이에 기록한다.
- 구성원들이 기록 내용을 토의하고 정리하여 유용한 아이디어를 수렴한다.

③ 브레인스토밍 요건

비교적 짧고 일정한 시간을 정하여 진행한다. 또한, 고정관념에서 벗어나도록 자유로운 분위기와 신체적인 긴장 해소를 위한 준비가 필요하다.

- 참여한 구성원의 아이디어 발상의 양과 퀄리티를 최대화하며 적극적으로 수용한다.
- 콘셉트를 사전에 규정하지 않고 자유분방한 아이디어 발상을 지향한다.
- 아이디어가 체계화되기 전 단계 초반에 많은 양의 아이디어를 제안한다.
- 제안된 아이디어를 체계화시켜 축약과 융합을 통해 새로운 아이디어를 도출한다.

④ 브레인스토밍의 원칙

여러 구성원의 아이디어를 양산하는 것으로 구성원의 의견과 아이디어는 모두 존중되어야 하며 자유분방한 사고의 개진을 위해 평가나 비난을 지양하는 것 외에 다음 원칙을 숙지한다.

- 평가의 지양 및 보류
- 자유분방한 사고
- 아이디어의 양산

⑤ 결합과 개선

구성원들은 브레인스토밍이 진행되는 동안 일차적으로 도출한 아이디어와 의견에 대하여 또 다른 아이디어로 발전시키거나 파생되는 아이디어를 도출한다. 또한 다른 구성원의 아이디어와 결합하거나 개선한다.

2) 어피니티 다이어그램(Affinity Diagram)

① 어피니티 다이어그램의 개요

- 창의적인 아이디어를 정리할 때 유용하게 활용할 수 있다.
- 분석 방법으로서 '친화도 분석'을 사용한다.
- 디자인 콘셉트 도출의 근거로서 효용성이 높다.
- 보드 등 특정 공간에 배치하고 공통적인 연상을 바탕으로 그룹핑을 한다.
- 키워드 데이터를 체계화하는 방식으로 진행된다.

② 어피니티 다이어그램의 진행 단계

디자인 콘셉트 도출을 위한 어피니티 다이어그램은 다음의 단계로 진행된다.

㉠ 적절한 시행 장소 확보 및 팀 구성 : 화이트보드를 준비하며 키워드 부착 및 논의 진행자와 4명~6명 정도의 참석자로 구성한다.

㉡ 키워드를 개별적으로 카드에 기입 : 도출된 키워드 보통 50개~100개 정도 준비하여 다양한 컬러의 점착용 메모지에 표시한다.

㉢ 관련된 카드 그룹핑 : 유사한 개념과 연상에 속한 카드들을 컬러로 구분하여 각각의 그룹 영역을 만든다.

㉣ 카드 그룹에 대표 키워드 부여 : 각 그룹 카드들의 공통적인 특성을 대표하는 명칭을 부여한다.

㉤ 키워드 그룹을 압축하며 그룹명을 조정 : 키워드 그룹과 병합은 충분한 합의로 조정하고 키워드 그룹의 이름을 확정한다.

㉥ 그룹핑한 어피니티 다이어그램 최종 확인 : 재검토를 통하여 재구성하면서 불필요한 키워드를 제거하여 최종안으로 구성한다.

㉦ 완성된 다이어그램에 대한 최종 리뷰 및 기록 : 최종 리뷰를 통하여 정리하고 녹음하고, 완성된 다이어그램은 사진 촬영을 하여 기록한다.

3) 스캠퍼(SCAMPER)

① 스캠퍼의 방식의 개요

- 알렉스 오스본에 의해 개발된 창의력 증진과 아이데이션을 위한 발상기법이다.
- 문제 해결을 위한 아이디어나 디자인 프로세스 등을 도출하기 위한 것이다.
- '7가지 아이디어 발굴 키워드'를 활용하는 발상 도구이다.
- 스캠퍼(SCAMPER)는 키워드에 해당하는 질문에 따라 아이디어를 도출하는 방식이다.
- 특정한 문제 정의를 바탕으로 풍부한 어휘의 도출과 브레인스토밍을 수행할 수 있다.

② 스캠퍼의 질문 영역

영역	내용
첫째 S=Substitute (기존의 것을 다른 것으로 대체)	개선을 위해 무엇을 대체할 수 있는가에 대해 검토한다.
둘째 C=Combine (A와 B의 결합)	무엇과 무엇을 엮을 수 있을까에 대해 검토한다.
셋째 A=Adapt (다른 영역에 적용)	무엇을 바꾸거나 교환할 것인가에 대해 검토한다.
넷째 M=Modify, Minify, Magnify (변경, 축소, 확대)	지금과 다른 방식으로 하면 어떤 결과일지에 대해 검토한다.
다섯째 P=Put to Other Uses (다른 용도로 활용)	기존 제품으로 적용할 수 있는 새로운 시장에 대하여 검토한다.
여섯째 E=Eliminate (제거)	일부분을 빼고 나면 어떤 결과일지에 대하여 검토한다.
일곱째 R=Reverse, Rearrange (거꾸로 또는 재배치)	순서를 바꾸거나 뒤집어 볼 항목이 있는지 검토한다.

06 아이디어 전개를 위한 자료의 활용

1) 아이디어 전개를 위한 자료수집

- 아이디어 전개로 이어지는 자료는 필요로 하는 자료 유형을 정한다.
- 유형에 따라 체계적으로 정리하고 커뮤니케이션 자료로 활용한다.

2) 아이디어의 구체화를 위한 자료

- 수집자료는 주로 사진, 일러스트레이션, UI 이미지, 정보그래픽 이미지 등이다.
- 이미지는 범위를 넓혀 검색하고 체계화함으로써 구체화를 위한 아이디어 소스를 풍부하게 구성하도록 한다.

3) 관련 시장 자료 검색을 통한 아이디어 도출

- 아이데이션을 위한 시장 관련 검색 또한 중요한 자료수집 단계이다.
- 시장 관련 검색은 유사한 제품이나 서비스를 제공하는 경쟁자를 우선 선정한다.
- 관련 경쟁기업과 경쟁 디자인 및 서비스의 특장점과 관련된 시각 자료를 수집하도록 한다.

07 아이디어 도출을 위한 자료수집 경로 범위

1) 문헌 조사 및 서적을 통한 아이디어 수집

- 수집한 자료는 필요한 부분의 수기, 복사, 촬영, 스캐닝 등을 활용하여 콘텐츠로 만든다.
- 노트북이나 스크랩북으로 스크랩을 한다.
- 스크랩은 찾기 쉽도록 자료의 출처, 날짜, 특징 등을 메모하여 체계화한다.

2) 웹사이트를 통한 아이디어 수집

- 초기 아이데이션 단계는 웹사이트 경로를 검색하여 자료를 수집한다.
- 시각화 단계에서의 웹사이트는 시각적 결과물에 대한 온라인 자료에 접근할 수 있는 웹사이트 경로를 주로 활용한다.
- 방송, 전시회, 강연 등을 통한 아이디어 수집으로 안내 책자 및 인쇄물을 직접 입수하거나 방송 미디어를 통해 자료를 수집할 수 있다. 수집한 자료는 데이터 형태로서 사진과 동영상 또는 스캐닝한 후, 항목별로 정리하여 스크랩 또는 컴퓨터에 보관한다.

08 수집된 자료의 체계화

1) 이미지 자료 카테고리 기획

자료의 카테고리를 세분화하고 정립하여 정보 접근성을 높일 수 있도록 한다.

- 컴퓨터 폴더 생성을 통한 자료 정리는 체계화하기 위하여 폴더명에 일련의 연계적 원칙을 세우고 개별 자료는 숫자와 알파벳 등을 활용하여 폴더명에 따른 순차적 구성하고 파일명 원칙을 정하여 저장한다. 주기적으로 저장된 자료의 명칭 순서를 점검하고 필요 시 폴더에 메모파일을 첨부한다.
- 이미지 스크랩북 작성을 위해 자료는 스크랩북에 체계화한다. 부착 시에는 자료의 출처나 필요 설명을 병치함으로써 자료의 활용 가치를 높인다. 스크랩북 작성은 아이데이션 역량을 높이는 역할을 한다.
- 파일철 활용 방식은 자료의 출처와 날짜, 자료에 대한 관련 지식, 정서적인 판단 등을 기록하여 자료와 함께 보관한다.

2) 수집된 이미지 자료를 대상으로 **무드보드** 작성

- 무드보드는 수집된 이미지를 특정한 카테고리에 의해 그룹핑 하고 배치하여 콘셉트를 구체화하여 활용할 수 있는 이미지 작업이다.
- 무드보드는 재수집된 이미지가 형성하는 감성이나 정서를 나타내는 것이므로 감성 트렌드를 콘셉트 개발에서 핵심으로 하는 패션 제품개발에 활용된다.
- 시각디자인 콘셉트 개발을 위해 수집된 이미지의 가치를 높이는 방안으로 쉽게 작성할 수 있기 때문에 무드보드가 활용된다.
- 이미지가 갖는 감성 요인을 바탕으로 하여 프린트한 후 실제 보드에 자유롭게 부착하여 이미지 그룹의 전체적인 감성 표현과 감성의 카테고리를 파악할 수 있는 무드보드는 수집된 이미지를 정리하는 스케치 단계이다.
- 프린트하거나 수집하여 절개한 이미지를 보드에 배치하는 작업 외에 수집된 이미지 파일들을 그래픽 소프트웨어로 레이아웃하고 보드 형식으로 작성한다.
- 무드보드는 콘셉트 도출을 위한 심층적인 조사 방법이 아니므로 이미지 배치를 빠른 속도로 진행하는 것이 필요하다. 무드보드 작성자의 직관에 의한 감성적 접근을 통해 이미지 그룹핑을 할 수 있기 때문이다.

아이디어 스케치 구상 및 전개

▶ 합격 강의

빈출 태그 아이디어 스케치의 활용 범위, 스케치 방법과 훈련법, 아이디어 스케치의 종류, 아이디어스케치의 표현영역

01 아이디어 스케치의 개념과 활용 범위

아이디어 스케치는 시각 디자인 개발을 위해 개념이나 구조, 색채 등의 연출 방안을 창의적으로 구상하거나 아이디어를 전달하고 공유하는 방법으로 유용하다. 러프 스케치나 정밀 스케치가 대표적이며, 개념을 구체화하기 위한 구상으로서 밑그림이나 기록용 그림으로 활용된다.

아이디어 스케치는 초기 아이디어를 표현하는 역할 외에도 디자인 개발의 단계별 계획을 세우고 개발의 범위를 구체화할 수 있는 과정이다.

1) 창의적 발상 단계를 통한 아이디어 스케치

- 계획을 세우거나 창의적 발상을 위한 스케치로 디자인 개발을 위해 필수적인 단계이다.
- 스케치로 시각화하여 발전시키거나 초기 아이디어를 개선할 수 있다.
- 아이디어를 표현하고 발전시키고 의사소통할 수 있도록 도와주는 기본적인 도구이다.
- 창의성을 보존하고 발전시키는 핵심적인 역할을 한다.
- 핵심 키워드를 도출하는 단계에서 초기 스케치인 썸네일 스케치를 구상하기도 한다.
- 아이디어 스케치로 콘셉트 이미지를 위한 아이데이션과 시안을 구상한다.

2) 아이디어 스케치의 장점

- 생성된 아이디어에 대한 창의성을 보존할 수 있다.
- 아이디어의 체계적인 완성 상태와 상관없이 시각화로 아이디어를 생산해 낼 수 있다.
- 빠른 속도로 표현할 수 있어 적합한 콘셉트를 풍부한 양으로 표현할 수 있다.
- 스케치를 위한 도구가 간편하고 휴대하기 쉬워 상시로 아이디어를 기록할 수 있다.
- 용지와 출력물 등을 이용해 다른 구성원들과 쉽게 공유할 수 있다.
- 시각화로 인하여 전개할 수 있는 아이디어를 직관적으로 선택할 수 있다.
- 스케치한 아이디어 안을 보관해 두었다가 다시 검토할 수 있다.
- 디자인 개발과 창의성 발전을 위한 학습을 일상적으로 수행할 수 있다.

3) 아이디어 스케치의 활용 범위

아이디어 스케치는 주로 대상을 간략하게 묘사하는 방식을 지칭하며 머릿속에 있는 개념을 시각화하여 드러내는 방식을 지칭한다. 분류 방식이자 활용 방식은 개념 스케치, 사물 스케치, 체험 스케치가 있다.

① 개념 스케치

- 썸네일 스케치와 같은 일차적 연상의 시각화는 개념 스케치로 분류될 수 있다.
- 정보 그래픽은 정보를 시각화하기 위한 여러 단계의 개념 스케치를 진행한다.
- 키워드나 콘셉트를 즉시 인지할 수 있도록 한다.
- 정보의 형태소와 이들을 연결하는 관계의 시각화가 중요한 표현 요소이다.

② 사물 스케치

- 최초의 키워드를 중심으로 한 개념 스케치를 바탕으로 하여 이를 구체적 형상화 한다.
- 단순히 사물의 외형만을 묘사하는 것이 아니라 사물을 이루는 바탕 구조, 사물의 결합 방식, 여러 개 사물일 경우 배치를 위한 기능적, 심미적 아이디어들이 적용되어야 한다.

③ 체험(경험) 스케치

- 특정한 체험 상황이나 시간 흐름에 따라 발생하는 상황을 스케치하는 것이다.
- 환경 및 상황, 스토리를 스케치로 표현하는 것이다.
- 영상 제작 콘티도 체험 스케치로서 스토리보드를 사용하는 경우가 많다.

4) 스케치의 방법

- 다양한 아이디어 도출의 시각화 방안이 필요하다.
- 이 단계에서는 '드로잉 도구를 쥐고 생각'을 한다.
- 여러 가지 선택 가능성을 신속히 시각화시킬 수 있어야 한다.
- 스케치에서 정해진 크기는 없으며, 썸네일의 경우 작은 크기로 전개된다.
- 크기를 실제 크기의 절반이나 1/3로 줄이면 좀 더 편리하게 스케치할 수 있다.
- 표현하는 드로잉 방법에 대한 특별한 제약은 없다.
- 작업의 성격상 빠르고 동일하게 아이디어를 시각화해야 하므로 숙련도가 필요하다.

5) 스케치 훈련법

- 스케치북을 항상 소지하고 아이디어가 생각나는 즉시 드로잉 한다.
- 스케치 도구를 가까이 두고 자주 스케치한다.
- 동일한 문제와 관련된 스케치의 양을 늘려 다양한 아이디어를 발견할 수 있다.
- 이미지로 표현할 수 없는 아이디어는 해당 아이디어를 설명할 수 있는 간단한 정보와 메모, 아이디어를 얻은 출처나 기록 날짜, 그리고 이와 관련 있는 모든 정보를 기록한다.

- 아이디어에 호감이 가지 않거나 의도와 다르게 표현되었다 하더라도 스케치를 지우지 말고 보관한다.

02 아이디어 스케치의 종류

아이디어 스케치는 아이디어 발상과 콘셉트 설정, 디자인 구체화를 위한 용도로 활용되는 경우가 대부분이며 디자인의 단계별 활용 목적과 스케치 표현 기술, 드로잉의 정밀도, 쓰임새 그리고 드로잉의 완성도와 소로 시간에 따라 썸네일 스케치, 러프 스케치, 콤프(정밀화) 스케치로 나눌 수 있다.

1) 썸네일 스케치(Thumbnail Sketch)

① 썸네일 스케치의 개요

디자인 개발 과정에서 아이디어 발상 초기에 떠오르는 최초의 생각이나 형상, 초기 콘셉트를 빠르게 다수로 표현하는 스케치 과정이다. 따라서 즉흥적인 메모를 하듯 빠르게, 작은 크기로, 간략하게 스케치한다. 이때 형태와 상황에 대한 상세한 묘사보다는 전체적인 이미지나 핵심 아이디어를 기록하는 데 중점을 두어 표현한다.

② 썸네일 스케치의 특성

- 계열화되지 않은 창의성을 최대한 발현할 수 있다.
- 짧은 시간에 표현하므로 디자인 개발자의 의식 흐름을 따라갈 수 있다.
- 작은 크기로 표현하므로 핵심적인 아이디어를 추출할 수 있다.
- 특별한 드로잉 기술이 없이도 쉽게 표현할 수 있어 스케치 접근성이 높다.
- 수첩과 연필 등 휴대 간편한 도구로 표현할 수 있어 수시로 떠오르는 아이디어를 즉시 기록할 수 있다.
- 작은 공간에 많은 양을 스케치할 수 있어 핵심 아이디어뿐만 아니라, 스케치 전개 순서에 따른 체계적 연결을 통한 아이디어의 계열화가 가능하다.

③ 썸네일 스케치의 진행 방법

- 키워드 이미지 연상을 중심으로 빠른 시간에 여러 개의 스케치를 진행한다.
- 형태의 완결성에 비중을 두지 않으며 단일한 시각적 단서 위주로 드로잉한다.
- 펜과 연필 등 단색 드로잉 툴을 한 개만 사용하여 스케치 시간을 최소화한다.
- 여러 개의 스케치들의 연계성을 고려하지 않고 연상되는 대로 진행한다.

2) 러프 스케치(Rough Sketch)

① 러프 스케치의 개요

러프 스케치는 아이디 발상을 위한 썸네일 스케치 이후 콘셉트가 시각화된 상태의 개략적인 스케치이다. 일반적으로 디자인 시안을 제작하기 이전에 구체화된 아이디어를 일차적으로 가시화하여 콘셉트를 적절하게 반영하고 있는지 여부,

아직 결정되지 않은 시안 계획에 대한 비교, 진행되고 있는 디자인 개발 방향을 검토하고 공유하기 위한 스케치 방식이다. 형태와 개념에 대한 드로잉, 간단한 음영, 색상, 재질 표현 등 시안 개발을 위한 초기 연출 방식을 포함하므로 썸네일 스케치보다 시각적 메시지가 명확하므로 구체적으로 진행되는 아이디어를 가시화할 수 있다.

② 러프 스케치의 특성

• 콘셉트 구체화로 진전된 아이디어를 개괄적으로 가시화하여 확인할 수 있다.
• 디자인 개발자의 표현 스타일을 어느 정도 반영할 수 있다.
• 디자인 시안을 예측할 수 있는 적절한 크기로 구현할 수 있다.
• 시각적 연출을 구체화하기 전 표현 매체에 대한 일차적 계획을 할 수 있다.
• 형태의 음영과 컬러연출 등으로 시안 제작 결과를 어느 정도 예측할 수 있다.

③ 러프 스케치의 진행 방법

• 썸네일 스케치 중 개발 가능한 대상을 2~3개 선정하여 형태 특성을 파악한다.
• 구체적인 디자인 완료 상태를 예측할 수 있는 수준으로 드로잉을 진행한다.
• 컬러 펜과 마카 색채를 적용하여 드로잉의 디자인 완료 실재감을 높인다.
• 여러 개 진행할 때 개별 드로잉의 관계성 및 형태 베리에이션을 부여한다.
• 이미지 스케치와 함께 아이디어를 설명할 수 있는 간단한 정보와 함께 적절한 메모를 첨부한다. 아이디어 출처나 기록 날짜, 이와 관련 있는 모든 정보를 기록한다.

3) 콤프 스케치(Comprehensive Sketch)

① 콤프 스케치의 개요

최종적으로 하나를 선택하기 위하여 완료 결과물과 같은 수준으로 표현하는 것으로 시안용 스케치를 의미하며 정밀 스케치라고 한다. 디자인 도구로 컴퓨터 그래픽이 도입된 이후 컴퓨터를 이용해 실제 결과물과 같은 정밀 스케치를 할 수 있다. 클라이언트나 디자인 기획자에게 디자인의 제작 의도를 정확하게 알리기 위하여 형태 및 컬러, 입체감 등을 충실하게 묘사하며, 일러스트레이션 위주의 인쇄물이나 포스터와 같이 이미지를 통한 메시지 비중이 높은 매체를 제작하기 위해서는 표현 방법의 구체화까지 이어져 콤프 스케치가 시안의 역할을 하기도 한다. 디자인 제작 전 과정이 디지털화된 환경에서는 손으로 진행하는 콤프 스케치보다는 2D그래픽 소프트웨어를 활용하여 스케치를 진행하는 경우가 많다. 시안을 제작하기 전에 디자인 콘셉트의 구체화 방안에 대한 최종 검토와 논의를 진행할 수 있으며 클라이언트에게는 완료안을 예측할 수 있게 하여 제작 오류를 줄일 수 있다.

② 콤프 스케치의 진행 방법
- 러프 스케치 중 시안 제작을 위한 스케치안을 선정하여 표현 방법을 구상한다.
- 단색으로 형태 및 이미지 바탕 스케치한 후 형태 및 이미지를 수정, 보완한다.
- 컬러 펜과 색상 툴을 정밀하게 적용하여 색, 질감, 양감 등을 연출한다.
- 시안으로서 역할을 할 수 있도록 세부 드로잉으로 완성한다.

4) 아이디어의 선정을 위한 프레젠테이션

- 스케치의 활용도를 높이고 다음 단계로 진행하기 위해서는 아이디어 선정을 위한 프레젠테이션 단계가 필요하다. 아이디어 스케치에 대한 설명 프레젠테이션을 통해 제작 의도와 콘셉트를 전달하며 의견 수렴을 통해 아이디어를 명료화할 수 있다. 프레젠테이션 참석자 질문은 스케치 안 결정 및 보완을 위해 유용한 요건이 된다.
- 아이디어 스케치 프레젠테이션의 핵심은 메시지의 전달이다. 스케치를 통해 콘셉트를 명확하게 설명하여 피드백을 유도하여 아이디어를 선정한다. 프레젠테이션 참여자의 아이디어에 대한 비평은 의견 피드백을 위해 긍정적으로 작용한다.

03 아이디어 스케치 표현영역

디자인 콘셉트를 구체화하는 단계에서 아이디어 스케치 표현영역은 다양하게 전개된다. 러프스케치와 같이 단순한 라인 드로잉 표현에서부터 실제 대상에 근접하도록 정밀하게 스케치하는 단계에까지 단계별 필요에 따라 선택하여 전개하도록 한다. 스케치는 쓰임새 및 기대 효과에 따라 단순화한 스케치와 입체형태 스케치로 표현영역을 나눌 수 있다.

1) 단순화하여 스케치하기

- 스케치는 단순하게 드로잉하여 콘셉트를 명확하게 드러내기 위한 드로잉이라는 목표를 지향해야 한다. 단순화 스케치는 주로 러프스케치에서 윤곽선으로 형태와 구조를 설명하는 스케치 방법이며 정보그래픽이나 평면적 상세 시뮬레이션 이미지를 필요로할 때 적합하다.
- 사물과 상황을 단순화하여 스케치하기 위해서는 스케치 완료 형태를 어느 정도 예측한 후 간단명료한 선화 드로잉 방식을 적용하기 때문에 스케치안 콘셉트에 대해 정확한 사전 이해가 필요하다.

2) 입체형태로 스케치하기

입체형태 스케치는 입체물을 표현하는 수준에 따라 다양하게 전개된다. 라인 드로잉에서 양감과 명암을 연출하는 방법과 육면체, 원기둥과 같은 입체 구조를 바탕 축으로 하여 구조를 형성하고 거리감, 양감, 질감 등을 연출하여 실재감을 높이는 방법 등 이 있다.

① 라인 드로잉에서 양감 연출

- 최종 결과물의 형태를 개념적인 예측과 제작을 위한 커뮤니케이션을 위해 필요하다.
- 구체화하는 단계의 스케치로서 기본적인 양감과 명암 표현이 특징이다.
- 사물과 상황의 특징을 단순 명료하게 드로잉하는 역량과 양감 표현을 위한 드로잉 역량을 갖추어야 한다.

② 기본 입체형을 기반으로 한 구조 연출

- 주로 패키지 구조물이나 입체적 사인물의 구조 스케치에 활용된다.
- 원기둥, 사각기둥 등 입체 형 밑그림을 그리고 그 위에 형태를 깎아 내거나 첨가하여 점차 구체화하는 방식으로 표현하는 것이 특징이다.
- 사물의 개별적인 특징보다는 구조적 특징을 파악하여 드로잉하는 역량과 조각 혹은 입체 모델링의 양감과 연출을 위한 드로잉 역량을 갖추어야 한다.

③ 결과물에 근접한 상세 연출

- 디자인 결과물에 근접한 형태를 도출해 내는 상세 스케치는 예상 결과물을 상세하게 예측할 수 있는 콤프 스케치로서 역할을 한다.
- 결과물에 대한 커뮤니케이션을 원활하게 할 수 있는 스케치로서 유용하다.
- 상세 스케치는 디자인 아이데이션의 최종 단계로서 여전히 유용하다.
- 디자인 개발자는 사물의 구조적 특징뿐만 아니라 대상의 양감, 색채, 질감까지 상세하게 표현할 수 있는 드로잉 역량을 갖추어야 한다.
- 썸네일 스케치에서 상세 스케치 단계까지 진행하는 것은 디자인 결과물에 대한 제작 안정성을 높이는 일이다.

④ 종이 프로토타이핑 연출

- 종이를 이용하여 그려진 라인에 따라 접거나 접착하여 제본 혹은 구조체를 만들어 아이디어를 구체화하고 발상된 아이디어에 대한 커뮤니케이션을 할 수 있는 아이데이션 방법이다.
- 시안 제작 전 아이디어 및 초기 디자인 안 검토 단계에서 디자인 개발자가 사용자 입장에서의 시점과 경험을 유추할 수 있다.
- 패키지디자인이나 정보 그래픽에서 드로잉 방식의 스케치와 종이 프로토타이핑을 적절하게 융합한 아이데이션을 통해 사용자 중심의 디자인 결과물을 개발할 수 있다.
- 종이 프로토타입은 인쇄와 편집 디자인 결과물을 위한 아이데이션에만 활용되지 않으며 사용자가 경험하는 패키지디자인 지기 및 용기 구조, UI 및 UX디자인 개발을 위한 아이데이션, 구조물, 지기구조로 만들 수 있는 제품의 초기 프로토타입 등에 활용될 수 있다.

01 시각화 방안 구성

1) 시각화를 위한 비주얼 리터러시

이미지는 감각적 요소와 상징적 요소, 창의적인 표현 방법과 기술 등을 이용하여 메시지와 정보를 보이게 만든다.

① 비주얼 리터러시(Visual Literacy)란?

- 이미지의 시각화를 설명하는 개념으로서 유용하다.
- 이미지를 판단하고 읽고 쓰는 능력으로서 이미지 표현과 연출 능력이라 할 수 있다.
- 특정 분야의 지식수준에 상관없이 정보 이미지를 효율적으로 공유하고 이해할 수 있다.
- 이미지에 대한 이해와 해석에 관한 문제뿐 아니라 그것을 어떻게 적용하고 활용할 것인가에 대한 원리나 방법에 관한 것이다.
- 이미지의 적합한 읽기와 쓰기는 시각 커뮤니케이션 형성에 필수적인 요인이므로 디자인 개발자의 초기 시각화 방식인 아이디어 스케치 단계에서 중요하다.
- 시각적 사고, 시각적 학습, 시각적 소통 등으로 설명할 수 있다.

② 시각적 사고에 의한 이미지 발상

- 어떠한 아이디어나 의미를 나타내기 위해 시각적 요소를 중심으로 생각하는 것으로서 언어적 사고와 구분되는 개념이다.
- 의식적인 생각의 부분으로서 시각적 이미지와 관련이 있다.
- 머릿속에 이미 형성된 이미지(Mental Image)가 특정 의미를 가지는 형태, 선, 색상 등을 사용하여 이미지로 구상하는 것과 볼 수 있다.
- 아이디어 스케치를 통한 시각화 과정에서 수행될 수 있으며 썸네일 스케치는 시각적 사고의 집약체로서 기능한다.

③ 시각적 학습을 위한 이미지 구상

- 교육적 목적을 위해 시각 이미지를 발전시키는 과정으로서 책자 등 인쇄 매체를 통해 사용자에게 특정 지식을 전달하거나 습득할 수 있는 이미지이다.
- 시각적 학습을 위한 이미지 구상은
  - 첫째, 어떤 의미가 이미지에 담겨있다는 것을 인식하는 것이다.
  - 둘째는 이미지에서 그 의미를 해석하고 활용하는 과정이다.
- 시각적 학습을 위해서는 주의를 끌고 내용이 이해되며 정보의 순서에 따라 시선을 유도하는 등 지각적 특성이나 인지적 과정을 활용하는 구성이 필요하다.
- 시각적 학습을 위한 이미지는 지식을 시각화하는 것으로서 지식의 기호나 다이어그램, 사진, 스케치의 이미지와 지식정보가 결합하는 과정을 통해 사용자가 자연스럽게 학습할 수 있도록 한다.
- 시각적 학습을 가능케 하는 지식 이미지의 효율을 위해 이미지와 텍스트를 병행하는 구성이 필요하다.

④ 시각적 소통을 위한 이미지 공유

- 의미나 아이디어를 표현하는 시각적 상징의 사용과 다양한 채널을 통해 아이디어를 담은 지식과 정보를 서로 소통하는 것과 관계가 있다.
- 시각 커뮤니케이션에서 같은 메시지라 할지라도 소통의 방법은 문자 언어와 다르다.
- 시각 커뮤니케이션은 메시지를 시각적으로 연출하고 매체가 그것을 구현하는 방식으로 진행된다. 시각 디자인 매체를 통한 이미지 개발은 모두 시각적 소통의 목적으로 가지고 있으나 매체, 메시지, 타깃의 다양성으로 인해 커뮤니케이션을 위한 표현 방식을 달리하고 있다.
- 디자인 개발자는 시각 커뮤니케이션의 표현과 연출 방식에 사용성 기능, 심미적 측면 등을 더하여 디자인 목적과 콘셉트에 맞는 시각 커뮤니케이션 이미지를 개발해야 한다.

01 다음 중 시각화를 위한 발상법이 <u>아닌</u> 것은?

① 축소기법
② 확산기법
③ 수렴기법
④ 통합기법

시각화를 위한 발상법은 확산기법, 수렴기법, 통합기법으로 나눌 수 있다.

02 시각화를 위한 발상법 중 브레인스토밍법, 브레인 라이팅법, 마인드맵, 열거법 등은 어디에 속하는가?

① 축소기법
② 확산기법
③ 수렴기법
④ 통합기법

확산기법은 기존에 구축된 논리만을 의존하지 않고 다양한 관점에서 가능한 많은 아이디어를 도출하기 위하여 비교적 빠른 속도로 진행하는 방법이다. 브레인스토밍법, 브레인라이팅법, 마인드맵, 열거법, 체크리스트법, 매트릭스법, 시네스틱스법 등이 있다.

03 인간의 사고에는 방향성을 넓혀가는 '확산적 사고'와 방향성을 좁혀가는 '수렴적 사고'가 있으며 창의적 사고는 이 두 가지를 반복하면서 일어난다고 말한 심리학자는?

① 조이 길포드(Joy Paul Guilford)
② 막스 뤼셔(Max Luscher)
③ 파버 비렌(Faber Birren)
④ 루이스 체스킨(Louis Cheskin)

심리학자 조이 길포드(Joy Paul Guilford)는 인간의 사고에는 방향성을 넓혀가는 확산적 사고와 방향성을 좁혀가는 수렴적 사고가 있으며 창의적 사고는 이 두 가지를 반복하면서 일어난다고 하였다.

04 발산기법과 수렴기법을 반복하면서 목적에 맞는 아이디어를 구체화하는 방법은?

① 축소기법
② 확산기법
③ 수렴기법
④ 통합기법

통합기법은 발산기법과 수렴기법을 반복하면서 목적에 맞는 아이디어를 구체화하는 방법으로, 워크 디자인법, 매트릭스, 구조화 분석법 등이 있다.

05 아이디어 발상을 위한 태도로 <u>틀린</u> 것은?

① 융합적 사고 보다는 전문적 기술에 필요한 집약적 기능이 필요하다.
② 콘셉트 설정에 필요한 세심한 자료수집 태도가 필요하다.
③ 추출된 초기 아이디어를 계열화하는 창발적 사고 태도가 필요하다.
④ 다양한 자료에 접근하여 융합적 사고에 의한 아이디어를 도출한다.

콘셉트 설정에 필요한 키워드들을 추출 해내고자 하는 융합적 사고와 세심한 자료수집 태도가 필요하다.

정답 01 ① 02 ② 03 ① 04 ④ 05 ①

06 1953년 알렉스 오스본(Alex F. Osborn)에 의해 개발된 집단 토의식 아이디어 발상법으로 문제 해결을 위한 대표적인 방법은?

① 어피니티 다이어그램
② 마인드맵
③ 브레인스토밍
④ 스캠퍼

브레인스토밍은 1953년 알렉스 오스본(Alex F. Osborn)에 의해 개발된 집단 토의식 아이디어 발상법으로 문제 해결을 위한 대표적인 방법이다.

07 브레인스토밍의 원칙이 <u>아닌</u> 것은?

① 평가의 지양 및 보류
② 자유분방한 사고
③ 아이디어의 양산
④ 제한된 사고와 아이디어

브레인스토밍의 원칙은 여러 구성원의 아이디어를 양산하는 것으로 구성원의 의견과 아이디어는 모두 존중되어야 하며 자유분방한 사고의 개진을 위해 평가나 비난을 지양하는 것 외에 다음 원칙을 숙지한다.
• 자유분방한 사고
• 아이디어의 양산

08 창의적인 아이디어를 정리할 때 유용하게 활용할 수 있으며 분석 방법으로서 '친화도 분석'을 사용하는 것은?

① 어피니티 다이어그램
② 마인드맵
③ 브레인스토밍
④ 스캠퍼

어피니티 다이어그램은 창의적인 아이디어를 정리할 때 유용하게 활용할 수 있으며 분석 방법으로서 '친화도 분석'을 사용한다. 또한 디자인 콘셉트 도출의 근거로서 효용성이 높다.

09 스캠퍼의 질문 영역 중 S=Substitute는 무엇인가?

① 개선을 위해 무엇을 대체할 수 있는가에 대해 검토한다.
② 무엇과 무엇을 엮을 수 있을까에 대해 검토한다.
③ 무엇을 바꾸거나 교환할 것인가에 대해 검토한다.
④ 지금과 다른 방식으로 하면 어떤 결과일지에 대해 검토한다.

영역	내용
첫째 S=Substitute (기존의 것을 다른 것으로 대체)	개선을 위해 무엇을 대체할 수 있는가에 대해 검토한다.
둘째 C=Combine (A와 B의 결합)	무엇과 무엇을 엮을 수 있을까에 대해 검토한다.
셋째 A=Adapt (다른 영역에 적용)	무엇을 바꾸거나 교환할 것인가에 대해 검토한다.
넷째 M=Modify, Minify, Magnify (변경, 축소, 확대)	지금과 다른 방식으로 하면 어떤 결과일지에 대해 검토한다.
다섯째 P=Put to Other Uses (다른 용도로 활용)	기존 제품으로 적용할 수 있는 새로운 시장에 대하여 검토한다.
여섯째 E=Eliminate (제거)	일부분을 빼고 나면 어떤 결과일지에 대하여 검토한다.
일곱째 R=Reverse, Rearrange (거꾸로 또는 재배치)	순서를 바꾸거나 뒤집어 볼 항목이 있는지 검토한다.

10 문제 해결을 위한 아이디어나 디자인 프로세스 등을 도출하기 위한 것으로 '7가지 아이디어 발굴 키워드'를 활용하는 발상 도구는?

① 어피니티 다이어그램
② 마인드맵
③ 브레인스토밍
④ 스캠퍼

오답 피하기

스캠퍼(SCAMPER)는 알렉스 오스본에 의해 개발된 창의력 증진과 아이데이션을 위한 발상 기법이다. 문제 해결을 위한 아이디어나 디자인 프로세스 등을 도출하기 위한 것으로 '7가지 아이디어 발굴 키워드'를 활용하는 발상 도구이다. 스캠퍼(SCAMPER)는 키워드에 해당되는 질문에 따라 아이디어를 도출하는 방식이다.

11 수집된 자료의 체계화에서 컴퓨터 폴더 생성을 통한 자료 정리가 아닌 것은?

① 체계화하기보다는 날짜별 원칙을 정하여 저장한다.
② 체계화하기 위하여 폴더명에 일련의 연계적 원칙을 세운다.
③ 개별 자료는 숫자와 알파벳 등을 활용하여 폴더명에 따른 순차적으로 구성한다.
④ 주기적으로 저장된 자료의 명칭 순서를 점검한다.

컴퓨터 폴더 생성을 통한 자료 정리는 체계화하기 위하여 폴더명에 일련의 연계적 원칙을 세우고 개별 자료는 숫자와 알파벳 등을 활용하여 폴더명에 따른 순차적 구성하고 파일명 원칙을 정하여 저장한다. 주기적으로 저장된 자료의 명칭 순서를 점검하고 필요 시 폴더에 메모파일을 첨부한다.

12 아이디어 스케치에 대한 내용이 아닌 것은?

① 디자인 개발의 단계별 계획과 범위를 구체화할 수 없는 과정이다.
② 러프 스케치나 정밀 스케치가 대표적이다.
③ 개념을 구체화하기 위한 구상으로서 밑그림이나 기록용 그림으로 활용된다.
④ 초기 아이디어를 표현하는 역할을 한다.

아이디어 스케치는 초기 아이디어를 표현하는 역할 외에도 디자인 개발의 단계별 계획을 세우고 개발의 범위를 구체화할 수 있는 과정이다.

오답 피하기

아이디어 스케치는 시각 디자인 개발을 위해 개념이나 구조, 색채 등의 연출 방안을 창의적으로 구상하거나 아이디어를 전달하고 공유하는 방법으로 유용하다. 러프 스케치나 정밀 스케치가 대표적이며, 개념을 구체화하기 위한 구상으로서 밑그림이나 기록용 그림으로 활용된다.

13 아이디어 스케치의 장점이 아닌 것은?

① 빠른 속도로 표현할 수 있으므로 적합한 콘셉트를 풍부한 양으로 표현할 수 있다.
② 시각화로 인하여 전개할 수 있는 아이디어를 직관적으로 선택할 수 있다.
③ 스케치를 위한 도구가 간편하고 휴대하기 쉬워 상시로 아이디어를 기록할 수 있다.
④ 본인만의 용지와 출력물 등을 이용해 다른 구성원들과 쉽게 공유할 수 없다.

아이디어 스케치의 장점

• 생성된 아이디어에 대한 창의성을 보존할 수 있다.
• 아이디어의 체계적인 완성 상태와 상관없이 시각화로 아이디어를 생산해 낼 수 있다.
• 빠른 속도로 표현할 수 있으므로 적합한 콘셉트를 풍부한 양으로 표현할 수 있다.
• 스케치를 위한 도구가 간편하고 휴대하기 쉬워 상시로 아이디어를 기록할 수 있다.
• 용지와 출력물 등을 이용해 다른 구성원들과 쉽게 공유할 수 있다.
• 시각화로 인하여 전개할 수 있는 아이디어를 직관적으로 선택할 수 있다.
• 스케치한 아이디어 안을 보관해 두었다가 다시 검토할 수 있다.
• 디자인 개발과 창의성 발전을 위한 학습을 일상적으로 수행할 수 있다.

정답 10 ④ 11 ① 12 ① 13 ④

14 아이디어 스케치의 분류 방식이자 활용 방식이 <u>아닌</u> 것은?

① 상상 스케치
② 개념 스케치
③ 사물 스케치
④ 체험 스케치

아이디어 스케치는 주로 대상을 간략하게 묘사하는 방식을 지칭하며 머릿속에 있는 개념을 시각화하여 드러내는 방식을 지칭한다. 분류 방식이자 활용 방식은 개념 스케치, 사물 스케치, 체험 스케치가 있다.

15 개념 스케치를 바탕으로 하여 이를 구체적 형상화하는 스케치는?

① 상상 스케치
② 개념 스케치
③ 사물 스케치
④ 체험 스케치

사물 스케치
• 최초의 키워드를 중심으로 한 개념 스케치를 바탕으로 하여 이를 구체적 형상화 한다.
• 단순히 사물의 외형만을 묘사하는 것이 아니라 사물을 이루는 바탕 구조, 사물의 결합 방식, 여러 개 사물일 경우 배치를 위한 기능적, 심미적 아이디어들이 적용되어야 한다.

16 아이디어 발상 초기에 떠오르는 최초의 생각이나 형상, 초기 콘셉트를 빠르게 다수로 표현하는 스케치 과정은?

① 썸네일 스케치
② 러프 스케치
③ 콤프 스케치
④ 체험 스케치

썸네일 스케치(Thumbnail Sketch)
디자인 개발 과정에서 아이디어 발상 초기에 떠오르는 최초의 생각이나 형상, 초기 콘셉트를 빠르게 다수로 표현하는 스케치 과정이다. 따라서 즉흥적인 메모를 하듯 빠르게, 작은 크기로, 간략하게 스케치한다.

17 아이디 발상을 위한 썸네일 스케치 이후 콘셉트가 시각화된 상태의 개략적인 스케치는?

① 썸네일 스케치
② 러프 스케치
③ 콤프 스케치
④ 체험 스케치

러프 스케치(Rough Sketch)
아이디 발상을 위한 썸네일 스케치 이후 콘셉트가 시각화된 상태의 개략적인 스케치이다. 일반적으로 디자인 시안을 제작하기 이전에 구체화된 아이디어를 일차적으로 가시화하여 콘셉트를 적절하게 반영하고 있는지 여부, 아직 결정되지 않은 시안 계획에 대한 비교, 진행되고 있는 디자인 개발 방향을 검토하고 공유하기 위한 스케치 방식이다.

18 최종적으로 하나를 선택하기 위하여 완료 결과물과 같은 수준으로 표현하는 것으로 시안용 스케치를 의미하며 정밀 스케치라고 하는 것은?

① 썸네일 스케치
② 러프 스케치
③ 콤프 스케치
④ 체험 스케치

콤프 스케치(Comprehensive Sketch)
최종적으로 하나를 선택하기 위하여 완료 결과물과 같은 수준으로 표현하는 것으로 시안용 스케치를 의미하며 정밀 스케치라고 한다. 디자인 도구로 컴퓨터 그래픽이 도입된 이후 컴퓨터를 이용해 실제 결과물과 같은 정밀 스케치를 할 수 있다.

19 비주얼 리터러시(Visual literacy)에 대한 설명으로 틀린 것은?

① 이미지의 청각화를 설명하는 개념으로서 유용하다.
② 이미지 표현과 연출 능력이다.
③ 이미지를 효율적으로 공유하고 이해한다.
④ 시각적 사고, 시각적 학습, 시각적 소통이다.

비주얼 리터러시(Visual Literacy)
• 이미지의 시각화를 설명하는 개념으로서 유용하다.
• 이미지를 판단하고 읽고 쓰는 능력으로서 이미지 표현과 연출 능력이다.
• 특정 분야의 지식수준에 상관없이 정보 이미지를 효율적으로 공유하고 이해한다.
• 디자인 개발자의 초기 시각화 방식인 아이디어 스케치 단계에서 중요하다.
• 시각적 사고, 시각적 학습, 시각적 소통이다.

CHAPTER **02**

비주얼아이데이션
적용

아이디어와 아이디어 스케치를 적용하는 방법을 학습합니다. 추가로, 비주얼 방향을
어떻게 적용하면 좋을지에 대해서도 학습할 수 있습니다.

▶ 합격 강의

빈출 태그 아이데이션 구체화

① 아이데이션 구체화 방법

1) 스케치 적용을 통한 아이데이션의 구체화

• 시각적 직관성을 적용한 아이데이션 : 연상되는 이미지를 직관적으로 지시하는 아이디어를 도출한다.
• 이미지 연출을 예측할 수 있는 아이데이션 : 색채 연출, 질감과 밀도 연출 등 다각적인 시각화 요소로 도출한다.
• 콘텐츠의 정보 체계 및 위계를 시각화할 수 있는 아이데이션 : 콘텐츠의 위계를 정하여 가시화는 아이디어를 도출한다.
• 아이디어 스케치의 고려 항목 : 가치와 기능, 진행 단계에 따라 고려 항목을 나눌 수 있다.

2) 아이데이션을 위한 콘셉트 키워드 도출 방법

• 마인드맵을 통한 핵심 키워드 : 마인드맵을 통한 키워드 도출 방법은 진행할 수 있는 대표적 방법이다.
• 브랜드 퍼스널리티를 통한 브랜드에센스 키워드 : 두세 개의 브랜드 퍼스널리티 키워드군을 추출하여 시각적 아이데이션을 위한 키워드로 활용하거나 브랜드 특성이 축약된 키워드를 활용한다.
• 관련 시장조사를 통한 트렌드 키워드 : 문헌자료, 인터넷 자료검색 내용에서 추출한 마켓 트렌드와 소비자 라이프스타일 트렌드는 아이데이션을 위한 단서가 되므로 조사 내용을 콘셉트 설정을 위한 아이디어로 연결시켜 키워드를 도출한다.

출제빈도 상 ㊥ 하
반복학습 ① ② ③

빈출 태그 아이데이션 시각화, 단계 아이데이션

⓵ 아이데이션 시각화 방법

1) 시안 제작을 위한 아이데이션

- 키워드의 직접적인 시각화 : 시각화를 위한 것으로서 콘셉트 연출 방식에 따라 시각화 표현 방식이 결정된다.
- 키워드 간의 연관관계를 개념화한 시각화 : 다양한 시각화로 확장될 수 있으며 연출하는 방식에 따라 시안의 차별화가 이루어진다.
- 키워드를 바탕으로 간접적으로 연상되는 아이디어의 시각화 : 간접적으로 연상되거나 유추할 수 있는 아이데이션 또한 유용하게 활용된다.

2) 단계 아이데이션 방법

- 러프 스케치
- 아이디어의 시각적 구체화
- 비주얼 아이데이션

3) 시각화 방안을 위한 키워드 설정 방안

디자인 개발을 위한 시각화 단계로서 키워드 설정은 디자인 콘셉트에 부합하는 시각적 소재를 찾아낼 수 있는 근거를 제공하며 디자인 개발자가 전달하고자 하는 메시지와 시각적 표현과의 연관성을 강화하는 필수 과정이다. 아직 가시화되지 않은 디자인 콘셉트를 가시화하기 위한 다양한 방법이 있다. 그러나 키워드는 디자인 개발을 위한 각종 조사의 내용을 정리하고 디자인 콘셉트 전개를 위한 시각적 자료를 수집하며 콘셉트를 구체화하기 위한 연상성, 유추성, 지시성이 있어 시각화하기에 유용한 요소로 활용할 수 있다.

- 키워드 도출 경로
- 콘셉트★를 지시하는 키워드 수렴

★ **콘셉트(Concept)**
- 디자인의 대상을 소비자에게 소구하기 위해 필요한 소구점 또는 개념을 말한다. 디자인은 콘셉트에 따라 효과를 최대화할 수 있는 창의적인 이미지를 구성한다. 콘셉트는 명확한 메시지가 담겨 있어야 한다.

비주얼 방향 적용

▶ 합격 강의

01 콘셉트 구성방법 및 종류

1) 콘셉트 구체화를 위한 이미지 제작 단계

- 콘셉트에 따라 디자인 시안을 준비하기 위해서는 '핵심 이미지 구상' 또는 '콘셉트 이미지 구상' 단계를 진행하고 아이디어 스케치와 표현기법 및 소재 선정, 비주얼 스타일을 선정하여 시안을 작성한다.
- 콘셉트를 구체화하기 위한 이미지는 의도하는 메시지를 전달하는 핵심적인 역할을 하며, 메시지의 전달 의도에 따라 생성, 기획, 편집, 통합하는 방식으로 디자인 결과물의 기능성 및 심미성 형성에 중요한 수단이 된다.
- 콘셉트와 연관된 이미지는 메시지를 직접 설명할 수도 있고 특정한 의미 형성을 위한 상징으로 사용될 수도 있으며 메시지를 감성적으로 전달할 수 있는 연출로서 사용할 수 있다.

2) 콘셉트 이미지의 역할

콘셉트 이미지의 역할은 전달하고자 하는 메시지와 밀접한 연관성이 있어야 한다. 이미지의 선택은 디자인 의도와 기획된 콘셉트에 따라 사진이나 일러스트레이션을 사용할지, 문자를 이미지로 사용할지는 디자인에서 신중하게 고려되어야 한다.

- 메시지를 직접 설명하는 역할 : 이미지는 사실감의 표현으로서 시각적 정보를 최대한 명확하고 매력적으로 알리기 위한 연출을 필요로 한다.
- 의미 형성을 위한 상징으로 사용 : 실제 이미지를 활용, 실사 합성 이미지, 개념이나 사물을 연상, 유추할 수 있는 일러스트레이션 이미지를 사용할 수 있으며 전달하고자 하는 메시지에 대한 상징으로서 역할을 한다.
- 감성적 연출 수단으로 사용 : 이미지는 연상되는 메시지에 의해 텍스트보다 감성적 전달력이 강하다. 따라서 전달하고자 하는 메시지를 배경 이미지와 컬러톤 등으로 핵심 이미지의 분위기를 형성한다.

3) 이미지 표현기법 선택 기준

- 표현 방식은 사진 이미지, 정보그래픽 이미지, 드로잉 이미지 표현으로 나눌 수 있다.
- 드로잉은 일러스트레이션으로 제작한다.
- 각 영역의 이미지 표현기법 중 디자인 콘셉트에 적합한 표현기법을 선택한다.

- 이미지 내용과 스타일의 결합에 관해 사례 이미지를 참조하여 스크랩하고 팀원들과 표현기법 결정을 논의한다. 이는 지나치게 장식적이거나 내용에 적합하지 않은 기법에 따른 메시지 전달의 오류를 줄일 수 있다.

4) 이미지 소재의 선택 기준

디자인 개발자는 콘셉트를 구현하는 메시지를 담은 이미지 소재의 선택 기준으로서 디자인 개발자가 이미지를 직접 개발하거나 이미지 제작 외주 전문가에게 의뢰하기 위하여 숙지한다.

- 전달 매체의 특성 고려 : 사용자에게 노출되는 장소 특성에 따라 메시지가 달라질 수 있다.
- 매력 요소와 심미성의 고려
  - 유머와 위트 등을 시각화시키는 병치, 유추 등을 활용한다.
  - 심미성을 부여할 때 콘셉트 이미지로서 메시지의 가치는 더욱 높아진다.
- 정보 커뮤니케이션의 효율성 고려
  - 이미지는 전달하고자 하는 내용을 쉽고 직관적으로 표현할 수 있어야 한다.
  - 핵심적 메시지를 담고 있는 이미지의 표현기법과 스타일을 통한 정보 선명성과 주목성을 고려해야 한다.
  - 다른 이미지와 텍스트 요소와의 관계에서 형성되는 메시지와 정보구조에서의 역할을 염두에 두어 직접 제작하거나 제작 의뢰한다.
- 제작자의 독창성 반영 고려 : 창의적인 결과물로서 이미지는 제작자의 개성과 독창성이 반영되어 이미지의 아이덴티티가 적용되도록 한다.

02 매체와 표현기법에 따른 콘셉트 전개

1) 이미지 스타일로서 비주얼 펀(Visual Fun)

① 비주얼 펀의 개요

시각 디자인 결과물을 개발하기 위한 요건 중 시각 커뮤니케이션 스타일을 형성하는 다양한 '의미 만들기'는 디자인 콘셉트를 명확하게 전달하기 위한 기능적 역할 뿐만 아니라, 소비자 혹은 사용자에게 메시지를 특정한 감성으로 전달할 수 있는 메신저 역할로서도 중요하다.

- 시각적 대상을 통해 유머(Homer)와 위트(Wit)는 시각적인 표현 방식이라기보다는 언어적 수사(Rhetoric) 기술로서 널리 활용되는 방식이다.
- 유머와 위트는 경험하는 재미 요소와 전달하고자 하는 사회적·정치적 메시지를 함의하고 있어 일러스트레이션이나 사진, 브랜드 아이덴티티와 같이 메시지 전달력이 큰 매체에서는 그 역할이 크다.
- 언어적(Verbal)인 개념의 유머와 위트를 시각적 표현으로 할 때 '비주얼 펀'으로 전개할 수 있다.
- 순수미술에서나 시각 디자인을 포함한 디자인 영역에서 사고의 관습적인 범위를 벗어나게 하여 보는 이로 하여금 놀라움과 즐거움을 줄 수 있다.

- 유머러스한 효과는 설득과 공유를 위한 커뮤니케이션에서 중요한 요소다.
- 유머는 능률적인 아이디어를 창조할 수 있게 하고 즐거움을 제공하므로 디자이너들이 즐겨 사용하는 시각적 언어다.

② 비주얼 펀의 유형

비주얼 펀은 유머를 경험할 수 있는 다양한 사물이나 시각적 상황들을 차용하여 변용, 합성, 배치함으로서 이에 따른 의미 체계를 새로이 생성하거나 재미를 경험할 수 있도록 한 것이다.

비주얼 펀의 시각적 표현 범위는 이미지의 합성, 이미지의 변용, 이미지의 배치 변화, 이미지의 왜곡으로 유형화할 수 있다.

- 이미지의 합성
  - 서로 이질적인 이미지를 합성하여 또 다른 의미를 생성하거나 증폭시키는 방법이다.
  - 익숙한 대상과 사물을 합성하여 새로운 의미를 연상시키는 광고 이미지에서 주로 사용한다.
  - 사물 이미지의 합성은 가벼운 위트와 의미의 전환을 위한 커뮤니케이션 효과가 있다.
  - 지나치게 과감한 합성은 낯선 경험을 증폭시켜 커뮤니케이션 효과를 감소시키기도 한다.
- 이미지의 변용
  - 크기와 색채 등의 변화를 통하여 이미지 원래 의미를 변용시킨다.
  - 언어와 이미지의 조합을 다르게 하여 원래 의미를 전치 시킨다.
  - 각 사물의 원래 의미를 손상하지 않으면서 자연스러운 의미 전치를 가져온다.
- 이미지의 배치 변화
  - 익숙한 위치를 변화 배치하여 새로운 의미를 생성하거나 원래 의미를 변화한다.
  - 배치 순서, 병치되는 사물과의 변화로 또 다른 커뮤니케이션 메시지가 발생한다.
- 이미지의 왜곡
  - 특정한 부분의 크기나 형태, 질감, 색채 등을 왜곡시켜 새로운 의미가 생성된다.
  - 원래 이미지와 왜곡된 이미지에 의한 의미의 차이에서 새로운 의미가 발생한다.
  - 왜곡 이미지를 자연스럽게 하여 의미를 증폭시킬 수 있다.

2) 이미지의 기호적 접근

- 이미지와 키워드의 결합 관계 : 이미지와 키워드의 결합은 콘셉트를 구체화할 수 있는 '콘셉트의 시각화'로 볼 수 있다. 콘셉트에 맞는 이미지를 만들어 내는 디자인 개발자는 콘셉트와 이미지, 키워드의 관계를 파악하고 구조화하는데 창의적 역량을 발휘해야 한다.
- 이미지의 기호적 의미인 기표와 기의 관계 : 기호학자 롤랑 바르트는 이미지가 의미를 발산하는 방법을 기호학적으로 해석하였다. 기호는 기표와 기의의 결합을 통하여 만들어지는데 이 과정은 단일한 단계뿐만 아니라 국가, 생활환경, 문화, 계층, 성별 등에 따라서 2차, 3차 기호로서 또 다른 의미를 만들어낸다.

3) 사용자 편의를 위한 디자인 가치 적용

클라이언트가 제품에 대한 홍보와 마케팅을 위한 매체 개발을 의뢰할 때 디자인 개발자는 결과물의 상품 가치를 높이기 위한 기획과 개발 결과에 집중하게 된다. 디자인 결과물의 최종 사용자는 일반 사용자 및 소비자로서, 디자인 개발자는 이들을 위한 디자인 측면과 사회적 측면의 가치를 지향해야 한다. 사용자의 편의를 위한 디자인 가치 적용 영역 중 대표적인 영역은 유니버설 디자인(Universal Design) 적용과 '지속 가능 디자인(Sustainable Design)', '어메니티 디자인(Amenity Design)'적용을 들 수 있다.

① 유니버설 디자인 적용

시각 디자인에서 유니버설 디자인 적용은 대표적으로 타이포그래피, 픽토그램 디자인 영역을 들 수 있다.

- 타이포그래피 유니버설 디자인
  - 시각적 약자인 약시자, 색맹자를 위한 타이포그래피이다.
  - 가독성, 주목성, 시인성을 높이는 타이포그래피 디자인이다.
- 픽토그램 유니버설 디자인
  - 픽토그램은 간명한 이미지에 정보를 압축하여 적용한 것이다.
  - 사용자에게 쉽고 직관적으로 정보를 전달할 수 있도록 픽토그램을 개발한다.

② 지속 가능 디자인 적용

지속 가능 디자인 가치는 디자인을 통하여 환경 훼손을 막고 자원을 절약하여 삶의 환경을 지속시키는데 기여하는 디자인 가치이다. 시각 디자인, 제품디자인, 환경 디자인 등 영역에서 매체에 따라 지속 가능 디자인은 특화된 방식으로 적용된다. 인쇄 매체를 통한 지속 가능 디자인은 대표적으로 용지 절약 방식, 잉크 절약 방식, 리사이클링 방식으로 적용된다.

- 용지 절약을 지향하는 방식 : 디자인 개발자는 인쇄원고 제작을 위해 판형 제작, 책자 크기, 제본 방식에서 종이를 최대한 절약하면서 디자인 목적을 달성하는 방안을 고려하여야 한다.
- 잉크 절약을 지향하는 방식
  - 디자인 개발자는 인쇄잉크 절약을 위한 방안을 아트워크 단계에서부터 고려해야 한다.
  - 디자인 시안 제작 및 아트워크 단계에서는 단계별 제작물의 상황을 검토하고자 많은 양의 디지털 프린트보다는 모니터와 모바일 패드를 통하여 디자인 결과물을 검토하거나 커뮤니케이션한다.
- 리사이클링 방식 : 후가공을 최소한으로 적용하는 인쇄물을 통하여 종이의 리사이클링을 가능케 할 수 있다.

③ 어메니티 디자인 적용

디자인 결과물은 사람들의 일상생활 환경을 쾌적하게 만드는 역할을 할 수 있다.

• 제품디자인과 환경 디자인에서 말하는 어메니티는 제품 사용자에게 편의성을 제공하고 물리적인 환경의 쾌적함을 제공한다.
• 환경 디자인 분야에서는 공간을 쾌적하게 경험할 수 있도록 물리적 환경을 조성하거나 심리적, 정서적으로 쾌적한 경험을 제공하기 위한 연출이다.
  시각 디자인 매체인 포스터, 생활환경과 산업적 환경을 형성하는 패키지, 베너, 월 그래픽 등을 통해서 일상 환경에서 정서적인 쾌적함을 경험할 수 있다.
• 디자인 개발자는 인쇄매체 제작 시 심미성과 시각적 쾌적성을 높일 수 있는 창의적 연출을 지향해야 한다.

4) 사진 이미지 전개 방안

① 콘셉트 이미지로서 사진의 특성

사진은 현실감을 통한 메시지 전달력이 높은 이미지이다. 신뢰감을 형성할 수 있으며 상세 이미지를 통한 매력 요소를 확장한다. 또한, 특정 순간의 포착을 통한 다이내믹을 형성하며 앵글의 다양한 변화를 통해 시점을 확장할 수 있어 이미지의 콘셉트와 메시지를 직간접적으로 전달한다.

• 실제 대상 반영을 통한 신뢰감 형성
  – 사진을 통한 메시지는 글이나 그림을 통해 메시지보다 신뢰감이 높다.
  – 커뮤니케이션을 위한 광고 및 패키지, 포스터 디자인에 주로 활용된다.
• 상세 이미지를 대상의 매력 요소 확장
  – 이미지가 클로즈업되었을 때 대상에 대한 관찰자의 시선이 더욱 가까워진다.
  – 이미지가 클로즈업되었을 때 대상에 대한 매력 요소가 커진다.
• 특정 시간 포착을 통한 이미지의 다이내믹 형성 : 콘셉트에 맞는 순간 포착 이미지의 활용을 통하여 메시지를 역동적으로 연출할 수 있다.
• 카메라 앵글의 변화를 통한 시점의 확장 : 버즈아이 뷰(Bird's Eye View) 앵글 또한 시선의 확장을 가져오는 이미지로 생산된다.

② 사진 이미지의 사용 요건

• 해상도 점검 : 사진 이미지를 디자인 제작 판형에 배치하기 전에 프린트 출력으로 인쇄 시 나타나는 이미지 정세도 상태를 미리 확인해야 한다.
• 디자인 결과물 적용을 위한 연출 범위
  – 디자인 결과물에 사용할 사진 이미지는 메시지의 전달 의도와 연출 수준에 따라 밝기, 선명도, 질감, 색감 등을 적절하게 조절한다.
  – 전체 색상과 톤을 재조정하는 컬러링 변형, 사진 이미지를 겹치게 하는 오버레이, 외곽선을 분리하는 컷아웃, 사진을 합성하는 블렌딩 등 여러 방식으로 이미지에 변화를 줄 수 있다.

5) 일러스트레이션 이미지 전개 방안

① 콘셉트 이미지로서 일러스트레이션의 특성

다양한 매체에서 전달하고자 하는 메시지의 콘셉트를 구체화하는 이미지로서 대표적으로 활용되고 있다.

- 매체의 콘셉트 이미지로 현실감을 강조하거나 잠재된 메시지를 다양하게 드러낼 수 있다.
- 사진 이미지로는 담아내기 어려운 추상적인 내용들을 표현할 수 있다.
- 보이지 않는 개념을 창의적으로 표현할 수 있다.
- 활용 범위는 점차 더 넓어지고 있다.

② 일러스트레이션의 유형

- 추상적 일러스트레이션
  - 특정 대상을 묘사하지 않고 기하 도형이나 자연적 질서에서 찾을 수 있는 유기적인 형태 패턴 등 정형화되지 않은 대상을 구성하여 묘사하는 방법이다.
  - 형태의 질서, 다이내믹 등을 콘셉트로 표현할 수 있다.
- 구상적 일러스트레이션 : 특정 대상이나 상황을 보이는 사실 형상대로 묘사하는 드로잉 방법으로서 사실감에 의한 신뢰를 수용자에게 전달한다.
- 초현실적 일러스트레이션
  - 현실에서 경험할 수 없는 비현실적이고 비논리적인 사물의 결합이나 상황의 묘사 등을 통하여 메시지 전달의 강도를 높일 수 있는 표현이다.
  - 대표적으로 몽타주(Montage) 일러스트레이션, 데페이즈망(Depaysement) 일러스트레이션, 콜라주(Collage)스타일의 일러스트레이션이 있다.

구분	내용
몽타주 일러스트레이션	• 몽타주는 여러 가지 사물 형상을 하나의 화면에 조합하고 형성하여 복합적 이미지를 인지할 수 있는 방식이다. • 실제 이미지를 넘어 초현실적이거나 환상적이거나 낯선 시각적 경험을 제공한다. • 합성을 통한 새로운 이미지를 제공하기 때문에 메시지의 주목성을 높이거나 유추적인 이미지를 활용하는 광고의 콘셉트 이미지에 쓰이는 경우가 많다. • 모더니즘 미술 역사에서 몽타주는 회화의 큐비즘(Cubism)에서 실험했던 파피에 꼴레(Papie Colle)와 연관이 있으며 다다(Dada), 초현실주의 화법에서 콜라주(Collage)로 활용된다.
데페이즈망 일러스트레이션	• 데페이즈망은 이미지에 내재 된 메시지 구조의 표현으로서 일상적인 사물에 낯선 사물과 상황을 병치하여 꿈과 무의식과 같은 이미지를 만드는 방식이 대표적이다. • 초현실적 메시지를 함축적으로 표현할 때 데페이즈망 방식의 일러스트레이션을 활용한다.
콜라주 일러스트레이션	• 콜라주는 모더니즘 회화 사조에서 입체파 화가들이 처음으로 시도한 이미지 합성 기법으로서 단일 화면에 이질적인 이미지와 텍스트 요소를 다량으로 병치하거나 연접시켜 현실 공간감을 넘어선 초현실적 공간감을 제공한다. • 콜라주의 기법의 일러스트레이션은 몽타주와 유사하나 몽타주 보다는 이미지의 밀도를 높여 메시지에 대한 시각적 표현을 연역적으로 하기에 적절한 이미지 표현 방법이다.

6) 정보그래픽 이미지의 전개 방안

정보그래픽의 구체화 이미지는 대표적으로 다이어그램을 들 수 있다. 다이어그램은 사실적인 이미지나 기하학적 형태, 그래프, 문자 등의 결합에 의해 정보를 직관적으로 전달하는 시각적 구성이다. 지식과 정보를 다이어그램을 표현하기 위해서는 내용의 핵심이 되는 요소를 파악하고 그에 맞는 표현 방식을 결정해야 한다. 또한, 주의를 집중시켜 전체를 조망할 수 있으면서도 상세한 내용으로 시선을 유도할 수 있도록 한다.

① 콘셉트 이미지로서 정보그래픽

정보그래픽은 정보의 가치를 높이기 위한 시각화로서 널리 활용되고 있으나 디자인 콘셉트와 콘텐츠의 성향에 따라 콘셉트 이미지로 활용된다.

- 신뢰와 신용에 대한 콘셉트로 금융기관, 의약품의 광고 포스터에 사용된다.
- 특정 데이터의 추이를 다이어그램이 핵심 이미지로 구성하여 직관적으로 파악할 수 있다.
- 각종 단행본과 잡지 편집디자인에서도 사회 현상과 트렌드에 대한 분포도를 볼 수 있다.
- 정보 가시화를 위해 효과적인 방안이며 콘셉트와 메시지에 대한 주목성이 높다.
- 시각적 아이덴티티를 구현하는 데 유용한 이미지 활용이다.

② 정보그래픽의 활용 범위 확장

- 정보그래픽의 매체 노출량 증가에 따른 메인 이미지 활용이 높아지고 있다.
- 데이터의 시각화로 신뢰감을 높이기 위한 이미지로 활용도가 높아지고 있다.
- 조형적 질서를 가진 정보구조의 심미성으로 활용도가 높다.

③ 정보그래픽의 대상 영역

정보그래픽을 제작하기 위한 데이터는 크게 정량적 데이터와 정성적 데이터를 나눌 수 있으며 특정한 기준에 의하여 측정할 수 있는 대상이어야 한다. 정량적 데이터는 분포와 차이 등 데이터 변화를 객관적으로 시각화할 수 있는 단위를 기입할 수 있으나 정성적 경향, 등을 대상으로 하는 정성적 데이터는 객관적 측정이 어려운 경우가 대부분이다.

- 정량 데이터를 바탕으로 한 정보그래픽
  - 정량 분석은 객관적인 데이터를 수치로 표현하는 분석 방법이다.
  - 통계 자료와 같이 대규모 조사를 통해 규격화된 결과를 도출하는 방법이다.
  - 자료는 정부나 연구 기관에서 주로 제공되며, 주로 수치화된 도표와 차트 등으로 제공된다.
  - 정량 분석은 대부분 통계와 수량학적 모델을 기반으로 한 숫자 데이터이다.
  - 수치적으로 많고 적음을 쉽게 판별할 수 있어 객관적인 자료로 사용된다.
  - 정량 분석의 경우 내용을 쉽게 볼 수 있도록 하는 것이 중요하다.
  - 색이나 형태 등을 적절히 사용하여 직관적으로 이해할 수 있도록 시각적으로 구성한다.

④ 정성적 데이터를 바탕으로 한 정보그래픽

- 데이터가 아닌 사용자의 감성, 느낌, 분위기 등의 형용사적인 표현을 시각화하는 방법이다.
- 정성 분석의 시각화는 형용사를 수치로 환산하여 전환하는 방법이 있다.
- 정성 분석의 시각화는 느낌을 색, 형태, 크기 등으로 구분하여 표현하는 방법이 있다.

7) 아이콘 이미지의 전개 방안

아이콘은 문화, 예술 분야에서 다양한 의미로 통용되나 일반적으로는 어떤 분야의 대표적 사례, 사물의 핵심적 특징을 시각화하여 정제된 표현을 한 형상을 의미한다. 주변 환경에서 길 안내나 지시 등 정보 표현을 위한 아이콘을 픽토그램(Pictogram)이라 한다. 아이콘이나 픽토그램은 즉각적으로 의미를 전달할 수 있어 시각 디자인 매체 및 일상적인 생활환경을 편리하게 조성하기 위해 다양하게 활용되고 있다.

① 메타포 이미지를 통한 아이콘의 전개

- 메타포는 은유로서, 일반적으로 사물이나 개념을 설명할 때 수사적인 표현을 뜻한다.
- 언어학자 조지 레이코프(George Lakoff)는 본래 인간의 사고나 행동 자체는 메타포에 의해 구성되는 개념 체계를 토대로 하고 있다고 하였다.
- 디자인에 있어서는 사물의 감성적 속성을 직접 결정하거나 사물에 대한 사용자 이해와 사용 편리성에 직접 관계하기 때문에 메타포의 설정은 아이콘 디자인 콘셉트의 중요한 요인이 된다.

② 아이콘의 활용

- 아이콘은 간결한 이미지를 통해 정보와 의미를 즉각적으로 인지할 수 있다.
- 시각커뮤니케이션 방안으로서 메시지의 명확성과 시각적 아이덴티티에 의하여 여러 개 아이콘이 통합적으로 그룹핑하여 매체에 다양하게 활용되고 있다.
- 디지털 매체에서 활용되는 아이콘
  - 사용자와 인터렉션(Interaction) 하는 아이콘은 디지털 매체에서 주로 사용하고 있다.
  - 즉각적으로 이해되고 기억되며, 사물과 상황의 단순한 형태 재현으로 시각화된다.
  - 작은 크기로 배치되기 때문에 간결한 표현을 한다.
  - 단일 아이콘보다는 특정 정보체계를 형성하도록 여러 개를 제작한다.
  - 필요에 따라 배치하기 때문에 형태, 라인, 색상의 계열화와 위계를 활용한다.
  - 시각적 그룹핑을 구현할 수 있도록 제작한다.

- 콘셉트 이미지로서 활용되는 아이콘
  - 단일 아이콘 혹은 아이콘 그룹으로 정보 그래픽 이미지로 제작한다.
  - 사용 편의성 이외에 심미성이 더욱 중요하게 부각 되어야 한다.
- 아이덴티티 시스템 아이콘
  - 아이콘 세트는 아이덴티티 시스템을 이루는 주요 구성 요소로 제작된다.
  - 그래픽 모티프의 형태소를 중심으로 각종 상황이나 대상, 정보 지시체 역할을 하게 된다.
  - 형태, 색, 형태소 조합 방식 등이 심벌 혹은 그래픽 모티프와 시각적 연관성이 적용되도록 한다.

③ 픽토그램

- 픽토그램은 일반인이 공공시설이나 공공 정보를 쉽게 알아볼 수 있도록 상징적으로 표현한 그림문자를 말한다.
- 국제적인 행사 등에서의 외국인들이 공통적으로 정보를 인지할 수 있고 이해할 수 있도록 표현된 그래픽 상징(Symbol)을 말한다.
- 픽토그램은 생활환경에서 특정한 장소와 상황을 간결한 그래픽으로 전달하는 이미지 언어체계로서 공공성이 강한 이미지이다.
- 긴급 상황, 주의 등 즉각적 행동을 위한 판단 정보로 사용되며 특히 교통 빈도가 높은 대중교통 시설에서 적극적으로 사용하고 있다.
- 모든 사람에게 필요한 거리 정보를 픽토그램은 유니버설 디자인(Universal Design) 개념을 적용하여 국제규격으로 정해져 있다.
- 픽토그램은 상황에 대한 정확한 인지가 필수이기 때문에 이미지와 함께 문자를 병행하는 경우가 많다.
- 실무에서는 픽토그램과 아이콘을 혼용하는 경우가 많다.
- 픽토그램은 픽토(Picto)와 텔레그램(Telegram)의 합성어로서 사물·시설·행위·개념 등을 상징화하는 그림문자 또는 상징 문자의 성향이 좀 더 강하다.

01 다음 중 아이데이션을 위한 콘셉트 키워드 도출 방법이 아닌 것은?

① 개인적인 취향의 스케치 적용을 통한 키워드를 도출한다.
② 마인드맵을 통한 핵심 키워드를 도출한다.
③ 브랜드 퍼스널리티를 통한 브랜드에센스 키워드를 도출한다.
④ 관련시장 조사를 통한 트렌드 키워드를 도출한다.

아이데이션을 위한 콘셉트 키워드 도출 방법은 다음과 같다.
• 마인드맵을 통한 핵심 키워드 : 마인드맵을 통한 키워드 도출 방법은 진행할 수 있는 대표적 방법이다.
• 브랜드 퍼스널리티를 통한 브랜드에센스 키워드 : 두세 개의 브랜드 퍼스널리티 키워드군을 추출하여 시각적 아이데이션을 위한 키워드로 활용하거나 브랜드 특성이 축약된 키워드를 활용한다.
• 관련 시장조사를 통한 트렌드 키워드 : 문헌자료, 인터넷 자료검색 내용에서 추출한 마켓 트렌드와 소비자 라이프스타일 트렌드는 아이데이션을 위한 단서가 되므로 조사 내용을 콘셉트 설정을 위한 아이디어로 연결시켜 키워드를 도출한다.

02 디자인의 대상을 소비자에게 소구하기 위해 필요한 소구점 또는 개념으로 명확한 메시지가 담겨 있는 것은?

① 비주얼 펀(Visual Fun)
② 콘셉트(Concept)
③ 언어적 수사(Rhetoric)
④ 유머(Homer)

콘셉트(Concept) : 디자인의 대상을 소비자에게 소구하기 위해 필요한 소구점 또는 개념을 말한다. 디자인은 콘셉트에 따라 효과를 최대화할 수 있는 창의적인 이미지를 구성한다. 콘셉트는 명확한 메시지가 담겨 있어야 한다.

03 유머를 경험할 수 있는 다양한 사물이나 시각적 상황들을 차용하여 변용, 합성, 배치함으로서 이에 따른 의미 체계를 새로이 생성하거나 재미를 경험할 수 있도록 한 것은?

① 비주얼 펀(Visual Fun)
② 콘셉트(Concept)
③ 언어적 수사(Rhetoric)
④ 유머(Homer)

비주얼 펀은 유머를 경험할 수 있는 다양한 사물이나 시각적 상황들을 차용하여 변용, 합성, 배치함으로서 이에 따른 의미 체계를 새로이 생성하거나 재미를 경험할 수 있도록 한 것이다.
비주얼 펀의 시각적 표현 범위는 이미지의 합성, 이미지의 변용, 이미지의 배치 변화, 이미지의 왜곡으로 유형화할 수 있다.

04 다음 중 유니버설 디자인 적용에 대한 설명이 아닌 것은?

① 픽토그램은 세밀하고 구체적인 이미지로 적용한다.
② 시각적 약자인 약시자, 색맹자를 위한 타이포그래피에 적용한다.
③ 가독성, 주목성, 시인성을 높이는 타이포그래피로 적용한다.
④ 사용자에게 쉽고 직관적으로 정보를 전달할 수 있도록 픽토그램을 개발한다.

• 타이포그래피 유니버설 디자인
  – 시각적 약자인 약시자, 색맹자를 위한 타이포그래피이다.
  – 가독성, 주목성, 시인성을 높이는 타이포그래피 디자인이다.
• 픽토그램 유니버설 디자인
  – 픽토그램은 간명한 이미지에 정보를 압축하여 적용한 것이다.
  – 쉽고 직관적으로 정보를 전달할 수 있도록 픽토그램을 개발한다.

정답 01 ① 02 ② 03 ① 04 ①

05 인쇄 매체를 통한 지속 가능 디자인 적용으로 **틀린** 것은?

① 용지 절약을 지향하는 방식
② 시간 절약을 지향하는 방식
③ 잉크 절약을 지향하는 방식
④ 리사이클링 방식

지속 가능 디자인 가치는 디자인을 통하여 환경 훼손을 막고 자원을 절약하여 삶의 환경을 지속시키는 데 기여하는 디자인 가치이다. 인쇄 매체를 통한 지속 가능 디자인은 대표적으로 용지 절약 방식, 잉크 절약 방식, 리사이클링 방식으로 적용된다.

06 콘셉트 이미지로서 현실감을 통한 메시지 전달력이 높은 이미지이며 신뢰감을 형성할 수 있고 상세 이미지를 통한 매력 요소를 확장하는 것은?

① 사진
② 일러스트
③ 스케치
④ 만화

콘셉트 이미지로서 사진은 현실감을 통한 메시지 전달력이 높은 이미지이다. 신뢰감을 형성할 수 있으며 상세 이미지를 통한 매력 요소를 확장한다. 또한, 특정 순간의 포착을 통한 다이내믹을 형성하며 앵글의 다양한 변화를 통해 시점을 확장할 수 있어 이미지의 콘셉트와 메시지를 직간접적으로 전달한다.

07 특정 대상이나 상황을 보이는 사실 형상대로 묘사하는 드로잉 방법으로서 사실감에 의한 신뢰를 수용자에게 전달하는 스타일의 일러스트레이션은?

① 구상적 일러스트레이션
② 추상적 일러스트레이션
③ 초현실적 일러스트레이션
④ 픽토그램 일러스트레이션

구상적 일러스트레이션은 특정 대상이나 상황을 보이는 사실 형상대로 묘사하는 드로잉 방법으로서 사실감에 의한 신뢰를 수용자에게 전달한다.

08 모더니즘 회화 사조에서 입체파 화가들이 처음으로 시도한 이미지 합성 기법으로서 단일 화면에 이질적인 이미지와 텍스트 요소를 다량으로 병치하거나 연접시켜 현실 공간감을 넘어선 초현실적 공간감을 제공하는 일러스트레이션 기법은?

① 몽타주 일러스트레이션
② 콜라주 일러스트레이션
③ 데페이즈망 일러스트레이션
④ 리사이클링 일러스트레이션

콜라주는 모더니즘 회화 사조에서 입체파 화가들이 처음으로 시도한 이미지 합성 기법으로서 단일 화면에 이질적인 이미지와 텍스트 요소를 다량으로 병치하거나 연접시켜 현실 공간감을 넘어선 초현실적 공간감을 제공한다. 콜라주의 기법의 일러스트레이션은 몽타주와 유사하나 몽타주 보다는 이미지의 밀도를 높여 메시지에 대한 시각적 표현을 연역적으로 하기에 적절한 이미지 표현 방법이다.

09 정성적 데이터를 바탕으로 한 정보그래픽의 설명이 **아닌** 것은?

① 객관적인 데이터를 수치로 표현하는 분석 방법이다.
② 사용자의 감성, 느낌, 분위기 등의 형용사적인 표현을 시각화하는 방법이다.
③ 시각화는 형용사를 수치로 환산하여 전환하는 방법이 있다.
④ 정성 분석의 시각화는 느낌을 색, 형태, 크기 등으로 구분하여 표현하는 방법이 있다.

정성적 데이터를 바탕으로 한 정보그래픽
• 데이터가 아닌 사용자의 감성, 느낌, 분위기 등의 형용사적인 표현을 시각화하는 방법이다.
• 정성 분석의 시각화는 형용사를 수치로 환산하여 전환하는 방법이 있다.
• 정성 분석의 시각화는 느낌을 색, 형태, 크기 등으로 구분하여 표현하는 방법이 있다.

10 문화, 예술 분야에서 다양한 의미로 통용되나 일반적으로는 어떤 분야의 대표적 사례, 사물의 핵심적 특징을 시각화하여 정제된 표현을 한 형상을 의미하는 것은?

① 아이콘
② 일러스트레이션
③ 리사이클링
④ 콜라쥬

....

아이콘은 문화, 예술 분야에서 다양한 의미로 통용되나 일반적으로는 어떤 분야의 대표적 사례, 사물의 핵심적 특징을 시각화하여 정제된 표현을 한 형상을 의미한다.

11 사물·시설·행위·개념 등을 상징화하는 그림문자 또는 상징 문자로 일반인이 공공시설이나 공공 정보를 쉽게 알아볼 수 있도록 상징적으로 표현한 그림문자는?

① 아이콘
② 픽토그램
③ 콜라쥬
④ 리사이클링

....

픽토그램은 일반인이 공공시설이나 공공 정보를 쉽게 알아볼 수 있도록 상징적으로 표현한 그림문자를 말한다. 국제적인 행사 등에서의 외국인들이 공통적으로 정보를 인지할 수 있고 이해할 수 있도록 표현된 그래픽 상징(Symbol)을 말한다. 긴급 상황, 주의 등 즉각적 행동을 위한 판단 정보로 사용되며 특히 교통 빈도가 높은 대중교통 시설에서 적극적으로 사용하고 있다. 픽토그램은 픽토(Picto)와 텔레그램(Telegram)의 합성어로서 사물·시설·행위·개념 등을 상징화하는 그림문자 또는 상징 문자의 성향이 좀 더 강하다.

PART
06

시안 디자인

파트 소개

2025년부터 변경된 출제기준에 따라 새로 개설된 파트입니다. 시안 개발 계획과 아트워크, 베리에이션 등 시안 디자인 개발 기초와 응용에 대해 학습하는 파트입니다.

CHAPTER **01**

시안 디자인 개발 기초

학습 방향

시안개발 계획 수립, 아트워크의 개요, 디자인 베리에이션 방법에 대해 학습합니다. 정보그래픽, 이미지와 시점, 브랜드 아이덴티티를 위한 베리에이션 중심으로 학습하시기 바랍니다.

시안 개발계획 수립

▶ 합격 강의

01 정보그래픽

1) 정보구조 가시화를 위한 정보그래픽

① 시각화를 위한 정보와 그래픽의 관계

- 사용자가 쉽고 명확하게 이해할 수 있도록 시각화하는 정보그래픽을 활용한다.
- 정보 커뮤니케이션을 위해 각종 다이어그램으로 구현되는 정보그래픽이 포함된다.
- 인쇄 매체의 시각적 연출방식에 따라 다양한 방식으로 제작된다.
- 명확하고 직관적인 정보그래픽으로 콘셉트와 정보구조에 맞는 다이어그램을 제작한다.
- 정보그래픽은 사용자와 정보 제공자의 커뮤니케이션을 위한 지식 체계의 역할을 한다.

② 용어 정의

- 데이터 : 의미체계로 연결되기 이전의 정보 단서로서 정량데이터, 정성데이터로 구성된다.
- 정보 : 데이터 중 서로 연관된 것을 선별하여 의미체계로 만든 구조
- 지식 : 정보가 축적되어 타 정보 및 연결 정보의 생성 및 유추, 파악을 가능하게 하는 의미체계

③ 시각화를 위한 데이터의 유형

- 수집된 데이터가 시각 정보로 전개되는 유형은 다양하다.
- 데이터의 유형은 구조체를 만드는 시각화 방식과 어느 정도 연결되어 있다.
- 사실과 개념을 제시하는 데이터는 사실의 즉시적인 인지를 위해 간단한 형태로 표현한다.
- 절차 데이터는 순차적으로 인지할 수 있도록 연속적인 형태로 표현한다.
- 원리 데이터는 작동 원리를 구조체로 표현한다.
- 이야기 데이터는 순차, 위계적으로 진행되는 형태소가 연결된 구조로 표현한다.

④ 데이터 유형 유형별 표현 특징

- 사실(Facts) : 사실에 대한 정량적 데이터로 이해할 수 있도록 간단명료한 형태소로 표현
- 개념(Concepts) : 특정 대상의 이해를 위한 정의를 형태 및 텍스트 요소로 간단명료한 형태소로 표현
- 절차(Procedures) : 수행의 순차적인 행위를 인지할 수 있는 연속적 형태로 표현
- 원리(Principles) : 특정 구조의 작동 원리 및 진행 과정을 간단명료한 형태로 표현
- 이야기(Stories) : 이야기의 전개 상황을 시각화하도록 전환 지점에서 간명한 형태소를 배치한 구조로 표현

2) 정보그래픽 다이어그램 시안개발 단계

- 정보그래픽은 시각 디자인 매체에서 주로 다이어그램으로 표현된다.
- 데이터의 특성과 양에 따라 기본 구조체를 구성한다.
- 색, 형태소, 정보 크기의 조화 등 시각적 조화를 연출한다.

① 정보의 시각화 아이데이션 단계

- 체계화된 정보 구조체 형태와 시각화 방안에 대한 아이디어 스케치를 한다.
- 보이지 않는 축을 형성하고 있는 정보로 전개되기 때문에 정보 축을 설정한다.
- 정보 축이 설정되면 정보 형태소를 계열화하기 위해 배치한다.

② 정보 단위로서 비주얼 모티프 제작 단계

- 정보를 표현하는 시각화 방식, 탑재하는 매체의 특성을 고려한다.
- 체계적으로 반복되는 정보 형태소를 위한 비주얼 모티프를 제작한다.
- 비주얼 모티프를 구체화하여 아이콘 및 그래픽 모티프를 제작한다.

③ 비주얼 모티프의 연출 정교화 단계

- 매체의 디자인 콘셉트에 연관되도록 다이어그램 구조를 정교하게 연출한다.
- 색상, 명도 사이의 연관성과 간격, 색 톤 등으로 다이어그램의 정보 컬러 체계를 적용한다.

④ 다이어그램 시안 제작 단계

- 계열화된 정보구조를 바탕으로 다이어그램의 구조와 컬러 등을 베리에이션한다.
- 최적의 다이어그램 이미지를 선택할 수 있도록 시안을 제작한다.
- 다이어그램 시안 제작을 완료하여 정보 체계를 명확히 파악할 수 있는지 검토한다.

02 스토리

- 데이터 간 연결, 정보 요소의 유형화, 체계화, 비교 등 다양한 구조를 시각화하는 작업이다.
- 정보구조의 연결은 스토리의 진행 방식과 흡사하다.
- 이미지로 표현되는 정보구조는 다음과 같은 스토리 구조로 변환하여 적용할 수 있다.

① 선형적 스토리 구조

- 스토리를 구성하는 시각정보 요소가 순차적으로 선형 배치된 구조이다.
- 아이콘의 단순한 연결 구조로 정보의 단계 및 순차적인 실행 방법을 파악할 수 있다.

② 위계적 스토리 구조

- 스토리를 구성하는 시각정보 요소가 계열화하여 위계적 트리 구조를 이룬다.
- 상위 정보와 하위 정보가 다양한 구조를 이루어 전체정보 위계 및 구조를 파악할 수 있다.

③ 유기적 스토리 구조

- 시각정보가 일정한 구조를 이루지 않고 인과관계에 의하여 불규칙하게 연결된 구조이다.
- 고정적인 구조의 예측보다는 상호 연결되어 역동적인 정보 요소의 관계를 파악할 수 있다.

03 이미지

- 시각 디자인 매체를 통한 이미지는 디자인 콘셉트를 위한 핵심 아이디어를 담고 있다.
- 이미지를 통해 메시지를 표현하며 시각적 즐거움과 감성적 경험을 할 수 있다.
- 이미지는 배치된 위치와 크기, 중요성의 여부와 관계없이 소통의 의미가 있다.
- 이미지를 통해 형성되는 의미 종류와 커뮤니케이션 방법은 정형화되지 않는다.
- 이미지와 의미의 결합 관계에 관하여 기호학적 측면에서 세 가지 유형이 있다.

① 즉시적 이미지(Iconic Image)

- 표현된 이미지와 담고 있는 의미가 동일한 상태이다.
- 광고와 패키지 디자인에서 제품에 신뢰감과 명확한 정보 전달을 위하여 대표적으로 사용된다.

② 상징적 이미지(Symbolic Image)

- 표현되는 이미지와 의미가 별개이며 사회적으로나 관습적으로 이미 약속된 관계이다.
- 특정 문화에서 학습된 관계를 전제로 한다.
- 포스터나 책 표지 디자인처럼 의미를 유추하기 위한 상징 이미지로 활용된다.

③ 지시적 이미지(Index Image)

- 표현되는 이미지가 특정 의미를 지시하는 신호의 역할이다.
- 지시 체로서 의미와 지시 대상으로서의 이미지 관계를 형성한다.
- 광고 및 포스터 이미지에서 주로 활용된다.

04 스토리 중심의 이미지 적용

- 이미지는 의미를 동반하여 전개된다.
- 의미는 단일하지 않으며 스토리를 전개하는 이야기를 구성한다.
- 스토리는 보는 이의 시점에 의해 다양하게 형성되기도 한다.

1) 시점 중심의 이미지 전개

① 원근 시점

- 광고 이미지나 일러스트레이션 이미지는 바라보는 사람의 시점이 내재된다.
- 대상체의 두께, 거리감을 경험할 수 있다.
- 원근 시점의 이미지는 대부분 카메라 시점인 촬영 컷을 활용한다.
- 공간감의 일러스트레이션이나 투시도법을 이용한 3D시뮬레이션 모델링을 활용한다.
- 원근 시점의 이미지는 공간감을 통한 심도를 형성한다.
- 이미지 대상을 실제 공간으로 인지하여 몰입감을 높일 수 있다.
- 원근 시점의 이미지는 대상체를 바라보는 관찰자의 시선이 중앙에 내재 되어 있다.
- 소실점과 시선과의 거리가 멀수록 깊은 공간으로 들어가거나 참여하는 시각적 효과가 있다.

② 평면적 시점

- 이미지 대상의 정면만을 나타내며 두께와 거리감을 느낄 수 없는 평면적인 시점이다.
- 평면적 시점의 이미지는 대상체에 담긴 내용을 세밀히 설명한다.
- 카메라의 시점이 개입되지 않는 사물의 존재감을 부각하기 위해 활용된다.
- 평면적 이미지는 보는 사람의 시점이 개입되지 않는다.
- 대상의 내용과 표현 방식에 집중할 수 있다.

- 보는 사람에게 이미지 정보에 대한 신뢰감을 제공한다.
- 사실적 표현의 정보 그래픽, 설명적 도해에 사용된다.
- 상황 설명이 필요한 일러스트레이션과 같은 이미지 제작에 적합하다.

2) 이미지의 내용(Contents)과 표현(Expression)의 층위
- 회화와 사진을 포함한 모든 이미지는 '내용'과 '표현'이 있다.
- '내용'은 시각화된 이미지에 내재된 개념, 이야기, 주장, 설득 메시지를 형성한다.
- '표현'은 형상, 연출된 분위기와 스타일, 질감, 색조 등 분위기를 형성한다.
- 콘텐츠와 표현 방식을 일치하도록 보여주는 방식과 불일치하도록 보여주는 방식이 있다.

① 내용과 표현이 유사한 이미지
- 광고나 패키지 매체에서 제품과 서비스의 정보를 명확히 전달하기 위해 사용된다.
- 직접적 연관성을 위해 도상적 이미지(Iconic Image)로 내용과 특성을 사실적으로 표현한다.

② 내용과 표현이 상이한 이미지
- 특정 이미지가 다른 의미나 대상의 상징물이 되거나 다른 대상을 지시하는 것이다.
- 광고, 책 표지 이미지, 포스터 이미지에서는 전달 내용과 대상의 표현 방식이 상이하다.
- 내용과 표현 사이의 의미를 해석할 때 이미지에 대한 창의적 해석이 가능하다.

SECTION

02

아트워크

출제빈도 상 ㉗ 하
반복학습 ① ② ③

▶ 합격 강의

빈출 태그 브랜드 아이덴티티, 브랜드 심벌, 로고 타입, 로고 시그니처, 브랜드 전용 색상과 서체, 비주얼 모티프

01 브랜드 아이덴티티 시안 제작을 위한 방법의 개요

• 조사와 기획에서부터 전략 수립, 아이디어 구체화, 시안 제작과 팀 작업으로 수행된다.
• 시안 아트워크가 계획에 의해 일관된 콘셉트를 유지하기 위한 필수 요건이다.

1) 브랜드 아이덴티티 시안 제작 사전 단계

① 클라이언트의 브랜드 요구사항 파악, 시장과 소비 트렌드, 사용자에 관하여 조사한다.
② 브랜드의 현재 포지셔닝을 파악하고 향후 개발될 브랜드 포지셔닝을 기획한다.
③ 다음으로 시각화를 위한 핵심 키워드를 도출한다.
④ 브랜드에 기업의 미션과 비전, 지향점을 바탕으로 브랜드 퍼스널리티를 도출한다.
⑤ 브랜드 사용자에게 구체적이며 친근하게 다가가는 시각적 콘셉트를 설정한다.
⑥ 브레인스토밍과 아이데이션에서 핵심 키워드를 정리한다.
⑦ 핵심 키워드로 썸네일 스케치와 러프스케치를 거쳐 비주얼 모티프를 준비한다.
⑧ 브랜드 아이덴티티의 핵심인 심벌마크는 경쟁 브랜드와 비교하여 시각적 포지셔닝을 한다.
⑨ 비주얼 모티프와 키워드의 융합체로 디자인 콘셉트를 도출한다.
⑩ 심벌 마크와 로고 타입은 베이직 시스템으로서 통합성과 어플리케이션 확장성을 고려한다.
⑪ 형태와 색채의 다양한 테스트를 거쳐 크리에이티브를 설정하고 다수의 시안을 제작한다.

2) 브랜드 아이덴티티 시안의 다각화와 계열화

① 브랜드 아이덴티티 시안 제작의 다각화 필요

비주얼 모티프와 핵심 키워드가 융합된 시안용 모티프 제작 방안이 유용하게 활용된다.

② 브랜드 아이덴티티 시안의 계열화 필요

• 디자인 콘셉트의 체계적인 적용 방안이 필요하다.
• 시안의 체계적 계열화를 위한 형태 계열화 방안이 유용하게 활용된다.

3) 브랜드 아이덴티티 베이직 시스템의 구성

- 심벌마크와 로고 타입으로 구성된 시그니처를 중심으로 한다.
- 어플리케이션 시스템에 일관성을 부여하며 활용 매체에 따라 최적화된 사용성을 구현한다.
- 베이직 시스템의 일관되고 체계화된 정립이 무엇보다 중요하다.

4) 브랜드 아이덴티티 베이직 시스템의 일반적 구성항목 사례

① 심벌 마크

- 기본형(매체의 적용에 항상 기본이 되는 성격)
- 응용형(매체의 조건에 용이하게 적용하는 플렉서블 아이덴티티)
- 장식형(엠블럼 등)

② 로고타입

- 국·영문 조건(공식적 명칭, 활용형 로고 타입, 축약형 로고 타입)
- 기타 외국어 로고 타입

③ 시그니처

- 상하 조합(국·영문)
- 좌우 조합(국·영문)
- 기타 조합(국·영문 혼용 등)

④ 지정 컬러

- 전용 색상 팔레트 및 색 정보(CMYK, 먼셀 코드 등)
- 컬러 사용 규정
- 활용 규정
- 사용 금지 규정 등

⑤ 지정 서체

- 일반적 매체 적용에 필요한 국문 폰트
- 일반적 매체 적용에 필요한 영문 폰트

⑥ 그래픽 모티프

- 심벌 이미지를 확장시키는 그래픽 패턴
- 어플리케이션에 활용할 수 있는 별도의 그래픽 패턴

⑦ 캐릭터

- 별도의 상징적인 기능으로 사용하는 마스코트
- 다양한 동작의 이미지 표현이 가능한 단일 캐릭터

02 브랜드 심벌(Symbol) 개발

1) 심벌(Symbol)의 개요

- 마크나 상표를 의미하며 강력한 브랜드 아이덴티티를 시각적으로 구현하는 핵심 요소이다.
- 브랜드를 상징하며 브랜드 의미와 철학, 비전, 차별화된 특성이 있는 시각 아이덴티티이다.
- 심벌의 개발은 경영진, 브랜드 관리자와 사용자, 소비자 등 복합적으로 관여되어 있다.
- 최종안 결정을 위하여 비주얼 콘셉트를 반영한 다수의 시안 제작이 필요하다.

2) 심벌(Symbol)의 스타일 트렌드

- 심벌마크는 기업과 단체의 특성뿐만 아니라 형태와 색채 등 스타일 트렌드를 반영한다.
- 기존에는 기하학적 형태의 반복과 크기 변화를 중심으로 간결한 스타일이 주류를 이루었다.
- 최근에는 아이덴티티의 정의와 시각적 표현에 따라 다양한 형태와 색채 스타일이 있다.
- 최근 심벌마크의 스타일 트렌드는 다음과 같이 유형화할 수 있다.

① 연결/오버랩 유형 심벌 스타일

- 심벌의 대표적인 형태 구성으로, 단순한 형태소가 각도를 달리하여 연결된다.
- 다른 형태소가 오버랩되고 컬러를 적용하여 평면적인 심벌에 심도를 부여하는 형태이다.
- 막대, 점, 원형 등 간결한 형태소가 연속적으로 반복되는 형태적 특성이 있다.
- 디지털 시스템 개발 및 서비스 기업의 심벌마크에서 자주 활용하는 스타일의 트렌드다.

② 심플/미니멀 유형 심벌 스타일

- 간결함과 표준화를 지향하는 심벌 형태로 현재까지 선호도가 높은 형태이다.
- 최근에는 간결한 형태가 오버랩되어 전개되기도 한다.
- 최신 서비스와 브랜드 비전을 제시하는 모든 산업군이 선호하는 트렌드이다.
- 기하학적 미니멀 형태를 베리에이션하여 구조화하여 의미를 담은 스타일로 전개된다.
- 텍스트를 기하학적 형태로 환원하여 구조화함으로서 의미를 담은 스타일로 전개된다.

③ 유기적/다이내믹 유형 심벌 스타일

- 아이덴티티의 가변성이 높아지면서 유기적/다이내믹 유형 심벌 스타일이 확산되고 있다.
- 미래 비전을 담고 있는 융합형 ICT 브랜드의 최신 스타일로 선호되고 있다.

3) 심벌 형태 베리에이션을 위한 제작 도구

① 형태 제너레이터(Shape Generator)의 유용성

- 최적화된 심벌 개발을 위해서는 다수의 시안으로 클라이언트와 커뮤니케이션이 필요하다.
- 콘셉트 키워드에 근거한 개발을 위해 형태 베리에이션을 위한 도구 활용이 유용하다.
- 형태 베리에이션 도구는 핵심 키워드에 해당하는 기본 형태를 대입한다.
- 형태소가 다양하게 융합되는 양상을 형태화시키는 위계도다. 예를 들어, 브랜드의 퍼스널리티 구현 키워드로서 'Simplicity'와 'Flexibility'는 브랜드 아이덴티티를 위한 스타일을 제공하는 형태 제너레이터를 통해 다양한 시각적 방식을 전개한다.

② 형태 제너레이터의 생성 구조

- 형태 제너레이터를 활용하기 위해서 두 개의 핵심 키워드를 교차 축으로 배치한다.
- 핵심 키워드의 병렬을 통한 수평축 배치 : 디자인 콘셉트를 시각화하기 위한 핵심 키워드 중 두 개의 서로 다른 키워드를 선정하여 이를 표현하는 기본 형태를 만들고 수평축으로 배치한다.
- 키워드를 시각화하기 위한 기본 형태 대입 및 융합 형태 : 생성 'Simplicity'와 'Flexibility' 키워드를 시각화할 수 있도록 간결한 비주얼 모티프를 제시하여 이 두 개념의 융합 방식을 통하여 다양한 형태로 전개한다.

03 브랜드 로고 타입(Logotype) 개발

1) 로고 타입(Logotype)의 개요

- 기업과 단체, 제품 브랜드의 명칭(Naming)에 시각적 아이덴티티를 적용한다.
- 단순화한 워드마크(Word mark)로서 의미를 시각적으로 연상을 할 수 있다.
- 상징적이고 직관적으로 이미지화한 아이덴티티와 정보 전달의 집약체이다.
- 로고 타입은 문자, 워드마크를 포함한다.
- 소비자나 사용자에게 브랜드 어플리케이션으로 브랜드 인지도나 브랜드 선호도를 높인다.

- 로고 타입 개발에 필요한 두 가지 역량
  - 브랜드네임을 새로운 서체로 개발하거나 기존 서체를 참고로 브랜드 퍼스널리티와 시각적 콘셉트에 맞게 개발하기 위하여 가독성, 주목성을 높이는 서체 디자인 역량
  - 콘셉트를 구체화하기 위하여 심벌과 조화를 이룬 시각적 아이데티티를 적용하며 심미적 형태감을 조성하는 역량

2) 로고 타입의 활용 요건

- 로고 타입은 고유 아이덴티티를 바탕으로 경쟁 브랜드들과 차별화되어야 한다.
- 브랜드 네임과 연계성을 갖고 높은 가독성과 식별성을 전달하여 신뢰감을 형성해야 한다.

① 사용자 측면의 요건

- 선호도와 호감도를 통하여 브랜드에 대한 긍정적적인 이미지를 형성한다.
- 친근하게 인지되며 타 브랜드와 차별화된 형태적 특성이 있어야 한다.
- 시그니처의 적용 일관성 또한 중요한 고려 요건이다.

② 기업 측면의 요건

- 기업과 브랜드가치 체계가 내재된 의미 적합성이 명확하게 전달되어야 한다.
- 다양한 어플리케이션에 일관된 이미지로 활용되도록 지속 관리가 가능한 형태로 개발한다.

04 브랜드 아이덴티티 시그니처(Signature) 개발

1) 로고 시그니처(Logo Signature)

① 로고 시그니처의 개요

- 심벌과 로고 타입, 슬로건이 일정한 규칙에 의해 조합된 형태이다.
- 일반적으로 심벌과 로고 타입의 가로형 조합과 세로형 조합을 기본형으로 한다.
- 필요에 의하여 다양한 크기와 조합 내용을 구성한다.

② 로고 시그니처의 구성 요건

- 심벌과 로고 타입이 융합되어 심미성과 가독성을 고려하여야 한다.
- 적절한 조합체 공간을 형성하고, 일관된 비율을 유지해야 한다.
- 최소 사이즈는 로고의 가시성, 가독성을 고려하여 5~2mm 안에서 제작한다.
- 적용 대상 고유의 레이아웃, 시각적/텍스트적 공간을 고려하여 적절한 크기로 적용한다.
- 임의적인 변형을 방지하기 위해 규정된 형태에서 정비례로 축소/확대하여 사용한다.

05 브랜드 전용 색상

1) 전용 색상의 규정

① 전용 색상은 경영을 위한 미션과 비전 등 기업정신을 색채계획에 상징화한다.

② 전용 색상은 다음과 같다.

- 심벌과 로고 타입에 적용되는 메인컬러(주조색)
- 비주얼 모티프, 문구류, 사인류 등 다양한 어플리케이션 채널에 활용되는 서브컬러(보조색)
- 강조컬러

③ 컬러군별 전용색상의 활용 범위는 다음과 같이 구분할 수 있다.

- 시그니처의 색상과 배경 색상 활용은 브랜드의 컬러 아이덴티티를 확보한다.
- 브랜드이미지 전달의 왜곡을 방지하기 위해 세심하게 컬러를 관리해야 한다.
- 워드마크의 오용은 브랜드의 이미지 실추를 방지하기 위해 관리해야 한다.

2) 전용 색상의 영역

① 메인컬러(Main Color : 주조색)

- CI 혹은 BI를 가장 먼저 연상할 수 있는 단일 색상이다.
- 심벌과 로고 타입으로 구성된 베이직 시스템, 어플리케이션에서도 적용한다.
- 사용자에게는 아이덴티티와 동일하다.
- 메인컬러는 색상 기능과 정보적 기능을 함유한다.
- 색의 상징성, 동종 아이덴티티와의 차별화된 컬러 포지셔닝을 함유한다.
- 컬러 선정에 있어 클라이언트와 이해관계자(Stack Holder)의 동의가 전제되어야 한다.

② 서브컬러(Sub Color : 보조색)

- 어플리케이션을 통하여 브랜드 아이덴티티의 확장적 표현을 가능케 하는 컬러 체계이다.
- 메인컬러와 함께 사용하여 보조적 의미와 역할을 수행하는 컬러 체계이다.
- 3~5개 정도로 그룹화된 컬러이다.
- 보조색은 어플리케이션 정보 기능을 다양하게 수행하는 역할이다.
- 간결한 서브컬러에서부터 계열화된 서브컬러 그룹까지 범위 설정이 필요하다.

③ 강조컬러(Accent Color)

- 강조컬러는 메인컬러와는 또 다른 대표 컬러로서의 역할이다.
- 어플리케이션에 컬러를 적용하는 면적으로 가장 작으나 고채도 경향이 강하다.
- 아이덴티티 컬러로서 연상성과 대표성이 강하다.
- 강조컬러는 사인컬러와 인쇄광고 포맷 등에 주로 활용한다.
- 길찾기 사인 등 방향 지시와 같은 주목성이 높은 정보 체계에서 악센트 컬러로 활용한다.

06 브랜드 전용 서체

1) 전용 서체의 브랜딩 활용

- 기업을 상징하며 활용도와 지속성이 높아 대내외 커뮤니케이션 유용하게 활용되고 있다.
- 베이직 시스템에 속하며 기업과 브랜드의 아이덴티티 구현을 위한 필수적인 요소이다.
- 각종 브랜드 어플리케이션을 통해 지속적으로 확산된다.
- 기업의 브랜딩 효과를 높이는 수단으로서도 유용하게 활용되고 있다.
- 브랜드 아이덴티티 확립이 왜곡될 수 있어 전용서체의 관리 체계가 필요하다.

2) 전용 서체의 개발 범위

- 기업의 아이덴티티 확장과 브랜드가치 향상을 위하여 개발하는 사례가 확산되고 있다.
- 윈도우에 장착하는 서체 시스템으로 개발 기간과 인적 구성원이 많이 투입된다.
- 개발 시스템이 총체적으로 구축되는 상황에서 시스템 개발이 가능하다.
  - 기업 브랜드 아이데티티가 바탕이 된 전용 폰트 패밀리를 개발하는 범위
  - 브랜드 아이덴티티 가이드라인을 통하여 대표 글자들을 100~200여 개 개발하는 범위
  - 브랜드 아이덴티티와 연관되는 폰트를 선정하여 활용 방안을 제시하는 범위

07 비주얼 모티프의 개발 및 응용

1) 브랜드 심벌을 위한 비주얼 모티프(Visual Motif)의 활용

- 기업 코퍼레이트 아이덴티티(Corporate Identity), 브랜드 아이덴티티(Brand Identity) 개발은 심벌과 로고 타입을 아이덴티티 요소로 하여 시각적 정체성을 구현하는 디자인 과업이다.
- 아이덴티티를 개발하고 지속화하기 위해서는 어플레케이션에 적용되는 로고 타입 시그니처가 동일한 형태를 유지해야 한다.
- 도시 아이덴티티, 기업 아이덴티티 리뉴얼 방안으로서 부각 된 플렉서블 아이덴티티는 고정된 심벌을 어플리케이션에 일관적으로 적용하는 기존 방식에서 벗어나, 일시, 상황, 조직, 브랜딩 유형에 따라 유연하게 변화하여 브랜드 채널에 제공되고 있다.
- 브랜드 아이덴티티 디자인 경우 시안 제작 단계에서 그래픽 모티프를 중심으로 유사한 형태의 심벌 베리에이션을 다양하게 진행해야 하므로, 시안 제작 또한 다양한 경우의 시각적 구현 방안을 제시하여 보다 심화된 시안 디자인 개발이 필요하다.

2) 비주얼 모티프를 바탕으로 한 그래픽 모티프(Graphic Motif) 시안개발

- 브랜드 심벌 시안을 효율적으로 개발하기 위한 도구로서 형태 제너레이터을 통해서는 심벌의 바탕이 되는 단계 시안으로서 비주얼 모티프를 추출한다.
- 심벌과 로고 타입을 중심으로 한 브랜드 베이직 시스템에서는 전용 색상, 전용 서체와 함께 그래픽 모티프(Graphic Motif)를 개발한다.
- 그래픽 모티프는 비주얼 모티프를 참조하되 결과물로서 브랜드 가이드라인에 수록되어 어플리케이션에 다양하게 적용되는 요소로서 비주얼 모티프와 구분된다.

3) 비주얼 모티프를 활용한 그래픽 모티프의 개발 단계

① 1단계: 디자인 콘셉트 추출을 통한 핵심 키워드의 시각화 방안을 아이데이션한다.
② 2단계: 전개한 아이디어 스케치 중 브랜드 아이덴티티로서 통합성과 플렉서블 형태로 전개할 수 있는 조형적 특성으로 스케치를 선정하여 정교화한다.
③ 3단계: 그래픽 모티프 형태 이미지를 시안 디자인으로 개발한다.

비주얼 모티프는 브랜드 아이덴티티 개발을 위한 단계로 활용되는 역할에서 더욱 확장하여 시각 디자인 매체별 시안을 제작할 때 시각적 아이덴티티와 크리에이티브 구현을 위한 형태, 색채, 패턴을 위한 모티프로서도 역할을 한다. 비주얼 모티프는 콘셉트가 구체화되는 초반의 크리에이티브 아트워크며 아이덴티티를 일관되게 유지하거나 풍부한 아트워크로 전개하기 때문이다.

빈출 태그 브랜드 아이덴티티 베리에이션, 아이콘 베리에이션, 레이아웃 베리에이션, 그리드 베리에이션, 디자인 시안 베리에이션, 편집 디자인 시안 베리에이션

01 브랜드 아이덴티티 베리에이션(Brand Identity Variation)

브랜드 아이덴티티를 이루는 베이직 시스템인 심벌마크, 로고 타입, 시그니처는 브랜드 커뮤니케이션의 확장을 위한 어플리케이션에 적용되어 다양한 베리에이션을 구성하고 있다.

브랜드 아이덴티티의 확장된 역할을 위해 시그니처의 표준화된 적용을 넘어서 그래픽 모티프(Graphic Motif)의 창의적인 활용과 유연한 베리에이션을 지향하도록 한다.

브랜드 아이덴티티 베리에이션을 위한 주된 이미지 소스는 그래픽 모티프와 아이콘 세트를 들 수 있다.

1) 그래픽 모티프를 적용한 브랜드 어플리케이션

- 기업과 브랜드의 핵심 이미지와 아이덴티티를 적용할 수 있는 요소이다.
- 베이직 시스템과 조형적 특성이 유사하거나 연관성이 있는 형태의 간결한 이미지이다.
- 그래픽 모티브가 갖추어야 할 조건은 시그니처와 같은 공간에 배치할 때 조화로우며 시그니처가 통일감과 신뢰를 부여하는 역할을 하는 것에 대하여 그래픽 모티프는 사용자에게 아이덴티티를 감성적, 심미적으로 경험할 수 있게 한다.

2) 아이콘 세트를 적용한 브랜드 어플리케이션

- 아이콘은 시각 디자인 매체에서 다양하게 활용되고 있다.
- 매체 특성과 상관없이 적용성과 확장성이 뛰어난 이미지 요소이다.
- 시각 디자인 매체는 텍스트 정보를 명확하고 친근하게 전달하기 위하여 정보 그룹의 인덱스로서 아이콘을 활용하는 비중이 점차 높아지고 있다.
- 소비자 접점의 비중이 높으며 규모가 큰 브랜드 베이직 시스템에서는 비주얼 모티프와 함께 아이콘 세트를 개발하여 제공하기도 한다.
- 아이콘은 정보를 유형화하고 메시지에 대한 인덱스 역할을 한다.
- 아이콘은 고객과 접점인 대표적 어플리케이션인 웹사이트 화면, 패키지, 쇼핑백, 고객용 스테이셔너리 등에 적용할 수 있으며 어플리케이션의 사용 경우에 따라 크기와 레이아웃을 유연하게 베리에이션하여 활용한다.

02 아이콘 베리에이션(Icon Variation)

1) 아이콘 이미지 제작

① 아이콘 이미지 개요

- 아이콘 이미지는 의미체 혹은 정보체로서 지시하고 암시하는 간결한 형태의 이미지이다.
- 인쇄매체, 환경매체, 온라인 매체에서 소통의 의미인 시각화가 아이콘의 주된 대상이다.
- 아이콘의 기호학적 범위 : 퍼스의 기호학 이론에서는 의미를 담고 있는 이미지를 도상적(Iconic) 이미지, 상징적(Symbolic) 이미지, 지시적(Index) 이미지로 구분하고 있다. 기호학적 접근에서는 도상적 이미지를 아이콘 개념으로 칭하지만 시각 디자인 매체에서 정보 인덱스로서 아이콘은 세 가지 의미체 역할을 모두 포함한다.

② 아이콘 적용의 장점

- 정보 및 의미 전달 측면 : 아이콘을 통한 정보 그룹핑이 필요하므로 디자인 기획 및 시안 제작 시 아이콘 세트를 적용하는 방안을 구체적으로 수립해야 한다.
- 아이덴티티 구현 측면 : 아이콘 이미지는 브로슈어, 광고, 온라인, 패키지 등 매체에서 단독적으로 적용되는 것이 아니라 색, 형태, 그래픽 스타일 등 콘셉트의 구체화를 위한 일관된 시각적 아이덴티티 계획에 의해 적용되는 이미지이다.

③ 아이콘 적용 매체 영역별 고려사항

- 편집디자인을 위한 아이콘 세트
  - 시각적 코드에 적합한 아이콘 세트를 활용한다.
  - 편집 면에 시각적 아이덴티티를 부여하며 텍스트 정보에 친근하게 접근할 수 있도록 한다.
  - 디자인 콘셉트를 자유롭게 표현하므로 표현 범위가 넓고 스타일이 다양하다.
  - 다소 복잡한 입체 형태에 두께를 위한 정교한 음영 처리까지 적용할 수 있다.
  - 의미와 스토리를 적극적으로 표현하는 정밀한 아이콘 적용이 가능하다.
  - 정보 그룹의 인덱스로서 트렌드에 부합하는 아이콘 활용을 고려해야 한다.
- 온라인 매체를 위한 아이콘 세트
  - 온라인 매체에서 활용하고자 할 때는 해상도를 요건을 파악하여 조절해야 한다.
  - 웹 페이지, 온라인 솔루션 화면 GUI로 사용되는 아이콘은 인쇄 매체용보다 크기가 작다.

2) 아이콘 베리에이션(Icon Variation)

① 아이콘 베리에이션을 위한 원칙

- 아이콘 스타일의 일관성 부여
  - 개별 아이콘은 담긴 정보를 직관적으로 인지할 수 있는 기능을 중심으로 한다.
  - 전체 아이콘 세트의 시각적 스타일 일관성을 적용해야 한다.
  - 색채 계획안 및 지정 색 팔레트를 마련하여 적용하여 일관성을 부여한다.
- 아이콘 형태와 색채의 시각적 평준화 적용 : 형태의 시각적 크기 및 밀도, 중량감의 평준화로 정보 인덱스로서 역할을 한다.

② 아이콘 스타일 트렌드

- Flat 경향 아이콘 : 의미를 직관적으로 표현하는 방식이다.
- Line 경향 아이콘
  - 가독성과 명시성이 높은 효과를 연출할 수 있다.
  - 시각적 중량감이 가벼워 사용자에게 친근하게 인지된다.
  - 외부와 내부가 연결되어 개방적인 공간감을 형성하는 장점을 지닌다.
- 3D 경향 아이콘
  - 정보 인덱스 역할 뿐만 아니라 아이콘 자체 형태가 정보를 내재한 방식이다.
  - 입체의 의미만을 표현해 주변 정보 요소보다 주목성을 높이기 위한 역할을 한다.
  - 정보와 지시체의 실재감을 높이는 장점이 있다.
  - 픽셀 단위의 작은 면적에 세부 묘사를 적용하기에 형태감이 모호하게 표현될 수 있다.
- 사실감 경향 아이콘
  - 사실감을 극대화한 아이콘이 일부 모바일 앱 용으로 적용되고 있다.
  - 사실감 경향 아이콘 스타일은 누구나 쉽게 내용을 알 수 있는 아이콘으로 활용된다.

03 레이아웃의 베리에이션(Layout Variation)

인쇄제작을 위한 시각 디자인 결과물의 성공적인 완료를 위해서는 매체별 특성을 넘어서 공통적으로 디자인 판형의 레이아웃(Layout) 과정이 필요하다.

1) 레이아웃의 종류

① 단일 판형 레이아웃

- 단일 판형의 레이아웃은 콘셉트를 반영한 핵심 이미지를 중심으로 한다.
- 메시지의 정보구조에 의해 이미지와 텍스트 요소가 시각적 위계를 형성한다.
- 소비자, 사용자에게 콘셉트와 정보를 간결하고 명확하게 전달할 수 있도록 해야 한다.

② 편집 판형 레이아웃

- 브로슈어, 안내 책자와 같은 여러 페이지로 이루어진 매체 판형의 레이아웃이다.
- 전체 페이지를 위해 일관된 시각적 아이덴티티와 질서를 부여해야 한다.
- 순차적 페이지 레이아웃으로 주목성과 가독성과 같은 정보사용 편의성이 있다.
- 체계적으로 구성된 레이아웃 방식을 통해 정보의 연속성과 일관성을 제공한다.
- 정보의 종류가 바뀌는 지점에서는 레이아웃의 일관성을 전제로 한다.
- 아이콘과 컬러, 그래픽 모티프에 변화를 주어 차별화된 정보 경험을 제공한다.

2) 레이아웃을 위한 그리드 확장

① 그리드(Grid)의 개요

- 편집 디자인에서 그리드는 수평, 수직축이 특정한 방식의 매트릭스를 이루어 텍스트와 이미지 등 정보 요소를 배치하기 위한 가이드라인 역할을 하는 레이아웃 시스템이다.
- 그리드는 텍스트의 구조에 질서를 부여하여 내용을 쉽게 보고 이해할 수 있도록 가독성을 위한 방법으로 개발되었다.
- 단행본은 1단 그리드로서 형성되어 글줄이 순차적으로 배치되는 방식이며 단행본 콘텐츠의 특성에 따라 2단 그리드를 적용하기도 한다.
- 1단, 2단 그리드는 구텐베르크의 '활자혁명' 이후 금속활자 인쇄 방식으로 제작된 서적을 연상하는 보편적이고 전통적인 그리드로 인지된다.
- 잡지와 일반적인 브로슈어, 카타로그의 편집 디자인은 모더니즘 타이포그래피의 대표작가인 얀 치홀트(Jan Tschichold)에 의해 제시된 다단 그리드를 적극적으로 활용한다.
- 일반적으로 활용되는 3~4단 그리드를 각 칼럼 크기가 충분하지는 않지만, 연접한 칼럼을 하거나 비우거나 면적을 변형시켜 수평, 수직 질서를 바탕으로 한 다양한 그리드 면적의 레이아웃을 적용할 수 있다.

② 얀 치홀트의 편집 디자인 3가지 기본 방향

얀 치홀트는 '신 타이포그래피'를 통해 단순하고 기능적이며 가독성이 높은 편집 디자인을 위한 세 가지 기본 방향을 제시하였다.

- 기능적인 타이포그래피 : 장식을 배재하고 텍스트 정보를 위주로 하는 타이포그래피
- 비대칭 타이포그래피 : 비대칭 원리를 사용하여 시각적인 리듬, 생동감, 위계적 질서감을 표현하는 타이포그래피
- 강한 대비 효과의 타이포그래피 : 크기, 밝기, 수직과 수평의 조화 등 조형적인 원칙을 활용하여 텍스트의 가독성을 높이는 타이포그래피

③ 그리드(Grid)의 베리에이션 유형

편집 디자인 아트워크를 위한 그리드 시스템은 다양한 레이아웃으로 베리에이션
할 수 있는 바탕을 제공한다.

- 배경이미지 활용 베리에이션
  - 펼침면 전체에 배경 이미지를 배치하고 텍스트와 이미지 요소를 배치하는 방식
    이다.
  - 전체 편집면 중 콘텐츠의 주목성을 높일 때 활용한다.
  - 특정 콘텐츠 전개의 시작을 알리는 도입 페이지로 활용한다.
  - 배경 이미지는 텍스트와 정보 요소를 명확하게 하도록 색상과 명도 대비를 완화
    한다.
  - 배경 이미지의 내용이 지나치게 명료하지 않도록 한다.
  - 모노톤, 듀오톤, 망점 처리 등 필터링하여 배경으로서 역할을 하도록 한다.
  - 배경 이미지에 배치된 텍스트의 양을 최소화한다.
  - 폰트의 크기를 본문보다 1~3포인트 확대하여 가독성을 확보하도록 한다.
  - 그리드 컬럼의 면적 대비 활용 : 편집하는 텍스트는 전체 그리드 운용 방식과 콘
    셉트에 따른 시각적 스타일에 따라 그리드를 충실하게 적용하거나 면적대비의
    베리에이션을 적용할 수 있다.

④ 그리드의 창의적 변형 사례

그리드는 단 그리드 형식에서 벗어나 자유롭게 변형할 수 있다. 이때 판면의 텍
스트 구조를 변화시켜 반복으로 인한 지루함을 줄이고 텍스트의 종류, 크기, 굵
기 등을 다양화하되 가독성을 최대한 유지하면서 변화를 전개하도록 한다.

- 1단 그리드의 변형 : 1단 그리드의 변형은 단의 형태를 자유롭게 변형하면서
  지루한 텍스트의 판면을 만들고 독자의 텍스트에 대한 접근성을 높일 수 있으
  며 심미성을 부여하는 방식이다.
- 꼴라주 형식의 자유 그리드 : 텍스트와 이미지의 자유로운 배치를 통하여 꼴라
  주 스타일을 통한 심미성을 높이고 정적으로 배치된 텍스트에 역동성을 부여할
  수 있다.
- 복합적 자유 그리드 : 텍스트의 명확한 그리드를 복합적이며 위계적인 정보구
  조 스타일로 연출하여 다양한 2개 이상의 그리드가 연접 혹은 중첩되어있는 판
  면을 연출할 수 있다.
- 기하학적 자유 그리드 : 텍스트와 기하학적 원, 직성 형태를 활용하여 판면의
  모든 요소가 기하학적 방식으로 구성되어 가독성 확보는 물론 구조적이고 리듬
  감 있는 판면을 연출할 수 있다.

04 편집 디자인 시안 베리에이션

1) 편집 디자인을 위한 이미지 자료 수집

브로슈어, 카탈로그 등 편집 디자인 역량이 집중적으로 필요한 시안 디자인을 수행하기 위해서는 텍스트 요소와 이미지 요소 자료를 체계적으로 정리하여 준비하도록 한다.

2) 문서 포맷과 그리드 설정

• 편집 디자인은 편집 전문 소프트웨어에서 새 문서를 만드는 데에서 시작한다.
• 새 문서는 그리드를 기본 틀로 하여 텍스트와 이미지를 배치한다.
• 그리드로 시각적 질서를 부여하고 통일성을 부여하여 작업 시간을 단축할 수 있다.
• 한 문서 안에 여러 개의 그리드가 필요한 경우에는 각각을 마스터 페이지로 만든다.
• 동일한 문서 내에서 판형을 다르게 지정하지 않는다.
• 여백은 텍스트 및 이미지 요소와 대비를 이루어 내용을 돋보이게 하는 중요한 요소이다.
• 그리드를 설정할 때 텍스트양과 편집 이미지 콘셉트에 맞도록 적절한 여백을 설정한다.

3) 마스터 페이지 설정

• 마스터 페이지는 작업 시간을 단축시키고 전체적인 통일감을 유지하는데 유용한 기능이다.
• 쪽 번호, 면주, 로고 등 전체 페이지에 일괄적으로 적용하고 수정할 수 있는 기능이다.
• 기본 마스터가 있으며 마스터 패널을 통해 필요한 마스터를 생성할 수 있다.
• 패널을 통해 페이지를 추가, 복제, 삭제, 다른 마스터 페이지 가져오기를 하여 자유롭게 마스터를 설정할 수 있다.

4) 편집 및 타이포그래피 실행

• 판형에 텍스트와 이미지 요소를 그리드에 따라 배치하는 단계에서는 디자이너의 타이포그래피 역량과 시각적 크리에이티브 연출 경험이 디자인 결과에 큰 영향을 준다.
• 들여쓰기, 내어쓰기, 기준선 적용 등 단락 스타일의 설정은 편집의 시각적 근간을 이룬다.
• 텍스트와 표, 배경의 색 적용은 아이덴티티와 가독성, 심미성을 연출하는 요소이다.
• 디자인 콘셉트에 따른 이미지와 텍스트 배치의 다양한 시도가 진행되어야 한다.

01 다음 중 시각화를 위한 데이터의 유형과 설명이 <u>틀린</u> 것은?

① 지식 데이터는 정보가 축적되어 타 정보와 함께 표현한다.

② 절차 데이터는 순차적으로 인지할 수 있도록 연속적인 형태로 표현한다.

③ 원리 데이터는 작동 원리를 구조체로 표현한다.

④ 이야기 데이터는 순차, 위계적으로 진행되는 형태소가 연결된 구조로 표현한다.

시각화를 위한 데이터의 유형
- 절차 데이터는 순차적으로 인지할 수 있도록 연속적인 형태로 표현한다.
- 원리 데이터는 작동 원리를 구조체로 표현한다.
- 이야기 데이터는 순차, 위계적으로 진행되는 형태소가 연결된 구조로 표현한다.

02 정보그래픽 다이어그램 시안개발 단계의 내용으로 <u>틀린 것은?</u>

① 정보그래픽은 시각 디자인 매체에서 주로 다이어그램으로 표현된다.

② 정보그래픽은 언어적 수사기법으로 표현한다.

③ 정보그래픽은 데이터의 특성과 양에 따라 기본 구조체를 구성한다.

④ 정보그래픽은 색, 형태소, 정보 크기의 조화 등 시각적 조화를 연출한다.

정보그래픽 다이어그램 시안개발 단계
- 정보그래픽은 시각 디자인 매체에서 주로 다이어그램으로 표현된다.
- 데이터의 특성과 양에 따라 기본 구조체를 구성한다.
- 색, 형태소, 정보 크기의 조화 등 시각적 조화를 연출한다.

03 이미지로 표현되는 정보구조를 스토리 구조로 변환한 것이 <u>아닌</u> 것은?

① 사실적 스토리 구조

② 선형적 스토리 구조

③ 위계적 스토리 구조

④ 유기적 스토리 구조

이미지로 표현되는 정보구조는 다음과 같은 스토리 구조로 변환하여 적용할 수 있다.
- 선형적 스토리 구조 : 스토리를 구성하는 시각정보 요소가 순차적으로 선형 배치된 구조이다.
- 위계적 스토리 구조 : 스토리를 구성하는 시각정보 요소가 계열화하여 위계적인 트리 구조를 이룬다.
- 유기적 스토리 구조 : 시각정보가 일정한 구조를 이루지 않고 인과관계에 의하여 불규칙하게 연결된 구조이다.

04 브랜드 로고 타입의 활용 요건이 <u>아닌</u> 것은?

① 단일의 어플리케이션에 다양한 이미지로 활용되도록 한다.

② 아이덴티티를 바탕으로 경쟁 브랜드들과 차별화되어야 한다.

③ 선호도와 호감도를 통하여 브랜드에 대한 긍정적인 이미지를 형성한다.

④ 기업과 브랜드 가치체계가 내재된 의미 적합성이 명확하게 전달되어야 한다.

브랜드 로고 타입의 활용 요건
- 사용자 측면의 요건
  - 선호도와 호감도를 통하여 브랜드에 대한 긍정적인 이미지를 형성한다.
  - 친근하게 인지되며 타 브랜드 로고타입과 차별화된 형태적 특성이 있어야 한다.
  - 시그니처의 적용 일관성 또한 중요한 고려 요건이다.
- 기업 측면의 요건
  - 기업과 브랜드 가치체계가 내재한 의미 적합성이 명확하게 전달되어야 한다.
  - 다양한 어플리케이션에 일관된 이미지로 활용되도록 지속 관리가 가능한 형태로 개발한다.

정답 01 ① 02 ② 03 ① 04 ①

05 CI 혹은 BI를 가장 먼저 연상할 수 있는 단일 색상으로 색상 기능과 정보적 기능을 함유하는 것은?

① 서브컬러
② 메인컬러
③ 강조컬러
④ 보조컬러

메인컬러(Main Color : 주조색)
• CI 혹은 BI를 가장 먼저 연상할 수 있는 단일 색상이다.
• 심벌과 로고 타입으로 구성된 베이직 시스템, 어플리케이션에서도 적용한다.
• 사용자에게는 아이덴티티와 동일하다.
• 메인컬러는 색상 기능과 정보적 기능을 함유한다.
• 색의 상징성, 동종 아이덴티티와의 차별화된 컬러 포지셔닝을 함유한다.
• 컬러 선정에 있어 클라이언트와 이해관계자(Stack Holder)의 동의가 전제되어야 한다.

06 의미체 혹은 정보체로서 지시하고 암시하는 간결한 형태의 이미지는?

① 아이콘
② 컬러
③ 시그니처
④ 그래픽

아이콘 이미지
• 아이콘 이미지는 의미체 혹은 정보체로서 지시하고 암시하는 간결한 형태의 이미지이다.
• 인쇄매체, 환경매체, 온라인 매체에서 소통의 의미인 시각화가 아이콘의 주된 대상이다.

07 가독성과 명시성이 높은 효과를 연출과 시각적 중량감이 가벼워 사용자에게 친근하게 인지하는 아이콘은?

① Line 경향 아이콘
② Flat 경향 아이콘
③ 3D 경향 아이콘
④ 사실감 경향 아이콘

Line 경향 아이콘
• 가독성과 명시성이 높은 효과를 연출할 수 있다.
• 시각적 중량감이 가벼워 사용자에게 친근하게 인지된다.
• 외부와 내부가 연결되어 개방적인 공간감을 형성하는 장점을 지닌다.

08 편집 디자인에서 수평, 수직축이 특정한 방식의 매트릭스를 이루어 텍스트와 이미지 등 정보 요소를 배치하기 위한 레이아웃 시스템은?

① 아이콘
② 그리드
③ 시스템
④ 제도

그리드(Grid)
• 편집 디자인에서 그리드는 수평, 수직축이 특정한 방식의 매트릭스를 이루어 텍스트와 이미지 등 정보 요소를 배치하기 위한 가이드라인 역할을 하는 레이아웃 시스템이다.
• 그리드는 텍스트의 구조에 질서를 부여하여 내용을 쉽게 보고 이해할 수 있도록 가독성을 위한 방법으로 개발되었다.

09 작업 시간을 단축하고 전체적인 통일감을 유지하며 전체 페이지에 일괄적으로 적용하고 수정할 수 있는 기능은?

① 마스터 페이지
② 그리드시스템
③ 시그니처
④ 그래픽

마스터 페이지
• 마스터 페이지는 작업 시간을 단축하고 전체적인 통일감을 유지하는데 유용한 기능이다.
• 쪽 번호, 면주, 로고 등 전체 페이지에 일괄적으로 적용하고 수정할 수 있는 기능이다.
• 기본 마스터가 있으며 마스터 패널을 통해 필요한 마스터를 생성할 수 있다.
• 패널을 통해 페이지를 추가, 복제, 삭제, 다른 마스터 페이지 가져오기를 하여 자유롭게 마스터를 설정할 수 있다.

정답 05 ② 06 ① 07 ① 08 ② 09 ①

CHAPTER 02

시안 디자인
개발 응용

학습 방향

시안개발, 아트워크를 응용하고 베리에이션을 좁히는 내용을 학습하는 단원입니다. 실제로 시안 제작을 구체화하고 마무리하는 작업과 연관된 이론으로, 실제 실기 작업과 연관지어 학습하시기 바랍니다.

시안개발 응용

▶ 합격 강의

빈출 태그 결과물 특성에 따른 시안 제작, 제작 형태에 따른 시안 구분, 자료 및 정보 수집, 비주얼 모티프 개발

01 시안 제작을 위한 그래픽 소프트웨어 활용

콘셉트를 충분히 반영하여 시각화할 수 있도록 다양한 소프트웨어의 숙련이 필요하다.
• 그래픽 프로그램 숙련의 고도화 필요
  – 2D 그래픽, 편집 디자인 프로그램들을 능숙하게 활용할 수 있어야 한다.
  – 그래픽디자인 소프트웨어의 새로운 기능들을 숙지해야 한다.
  – 작업 파일이 상호 호환되는 호환 방식을 효과적으로 이용할 수 있어야 한다.
• 활용 그래픽 프로그램의 예시
일러스트레이션, 사진, 이미지 합성, 편집 디자인, 타이포그래피, 레이아웃, 타이틀 디자인, 전개도 등의 이미지를 제작하는 대표적 소프트웨어로는 일러스트레이터, 포토샵, 페인터, 인디자인과 쿽 익스프레스와 같은 편집 디자인 소프트웨어 등이 있다.

02 시안 디자인 개발 요건

디자인 개발자와 클라이언트가 요구하는 시안 디자인의 요건은 다음과 같다.

1) 디자인 개발자의 시안 디자인 개발 요건

• 도출한 콘셉트를 시각적으로 구체화하기 위해서는 디자인을 구성하는 이미지 요소, 텍스트 요소에 따라 결정되며 표현 방식에 따라 다양화될 수 있다.
• 디자인 개발자는 디자인 콘셉트와 제작 목적, 클라이언트의 요구사항이 반영된 시안을 개발하여 클라이언트가 최적의 선택을 할 수 있도록 제공한다.

2) 클라이언트의 시안 디자인 선택 요건

• 클라이언트는 시각 디자인 프로젝트 목적에 부합하는 최적의 디자인안을 결정하기 위하여 디자인 개발자가 제공하는 복수의 시안 디자인을 검토한다.
• 클라이언트는 콘셉트의 시각화 방식, 표현과 연출 방법의 적정성 그리고 완료 시 인쇄 매체를 통해 얻을 수 있는 효과 등을 파악하여 디자인 개발자에게 명확히 전달하여야 한다.

03 결과물 특성에 따른 시안 제작

시각 디자인 시안은 1차 제작으로 최종안을 선택할 수 있으나 프로젝트의 규모와 결과물의 활용 행태에 따라 2차 시안을 제작하여 심화된 디자인 개발을 전개하게 된다.

1) 1차 시안 제작 특성

- 시안의 1차 제작은 디자인 프로젝트의 규모가 작거나 짧은 시일 내에 디자인 과업을 완료해야 할 경우, 디자인 개발자와 클라이언트의 상호 신뢰를 바탕으로 제작하여 결과를 협의하고 결정할 수 있다.
- 시안은 디자인 콘셉트를 명확하게 표현할 뿐만 아니라, 디자인 완료 상태를 최대한 정확하게 예측하기 위해 제작의 정밀도가 높을수록 효용성이 높아진다.
- 1차 제작 시안을 통해 최종안을 선정하고 디자인 결과물 제작으로 이어질 수 있는 시각 디자인 매체는 명함이나 안내장과 같은 작은 판형의 인쇄물, 브랜드 어플리케이션 시스템인 스테이셔너리 인쇄물, 사인 종류 등 복잡한 그래픽 프로세스를 거치지 않아도 되는 결과물 제작의 방식으로서 주로 활용된다.

2) 2차 시안 제작 특성

- 시안의 2차 제작은 디자인 프로젝트의 규모가 크거나 작업 기간을 적절히 확보한 경우, 클라이언트와 디자인 개발자의 커뮤니케이션 기회를 늘려 디자인 완료 수준을 최대한 높일 수 있는 효용성을 지닌다.
- 디자인 개발자는 클라이언트의 충분한 피드백의 반영을 전제로 한다. 2차 시안은 디자인 콘셉트의 명확성, 디자인 완료한 상태에 대한 예측성을 위한 제작의 정밀도를 확보해야 하며, 클라이언트 측의 다양한 이해관계자, 사용자, 디자인 개발자의 다양한 의견을 조율할 수 있는 방안이 필요하다.
- 2차 이상의 시안 제작은 대표적으로 브랜드 디자인을 들 수 있다. 특히 심벌마크와 로고 타입은 콘셉트의 구체화를 위한 아이디어 스케치를 여러 번 거치면서 구체화 되지만 형태의 미세한 변화로 이미지가 달라지기 때문에 여러 차례 형태 베리에이션 테스트와 이에 해당하는 시안을 제작하도록 한다.

04 제작 형태에 따른 시안 구분

1) 평면 제작물 유형

① 신문 및 신문 광고

신문의 내용은 다수 독자가 고밀도의 다양한 정보를 빠른 속도로 인지할 수 있도록 문자와 사진, 일러스트레이션 등을 활용하여 정확한 사실 정보를 전달해야 한다. 신문은 전통적인 광고 매체 역할을 하며, 신문 자체가 편집 디자인의 대상이기도 하다.

② 잡지 및 잡지 광고

- 잡지는 정기적으로 간행되는 출판물로 주간지, 월간지, 전문지, 여성지, 시사 교양지, 아동지 등 종류가 많다.
- 잡지의 표지는 독자가 특정 잡지를 선택하게 하는 중요한 요소이다.
- 자유로운 지면의 구성 및 시간적 여유 등으로 다각적인 분석이 가능하고 높은 회독률로 광고 효과가 크다.

③ 단행본 서적

- 서적은 편집 디자인의 주요 매체로 표지 디자인을 비롯하여 본문, 일러스트레이션, 목차에 이르기까지 종이의 질, 활자, 레이아웃에 대한 지정을 포함한다.
- 표지는 저자의 언어적 메시지를 시각적 이미지로 창출해 내는 작업으로 독자의 눈길을 끌어야 하며, 책의 전반적인 내용을 상징적으로 표현한다.
- 본문은 독자의 시선 흐름을 유도하기 위해 텍스트나 이미지를 효과적으로 배열하고 일관된 체계를 유지한다.

④ 포스터(Poster)

- 포스터는 전달할 내용을 지면이나 직물에 한눈에 알 수 있도록 표현하는 것으로, 내용이 함축된 간략한 문안과 일러스트나 사진을 결합하여 제작한다.
- 포스터는 전달하고자 하는 정보의 목적을 위해 강한 시각적 효과, 높은 주목성, 거리 환경을 위한 장식 효과를 지닌다.
- 문화 행사, 공공 캠페인, 상품 광고, 관광 홍보 등의 목적으로 사용한다.

⑤ 브로슈어(Brochure)와 리플렛(Leaflet)

- 소책자(Booklet) 인쇄물인 브로슈어와 리플릿은 주로 안내서, 설명서 등에 사용되며, 다른 소책자에 비해 지질, 인쇄, 제본이 고급스럽다.
- 고객에게 직접 전달되는 매체로 상세한 설명이 가능하고 보관성이 우수하다.

2) 입체 제작물 유형

① 패키지(Package)

- 패키지는 상품에 관한 정보를 소비자에게 명확히 전달하고 상품을 안전하게 보호하기 위한 매체이다.
- 지기 구조의 패키지가 대표적인 포장 매체이며 쇼핑백 또한 이동 시 상품 보호의 기능과 함께 움직이는 광고로서 역할을 한다.

② POP(Point of Purchase)

- POP는 구매자가 구입하는 장소에서 이루어지는 광고 매체로서 매장에서의 대면 판매 행위를 보조 · 대변하여 판매 효율이 향상되고, 디스플레이 효과를 연출한다.
- 깃발, 현수막, 배너, 모빌, 진열대 등의 형태가 있다.

③ 사인(Sign)

- 사인 혹은 사이니지는 간판, 안내 표지판을 가리킨다.
- 사인은 대표적인 환경정보구조체로서 주어진 형태에 최적화된 기능성을 가진 텍스트, 픽토그램 등 이미지 요소와 색채를 적용한 시뮬레이션을 시안으로 제작한다.
- 실내외 환경을 구성하는 요소이므로 환경과 조화를 이루는 색채, 질감, 형태에 대한 종합적인 이해로 한다.

④ 배너(Banner)

- 배너는 실내 혹은 옥외에 설치하는 깃발이나 현수막 등 기업과 브랜드 아이덴티티를 확산하는 정보 어플리케이션을 말한다.
- 행사나 캠페인, 홍보를 위해 활용되는 배너는 아이덴티티의 일관성과 주변 환경과의 조화 여부를 고려하여 시안을 제작한다.

05 시안 제작을 위한 콘셉트 구체화 자료 수집

- 디자인 시안은 최종디자인에 최대한 근접한 결과물을 예상할 수 있도록 한다.
- 이미지와 텍스트, 각종 그래픽 정보 요소들을 우선 수집하여 적용한다.
- 제작물의 완성도 높여 클라이언트와의 커뮤니케이션을 원활하게 진행한다.

1) 콘셉트의 시각화를 위한 이미지 자료 수집

- 시안 제작은 디자인 콘셉트를 시각화하기 위한 여러 이미지 요소를 필요로 한다.
- 시안 제작용 이미지는 잡지, 책, 포스터, 인터넷을 통해 수집할 수 있다.
- 높은 완성도를 위한 일정과 비용, 제작자의 높은 전문성 등이 반영되어야 한다.
- 콘셉트를 구체화하여 커뮤니케이션하기에 적절한 것을 선택하여 활용한다.
- 포털 웹사이트 검색을 통한 이미지 수집
  - 포털 웹사이트를 통해 무료 또는 유료로 사진이나 벡터 이미지를 다운로드할 수 있다.
  - 다운로드하기 전에 저작권 제약에 관한 조건들을 세밀히 파악하여야 한다.
- 스톡이미지(Stock Image) 사이트를 통한 이미지 대여
  - 스톡이미지 웹사이트는 이미지 사용에 따른 저작권 문제를 안정적으로 해결할 수 있다.
  - 이미지 대여는 라이선스 타입을 확인하여 구매하도록 한다.
  - 구매하기 전에 적용 매체를 결정하는 것이 중요하다.

2) 텍스트 요소 배치를 위한 폰트 수집

- 텍스트 요소인 폰트 확보는 이미지 자료 수집과 함께 필수적인 준비 단계이다.
- 폰트의 스타일, 형태, 두께 적용을 통해 디자인 콘셉트를 구체화할 수 있다.
- 폰트는 원칙적으로 유료 폰트이며 오픈소스로 제작된 폰트를 활용하기도 한다.
- 폰트는 시안 디자인 단계에서부터 확보해야 연속적 폰트 활용에 문제가 없다.
- 경우에 따라 시안 제작을 위해 무료 폰트를 사용할 수도 있다.
- 출처가 확실하지 않거나 개인 사이트에서는 다운로드를 하지 않도록 한다.
- 폰트마다 규약이나 조건이 있으므로 반드시 확인하도록 한다.

06 컬러이미지 계획을 위한 정보 수집

- 컬러계획은 모든 디자인 매체에서 중요하게 다루어야 하는 요소이다.
- 컬러계획은 대상의 아이덴티티를 구축하며 감성적 분위기를 연출한다.
- 컬러계획을 위한 아이데이션은 시안 디자인 단계에서부터 가시화되어야 한다.

1) 브랜드 아이덴티티를 위한 컬러계획 정보 수집

- 브랜드 아이덴티티 시안 제작 시 기본 시스템의 전용 색채에 대한 이해를 바탕으로 매체 특성에 맞는 컬러를 시안에 적용하여 아이덴티티를 유지한다.
- 컬러 콘셉트를 개발하는 대부분의 시안을 위해서는 기본적으로 컬러 적용안을 계획하여야 시안의 완성도 및 커뮤니케이션 효과를 높일 수 있다.

2) 컬러계획 정보 수집 지원 도구

- 컬러 이미지 계획에 적합한 배색을 적용하기 위하여 컬러 배색을 지원하는 웹사이트를 활용할 수 있다.
- 대표적으로 컬러 어도비 사이트는 어도비 시스템즈에서 개발하여 색을 조화시키며 공유하며 색에 대한 친밀감 및 사용 접근성을 높이는 컬러 엔터테인먼트 사이트로서 다양한 배색과 샘플을 제공하고 있다.
- 사용자가 만든 배색을 사이트에 업데이트하여 다른 사용자들과 공유할 수 있는 개방성을 가지고 있어 디자인 개발을 위한 컬러 정보 수집에 유용하게 활용할 수 있다.

07 시안 제작의 개요

- 결과물을 개발하기 위해서는 콘셉트 설정–아이데이션–시안 디자인–최종디자인의 단계를 거친다.
- 시안 제작은 클라이언트가 최종디자인을 결정할 수 있도록 복수의 디자인 예상안을 제시하는 단계로서 이러한 과정을 통해 디자인 제작자와 클라이언트가 시안을 대상으로 한 논의를 통하여 최종 디자인안을 예상할 수 있다.
- 시안 제작은 이미지 요소와 텍스트 요소 그밖에 각종 그래픽 소스 요소를 종합하여 레이아웃 하고 편집을 거쳐야 하며, 최종 디자인과 거의 동일하거나 유사한 수준으로 제작되어야 디자인 완료 시까지 클라이언트와의 커뮤니케이션 효율성을 높일 수 있다.
- 시각 디자인 결과물의 특성에 따라 다양한 형태의 시안 디자인 제작을 하여 디자인 개발자와 클라이언트의 커뮤니케이션을 원활하게 진행할 수 있다.
- 시안은 1차 제작으로 완료할 수 있으나 프로젝트의 규모와 결과물의 활용 행태에 따라 2차 시안으로 심화된 수준으로 전개된다.
- 시안 구성용 이미지 자료를 수집하기 위해서는 전 단계인 아이디어 스케치 단계에서 콘셉트를 구체화할 수 있는 아이디어 스케치를 하고 자료를 수집하여 디자인 확정을 위한 시안을 제작하는 단계로 진행된다.

08 시안 제작의 단계

- 디자인 콘셉트의 핵심 어휘를 기본으로 시각화할 수 있는 구체적 어휘나 문장을 도출한다.
- 스톡 이미지 사이트에서 이미지를 대여하거나 지적재산권에 저해되지 않는 이미지 자료를 검색하여 수집하거나 클라이언트에게 제공받은 이미지, 촬영된 이미지를 준비하여 적용 영역별로 정리한다.
- 저장 폴더명을 체계적으로 부여하고 시안 제작을 위한 폰트는 구입을 전제로 확보하거나 오픈소스 폰트를 다운받아 텍스트 적용을 위한 준비를 한다.
- 콘셉트 설정에 있어 비주얼 모티프의 적용이 필요한 경우, 이를 위한 키워드를 도출하고 아이디어 스케치를 한 후 그래픽 소프트웨어로 비주얼 모티프 시안을 제작하여 준비한다.
- 콘셉트에 맞는 색채계획은 콘셉트의 시각화와 커뮤니케이션 정보의 구조 기획, 시안의 심미성을 높이기 위하여 유용한 단계이다. 메인컬러와 보조컬러로 구성된 컬러 팔레트와 색채코드를 구성하여 시안의 완성도를 높이며 시안 베리에이션에 활용하도록 한다.
- 시안 제작을 위한 판형을 기반으로 이미지와 텍스트 요소 배치를 위해 구체적인 스케치를 제작하거나 스케치를 바탕으로 한 판형을 구성하여 이미지 요소, 텍스트 요소, 정보 그래픽 요소를 스케치와 유사하게 배치하여 레이아웃을 조정한다.

09 키워드를 통한 비주얼 모티프(Visual Motif) 개발

1) 시안 제작을 위한 비주얼 모티프

• 콘셉트를 다양한 방법으로 시각화할 수 있는 비주얼 모티프 개발이 필요하다.
• 비주얼 모티프는 개발하고자 하는 디자인의 콘셉트를 시각화한다.
• 비주얼 모티프는 디자인 개발의 차별화를 이루며 아이덴티티 적용의 특화 요소를 지닌다.
• 비주얼 모티프의 요건 : 비주얼 모티프는 콘셉트에 따라 형태 표현과 스타일을 다양하게 전개할 수 있으나 대부분의 모티프는 간결한 2차원적 형태와 컬러로 개발되어 다양한 배치와 반복, 크기의 대비, 구성의 다이내믹을 통하여 활용될 수 있는 시각적 확장성이 주요 요건이다.
• 비주얼 모티프의 1차 적용 방안 : 비주얼 모티프를 활용하기 위해서는 디자인 매체에서 모티프 원래의 형태감을 유지하면서 베리에이션한다. 반복과 크기 대비는 베리에이션을 위해 유용한 방안이다.

2) 비주얼 모티프의 확장 적용

• 비주얼 모티프의 개발과 적용은 아이데이션 과정에서부터 시작된다.
• 비주얼 커뮤니케이션을 수행하기 위한 비주얼 모티프 중심의 아이데이션이 요구된다.
• 비주얼 모티프의 베리에이션 확장
  – 비주얼 모티프 자체가 핵심적인 콘셉트 이미지로 적용될 수 있다.
  – 비주얼 모티프를 분화해 합체와 재구성이 가능한 것으로 활용성을 높일 수 있다.
• 비주얼 모티프 중심의 적용 방안
  – 로고 타입, 그래픽 패턴 등에 베리에이션 하는 것을 기본으로 한다.
  – 다양한 매체에 커뮤니케이션을 위한 중심 이미지로서 적용할 수 있다.

SECTION

02

아트워크 응용

▶ 합격 강의

출제빈도 상 ⑬ 하
반복학습 ① ② ③

빈출 태그 시안 레이아웃, 8가지 레이아웃, 타이포그래피 아트워크, 서체, 텍스트 배치, 컬러 아이덴티티와 컬러 계획, 색의 배색

01 아트워크 제작

아트워크(Artwork)는 설정된 디자인 콘셉트에 맞게 준비된 시각 자료를 활용하여 창의적으로 디자인 이미지를 만들어 내는 과정이다. 디자인 소프트웨어를 활용한 이미지의 표현과 콘셉트에 적합한 타이포그래피 사용, 컬러의 적용과 레이아웃의 구성 등을 포함한다.

02 시안 레이아웃 설정

- 시안을 레이아웃 할 때 이미지는 시선 이동의 중요한 요소로 사용된다.
- 시선은 사진과 일러스트레이션의 크기, 위치, 명암, 개성의 강도에 따라 결정된다.
- 시선은 큰 이미지에서 작은 이미지로 간다.
- 개성이 강한 이미지에서 개성이 약한 이미지로 이동한다.
- 시선의 원리를 적절하게 디자인에 활용해야 한다.
- 이미지는 본문의 내용을 구체적으로 시각화하고 설득력을 높인다.
- 텍스트와 일치하는 이미지를 선택하고 배치해야 목적에 맞는 레이아웃이 된다.

1) 레이아웃(Layout)의 개념

- 문자, 그림, 기호, 사진 등을 효과적으로 배열하여 정보 요소를 배치하는 것이다.
- 디자인 매체별, 콘셉트별 레이아웃 적용은 효과적인 시각커뮤니케이션을 위해 필수적이다.
- 시각 정보를 배치로 인쇄물을 비롯하여 웹, 영상 그래픽 등 매체에 상관없이 적용된다.
- 효과적인 레이아웃은 가독성과 조형성, 독창성의 조화로 효과적인 의사소통 이룬다.
- 정보의 핵심 내용, 진행 과정, 시각적 흐름이 전달하고자 하는 내용과 최적의 조화를 이루어야 한다.

2) 화면 레이아웃의 원리

- 일관성 적용 : 각 페이지별 공간의 이미지와 텍스트 요소들에 동일한 배치 방식을 적용하여 구현한다.
- 집중과 분산 조절 : 텍스트와 이미지 요소의 적절한 집중과 분산을 연출하여 시선 이동이나 운동감, 율동감을 부여할 수 있다.
- 위계적 구조 연출 : 요소의 크기와 그룹핑, 위치, 색채 등을 통한 위계적 연출은 정보 기능성을 높일 뿐만 아니라 시각적 대상으로서 심미적 고려를 동시에 해야 한다.
- 스토리 진행형 구조 연출 : 사용자가 편집 면에서 정보의 흐름을 순차적으로 따라가는 콘텐츠 구조는 각 정보 요소와 화살표와 같이 연결하는 시각적 요소의 결합에 의한 정보 혹은 스토리를 인지할 수 있는 구조이다.

3) 레이아웃의 유형

- 레이아웃은 정보를 합목적적으로 전달하기 위한 시각적 구성 시스템이다.
- 축, 방사형, 확장형, 무질서형, 그리드, 전이적, 모듈, 양단의 레이아웃 시스템은 디자인 개발자가 편집디자인을 중심으로 한 여러 시각 디자인 매체에 이미지와 텍스트 정보 요소를 다양하게 레이아웃하여 기능적 사용성과 아이덴티티, 심미성을 구현할 수 있도록 하는 유용한 방식이다.

4) 8가지 유형의 레이아웃

이 유형은 미국 링글링 예술디자인학교 킴벌리 일램의 『Typographic Systems』를 참조하여 제시한 것이다. 각 시스템은 디자이너가 콘셉트에 의한 메시지의 톤, 구조, 의미를 구현하는 데 유용한 방식이다.

- 축 레이아웃 : 이미지와 텍스트 등 정보를 구성하는 모든 요소가 크기와 밀도의 차이를 막론하고 하나의 축을 중심으로 왼쪽 혹은 오른쪽에 대칭으로 정렬되어 시각적 주목성을 높인다.
- 방사형 레이아웃 : 이미지와 텍스트 등 정보를 구성하는 모든 요소가 평면상의 한 점에서 방사형으로 뻗어 나가는 형태이며 화면상에서 다양한 크기로 트리밍하여 위치 변화를 연출한다.
- 확장형 레이아웃 : 이미지와 텍스트 등 정보를 구성하는 모든 요소가 중심점 주위로 둥글게 퍼져나가는 형태로서 확장되는 동심원의 불규칙한 분절을 통해 조형적 리듬감을 연출할 수 있다.
- 불규칙 레이아웃 : 이미지와 텍스트 등 정보를 구성하는 모든 요소가 특정한 질서나 상관성이 없이 각도와 길이, 방향과 크기 등이 불규칙하게 배치되어 시각적 다이내믹을 형성한다.
- 그리드 레이아웃 : 이미지와 텍스트 등 정보를 구성하는 모든 요소가 수평, 수직으로 일정하게 교차 되어 매트릭스를 형성하는 레이아웃으로, 대부분의 편집 디자인 레이아웃이 이에 속한다.

- 전이적(Transitive) 레이아웃 : 이미지와 텍스트 등 정보를 구성하는 모든 요소가 겹겹이 쌓아진 형태를 이루고 있으나 특정한 배치 질서가 없는 레이아웃으로 그리드를 벗어난 개방감을 형성한다.
- 모듈 시스템 레이아웃 : 이미지와 텍스트 등 정보를 구성하는 요소가 여러 개의 기본 단위처럼 배치된 형태로서 기본 단위의 형성이 전제되어 그룹핑하고 있으나 규칙성을 나타내지 않는다.
- 양단 시스템 레이아웃 : 이미지와 텍스트 등 정보를 구성하는 모든 요소가 하나의 축을 사이에 두고 대칭으로 배치된 형태로서 축 시스템의 비대칭적 레이아웃과는 공간 구성면에서 차이가 있다.

03 타이포그래피 아트워크의 개요

- 타이포그래피는 정보이자 이미지의 융합된 대상으로서 시각커뮤니케이션 디자인을 위한 핵심적 역할을 담당한다.
- 타이포그래피(Typography)는 '활자를 주된 대상으로 콘셉트와 커뮤니케이션 목적에 맞도록 시각적 형태로 표현하거나 레이아웃하기 위한 방법'이라고 해석할 수 있다.
- 타이포그래피를 통해 텍스트 정보는 시각적 형태를 갖추게 되며, 이는 디자인 콘셉트를 직접적으로 구현하는 요소로 작용한다.
- 시각적 조형 원리와 스타일에 따라 서체의 종류와 크기, 공간 등을 연출하여 배치된 시각 커뮤니케이션 매체의 공간 속에서 정보와 콘셉트를 정확하게 전달해야 한다.
- 타이포그래피는 텍스트의 정보구조체로서 주된 역할을 하지만 서체의 다양한 조형적 특성, 시각적 연출 대상으로서 디자인 콘셉트를 표현하는 이미지로 역할 한다.
- 이를 위해 기존 타입을 대상으로 재배치하거나 서체의 분해, 형태와 비율의 왜곡, 실루엣이나 음영 효과, 입체감 부여 등으로 베리에이션 하는 방안, 캘리그라피를 활용하는 방안, 이미지 요소와 결합하는 방식 등을 주로 활용한다.
- 이러한 타이포그래피는 콘셉트를 구체화하기 위해 새로운 시각적 임팩트를 부여하며 메시지를 명확하게 하는 아트워크이다.
- 타이포그래피 아트워크는 디자인 매체의 성향에 따른 기능적 요건과 심미적 요건을 적용한다.

1) 타이포그래피의 기능적 요건

- 정보 커뮤니케이션 방안
  - 타이포그래피의 주된 요소는 문자의 시각적 스타일인 타입페이스이다.
  - 문자는 이미지 요소보다 메시지와 정보 전달을 더욱 직접적으로 수행하게 된다.
  - 조형적인 아트워크에 따라 메시지의 톤과 정보 전달 스타일을 규정할 수 있다.
  - 오류 없이 전달할 수 있는 배치와 연출방식의 아트워크가 진행된다.

- 타이포그래피는 정보 전달의 정확성과 함께 사실의 전달에 감성적 요인이 개입된다.
- 타입페이스를 이용한 조형의 감성적 연출방식으로 진행된다.
- 매체별 요구 기능
  - 잡지, 신문, 포스터 등 매체에 따라 타입페이스를 달리 적용해야 한다.
  - 전달하고자 하는 대상에 따라 타입페이스의 배치, 색, 크기, 밀도 등 시각적 최적화 요소들을 선택하여 사용해야 한다.
- 가독성(Legibility)과 판독성(Readability) 고려
  - 가독성은 서체 형태와 디자인 등을 통해 독자가 내용을 쉽게 이해할 수 있는 정도이다.
  - 판독성은 형태적 특징에 따른 텍스트를 다른 텍스트와 구분하기 쉬운 정도를 의미한다.
  - 사용 매체에 따라 차이가 있으나 가독성을 우선으로 고려해야 한다.
  - 디자인 시안의 제목, 본문, 캡션 등은 가독성을 고려하여 차별화된 서체를 선택한다.
  - 자간, 행간 등에 적절한 공간을 주어 가독성을 높이도록 한다.
- 주목성(Attractiveness) 조절
  - 아이덴티티 이미지로서 성격이 강한 타이포그래피 경우는 화면에 배치된 여타 이미지와 텍스트 요소와 비교하여 주목성을 우선으로 확보하는 연출 방안이 필요하다.
  - 타이포그래피는 서체의 조형적 스타일, 컬러, 질감, 드로잉, 이미지와의 병합 등을 활용하여 핵심 이미지로서 콘셉트를 구체화할 수 있는 요건을 갖추고 있어 디자인 개발자는 조형적 창의성을 바탕으로 콘셉트와 메시지의 주목성을 높일 수 있는 다양한 방안을 시도하고 이를 적용할 수 있어야 한다.
- 시인성(Visibility) 적용
  - 정보구조로서 성격이 강한 타이포그래피 경우는 화면에 배치된 정보 요소의 시인성을 확보하는 레이아웃 방안이 필요하다.
  - 타이포그래피에서 시인성은 서체 형태, 컬러, 그룹핑이 여타 시각적 요소들 사이에서 식별이 쉬운 유목성 혹은 주목성과 구별되는 속성이다.
  - 타입페이스는 크고 밀도가 높을수록 시인성이 높으며, 서체들을 연출한 색의 명도, 채도 차이가 클수록 시인성이 높다.

2) 타이포그래피의 심미적 요건

- 구성 요소들과의 조화
  - 타이포그래피는 단독이 아닌 시각 디자인 매체에 다양한 형태와 역할로 활용되고 있다.
  - 함께 배치되는 시각적 요소와의 최적화된 조화를 고려해야 한다.
  - 서체는 비주얼 모티프와 융화되어 설정된 콘셉트와 적절한 스타일을 구현해야 한다.
  - 전체 디자인의 일관성을 위해 지나치게 많은 종류의 서체 사용을 지양한다.

- 선택한 서체 수가 적어도 패밀리 서체 사용, 크기, 밀도, 배치, 컬러 등의 변화만으로 디자인 개발자가 의도하는 시각적 스타일을 창의적으로 구현할 수 있다.
- 콘셉트의 심미적 연출
  - 타이포그래피는 시각적 매체를 통한 정보 전달의 일차적인 역할을 한다.
  - 조형적 스타일, 폰트 구조체로서 사용자에게 풍부한 정서적 효과가 있다.
  - 타이포그래피 디자인 개발자는 화면에 함께 배치되는 시각적 요소와의 최적화된 조화를 바탕으로 심미적 매력 요소를 연출하는 역량을 집중해야 한다.
  - 타이포그래피의 심미성은 단지 서체의 조합을 아름답게 구현할 뿐만 아니라, 메시지의 연출 방안에 관한 심미적 스타일을 고려하여 디자인 콘셉트를 감성적으로 연출하는 방안을 총체적으로 고려해야 한다.

04 서체의 활용

- 시각 디자인 개발에서 서체는 정보를 전달하는 중요한 디자인 요소다.
- 서체 그 자체가 이미지로 연출되기도 한다.
- 서체는 그 종류에 따라 성격이 다르다.
- 서체의 유형이 갖는 가독성, 심미성 등을 이해해야 한다.
- 적용하는 매체의 특성에 맞도록 목적에 따라 신중하게 선택해야 한다.

1) 서체의 분류

- 한글 서체는 다양한 스타일로 개발되어 있지만 크게 나누면 명조체와 고딕체 계열이다.
- 명조체는 영문체의 세리프 서체이며 고딕체는 영문체의 산세리프 서체이다.
- 세리프, 명조 계열 서체
  - 세리프(Serif)는 글자의 세로획 끝이 돌출되어 장식적인 느낌의 타임스체가 대표적이다.
  - 가독성이 높아 주로 텍스트가 많은 단행본이나 보고서의 본문용 서체로 사용된다.
  - 명조체(Serif Type)는 고딕체(Sans Serif Type)보다 글자의 변별력이 높다.
  - 설명형 텍스트인 문장의 내용은 명조체를 사용하는 것을 권장한다.
- 산세리프, 고딕계열 서체
  - 산세리프(Sans Serif)는 돌출부 없이 글자의 수직선이 곧게 내려오는 서체다.
  - 영어의 헬베티카(Helvetica), 한글의 고딕체 등이 대표적이다.
  - 명쾌하고 현대적인 느낌이다.
  - 표지나 제목 등 강조해야 하는 텍스트에 주로 사용된다.
  - 잡지나 브로셔 등에서는 본문용으로 사용되기도 한다.
- 스크립트체
  - 스크립트는 타이포그래피 디자인 방식으로서 캘리그래피(Calligraphy)라 한다.
  - 손글씨와 같은 필기체 느낌의 서체다.
  - 스크립트체는 개인적이고 감성적인 느낌, 아날로그적인 느낌으로 개성적 요소가 강하다.
  - 텍스트가 많은 본문 사용은 가독성이 떨어지거나 시각적으로 피로감을 줄 수 있다.

2) 서체의 변화

- 서체는 전체 디자인 콘셉트와 시각적 아이덴티티에 맞는 최소한의 종류를 선택한다.
- 정보의 주목성, 위계 설정을 위해 서체의 크기, 색채, 밀도의 변화를 적극적으로 활용한다.
- 사용된 서체의 종류가 지나치게 다양하면 전체적인 일관성을 잃고 산만해지기 쉽다.
- 서체들은 무게와 기울기에 다양하게 변화를 준 활자 가족(Font Family)로 구성되어 있다.
- 한 가지 서체로도 통일감과 변화를 자유롭게 연출할 수 있다.
- 서체 적용에 관한 일반적 원칙과 계획을 바탕으로 서체에 대한 최적화된 활용 방안을 기획하여 정보 커뮤니케이션의 목적에 맞는 서체 활용의 효율을 높이도록 한다.

05 텍스트 요소 배치

1) 글줄의 길이 조정

- 정보 전달을 위한 텍스트의 분량, 그리드 유형, 서체 크기, 행의 길이 결정이 중요하다.
- 행의 길이는 가독성, 이미지와의 조화, 사용자 특성 등을 고려해야 한다.
- 단어 수가 너무 적으면 연속적 가독성이 낮다.
- 단어 수가 너무 많으면 시선의 이동 폭이 커 피로감을 느낄 수 있다.
- 글줄 정렬 방식(왼 끝 맞추기, 양 끝 맞추기, 가운데 맞추기)
  - 글줄의 정렬 방식은 가독성에 영향을 준다.
  - 글줄 정렬 방식에 따라 특정 감정 전달한다.
  - 글줄 정렬 방식은 독특한 개성이나 공간 표현, 이미지 요소와의 연관성 등에 관여한다.
  - 글줄은 왼쪽 정렬, 오른쪽 정렬, 양쪽 정렬, 가운데 정렬, 비대칭 정렬 등을 적용한다.
  - 표지의 경우 제목과 간결한 내용이 배치되는 경우가 많아 비교적 정렬 방식이 자유롭다.
  - 본문의 경우에는 왼끝 맞추기, 양끝 맞추기 방식 중 전체 그리드 방식에 따라 선택한다.

- 들여쓰기와 내어쓰기
  - 많은 양의 텍스트 정보 가독성과 정렬에 따른 시각적 일관성 적용 방식에 영향을 미친다.
  - 본문 문장들은 들여쓰기를 선호하여 각 단락 문장의 시작과 끝을 직관적으로 파악한다.
  - 들여쓰기는 정보의 가독성에 리듬을 부여한다.
  - 내어쓰기의 경우, 각 단락의 인덱스 역할을 한다.
  - 내어쓰기 글자는 정보 인지 효과를 독특하게 연출한다.

2) 문장 단락 내 공간의 조절

- 문장 단락 내 공간은 텍스트 요소와 이미지 요소들의 결합으로 인하여 구성된 간격 및 여백을 의미하며, 정보를 쉽게 읽을 수 있도록 하거나 정보의 주목성 우선순위를 부여한다.
- 화면크기와 비율, 텍스트 공간 조절은 연관성을 가지고 있는데, 정보와 공간의 적절하지 못한 구성은 가독성을 떨어뜨리고 심미적인 완성도가 낮으므로 공간에 있어 시각적 밀도와 중량감을 적절히 조절해야 한다.
- 타이포그래피는 매체에 따라 주목적인 심미성과 기능성을 만족시키기 위해 자간(Kerning, 문자 사이의 간격), 행간(Leading, 글줄 사이의 간격) 등을 텍스트 정보 특성에 맞도록 조화롭게 적용한다.
- 자간의 조절
  - 문장의 자간은 기본 자간보다 약간 좁을 경우, 문자의 시각적 결속력이 높아져 많은 양의 문장을 비교적 빠른 속도로 읽을 수 있다.
  - 그 좁은 자간이 연속적으로 반복되면 화면이 어두워 보여 문장의 가독성이 떨어지며 단어 내 문자가 부착된 형태로 나타나는 경우가 있어 판독의 오류가 발생할 수 있다.
- 행간의 조절
  - 행간을 정보 그룹핑 측면으로 볼 때 기본 행간보다 약간 넓을 경우, 글줄 사이의 공간을 확보하여 수평의 선형을 형성하기 때문에 가독성이 높아진다.
  - 지나치게 넓은 행간은 글줄들의 연속적 가독 속도를 떨어뜨려 전체적으로 정보 인지의 연속성이 낮아질 수 있다.

06 아트워크를 위한 컬러 계획의 개요

- 시각 디자인 개발을 위한 아트워크 중 컬러 계획은 정보 커뮤니케이션을 위한 방안으로서, 콘셉트 구체화를 위한 연출 방안으로서 중요한 단계이다.
- 컬러는 매체 전체의 콘셉트와 아이덴티티를 조성하며 이미지와 텍스트 요소의 정보로서 체계와 위계를 구축하며 메시지와 분위기를 감성적으로 전달한다.
- 컬러 계획은 매체별 컬러 발색 특성에 대한 이해를 바탕으로 컬러를 통한 정보 구성 계획과 이미지 연출을 주된 계획으로 한다.

1) 컬러 아이덴티티 구축 계획

- 색채는 사용하는 국가와 단체의 문화적 특성을 기반으로 대표색상들이 고유의 의미를 함유하고 있다.
- 붉은색은 열정, 푸른색은 신뢰를 상징하는 예와 같이 공통적으로 통용되는 일반적 의미와 특정 문화에서의 선호색 기피색 등의 의미 부여와 같은 개별적 의미가 있다.
- 마켓에서는 기업과 브랜드에 속한 색이 전용 색상으로서 아이덴티티를 형성하는 역할을 하며 경쟁 브랜드와 차별화되는 시각적 시그널로 역할 한다.
- 컬러마케팅(Color Marketing)을 위한 아이덴티티 색으로서 패키지 디자인이나 광고 프로모션을 위한 채널 디자인을 위해서 특정한 색을 아이덴티티로 하여 강하게 노출하기도 한다.
- 브랜드 디자인에 있어서 색채는 포지셔닝을 위한 핵심 요소로서 브랜드를 식별하거나, 브랜드의 특성을 강화하거나, 다른 브랜드와 차별화하는 역할을 한다.
- 컬러 감성의 위치를 파악하기 위한 도구
  - 컬러는 감성과 직접적으로 연결되어 있어 컬러에 내재된 감성이나 컬러에서 연상되는 이미지의 위치를 측정하기 위한 스케일을 색채계획에 활용하고 있다.
  - 국내에서 일반적으로 활용하는 색채 감성 스케일은 'IRI 이미지 스케일(IRI Image Scale)'이다.
  - IRI 단색 이미지 스케일은 IRI 색채연구소에서 1996년에 표본 800명 조사를 통하여 제작한 이미지 감성 척도로서 개방형 소스로서 국내에서 활용률이 높다.
  - IRI 단색이미지 스케일, 형용사 이미지 스케일은 국내 대표적인 컬러스케일로서 무료 다운로드 가능하다.

2) 정보구조 컬러 계획

- 색채는 색상, 명도, 채도의 고유 포지션과 변화 양상을 통해 정보 체계로 구조화되며 구조에 따라 색은 개별적인 위치가 있다.
- 정보의 시각화가 적극적으로 반영되는 시각 디자인 매체에서 색이 갖는 고유의 위치, 색채 계획을 통한 색 체계에서의 위치를 맵핑하여 정보그래픽을 제작하거나 사인 시스템을 제작할 때 정보체계로서의 색채의 가치를 높일 수 있다.

3) 색의 면적에 의한 컬러 계획

- 색은 면적이나 위치, 속성에 따른 시각적 효과를 달리할 수 있다.
- 동일한 색이라도 면적이 커지면 명도와 채도가 다소 높게 인지되어 더 밝고 선명하게 느껴지고, 면적이 작아지면 다소 어둡고 탁하게 느껴진다.
- 따뜻한 계열의 색이 차가운 계열 보다, 명도가 높은 색이 낮은 색보다, 채도가 높은 색이 낮은 색보다 더 넓은 느낌을 준다.
- 색 면적 계획은 매체의 크기 및 정보의 양을 전반적으로 고려하여 콘셉트와 아이덴티티를 구축해야 한다.

4) 톤과 분위기 연출을 위한 컬러 계획

- 시각 디자인 결과물에서 색채는 핵심 이미지와 정보구조를 형성하기도 하지만, 전체적인 톤 앤 매너(Tone & Manner)를 형성하는 요소로서 역할 한다.
- 색 톤은 명도, 채도와는 달리 특정한 시각적 대상이 갖는 색채 감성을 형성한다.
- 색상의 선택을 기본으로 색의 투명도, 그라데이션 변화 등을 통하여 따뜻한 톤, 우울한 톤, 무거운 톤 등을 나타낼 수 있으며 색채가 주는 감성적 경험을 제공할 수 있다.

07 색의 대비와 조화를 위한 배색 적용

1) 배색에 의한 콘셉트 연출

- 시각 디자인 매체에 색을 적용하기 위해서는 대비와 조화의 범위를 적절히 계획해야 한다.
- 명도와 채도가 동일하거나 유사할 때는 색상 대비를 높여 시각 정보의 차이를 명확히 하여 시각적으로 선명하고 쾌적한 감성적 효과를 얻을 수 있다.
- 명도의 점진적 진행을 연출하여 부드러운 감성을 표현할 수 있으며, 채도가 높은 색과 낮은 색의 조합으로 정보의 주목성과 연계성을 연출할 수 있다.
- 보색대비는 반대가 되는 정보와 감성을 대비시켜 충돌에 의한 정서적 각성이나 정보의 명확성을 연출할 수 있다.
- 배색은 한 가지 색으로는 나타낼 수 없는 효과를 두 가지 색 이상의 조합에 의해 의도한 콘셉트를 구체화하여 연출하는 방식이다.
- 배색은 유사한 색과 대비가 되는 색의 만남을 기본 범위로 하여 디자인 아트워크의 콘셉트, 조형적 연출에서 색의 비중, 사진과 일러스트레이션, 서체의 개별적인 색상 등 여러 가지 사항을 검토하여 배색한다.

2) 배색의 권장 유형

- 색은 명도와 채도의 변화를 통해 다양성을 넓힐 수 있다.
- 배색은 동일색, 유사색, 반대색을 적용한다.
- 색조의 세밀한 차이를 통해 콘셉트의 아트워크를 다채롭게 연출할 수 있다.
- 배색의 다양성 범위를 지나치게 넓히는 경우, 결과물의 콘셉트가 약화 된다.
- 배색의 다양성 범위를 지나치게 넓히는 경우, 메시지가 산만해질 수 있다.
- 배색 계획은 주조색의 개수를 최소화하여 색 아이덴티티를 명확히 설정한다.
- 톤을 정교하게 변화시키고 면적 대비를 적극적으로 활용한다.
- 배색은 일관성과 다양성을 적절하게 융합시키도록 한다.
- 배색의 대표 유형은 동일색 배색, 유사색 배색, 반대색 배색으로 전개된다.

- 동일색 배색
  - 동일색 배색은 주조색을 중심으로 동일한 범위에 가까운 색상을 배치한다.
  - 명도, 채도에 의한 톤 배색을 위한 색상을 다양하게 연출할 수 있는 방식의 배색이다.
  - 자연스럽고 안정된 콘셉트를 구현하는데 주로 쓰인다.
  - 보조색을 병행 적용하면 그라데이션 배색이 된다.
  - 동일색 배색은 일관된 색 톤을 연출하여 색채 아이덴티티를 명확히 할 수 있다.
  - 안정적인 감성의 장점이 있으나 평범한 이미지로 인하여 주목성은 미약하다.
  - 대표적인 배색의 유형으로 '톤 온 톤(Tone on Tone)'을 활용한다.
  - 톤 온 톤은 동일 색상 내에서 톤의 차이를 둔 동일 색상의 농담 배색이다.
  - 밝은 베이지 + 어두운 브라운, 밝은 물색 + 감색 등이 전형적이다.
- 유사색 배색
  - 유사색 배색은 먼셀의 색상환을 토대로 주조색과 인접한 색을 보조색으로 활용한다.
  - 유사색의 적용은 주로 안정성 연출을 중심으로 콘셉트를 명확하게 구현한다.
  - 보조색을 적절하게 병행하여 전체 색의 아이덴티티와 정보 그룹핑 연출을 조화롭게 한다.
  - 색채계획을 할 때 배경 이미지 요소는 유사색 배색을 한다.
  - 메시지의 중심 이미지는 배경색과 대비되는 색 톤을 구성하는 경우가 많다.
- 반대색 배색
  - 반대색 배색은 색상환에서 마주 보는 색, 즉 보색으로 배색하는 방법이다.
  - 보색대비는 메시지의 명확성을 강조하고 다이내믹한 감성을 연출할 수 있다.
  - 보색대비를 과용하면 시각적으로 산만한 연출이 될 수 있다.
  - 보조색의 명도나 채도를 조절하여 면적 대비를 강조하여 보색의 충돌감을 완화한다.
  - 반대색을 매력적으로 배색하기 위해서는 톤과 명도 차이를 강하게 형성한다.

▶ 합격 강의

빈출 태그 베리에이션 종류, 픽셀과 해상도, dpi와 ppi, 벡터와 비트맵, 그래픽 파일 포맷의 종류

01 인쇄 매체 시안 베리에이션 기획

• 시각 디자인 결과물 제작을 위해서는 개발팀 내에서 단계별로 클라이언트와 활발한 커뮤니케이션이 필요하다.
• 시안 제작 단계에서는 단일 디자인 안을 제시하는 것이 아닌, 여러 가지 안을 제시하여 디자인 결정을 위한 논의가 진행되어야 한다.
• 목적에 맞는 최상의 결과물을 예상하기 위하여 중심 시안을 바탕으로 베리에이션하여 제시한다.
• 대표적인 베리에이션의 세 가지 방안
  – 레이아웃 베리에이션 : 레이아웃 베리에이션은 중심이 되는 시안을 바탕으로 이미지와 텍스트 요소의 배치를 부분적으로 변경함으로서 시각정보의 인지를 위한 순서를 재배열하는 데 적합하다.
  – 컬러 베리에이션 : 컬러 베리에이션은 중심이 되는 시안의 레이아웃을 유지한 상태에서 부분적 컬러 혹은 주조색을 바꿈으로서 시각적 임팩트와 분위기 연출을 베리에이션 하는 데 적합하다.
  – 이미지 베리에이션 : 중심이 되는 시안을 바탕으로 이미지를 부분적으로 변형하거나, 크기를 변화시키거나 중첩, 응용 배치함으로써 레이아웃별 차이를 인지할 수 있도록 연출하는 데 적합하다.

02 시안 제작 마무리

1) 출력하여 점검

• 완성된 시안 결과물을 인쇄하여 디자인 상태를 점검 수정하여 완성도를 높이는 과정이다.
• 출력물은 일반적으로 잉크젯 프린터나 레이저 프린터를 사용한다.
• 프린터는 컬러 표현의 범위와 왜곡, 용지의 크기와 재질 등을 고려해 선택한다.
• 용지의 종류와 크기 선택 : 시안 작업 출력은 프린터 전용지를 주로 사용하지만, 프로젝트에 따라 특수 용지를 사용할 수도 있으므로 적합한 용지를 준비한다. 단, 프린터의 종류에 따라 지원하는 용지가 다르므로 미리 확인하도록 한다. 출력물의 크기나 페이지 양은 작업물의 성격을 고려하여 지정한다.

- 해상도와 컬러 확인 : 프린터 별로 지원하는 컬러 옵션을 확인하고, 적절한 해상도를 지정한다. 출력물의 품질은 출력 해상도에 의해 결정되기 때문이다. 특히, 시안 작업물이 정밀한 실사 이미지 위주일 경우에는 반드시 고해상도로 출력하여 컬러와 질감 표현을 상세 확인한다.

2) 시안 출력물 가공

- 출력된 시안은 포스터, 브로슈어, 패키지 등 매체 형태에 따라 재단, 접지하여 완성한다.
- 단면 시안 : 인쇄매체로 구현되나 특별한 제본 및 지기 구조를 필요로 하지 않는 포스터, 광고, 아이덴티티 기본 시스템, 패키지 라벨 등은 단면으로 프린트된 시안으로서 표시된 재단선을 따라 단순 재단한다.
- 양면 시안 : 리플릿, 브로슈어 등은 양면 시안으로서 양면의 접착을 위해 일정한 여백을 지정하여 재단하며 여러 페이지로 구성되어 있어 제본이 필요하다. 재단한 출력물은 앞뒤 페이지를 맞추어 접착한 후 재단선을 따라 재단한다.
- 입체구조 시안 : 지기 구조 패키지, 쇼핑백, POP 광고 등은 시안을 제작하는 단계에서 재단선 및 접지선 등 구조를 만들기 위한 작업을 필요로 한다. 이와 같은 형태는 입체구조이기 때문에 표시된 재단선을 따라 재단한 다음, 칼등을 이용하여 접지 부분을 표시하고 접어 접착제로 접착면을 붙인다.

03 디지털 이미지의 구현

1) 픽셀(Pixel) 파악

- 픽셀은 컴퓨터 모니터에서 시각 형상을 구성하는 최소 단위로서 '화소(Picture Element)'를 가리키는 개념으로서 '실사 이미지'를 형성한다.
- 이미지는 픽셀로 구성되어 있다.
- 비트맵 이미지를 구현하는 그래픽 소프트웨어에서 표현되는 이미지를 확대하여 보면, 정사각형의 픽셀들로 이루어져 있음을 알 수 있다.
- 모니터에서 픽셀은 수평축과 수직축의 좌표계로 표시되며, 그리드(Grid)를 형성한다.
- 디지털 이미지는 일정한 코드화 계획에 따른 각 픽셀의 데이터 값으로 색과 톤이 정해짐으로써 그리드로 형성된 픽셀에 각각의 값이 할당되어 이미지가 형성되는 방식이다.

2) 해상도(Resolution) 파악

- 소스 이미지의 품질을 결정하는 정세도는 해상도로 나타낸다.
- 해상도는 디지털 이미지를 구성하고 있는 픽셀의 수로서 일정한 공간에 들어 있는 색 정보의 양을 의미한다.
- 이미지 작업 시 최종 결과물의 형식에 대한 해상도를 고려해야 작업 후의 이미지 손상을 막을 수 있다.
- 이미지의 선명도와 정밀도를 결정하는 요소이며, 단위로는 1인치에 점의 개수(dot)인 dpi(dots per inch)와 1인치에 픽셀 수로 나타낸다.

3) dpi 와 ppi

- dpi : dpi는 인쇄를 목적으로 이미지를 편집할 때 사용하는 단위이다. 이미지가 300dpi일 때, 가로 1인치에 300개의 점과 세로 1인치에 300개의 점, 총 90,000개의 점(dot 또는 pixel)으로 이루어진다.
- ppi : ppi는 화면 해상도의 단위이며, 모니터 해상도는 대개 가로의 픽셀 수와 세로의 픽셀 수를 곱한 형태로 나타낸다. 해상도가 1024×768인 화면은 가로 1,024개, 세로 768개의 픽셀로 표현된 상태이다. 픽셀 또는 점의 수가 많을수록 고해상도의 정밀한 이미지를 표현할 수 있으며, 해상도가 높을수록 이미지가 깨끗하고 선명하게 보인다.

04 디지털 이미지 최적화 방안

1) 벡터 이미지(Vector Image)

- 모니터에서 각 선분이나 곡선 요소, 위치, 두께 등을 수학적 연산에 의해 표현하는 방식으로, 객체 지향적 이미지, 오브젝트 이미지, 포스트스크립트 이미지라고도 한다.
- 수정과 변형이 쉽고, 출력하거나 확대해도 이미지의 손상이 없으며 파일의 크기가 작다.
- 선과 면에 색상을 부드럽고 정교하게 표현하는 데 적합하여 심벌마크나 로고타입, 문자, 캐릭터 등의 형태 개발에 사용되지만, 비트맵 이미지처럼 자연스러운 이미지와 색상 표현에는 한계가 있다.

2) 비트맵 이미지(Bitmap Image)

- 픽셀로 구성되어 있으며 다양한 픽셀들이 각각의 정보를 가지고 있다.
- 상세한 명암과 색상을 필요로 하는 사진이나 그림을 구현하는 데 적합하다.
- 픽셀의 양에 의해 이미지의 품질, 즉 해상도를 나타내기 때문에 벡터 이미지에 비해 용량이 크며, 확대할 경우 품질이 저하될 수 있다. 비트맵 방식에서 이미지의 상태는 해상도와 크기로 결정된다.

05 그래픽 파일 포맷의 최적화

1) 그래픽 파일 포맷에 관한 규약 필요

그래픽디자인 소프트웨어를 통해 생산된 이미지의 자유로운 조합, 편집을 위해서는 저장 포맷에 관한 몇 가지 규약(Protocol)이 필요하다. 각 포맷의 특성 및 호환성을 사전에 파악함으로써 원활한 작업을 할 수 있다.

2) 그래픽 파일 포맷의 종류

- AI(.ai)
  - 벡터 이미지 소프트웨어의 기본파일 포맷이다.
  - 프로그램의 버전 간에 호환이 되지 않을 수 있으므로 저장할 때 유의해야 한다.
- PSD(.psd)
  - 비트맵 이미지 소프트웨어의 기본파일 포맷이다
  - 이미지뿐만 아니라 레이어, 채널, 패스 등을 모두 저장할 수 있으며, 파일 용량이 크다.
  - 작업한 데이터의 원본 파일을 저장할 때 사용하며, 다른 프로그램과 호환되지 않는다.
- EPS(.eps)
  - 인쇄할 때 사용하는 파일 포맷으로 고해상도의 그래픽 이미지를 표현한다.
  - CMYK 모드를 지원하여 완벽한 4도 분판 출력이 가능하다.
  - 벡터와 비트맵 방식 모두 사용할 수 있고, 다양한 이미지를 읽을 수 있다.
- JPEG(.jpg)
  - 이미지의 손상을 최소화시켜 압축할 수 있는 포맷이다.
  - 높은 압축률과 작은 파일 용량, 정교한 색상 표현으로 파일 포맷 중에 가장 널리 사용된다.

01 자유로운 지면의 구성 및 시간적 여유 등으로 다각적인 분석이 가능하고 높은 회독률로 광고 효과가 큰 것은?

① 잡지 및 잡지 광고
② 단행본 서적
③ 포스터
④ 브로슈어

잡지 및 잡지 광고
• 잡지는 정기적으로 간행되는 출판물이다.
• 주간지, 월간지, 전문지, 여성지, 시사 교양지, 아동지 등 종류가 많다.
• 잡지의 표지는 독자로 하여금 특정 잡지를 선택하게 하는 중요한 요소이다.
• 자유로운 지면의 구성 및 시간적 여유 등으로 다각적인 분석이 가능하고 높은 회독률로 광고 효과가 크다.

02 콘셉트의 시각화를 위한 이미지 자료 수집 중 **틀린** 것은?

① 스톡이미지 사이트를 통한 이미지 대여는 저작권 문제를 안정적으로 해결할 수 없다.
② 포털 웹사이트를 통해 무료 벡터 이미지를 다운로드할 수 있다.
③ 이미지 대여는 라이선스 타입을 확인하여 구매하도록 한다.
④ 저작권 제약에 관한 조건들을 세밀히 파악하여야 한다.

콘셉트의 시각화를 위한 이미지 자료 수집
• 포털 웹사이트 검색을 통한 이미지 수집
  – 포털 웹사이트를 통해 무료 또는 유료로 사진이나 벡터 이미지를 다운로드할 수 있다.
  – 다운로드하기 전에 저작권 제약에 관한 조건들을 세밀히 파악하여야 한다.
• 스톡 이미지(Stock Image) 사이트를 통한 이미지 대여
  – 스톡 이미지 웹사이트는 이미지 사용에 따른 저작권 문제를 안정적으로 해결할 수 있다.
  – 이미지 대여는 라이선스 타입을 확인하여 구매하도록 한다.
  – 구매하기 전에 적용 매체를 결정하는 것이 중요하다.

03 설정된 디자인 콘셉트에 맞게 준비된 시각 자료를 활용하여 창의적으로 디자인 이미지를 만들어 내는 과정은?

① 비주얼 모티프(Visual Motif)
② 배너(Banner)
③ 스톡이미지(Stock Image)
④ 아트워크(Artwork)

아트워크(Artwork)는 설정된 디자인 콘셉트에 맞게 준비된 시각 자료를 활용하여 창의적으로 디자인 이미지를 만들어 내는 과정이다. 디자인 소프트웨어를 활용한 이미지의 표현과 콘셉트에 적합한 타이포그래피 사용, 컬러의 적용과 레이아웃의 구성 등을 포함한다.

04 레이아웃(Layout)의 개념이 **아닌** 것은?

① 문자, 그림, 기호, 사진 등을 효과적으로 배열하여 정보 요소를 배치하는 것이다.
② 효과적인 레이아웃은 가독성과 조형성, 독창성의 조화로 효과적인 의사소통 이룬다.
③ 디자인 매체별, 콘셉트별 레이아웃 적용은 효과적인 시각커뮤니케이션을 위해 필수적이다.
④ 시각 정보 배치로 웹, 영상 그래픽 등의 매체는 적용되지 않는다.

레이아웃(Layout)의 개념
• 문자, 그림, 기호, 사진 등을 효과적으로 배열하여 정보 요소를 배치하는 것이다.
• 디자인 매체별, 콘셉트별 레이아웃 적용은 효과적인 시각커뮤니케이션을 위해 필수적이다.
• 시각 정보를 배치로 인쇄물을 비롯하여 웹, 영상 그래픽 등 매체에 상관없이 적용된다.
• 효과적인 레이아웃은 가독성과 조형성, 독창성의 조화로 효과적인 의사소통 이룬다.
• 정보의 핵심 내용, 진행 과정, 시각적 흐름이 전달하고자 하는 내용과 최적의 조화를 이루어야 한다.

정답 01 ① 02 ① 03 ④ 04 ④

05 이미지와 텍스트 등 정보를 구성하는 모든 요소가 수평, 수직으로 일정하게 교차 되어 매트릭스를 형성하는 레이아웃은?

① 그리드 레이아웃
② 불규칙 레이아웃
③ 모듈 시스템 레이아웃
④ 확장형 레이아웃

그리드 레이아웃
이미지와 텍스트 등 정보를 구성하는 모든 요소가 수평, 수직으로 일정하게 교차 되어 매트릭스를 형성하는 레이아웃으로, 대부분의 편집 디자인 레이아웃이다.

06 형태적 특징에 따른 텍스트를 다른 텍스트와 구분하기 쉬운 정도를 무엇이라 하는가?

① 그리드
② 판독성
③ 시스템
④ 레이아웃

판독성은 형태적 특징에 따른 텍스트를 다른 텍스트와 구분하기 쉬운 정도를 의미한다.

07 가독성이 높아 주로 텍스트의 양이 많은 단행본이나 보고서의 본문용 서체로 사용되는 것은?

① 명조 계열 서체
② 고딕 계열 서체
③ 스크립트 체
④ 캘리 서체

명조 계열 서체는 가독성이 높아 주로 텍스트의 양이 많은 단행본이나 보고서의 본문용 서체로 사용된다.

08 글줄 정렬 방식 내용으로 틀린 것은?

① 글줄의 정렬 방식은 가독성에 영향을 준다.
② 글줄 정렬 방식에 따라 특정 감정 전달한다.
③ 표지의 경우 비교적 정렬 방식이 자유롭다.
④ 본문의 경우에는 왼끝 맞추기만 해야 한다.

오답 피하기
글줄 정렬 방식(왼 끝 맞추기, 양 끝 맞추기, 가운데 맞추기)
• 글줄의 정렬 방식은 가독성에 영향을 준다.
• 글줄 정렬 방식에 따라 특정 감정을 전달한다.
• 표지의 경우 제목과 간결한 내용이 배치되는 경우가 많아 비교적 정렬 방식이 자유롭다.
• 본문의 경우에는 왼끝 맞추기, 양끝 맞추기 방식 중 전체 그리드 방식에 따라 선택한다.

정답 05 ① 06 ② 07 ① 08 ④

09 배색의 유형으로 '톤 온 톤(Tone on Tone)'을 활용했다면 어떤 배색인가?

① 동일색 배색
② 유사색 배색
③ 반대색 배색
④ 보색 배색

동일색 배색은 일관된 색 톤을 연출하여 색채 아이덴티티를 명확히 할 수 있다. 대표적인 배색의 유형으로 '톤 온 톤(Tone on Tone)'을 활용한다.

10 픽셀(Pixel)에 대한 내용 중 <u>틀린</u> 것은?

① 픽셀은 '화소(Picture element)'를 뜻하는 개념이다.
② 이미지는 픽셀로 구성되어 있다.
③ 모니터에서 픽셀은 수평축과 수직축의 좌표계로 표시된다.
④ 픽셀을 확대하면 직사각형으로 이루어져 있다.

픽셀(Pixel)
- 픽셀은 컴퓨터 모니터에서 시각 형상을 구성하는 최소 단위로서 '화소(Picture Element)'를 가리키는 개념으로서 '실사 이미지'를 형성한다.
- 이미지는 픽셀로 구성되어 있다.
- 비트맵 이미지를 구현하는 그래픽 소프트웨어에서 표현되는 이미지를 확대하여 보면, 정사각형의 픽셀들로 이루어져 있음을 알 수 있다.
- 모니터에서 픽셀은 수평축과 수직축의 좌표계로 표시되며, 그리드(Grid)를 형성한다.
- 디지털 이미지는 일정한 코드화 계획에 따른 각 픽셀의 데이터 값으로 색과 톤이 정해짐으로써 그리드로 형성된 픽셀에 각각의 값이 할당되어 이미지가 형성되는 방식이다.

11 디자인 결과물을 개발하기 위한 단계로 옳은 것은?

① 콘셉트 설정→아이데이션→시안 디자인→최종 디자인
② 아이데이션→시안 디자인→최종 디자인→콘셉트 설정
③ 시안 디자인→콘셉트 설정→아이데이션→최종 디자인
④ 최종 디자인→콘셉트 설정→아이데이션→시안 디자인

디자인 결과물을 개발하기 위해서는 콘셉트 설정→아이데이션→시안 디자인→최종 디자인의 단계를 갖는다.

2D 그래픽 제작

2025년부터 변경된 출제기준에 따라 새로 개설된 파트입니다. 2D 이미지를 제작하는 것부터 합성하고 보정하는 방법까지 상세하게 학습할 수 있습니다. 타이포그래피에 대한 이론도 출제 가능성이 높습니다. 실기 시험과 밀접하게 연계되어 있는 파트이므로 집중해서 학습하시는 것이 좋겠습니다.

CHAPTER 01

2D 이미지와
타이포그래피의 제작과 편집

2D 이미지의 구성요소를 파악하고 그 전반적인 작업을 이해해야 합니다. 2D 이미지
의 합성과 보정방법까지 정확하게 암기하며 학습해야 합니다. 타이포그래피의 기본적
인 이론과 의미에 대해서도 알아두어야 합니다.

2D 이미지 제작

▶ 합격 강의

01 2D 그래픽

1) 2D 컴퓨터 그래픽의 이해

컴퓨터 그래픽은 현대 기술과 예술을 결합한 뛰어난 분야로, 우리 일상생활에서 널리 사용되고 있다. 그림, 비디오 게임, 애니메이션, 영화 등 다양한 매체에서 이런 작품들은 컴퓨터 그래픽의 핵심 개념과 원리를 이해하는 데 기반하고 있으며, 우리는 컴퓨터 그래픽을 통해 시각적으로 아름다운 경험을 할 수 있다. 특히 2D 컴퓨터 그래픽은 X축과 Y축으로 이루어진 평면 공간에서 컴퓨터를 이용해 구현된 디지털 이미지 또는 이를 구현하는 기술과 제작 과정을 통틀어 의미한다. 주로 평면적인 이미지를 다루고, 편집 디자인, 웹 페이지 디자인, 캐릭터 디자인, 일러스트, 아이콘 등에 사용된다.

2) 2D 그래픽 이미지 구성요소

2D 그래픽 이미지 구성요소에는 일러스트레이션, 사진, 타이포그래피가 있다.

① 일러스트레이션

• 전달 내용이나 주제를 상징적, 풍자적, 해학적, 설명적, 장식적으로 표현할 때 효과적이다.
• 사진보다 사실감은 덜하지만 보다 설명적이고 인상적이어서 의미 전달에 더 효과적이다.
• 높은 주목성과 친근함 그리고 부드러운 느낌은 사람들의 기억에 오래 남는다.

② 사진

• 전달하고자 하는 내용을 사실적으로 보여 줄 때 매우 효과적이다.
• 사실성과 현장성이 강해 정보 전달의 신뢰도를 높일 수 있다.
• 시각적인 효과가 높고 정보 전달력에서 매우 효과적이다.
• 타이포그래피나 본문 카피와 같이 메시지 전달 기능을 수행하고 있다.

③ 타이포그래피

- 디자인에서 타이포그래피는 매우 중요한 요소이다.
- 포스터, 광고, 표지 등 여러 가지 편집물을 비롯하여 패키지, CD 레이블 등에 사용된다.
- 기능은 크게 정보 전달 기능과 심미적 기능의 두 가지로 정의할 수 있다.
- 가독성이 좋아야 정보 전달의 기능을 수행할 수 있다.
- 보는 이에게 아름답고 독창적인 인상을 전달할 수 있도록 해야 한다.
- 서체, 크기, 위치, 색상 등 타이포그래피의 미적 요소에 주의를 기울여야 한다.
- 함축적인 의미를 정확하게 전달하기 위해 사용하는 요소이다.
- 이미지와의 관계를 고려하여 표현 방법을 정하고 배치한다.

02 2D 그래픽 작업

1) 2D 그래픽 이미지 작업의 이해

① 픽셀

픽셀(Pixel)은 컴퓨터 디스플레이 또는 컴퓨터 이미지를 구성하고 있는 최소 단위의 점으로, '화소'라고도 한다. 컴퓨터 화면의 모든 이미지는 이러한 픽셀이라는 작은 사각형의 점들로 구성되어 있다.

▲ 픽셀

② 해상도

- 해상도(resolution)는 일정한 크기의 화면 또는 종이에 나타낼 수 있는 이미지의 정밀도를 나타내는 지표로, 이미지를 표현하는 데 몇 개의 픽셀 또는 도트로 표현했는지 그 정도를 나타내는 말이다.
- 화면에서 1인치당 몇 개의 픽셀로 이루어졌는지를 나타내는 ppi(pixel per inch)이다.
- 인쇄에서 1인치당 몇 개의 점(dot)으로 이루어졌는지를 나타내는 dpi(dot per inch)이다.

③ 모니터 해상도

- 모니터 해상도는 한 화면에 픽셀이 몇 개나 포함되어 있는지를 말하는 것으로, 대개 가로의 픽셀 수와 세로의 픽셀 수를 곱한 형태로 나타낸다.
- 1,920×1,080은 모니터에 가로 1,920개, 세로 1,080개의 픽셀로 나타낸다는 표시이다.
- 모니터에서는 보통 72dpi 또는 96dpi 이미지를 사용한다.
- 인쇄물에서는 300dpi 이상을 사용해야 이미지의 품질이 떨어지지 않는다.

2) 2D 그래픽 이미지 색상 모드 활용

2D 그래픽 이미지 색상 모드(CMYK, RGB)는 이미지를 구성하는 색상 체계를 이르는 말로, 크게는 CMYK, RGB 모드를 주로 사용한다. 결과물의 형태와 용도에 따라 CMYK, 즉 시안(Cyan), 마젠타(Magenta), 노랑(Yellow), 검정(Black)의 감산혼합을 기본으로 하는 인쇄 매체의 색 표시 모델과 적(Red), 녹(Green), 청(Blue)의 가산혼합을 기본으로 하는 RGB 영상 색 표시 모델 분야로 나눌 수 있다.

① CMYK 모드

- CMYK 모드는 잉크의 비율로 색을 나타내는 인쇄용 모드이다.
- 시안(Cyan), 마젠타(Magenta), 옐로(Yellow), 블랙(Black)을 사용하는 감산혼합 방식이다.
- 밝은색은 잉크 비율이 낮고, 어두운색은 잉크 비율이 높다.

② RGB 모드

- RGB 모드는 색의 수치로 나타내는 컴퓨터에서 사용하는 일반적인 모드이다.
- 빛의 3원색인 레드(Red), 그린(Green), 블루(Blue)를 사용하는 가산혼합 방식이다.
- 색상별로 각각 0~255의 범위를 사용한다. 모두 0이면 검은색, 모두 255이면 흰색이다.

2D 이미지 합성·보정

▶ 합격 강의

01 2D 그래픽 이미지의 합성 및 보정

1) 이미지 레이어
- 여러 장의 이미지를 중첩되게 쌓을 수 있다.
- 위에 있는 이미지의 부분을 오리거나 블렌드 모드로 색상값을 합칠 수 있다.
- 새로운 이미지 조합에 사용되는 필수 기능이다.

2) 알파채널
- 흑백의 이미지를 말하여 마스크로 사용된다.
- 마스크란 작업 영역을 분할하고 선택하며 레이어상에서는 이미지를 오려내서 투명하게 보이게 된다(검은색 부분이 투명해진다).

3) 블렌드모드 개념 및 종류
블렌드란 레이어상의 색상값을 혼합하는 방법으로 다양한 종류가 있다.
- Normal : 상·하위 두 이미지의 합성을 하지 않은 상태
- Multiply : 상위 색상값을 곱하는 방식으로 어두운색이 합쳐지는 효과를 냄
- Darken : 상위 레이어의 어두운 부분 중심으로 하위 레이어에 합성되는 방식
- Lighten : 상위 레이어의 밝은 부분 중심으로 하위 레이어에 합성되는 방식
- Screen : 상·하위 두 이미지의 밝은색이 합쳐저서 이미지가 밝아짐
- Difference : 상위 이미지를 리벌스 합성하는 방식으로 보색으로 표현됨
- Grain Merge : 상하 이미지의 질감 합치기 방식으로 이미지들이 합성됨

4) 커브를 이용한 이미지 오리기
경로커브 사용방법 : 경로커브를 사용하여 이미지 오려내기를 한다.

5) 이미지의 음영 및 색상 보정하기

① 이미지 수정 방법 : 이미지 수정은 포토샵 Image 메뉴의 Adjustment에 있는 세부 메뉴에서 여러 조절 방식을 사용한다.

- Brightness/Contrast : 이미지를 수정할 때 많이 활용하는 메뉴로, 밝고 어둡게 하거나 색상의 대비를 조절하여 전체적인 이미지를 수정한다.
- Levels : 이미지의 어두운 톤, 중간 톤, 밝은 톤의 밝기를 조절하여 이미지 수정한다.
- Curves : 곡선 그래프를 이용하여 색상의 대비와 밝기를 조절할 수 있다. Levels에 비해 정교한 수정이 가능하고, 채널을 설정하여 색상 조절도 할 수 있다.
- Hue/Saturation : 명도, 채도, 색상을 조정할 수 있다.
- Color Balance : 수정하고자 하는 이미지 색상을 조절하면서 변경할 수 있다.
- Variations : 이미지의 색상을 조절할 수 있는 메뉴이며, 여러 개의 창으로 되어 있어 색상 변화의 결과를 바로 알 수 있다.

02 2D 그래픽 입력 및 출력 이해

1) 비트맵 이미지와 벡터 이미지

① 비트맵(Bitmap)

- 컴퓨터 그래픽에서 화면에 나타나는 이미지를 저장하는 방식이다.
- 최소 단위가 픽셀로 나타나고 각 픽셀의 값이 독자적으로 존재한다.
- 확대 및 축소할 때 이미지 손상이 일어나고, 일반적으로 벡터보다 용량이 크다.

② 벡터(Vector)

- 베이지 곡선을 사용하여 이미지를 저장하는 방식이다.
- 각 포인트와 좌표의 색상이 수치적 · 수학적 계산으로 이루어지는 방식이다.
- 수치적으로 존재하는 그래픽으로 확대나 축소할 때 이미지 손상이 없는 장점이 있다.
- 섬세한 색의 수정이 어려우며, 복잡할 경우 비트맵보다 용량이 커진다.

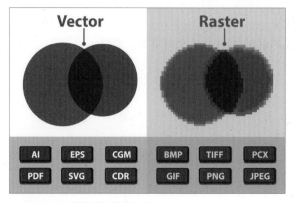

▲ 벡터와 비트맵(래스터) 이미지의 차이

2) 이미지 저장 파일 포맷의 종류와 특징

화면 출력을 위한 파일 포켓의 공통점은 압축이며, 큰 이미지를 작은 이미지로 압축하므로 출력을 위한 이미지는 품질이 떨어질 수밖에 없다. 대표적인 화면 출력용 파일 포맷 방식은 다음과 같다.

① GIF

- Graphics Interchange Format의 약자이다.
- 대표적인 웹 이미지 저장 방식이다.
- 모든 웹 브라우저에서 지원한다.
- 용량이 적고 화질이 떨어진다.
- 애니메이션과 투명도, 인터레이스 등이 가능한 파일 포맷이다.
- GIF는 256색상, 또는 그 이하의 색상만으로 표현할 수 있다.
- JPEG보다 깔끔하고, 경계 부분이 선명한 효과를 볼 수 있다.
- 아이콘 등 단순한 이미지를 저장할 때 유용하다.

② JPEG

- Joint Photographic Experts Group의 약자이다.
- 손실 압축 방식을 사용한다.
- 24비트에서 8비트까지 색상 영역을 선택할 수 있다.
- 24비트 이미지는 원본의 색상 정보를 그대로 보여 줄 수 있다.
- 24비트 이미지는 8비트 이미지보다 화질이 좋다.
- 사진과 같이 연속성 있는 색감의 이미지를 저장할 때 사용한다.

③ PNG

- Portable Network Graphics의 약자이다.
- GIF 포맷에서 발전한 포맷으로, 인터넷을 위한 새 규격의 포맷이다.
- 무손실 압축 방법을 이용하기 때문에 이미지 품질의 손상이 거의 없다.
- PNG-8은 GIF 방식을 지원하고 PNG-16은 JPEG를 지원한다.
- GIF의 장점과 JPEG의 장점을 합해 놓은 그래픽 포맷이라 할 수 있다.

타이포그래피

▶ 합격 강의

빈출 태그 타이포그래피의 사용방법, 가시성 · 가독성 · 가해성

01 타이포그래피의 이론과 기본지식

1) 타이포그래피(Typography)의 어원

타이포그래피(Typography)는 '활자'를 의미하는 'Type'와 '-술'을 의미하는 접미사 'Graphy'의 합성어이다. 즉, 영어 단어 Typography는 그리스어의 두 단어 $\tau\acute{\upsilon}\pi o\varsigma$(Typos, 표시)와 $\gamma\rho\acute{\alpha}\phi\omega$(Grapho, 쓰다)에서 유래된 조어이다.

2) 타이포그래피(Typography)의 사전적 의미

타이포그래피(Typography)의 사전적 의미는 '활판으로 하는 인쇄술', '편집 디자인에서 활자의 서체나 글자 배치 따위를 구성하고 표현하는 일'이다. 그러나 현재는 컴퓨터가 널리 보급되고 DTP(Desk Top Publishing)가 보편화되면서 활판의 의미는 거의 사라졌고, 편집 디자인을 접목한 서체의 배치 또한 다양한 형태로 발전하고 있다.

3) 타이포그래피(Typography)의 역사

17세기 말부터 인쇄 관련 지식이 전파되면서 인쇄물의 대량생산이 시도되었다. 이때 일정한 대량생산을 위해 최선의 가독성을 가져가면서 작업효율을 빠르게 높이기 위해 타이포그래피의 전형화, 규격화가 필요했다. 공정 중 인쇄소와 활자 제작소 사이에 호환해야 할 공통 명명법과 표준형이 필요했고, 이후 표준화의 필요성을 느낀 여러 나라에서 타이포그래피를 체계화 또는 질서를 부여하려는 시도가 일어났으며 그러한 시도들은 인쇄술이 현대화하는 데 큰 영향을 주었다.

4) 디자이너에게 타이포그래피는?

사전에서 정의하는 활판이나 서체 배치보다 조금 더 확장된 의미이다. 즉, 목적에 맞는 서체를 개발하는 일과 기존의 서체를 효과적으로 적용하는 일이다. 우리가 TV에서 흔히 볼 수 있는 프로그램의 타이틀 서체를 비롯하여 영화 제목의 서체, 포스터나 광고의 헤드라인 서체 등 많은 분야에서 타이포그래피가 적용된 서체가 개발되고 있다.

02 타이포그래피의 창의적인 사용방법

타이포그래피는 문자 배열, 문자 디자인과 문자 상형을 수정하는 기술과 예술이다. 상형문자는 창조되고 다양한 일러스트레이션 기법으로 수정된다. 글자의 정돈은 서체의 선택, 포인트 사이즈, 선 길이, 선 간격, 문장 사이의 간격 맞춤과 단어 사이의 간격 맞춤을 포함한다.

1) 타이포그래피의 적용

- 기존의 서체를 다른 디자인 요소와 조화를 이루면서 읽기 편하고 정돈되어 보이도록 자간, 행간, 장평, 들여쓰기 등을 적용하기도 한다.
- 타이포그래피는 디자인의 목적에 따라 느낌과 목적 달성을 극대화하기 위해 그 디자인 프로젝트를 위해서 서체를 만드는(그리는) 일과 신문, 잡지의 본문과 같이 편안하게 읽을 수 있도록 만들어 주는 것을 모두 일컫는다.
- 디자인을 위해 만들어진 모든 서체와 서체를 적용하는 일을 타이포그래피라고 할 수 있다.
- 타이포그래피의 적용 범위를 보면, 예전에 비해 다양해지고 복합적이며 창의적으로 변하고 있다. 예전에는 문자를 통해 의미 전달을 했다면, 요즘은 의미 전달과 함께 느낌까지 전달하고 있다.
- 일러스트레이션을 대체하는 타이포그래피도 나오고 있고, 메인 비주얼(Main Visual)이 없는 인쇄 광고도 만들어지고 있어 타이포그래피의 적용 범위는 점점 넓어지고 있다.

2) 타이포그래피의 영역

- 타이포그래피의 영역은 매우 방대하며, 시각 디자인과 관련된 전 분야에 두루 응용되고 있다.
- 타이포그래피 영역에는 다음과 같은 것들이 포함된다.
  - 활자 조판과 서체 디자인, 핸드라이팅과 캘리그래피
  - 포스터 디자인과 표시판과 빌보드와 같은 다른 대형의 글자체
  - 광고, 문자 상징과 서체적 로고(로고 타입)
  - 모션 픽처 영상과 텔레비전의 움직이는 글자체 등
- 디지털화되면서 타이포그래피는 넓고 방대하게 펼쳐지게 되었다.
- 타이포그래피는 다음과 같은 직업군에 의해 표현된다.
  - 도판공 타입세터, 컴포지터, 타이포그래퍼, 그래픽 디자이너
  - 아트 디렉터, 북 아티스트, 그래피티 아티스트와 서기관 등

03 타이포그래피 기술의 활용 능력

- 18세기 산업 혁명 이후 글자뿐 아니라 사진, 일러스트 등의 글의 보조적 형태를 포함한 인쇄가 가능해지면서, 타이포그래피는 '시각적 형태로 무엇인가를 기록하거나 표현하는 방법'을 포괄적으로 의미하게 되었다.
- 현대의 타이포그래피는 컴퓨터 및 인터넷 기술의 발달에 따른 빠른 변화와 함께 변모해가고 있다.
- 글자의 역할은 읽히는 기능만이 아니라 보이는 기능까지 포함하고 있다.
- 타이포그래피는 글자와 글자, 글자와 그림, 글자가 위치한 공간, 글자의 움직임 등 '글자로 구성하는 모든 디자인의 과정과 결과'를 의미한다.

04 타이포그래피의 가시성, 가독성, 가해성

타이포그래피(Typography)는 인쇄물의 텍스트와 밀접하게 연관되어 글, 그림의 사이의 조절 등 가독성에 대한 요구를 받는 분야이다. 또한 다양한 분야에 활용되면서 가시성과 가해성이 요구된다.

1) 가시성(Visibility)

- 사물을 볼 수 있는 정도로, 광고 표현의 중요한 요건이다.
- 사람의 눈길을 끄는 정도나 볼 수 있는 정도를 가시성 또는 가시도라 한다.
- 시각을 통한 선전 효과는 '볼 수 있다는 것'을 전제로 한다.
- 선전물의 가시도는 색이나 빛이 강하거나 형태가 크다고 해서 높아지는 것이 아니며, 배경과 어울려서 주의를 끄는 도형(Figure) 등 감각 심리학상으로 가시도가 높아야 한다.
- 대비(Contrast), 통일성, 의미 있는 형태, 낯익은 형태, 동작감 등은 가시도가 높다.
- 단순히 가시도만으로 광고 효과를 측정할 수는 없다.

2) 가독성(Legibility)

- 문자의 가독용이도(可讀容易度)를 말한다.
- 문자를 볼 수 있는가와 판독할 수 있는가는 별개의 문제이다.
- 가독성은 다시 레지빌리티와 리더빌리티로 구분된다.

분류	내용	예시
레지빌리티(Legibility)	글자 한자 한자에 대한 가독성을 뜻하는 것	오독(誤讀)이 생길 수 있는 글자는 "레지빌리티가 낮다."라고 말한다.
리더빌리티(Readability)	좀 더 포괄적으로 문장(文章) 디자인적 측면에서의 가독성을 의미한다.	내용이 긴 본문을 조판할 때 '끝 맞추기'보다는 '끝 흘리기'가 보다 더 리더빌리티가 높은 것으로 알려져 있다.

- 가독성이란 인쇄된 글자들이 시각적으로 잘 보이는 정도이다.
- 가독성은 넓게는 인쇄물의 내용에 대한 독자들의 이해 정도까지를 포함한다.
- 가독성은 일정한 단위 시간에 독자가 주어진 기사의 내용을 읽는 속도와 그 내용에 대한 이해 정도에 의해 측정될 수 있다.

3) 가해성(Comprehensibility)

- 이해할 수 있는 정도로, 시각적 이해 외에 내용의 이해가 포함된다.
- 문자는 가시성, 가독성뿐 아니라 가해성이 있어야 한다. 가독성은 문자나 문장을 읽을 수 있는 정도의 가해성을 포함한다.
- 음성이나 색, 빛을 가진 신호, 상징 등 가독성이 낮아도 가해성은 높은 경우가 있다.
- 통신, 전달, 선전 · 광고 등에서 가해성은 꼭 필요하다.

01 다음 중 2D 그래픽 이미지 구성요소가 <u>아닌</u> 것은?

① 2D 그래픽 프로그램
② 일러스트레이션
③ 사진
④ 타이포그래피

2D 그래픽 이미지 구성요소에는 일러스트레이션, 사진, 타이포그래피가 있다.

02 다음 중 일러스트레이션에 대한 설명이 <u>아닌</u> 것은?

① 사실성과 현장성이 강해 정보 전달의 신뢰도를 높일 수 있다.
② 전달 내용이나 주제를 상징적, 풍자적, 장식적으로 표현할 때 효과적이다.
③ 사진보다 사실감은 덜하지만 보다 설명적이고 의미 전달에 더 효과적이다.
④ 높은 주목성과 친근함 그리고 부드러운 느낌은 사람들의 기억에 오래 남는다.

오답 피하기
• 전달 내용이나 주제를 상징적, 풍자적, 해학적, 설명적, 장식적으로 표현할 때 효과적이다.
• 사진보다 사실감은 덜하지만 보다 설명적이고 인상적이어서 의미 전달에 더 효과적이다.
• 높은 주목성과 친근함 그리고 부드러운 느낌은 사람들의 기억에 오래 남는다.

03 2D 그래픽 이미지 구성요소 중 타이포그래피에 대한 설명이 <u>아닌</u> 것은?

① 서체, 크기, 위치, 색상 등 타이포그래피의 미적 요소에 주의를 기울여야 한다.
② 기능은 크게 정보 전달 기능과 심미적 기능의 두 가지로 정의할 수 있다.
③ 가독성보다는 정보 전달의 기능을 수행할 수 있어야 한다.
④ 보는 이에게 아름답고 독창적인 인상을 전달할 수 있도록 해야 한다.

타이포그래피는 가독성이 좋아야 정보 전달의 기능을 수행할 수 있다.

04 컴퓨터 디스플레이, 또는 컴퓨터 이미지를 구성하고 있는 최소 단위의 점은?

① 픽셀(Pixel)
② 해상도(Resolution)
③ 알파채널
④ ppi(pixel per inch)

픽셀(Pixel)은 컴퓨터 디스플레이, 또는 컴퓨터 이미지를 구성하고 있는 최소 단위의 점으로, '화소'라고도 한다. 컴퓨터 화면의 모든 이미지는 이러한 픽셀이라는 작은 사각형의 점들로 구성되어 있다.

05 일정한 크기의 화면 또는 종이에 나타낼 수 있는 이미지의 정밀도를 나타내는 지표는?

① 픽셀(Pixel)
② 해상도(Resolution)
③ 알파채널
④ ppi(pixel per inch)

해상도(Resolution)는 일정한 크기의 화면 또는 종이에 나타낼 수 있는 이미지의 정밀도를 나타내는 지표로, 이미지를 표현하는 데 몇 개의 픽셀 또는 도트로 표현했는지 그 정도를 나타내는 말이다.

06 다음 보기 설명 중 <u>틀린</u> 것은?

① 화면에서 1인치당 몇 개의 픽셀로 이루어졌는지를 나타내는 ppi(pixel per inch)이다.
② 인쇄에서 1인치당 몇 개의 점(dot)으로 이루어졌는지를 나타내는 dpi(dot per inch)이다.
③ 모니터에서는 보통 72dpi 또는 96dpi 이미지를 사용한다.
④ 인쇄물에서는 150dpi 이상을 사용해야 이미지의 품질이 떨어지지 않는다.

인쇄물에서는 300dpi 이상을 사용해야 이미지의 품질이 떨어지지 않는다.

정답 01 ① 02 ① 03 ③ 04 ① 05 ② 06 ④

07 CMYK 모드에 대한 설명이 아닌 것은?

① 밝은색은 잉크 비율이 작고, 어두운색은 잉크 비율이 크다.
② 색의 수치로 나타내는 컴퓨터에서 사용하는 일반적인 모드이다.
③ 잉크의 비율로 색을 나타내는 인쇄용 모드이다.
④ 감산혼합 방식이다

RGB 모드는 색의 수치로 나타내는 컴퓨터에서 사용하는 일반적인 모드이다.

08 시안(Cyan), 마젠타(Magenta), 옐로(Yellow), 블랙(Black)을 사용하는 감산혼합 방식의 모드는?

① CMYK 모드
② RGB 모드
③ 알파 모드
④ 블랜드 모드

CMYK 모드는 시안(Cyan), 마젠타(Magenta), 옐로(Yellow), 블랙(Black)을 사용하는 감산혼합 방식이다.

09 흑백의 이미지를 말하여 마스크로 사용되는 것은?

① CMYK 채널
② RGB 채널
③ 알파 채널
④ 색상 채널

알파 채널은 흑백의 이미지를 말하여 마스크로 사용된다. 마스크란 작업 영역을 분할하고 선택하며 레이어상에서는 이미지를 오려내서 투명하게 보이게 된다.

10 블렌드모드에 대한 설명 중 틀린 것은?

① Screen : 상위 레이어의 어두운 부분 중심으로 하위 레이어에 합성되는 방식
② Multiply : 상위 색상값을 곱하는 방식으로 어두운색이 합쳐지는 효과를 냄
③ Lighten : 상위 레이어의 밝은 부분 중심으로 하위 레이어에 합성되는 방식
④ Difference : 상위 이미지를 리벌스 합성하는 방식으로 보색으로 표현됨

Screen : 상ㆍ하위 두 이미지의 밝은색이 합쳐져서 이미지가 밝아짐

11 포토샵 Image 메뉴의 이미지 수정 Adjustment 중 설명이 틀린 것은?

① Brightness/Contrast는 밝고 어둡게 하거나 색상의 대비를 조절한다.
② Levels은 이미지의 어두운 톤, 중간 톤, 밝은 톤의 밝기를 조절하여 이미지 수정한다.
③ Color Balance는 명도, 채도, 색상을 조정할 수 있다.
④ Variations는 이미지의 색상을 조절할 수 있는 메뉴이다.

• Color Balance는 수정하고자 하는 이미지의 색상을 조절하면서 변경할 수 있다.
• Hue/Saturation은 명도, 채도, 색상을 조정할 수 있다.

12 비트맵(Bitmap)에 대한 설명 중 <u>틀린</u> 것은?

① 베이지 곡선을 사용하여 이미지를 저장하는 방식이다.

② 컴퓨터 그래픽에서 화면에 나타나는 이미지를 저장하는 방식이다.

③ 최소 단위가 픽셀로 나타나고 각 픽셀의 값이 독자적으로 존재한다.

④ 확대 및 축소할 때 이미지 손상이 일어나고, 일반적으로 벡터보다 용량이 크다.

벡터(Vector)는 베이지 곡선을 사용하여 이미지를 저장하는 방식이다.

13 벡터(Vector)에 대한 설명 중 <u>틀린</u> 것은?

① 최소 단위가 픽셀로 나타나고 각 픽셀의 값이 독자적으로 존재한다.

② 각 포인트와 좌표의 색상이 수치적·수학적 계산으로 이루어지는 방식이다.

③ 수치적으로 존재하는 그래픽으로 확대나 축소할 때 이미지 손상이 없는 장점이 있다.

④ 섬세한 색의 수정이 어려우며, 복잡할 경우 비트맵보다 용량이 커진다.

비트맵(Bitmap)은 최소 단위가 픽셀로 나타나고 각 픽셀의 값이 독자적으로 존재한다.

14 이미지 저장 파일 포맷의 종류 중 GIF 설명으로 <u>틀린</u> 것은?

① 대표적인 웹 이미지 저장 방식이다.

② 모든 웹 브라우저에서 지원한다.

③ 손실 압축 방식을 사용한다.

④ 용량이 작고 화질이 떨어진다.

JPEG는 손실 압축 방식을 사용한다.

15 사진과 같이 연속성 있는 색감의 이미지를 저장할 때 사용하는 이미지 저장 파일 포맷은?

① GIF

② PNG

③ JPEG

④ PNG-8

JPEG는 사진과 같이 연속성 있는 색감의 이미지를 저장할 때 사용한다.

16 광고 표현의 중요한 요건으로 사람의 눈길을 끄는 정도를 무엇이라 하는가?

① 가시성

② 가독성

③ 독창성

④ 가해성

사물을 볼 수 있는 정도로, 광고 표현의 중요한 요건이다. 사람의 눈길을 끄는 정도나 볼 수 있는 정도를 가시성 또는 가시도라고 한다.

17 레지빌리티와 리더빌리티로 구분되며 인쇄된 글자들이 시각적으로 잘 보이는 정도를 무엇이라 하는가?

① 가시성

② 가독성

③ 독창성

④ 가해성

가독성은 레지빌리티와 리더빌리티로 구분되며 인쇄된 글자들이 시각적으로 잘 보이는 정도를 말한다.

18 이해할 수 있는 정도로, 시각적 이해 외에 내용의 이해가 포함되는 것을 무엇이라 하는가?

① 가시성

② 가독성

③ 독창성

④ 가해성

가해성(Comprehensibility)은 이해할 수 있는 정도로, 시각적 이해 외에 내용의 이해가 포함된다.

정답 12 ① 13 ① 14 ③ 15 ③ 16 ① 17 ② 18 ④

MEMO

이기적 오
무조건 ㅇ

이기적 오

이렇게 기막힌 적중률

컴퓨터그래픽기능사
필기 기본서

2권 · 기출공략집

"이" 한 권으로 합격의 "기적"을 경험하세요!

YoungJin.com **Y.**
영진닷컴

대표 기출 200선

1과목	산업디자인 일반	2-4
2과목	색채 및 도법	2-15
3과목	디자인재료	2-32
4과목	컴퓨터그래픽스	2-40

최신 기출문제

2024년 최신 기출문제 01회	2-54
2024년 최신 기출문제 02회	2-61
2024년 최신 기출문제 03회	2-68
2023년 최신 기출문제 01회	2-76
2023년 최신 기출문제 02회	2-84

최신 기출문제 정답 & 해설

2024년 최신 기출문제 01회	2-93
2024년 최신 기출문제 02회	2-97
2024년 최신 기출문제 03회	2-100
2023년 최신 기출문제 01회	2-104
2023년 최신 기출문제 02회	2-108

구매 인증 PDF

실기 맛보기 모의고사
암호: cg7669yj

시험장까지 함께 가는 핵심 요약
이기적 스터디 카페에서 제공

※ **참여 방법**: '이기적 스터디 카페' 검색 → 이기적 스터디 카페(cafe.naver.com/yjbooks) 접속 → '구매 인증 PDF 증정' 게시판 → 구매 인증 → 메일로 자료 받기

기출공략집

대표 기출 200선	2-4
최신 기출문제	2-54
정답 및 해설	2-93

CBT 온라인 문제집

시험장과 동일한
환경에서 문제 풀이
서비스

- QR 코드를 찍으면 원하는 시험에 응시할 수 있습니다.
- 풀이가 끝나면 자동 채점되며, 해설을 즉시 확인할 수 있습니다.
- 마이페이지에서 풀이 내역을 분석하여 드립니다.
- 모바일과 PC도 이용 가능합니다.

1과목 산업 디자인 일반

참고 파트01 – 챕터01 – 섹션01 ▶ 합격 강의

01 | 디자인의 목적

인간의 행복을 위하여 물질적인 생활환경을 개선하고 창조하여 인간의 삶의 질을 향상하는 데 있다.

디자인의 궁극적인 목적을 가장 바르게 기술한 것은?

① 용도나 기능을 목표로 하는 생산 행위에 목적이 있다.
② 인간의 행복을 위한 물질적 생활환경의 개선 및 창조를 목적으로 한다.
③ 대중의 미의식보다는 개인의 취향을 전제로 디자인하는 데 목적이 있다.
④ 경제 발달을 목적으로 한다.

참고 파트01 – 챕터01 – 섹션01 ▶ 합격 강의

02 | 합목적성

• 디자인의 목적 자체가 합리적으로 설정되어야 한다.
• 실용성과 기능성을 충족시켜야 한다.

디자인의 조건에서 합목적성이 가장 잘 표현된 내용은?

① 중명도, 저채도로 그려진 포스터가 시인도가 크다.
② 아름다운 곡선의 주전자가 물 따르기가 좋다.
③ 주로 장식적인 의자의 형태가 앉기에 편리하다.
④ 크고 화려한 집이 살기에 가장 편리하다.

참고 파트01 – 챕터01 – 섹션01 ▶ 합격 강의

03 | 심미성

• 심미성은 개인이 느끼는 아름다움을 말하는 것으로 주관적이며 개인의 차이가 있으나 디자인에서의 미(美)는 개인차보다는 대중에 의하여 공감되는 미(美)이어야 한다.
• 미의식은 시대성, 국제성, 민족성, 사회성, 개인성에 따라서 차이가 있으며 스타일이나 유행과도 밀접하게 나타난다.
• 심미성은 제품 소재에 따라서 큰 차이를 느끼므로 소재를 찾을 때 가장 먼저 고려해야 한다.

다음 문장 속에 들어갈 가장 적절한 말은?

"인테리어 디자인은 개인 기호와 ( )이 강하게 작용하므로 색채 이미지의 자유로운 선택이 요구된다."

① 심미성   ② 경제성
③ 시간성   ④ 성별성

참고 파트01 – 챕터01 – 섹션01 ▶ 합격 강의

04 | 굿 디자인

• 디자인 조건을 고루 갖춘 디자인이다.
• 합목적성(기능성, 실용성), 심미성, 독창성, 경제성, 질서성

굿 디자인(Good Design)의 조건이 아닌 것은?

① 합목적성   ② 심미성
③ 종합성   ④ 독창성

정답 01 ② 02 ② 03 ① 04 ③

07 CMYK 모드에 대한 설명이 <u>아닌</u> 것은?

① 밝은색은 잉크 비율이 작고, 어두운색은 잉크 비율이 크다.
② 색의 수치로 나타내는 컴퓨터에서 사용하는 일반적인 모드이다.
③ 잉크의 비율로 색을 나타내는 인쇄용 모드이다.
④ 감산혼합 방식이다

RGB 모드는 색의 수치로 나타내는 컴퓨터에서 사용하는 일반적인 모드이다.

08 시안(Cyan), 마젠타(Magenta), 옐로(Yellow), 블랙(Black)을 사용하는 감산혼합 방식의 모드는?

① CMYK 모드
② RGB 모드
③ 알파 모드
④ 블랜드 모드

CMYK 모드는 시안(Cyan), 마젠타(Magenta), 옐로(Yellow), 블랙(Black)을 사용하는 감산혼합 방식이다.

09 흑백의 이미지를 말하여 마스크로 사용되는 것은?

① CMYK 채널
② RGB 채널
③ 알파 채널
④ 색상 채널

알파 채널은 흑백의 이미지를 말하여 마스크로 사용된다. 마스크란 작업 영역을 분할하고 선택하며 레이어상에서는 이미지를 오려내서 투명하게 보이게 된다.

10 블렌드모드에 대한 설명 중 <u>틀린</u> 것은?

① Screen : 상위 레이어의 어두운 부분 중심으로 하위 레이어에 합성되는 방식
② Multiply : 상위 색상값을 곱하는 방식으로 어두운색이 합쳐지는 효과를 냄
③ Lighten : 상위 레이어의 밝은 부분 중심으로 하위 레이어에 합성되는 방식
④ Difference : 상위 이미지를 리벌스 합성하는 방식으로 보색으로 표현됨

Screen : 상·하위 두 이미지의 밝은색이 합쳐저서 이미지가 밝아짐

11 포토샵 Image 메뉴의 이미지 수정 Adjustment 중 설명이 <u>틀린</u> 것은?

① Brightness/Contrast는 밝고 어둡게 하거나 색상의 대비를 조절한다.
② Levels은 이미지의 어두운 톤, 중간 톤, 밝은 톤의 밝기를 조절하여 이미지 수정한다.
③ Color Balance는 명도, 채도, 색상을 조정할 수 있다.
④ Variations는 이미지의 색상을 조절할 수 있는 메뉴이다.

• Color Balance는 수정하고자 하는 이미지의 색상을 조절하면서 변경할 수 있다.
• Hue/Saturation은 명도, 채도, 색상을 조정할 수 있다.

12 비트맵(Bitmap)에 대한 설명 중 틀린 것은?

① 베이지 곡선을 사용하여 이미지를 저장하는 방식이다.

② 컴퓨터 그래픽에서 화면에 나타나는 이미지를 저장하는 방식이다.

③ 최소 단위가 픽셀로 나타나고 각 픽셀의 값이 독자적으로 존재한다.

④ 확대 및 축소할 때 이미지 손상이 일어나고, 일반적으로 벡터보다 용량이 크다.

벡터(Vector)는 베이지 곡선을 사용하여 이미지를 저장하는 방식이다.

13 벡터(Vector)에 대한 설명 중 틀린 것은?

① 최소 단위가 픽셀로 나타나고 각 픽셀의 값이 독자적으로 존재한다.

② 각 포인트와 좌표의 색상이 수치적·수학적 계산으로 이루어지는 방식이다.

③ 수치적으로 존재하는 그래픽으로 확대나 축소할 때 이미지 손상이 없는 장점이 있다.

④ 섬세한 색의 수정이 어려우며, 복잡할 경우 비트맵보다 용량이 커진다.

비트맵(Bitmap)은 최소 단위가 픽셀로 나타나고 각 픽셀의 값이 독자적으로 존재한다.

14 이미지 저장 파일 포맷의 종류 중 GIF 설명으로 틀린 것은?

① 대표적인 웹 이미지 저장 방식이다.

② 모든 웹 브라우저에서 지원한다.

③ 손실 압축 방식을 사용한다.

④ 용량이 작고 화질이 떨어진다.

JPEG는 손실 압축 방식을 사용한다.

15 사진과 같이 연속성 있는 색감의 이미지를 저장할 때 사용하는 이미지 저장 파일 포맷은?

① GIF

② PNG

③ JPEG

④ PNG-8

JPEG는 사진과 같이 연속성 있는 색감의 이미지를 저장할 때 사용한다.

16 광고 표현의 중요한 요건으로 사람의 눈길을 끄는 정도를 무엇이라 하는가?

① 가시성

② 가독성

③ 독창성

④ 가해성

사물을 볼 수 있는 정도로, 광고 표현의 중요한 요건이다. 사람의 눈길을 끄는 정도나 볼 수 있는 정도를 가시성 또는 가시도라고 한다.

17 레지빌리티와 리더빌리티로 구분되며 인쇄된 글자들이 시각적으로 잘 보이는 정도를 무엇이라 하는가?

① 가시성

② 가독성

③ 독창성

④ 가해성

가독성은 레지빌리티와 리더빌리티로 구분되며 인쇄된 글자들이 시각적으로 잘 보이는 정도를 말한다.

18 이해할 수 있는 정도로, 시각적 이해 외에 내용의 이해가 포함되는 것을 무엇이라 하는가?

① 가시성

② 가독성

③ 독창성

④ 가해성

가해성(Comprehensibility)은 이해할 수 있는 정도로, 시각적 이해 외에 내용의 이해가 포함된다.

MEMO

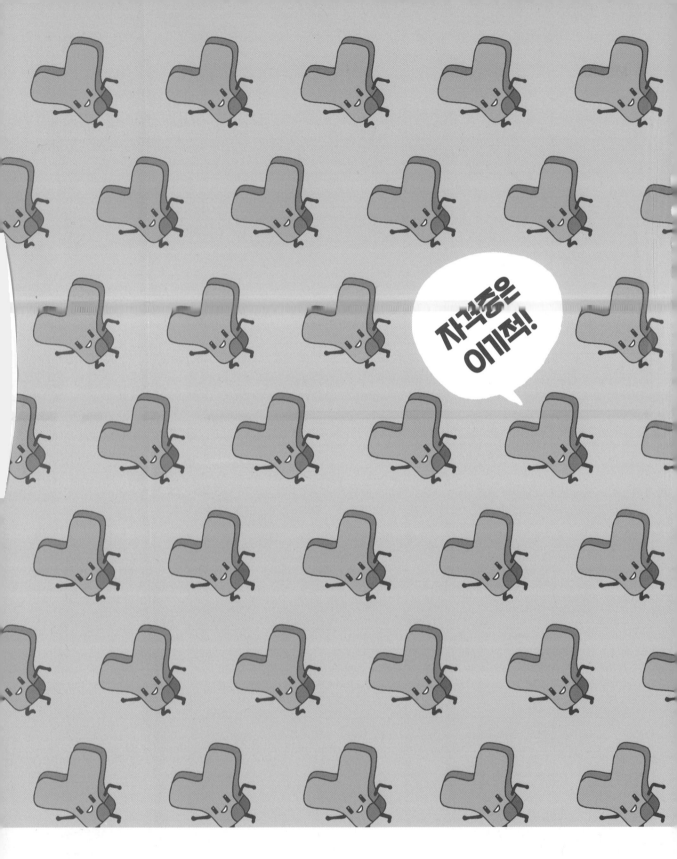

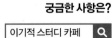

합격 강의

05 | 산업 디자인의 분류

- **시각 디자인** : 그래픽 디자인, 편집 디자인, 광고 디자인, 타이포그래피, 레터링, 일러스트레이션, C.I(Corporate Identity), 심볼, 로고 디자인, 포장 디자인, POP 디자인, 영상 디자인
- **제품 디자인** : 벽지 디자인, 텍스타일 디자인, 직물 디자인, 태피스트리 디자인, 인테리어 패브릭 디자인, 액세서리 디자인, 패션 디자인, 가구 디자인, 공예 디자인, 전기/전자제품 디자인, 주방용품 디자인, 운송기기 디자인
- **환경 디자인** : 실내(Interior) 디자인, 점포 디자인, 디스플레이, 도시계획, 조경 디자인, 스트리트 퍼니처, 정원 디자인

디자인의 분류상 인간과 사회를 맺는 정신적 장비에 해당하는 디자인은?

① 제품 디자인(Product Design)

② 시각전달 디자인(Visual Communication Design)

③ 공간 디자인(Space Design)

④ 실내 디자인(Interior Design)

 합격 강의

06 | 기업이미지 통합계획(C.I)과 브랜드 통일 계획(B.I)

- **C.I(Corporate Identity)** : 기업 이미지를 통일시키는 작업이다. 내적인 요소는 기업의 이념, 경영이념, 마케팅 환경 등 총체적인 것들을 다루며, 외적인 요소로는 주로 시각적인 통일성을 만드는 작업이다.
- **B.I(Brand Identity)** : 브랜드는 제품의 상표로서 한 회사의 같은 업종의 상표를 통일시키는 작업으로 회사만의 컬러와 서체, 레이아웃 등을 통일시키는 작업이다. 고려할 사항은 신뢰감, 판매 촉진, 좋은 이미지 창출이 되도록 해야 한다.

다음 중 브랜드 아이덴티티 디자인(BI)의 고려 요소 중 가장 거리가 먼 것은?

① 브랜드의 성격을 모두 다 보여 주어야 한다.

② 신뢰감을 주어야 한다.

③ 판매를 촉진해야 한다.

④ 좋은 이미지를 창출하여야 한다.

 합격 강의

07 | POP 디자인

- 구매시점 광고로 소비자가 구매하는 장소인 매장에서 일어나는 광고의 형태를 총칭하는 말이다. 소비자로 하여금 제품을 구매하는 데 동기 부여를 일으켜 제품을 구매하게끔 유도하는 광고물이다.
- 간판, 윈도, 디스플레이, 포스터, 배너, 안내사인 등이 있다.

"구매시점 광고"라고도 하는 것으로 소비자가 상품을 구매하는 장소에서 이루어지는 광고는?

① 디스플레이

② P.O.P 광고

③ 신문 광고

④ 상품 광고

 합격 강의

08 | 선

- 점이 이동하면서 이루는 흔적이나 궤적을 말하며, 기하학에서는 무수히 많은 점들의 집합을 선이라고 한다. 선은 길이, 위치, 방향을 가지나 두께나 폭은 없다. 두께를 가지면 입체가 되고, 폭이 있거나 이동하면 면이 된다. 선의 주체 요소로는 운동의 속도, 운동의 강약, 운동의 방향 등이 있다.
- **수평선** : 평온, 평화, 정지, 무한함, 정적인 느낌
- **수직선** : 강직, 엄숙, 존엄, 희망, 상승, 권위, 숭고한 느낌
- **사선(대각선)** : 동적이고 불안정한 느낌을 주지만 사용에 따라 강한 표현을 나타낼 수 있는 선으로 생동감, 긴장감, 운동감, 속도감, 불안한 느낌

선의 유형별 특징에 관한 설명 중 잘못된 것은?

① 직선은 경직, 명료, 확실, 남성적 성격을 나타낸다.

② 곡선은 고결, 희망을 나타내며 상승감, 긴장감을 높여준다.

③ 사선은 동적이고, 불안정한 느낌을 주지만 강한 표현을 나타내기도 한다.

④ 수평선은 평화, 정지를 나타내고 안정감을 더해준다.

참고 파트01 – 챕터01 – 섹션02 ▶합격 강의

09 | 면

수직면	고결, 엄숙, 상승, 긴장감
수평면	정지, 안정감
기하직선형 평면	질서가 있는 간결함, 확실, 명료, 강함, 신뢰, 안정
곡면	온화하고 유연한 동적 표정

면에 관한 설명 중 가장 올바른 것은?

① 평면은 곧고 평활한 표정을 가지며, 간결성을 나타낸다.

② 수직면은 동적인 상태로 불안정한 표정을 주어 공간에 강한 표정을 더한다.

③ 수평면은 고결한 느낌을 주고, 긴장감을 높여준다.

④ 사면은 정지 상태를 주고 안정감을 나타낸다.

참고 파트01 – 챕터01 – 섹션02 ▶합격 강의

10 | 시각 요소

우리가 눈으로 보고, 느낄 수 있게 만드는 요소로 형과 형태, 크기, 색채, 질감, 명암, 빛 등이 있다.

다음 중 평면 디자인의 원리에서 가시적인 시각 요소와 거리가 가장 먼 것은?

① 중량　　　　　② 형태

③ 색채　　　　　④ 질감

참고 파트01 – 챕터01 – 섹션02 ▶합격 강의

11 | 빛

우리가 볼 수 있는 광선은 가시광선이며 적외선과 자외선은 눈으로 볼 수 없다. 이런 빛은 물체에 반사, 투과, 굴절, 확산, 간섭 등의 성질을 갖고 있다.

디자인의 요소로써 빛에 대한 설명 중 잘못된 것은?

① 빛은 거칠거나 부드러움, 무르거나 단단함 등의 촉각적인 성질을 가지고 있다.

② 빛은 입체의 표면을 드러나게 한다.

③ 빛의 밝음과 어두움도 조형대비나 색채대비 못지않게 중요한 요소이다.

④ 움직이는 네온사인, 영화, 텔레비전, 멀티스크린 등은 빛이 만들어 내는 것이다.

참고 파트01 – 챕터01 – 섹션02 ▶합격 강의

12 | 대칭

선 대칭	하나의 선을 기준으로 상하, 좌우로 대칭을 이루는 것이다.
방사 대칭	한 점을 기준으로 일정한 거리로 회전하면서 대칭을 이루며, 여성적이고 우아하며, 상징적이고 화려하다.
이동 대칭	일정한 규칙에 따라 평행으로 이동했을 때 생기는 형태이다.
확대 대칭	일정한 비율로 확대되는 형태이다.

다음 그림과 같은 대칭은?

① 역 대칭　　　　② 방사 대칭

③ 점 대칭　　　　④ 선 대칭

정답 09 ① 10 ① 11 ① 12 ④

참고 파트01 - 챕터01 - 섹션02

13 | 비례

- 요소들 간의 상대적 크기를 말하며 부분과 부분, 부분과 전체 사이의 수량적인 관계이다.
- 인체비례, 황금비례, 모듈, 피보나치 수열, 루트비, 금강비례 등이 있다.

미적 형식원리에서 비례에 대한 설명으로 가장 올바른 것은?

① 한 선을 축으로 하여 서로 마주 보게끔 형상하는 것이다.

② 부분과 부분 또는 부분과 전체의 수량적 관계이다.

③ 2개 이상의 요소 또는 부분적인 상호 관계의 통일이다.

④ 동일한 요소나 대상을 둘 이상 배열하는 것을 말한다.

참고 파트01 - 챕터01 - 섹션02

14 | 착시(반전 도형)

바탕과 도형 모두 형태가 있어 바탕을 보면 바탕의 형태가 보이고, 형태를 보면 형태가 인지되는 현상을 말하며 이를 반전 도형이라고도 한다.

다음 그림에서 보이는 가장 큰 효과는?

① 정의 잔상   ② 반전 도형

③ 리듬 효과   ④ 매스 효과

참고 파트01 - 챕터02 - 섹션01

15 | 마케팅

소비자의 욕구를 철저히 조사, 탐지하여 소비자가 원하는 상품 및 서비스를 개발하여 합리적인 가격으로 유통 경로를 통하여 소비자에게 제공하고, 판매촉진을 일으켜 소비자에게 만족과 기업의 이윤 추구를 위한 기업의 총체적인 활동이다.

마케팅에 대한 설명 중 틀린 것은?

① 고객의 필요에 초점을 두어야 한다.

② 고객의 필요, 충족을 통해서 이익을 획득한다.

③ 기업의 제품개발, 광고전개, 유통설계를 중심으로 한 활동이다.

④ 소비자 중심에서 기업 중심으로 가야 한다.

참고 파트01 - 챕터02 - 섹션01

16 | 마케팅의 구성요소

- 마케팅의 구성요소는 제품(Product), 가격(Price), 유통(Place), 촉진(Promotion) 등이 있으며 이를 4P라고 한다.
- 4P의 요소들의 조화를 통하여 마케팅 효과를 높이는 것을 마케팅 믹스(Marketing mix)라고 한다.

'마케팅 믹스'라고 하는 마케팅의 구성요소인 '4P'에 해당되지 않는 것은?

① 제품   ② 가격

③ 기업   ④ 유통

정답 13 ② 14 ② 15 ④ 16 ③

참고 파트01-챕터02-섹션01 합격 강의

17 | 시장 세분화의 주요 변수

- **지리적 변수** : 국가, 도시, 지방, 인구밀도, 기후
- **인구 통계적 변수** : 연령과 생애주기, 성별, 소득, 교육, 직업, 가족생활(기혼, 미혼, 독신)
- **사회 심리적 변수** : 사회계층, 라이프 스타일, 성격 등
- **행동 특성적 변수** : 구매형태, 소구 혜택(경제성, 편의성), 제품에 대한 태도, 지식, 사용률 등

다음 중 시장 세분화의 주요 변수로 가장 거리가 먼 것은?

① 종교적 변수
② 지리적 변수
③ 인구 통계적 변수
④ 행동 특성적 변수

참고 파트01-챕터02-섹션01 합격 강의

18 | 제품 수명 주기 분석(Product Life Cycle)

- 도입기→성장기→경쟁기→성숙기→쇠퇴기 등으로 나눈다.
- **도입기** : 제품이 처음으로 출시되는 단계이다.
- **성장기** : 광고와 홍보를 통해 제품의 인지도가 점차 높아지는 시기로 판매량, 이윤 등이 높아지는 시기이다.
- **성숙기** : 유사 상품의 대거 등장으로 인하여 기업이나 회사 간에 치열한 경쟁을 하는 시기이며 매출액 성장률이 점차 둔화되어 성숙기에서 이윤이 감소하기 시작한다.
- **쇠퇴기** : 소비시장의 위축으로 인해 매출이 급격히 감소하여 제품이 시장에서 사라지는 시기이다.

다음 중 제품 수명 주기의 순서가 바르게 나열된 것은?

① 성장기 - 성숙기 - 쇠퇴기 - 도입기
② 도입기 - 성숙기 - 성장기 - 쇠퇴기
③ 성장기 - 도입기 - 성숙기 - 쇠퇴기
④ 도입기 - 성장기 - 성숙기 - 쇠퇴기

참고 파트01-챕터02-섹션01 합격 강의

19 | 시장조사 방법

시장조사 : 마케팅 조사라고도 하며, 고객의 필요나 욕구를 확인하는 데 필요한 정보를 얻어 상품의 이용가능성을 계획하고, 상품의 소유권 이전에 필요한 지식을 얻고, 전체 마케팅 활동을 촉진하기 위한 물적 유통을 준비할 때 필요한 정보를 목적으로 하는 것

관찰법	현장에서 소비자의 행동과 반응을 직접 관찰
실험법	직접 실험을 통한 조사로 특정한 효과를 얻음
설문 조사	ARS, 전화조사, 우편조사 등을 통하여 응답자가 설문 내용에 답을 기입하는 방법으로 구체적인 수치를 얻고자 할 때 사용
표적 집단 조사	목표가 되는 타깃층의 집단에게 조사하는 방법
개인 면접법	면접원이 조사 대상자와 직접 면접하는 방법
전화 면접법	전화를 걸어 직접 조사하므로 응답률과 신뢰도가 높음
우편 조사법	우편으로 질문지를 보낸 후 다시 우편으로 받는 방법
관찰 조사법	일정 시간 동안 관찰하는 방법으로 가능한 한 구체적으로 기술해야 함
그룹 인터뷰	진행자의 자격, 그룹당 소요시간, 그룹당 조사 대상자 구성, 속기원의 유무 등에 대하여 기술해야 함
질문법	일관성 있는 답변을 얻고자 할 때

일관성 있는 답변을 얻을 수 있어서 통계를 필요로 하는 곳에 효과적인 시장조사 방법은?

① 비교법
② 실험법
③ 질문법
④ 관찰법

▶ 합격 강의

20 | 소비자 구매과정(AIDMA)

- 주목 → 흥미 → 욕망 → 기억 → 구매 행위
- **Attention(주의)** : 소비자에게 제품의 시선을 끌 수 있는 요소가 있어야 된다.
- **Interest(흥미)** : 흥미를 끌 수 있는 요소가 있어야 한다.
- **Desire(욕구)** : 제품을 구입하고 싶은 마음이 들 수 있게 하는 것이다.
- **Memory(기억)** : 제품의 신뢰나 광고 등으로 마음속에 기억하는 단계이다.
- **Action(행동)** : 직접 제품을 구매하는 단계이다.

소비자가 물품을 구입하기까지는 다양한 심리적 변화를 거쳐야 하며 이것을 구매 심리 과정이라 한다. 구매 심리 과정이 올바르게 표현된 것은?

① 주목 - 흥미 - 욕망 - 기억 - 구매 행위
② 흥미 - 주목 - 기억 - 욕망 - 구매 행위
③ 주목 - 욕망 - 흥미 - 구매 행위 - 기억
④ 흥미 - 기억 - 주목 - 욕망 - 구매 행위

▶ 합격 강의

21 | 편집 디자인의 형태별 분류

- **낱장(Sheet) 형식** : 한 장짜리의 인쇄물
  예 명함, DM, 안내장, 레터헤드, 카드, 리플릿 등
- **스프레드(Spread) 형식** : 펼치고 접는 형식
  예 신문, 카탈로그, 팸플릿, 리플릿 등
- **서적 형식** : 제본된 책자 형식
  예 잡지, 화보, 카탈로그, 매뉴얼, 브로슈어, 단행본 등

다음 중 에디토리얼 디자인의 형태별 분류가 잘못된 것은?

① 서적 스타일 - 잡지, 화집, 단행본
② 스프레드(Spread) 스타일 - 카탈로그, 팸플릿
③ 카드 스타일 - 브로슈어, 매뉴얼
④ 시트(Sheet) 스타일 - 명함, 안내장

▶ 합격 강의

22 | 레이아웃

'배치하다', '배열하다' 등의 뜻으로 문자, 기호, 그림 등을 디자인적 요소 및 원리를 이용하여 정해진 틀(사이즈)에 조형적으로 배치하여 가독성, 전달성, 주목성, 심미성, 조형 구성 등을 효과적으로 구성하기 위한 것이다.

편집 디자인에서 레이아웃의 형태로는 크게 프리(Free) 방식과 그리드(Grid) 방식으로 나눌 수 있는데 다음 설명 중 그리드(Grid)의 설명이 아닌 것은?

① 원래의 뜻은 그물이며 그래프나 바둑판 모양의 구조를 말한다.
② 하나의 시각적 작품을 응결시켜 주는 하부 구조이다.
③ 하나의 조직이며 시간을 절약하고 지속감을 부여하는 데 도움을 준다.
④ 곡선을 많이 사용하고 디자이너의 직관력에 의존하는 것이다.

▶ 합격 강의

23 | 타이포그래피(Typography)

- 타입(Type)과 그래피(Graphy)의 합성어로 가독성을 높이기 위하여 활자의 형태, 문자의 크기, 글의 줄 사이, 띄어쓰기 등이 그 요소로 사용된다.
- 내용 전달이 잘 되도록 해야 하며 타이포그래피는 메시지를 가장 잘 전달하는 중요한 요소 중의 하나이다.

다음 중 편집 디자인 요소로써 가독성과 불가분의 관계를 갖는 것은?

① 타이포그래피
② 포토그래피
③ 컬러 디자인
④ 플래닝

정답 20 ① 21 ③ 22 ④ 23 ①

참고 파트01-챕터03-섹션01

24 | 인쇄 기법

▶ 합격 강의

볼록판 인쇄	볼록 부분에 잉크를 묻혀 인쇄하는 방법. 활판, 목판, 선화철판, 고무판 등에 사용
평판 인쇄	물과 기름의 반발로 인한 인쇄. 옵셋(Off-Set), 석판 등에 사용
오목판 인쇄	오목한 부분에 잉크가 들어가 인쇄하는 방법. 그라비어(Gravure), 조각요판 등에 사용
공판 인쇄	인쇄되는 곳만 구멍을 내고 나머지 부분은 가려서 인쇄하는 방법. 실크스크린 등에 사용

다음 인쇄 판식에 관한 설명 중 잘못된 것은?

① 평판 : 물과 기름의 반발 원리를 이용한 것으로 옵셋 인쇄가 대표적이다.

② 볼록판 : 화선부가 볼록부이며 볼록부에만 잉크가 묻기 때문에 문자가 선명치 못하고 박력이 없다.

③ 오목판 : 평평한 판면을 약품이나 조각으로 패이게 하는 방법으로 그라비어 인쇄가 대표적이다.

④ 공판 : 인쇄하지 않을 부분의 구멍을 막아 제판하여 인쇄하며 인쇄량이 비교적 적은 인쇄에 사용된다.

참고 파트01-챕터03-섹션01

25 | 인쇄의 4색분판

▶ 합격 강의

밝은 청색(Cyan, 시안), 선분홍색(Magenta, 마젠타), 노란색(Yellow, 옐로우), 검정색(Black)이며 검정색은 'K'로 표시한다.

인쇄의 4색분판 작업 시 해당되지 않는 색상은?

① 녹색

② 마젠타

③ 검정색

④ 노랑색

참고 파트01-챕터03-섹션01

26 | 광고의 내용적 구성요소

▶ 합격 강의

카피 : 광고 원고라는 의미로, 광고의 내용적 요소들을 모두 포함하기도 한다. 카피의 내용으로 광고주와 소비자 간의 커뮤니케이션이 되기 때문에 스토리텔링이 구체적이며 문체가 간결하고 대중의 공감을 자극할 수 있는 것이어야 한다.

헤드 라인 (Head Line)	헤드 카피(Head Copy)라고도 하며, 광고의 제목이나 표제
서브 헤드 라인	헤드라인을 설명하는 글 또는 바디 카피의 핵심이 되는 글
바디 카피 (Body Copy)	본문 문구로 구체적인 내용의 글
캡션(Caption)	그림, 사진, 일러스트 등을 설명하는 짧은 글
캐치프레이즈 (Catch-Phrase)	제품의 광고, 선전, 행사 따위에서 남의 주의를 끌기 위한 문구나 표어. '구호'
슬로건(Slogan)	기업의 메시지를 전달하기 위하여 지속적으로 광고에 반복해서 사용되는 간결한 문장

광고 디자인의 구성요소가 아닌 것은?

① 레이아웃

② 바디카피

③ 헤드라인

④ POP 디자인

참고 파트01-챕터03-섹션01

27 | 신문 광고의 장점

▶ 합격 강의

• 매일 발행되므로 때에 맞는 광고를 할 수 있어 주목률이 좋다.
• 여러 독자층에게 소구할 수 있다.
• 광대한 보급으로 매체의 도달 범위가 넓다.
• 지역별 광고에 편리하다.
• 시리즈 광고에 적당해서 계속적이고 누적된 인상을 줄 수 있다.
• 광고효과가 빠르다.
• 상세한 카피로 제품에 대한 심층 정보를 마련할 수 있다.
• 기록성과 보존성이 있다.
• 광고의 크기를 자유로이 선택할 수 있다.
• 광고의 상품과 서비스에 대한 확실한 결과를 얻을 수 있다.

신문 광고의 장점이 아닌 것은?

① 인쇄나 컬러의 질이 높고, 소구 대상이 뚜렷하다.

② 다수인을 상대로 광고하므로 광고효과가 크다.

③ 매일 발행되므로 때에 맞게 광고할 수 있다.

④ 지역별 광고가 용이하며 효과적이다.

정답 24 ② 25 ① 26 ④ 27 ①

28 | 돌출광고

- **광고란 광고** : 광고란에 실린 광고로 5단, 8단 등으로 되어 있으며 상품 광고, 기업 광고, 영업물 광고 등이 있다. 신문의 1면의 경우 5단 광고로 그 규격이 정해져 있다.
- **보도란 광고** : 신문의 기사 면에 실린 광고다.
  - **기사 중 광고** : 기사의 중간에 실리는 광고다.
  - **제호(기사) 광고** : 신문의 제목 옆이나 밑에 실리는 광고다.
  - **돌출 광고** : 광고란 광고 바로 위쪽에 실리는 광고다.

다음 중 신문 광고의 광고란(廣告欄) 광고에 속하지 않는 것은?

① 상품 광고 ② 기업 광고
③ 영업물 광고 ④ 돌출 광고

29 | 잡지 광고의 특성

- 특정한 독자층을 갖는다.
- 매체로서의 생명이 길다.
- 회람률이 높다.
- 컬러인쇄 효과가 크다.
- 감정적 광고나 무드 광고에 적당하다.
- 스페이스 독점이 가능하다.
- 구체적으로 전문적인 내용을 전달할 수 있다.
- 광고비가 저렴하다.

잡지 광고의 특성과 가장 거리가 먼 것은?

① 특정한 독자층을 갖는다.
② 매체로써의 생명이 짧다.
③ 대부분 월간지 형태로 출간된다.
④ 감정적 광고나 무드 광고를 하는 데 적당하다.

30 | 포스터

장점
- 설득력이 매우 높다.
- 연속적인 부착을 통해 주목성이 높다.
- 크기와 색상을 자유롭게 할 수 있다.
- 고급인쇄가 가능하다.

단점
- 수명이 짧다.
- 지역에 한정되기 때문에 소구 대상에 제한이 있다.
- 논리적, 설명적인 내용에 약하다.

포스터 광고의 특성(장점)과 거리가 먼 것은?

① 위치의 선택이 자유롭다.
② 다른 광고와의 경쟁에서 유리하다.
③ 크기, 색상 선택이 자유롭다.
④ 주목성을 높일 수 있다.

31 | 포스터의 종류

문화행사 포스터	연극, 영화, 전람회, 박람회 등 문화행사의 정보를 알리는 포스터
공공 캠페인 포스터	각종 사회 캠페인 매체로서 기능을 수행하며, 단체적인 행동을 유도해 내기 위한 포스터
상품광고 포스터	상품을 알리는 포스터로 다양한 내용과 움직이는 정보전달의 매체로서의 기능을 함
관광 포스터	관광객들로 하여금 관광동기와 욕구를 유발해 관광 행위를 하도록 유도하는 시각광고 포스터
장식 포스터	고지적 소구의 목적이 아닌 새로운 시각적 예술성을 지닌 것으로, 장식성을 강조한 포스터

포스터의 종류에서 연극, 영화, 음악회, 전람회 등의 고지적 기능을 가진 포스터는?

① 상품광고 포스터
② 계몽 포스터
③ 문화행사 포스터
④ 공공 캠페인 포스터

참고 파트01-챕터03-섹션01

32 | DM(Direct Mail)

- 우송 광고 또는 직송 광고의 뜻이다.
- 특정 회사가 회원에게 직접 보내는 우편물에 포함되는 광고이다.
- 회원제의 운용으로 예상 고객을 선별할 수 있으며 시기와 빈도를 조절할 수 있다.
- 광고의 주목성, 오락성이 부족하고, 지면이 적어 조잡할 수 있다.

사전에 계획된 예상 고객에게 직접 전달할 수 있으므로 소구 대상을 정확하게 선정하여 발송할 수 있는 장점을 가진 광고는?

① 직접 우송 광고(DM) ② 구매 시점 광고(POP)
③ 신문 광고 ④ 잡지 광고

참고 파트01-챕터03-섹션01

33 | 사인보드의 종류

옥상간판	건물의 옥상 위에 설치하는 간판
점두간판	상점의 입구에 설치하는 간판
평간판	처마 끝에 설치하는 간판
수간판	세로로 설치하는 간판
돌출간판	도로 쪽으로 돌출되게 설치하는 간판
입간판	점두나 옥외에 세워서 설치하는 간판
전주간판	전주에 직접 광고를 기재하는 간판
야외간판	철도노선 또는 간선도로변의 산기슭이나 논밭에 세운 간판

옥외 광고 중 상점의 입구 또는 처마 끝 등에 설치하는 간판은?

① 가로형간판 ② 점두간판
③ 입간판 ④ 야립간판

참고 파트01-챕터03-섹션01

34 | 포장 디자인의 기능

보호와 보존성, 편리성, 상품성, 심리성

포장 디자인의 기능과 가장 거리가 먼 것은?

① 보호성
② 편리성
③ 상품성
④ 교환성

참고 파트01-챕터03-섹션01

35 | 포장 디자인의 조건

- 제품을 보호할 수 있어야 하고 제품의 정보나 성격이 잘 전달되어야 한다.
- 유통 시 취급 및 보관이 용이해야 한다.
- 구매의욕을 느낄 수 있도록 해야 한다.
- 경쟁 상품과 차별화될 수 있도록 해야 한다.

다음 포장 디자인에서 갖추어야 할 내용 중 거리가 먼 것은?

① 쌓기 쉽게 디자인되어야 한다.
② 여러 조건에서도 필요한 정보를 전달할 수 있어야 한다.
③ 어떤 상태에서든지 매혹적으로 보이도록 디자인되어야 한다.
④ 상표명과 내용물에 관한 표현보다는 전시효과가 더 중시되어야 한다.

정답 32 ① 33 ② 34 ④ 35 ④

참고 파트01 – 챕터03 – 섹션02

 합격 강의

36 | 디자인의 발전 단계

모방 → 수정 → 적응 → 혁신

다음 중 디자인의 발전 단계가 맞는 것은?

① 모방 → 적응 → 수정 → 혁신
② 모방 → 수정 → 혁신 → 적응
③ 모방 → 수정 → 적응 → 혁신
④ 모방 → 혁신 → 적응 → 수정

참고 파트01 – 챕터03 – 섹션02

 합격 강의

37 | 브레인스토밍

- 1930년대 후반 미국의 알렉스 오즈번(Alex Osborn)이 제창한 집단 토의식 아이디어 발상법이다.
- **브레인스토밍 시 명심해야 할 원칙**
  – 자유분방한 아이디어를 적극적으로 권장한다.
  – 타인의 발언을 일절 비난하지 않는다.
  – 다른 사람의 아이디어를 발전시켜 연쇄반응을 시도한다.
  – 될 수 있는 한 많은 아이디어를 내게 한다.
  – 많은 아이디어가 나온 후 아이디어의 조합을 생각한다.
  – 아이디어의 정리는 최후에 한다.

다음 중 브레인스토밍법을 가장 잘 설명한 것은?

① 회의 중에는 절대 비평하지 않는 개인 위주의 토의법
② 집단사고에 의한 자유분방한 아이디어를 창출하는 방법
③ 모든 아이디어를 간결하고 명백하게 하는 방법
④ 다른 사람의 아이디어를 결합하여 개선하도록 노력하는 방법

참고 파트01 – 챕터03 – 섹션02

 합격 강의

38 | 제품 디자인의 프로세스

계획 → 조사 → 분석 → 종합 → 평가

디자인 과정에서 문제해결 과정의 순서가 올바른 것은?

① 평가 → 계획 → 조사 → 분석 → 종합
② 분석 → 조사 → 계획 → 종합 → 평가
③ 계획 → 조사 → 분석 → 종합 → 평가
④ 조사 → 계획 → 분석 → 종합 → 평가

참고 파트01 – 챕터03 – 섹션02

 합격 강의

39 | 스크래치 스케치(Scratch Sketch)

- 디자이너가 아이디어 발상 초기 단계에 즉흥적으로 떠오르는 생각을 적은 메모의 성격을 띤 스케치이다.
- 아이디어 발상 과정의 초기 단계에서 사용한다.
- 아이디어 스케치, 크로키, 섬네일 스케치(Thumbnail Sketch) 등이 있다.

난필의 의미로 아이디어 발상 과정의 초기 단계에서 사용하며, 프리핸드 선에 의한 약화 형식의 스케치는?

① 러프 스케치
② 스타일 스케치
③ 퍼스펙티브 스케치
④ 스크래치 스케치

정답 36 ③ 37 ② 38 ③ 39 ④

참고 파트01 - 챕터03 - 섹션02

40 | 렌더링

- 완성 예상도로 평면에 표현하는 것이다.
- 실제와 같은 느낌으로 표현한다.

디자인을 구체화하는 수단 중 결과물의 형태나 색상, 재질감을 평면상에 표현하는 것으로써 완성 예상도의 의미를 갖는 것은?

① 모델링
② 아이디어 스케치
③ 렌더링
④ 러프 스케치

참고 파트01 - 챕터03 - 섹션02

41 | 프로토타입 모델

- 완성형 모델, 제작 모델, 워킹 모델이라고도 한다.
- 실제 생산품과 똑같게 제작하여 종합적인 성능 실험과 광고모델, 전시회 출품에까지 사용되는 것으로 그 재료에 따라서 목재 모형, 석고 모형, 금속 모형 등이 있다.

형태를 확인하기 위하여 손쉬운 재료로 빠른 시간 내에 만드는 목업(Mock-Up)으로 적합지 않은 것은?

① 스터디 목업
② 프로토타입 목업
③ 소프트 목업
④ 컨셉 목업

참고 파트01 - 챕터03 - 섹션03

42 | 실내 디자인의 목적

- 인간의 정서 함양과 보다 나은 삶의 가치로 승화시키며, 인간 생활의 물리적, 심리적, 미적 기능을 만족시켜야 한다.
- 심미성과 기능성이 동시에 이루어질 수 있도록 해야 한다.
- 전반적으로는 경제성 등을 고려해야 한다.

다음 중 실내 디자인의 목적과 거리가 가장 먼 것은?

① 실내 공간을 문화적, 경제적 측면으로 고려한 합리적인 계획
② 실내 공간을 보다 기능적이고, 쾌적한 환경으로 창조하는 계획
③ 실내 공간을 독창적이고, 합리적인 공간으로 창조하는 계획
④ 실내 공간을 기능적 설계 요소보다 미적인 요소를 중시하는 계획

참고 파트01 - 챕터03 - 섹션03

43 | 실내 디자인의 기본 요소

- 실내 공간의 요소는 기본적 요소와 장식적인 요소로 구분된다.
- 기본적인 요소에는 바닥, 벽, 천장, 기둥, 보, 개구부 등이 있으며, 장식적인 요소에는 가구, 조명, 액세서리, 디스플레이 등이 있다.

실내 디자인을 구성하는 실내의 기본 요소로만 연결된 것은?

① 가구 - 조명 - 문
② 바닥 - 벽 - 천장
③ 바닥 - 벽 - 차양
④ 가구 - 바닥 - 창

정답 40 ③ 41 ② 42 ④ 43 ②

참고 파트01 – 챕터03 – 섹션03

44 | 실내 디자인의 장식적 요소 조명

 합격 강의

직접 조명	빛의 90~100%가 아래로 향하는 조명
간접 조명	빛의 90~100%가 위로 향하고, 0~10%가 아래로 향하는 조명
반직접 조명	빛의 60~90%가 아래로, 10~40%가 위로 향하는 조명
반간접 조명	빛의 60~90%가 위로, 10~40%가 아래로 향하는 조명

다음 중 조명에 관한 설명으로 맞는 것은?

① 직접 조명 – 광원을 감싸는 조명기구에 의해 상하 모든 방향으로 빛이 확산하는 방식
② 반직접 조명 – 광원을 어떤 물체에 비추어 그 반사광으로 조명하는 방식
③ 간접 조명 – 광원의 90% 이상을 물체에 비추어 투사시키는 방식
④ 반간접 조명 – 빛의 일부가 직접 투사되고 나머지는 대부분 반사되는 방식

참고 파트01 – 챕터03 – 섹션03

45 | 실내 디자인의 프로세스

 합격 강의

- 기획 → 기본계획 → 기본설계 → 실시설계 → 공사감리
- **기획** : 고객이 공간의 사용 목적, 예산 등을 종합적으로 비교 검토한다.
- **기본계획** : 전체의 계획안을 작성, 기본적인 디자인을 실시한다.
- **기본설계** : 실내 디자인 프로세스의 과정 중에서 대상 공간에 대한 모든 계획을 도면화하여 실내 디자인 프로젝트를 확정하는 단계이다.
- **실시설계** : 설계과정 결과를 기초로 하여 실제 작업을 하는 단계이다(구조 설계도).
- **공사감리** : 시공되는 부분을 검토하고 확인한다.

실내 디자인의 4단계 과정에 관한 설명 중 틀린 것은?

① 기획 과정은 실내 디자인 작업과 관련된 모든 정보를 수집하는 단계이다.
② 설계 과정은 기획 과정에서 수집한 정보를 활용하여 대상 공간에 실제 가구를 배치하는 단계이다.
③ 시공 과정은 설계과정의 결과를 기초로 하여 실제 작업을 하는 단계이다.
④ 사용 후 평가 과정은 결과를 기초로 하여 디자인을 시정하거나 시공상의 문제점을 해결하는 단계이다.

참고 파트01 – 챕터03 – 섹션03

46 | 상업공간

 합격 강의

- 비영리공간 : 주거공간, 업무공간, 특수공간
- 영리공간 : 판매공간, 판매예비공간, 판매촉진공간

수익 유무에 따른 실내 디자인의 분류에 속하는 것은?

① 주거공간
② 영리공간
③ 업무공간
④ 특수공간

2과목 색채 및 도법

참고 파트02 – 챕터01 – 섹션01

47 | 가시광선

 합격 강의

- 빛은 광범위한 전자파로 이루어져 있다.
- 눈으로 인지될 수 있는 380~780nm의 범위의 파장을 가진 전자파를 가시광선이라 한다.
- 380nm 이하의 짧은 파장(단파장)은 의료기기에 사용하는 자외선, 렌트겐에 사용하는 X선 등으로 사용된다.
- 780nm의 긴 파장(장파장)은 열선으로 알려진 적외선, 라디오, TV 등에 사용하는 전파 등으로 사용된다.

다음 중 ( ) 안에 들어갈 내용을 알맞게 짝지은 것은?

인간이 볼 수 있는 ( )의 파장은 약 (~)nm이다.

① 적외선, 560~960
② 가시광선, 380~780
③ 적외선, 380~780
④ 가시광선, 560~960

정답 44 ④ 45 ② 46 ② 47 ②

참고 파트02-챕터01-섹션01

48 | 추상체와 간상체

- **추상체** : 원추세포라고도 하며, 밝은 곳(명소시)에서 대부분의 색과 명암을 모두 구별한다. 추상체에 이상이 생기면 색맹, 색약 등의 이상 현상이 생겨서 정상적인 색 구분이 어려워진다.
- **간상체** : 막대세포라고도 하며, 어두운 곳(암소시)에서 흑백의 명암만을 구별한다. 고감도의 흑백필름과 같다.

인간의 시세포가 밤과 낮의 각기 다른 조건에서도 잘 활동할 수 있는 것은 무엇 때문인가?

① 간상체와 추상체   ② 수평세포
③ 수정체와 홍채   ④ 양극세포

참고 파트02-챕터01-섹션01

49 | 색순응

어떤 조명광이나 색을 오랫동안 보면 그 색에 순응하여 색지각이 약해지는 현상으로 색광에 대하여 순응하는 것이다. 예를 들어 노란 선글라스를 착용하고 푸른 물체를 보았을 때 처음에는 노란 기미가 보이지만 시간이 지나면서 원래의 푸른색으로 보이게 된다.

사진 암실의 빨강 안전광 아래에서는 흰색이나 노랑, 빨강이 잘 구별되지 않고, 빨강 잉크는 무색의 물처럼 보이는 현상은?

① 명암순응
② 색순응
③ 항상성
④ 빛의 감도

참고 파트02-챕터01-섹션01

50 | 푸르킨예 현상

- 밝은 곳에서 적이나 황이 어두운 곳에서는 청이나 보라가 밝게 보이는 현상이다.
- 추상체와 간상체의 움직임의 교차에 의한 것이다.
- 명소시에서 암소시로 옮겨갈 때 붉은 계통은 어둡게 되고, 파란 계통은 시감도가 높아져 밝게 보이는 시지각적인 성질이다.
- 낮에 빨간 물체가 밤이 되면 검게, 낮에 파랑 물체가 밤이 되면 밝은 회색으로 보인다.

푸르킨예 현상에 대한 설명 중 잘못된 것은?

① 낮에는 추상체로부터 밤에는 간상체로 이동하는 현상이다.
② 파장이 짧은 색이 먼저 사라지고, 파장이 긴 색이 나중에 사라진다.
③ 이 현상을 이용한 것이 비상구 표시, 계단 비상등 등이다.
④ 빨간 사과가 밤이 되면 검게 보인다.

참고 파트02-챕터01-섹션01

51 | 물체색

- 빛의 반사, 투과, 흡수, 굴절, 편광 등에 의해 나타나는 물체의 고유색을 물체색이라 한다.
- 색은 표면색, 공간색, 투명색, 평면색 그리고 경영색, 금속색, 형광색, 간섭색, 조명색, 광원색, 작열, 광택, 광휘 등으로 구분한다.
- 공간색은 거울에 비친 대상이 거울면 배후에 있다고 지각되는 상태의 색으로 투명하거나 반투명한 상태에서 볼 수 있다.

투명하거나 반투명한 물체에서 볼 수 있는 색은?

① 표면색
② 공간색
③ 평면색
④ 간섭색

정답 48 ①   49 ②   50 ②   51 ②

참고 파트02 – 챕터01 – 섹션01

 합격 강의

52 | 색채지각설

- 영·헬름홀츠의 3원색설은 인간의 망막에는 적, 녹, 청자의 색각세포와 색광을 감지하는 수용기인 시신경섬유가 있다는 가설을 통해 혼색과 색각이상을 잘 설명하는 이론이다.
- 헤링의 반대색설은 인간의 눈에는 빨강–녹색물질, 노랑–파랑물질, 그리고 흰색–검정물질의 세 가지 유형의 시세포가 있고 각각의 물질은 빛에 따라 동화와 이화라는 합성작용과 분해작용에 의해 색을 지각할 수 있다는 이론이다.

영·헬름홀츠의 3원색설을 설명한 것 중 틀린 것은?

① 3원색은 빨강, 녹색, 청자이다.
② 노랑은 빨강과 녹색의 수용기가 같이 자극되었을 때 지각된다.
③ 정상인과 색맹자의 색각현상을 설명하기 어려운 점이 있다.
④ 감산 혼합의 이론과 일치되는 점이 있다.

참고 파트02 – 챕터01 – 섹션01

 합격 강의

53 | 색의 3속성

- 색은 색상, 명도, 채도의 세 가지 지각성질을 가지고 있다.
- 인간이 물체색을 느낄 때 명도가 가장 우선시되고 색상, 채도의 순서로 지각하게 된다.
- 색상이란 사물을 봤을 때 빨강, 노랑, 파랑 등의 색채를 구별하는 특성을 말하며 명도, 채도와 관계없이 색채만을 구별하는 것을 의미한다.
- 명도란 흰색부터 검정색까지의 밝고 어두움을 나타내는 명암 단계이다.
- 채도란 색의 선명도를 의미하며 색의 맑기, 탁함, 흐림 등이다.

색의 3속성에 대한 설명 중 틀린 것은?

① 색상, 명도, 채도를 말한다.
② 색상을 둥글게 배열한 것을 색환이라고 한다.
③ 순색에 무채색을 섞으면 채도가 높아진다.
④ 먼셀표색계에서 무채색의 명도는 0~10단계로 나눈다.

참고 파트02 – 챕터01 – 섹션02

 합격 강의

54 | 가산혼합

- 빛의 3원색인 빨강(Red), 녹색(Green), 파랑(Blue)을 혼합하는 것으로, 혼합이 될수록 점점 맑고 밝은색을 얻을 수가 있으며, 3원색을 모두 혼합하면 흰색이 된다.
- 가산혼합의 종류는 동시가법혼색(무대조명), 계시가법혼색(회전혼합), 병치가법혼색(TV) 등으로 나뉘어 일상생활에서 널리 활용된다.
- Red + Blue = Magenta, Red + Green = Yellow, Green + Blue = Cyan이 된다.

다음 중 가산혼합은?

① 혼합할수록 명도, 채도가 낮아진다.
② 색료 혼합이라고도 한다.
③ 3원색을 모두 섞으면 검정이 된다.
④ 혼합할수록 명도가 높아진다.

참고 파트02 – 챕터01 – 섹션02

 합격 강의

55 | 감산혼합

- 색료의 3원색인 시안(Cyan), 마젠타(Magenta), 노랑(Yellow)을 혼합하는 것으로, 혼합이 될수록 명도, 채도가 낮아지며, 3원색을 모두 혼합하면 검정에 가까운 무채색이 된다.
- 감산혼합은 컬러슬라이드필름, 영화필름, 사진 및 각종 출판, 인쇄물 등의 여러 분야에서 널리 활용된다.
- Magenta + Yellow = Red, Magenta + Cyan = Blue, Yellow + Cyan = Green이 된다.

빨간색과 노란색을 감산혼합을 했을 때의 색은?

① 녹색
② 파랑
③ 주황
④ 보라

정답 52 ④ 53 ③ 54 ④ 55 ③

합격 강의

56 | 중간혼합

평균 혼합이라고도 하며 실제로 색이 혼합되는 것이 아니라 시각적으로 혼합되어 보이는 것으로 병치혼합과 회전혼합이 있다.

중간혼합에 대한 설명으로 틀린 것은?

① 혼합된 색의 색상은 두 색의 중간이 된다.
② 혼합된 색의 채도는 혼합 전 채도가 강한 쪽보다는 약해진다.
③ 보색관계의 혼합은 중간명도의 회색이 된다.
④ 혼합된 색의 명도는 혼합 전 색의 명도보다 높아진다.

 합격 강의

57 | 병치혼합

- 여러 가지 색이 조밀하게 분포되어 있으면 멀리서 보면 주위 색들의 영향을 받아 혼합되어 보이는 현상이다.
- 색료 자체의 직접적인 혼합이 아니기 때문에 병치가법혼색에 속한다.
- 병치혼합의 원리를 이용한 효과를 '베졸드 효과(Bezold Effect)'라고 한다.
- 신인상파(쇠라, 시냐크 등)의 점묘화, 모자이크, 직물, 인쇄, TV 영상, 옵 아트 등에서 찾아볼 수 있다.

병치혼합의 예가 아닌 것은?

① 신인상파 화가의 점묘화
② 2가지 색 이상으로 짜인 직물
③ 컬러 TV의 영상화면
④ 아파트 벽면의 그림과 배경색

 합격 강의

58 | 현색계와 혼색계

- **현색계** : 색채를 표시하는 표색계로써 심리적인 색의 3속성에 따라 일정한 표준을 정하여 번호, 기호 등을 사용하여 정량적으로 표시하는 체계이다. 현색계로는 먼셀표색계, NCS, DIN 오스트발트 표색계가 있으며, 우리나라는 먼셀표색계를 표준으로 쓰고 있다.
- **혼색계** : 색광을 표시하는 표색계로써 심리적, 물리적인 빛의 혼합을 기초로 색을 표시하는 체계를 말하며, 현재 측색학의 근본이 되고 있다. CIE(국제조명위원회) 표준 표색계는 혼색계의 대표적인 표색계이다.

다음 내용 중에 알맞은 말은?

"표색계에는 심리·물리적인 빛의 혼색실험에 기초를 두고 색을 표시하는 (A)와 지각색을 표시하는 (B)가 있다."

① 심리계, 지각계　　② 혼색계, 현색계
③ 현색계, 혼색계　　④ 물리계, 지각계

 합격 강의

59 | 색명법

- **기본색명** : 기본적인 색을 구별하기 위해서 한국산업규격(KS)에서는 빨강, 주황, 노랑, 연두, 녹색, 청록, 파랑, 남색, 보라, 자주색을 기본 10색으로 사용하고 있다.
- **일반색명** : 계통색명이라고도 하며, 색의 3속성에 따라 분류하고, 쉽게 이해하기 위해서 기본색명에 수식어를 붙여 '빨강 띤(Reddish)', '노랑 띤(Yellowish)', '해맑은(Vivid)', '맑은(Light)' 등으로 표시한다.
- **관용색명** : 옛날부터 전해오는 습관적인 색이름이나 동물, 식물, 광물, 원료, 인명, 지명, 자연대상 등의 고유한 이름을 붙여 놓은 색이다.

색명법에 의한 일반색명과 관용색명에 관한 설명 중 잘못된 것은?

① 일반색명은 계통색명이라고도 한다.
② KS규격에서 일반색명 중 유채색의 기본색명은 오스트발트 10색상에 준하여 색명을 정하였다.
③ 관용색명은 관습적으로 쓰이는 색명으로써 식물, 광물, 지명 등을 빌려서 표현한다.
④ KS 규격에서는 일반색명으로 나타내기 어려운 경우에 관용색명을 쓰도록 하였다.

정답 56 ④ 57 ④ 58 ② 59 ②

참고 파트02 - 챕터01 - 섹션02

 합격 강의

60 | 먼셀의 색입체

- 색의 3속성인 색상, 명도, 채도를 세로축에 명도, 입체의 원을 따라 색상, 중심의 가로축을 채도로 구성한 것이다.
- 각 색의 3속성이 다르므로 색입체의 모양은 불규칙한 타원이 된다.
- 색입체를 수직(종단면)으로 자르면 동일 색상면이, 수평(횡단면)으로 자르면 동일 명도면이 나온다.

먼셀의 색입체에 대한 설명 중 틀린 것은?

① 수평으로 자르면 동일 명도면이 나타난다.
② 수직으로 자르면 동일 채도면이 나타난다.
③ 중심축으로 가면 저채도, 바깥둘레로 나오면 고채도가 된다.
④ 색의 3속성에 따라 배열되어 있다.

참고 파트02 - 챕터01 - 섹션02

 합격 강의

61 | 먼셀 표색계

- 빨강(R), 노랑(Y), 녹색(G), 파랑(B), 보라(P)의 주요 5색을 같은 간격으로 배치하고, 그 사이에 간색을 추가하여 기본 10색을 만든다.
- 우리나라 KS에서는 10색상환, 교육부에서는 20색상환을 사용한다.
- 명도란 빛에 의한 색의 밝고 어두움을 말하며, 먼셀은 이러한 명도를 흰색을 맨 위에 두고 검정을 맨 아래에 두어 총 11단계로 구분하고 있다.
- 색상환에서 중심의 무채색 축을 채도가 없는 0으로 하고, 채도가 가장 높은 색을 14로 규정하여, 중심축에서 수평방향으로 번호가 커진다.
- 색상을 Hue, 명도를 Value, 채도를 Chroma라고 규정하고, 기호를 H, V, C로 표기하여 'HV/C'로 표시한다.
- 각 색의 3속성이 다르게 나타나므로 색입체가 불규칙한 타원의 모양을 한다.

우리나라 산업규격(KS)에서 제정되어 교육용으로 채택되어 사용되고 있는 표색계는?

① 오스트발트 표색계
② 먼셀 표색계
③ NCS 표색계
④ P.C.C.S 표색계

참고 파트02 - 챕터01 - 섹션02

 합격 강의

62 | 오스트발트 표색계

- 색입체의 정삼각형 꼭짓점에 모든 빛을 완전히 반사하는 이상적인 백색(W), 모든 빛을 완전히 흡수하는 이상적인 흑색(B), 이상적인 완전색(C)을 가상으로 정하고, 이 3가지 색의 혼합량을 기호화하여 색 삼각 좌표 안쪽의 각 좌의 색을 그 세 가지 성분의 혼합비로 표시함으로써 오스트발트 표색계를 완성하였다.
- 혼합량의 합계에서 무채색은 '흰색량(W) + 검정량(B) = 100%'이고, 유채색은 '흰색량(W) + 검정량(B) + 순색량(C) = 100%'가 되어 언제나 일정한 공식에 의해 쌍원추체(복원추체) 형태의 색입체를 만든다.

오스트발트 표색계의 색채 개념은?

① Red + Green + Blue = 100%
② White + Black + Color = 100%
③ Red + Yellow + Blue = 100%
④ White + Blue + Green = 100%

참고 파트02 - 챕터01 - 섹션03

 합격 강의

63 | 동시대비

- 자극을 부여하는 크기가 작을수록 대비 효과가 강해진다.
- 자극과 자극 사이가 멀어질수록 대비 효과가 약해진다.
- 색의 차이가 클수록 대비 효과는 강해진다.
- 오랫동안 계속해서 볼 경우 대비 효과는 약해진다.
- 색의 3속성 차이에 의한 변화이다.

동시대비에 관한 설명으로 틀린 것은?

① 색의 3속성 차이에 의한 변화가 일어나는 것이다.
② 자극과 자극 사이가 멀수록 대비현상은 약해진다.
③ 시점을 한곳에 집중시키려는 지각 과정에서 일어나는 현상이다.
④ 일정한 자극이 사라진 후에도 지속적으로 자극을 느끼는 현상이다.

정답 60 ② 61 ② 62 ② 63 ④

참고 파트02-챕터01-섹션03

64 | 보색대비

- 보색관계인 두 색이 서로의 영향으로 더욱 선명하게 보이는 현상이다. 이는 서로의 보색 잔상이 일치하기 때문에 더욱 뚜렷하게 보이는 것이다. 또한 색의 대비 중에서 가장 강한 대비이다.
- 대표적인 보색대비는 빨강과 청록의 대비이며, 이러한 보색대비는 조형 구성의 기본이 되는 중요한 대비이다.

다음 중 먼셀의 20색상환에서 보색대비의 예가 아닌 것은?

① 빨강(Red) - 청록(Blue Green)

② 파랑(Blue) - 주황(Orange)

③ 노랑(Yellow) - 남색(Purple Blue)

④ 파랑(Blue) - 초록(Green)

참고 파트02-챕터01-섹션03

65 | 연변대비

- 경계대비라고도 하며, 어떤 두 색이 맞붙어 있을 때 그 경계 부분에서 색상, 명도, 채도 대비가 강하게 일어나게 되고 경계가 몽롱하게 보이게 되는 현상을 말한다. 이러한 현상을 헬레네이션 현상 혹은 눈부심(Glare) 효과라고 한다.
- 색상을 색상, 명도, 채도 단계별로 배치할 때 나타난다.
- 연변대비의 반발성을 막기 위해서는 무채색의 테두리를 적용하여 분리해야 하는데 이를 분리배색이라고 한다. 주로 만화영화에서 이러한 분리배색을 볼 수 있다.

어떤 두 색이 맞붙어 있으면, 그 경계의 언저리가 멀리 떨어져 있는 부분보다 색상대비, 명도대비, 채도대비의 현상이 더욱 강하게 일어나는 것은?

① 면적대비   ② 한난대비

③ 보색대비   ④ 연변대비

참고 파트02-챕터01-섹션03

66 | 동화현상

- 자극이 오래 지속되는 색의 정의(긍정적) 잔상에 의해 생겨난다.
- 주위에 비슷한 색이 많이 배치된 경우 발생한다.
- 좁은 시야의 색채들이 복잡하게 구성되어 있을 때 많이 생겨난다.
- 동일한 회색 배경 위에 검은색 선을 그리면 배경의 회색은 검고 어둡게 보이고, 백색 선을 그리면 배경의 회색은 밝게 보인다.

색의 동화 현상에 관한 설명 중 틀린 것은?

① 주변 색과 동화되어, 색이 만나는 부분이 좀 더 색상대비 효과가 강하게 나타난다.

② 어떤 색이 다른 색에 둘러싸여 있을 때, 둘러싸고 있는 색에 가깝게 보이는 현상이다.

③ 베졸드가 이 효과에 흥미를 갖고 패턴을 고안한 것이 베졸드 효과이다.

④ 일반적으로 색상 면적이 작을 때나, 그 색 주위의 색과 비슷할 경우 동화가 일어난다.

참고 파트02-챕터01-섹션03

67 | 정의 잔상

- 자극이 사라진 뒤에도 망막의 흥분 상태가 계속 남아있어 본래의 상의 밝기와 색이 그대로 느껴지는 현상이다.
- 강한 자극에 의해 발생하며, 부의 잔상보다 오랫동안 지속하여 주로 쥐불놀이, 도로표지판, 영화, TV, 네온사인, 스펙터클 전광판 등에서 볼 수 있다.

어두운 곳에서 빨간 불꽃을 돌리면 불꽃이 빨간 원으로 보이는데, 이는 어떤 현상 때문인가?

① 정의 잔상   ② 부의 잔상

③ 도지 반전   ④ 보색 잔상

정답 64 ④ 65 ④ 66 ① 67 ①

참고 파트02 – 챕터01 – 섹션03

68 | 부의 잔상

- 자극이 사라진 후 원자극의 정반대의 상이 보이는 잔상효과이다.
- 왼쪽에 있는 검은 원을 보다가 오른쪽의 검은 원을 보면 흰색보다 더 선명한 잔상을 볼 수 있는데 이를 음성적 잔상이라고 한다.
- 원자극의 형상과 닮았지만 밝기는 반대로 되는 현상이다.

자극이 사라진 후 원자극의 정반대의 상이 보이는 잔상 효과는?

① 부의 잔상
② 정의 잔상
③ 정지 잔상
④ 변화 잔상

참고 파트02 – 챕터01 – 섹션03

69 | 명시도(명시성/시인성)

- 어떤 색이 주변 인접색의 영향을 받아 멀리서도 확실히 눈에 잘 보이거나 판독하기 쉬워서 정보를 빨리 이해하게 되는 것을 색의 명시성 또는 시인성이라 한다.
- 명시성은 색의 3요소의 차이에 따라 다르게 나타나지만, 특히 명도 차이를 높이면 명시도가 높다.
- 명시도가 가장 높은 배색은 검정과 노랑의 배색이다.
- 우리 주변에서 명시성을 가장 중요하게 고려하여 색상을 배색해야 하는 것이 바로 교통표지판이다.

다음 배색 중 명시도가 가장 높은 것은?

① 흰색, 파랑
② 검정, 노랑
③ 흰색, 녹색
④ 검정, 녹색

참고 파트02 – 챕터01 – 섹션03

70 | 진출색과 후퇴색

- 가까이 있어 보이거나 앞으로 튀어나와 보이는 색을 진출색, 멀리 떨어져 보이거나 뒤로 물러나 보이는 색을 후퇴색이라고 한다.
- 고명도, 고채도, 난색은 진출되어 보인다.
- 저명도, 저채도, 한색은 후퇴되어 보인다.
- 유채색이 무채색보다 진출되어 보이지만, 조명이나 배경색의 영향에 따라 다르게 나타난다.

다음 중 진출색과 후퇴색에 대한 설명으로 틀린 것은?

① 따뜻한 색은 차가운 색보다 진출하는 느낌을 준다.
② 무채색은 유채색보다 진출하는 느낌을 준다.
③ 밝은색은 어두운색보다 진출하는 느낌을 준다.
④ 고채도 색은 저채도 색보다 진출하는 느낌을 준다.

참고 파트02 – 챕터01 – 섹션03

71 | 온도감

- 색상에 따라서 따뜻함과 차가움 또는 따뜻하지도, 차갑지도 않은 중간 온도를 느끼는 시감각으로써 일반적으로 적색계통이 따뜻하게, 청색계통이 차갑게 느껴진다.
- 적색계통의 난색, 청색계통의 한색, 연두·보라계통의 중성색으로 구분한다.

색채의 온도감에 대한 설명 중 맞는 것은?

① 파장이 긴 쪽이 따뜻하게 느껴진다.
② 보라색, 녹색 등은 한색계이다.
③ 단파장이 따뜻하게 느껴진다.
④ 색채의 온도감은 색상에 의한 효과가 가장 약하다.

정답 68 ① 69 ② 70 ② 71 ①

참고 파트02 – 챕터01 – 섹션03

72 | 중량감

- 색의 느낌에서 오는 무겁고 가볍게 느끼는 현상을 중량감이라고 하며, 색의 명도에 의해 중량감을 다르게 느낄 수 있다.
- 고명도의 밝은색은 가볍게, 저명도의 무거운 색은 무겁게 느껴진다.
- 중량감이 느껴지는 순서로는 검정, 파랑, 빨강, 보라, 주황, 초록, 노랑, 흰색의 순이다.
- 복장이나 상품에서도 권위를 상징할 때는 명도가 낮은 검정이나 남색을 사용한다.
- 산업체에서 운반도구나 큰 작업 도구들을 가벼운 노랑, 주황 등으로 칠하는 것은 작업자와 보는 사람들의 시각적 중량감을 줄이고, 주의를 표시하여 피로도를 줄여 작업의 능률을 높이기 위함이다.

─────────────────────

다음 중 색채의 중량감에 대한 설명으로 옳은 것은?

① 주로 채도에 의하여 좌우된다.
② 중명도의 회색보다 노란색이 무겁게 느껴진다.
③ 난색계통보다 한색계통이 가볍게 느껴진다.
④ 주로 고명도의 색은 가볍게 느껴진다.

참고 파트02 – 챕터01 – 섹션03

73 | 색의 공감각

색채는 시각 이외의 다른 감각 기관인 미각, 청각, 후각, 촉각 등을 함께 느낄 수가 있는데, 이러한 공통된 특성이 감각기관과 서로 교류하는 현상을 말한다.

─────────────────────

색에서 냄새를 느낄 수 있는 공감각의 설명 중 잘못된 것은?

① 좋은 냄새가 나는 것 같은 색은 맑고 순수한 고명도 색상의 색이다.
② 나쁜 냄새가 나는 듯한 색은 밝고 맑은 한색계통의 색이다.
③ 깊은 맛의 미각을 느끼게 하는 색은 코코아색, 포도주색, 올리브 그린 등이다.
④ 은은한 향기가 나는 것 같은 색은 보라 또는 연보라의 라일락색 등이다.

참고 파트02 – 챕터01 – 섹션03

74 | 색의 연상과 상징

- 색을 지각할 때 개인의 경험과 심리적 작용에 의해 색과 관계된 사물, 분위기, 이미지 등을 떠올리는 것을 색의 연상이라고 한다.
- 색의 상징은 하나의 색을 보았을 때 특정한 형상이나 뜻이 상징되어 느껴지는 것이다.

─────────────────────

다음 중 색의 연상과 상징이 잘못 연결된 것은?

① 노랑 – 희망, 광명, 유쾌, 경박
② 녹색 – 엽록소, 안식, 중성, 이상
③ 자주 – 애정, 복숭아, 발전적, 창조적
④ 검정 – 겸손, 우울, 점잖음, 무기력

참고 파트02 – 챕터01 – 섹션03

75 | 색채치료

빨강	노쇠, 빈혈, 무활력, 화재, 방화, 정지, 긴급
주황	강장제, 무기력, 저조, 공장의 위험표시
노랑	신경질, 염증, 고독, 위로, 방부제
녹색	안전, 해독, 피로해소, 구호
파랑	침정제, 눈의 피로해소, 맥박저하, 피서

─────────────────────

다음 중 정신질환자의 치료에 도움이 되는 병실 색채로 적합한 것은?

① 고채도의 빨강
② 고채도의 연두
③ 고채도의 주황
④ 중간채도의 파랑

참고 파트02 – 챕터01 – 섹션04

합격 강의

76 | 저드의 색채조화 원리

- **저드**(D. B. Judd) : 미국의 색채학자로, 1935년 통일된 색도 스케일을 만들어 맥스웰 삼각형을 제시하였다.
- **저드의 색채조화론** : 기존의 조화들을 보편성 있게 정리하여 색채조화의 원리를 4가지로 설명하고 있다.

질서의 원리	규칙적으로 선택된 색들끼리는 잘 조화됨
친근성의 원리	사람들이 친근감 있는 배색일 때 조화를 이룰 수 있음
유사성의 원리	유사한 색끼리의 배색, 3속성의 차이가 적은 배색은 조화가 잘 됨
명료성의 원리 (비모호성의 원리)	색상, 명도, 채도 차가 큰 배색은 색채조화를 이룸

다음 중 색채조화의 공통적 원리가 아닌 것은?

① 질서의 원리

② 명료성의 원리

③ 색조의 원리

④ 친근성의 원리

참고 파트02 – 챕터01 – 섹션04

합격 강의

77 | 색채조화론

- **슈브뢸의 색채조화론** : 프랑스의 화학자로 현대 색채조화 이론의 기초를 만들었다. 색의 3속성을 근본으로 한 색채 체계를 만들었고, 유사 및 대비의 관계를 통해 색의 조화를 규명하였다. 슈브뢸은 "모든 색채조화는 유사성의 조화와 대비에서 이루어진다."라고 주장하였다.
- **문·스펜서의 색채조화론** : 작은 면적의 강한 색과 큰 면적의 약한 색은 어울린다는 면적 효과와 조화와 부조화의 관계를 '미도계산'으로 산출하여 '오메가 공간'에서 정량적인 색좌표에 의해서 과학적으로 설명하였다.
- **비렌의 색채조화론** : 시각적이고 심리학적 의미인 흰색(White), 검정(Black), 순색(Color)을 꼭짓점으로 하는 비렌의 색삼각형을 제시하였고, 이러한 색삼각형의 연속된 선상에 위치한 색들을 조합하면 그 색 간에는 관련된 시각적 요소가 포함되어 있기 때문에 서로 조화를 이루게 된다.

색채조화의 기하학적 표현과 면적에 따른 색채조화론을 주장한 사람은?

① 슈브뢸(Chevreul)

② 오스트발트(Ostwald)

③ 문(Moon)과 스펜서(Spencer)

④ 비렌(Birren)

참고 파트02 – 챕터01 – 섹션04

합격 강의

78 | 비렌의 색채조화론

- 미국의 색채 연구가 파버 비렌(Faber Birren)은 장파장 계통의 난색계열은 시간이 길게 느껴지고, 속도감을 빠르게 느껴지게 하며, 단파장 계통의 한색계열은 시간의 경과가 짧게 느껴지게 한다고 강조했다.
- 단기간에 쓰이는 장소 혹은 빠른 회전률을 느끼게 하는 장소에서는 난색계열을 사용한다(음식점).
- 장기간 기다리거나 사용하는 장소에서는 한색계열을 사용한다(대합실, 병원, 역).
- 운동을 할 때는 빨강계열의 색을 사용하면 속도감을 높일 수 있다.

붉은 색채의 실내에서 시간이 길게 느껴지는 등 색의 속도감을 강조한 사람은?

① 비렌

② 문·스펜서

③ 먼셀

④ 저드

정답 76 ③ 77 ③ 78 ①

79 | 배색심리

- 배색 : 두 가지 이상의 색을 서로 위치시키거나 배합시키는 것을 말한다.
- 배색심리 : 색상(동일 색상, 유사 색상, 반대 색상), 명도(고명도, 명도 차가 큰 경우), 채도(고채도, 저채도) 등에 의한 배색에 따라 심리상태의 차이가 있다.

동일색상의 배색	• 같은 색상에서 명도나 채도의 차이를 이용한 배색 • 동일성이 있기 때문에 차분하고 정적인 질서성, 간결성이 있음
유사색상의 배색	• 색상환에서 색상의 차이가 작은 배색 • 친근감, 평온감, 온화함, 안정감, 건전함 등을 느낄 수 있음
반대색상의 배색	• 색상환에서 보색 관계의 배색(예 빨강가 청록, 노랑과 남색 등) • 똑똑함, 생생함, 화려함, 강함, 동적인 느낌을 가짐
난색계의 배색	명도의 변화를 주면서 배색하며, 동적, 정열, 따뜻함 등을 느낄 수 있음
한색계의 배색	정적, 차분함, 시원함, 이성적인 느낌을 느낄 수 있음
중성색계의 배색	녹색계는 평화적, 조용함을 느끼며, 보라색계는 부드러움을 느낄 수 있음
보색의 배색	• 선명하면서도 풍부한 조화를 이룸. 각 색마다 독특한 특성을 살릴 수 있어 활기와 긴장감을 나타낼 수 있음 • 명도, 채도에 의한 배색은 강한 느낌을 얻을 수 있음

다음 중 배색에 따른 느낌이 잘못 짝지어진 것은?

① 유사색상의 배색 – 완화함, 상냥함, 건전함
② 반대색상의 배색 – 똑똑함, 생생함, 화려함
③ 유사색상의 배색 – 차분함, 시원함, 일관됨
④ 반대색상의 배색 – 강함, 예리함, 동적임

80 | 색채조절

색채가 인간의 심리나 생리에 미치는 영향을 적극적으로 이용하여 주위의 색채를 조절하는 것으로 주로 피로 방지, 작업 능률 향상, 재해 예방 따위의 목적을 위하여 건물이나 설비에 적합한 색채를 쓰는 것을 말한다.

색채를 통한 인간의 생활, 작업의 분위기, 일의 능률을 향상하기 위하여 각 색의 기능을 조절하는 것은?

① 색채조절　　　　② 색채미학
③ 색채심리　　　　④ 색채관리

81 | 도면의 종류

- 용도에 의한 분류는 계획도, 제작도, 주문도, 승인도, 시방서, 견적도, 설명도 등이 있다.
- 내용에 의한 분류는 조립도, 부분조립도, 부품도, 상세도, 공정도, 배선/배관도, 전개도, 입면도 등이 있다.
- 작성 방법에 의한 분류에는 스케치도, 원도, 사도, 청사진도가 있다.

다음 중 도면의 용도에 의한 분류에 해당되는 것은?

① 계획도, 제작도
② 조립도, 부품도
③ 부품도, 공정도
④ 배치도, 상세도

정답 79 ③ 80 ① 81 ①

합격 강의

82 │ 제도용지

- 제도용지는 mm를 기본으로 하고 A단위로 구분하여 A0~A4로 구분하여 사용되고 있다.
- A4에서 위로 올라갈 때는 작은 치수 ×2를 하고 큰 치수는 그대로 적용한다(예 A4의 사이즈는 210×297이다. 이때 A3의 값을 구하려면 210×2=420이 되고 297은 그대로 적용해 420×297이 된다).
- A0에서 밑으로 내려갈 때는 큰 치수 ÷2를 하고 작은 치수는 그대로 적용한다.

다음 제도용지 중 A3의 크기는?

① 210×297mm

② 297×420mm

③ 420×594mm

④ 594×841mm

 합격 강의

83 │ 선의 종류

실선	대상물의 보이는 외부 모양을 표시하는 선
파선	대상물의 보이지 않는 부분을 표시하기 위한 선
파단선	물체의 일부를 파단하거나 떼어 낸 경계를 표시하는 선
일점쇄선	대상물의 중심을 표시하는 선
이점쇄선	가상선, 무게중심선

선의 종류에 관한 설명 중 틀린 것은?

① 실선은 물체의 외형을 표시하는 선이다.

② 가는 실선은 치수선, 지시선, 해칭선 등에 사용한다.

③ 파선은 보이는 부분의 모양을 표시하는 선이다.

④ 가는 일점쇄선은 중심선, 절단선, 상상선, 피치선 등에 사용된다.

 합격 강의

84 │ 제도 기호

- ø : 지름
- R : 반지름
- t : 두께
- □ : 정사각형
- c : 모따기
- s : 구면
- ∩ : 원호
- Sø/SR : 구의 지름/반지름

다음 제도 기호 중 잘못 표현된 것은?

① ø = 지름

② t = 두께

③ R = 반지름

④ A = 모따기

 합격 강의

85 │ 치수 기입의 원칙

- 단위는 밀리미터(mm)를 사용한다. 단, mm 단위는 기입하지 않는다.
- 치수 기입은 치수선, 치수 보조선, 인출선 등을 사용한다.
- 치수는 단일 방향식 또는 치수선 방향식을 사용하여 기입한다.
- 특별히 명시하지 않는 한 마무리 치수로 표시한다.
- 치수는 정면도에 기입한다.
- 치수는 중복을 피하며, 계산하지 않아도 알 수 있어야 한다.
- 치수선 중앙의 위쪽에 평행하도록 기입한다.
- 각도의 단위는 도(°)로 사용하며, 필요에 따라 분('), 초(")를 사용한다.
- 치수 기입이 곤란할 때는 인출선(지시선)을 사용하여 기입한다.

치수 기입 시 주의 사항 중 틀린 것은?

① 도형의 외형선이나 중심선을 치수선으로 대용해서는 안 된다.

② 치수는 원칙적으로 축척 치수를 기입한다.

③ 서로 관련이 있는 치수는 될 수 있는 대로 한곳에 모아서 기입한다.

④ 치수는 계산하지 않아도 되게끔 기입한다.

정답 82 ② 83 ③ 84 ④ 85 ②

참고 파트02-챕터02-섹션01

합격 강의

86 | 제도문자

- 제도에 사용되는 문자는 한자, 한글, 숫자, 로마자이다.
- 문자는 정확하게 기입하여야 하며, 상단 가로쓰기를 원칙으로 한다.
- 글자체는 고딕체를 사용하며, 수직 또는 15° 경사로 쓰는 것을 원칙으로 한다.
- 가로쓰기는 왼쪽에서 오른쪽 방향을 원칙으로 하고, 가로쓰기가 곤란할 경우는 세로쓰기를 사용해도 된다.
- 같은 도면 내에서는 동일한 글자체를 사용하여야 한다.
- 숫자는 아라비아 숫자를 쓰는 것을 원칙으로 한다.
- 문자의 크기는 문자의 높이로 표시되며 2, 2.24, 3.15, 4.5, 6.3, 9mm 등의 높이를 기준으로 사용한다.

제도문자의 크기는 무엇으로 나타내는가?

① 문자의 넓이
② 문자의 높이
③ 문자의 폭
④ 문자의 굵기

참고 파트02-챕터02-섹션01

합격 강의

87 | 제도용구

디바이더 : 축척의 눈금을 제도지에 옮기거나 선을 균등하게 등분할 때 사용한다.

다음 중 디바이더(Divider)의 용도로 옳은 것은?

① 선의 등분
② 직선 작도
③ 곡선 작도
④ 나선 작도

참고 파트02-챕터02-섹션01

합격 강의

88 | 도면의 척도

실척	실물과 같은 크기로 그리는 것으로 현척이라고도 함(1:1)
축척	실물을 일정한 비율로 축소하여 그리는 것(1:2, 1:5, 1:10 등)
배척	실물을 일정한 비율로 확대하여 그리는 것(2:1, 5:1, 10:1 등)
N.S	도면의 형태가 치수와 비례하지 않을 때의 도면(반비례)

척도에 대한 설명 중 틀린 것은?

① 물체의 실제 크기와 도면에서의 크기비율을 말한다.
② 실물보다 축소하여 그리는 것을 축척이라고 한다.
③ 실물과 같은 크기로 그리는 것은 현척이라고 한다.
④ 실물보다 2배로 확대한 것을 등척이라고 한다.

참고 파트02-챕터02-섹션02

합격 강의

89 | 직선의 평행등분

임의의 선분을 n등분하여 평행선을 그어 주어진 선분을 n등분하는 작도법이다.
① 주어진 직선 AB를 긋고, 임의의 선분 AC를 긋는다.
② 선분 AC를 같은 간격으로 n등분 한다(1, 2, 3, 4, 5, …).
③ 선분 AC의 점 5에서 점 B와 연결한다.
④ 선분 AC 위의 점 4에서 선분 5B와 평행이 되도록 그어 점 A4를 구한다.
⑤ 같은 방법으로 점 A3, A2, A1을 구한다.

다음 그림과 같이 주어진 직선 AB를 4등분할 때 이용되는 원리는?

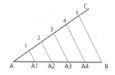

① 수직선
② 평행선
③ 수평선
④ 곡선

90 | 직각의 3등분

주어진 직각 AOB를 원호를 이용하여 3등분하는 방법이다.
① 임의의 직각 AOB를 긋는다.
② 점 O를 중심으로 원호를 그려 선분 OA와 선분 OB가 만나는 점을 C, D라고 한다.
③ 같은 원호로 점C와 D에서 원호를 그어 만나는 점을 E와 F라고 한다.
④ 점 O에서 점 E와 F를 각각 연결해 선분 OE, 선분 OF를 구한다.

그림과 같이 직각을 3등분할 때, 다음 중 선의 길이가 같지 <u>않은</u> 것은?

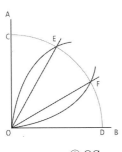

① OD

② OC

③ CF

④ EF

91 | 원에 내접하는 정오각형

주어진 원 안에 정오각형을 작도하는 방법이다.
① 점 O를 중심으로 원을 그린다.
② 중심점 O를 지나는 선분 AB를 긋는다.
③ 점 O에서 선분 AB와 수직 2등분선을 그려 원과 만나는 점을 C라고 한다.
④ 선분 AO의 2등분한 점을 D라 한다.
⑤ 점 D을 중심으로 선분 DC를 반지름으로 원호를 그어 선분 OB와 만나는 점을 E라고 한다.
⑥ 같은 원호로 점 C를 중심으로 선분 CE를 반지름으로 원호를 그어 원과 만나는 점을 F라고 한다.
⑦ 같은 원호로 점 F에서 원호를 그어 원과 만나는 점을 F1이라고 한다.
⑧ 점 F1, F2를 중심으로 원호를 그어 점 F2, F3을 구해 각각 연결시킨다.

그림과 같이 원에 내접하는 정오각형을 그릴 때 다음 중 가장 먼저 구해야 할 점은?

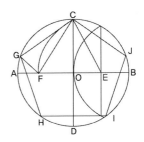

① E 점

② F 점

③ G 점

④ J 점

92 | 원주 밖의 한 점에서의 접선 긋기

주어진 원과 원 밖의 한 점에서 원과 만나는 접선을 작도하는 방법이다.
① 임의의 원과 원 밖의 임의의 한 점을 P라 한다.
② 원의 중심 O와 점 P를 연결한다.
③ 직선 OP를 수직이등분한 점을 Q라고 한다.
④ 점 Q에서 선분 OQ를 반지름으로 원과 만나는 점을 A, B라고 한다.
⑤ 점 P에서 A, B를 연결한다(선분 BP⊥선분 OB, 선분 AP⊥선분 OA).

다음 도형에서 구하고자 하는 것은?

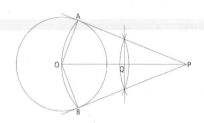

① 원주 밖의 1점에서 원에 접선 긋기
② 원의 중심 구하기
③ 주어진 반지름의 원 그리기
④ 수직선을 2등분하기

93 | 장축과 단축이 주어진 타원

임의의 주어진 장축과 단축을 기준으로 타원을 작도하는 방법이다.
① 임의의 선분 AB와 CD를 긋는다. 그 교점을 O라고 한다.
② 교점 O에서 선분 AB와 선분 CD를 지름으로 하는 원을 그린다.
③ 점 O를 지나는 임의의 공통반경(∠30인 직선)선을 그어 만나는 점 E와 F를 구한다.
④ 점 E에서 선분 CD와 평행이 되도록 선을 긋고, 점 F에서 선분 AB와 평행이 되도록 선을 그어 만나는 점을 P라고 한다.
⑤ 같은 방법으로 각 분점에 대한 교점을 구하여 곡선으로 연결한다.

다음 그림과 같은 타원형 그리기는?

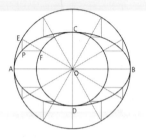

① 두 원을 연접시킨 타원
② 두 원을 격리시킨 타원
③ 4중심법에 의한 타원
④ 장축과 단축이 주어진 타원

참고 파트02 – 챕터02 – 섹션02
 합격 강의

94 | 소용돌이선 작도법

① 임의의 원을 그리고 중심점을 지나는 수평선을 그어 원과 만나는 점을 A라고 한다.
② 중심점에서 점 A까지 12등분을 하고, 중심점에서 12등분한 점들을 반지름으로 하여 원을 그린다.
③ 원주를 12등분하여 1′, 2′, 3′… 12′점을 구하고 중심점을 지나는 직선을 긋는다.
④ 원 1과 직선 1′이 만나는 점을 1″라고 하고 원 2와 직선 2′가 만나는 점을 2″… 원 12와 점 12′가 만나는 점을 12″라고 한다.
⑤ 점 1″, 2″, 3″, 4″… 12″를 곡선으로 연결한다.

다음 그림과 같은 곡선은?

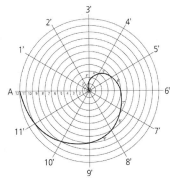

① 인벌류트 곡선 그리기
② 등간각으로 나사선 그리기
③ 아르키메데스 나사선 그리기
④ 하트형 응용곡선 그리기

참고 파트02 – 챕터02 – 섹션03
 합격 강의

95 | 정 투상도

• 정 투상도는 제1각법과 제3각법이 있다. 한국산업규격(KS)에서는 일반적으로 제3각법을 원칙으로 사용하고 있으나, 토목이나 선박의 경우 제1각법을 사용한다.
• 정면도는 입체물의 형태, 기능을 가장 잘 표현한다.

한국산업규격의 제도통칙에 의거한 정 투상도법은 어느 것을 사용함을 원칙으로 하는가?

① 제1각법
② 제2각법
③ 제3각법
④ 제4각법

참고 파트02 – 챕터02 – 섹션03
 합격 강의

96 | 제1각법

• 물체의 생긴 형상을 물체의 뒤쪽의 투상면에 수평, 수직으로 나타낸다.
• 제1각법의 원리는 눈 → 물체 → 화면의 순서로 진행된다.
• 영국에서 발달하여 독일을 거쳐 우리나라에 보급되었다.
• 제1각법은 각 방향에서 본 형상을 정면도 건너편에 그려주므로 도면 작성이 불편하고 치수 기입이 불편하며, 치수 누락 및 이중 기입의 우려가 있다.
• 정면도를 중심으로 물체를 보는 방향과 반대방향으로 도면이 나타난다(제3각법과 위치가 반대).

정 투상도법에서 제1각법에 대한 설명 중 틀린 것은?

① 눈 → 물체 → 화면의 순서가 된다.
② 정면도는 평면도 위에 그린다.
③ 일반적으로 제품 디자인 도면에 활용한다.
④ 좌측면도는 정면도의 우측에 그린다.

참고 파트02 – 챕터02 – 섹션03
 합격 강의

97 | 제3각법

• 가장 많이 사용되는 정 투상도법으로 한국산업규격(KS)의 제도통칙으로 사용한다.
• 물체를 보았을 때 물체 앞쪽에 물체의 형상을 수평, 수직으로 나타낸다.
• 제3각법의 원리는 눈 → 화면 → 물체의 순서로 화면을 통해서 물체를 보며 보는 위치면에 따라 상이 나타난다.
• 미국에서 발달하여 빠른 속도로 보급되었다.
• 제3각법의 장점은 각 방향에서 본 형상을 정면도 바로 옆에 그려주므로 도면 작성이 용이하고 치수 기입이 용이하며, 보조 투상도를 표현하기에 적합하다.

왼쪽의 그림에 대한 제1각법과 제3각법 표기로 바르게 짝지어진 것은? (1각법 – 3각법의 순으로)

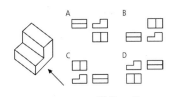

① A – B
② B – D
③ D – B
④ B – C

정답 94 ③ 95 ③ 96 ③ 97 ③

참고 파트02-챕터02-섹션03

98 | 등각 투상도

3좌표 축의 투상이 120°인 투상이다.

$\cdots\cdots\cdots\cdots\cdots\cdots\cdots\cdots\cdots\cdots\cdots$

다음 그림과 같은 투상도는?

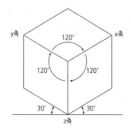

① 부 투상도
② 정 투상도
③ 사 투상도
④ 등각 투상도

참고 파트02-챕터02-섹션03

99 | 사 투상도

- 앞면 모서리는 수평선과 평행하게 하고, 옆면 모서리는 수평선과 임의의 각도로 하여 그린 투상도이다.
- 경사축과 수평선을 이루는 각도는 30°, 45°, 60°의 각도를 많이 사용한다.
- 정육면체의 세 개의 화면이 한 화면에 실제 모양으로 나타난다.

$\cdots\cdots\cdots\cdots\cdots\cdots\cdots\cdots\cdots\cdots\cdots$

물체를 왼쪽으로 돌려 물체의 앞면 모서리는 수평선과 평행하게, 옆면 모서리는 수평선과 임의의 각도 α로 하여 그린 투상도는?

① 축 투상도
② 부등각 투상도
③ 사 투상도
④ 등각 투상도

참고 파트02-챕터02-섹션03

100 | 표고 투상

- 기준면을 정한 후 지형의 높고 낮음을 표시하는 것과 같이 기준면과 평행하게 평면으로 자른 수평면을 수직으로 투상하여 그린 수직 투상이다.
- 곡면선도, 지형도 등에서 사용한다.

$\cdots\cdots\cdots\cdots\cdots\cdots\cdots\cdots\cdots\cdots\cdots$

지형의 높고 낮음을 지도 위에 표시하는 것과 같이 기준면을 정하고, 기준면에 평행한 평면을 같은 간격으로 잘라 평화면상에 투상한 수직 투상은?

① 정 투상법
② 축측 투상법
③ 표고 투상법
④ 사 투상법

참고 파트02-챕터02-섹션03

101 | 단면도

물체의 내부 형태 또는 구조가 복잡하여 보이지 않을 경우 가상적으로 필요한 부문을 절단하거나 파단하여 내부가 보이도록 하는 도면이다.

온 단면도	대칭 형태의 물체를 중심선을 경계로 반으로 절단하여 나타내는 단면도
한쪽 단면도	대칭형태의 물체를 중심선에서 1/4만 절단한 후 1/4은 단면도로 나머지 부분은 외형도로 나타내는 단면도
부분 단면도	물체의 외형도에서 필요한 부분만을 절단하여 표시하는 단면도
회전 도시 단면도	절단면을 90° 회전하여 그린 단면도

$\cdots\cdots\cdots\cdots\cdots\cdots\cdots\cdots\cdots\cdots\cdots$

물체의 기본적인 모양을 가장 잘 나타낼 수 있도록 물체의 중심에서 반으로 절단하여 도시한 것은?

① 온 단면도   ② 한쪽 단면도
③ 부분 단면도   ④ 회전 단면도

정답 98 ④ 99 ③ 100 ③ 101 ①

참고 파트02 - 챕터02 - 섹션04

102 | 투시도법의 부호와 용어

시점(EP)	사물을 보는 사람 눈의 위치
입점(SP)	사물을 보는 사람이 서 있는 평면에 위치
소점(VP)	사물의 각 점이 수평선상에 모이는 지점
측점(MP)	화면에 대한 각도를 갖는 직선상의 소점에서 시점과의 같은 거리의 수평선상의 측정점

투시도법의 용어 중 물체의 각 점이 수평선상에 모이는 점은?

① 입점(SP)

② 시점(EP)

③ 소점(VP)

④ 측점(MP)

참고 파트02 - 챕터02 - 섹션04

103 | 1소점 투시도

- 평행 투시도라고도 하며, 물체가 화면에 평행하게 놓이고 기선에 수직인 투시도이다.
- 하나의 소점이 모이게 되며, 이 소점의 거리에 따라서 투시도의 깊이가 달라진다.
- 한쪽 면에 물체의 특징이 집중된 물체를 표현하기에 좋다.
- 기계의 내부 물체나 실내 투시에 많이 사용된다.
- 긴 복도, 곧게 뻗은 철길, 가로수 등을 표현하기에 적합하다.

대상물이 화면에 평행하게 놓인 투시방법으로 주로 제품 투시와 실내 투시도 등에 많이 사용되는 도법은?

① 1소점법

② 2소점법

③ 3소점법

④ 등각 투상법

참고 파트02 - 챕터02 - 섹션04

104 | 2소점 투시도

- 화면에 대해서 물체의 수직면들이 일정한 각도를 가지고 위아래 면이 수평인 투시도를 말한다.
- 유각 투시도는 화면 경사에 따라 45° 투시, 30°~60° 투시, 임의의 경사각 투시로 구분된다.
- 일반적인 투시도에 많이 사용한다.

2소점법 중 2개의 측면을 똑같이 강조하여 보이도록 하는 것이 특징이며, 양면이 모두 흥미 있는 대상물에 알맞은 투시도법은?

① 평행 투시도법

② 45° 투시도법

③ 30°~60° 투시도법

④ 사각 투시도법

참고 파트02 - 챕터02 - 섹션04

105 | 3소점 투시도(사각 투시도)

- 소점이 3개인 투시도를 말한다.
- 위에서 아래를 내려다보는 면을 강조하기에 좋으나, 물체가 과장되어 보이기도 한다.
- 좌우의 소점을 높이면 조감도에 가까워진다.
- 투시도법 중에서 최대의 입체감을 살릴 수 있어 복합건물, 아파트 단지, 공장, 조경 등에 많이 이용된다.

높은 빌딩을 위에서 내려다볼 경우 가장 알맞은 투시도는?

① 1소점 투시도

② 2소점 투시도

③ 3소점 투시도

④ 유각 투시도

정답 102 ③ 103 ① 104 ② 105 ③

참고 파트02 – 챕터02 – 섹션04

106 | 조감도

- 공중의 높은 곳에서 내려다 본 투시도이다.
- 소점에 의한 투시도법으로 알릴 수 없는 공장, 아파트, 부지 등의 넓은 지역을 투시할 때 사용한다.

눈 아래에 넓고 멀리 펼쳐진 세상을 비스듬히 굽어본 형상대로 그리는 것은?

① 지도
② 렌더링
③ 평면도
④ 조감도

참고 파트03 – 챕터01 – 섹션01

108 | 무기 재료

- **금속 재료** : 철재와 비철재
- **비금속 재료** : 석재, 점토, 유리, 시멘트, 도료 방부제
- **도자기 재료**

다음 중 무기 재료가 <u>아닌</u> 것은?

① 유리
② 도자기
③ 플라스틱
④ 금속

참고 파트03 – 챕터01 – 섹션02

109 | 펄프

기계펄프	원료를 기계적으로 만든 펄프로 대표적인 펄프는 쇄목펄프
화학펄프	사용하는 약품에 따라서 아황산펄프, 유산염펄프, 소다펄프 등으로 나눔
세미케미컬펄프	약품 처리와 기계처리를 병용하여 만든 펄프

다음 중 기계펄프에 속하는 것은?

① 아황산펄프
② 쇄목(碎木)펄프
③ 소다펄프
④ 크라프트(Kraft)펄프

3과목 디자인재료

참고 파트03 – 챕터01 – 섹션01

107 | 재료의 구비조건

- 구입하기 용이해야 한다(공급이 많은 것).
- 충분한 양이 확보되어야 한다(양이 많은 것).
- 기술적으로 가공성이 완전해야 한다(품질이 균일).
- 경제성이 있어야 한다(가격이 저렴).

산업제품에 사용되는 재료가 일반적으로 구비해야 할 조건은?

① 양적으로 충분하여 품질이 균일해야 한다.
② 고가이나 특이한 재질이면 된다.
③ 특수한 기계로 가공할 수 있어야 한다.
④ 구입하기는 어려워도 가공성이 좋아야 한다.

참고 파트03 – 챕터01 – 섹션02

110 | 평량

- 평량은 종이의 단위 면적당 무게를 표시하는 것으로 종이의 품질을 표시하는 가장 대표적인 단위이다.
- 단위는 g/m²로 1m²당의 무게로 표시한다.

종이의 단위 면적당 무게를 표시하는 것으로 종이의 품질을 표시하는 대표적인 단위는?

① 평량
② 인장강도
③ 파열강도
④ 인열강도

정답 106 ④ 107 ① 108 ③ 109 ② 110 ①

참고 파트03 – 챕터01 – 섹션02

111 | 강도의 종류

▶ 합격 강의

파열강도	종이를 눌러 찢는 힘을 표시한 것
인장강도	종이를 양쪽으로 잡아당겨서 찢어질 때의 힘을 표시한 것
신축률	종이를 잡아당겨서 파단(찢어짐)될 때까지의 신장률을 표시한 것
인열강도	종이를 일정한 길이만큼 찢는 데 필요한 에너지를 표시한 것
충격강도	순간적인 힘이 가해졌을 때 종이의 강도를 표시한 것
내절강도	종이를 일정한 장력으로 접거나 구부릴 때 종이가 저항하는 세기

종이의 장편을 일정한 장력으로 접어 개거나, 집어 구부릴 때 종이가 저항하는 세기를 알기 위한 강도는?

① 파열강도 ② 인열강도
③ 내절강도 ④ 인장강도

참고 파트03 – 챕터01 – 섹션02

112 | 크라프트지

▶ 합격 강의

• **크라프트지** : 대표적인 포장용지(중포장, 경포장용)로 파열강도가 크며 종이가 균일하여야 한다.
• **로루지** : 한쪽 면에 광택이 있는 종이로 양키머신으로 만든 종이이다.

다음 중 대표적인 포장용지로 사용되는 것은?

① 크라프트지
② 코트지
③ 모조지
④ 켄트지

참고 파트03 – 챕터01 – 섹션02

113 | 판지(보드지)

▶ 합격 강의

• 판지의 원료로는 목재펄프와 파지 등으로 만든 지질이 강한 종이이며 일명 보드지라고도 한다.
• 보통 평량이 400g/m² 이상의 두꺼운 종이를 가리킨다.
• 판지의 종류는 골판지와 백판지가 있으며 골판지는 전체 판지의 60%를 차지하고 있다.

판지의 필요조건
• 판지는 평활도가 좋아야 한다.
• 판지는 흡유성이 좋아야 인쇄효과가 좋다.
• 판지는 표면 강도가 좋아야 벗겨지지 않고 접착효과가 좋다.
• 판지는 재질의 특성상 두께가 균일해야 한다.

마닐라 판지의 특성은?

① 표층을 화학펄프를 사용하여 인쇄 적성이 좋은 판지이다.
② 천연펄프만 사용한 고급 판지이다.
③ 쇄목펄프만 사용하여 내절심이 좋은 판지이다.
④ 양면이 상아색으로, 광택이 있는 판지이다.

참고 파트03 – 챕터01 – 섹션03

114 | 수채화 물감

▶ 합격 강의

• 가장 맑고 투명하게 표현할 수 있다.
• 물로 명도 조절을 할 수 있다.
• 붓의 종류에 따라 다양하게 표현이 가능하다.
• 물의 성질을 이용하여 흘리거나 번지기 기법의 효과를 낼 수 있다.
• 가격이 저렴하다.

다음 물감의 종류 중 물을 사용하여 명도를 조절하며, 가장 맑고 투명한 효과를 얻을 수 있는 것은?

① 유화 물감 ② 수채화 물감
③ 컬러 마커 ④ 포스터 컬러

정답 111 ③ 112 ① 113 ① 114 ②

115 | 아크릴 물감

- 건조가 빠르다.
- 내수성이 강하다.
- 유화와 같은 표현이 가능하다.
- 건조 후 물에 지워지지 않는다.
- 접착성이 강하다.
- 오래 두어도 변색되지 않는다.

다음 중 유화성질과 비슷하며 합성수지를 사용하여 만든 재료로 접착성과 내수성이 강한 재료는?

① 아크릴 컬러
② 매직 마커
③ 파스텔
④ 스크린 톤

116 | 매직 마커

- 색상이 다양하고 풍부하다.
- 색상이 선명하고 아름답다.
- 건조 시간이 빠르다.
- 투명한 성질의 채색재료이다.
- 번지지 않는다.

색상의 수가 풍부하며, 색채도 선명하고 건조가 빠른 장점이 있어서 패션일러스트레이션이나 실내 디자인, 디스플레이 특히 제품 디자인 실무에 많이 사용되는 재료는?

① 유화 물감   ② 파스텔
③ 포스터 컬러   ④ 매직 마커

117 | 감광도 표시

- 국제 표준화 규격 : ISO
- 미국 표준 규격 : ASA
- 독일 표준 규격 : DIN
- 일본 표준 규격 : JIS
- 영국 표준 기준 : BS

다음 중 필름의 감광도를 나타내는 국제표준화기구의 표기법은?

① ASA
② DIN
③ JIS
④ ISO

118 | 저감도 필름

- 감도 100 미만의 필름. 입자가 정교하고 미세하여 선명하고 깨끗한 사진에 적합하여 네거티브를 크게 확대하고자 할 때 유용한 필름으로 크게 확대하여도 화질이 좋다.
- 빛을 많이 필요로 한다(제품사진, 인물, 정물, 풍경).

다음 중 세밀한 부분까지도 정교하게 나타내고 싶거나 미세한 입자로 네거티브를 크게 확대하고자 할 때 유리한 필름은?

① 저감도   ② 중감도
③ 고감도   ④ 초고감도

정답 115 ① 116 ④ 117 ④ 118 ①

참고 파트03 – 챕터01 – 섹션04

▶ 합격 강의

119 | 컬러 네거티브 필름

- 인화용 필름으로 인화지에 인화하여 사진을 완성하기 위한 중간 목적으로 사용하는 필름이다.
- 필름 중 현실의 상과 반대로 필름에 만들어지기 때문에 노란색은 청색으로, 붉은 색은 녹색으로 필름의 상이 나타난다.

컬러 필름 중 현실의 상과 반대로 필름에 만들어지는 것은?

① 리버설 컬러 필름
② 컬러 네거티브 필름
③ 슬라이드 필름
④ 트랜스퍼런스 필름

참고 파트03 – 챕터01 – 섹션04

▶ 합격 강의

120 | 필름의 현상

현상 → 정지 → 정착 → 수세 → 건조

은염 감광 재료(흑백 사진)의 처리 과정이 옳은 것은?

① 현상–정착–수세–정지–건조
② 정착–정지–현상–수세–건조
③ 현상–정지–정착–수세–건조
④ 정착–현상–수세–정지–건조

참고 파트03 – 챕터01 – 섹션04

▶ 합격 강의

121 | 밀착 인화

필름과 같은 크기로 인화하여 시험 인화하는 것을 말한다. 인화지는 가스라이트지(Gas Light Paper)가 쓰인다.

네거티브 필름을 확대하기 전에 네거티브 필름과 같은 크기로 시험 인화하는 것을 무엇이라고 하는가?

① 밀착 인화
② 확대 인화
③ 스포팅
④ 에칭

참고 파트03 – 챕터01 – 섹션05

▶ 합격 강의

122 | 나이테

- 수심 주위의 둥근 띠를 말하며 수목의 연수를 말한다.
- 성장은 봄에서 여름까지 왕성하여 넓고 유연한 춘재가 되고 가을부터 겨울은 성장이 더디어 좁고 견고한 세포층을 추재라고 한다.
- 나이테는 춘재부에서 추재부를 거쳐 다음 춘재부까지를 말한다.

춘재와 추재로 구성되어 나무의 무늿결을 결정짓는 나무의 조직은?

① 수심
② 목질
③ 나이테
④ 수피

참고 파트03 – 챕터01 – 섹션05

▶ 합격 강의

123 | 목재의 흠

갈라짐	심재부의 섬유세포가 죽어 수분이 없어지면서 생기는 현상
옹이	껍질의 흔적인데 섬유의 이상 발달에 의해 생기는 현상
혹	섬유의 일부가 부자연스럽게 발달하여 생기는 현상
송진구멍	나이테 사이에 송진이 모여서 돋는 현상
껍질박이	나무의 상처로 껍질이 나무 내부로 몰입되는 현상
썩정이	썩어서 얼룩이 생긴 것으로 부패균이 내부의 섬유를 파괴시켜 생기는 현상

다음의 설명에 해당되는 목재의 상처는?

1. 껍질의 흔적인데 섬유의 이상 발달에 의해 생긴다.
2. 나이테가 밀집하고 송진이 많아서 단단하다.
3. 대패질이 곤란하다.
4. 나무의 질을 저하시킨다.

① 갈라짐   ② 옹이
③ 껍질박이   ④ 썩정이

정답 119 ② 120 ③ 121 ① 122 ③ 123 ②

참고 파트03 - 챕터01 - 섹션05

124 | 오버레이 합판

합판표면에 합성수지, 종이나 베, 알루미늄판, 스테인레스판 등을 입힌다.

다음 중 오버레이 합판에 관한 가장 올바른 설명은?

① 합판에 드릴프레스로 구멍을 뚫어 흡음효과가 있다.
② 합판표면에 특수한 무늬를 전사인쇄한다.
③ 합판표면에 합성수지판 등을 입힌다.
④ 합판표면에 금속판을 접착한다.

참고 파트03 - 챕터01 - 섹션05

125 | 파티클 보드

- 못 쓰는 목재나 나뭇조각을 잘게 조각을 내어 접착제로 붙여 굳혀서 만든 건재(建材)이다.
- 표면에 목재의 잔 조각들이 불규칙한 무늬를 형성하며 섬유방향에 따른 방향성이 없고 각 방향의 강도 차가 없이 강도가 크며 내마멸성과 경도가 높으며, 변형도 적다.
- 칸막이, 가구, 전자제품 케이스, 실내 장식재, 악기, 천장재, 방음 재료 등에 쓰인다.

파티클 보드(Particle Board)란?

① 항공기 프로펠라의 재료로 0.5~3mm 두께의 너도밤나무 등을 건조해 단판에 페놀수지를 침윤시켜 열압한 합판이다.
② 내장용 합판으로 요소수지, 단백질계 접착제로 접착한 합판을 말한다.
③ 목재를 얇고 잘게 조각을 내어 결합체를 가하여 성형 열압한 판상 제품이다.
④ 페놀수지 축합물을 목재에 흡수시켜 수분을 증발하고 셀룰로오스와 리그닌의 수산기를 결합한 합판을 말한다.

참고 파트03 - 챕터01 - 섹션05

126 | 플라스틱

1930년대 석유화학의 발전에 따라 그 영향으로 오늘날 여러 합성수지가 생산되어 일상 잡화에서부터 컴퓨터의 부품 등의 여러 분야에 사용되고 있는 재료이다.

다음 중 석유화학 산업의 발달로 나타난 재료는?

① 플라스틱
② 알루미늄
③ 유리
④ 도자기

참고 파트03 - 챕터01 - 섹션05

127 | 플라스틱의 장점

- 가공과 착색이 용이하고 디자인의 자유도가 높다.
- 타 재료의 질감효과를 낼 수 있다(금속감, 나뭇결, 펄 모양, 대리석 등).
- 내수성이 좋다(녹 발생, 부식이 없다).
- 전기 절연성이 우수하고, 열전도율이 낮다(차가운 느낌이 없다).
- 전기 절연성이 우수하며 다른 재료와 복합이 용이하다.
- 내약품성이 우수하다.

다음 중 플라스틱 특징의 설명으로 옳은 것은?

① 가공이 어렵다.
② 열전도율이 높다.
③ 내수성이 좋다.
④ 다른 재료와의 복합이 어렵다.

정답 124 ③ 125 ③ 126 ① 127 ③

참고 파트03 - 챕터01 - 섹션05

■ 합격 강의

128 | 열경화성수지의 특징

- 열에 안정적이다.
- 거의 전부가 반투명 또는 불투명이다.
- 압축, 적층성형 등의 가공법에 의하기 때문에 비능률적이다.
- 성형 시 화학적 변화를 일으키지 않기 때문에 재사용이 불가능하다.
- 열변형 온도가 150℃ 이상으로 높다.
- 열가소성 플라스틱보다 강도가 높다.

열경화성수지에 대한 설명으로 틀린 것은?

① 열에 안정적이다.

② 거의 전부가 반투명 또는 불투명이다.

③ 압축, 적층성형 등의 가공법에 의하기 때문에 비능률적이다.

④ 성형 시 화학적 변화를 일으키지 않기 때문에 재사용이 가능하다.

참고 파트03 - 챕터01 - 섹션05

■ 합격 강의

129 | 열경화성수지의 종류

- 페놀수지(PF), 요소수지(UP), 멜라민수지(MF), 에폭시수지(DAP), 실리콘수지(SI), 폴리우레탄, 불포화 폴리 에스테르 수지(UP), 폴리우레탄 수지(PUR)
- 페놀수지(PF) : 열경화성수지를 대표하는 플라스틱으로 절연성이 크고, 전기재료로 많이 사용되며 '베이클라이트'라고도 하는 수지이다.

플라스틱 제품 중 가장 오랜 역사를 가진 것으로 일반적으로 베이클라이트(Bakelite)라고도 하며 열경화성수지를 대표하는 것은?

① 멜라민수지

② 요소수지

③ 페놀수지

④ 푸란수지

참고 파트03 - 챕터01 - 섹션05

■ 합격 강의

130 | 플라스틱 성형법

사출성형	가열하여 유동 상태로 된 플라스틱을 닫힌 상태의 금형에 고압으로 충전하여 이것을 냉각·경화시킨 다음 금형을 열어 성형품을 얻는 방법
압출성형	플라스틱을 가열한 실린더 안에 녹여 회전하는 스크류에 의해 노즐을 통해 압출하여 단면이 같은 장척 부재를 만드는 방법
블로우성형	재료를 연화시킨 후 공중체를 금형에 끼워 여기에 압축공기를 불어넣어 공중체를 넓혀 금형에 압착한 다음 냉각·경화시켜 성형품을 만드는 방법
압축성형	가열한 금형에 원료를 투입하여 금형을 닫고 가압·가열한 다음 재료가 완전히 굳어지는 것을 기다려 성형품을 금형에서 빼내는 방법
주입성형 (주조법)	형에 액상의 열경화성수지를 주입하여 가열·경화시켜 성형품을 만드는 방법

가열하여 유동 상태로 된 플라스틱을 닫힌 상태의 금형에 고압으로 충전하여 이것을 냉각·경화시킨 다음, 금형을 열어 성형품을 얻는 방법은?

① 압축성형

② 사출성형

③ 압출성형

④ 블로우성형

참고 파트03 - 챕터01 - 섹션05

■ 합격 강의

131 | 금속의 성질

- 비중이 크다.
- 열 및 전기의 양도체이다.
- 경도가 크며, 내마멸성이 풍부하다.
- 전성과 연성이 좋다.
- 외력의 저항과 내구력이 크다.
- 이온화했을 때 양이온이다.
- 불에 타지 않는다.
- 상온에서 고체 상태이다.

금속 재료의 성질과 먼 것은?

① 비중이 크다.

② 색채가 다양하다.

③ 열 및 전기의 양도체이다.

④ 전성, 연성이 좋다.

정답 128 ④ 129 ③ 130 ② 131 ②

132 | 금속의 분류

철재의 분류는 탄소(C) 함유량이 가장 중요한 요인이며, 철 이외에 규소(Si), 망간(Mn), 인(P), 유황(S) 등의 5개 원소들로 이루어져 있으며 철재는 탄소 함유량에 따라서 선철, 순철, 주철 등으로 나누어진다.

강철에 함유된 원소 중 철강재에 가장 큰 영향을 미치는 것은?

① 황
② 탄소
③ 규소
④ 망간

133 | 형상기억합금

- 일정한 온도가 되면 원래의 형상으로 되돌아가는 금속이다.
- 형상기억합금의 고려 사항
  - 온도를 임의로 조절할 수 있는가?
  - 형상 회복에 따라 발생하는 힘은 어느 정도인가?
  - 몇 ℃에서 형상이 회복되는가?

일정한 온도가 되면 원래의 형상으로 되돌아가는 금속으로 화재경보기 및 달 표면에 세우는 우산 형태의 파라볼라(Parabola) 안테나 등에 이용되는 합금은?

① 형상기억합금(Shape Memory Alloy)
② 소결합금
③ 수소 저장합금
④ 아모르퍼스합금(Amorphous)

134 | 금속의 열처리

풀림	800~1000℃에서 가열한 후 서서히 냉각시키는 방법. 가열에 의해서 금속을 정상적인 성질로 회복시키는 열처리
담금질	금속을 높은 온도까지 가열하였다가 물이나 기름의 용액 속에 급냉시키는 방법이며, 단단한 성질을 얻게 됨
뜨임	200~600℃에서 가열한 후 대기 중에서 서서히 냉각시키는 방법
표면 경화법	표면이 마찰에 잘 견디도록 굳게 하고, 탄소 함유량을 부분적으로 열처리하여 내충격이 견딜 수 있도록 하는 방법

다음 중 금속의 열처리 방법이 아닌 것은?

① 담금질(Quenching)
② 뜨임(Tempering)
③ 풀림(Normalizing)
④ 연마(Pilshing)

135 | 금속의 가공

주조, 단조, 단금, 압연, 압출, 드로잉(인발), 판금, 전조, 엠보싱 가공 등이 있다.

다음 중 금속재료 가공의 특성이 아닌 것은?

① 사출가공
② 소성가공
③ 단조가공
④ 엠보싱가공

136 | 자기

- 소성온도 1,300℃ 이상으로 가장 높다.
- 투광성이 있고 매우 단단하며 경도 및 강도가 점토 제품 중 가장 크고 손끝으로 두드리면 가벼운 청음이 난다.
- 건축용이나 장식용으로 사용된다.

다음 중 소성온도가 가장 높고 주로 이화학용품 및 전자기(電瓷氣)용으로도 많이 쓰이는 것은?

① 토기
② 석기
③ 도기
④ 자기

정답 132 ② 133 ① 134 ④ 135 ① 136 ④

참고 파트03 – 챕터01 – 섹션05

137 | 직물의 3원 조직

평직, 능직, 주자직

다음 중 직물의 3원 조직이 아닌 것은?

① 평직　　　　　　② 능직
③ 익직　　　　　　④ 주자직

참고 파트03 – 챕터01 – 섹션05

138 | 무명

- 종자섬유(면화, 케이폭)
- 면화(무명) : 보온과 습성이 좋고 비중이 높다. 또한 취급이 쉬우며 열에 강하다.

다음 섬유 중 흡습성이 좋고 비중이 가장 높은 것은?

① 아크릴　　　　　② 명주
③ 나일론　　　　　④ 무명

참고 파트03 – 챕터01 – 섹션05

139 | 유리

- 규사, 탄산나트륨, 탄산칼슘 등을 고온으로 녹인 후 냉각하면 생기는 투명도가 높은 물체이다.
- 보통 유리의 비중은 2.5~2.6 정도이다.
- 전기의 부도체, IC 직접회로의 기판, 콘덴서 등에 걸쳐 신소재로써 적용성이 높아가고 있다.

규사, 탄산나트륨, 탄산칼슘 등을 고온으로 녹인 후 냉각하면 생기는 투명도가 높은 물체이며, IC 직접회로의 기판, 콘덴서 등에 걸쳐 신소재로써 적용성이 높아가고 있는 것은?

① 플라스틱재료　　　② 유리재료
③ 세라믹재료　　　　④ 금속재료

참고 파트03 – 챕터01 – 섹션05

140 | 수취법

용해된 유리소지를 취관 끝에 두고 입으로 불어 늘리는 방법으로 가장 오래된 용기성형 방법이다.

용해된 유리소지를 취관 끝에 두고 입으로 불어 늘리는 방법의 성형법은?

① 앰플제법　　　　　② 평판법
③ 수취법　　　　　　④ 롤러법

참고 파트03 – 챕터01 – 섹션06

141 | 수성도료

- 재료 중 취급이 간편하며, 발화성이 낮고 경제적인 도료이다.
- 안료를 물로 용해하여 수용성 교착제와 혼합한 분말 상태의 도료인데, 시판되는 것은 대부분 흰색이므로 원하는 색을 내고자 할 때는 수성 조색제나 아크릴 물감을 사용한다. 전색제에는 카세인(Casein) · 소석회 · 아교 · 덱스트린 · 아라비아고무 등이 있다. 수성 페인트는 건물 외벽이나 콘크리트, 시멘트 벽, 목재, 벽지 등에 주로 사용한다.

다음 도료 중 취급이 간편하며, 발화성이 낮고 경제적인 도료는?

① 비닐 수지 도료　　② 유성 도료
③ 수성 도료　　　　④ 폴리우레탄 도료

참고 파트03 – 챕터01 – 섹션06

▶합격 강의

142 | 스트리퍼블(Strippable)

- 바탕이나 도막 위에 부착하지 않는 도막을 형성하고, 그들을 보호하는 도료이다.
- 필요한 보호 기간을 거친 다음 쉽게 벗겨서 제거할 수 있다.
- 도장재의 더러움 방지를 위해 일시적으로 사용한다.
- 필요할 때 간단히 벗겨낼 수 있다.
- 비닐계 수지이다.

스트리퍼블(Strippable) 페인트의 설명으로 잘못된 것은?

① 도장재의 더러움 방지를 위해 일시적으로 사용한다.

② 필요할 때 간단히 벗겨낼 수 있다.

③ 비닐계 수지이다.

④ 얇게 도장해야 한다.

참고 파트03 – 챕터01 – 섹션06

▶합격 강의

143 | 핫 스프레이 도장

- 고점도 도료는 스프레이 도장을 할 수 없으므로 도료의 점도를 저하하는 수단으로 가온하는 스프레이 도장 장치이다.
- 건조에 충분한 시간이 필요하며, 광택이 좋다.
- 흐름, 풀림, 메마름이 적고 물체와의 스프레이 거리는 가깝게 하고, 조작 속도를 느리게 한다.
- 공기의 소비량이 적다.

핫 스프레이 도장에 대한 설명으로 틀린 것은?

① 건조에 충분한 시간이 필요하다.

② 광택이 좋다.

③ 두꺼운 도막을 얻으려면 여러 번 칠해야 한다.

④ 흐름, 풀림, 메마름이 적다.

4과목 **컴퓨터그래픽스**

참고 파트04 – 챕터01 – 섹션01

▶합격 강의

144 | 컴퓨터그래픽 세대별 주요 소자

- 제1세대 : 진공관
- 제2세대 : 트랜지스터
- 제3세대 : IC(집적회로)
- 제4세대 : LSI(고밀도 집적회로)
- 제5세대 : SVLSI와 바이오 소자

다음 중 컴퓨터 세대를 나누는 기억소자의 순서를 바르게 나열한 것은?

① 트랜지스터 – 진공관 – IC – LSI

② IC – 진공관 – 트랜지스터 – LSI

③ LSI – 트랜지스터 – 진공관 – IC

④ 진공관 – 트랜지스터 – IC – LSI

참고 파트04 – 챕터01 – 섹션01

▶합격 강의

145 | 컴퓨터그래픽의 단점

- 창조성이나 아이디어 제공은 불가하다.
- 자연적인 표현이나 기교의 순수함이 없다.
- 모니터 크기에 제한이 있어 큰 작업물을 한눈에 볼 수가 없다.
- 모니터와 인쇄물의 컬러가 동일하지 않아 교정이 필요하다.

컴퓨터의 특징 중 실용 효과 면에서 우선순위가 가장 낮은 것은?

① 신속하고, 정확한 처리결과

② 자동적인 반복처리

③ 창조적인 사고의 반복

④ 영구적인 기억처리

정답 142 ④ 143 ③ 144 ④ 145 ③

참고 파트04 – 챕터01 – 섹션01

▶ 합격 강의

146 | 정보 표현 단위

정보 표현의 단위 순서
Bit < Byte < Kilobyte < Megabyte < Gigabyte < Terabyte

다음 컴퓨터 연산의 기본단위의 크기가 바르게 설정된 것은?

① Byte<Bit<Kilobyte<Megabyte

② Kilobyte<Terabyte<Megabyte<Gigabyte

③ Bit<Byte<Kilobyte<Megabyte

④ Kilobyte<Megabyte<Terabyte<Gigabyte

참고 파트04 – 챕터01 – 섹션01

▶ 합격 강의

147 | 좌표계

• **극 좌표계** : 임의의 점의 위치를 원점으로부터의 거리와 각도의 크기에 따라 정하는 좌표계를 말한다.
• **직교 좌표계** : 좌표계에 나타난 점은 원점으로부터의 x, y, z의 값으로 표현되어 정확한 위치를 표현할 수 있다.

다음 중 원점으로부터의 거리와 각도를 사용하여 좌표를 나타내는 좌표계는?

① 원동 좌표계(Cylindrical Coordinate System)

② 모델 좌표계(Model Coordinate System)

③ 극 좌표계(Polar Coordinate System)

④ 직교 좌표계(Cartesian Coordinate System)

참고 파트04 – 챕터02 – 섹션01

▶ 합격 강의

148 | 입력 장치

• 컴퓨터로 데이터나 도형, 그림, 음성, 문자 등의 정보를 입력해 주는 장치로 2진코드로 변환하여 저장한다.
• 입력 장치의 종류는 키보드, 마우스, 스캐너, 디지타이저, 태블릿, 디지털카메라, 조이스틱, 터치스크린, 라이트 펜 등이 있다.

다음 중 컴퓨터 입력 장치가 아닌 것은?

① 태블릿(Tablet)

② 라이트 펜(Light Pen)

③ 자기 디스크(Magnetic Disk)

④ 디지타이저(Digitizer)

참고 파트04 – 챕터02 – 섹션01

▶ 합격 강의

149 | 중앙 처리 장치의 구성과 기능

• **CPU(Central Processing Unit)** : 컴퓨터의 머리에 해당하며 모든 자료와 정보를 교환 · 분석 · 처리하는 장치이다.
• 중앙 처리 장치의 기능은 크게 기억 · 연산 · 제어 장치로 구분된다.

중앙 처리 장치(CPU)에 대한 설명 중 잘못된 것은?

① 컴퓨터의 속도는 CPU의 속도에 의해 좌우된다.

② CPU는 사람으로 치면 두뇌에 해당하는 구성요소이며 마이크로프로세서라고도 한다.

③ CPU는 크게 제어 장치, 연산 장치, 출력 장치로 구성되어 있다.

④ CPU는 계산 작업을 수행하는 장치로써 명령어를 실행하고 데이터를 처리한다.

정답 146 ③ 147 ③ 148 ③ 149 ③

150 | ROM

- 전원이 중단되어도 데이터가 지워지지 않는 비휘발성 메모리이다.
- 반복해서 같은 내용을 읽을 수 없다.
- 읽기만 할 수 있고 변경 또는 수정할 수 없다.
- 부팅 시 컴퓨터의 기본 작업 환경을 조성한다(입출력 시스템, 글자 폰트, 자가 진단 프로그램 등의 펌웨어를 저장한다).

기억된 정보를 읽어낼 수는 있으나 변경시킬 수 없는 메모리이며, 주로 부팅 시 필요한 프로그램이나 변경될 소지가 없는 데이터 메모리로 사용되는 것은?

① RAM
② ROM
③ Hard Disk
④ WebHard

151 | RAM

- 전원 공급이 중단되면 모든 데이터가 지워지는 휘발성 메모리이다.
- 읽기와 쓰기가 자유롭다.
- 일반적으로 주기억 장치라고 하면 RAM을 의미한다.

다음 RAM(Random Access Memory)의 기능에 대한 설명 중 틀린 것은?

① 정보를 읽기만 하는 기억 장치이다.
② 저장 혹은 지움 등의 명령에 의해서만 읽혀지는 휘발성 메모리이다.
③ 정보를 교환, 처리하는 기능이다.
④ 입력장치로부터 제공된 데이터를 처리하는 기능이다.

152 | 가상 메모리

- 프로그램이 사용할 수 있는 주소 공간의 크기가 실제 주기억 장치의 기억공간보다 클 경우에 사용한다.
- 사용하는 응용프로그램이 내장된 메모리보다 클 경우 하드 디스크를 메모리처럼 사용하는 기능이다.

어떤 프로그램의 권장 메모리가 시스템 내의 실제 RAM보다 커서 사용할 수 없을 경우, 올바른 해결 방법은?

① RAM Disk를 사용한다.
② ROM(Read Only Memory)을 증가시킨다.
③ 가상메모리(Virtual Memory)를 이용한다.
④ 비디오 램(Video RAM)을 증가시킨다.

153 | 모니터

- 컴퓨터 내부의 작업 내용을 사용자에게 표시해 주는 장치로써 디스플레이라고도 한다.
- 화상 이미지를 표현하는 출력 장치로써 그래픽 카드의 신호를 받아들여 시각적 형태의 영상물로 나타낸다.
- 모니터의 종류는 CRT, LCD, PDP, LED 모니터가 있다.

다음 중 화상 이미지를 표현하는 출력 장치로써 그래픽 카드의 신호를 받아들여 시각적 형태의 영상물로 나타내주는 것은?

① 모니터
② 프린터
③ 플로터
④ 스캐너

정답 150 ② 151 ① 152 ③ 153 ①

참고 파트04 – 챕터02 – 섹션01

154 | 플로터

▶ 합격 강의

- 그래프나 도형, 건축용 CAD, 도면 등을 출력하기 위한 대형 출력 장치이다.
- 대형 출력이기 때문에 A0(841×1189mm) 이상까지 출력이 가능하고 C(시안), M(마젠타), Y(노랑), K(검정)의 잉크로 프린트를 한다.
- 사인물이나 현수막 등의 글자 및 도안에 사용된다.

다음은 어떤 출력 장치에 대한 설명인가?

- 그래프, 지도, 도표, 도형, 건축용 CAD, 도면 등을 출력하기 위한 특수 목적으로 사용된다.
- 깨끗한 선과 면으로 출력 결과가 깨끗하다.
- 보통 A0 크기까지의 대형 출력이 가능하다.

① 필름 레코더
② 잉크젯 프린터
③ 열전사 프린터
④ 플로터

참고 파트04 – 챕터02 – 섹션01

155 | 스캐너

▶ 합격 강의

- 종이, 필름 등에 인쇄되어 현상된 그림, 문자, 글자 등을 읽어들여 컴퓨터 내의 프로그램에서 볼 수 있도록 변화시켜 주는 장치이다.
- 사진, 그림 등을 이미지 처리 프로그램인 포토샵 등에서 사용 가능하도록 입력할 수 있다.
- 핸드스캐너, 플랫베드(평판)스캐너, 드럼스캐너, 3D스캐너 등이 있다.

다음 중 그림이나 사진 등을 필요한 부분을 컴퓨터가 처리할 수 있는 형태로 바꾸어 컴퓨터에 입력하는 장치는?

① 스캐너
② 터치스크린
③ 디지타이저
④ 모니터

참고 파트04 – 챕터02 – 섹션01

156 | 필름 레코더

▶ 합격 강의

컴퓨터에서 나온 최종 디지털 이미지 데이터를 컬러 필름에 출력하는 장치이며, 필름의 출력 사이즈는 35mm부터 가능하다.

모니터에 나타난 도형이나 그림을 35mm 슬라이드에 저장하는 출력 장치는?

① 플로터
② 필름 레코더
③ 레이저 프린터
④ 스캐너

참고 파트04 – 챕터02 – 섹션02

157 | 시스템 소프트웨어

▶ 합격 강의

- 1969년 미국 AT&T사에서 개발한 대형 오퍼레이팅 시스템이다.
- C언어를 기반으로 크게 커널, 셸, 파일 시스템으로 구성된다.
- 대화형 시스템, 높은 이식성, 멀티태스킹 시스템, 셸 프로그래밍, 계층적 파일 시스템을 특징으로 중/대형 컴퓨터에서 많이 사용된다.

다음 유닉스(UNIX)에 관한 설명 중 잘못된 것은?

① 유닉스는 1969년 미국 AT&T의 벨 연구소에서 켄 톰슨(Ken Thompson)의 주도하에 개발된 운영체제이다.
② 초기에는 모든 기종에서 사용될 수 있도록 만들어졌으나 시스템의 변경이 용이하지 않아 점차 대형 기종에서만 사용하게 되었다.
③ 유닉스는 시스템의 90% 이상이 C언어로 만들어져 있다.
④ 유닉스 시스템은 크게 커널(Kernel), 셸(Shell), 파일 시스템(File System)의 세 부분으로 구성된다.

참고 파트04-챕터02-섹션02

 ▶합격 강의

158 | 그래픽 소프트웨어

드로잉 프로그램	일러스트레이터, 프리핸드, 파이어웍스, 코렐드로우, 오토캐드
이미지 프로그램	포토샵, 페인터, 페인트샵프로, 코렐포토페인트
편집 프로그램	쿼크 익스프레스, 페이지메이커, 인디자인, 코렐드로우

다음 중 2D 그래픽 소프트웨어가 아닌 것은?

① 포토샵(Photoshop)
② 페인터(Painter)
③ 일러스트레이터(Illustrator)
④ 스트라타 스튜디오 프로(Strata Studio Pro)

참고 파트04-챕터02-섹션02

 ▶합격 강의

159 | 비트맵 방식

- 컴퓨터의 모니터에 픽셀들이 모여서 그림을 표현하는 방식으로 픽셀 이미지 또는 래스터 이미지라고도 한다.
- 다양한 픽셀들이 각각의 정보를 가지고 있으므로 상세한 명암과 색상을 필요로 하는 사진이나 그림을 표시하는 데 매우 적합하다.
- 확대 및 축소할 경우 이미지의 화질이 떨어지고 용량이 늘어날 수 있다.
- 비트맵 방식에서 이미지의 상태는 해상도와 크기로 결정이 되기 때문에 사용 목적에 맞는 해상도와 1:1 작업이 되어야 한다.
- 비트맵 방식은 포토샵, 페인터, 코렐포토페인트 등에서 사용된다.

비트맵 이미지의 특징이 아닌 것은?

① 깊이 있는 색조와 부드러운 질감을 나타낼 수 있다.
② 이미지의 크기에 따라 출력에 영향을 준다.
③ 압축을 통해 해상도와 파일 크기의 조절이 가능하다.
④ 베지어 곡선의 오브젝트로 구성된다.

참고 파트04-챕터02-섹션02

 ▶합격 강의

160 | 벡터 방식

- 그래픽 화면에 나타나는 도형, 글자, 문양의 모양을 각 선분이나 곡선 요소, 위치, 두께 등으로 수학적 연산에 의해 기억하여 연산하는 방식이다.
- 수학적 연산에 의해 이미지를 만들기 때문에 비트맵 방식보다 파일 용량이 작다.
- 이미지 크기에 상관없이 축소, 확대하여도 이미지에 손상이 전혀 없으며, 수정과 변형이 자유롭다.
- 선과 면에 색상을 표현하는 방식을 사용하므로 부드럽고 정교한 선을 표현하는 데 적합하나, 비트맵처럼 상세한 명암과 풍부한 색감표현을 할 수 없다.
- 객체지향적 이미지, 오브젝트 이미지, 포스트스크립트 이미지라고도 한다.
- 벡터 방식은 일러스트레이터, 코렐 드로우, 프리핸드, CAD 등에서 사용된다.

벡터 이미지의 특성에 대한 설명으로 틀린 것은?

① 선과 면이 깔끔하고 정갈하다.
② 다양한 질감과 사실적인 효과의 연출이 가능하다.
③ 글자, 로고, 캐릭터 디자인에 적합하다.
④ 축소, 확대하여도 이미지의 질에 영향을 주지 않는다.

참고 파트04-챕터02-섹션02

 ▶합격 강의

161 | INDEX 모드

- 24비트 컬러 중 정해진 256컬러의 컬러표를 사용하는 단일 채널 이미지이다.
- 부족한 컬러를 표현하기 위해 디더링 기법이 사용된다.
- 대부분 웹상에서 이미지 전송용, 게임 그래픽용으로 사용하며, 대표적인 포맷은 GIF 이미지가 있다.

24비트 컬러 중에서 정해진 256컬러의 컬러표를 사용하는 컬러 시스템은?

① Gray Mode
② Bitmap Mode
③ CMYK Mode
④ Index Color Mode

정답 158 ④ 159 ④ 160 ② 161 ④

참고 파트04 – 챕터02 – 섹션02 ▶합격 강의

162 | HSB 모드

- 인간이 색을 인지하는 방식을 기초로 색상, 채도, 명도에 의해 색을 표현하는 모드이다.
- 일반적으로 디자이너나 색채를 다루는 사람들이 보통 사용하는 방식이다.

다음 HSB 컬러 모드에 대한 설명으로 틀린 것은?

① 채도는 색의 강도 또는 순수한 정도를 나타낸다.

② 색상(Hue), 채도(Saturation), 명도(Brightness)에 의해 색을 표현하는 방식이다.

③ 명도 0%는 흰색이며, 명도 100%는 순수한 검정이다.

④ 색상은 일반적 색체계에서 360°의 단계로 표현된다.

참고 파트04 – 챕터02 – 섹션02 ▶합격 강의

163 | 해상도

- 해상도는 모니터 화면에 그래픽을 얼마나 선명하고 정밀하게 표현할 수 있는지를 결정하는 요소다.
- 모니터상의 작은 점이 화면을 구성하는 최소 단위이며, 픽셀(Pixel)이라고 한다.
- 해상도가 클수록 선명하게 표현되지만 파일의 용량은 늘어난다.
- 해상도와 이미지의 크기는 반비례의 관계로 이미지 크기가 커지면 해상도는 감소하고, 이미지 크기가 작아지면 해상도는 증가한다.
- 그래픽 작업을 하기 위해서는 반드시 목적에 맞는 해상도로 작업을 해야 한다. 화면용일 경우 72dpi의 저해상도로 작업하고, 인쇄용일 경우 200~300dpi의 고해상도로 작업하는 것이 좋다.

디지털 해상도에 대한 설명 중 적합하지 않은 것은?

① 한 이미지의 해상도는 측정 단위당 픽셀의 수를 의미한다.

② 비트 해상도는 각 픽셀에 저장되는 색 정보의 양과 관련이 있다.

③ 고해상도로 스캔하면 데이터 크기도 커진다.

④ 모니터 해상도는 보통 72dpi이며, 고해상도 이미지인 경우 모니터 해상도를 수시로 변경한다.

참고 파트04 – 챕터02 – 섹션02 ▶합격 강의

164 | 앨리어싱과 안티앨리어싱

- 앨리어싱 : 비트맵 이미지는 픽셀 단위로 처리되기 때문에 곡선이나 사선을 표현할 때 계단모양으로 나타나는 현상을 말한다.
- 안티앨리어싱 : 픽셀과 픽셀로 이어지는 계단모양의 가장자리 부분에 주변 색상과 혼합한 중간 색상을 넣어 계단 현상의 외형을 부드럽게 처리해 주는 방식을 말한다.

톱니 모양의 우둘투둘한 비트맵 이미지의 가장자리 픽셀들을 주변 색상과 혼합한 중간 색상을 넣어 매끄럽게 처리하는 방식은?

① 질감전사(Mapping)

② 렌더링(Rendering)

③ 모델링(Modeling)

④ 안티앨리어싱(Anti-Aliasing)

참고 파트04 – 챕터02 – 섹션02 ▶합격 강의

165 | GIF 포맷

투명도, 인터레이스, 애니메이션 지원이 가능한 파일 포맷으로 파일의 압축률이 좋고, Index 모드에서 최대 256컬러의 색상표를 이용하여 압축하는 비손실 압축방식이다.

온라인 전송을 위한 압축파일로 용량이 적고 투명도, 인터레이스, 애니메이션 지원이 가능한 그래픽 파일 포맷은?

① JPEG

② TIFF

③ EPS

④ GIF

정답 162 ③ 163 ④ 164 ④ 165 ④

166 | PDF 포맷

Portable Document Format의 약자로 미국 Adobe사가 서체, 프린팅 기술을 지원하기 위해 PostScript를 기반으로 개발한 소용량의 전자 문서 작성용 파일 포맷이다.

하이퍼텍스트 기능과 전자 목차 기능을 제공하고 인쇄 상태 그대로를 컴퓨터에서 보여주므로 전자책과 디지털 출판에 적합한 파일 포맷 형식은?

① PCX
② TIFF
③ TGA
④ PDF

167 | EPS 포맷

Encapsulated Post Script의 약자로 전자출판이나 고해상도의 그래픽을 지원하며, 4도 분판을 목적으로 비트맵이나 벡터 방식 모두 사용할 수 있는 파일 포맷이다.

잡지 광고를 제작하기 위해 쿼크 익스프레스(Quark Xpress)프로그램을 활용하고자 한다. 사진 이미지를 삽입을 위해 스캐너로 이용하여 사진 이미지를 입력받아 포토샵에서 수정 후 저장하고자 할 때, 다음 중 이미지 파일 포맷으로 가장 적합한 것은?

① EPS
② GIF
③ TGA
④ PSD

168 | PSD 포맷

포토샵 전용 파일 포맷으로 레이어, 채널, 패스 등을 모두 저장할 수 있는 파일 포맷이다.

포토샵에서의 레이어와 알파 채널 등을 모두 저장할 수 있는 파일 포맷은?

① JPG
② PSD
③ GIF
④ EPS

169 | 픽셀

그래픽 화면을 구성하는 최소 단위로 화소라고 하며, 컴퓨터 모니터를 통해 문자나 그림을 표시할 때 작은 점들로 표현된다.

다음 중 픽셀의 설명으로 틀린 것은?

① 픽셀은 이미지를 구성하는 최소 단위이다.
② 종횡으로 많은 수의 픽셀이 모여 문자 또는 그림을 형성한다.
③ 픽셀은 각각의 위치 값을 가진다.
④ 픽셀은 색에 따라 다양한 크기를 가진다.

170 | 일러스트레이터

• 일러스트레이터는 어도비사가 발표한 2차원 그래픽 소프트웨어로서 그래프나 도형, 문자, 글자 등의 드로잉 작업이 가능한 벡터 방식의 소프트웨어이다.
• 수정, 보완이 자유롭고 축소, 확대, 변형에도 이미지에 왜곡이 없으며, 해상도의 영향을 받지 않는다.

그래픽 소프트웨어의 벡터 프로그램 중 일러스트레이터에 대한 설명이 잘못된 것은?

① Adobe사에서 만든 드로잉 프로그램이다.
② 마이크로소프트의 대표적인 프로그램이다.
③ 로고 및 심플 디자인에 많이 쓰인다.
④ 포토샵과 더불어 2D 프로그램의 대표적인 소프트웨어이다.

정답 166 ④ 167 ① 168 ② 169 ④ 170 ②

참고 파트04 – 챕터02 – 섹션03

171 | 일러스트레이터의 기능

Blend	두 개의 오브젝트 사이에 컬러나 모양을 연속적으로 만들어 주는 기능
Gradient	선택 영역에 2가지 이상의 색을 점진적으로 혼합하여 영역을 채울 때 사용
Distort	오브젝트를 변형하거나 왜곡시켜 주는 기능
Reflect	오브젝트를 선택하는 방향에 따라 반전시켜 주는 기능

일러스트레이터에서 두 오브젝트 간의 색채 및 모양의 단계적 변화를 위한 명령은?

① Blend
② Shear
③ Skew
④ Effects

참고 파트04 – 챕터02 – 섹션03

172 | 포토샵

- 포토샵은 어도비사가 발표한 2차원 그래픽 소프트웨어로써 전문 사진 편집을 위한 비트맵 방식의 소프트웨어이다.
- 디자인에 관련된 모든 작업에서 포토샵을 폭넓게 사용하고 있다.
- 사진 등의 이미지를 수정 보완하거나 색상, 변형, 합성 등의 디자인에 필요한 소스로 제작이 가능하며, 타 프로그램 간의 호환성도 뛰어나다.
- 그림이나 문자를 화소로 나타내며 비트맵으로 데이터를 처리한다.
- 웹디자인, 영화, 광고, 출판 등의 다양한 분야에서 이용되고 있다.

다음 중 픽셀로 구성된 사진 이미지의 편집, 수정에 가장 적합한 프로그램은?

① 일러스트레이터
② 3D 스튜디오 맥스
③ 포토샵
④ 쿼크 익스프레스

참고 파트04 – 챕터02 – 섹션03

173 | 포토샵의 필터 기능

Blur	이미지의 초점을 흐리게 하는 효과
Distort	이미지를 왜곡시키거나 변형하는 효과
Noise	이미지에 임의의 픽셀을 생성시켜 노이즈 현상을 만듦
Sharpen	이미지를 선명하게 하는 효과
Render	빛과 관련된 구름과 렌즈플레어 등의 효과
Sketch	이미지를 모노톤의 회화적인 느낌이 나도록 하는 효과
Emboss	이미지의 경계 부분을 밝고 어둡게 하여 3차원적인 입체 효과를 만드는 효과
Texture	이미지에 재질감을 주는 효과

포토샵의 필터 중 하프톤의 효과나 모자이크 효과를 얻을 수 있는 가장 적합한 필터 기능은?

① Blur
② Brush Strokes
③ Distrot
④ Pixelate

참고 파트04 – 챕터02 – 섹션03

174 | 오토캐드의 명령어

Limits	좌측 하단과 우측 상단에 절대좌표를 입력하여 도면의 크기를 설정
Grid	화면에 보이는 격자를 표시
Snap	그래픽 커서의 움직이는 간격을 지정
Offset	평행 복사
Ortho	수직선과 수평선을 그리는 기능
Mline	다중선 긋기
Xline	선 긋기

Auto CAD에서 도면이 그려지는 영역을 결정하는 명령으로, 그 범위는 좌측 하단과 우측 상단의 절대좌표를 입력, 지정하는 명령어는?

① Units
② Snap
③ Limits
④ Line

정답 171 ① 172 ③ 173 ④ 174 ③

참고 파트04 – 챕터02 – 섹션03

 합격 강의

175 | 와이어프레임 모델

- 물체를 표현하는 가장 기본이 되는 모델링으로 물체를 직선, 곡선으로만 나타낸다.
- 면과 면이 만나는 선만으로 입체를 생성하는 방법이다.
- 물체의 표면, 부피, 무게, 실제감 등을 나타낼 수는 없다.

3차원 형상 모델링에서 물체를 선으로만 표현하는 것은?

① 와이어프레임 모델링
② 서페이스 모델링
③ 솔리드 모델링
④ CSG 모델링

참고 파트04 – 챕터02 – 섹션03

 합격 강의

176 | 솔리드 모델

- 물체의 내·외부를 명확히 표현하고 물체의 성격과 부피 등 물리적인 성질의 계산이 가능하며, 표현력이 크고 응용 범위가 넓어 상업적으로 가장 많이 사용한다.
- 데이터 구조가 복잡하며, 컴퓨터의 사양에 따라 데이터를 처리하는 데 시간이 오래 걸리는 단점이 있다.

3차원 형상 모델링 중 제품 디자인에서 많이 사용되는 속이 꽉 찬 모델링으로 수치 데이터 처리가 정확하여 제품생산을 위한 도면제작과 연계된 모델은?

① 와이어프레임 모델   ② 서페이스 모델
③ 솔리드 모델   ④ 곡면 모델

참고 파트04 – 챕터02 – 섹션03

 합격 강의

177 | 프랙탈 모델

- 단순한 형태의 직선에서 출발하여 점차 복잡한 형상을 만들어 가는 모델이다.
- 자연물, 지형, 해안, 구름, 산, 혹성 등과 같이 복잡한 도형의 표현이 가능하다.
- 대표적으로 Bryce 3D가 있다.

3차원 모델링 방식 중 산이나 구름 같은 자연대상물의 불규칙적인 성질을 갖는 움직임을 표현할 경우 사용하며 자연의 무질서 현상을 연구 대상으로 하는 개념에 기초하고 있는 모델링은?

① 와이어프레임 모델링
② 프랙탈 모델링
③ 솔리드 모델링
④ 파라메트릭 모델링

참고 파트04 – 챕터02 – 섹션03

 합격 강의

178 | 셰이딩

- 물체에 입체감을 더하기 위해 빛으로 음영의 밝기를 조절하는 것으로 광원의 각도, 입체물의 각도, 시점의 각도에 따라 물체의 입체감과 사실감을 더할 수 있다.
- 셰이딩은 크게 플랫 셰이딩, 고러드 셰이딩, 퐁 셰이딩, 메탈 셰이딩으로 구분할 수 있다.

다음 3차원 모델의 랜더링 중 "셰이딩(Shading) 기법"이 아닌 것은?

① 플랫(Flat) 셰이딩
② 퐁(Phong) 셰이딩
③ 고러드(Gouraud) 셰이딩
④ 레디오서티(Radiosity) 셰이딩

정답 175 ① 176 ③ 177 ④ 178 ④

참고 파트04 – 챕터02 – 섹션03

 합격 강의

179 | 질감 처리

3차원 물체에 컬러와 셰이딩을 입히고 마지막으로 사실감을 높이기 위해 표면에 질감을 표현하는 것을 말한다.

3D로 모델링된 객체에 재질감을 부여하기 위하여 이미지나 표면재질을 입히는 과정은?

① 포토리얼(Photoreal)
② 안티앨리어싱(Anti–Aliasing)
③ 매핑(Mapping)
④ 패치(Patch)

참고 파트04 – 챕터02 – 섹션03

 합격 강의

180 | 범프 매핑

요철이 있는 면을 표현하기 위한 질감 전사 방법으로 이미지 매핑을 한 후 다시 범프 매핑을 하여 조금 더 현실감을 부여한다. 주로 벽돌, 자갈, 나무껍질, 혹성표면 등 울퉁불퉁한 면을 나타내는 데 사용한다.

3차원 렌더링 기법에서 요철이 있는 면을 표현하기 위한 질감전사 방법은?

① 범프 매핑
② 광선 추적법
③ 스캔라인법
④ 드로잉

참고 파트04 – 챕터02 – 섹션03

 합격 강의

181 | 애니메이션 제작 과정

- **기획** : 애니메이션 전체를 기획하는 단계.
- **스토리보드** : 영상을 제작하기 전에 영상의 내용을 그림으로 설명한 것이다.
- **제작** : 실제로 애니메이션을 만드는 과정이다.
- **음향 및 합성** : 각 부분의 움직이는 내용에 따라 음악, 음향, 효과 등을 선별하여 제작하는 단계이다.
- **레코딩** : 최종적으로 완성된 애니메이션을 매체별로 기록하는 과정이다.

애니메이션 제작 시 만드는 것으로, 시나리오를 영상화시키기 위한 일종의 설계 도면은?

① 레코딩(Recording)
② 섬네일(Thumbnail)
③ 스토리보드(Storyboard)
④ 플래닝(Planning)

참고 파트04 – 챕터02 – 섹션03

 합격 강의

182 | 셀 애니메이션과 로토스코핑

- **셀 애니메이션** : 초창기 만화영화를 만드는 제작 기법으로 움직이지 않는 배경 그림 위에 투명한 셀룰로이드 필름에 수작업으로 그려진 그림을 겹쳐 놓고 촬영, 편집하는 방법이다.
- **로토스코핑** : 실사와 애니메이션을 합성하는 기법으로, 셀에 그린 후 촬영된 애니메이션 필름과 동화상 필름을 하나의 필름으로 만드는 방법을 사용한다.

투명한 셀로판 위에 그려진 그림을 겹쳐서 움직이는 전통적 애니메이션 기법은?

① 셀(Cell) 애니메이션
② 로토스코핑
③ 디지털 애니메이션
④ 투광 애니메이션

참고 파트04 – 챕터02 – 섹션04

 합격 강의

183 | 렌더링

3차원으로 생성된 모델링에 색상, 명암, 재질, 그림자 등을 적용하여 실제감과 사실감을 부여하여 최종 이미지를 표현하는 작업이다.

'물체가 화면상에 식물처럼 표현되거나 그려지는 방식으로 광원은 그림자를 생성할 것인가, 표면의 질감은 어떻게 표현할 것인가, 광원과 표면은 어떤 식으로 상호 작용할 것인가'하는 것을 결정하여 표현하는 작업은?

① 렌더링(Rendering)
② 매핑(Mapping)
③ 제도(Drafting)
④ 화상워핑(Image Warping)

정답 179 ③ 180 ① 181 ③ 182 ① 183 ①

참고 파트04-챕터02-섹션04

184 | 모핑기법

어떤 형체가 서서히 모양을 바꿔 다른 형체로 탈바꿈하는 것으로 이미지 변화에 사용되는 컴퓨터 애니메이션 기법이다.

컴퓨터 애니메이션 기법의 하나로, 이미지의 형태를 다른 이미지의 형태로 점차 변형되는 효과를 만드는 기능을 말하며 상업용 광고나 영화의 특수효과 처리에 많이 활용되는 것은?

① 셀 애니메이션(Cell Animation)
② 키 프레임(Key Frame)
③ 모핑(Morphing)
④ 로토스코핑(Rotoscoping) 기법

참고 파트04-챕터02-섹션03

185 | 트위닝

셀 애니메이션에서 발전되었으며, 두 개의 키 프레임 사이에 그림을 자동으로 생성시켜 주는 기법으로 대상물과 대상물의 중간 단계를 이어주는 기법을 보간법이라고 한다.

셀 애니메이션에서 오브젝트 사이에서 변형되는 단계의 중간 프레임을 제작하는 보간법을 무엇이라 하는가?

① 모핑
② 트위닝
③ 로토스코핑
④ 사이클링

참고 파트04-챕터02-섹션04

186 | 시뮬레이션

제품, 건축, 도시환경 디자인 시 사전에 디자인 결과를 예측하기 위해 컴퓨터그래픽스를 활용하는 방법으로, 비용과 시간을 절감시켜주며 실제 상황에서 벌어질 수 있는 일들을 체험하게 해서 사고를 줄일 수 있다.

제품, 건축, 도시환경 디자인 시 사전에 디자인 결과를 예측하기 위해 컴퓨터그래픽스를 활용하는 방법을 무엇이라고 하는가?

① 렌더링(Rendering)
② 과학적 시각화(Scientific Visualization)
③ 시뮬레이션(Simulation)
④ 캐드 캠(CAD CAM)

참고 파트04-챕터02-섹션04

187 | 캘리브레이션

입출력 시스템인 스캐너, 모니터, 프린터와 같은 장치들의 특성과 성질에 따라 색온도, 컬러 균형 및 기타 특성을 조절하여 일정한 표준으로 보이도록 하는 과정이다.

모니터의 출력 시스템 간의 색상 차이를 보정하기 위한 작업을 지칭하는 말은?

① 디티피(DTP)
② 하프톤 스크린(Halftone Screen)
③ 캘리브레이션(Calibration)
④ 리터칭(Retouching)

참고 파트04-챕터02-섹션03

188 | 광선추적법(Ray Tracing)

가상적인 광선이 물체의 표면에 반사되어 카메라를 거쳐 다시 돌아오는 과정을 모두 추적하여 빛을 매우 정확하게 계산하는 반사 기법으로 가장 사실성 있는 이미지를 얻을 수 있으나 많은 계산이 필요하기 때문에 렌더링 속도가 오래 걸린다.

렌더링 시 광원에서 나오는 광선을 추적하여 물체의 빛의 반사율, 굴절률을 계산하는 렌더링 표현 방식은?

① Ray Tracing
② Mapping
③ Extruding
④ Painting

정답 184 ③ 185 ② 186 ③ 187 ③ 188 ①

참고 파트04 – 챕터02 – 섹션04

 합격 강의

189 | BUS(버스)

컴퓨터 내부의 회로에서 중앙 처리 장치와 주기억 장치, 입출력 장치 간에 정보를 전송하는 데 공용으로 사용하는 전기적 통로를 말하며, 한 번에 처리할 수 있는 데이터양에 따라 ISA 버스 · EISA 버스 · PCI 버스 등으로 구분된다.

컴퓨터 내부 연산처리방법에는 보통 8, 16, 32, 64 비트가 있는데, 이들을 동시에 전송할 수 있는 데이터 크기를 제한하여 신호를 주고받기 위한 역할을 수행하는 것은?

① CPU ② ROM
③ RAM ④ BUS

참고 파트04 – 챕터02 – 섹션04

 합격 강의

190 | 하프톤 스크리닝

흑백 이미지는 검은 부분을 검정색 잉크로 흰색 부분은 흰 종이를 그대로 사용하며 나타낸다. 컴퓨터는 그라데이션 이미지를 일정색의 작은 점들로 나누는데 이를 하프톤 스크리닝이라고 한다.

하프톤 스크리닝(Halftone Screening)에 관한 설명으로 틀린 것은?

① 컴퓨터는 그라데이션 이미지를 일정한 색의 작은 점으로 나눈다.
② 회전혼합과 같은 효과로 다양한 회색을 만들 수 있다.
③ 점의 크기가 작으면 작을수록 좋은 출력물을 얻을 수 있다.
④ 무채색의 그라데이션은 검정색 잉크만으로 프린트될 수 있다.

참고 파트04 – 챕터02 – 섹션04

 합격 강의

191 | Clone

'완전히 같은 유전자를 가진 생물'을 의미하는 것으로, 컴퓨터 분야에서는 어떤 제품과 호환성을 가지며 기능도 동등한 하드웨어나 소프트웨어를 말하다.

본래는 "완전히 같은 유전자를 가진 생물"을 의미하는 것으로 컴퓨터 분야에서는 어떤 제품과 호환성을 가지며 기능도 동등한 하드웨어나 소프트웨어는?

① Align ② Bundle
③ Clone ④ Data

참고 파트04 – 챕터02 – 섹션04

 합격 강의

192 | 유비쿼터스

라틴어에서 유래한 것으로 '언제 어디서나', '동시에 존재한다'라는 뜻으로 물이나 공기처럼 도처에 편재한 자연상태를 의미한다.

유비쿼터스 네트워킹과 관련이 가장 먼 것은?

① RFID ② 홈 네트워크
③ 디지털 세탁기 ④ 아날로그 TV

참고 파트04 – 챕터02 – 섹션04

 합격 강의

193 | 컬러 개멋

컴퓨터, 모니터, 프린터, 디스플레이 장치, 소프트웨어 등에서 지원하는 컬러 시스템이 표현할 수 있는 컬러 대역이다.

색상 범위(Color Gamut)의 컬러 표현에서 표현영역이 가장 광범위한 것은?

① 레이져 컬러출력 인쇄물
② RGB 컬러 모니터
③ 고해상 CMYK 인쇄물
④ 잉크젯 인쇄물

정답 189 ④ 190 ② 191 ③ 192 ④ 193 ②

참고 파트04-챕터02-섹션04

▶ 합격 강의

194 | 프레임 버퍼

컴퓨터 내의 정보를 임시로 보관하기 위한 기억 장소로써, 데이터 사용 시간이 서로 다른 두 장치나 프로그램 사이에서 데이터를 주고받기 위한 목적으로 사용된다.

버퍼(Buffer)에 대한 기능의 설명 중 가장 옳은 것은?

① 데이터의 일시적 저장, 다양한 입출력기와 관련 기능 및 자료저장 장치의 기능
② 실제 기억용량보다 더 많은 프로그램을 실행하게 하는 장치
③ 도표 및 자료명령 및 기호체계 기록장치
④ 컴퓨터의 성능을 최대화하기 위한 비디오메모리 관리 보조장치

참고 파트04-챕터02-섹션04

▶ 합격 강의

195 | 커서

컴퓨터의 지시나 특정 명령어의 수행 및 컴퓨터 내에서 마우스나 기타 표현 도구를 사용하여 명령어를 선택하거나 선택된 명령어의 위치를 알게 해준다.

그래픽 작업 시 화면상에 나타나는 아이콘, 객체의 선택을 위하여 마우스의 움직임과 동일하게 움직이는 화살표 또는 십자모양의 그래픽 표현 방법은?

① 윈도우(Window)
② 메뉴(Menu)
③ 툴(Tool)
④ 커서(Cursor)

참고 파트04-챕터02-섹션02

▶ 합격 강의

196 | GUI

Graphical User Interface의 약자로 사용자가 컴퓨터와 정보를 교환할 때, 그래픽을 통해 작업할 수 있는 환경을 말한다. 마우스 등을 이용하여 화면에 있는 메뉴를 선택하여 작업을 할 수 있다.

현재의 컴퓨터 운영체제에서 대부분 사용되고 있는 방식으로, 그림을 기반으로 사람과 컴퓨터를 연결해 주는 일종의 맨-머신 인터페이스(Man-Machine Interface)는?

① CUI(Character User Interface)
② GUI(Graphical User Interface)
③ VRUI(Virtual Reality User Interface)
④ CAI(Computer Assisted Instruction)

참고 파트04-챕터02-섹션01

▶ 합격 강의

197 | 레지스터

고속의 임시기억장치로 연산의 결과나 주소 등을 일시적으로 보관하는 장치이다.

다음 중 레지스터(Register)의 설명으로 옳은 것은?

① 마이크로프로세서가 처리하기 위한 자료나 수행될 명령의 주소를 일시적으로 저장하는 데 사용되는 고속의 기억회로이다.
② 컴퓨터 시스템에서 각 부품 사이에 데이터를 전송하는 통로이다.
③ 기록된 데이터를 단지 읽을 수만 있는 메모리로, 운영체제처럼 컴퓨터를 사용하는 데 꼭 필요한 내용을 담고 있다.
④ 스크린 화상을 표시하기 위하여 필요한 정보를 읽고 쓸 수 있는 비디오 램 등을 탑재한 보드를 말한다.

정답 194 ① 195 ④ 196 ② 197 ①

198 | 모아레

전자출판 시 4원색의 분해 과정 중에 색의 스크린 각도가 맞지 않아 생기는 물결모양의 현상이다.

전자출판의 4원색 분해 인쇄 과정에서 각 색상의 스크린 각도가 일치하지 않아서 생기는 물결모양의 현상은?

① 모아레(Moire)

② 디더링(Dithering)

③ 트래핑(Trapping)

④ 캘리브레이션(Calibration)

199 | 래스터라이징

벡터 방식의 이미지를 비트맵 방식의 이미지로 전환하는 작업이다.

벡터 방식의 이미지를 비트맵 방식의 이미지로 전환하는 과정을 나타내는 용어는?

① 드로잉(Drawing)

② 페인팅(Painting)

③ 래스터라이징(Rasterising)

④ 이미지 프로세싱(Image Processing)

200 | 위지윅(WYSIWYG)

What You See Is What You Get(당신이 보는 것이 당신이 얻는 것)의 약어로 화면에 보이는 것과 동일한 인쇄 출력을 얻을 수 있는 기술을 말한다. 매킨토시가 제공하는 탁상출판기능이 대표적이다.

워드프로세싱이나 전자출판에서 컴퓨터 화면에 나타나는 문자와 그림의 형상이 프린터로 최종 인쇄한 문서의 모양과 똑같다는 것을 나타내는 용어는?

① 하이퍼미디어(Hypermedia)

② 하이퍼텍스트(Hypertext)

③ 위지윅(WYSIWYG)

④ 포스트스크립트(Postscripts)

정답 198 ① 199 ③ 200 ③

시험 시간	풀이 시간	합격 점수	내 점수	문항 수
60분	분	60점	점	총 60개

1과목 **산업 디자인 일반**

01 실내 디자인 요소에 대한 설명 중 틀린 것은?
① 질감(Texture)은 사물이 갖고 있는 표면의 질을 보거나 만지는 것으로 느낄 수 있다.
② 문양(Pattern)은 많이 사용할수록 좋다.
③ 선(Line)의 다양함은 각기 독특한 신체적 효과를 나타내기 때문에 각종 선의 효과를 알아야 한다.
④ 아름다운 형태라 조형요소 간 조화를 바탕으로 한다.

02 실내 공간을 구성하는 3대 기본 요소가 아닌 것은?
① 천장
② 창문
③ 벽
④ 바닥

03 디자인 아이디어 창출기법 중 집단사고에 의한 자유분방한 아이디어를 얻기 위하여 서로 비평을 금하고, 상대방의 아이디어에 상승 작용을 할 수 있게 하는 기법은?
① 문제 분석법
② 체크리스트법
③ 특성 열거법
④ 브레인스토밍법

04 다음 중 바우하우스가 시도한 디자인 철학과 관련이 없는 것은?
① 대량생산을 위한 굿 디자인의 문제 해결
② 역사주의와 전통적 장식개념
③ 공업시스템과 예술가의 결합
④ 기계의 허용

05 네덜란드를 중심으로 인공적이며 수학적인 비례에 따라 색상과 조형을 적용한 기하학적 추상미술운동은?
① 미래주의
② 구성주의
③ 절대주의
④ 신조형주의

06 다음 중 제품 수명주기의 순서가 바르게 나열된 것은?
① 성장기 → 성숙기 → 쇠퇴기 → 도입기
② 도입기 → 성숙기 → 성장기 → 쇠퇴기
③ 성장기 → 도입기 → 성숙기 → 쇠퇴기
④ 도입기 → 성장기 → 성숙기 → 쇠퇴기

07 기계에 의한 대량생산을 부정하고 수공예 부활을 강조한 디자인 운동은?
① 아르누보
② 르네상스
③ 독일공작연맹
④ 미술공예운동

08 다음 중 '자선 광고'에 속하는 것은?
① 아동 보호 기금 조성
② 교통안전
③ 에너지 절약
④ 범죄 예방

09 다음 중 디자인에서 구체적인 실행 방법론을 세우는 용어는?
① 도면제작
② 전략수립
③ 모델제작
④ 기술조사

10 구매시점 광고(P.O.P)에서 '시즌 기획용 광고'는 어느 분류에 속하는가?

① 제작자별 분류
② 제작 소재별 분류
③ 설치 장소별 분류
④ 목적 기능별 분류

11 도시의 한길(공공 공간)에 장치하는 가구라는 뜻으로 가로등, 쓰레기통, 우체통, 공중 전화박스 등을 디자인하는 것은?

① 스트리트 퍼니처 디자인
② 가구 디자인
③ 제품 디자인
④ 시각 디자인

12 사무공간 내에서의 생산행위, 작업전개, 사회와의 관련성 그리고 작업환경 등의 상호 유기적인 관계를 고려하여 모든 요소를 동시에 처리하도록 기획하는 방식은?

① 주거 동선 계획
② 오피스 랜드스케이프
③ 조경 디자인
④ 오피스 자동화

13 포장 디자인 작업 시 갖추어야 할 내용 중 거리가 먼 것은?

① 보관하기 쉽게 디자인되어야 한다.
② 여러 조건에서도 필요한 정보를 전달할 수 있어야 한다.
③ 어떤 상태에서든지 매혹적으로 보이도록 디자인되어야 한다.
④ 상표명과 내용물에 관한 표현보다 전시효과가 더 중시되어야 한다.

14 아르누보 사조가 나타난 국제적 행사는?

① 1872년 로마 박람회
② 1893년 뉴욕 박람회
③ 1900년 파리 박람회
④ 1937년 런던 박람회

15 다음 디자인 원리 중 균형과 관계가 없는 것은?

① 대칭
② 변화
③ 비례
④ 비대칭

16 실내 디자인의 바닥재로 쓰이는 카펫에 대한 설명이 틀린 것은?

① 부드러운 촉감과 따뜻함이 있다.
② 탄력성, 흡음성이 뛰어나다.
③ 다양한 색채와 무늬를 살릴 수 있다.
④ 전체 깔기 카펫은 공간을 구분해 주는 효과가 있다.

17 다음 중 제품 디자인의 영역이 아닌 것은?

① 생활용품 디자인
② 산업 기기 디자인
③ 전시 디자인
④ 운송 기기 디자인

18 다음 디자인 조건 중 기능성과 실용성이 중요시되는 것은?

① 합목적성
② 경제성
③ 심미성
④ 독창성

19 미적 형식원리에서 비례에 대한 설명으로 가장 올바른 것은?

① 한 선을 축으로 하여 서로 마주 보게끔 형상하는 것이다.

② 부분과 부분 또는 부분과 전체의 수량적 관계이다.

③ 2개 이상의 요소 또는 부분적인 상호 관계의 통일이다.

④ 동일한 요소나 대상을 둘 이상 배열하는 것을 말한다.

20 다음 중 디자인의 발전 단계가 맞는 것은?

① 모방 → 적응 → 수정 → 혁신

② 모방 → 수정 → 혁신 → 적응

③ 모방 → 수정 → 적응 → 혁신

④ 모방 → 혁신 → 적응 → 수정

2과목 색채 및 도법

21 다음 중 관용색명이 아닌 것은?

① 스카이 블루

② 베이지 그레이

③ 선명한 노랑

④ 새먼 핑크

22 천장이 낮고 좁은 실내공간을, 넓고 높아 보이게 하는 색채계열로 적합한 것은?

① 저명도, 저채도의 파란색 계열

② 고명도, 고채도의 빨간색 계열

③ 고명도, 고채도의 초록색 계열

④ 중명도, 중채도의 노란색 계열

23 다음 중 동시대비에 속하지 않는 것은?

① 보색대비

② 색상대비

③ 명도대비

④ 계시대비

24 제도에서 굵은 선의 굵기가 0.7mm일 때 가는 선의 굵기는 얼마인가?

① 0.7mm

② 0.5mm

③ 0.35mm

④ 0.1mm

25 그림의 투상도는?

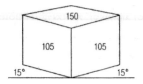

① 2등각 투상도

② 1소점 투시도

③ 사투상도

④ 2소점 투시도

26 먼셀 표기법으로 나타낸 색 중에서 채도가 가장 낮은 것은?

① 5R 4/6

② 5YR 7/14

③ 5G 5/10

④ 5Y 8/14

27 다음 중 용도에 따른 선의 종류가 아닌 것은?

① 중심선
② 숨은선
③ 파단선
④ 쇄선

28 등각 투상도에서 물체의 세 모서리가 이루는 등각도는?

① 30°   ② 60°
③ 90°   ④ 120°

29 가시광선(可視光線)에 대한 설명 중 옳은 것은?

① 보통 마이크로 미터, 밀리미터의 파장 단위를 쓰고 있다.
② 단파장, 중파장, 장파장으로 구분되며 인체가 색감을 지각하는 빛이다.
③ 가시광선은 피부를 검게 하는 작용을 한다.
④ 900nm~1,200nm의 파장 범위를 지칭한다.

30 다음 중 색채와 향에 대한 설명이 옳은 것은?

① 일반적으로 가벼운 향은 동적인 빨강이나 검정색 포장을 사용하지 않는다.
② 녹색(Green)에서는 Floral향 이미지를 느낄 수 있다.
③ 에로틱한 향은 난색, 금색 등의 포장을 사용하지 않는다.
④ 흰색, 밝은 노랑에서는 Mint향이 느껴진다.

31 다음 중 가장 부드럽고 통일된 느낌을 주는 배색은?

① 색상 차가 큰 배색
② 비슷한 색상끼리의 배색
③ 높은 채도끼리의 배색
④ 채도의 차가 큰 배색

32 채도에 관한 설명이 틀린 것은?

① 순색에 흰색을 섞으면 채도가 떨어진다.
② 하나의 색상에서도 채도가 가장 높은 색을 순색이라 한다.
③ 채도는 스펙트럼 색에 가까울수록 낮아진다.
④ 색의 선명한 정도가 높으면 채도는 높아진다.

33 색광의 3원색은?

① Magenta, Yellow, Cyan
② Red, Green, Blue
③ Red, Magenta, Yellow
④ Magenta, Green, Cyan

34 미국의 색채학자 저드(Judd. D. B.)가 주장하는 색채조화의 네 가지 원칙이 아닌 것은?

① 방향성의 원리
② 질서의 원리
③ 친근성의 원리
④ 명료성의 원리

35 푸르킨예 현상에 대한 설명 중 잘못된 것은?

① 낮에는 추상체로부터 밤에는 간상체로 이동하는 현상이다.
② 파장이 짧은 색이 먼저 사라지고, 파장이 긴 색이 나중에 사라진다.
③ 이 현상을 이용한 것이 비상구 표시, 계단 비상등 등이다.
④ 빨간 사과가 밤이 되면 검게 보인다.

36 중간혼합에 대한 설명으로 틀린 것은?

① 혼합된 색의 색상은 두 색의 중간이 된다.
② 혼합된 색의 채도는 혼합 전 채도가 강한 쪽보다는 약해진다.
③ 보색관계의 혼합은 중간명도의 회색이 된다.
④ 혼합된 색의 명도는 혼합 전 색의 명도보다 높아진다.

37 물체를 왼쪽으로 돌려 물체의 앞면 모서리는 수평선과 평행하게, 옆면 모서리는 수평선과 임의의 각도 α로 하여 그린 투상도는?

① 축 투상도
② 부등각 투상도
③ 사 투상도
④ 등각 투상도

38 정 투상도법에서 제1각법에 대한 설명 중 틀린 것은?

① 눈 → 물체 → 화면의 순서가 된다.
② 정면도는 평면도 위에 그린다.
③ 일반적으로 제품 디자인 도면에 활용한다.
④ 좌측면도는 정면도의 우측에 그린다.

39 제도문자의 크기는 무엇으로 나타내는가?

① 문자의 넓이
② 문자의 높이
③ 문자의 폭
④ 문자의 굵기

40 다음 중 도면의 용도에 의한 분류에 해당하는 것은?

① 계획도, 제작도
② 조립도, 부품도
③ 부품도, 공정도
④ 배치도, 상세도

41 네거티브 필름을 확대하기 전에 네거티브 필름과 같은 크기의 인화를 해 봄으로써 확대할 네거티브 필름의 상태를 알아보는 것은?

① 밀착인화
② 확대인화
③ 스포팅
④ 에칭

42 도료의 점도, 유동성, 증발속도를 조절해 주는 물질은?

① 안료
② 염료
③ 용제
④ 황화아연

43 다음 중 종이가공의 충전제(Loading)가 아닌 것은?

① 백토
② 활석
③ 황산바륨
④ 가성소다

44 다음 중 책의 표지나 카탈로그, 포스터 등에 사용하는 종이는?

① 신문용지
② 아트지
③ 글라싱지
④ 콘덴서지

45 양모와 같은 동물성 섬유에 대한 설명이 틀린 것은?

① 흡수성이 크고 절연성이 좋다.
② 탄성 회복과 주름에 대한 저항이 크다.
③ 더운물에 들어가면 늘어난다.
④ 염색성은 좋으나 면에 비하여 강도가 작다.

46 물의 양에 따라 농도 조절이 가능하며 접착력이 강하고 내수성이 뛰어난 채색 재료는?

① 수채화 물감 ② 마커
③ 아크릴 컬러 ④ 사인펜

47 재료의 응력을 옳게 설명한 것은?

① 재료의 한쪽 면에서 서로 끌어당기는 힘
② 재료의 한쪽 면에서 눌러주는 힘
③ 재료 외부의 압력에 대하여 내부에서 저항하는 힘
④ 재료를 구부리기 위하여 가하는 힘

48 일정한 온도가 되면 원래의 형상으로 되돌아가는 금속으로 화재경보기 및 달 표면에 세우는 우산 형태의 파라볼라(Parabola) 안테나 등에 이용되는 합금은?

① 형상기억합금(Shape Memory Alloy)
② 소결합금
③ 수소 저장합금
④ 아모르퍼스합금(Amorphous)

4과목 **컴퓨터그래픽스**

49 3차원 공간에서 시각적으로 경험할 수 있는 실제적이거나 또는 상상 속 환경의 모의실험을 무엇이라고 하는가?

① Graphic Format
② Virtual Reality
③ Growth Model
④ Commercial Film

50 셀에 그려진 후 촬영된 애니메이션 필름과 동화상 필름을 하나로 합성하여 만드는 애니메이션 기법은?

① 로토스코핑(Rotoscoping)
② 모핑(Morphing)
③ 블렌드(Blend)
④ 트위닝(Tweening)

51 Photoshop 프로그램에서 왼쪽 이미지를 오른쪽으로 이미지를 편집하려고 할 때 필요한 명령어는?

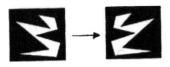

① Duplication
② Flip Horizontal
③ Effects
④ Rotate

52 오브젝트 방식을 기본으로 하는 Vector 이미지에 대한 설명이 틀린 것은?

① 오브젝트 각각이 독립된 좌표 값을 갖는다.
② 오브젝트 각각 개별적으로 수정할 수 있다.
③ 여러 개의 오브젝트를 겹치게 배치할 수 있다.
④ 오브젝트의 개수가 많아져도 화면에 이미지를 그리는 시간은 오래 걸리지 않는다.

53 3차원 디지털 애니메이션 제작 시 스토리보드에 대한 설명 중 틀린 것은?

① 미리 제작되는 애니메이션 결과물에 대한 검토를 할 수 있다.
② 작품의 개념이나 기획이 유지되도록 하는 데 도움을 준다.
③ 스토리보드는 알아보기 쉽게 문자로만 작성한다.
④ 장면 안에서 움직임의 전달과 카메라의 움직임을 지시한다.

54 3차원 형상 모델링 중 제품 디자인에서 많이 사용되는 속이 꽉 찬 모델링으로 수치 데이터 처리가 정확하여 제품생산을 위한 도면제작과 연계된 모델은?

① 와이어프레임 모델
② 서페이스 모델
③ 솔리드 모델
④ 곡면 모델

55 포스트스크립트(Post Script)에 대한 설명으로 틀린 것은?

① 어도비사(Adobe)에서 개발한 그래픽 언어이다.
② 프린트 형식에 관계없이 어떤 출력 장치에도 왜곡됨이 없이 그래픽 이미지를 표현할 수 있다.
③ 픽셀 그래픽이 복잡해짐에 따라 가장 일반적인 래스터 이미지의 언어로 사용된다.
④ 색상, 그래픽, 폰트 등을 포함하는 복잡한 문서에 적합하다.

56 다음 RAM(Random Access Memory)의 기능에 대한 설명 중 틀린 것은?

① 정보를 읽기만 하는 기억 장치이다.
② 저장 혹은 지움 등의 명령에 의해서만 읽히는 휘발성 메모리이다.
③ 정보를 교환, 처리하는 기능이다.
④ 입력장치로부터 제공된 데이터를 처리하는 기능이다.

57 일반적으로 애니메이션 영화에서 사용하는 초당 프레임수는?

① 8프레임
② 12프레임
③ 24프레임
④ 32프레임

58 버퍼(Buffer)에 대한 기능의 설명 중 가장 옳은 것은?

① 데이터의 일시적 저장, 다양한 입출력기와 관련 기능 및 자료저장 장치의 기능
② 실제 기억용량보다 더 많은 프로그램을 실행하게 하는 장치
③ 도표 및 자료명령 및 기호체계 기록장치
④ 컴퓨터의 성능을 최대화하기 위한 비디오메모리 관리 보조장치

59 톱니 모양의 우둘투둘한 비트맵 이미지의 가장자리 픽셀들을 주변 색상과 혼합한 중간 색상을 넣어 매끄럽게 처리하는 방식은?

① 질감전사(Mapping)
② 렌더링(Rendering)
③ 모델링(Modeling)
④ 안티앨리어싱(Anti-Aliasing)

60 벡터 방식의 이미지를 비트맵 방식의 이미지로 전환시키는 과정을 나타내는 용어는?

① 드로잉(Drawing)
② 페인팅(Painting)
③ 래스터라이징(Rasterising)
④ 이미지 프로세싱(Image Processing)

빠른 정답 확인 QR
스마트폰으로 QR을 찍으면 정답표가 오픈됩니다.
기출문제를 편리하게 채점할 수 있습니다.

2024년 최신 기출문제 02회

시험 시간	풀이 시간	합격 점수	내 점수	문항 수
60분	분	60점	점	총 60개

1과목 산업 디자인 일반

01 디자인의 조형 요소에 대한 설명이 틀린 것은?

① 점을 확대하면 면이 되고 원형이나 정다각형이 축소되면 점이 된다.
② 선의 동적 특성에 영향을 끼치는 것은 점의 속도, 강약, 방향 등이다.
③ 면은 길이, 너비, 깊이, 형태와 공간, 표면, 방위, 위치 등의 특징을 가진다.
④ 입체는 두 면과, 각도를 가진 방향으로 이동하거나 면의 회전에 의해 생긴다.

02 다음 디자인 발상법 중 체계적 · 논리적 방법에 속하는 것은?

① 직관법
② 시네틱스법
③ 브레인스토밍법
④ 체크리스트법

03 다음 중 마케팅 기능과 거리가 먼 것은?

① 판매방향 제시
② 기업의 전략적 관리 도구
③ 생산조직운용
④ 투자 위험의 사전 예방 및 요인의 강화

04 실내 디자인에서 크기와 모양에 일관성을 부여하고 질서감과 안정감을 주는 원리는?

① 다양성   ② 반복성
③ 고급성   ④ 통일성

05 제품 수명주기의 특성에 대한 설명이 틀린 것은?

① 제품 수명 주기상의 단계와 무관하게 마케팅, 재무, 생산, 구매, 인사전략은 동일하다.
② 제품의 이익은 제품 수명 주기상의 단계별로 증가했다가 감소한다.
③ 대체로 제품 판매량의 변화를 중심으로 설명된다.
④ 제품은 제한된 수명주기를 갖는다.

06 형태상으로 불균형하지만 시각상의 힘은 정돈에 의하여 균형이 잡힌 디자인 원리는?

① 대칭균형   ② 비대칭균형
③ 강조   ④ 황금비율

07 아래의 내용은 마케팅 조사 절차이다. 순서대로 바르게 배열한 것은?

```
A. 분석 방법의 결정
B. 수집(연구) 방법의 결정
C. 문제의 규정
D. 자료(정보)의 결정
E. 보고서의 작성
```

① C–B–A–D–E   ② D–C–B–A–E
③ C–D–B–A–E   ④ D–B–A–C–E

08 공간배치를 위한 시스템 가구의 특징으로 틀린 것은?

① 모듈화되어 다양한 배치가 가능하다.
② 기능에 따라 다양하게 조립하고 손쉽게 해체할 수 있다.
③ 공간 성격의 변화에 대한 이동성과 융통성이 크다.
④ 단말 공간을 상이한 기능의 공간으로 구획, 분할이 용이하지 않다.

09 형태나 색채에 생기는 눈의 착오로, 디자인에 있어서 생리학적 · 심리학적 연구과제가 되는 것은?

① 시각현상　　　　② 반복현상
③ 착시현상　　　　④ 리듬현상

10 제품 디자인 과정 중 아래의 설명에 해당하는 분석 기법은?

> 기존 제품을 이루는 각 부분을 하나하나 분류하여 각각을 평가, 분석하여 과도한 부분이 있으면 줄이는 방법을 찾고 불필요한 부분은 제거하는 방법을 찾으며 교체할 수 있는 저렴한 대체물을 찾는 일이다.

① 가치분석
② 사용과정분석
③ 원인분석
④ 결과분석

11 포장 디자인에 대한 설명 중 틀린 것은?

① 기능별로 상업포장과 공업포장으로 구분된다.
② 상품보호의 기능을 갖는다.
③ 판매촉진에 기여할 수 있는 방향으로 바뀌고 있다.
④ 포장기술의 발전에 획기적인 전기를 이룬 것은 종교 혁명이다.

12 다음은 조화에 대한 설명이다. (　)에 들어갈 용어를 순서대로 옳게 나열한 것은?

> 두 개 이상의 요소 또는 (　) 안의 상호관계에 대한 (　)가 치판단으로서 그들이 서로 (　)되어 배척하지 않고 (　)된 전체로서 높은 감각적 효과를 발휘할 때 일어나는 현상이다.

① 부분, 외적, 분리, 일치
② 부분, 내적, 결합, 일치
③ 부분, 내적, 분리, 통일
④ 부분, 외적, 결합, 통일

13 형과 바탕의 특징에 대한 설명이 옳은 것은?

① 바탕은 가깝게 느껴지며, 형은 멀게 느껴진다.
② 형의 색채는 바탕의 색채보다 확실하고 실질적으로 보인다.
③ 형은 바탕의 뒤쪽에 펼쳐져 있는 것처럼 보인다.
④ 바탕은 지배적이고 인상적이며 쉽게 기억된다.

14 제품 디자인에서 완성 예상도로서의 의미와 역할을 하는 것은?

① 모델링
② 렌더링
③ 스케치
④ 목업

15 디자인 작업 중 이미지를 포착하기 위한 목적으로 표현하는 기법은?

① 아이디어 스케치
② 렌더링
③ 제도
④ 모델링

16 다음 중 환경 디자인의 주된 영역이 아닌 것은?

① 섬유 패턴 디자인
② 점포 디자인
③ 조경 디자인
④ 도시 디자인

17 다음 중 굿 디자인(Good Design)의 조건과 거리가 먼 것은?

① 모방성
② 합목적성
③ 경제성
④ 심미성

18 동일하지 않더라도 서로 닮은 형태의 모방, 종류, 의미, 기능끼리 연합하여 일반적 규칙을 갖는 조형의 원리는?

① 대비
② 대칭
③ 비례
④ 유사

19 바우하우스에 대한 설명이 틀린 것은?

① 조형교육과 기술교육을 함께 가르쳤다.
② 1919년 월터 그로피우스가 설립한 디자인 대학이다.
③ 대표적인 작가로는 헨리 반 데 벨데, 아더 맥머도 등이 있다.
④ 공업 시스템과 예술가 사이의 갈등을 해결하려고 노력 했다.

20 다음 설명과 관련된 형태와 거리가 먼 것은?

- 기계생산 이후 적용된 형태이다.
- 생산적이고 기능적인 것을 중시하던 기능주의에서 비롯된 형태이다.

① 기하학적인 형태
② 수적 법칙에 의해 생겨난 형태
③ 유기적 형태
④ 질서를 가진 규칙적이고 단순하고 명쾌한 형태

2과목 **색채 및 도법**

21 색의 3속성 중 색의 강약, 맑기, 선명도를 의미하는 것은?

① 색상
② 채도
③ 명도
④ 농도

22 다음 중 친애, 젊음, 신선 등을 상징하는 색은?

① 주황
② 노랑
③ 연두
④ 청자

23 색광의 삼원색을 동시에 혼합한 결과색은?

① 적색
② 백색
③ 황색
④ 흑색

24 다음 중 중성색에 속하는 것은?

① 청록
② 주황
③ 녹색
④ 파랑

25 노랑 바탕 위에 주황 도형을 올려놓았을 때 주황색이 실제보다 붉은색을 띠는 것과 관련한 대비현상은?

① 색상대비
② 명도대비
③ 채도대비
④ 보색대비

26 전개가 복잡한 비대칭형의 물체 내부를 상세하게 표시할 필요가 있을 때 사용하는 도법은?

① 한쪽 단면도
② 계단 단면도
③ 부분 단면도
④ 회전 단면도

27 다음 그림과 같은 단면도의 명칭은?

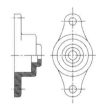

① 전 단면도
② 한쪽 단면도
③ 부분 단면도
④ 회전 단면도

28 다음 중 평행투상이 아닌 것은?

① 수직투상
② 사투상
③ 표고투상
④ 투시투상

29 제3각법에 대한 설명 중 옳은 것은?

① 3소점 투시도를 의미한다.
② 일반적으로 디자인 제도에서는 활용하지 않는다.
③ 물체를 제3상한에 놓고 투상하는 방식이다.
④ 정면도를 중심으로 위쪽에 좌측면도, 오른쪽에 우측면도를 놓는다.

30 치수를 옮기거나 선의 등분을 나눌 때 사용하는 용구는?

① 삼각스케일
② 컴퍼스
③ 디바이더
④ 운형자

31 투시도법의 부호 중 HL의 용어로 옳은 것은?

① 수평선   ② 시점
③ 기선   ④ 소점

32 치수 숫자와 기호에 대한 설명 중 틀린 것은?

① 치수 숫자는 치수선으로부터 약간 띄어 쓴다.
② 치수 기입 장소가 좁을 경우에는 지시선을 사용하거나 엇갈려 기입한다.
③ 한 도면 내에서 용도에 따라 치수 숫자의 크기를 다르게 한다.
④ 경사진 치수선의 경우, 숫자는 치수선의 위쪽에 기입한다.

33 다음 중 도면 작성 시 겹치는 선의 우선순위를 옳게 나열된 것은?

① 외형선-숨은선-중심선-절단선-무게 중심선-치수 보조선
② 외형선-중심선-절단선-숨은선-무게 중심선-치수 보조선
③ 외형선-숨은선-절단선-중심선-무게 중심선-치수 보조선
④ 외형선-중심선-숨은선-절단선-무게 중심선-치수 보조선

34 정투상도에서 물체의 형태, 기능을 가장 정확하게 나타낼 수 있는 면에서 그린 그림은?

① 정면도
② 평면도
③ 우측면도
④ 좌측면도

35 색의 진출과 후퇴, 팽창과 수축에 관한 설명이 틀린 것은?

① 난색은 한색에 비해 커 보인다.
② 밝은색이 어두운색보다 가깝게 보인다.
③ 장파장의 색은 단파장의 색보다 가깝게 보인다.
④ 명도가 높은 색이 명도가 낮은 색보다 작아 보인다.

36 투시도법으로 얻은 상이 작아서 그대로 사용할 수 없을 경우, 그것을 임의의 크기로 조절하여 사용하는 도법은?

① 연장도법
② 확대도법
③ 배분도법
④ 분할도법

37 먼셀 10색상환에서 색상의 특성에 관한 설명 중 틀린 것은?

① R과 BG는 보색이다.
② Y와 YG는 유사색이다.
③ PB와 P는 반대색이다.
④ GY와 P는 보색이다.

38 감법혼색에 대한 설명 중 틀린 것은?

① 순색에 회색을 섞으면 채도가 낮아진다.
② 검정을 쓰지 않고도 무채색을 만들 수 있다.
③ 순색에 회색을 섞으면 명도는 변하지만 채도는 변화가 없다.
④ 순색에 검정을 섞으면 명도와 채도가 낮아진다.

39 다음 중 색채와 공감각적 연결이 틀린 것은?

① 초록−민트향
② 노랑−레몬향
③ 파랑−시트러스향
④ 핑크−플로럴향

40 병치혼합의 예가 아닌 것은?

① 신인상파 화가의 점묘화
② 2가지 색 이상으로 짜인 직물
③ 컬러 TV의 영상화면
④ 아파트 벽면의 그림과 배경색

3과목 디자인재료

41 금속 재료의 성질과 거리가 먼 것은?

① 비중이 크다.
② 색채가 다양하다.
③ 열 및 전기의 양도체이다.
④ 전성과 연성이 좋다.

42 목재에 대한 설명 중 틀린 것은?

① 소나무류는 현화식물에 속한다.
② 유기 재료에 속한다.
③ 활엽수는 겉씨식물에 속한다.
④ 대나무는 외떡잎식물에 속한다.

43 세밀한 부분까지도 정교하게 나타내거나 미세한 입자로 네거티브를 크게 확대하고자 할 때 유용한 필름은?

① 고감도 필름
② 중감도 필름
③ 저감도 필름
④ 초고감도 필름

44 용제에 대한 설명으로 옳은 것은?

① 도막을 결성하는 성분이다.
② 도막에 방습효과를 준다.
③ 도료에 여러 가지 색상을 나타낸다.
④ 도막에 평활성을 부여한다.

45 아트필름 또는 스크린 톤의 착색재료를 사용하여 지정된 부분에 압착시켜 표현하는 렌더링 기법은?

① 레어브러시 렌더링
② 마커 렌더링
③ 아크릴 렌더링
④ 필름 오버레이 렌더링

46 다음 중 무기재료에 해당하는 것은?

① 금속
② 목재
③ 피혁
④ 종이

47 여러 층의 지층으로 구성되어 있으며 층마다 다른 재료를 삽입하여 사용 목적에 부합되도록 만든 지질이 강한 종이는?

① 양지
② 박엽지
③ 황산지
④ 판지

48 도자기 제조에 쓰이는 유약의 3대 요소가 아닌 것은?

① 장석
② 규석
③ 석회석
④ 밀납

4과목 컴퓨터그래픽스

49 다음 중 멀티미디어의 특성으로 틀린 것은?

① 멀티미디어는 디지털 방식으로 표현되어야 한다.
② 멀티미디어는 여러 개의 미디어 정보를 포함하여야 한다.
③ 멀티미디어는 원하는 정보를 사용자 자신의 요구에 따라 원하는 형태로 찾아볼 수 있어야 한다.
④ 멀티미디어는 한 방향으로 흐르는 선형방식으로 정보를 습득한다.

50 다음 중 압축률이 가장 좋은 이미지 파일 포맷은?

① JPEG
② BMP
③ EPS
④ PSD

51 포토샵 프로그램에서 이중톤 모드(Duotone Mode)를 지원하는 컬러 모드는?

① Grayscale Mode
② RGB Mode
③ CMYK Mode
④ Indexed Mode

52 Quark Xpress와 같은 편집 프로그램의 주요 기능이 아닌 것은?

① 문자나 사진 등의 그래픽 데이터를 레이아웃한다.
② 인쇄하기 위한 데이터 변환이나 분판작업을 한다.
③ 워드프로세싱 및 타입세팅(문자조판)을 한다.
④ 키 프레임을 사용하여 이미지 보간과 합성을 한다.

53 포토샵에서 이미지 편집 시 패스(Path)기능이 필요 없는 경우는?

① 전체 이미지의 밝기와 색상 보정하기
② 경로를 따라가는 글자 입력하기
③ 스캔한 이미지의 일부분을 따내기
④ 특정 모양을 만들어 채색하기

54 3차원 컴퓨터그래픽스에서 Solid Model의 특징이 아닌 것은?

① 두 물체간 서로 Boolean의 연산이 가능하다.
② 물체의 바깥쪽 표면에만 매핑이 가능하다.
③ 물체의 다양한 성질을 좀 더 정확히 표현할 수 있다.
④ 물체의 표면 및 내부까지 표현이 가능하다.

55 벡터 그래픽(Vector Graphic) 방식에 관한 설명이 틀린 것은?

① 확대하거나 축소해도 깨지지 않는다.
② 비트맵 방식에 비해 파일 크기가 상대적으로 작다.
③ 비트맵 방식에 비해 출력 속도가 상대적으로 빠르다.
④ 그림이 복잡할수록 파일의 크기가 증가한다.

56 다음 컬러 프린터의 특징에 대한 설명으로 틀린 것은?

① 액체 잉크젯 방식에는 버블젯 방식과 도트 매트릭스 방식이 있다.
② 고화질의 사진을 원할 경우에는 염료승화방식의 프린터가 좋다.
③ 마케팅 브로셔, 소식지 등의 짧은 시간을 요하는 출력물은 컬러 레이저 프린터가 좋다.
④ 컬러 프린터는 Cyan, Magenta, Yellow, Black의 네 가지 색을 혼합하여 출력한다.

57 보기에서 설명하는 모션 캡처 방식은?

> • 사람의 몸에 빛 반사성이 좋은 마커를 붙이고, 적외선 불빛이 나오는 적외선 카메라로 캡처하는 방식이다.
> • 다른 방식에 비해 자유롭게 움직일 수 있으며, 빠른 격투동작도 완벽하게 캡처가 가능하다.
> • 거의 노이즈가 없는 애니메이션 데이터를 얻을 수 있다.

① 음향식 시스템
② 자기식 시스템
③ 광학식 시스템
④ 기계식 시스템

58 컴퓨터그래픽스의 발전과정에 대한 설명으로 틀린 것은?

① 1958년 X–Y 플로터가 개발되면서 종이 위에 설계도면을 그릴 수 있게 되었다.
② 플로터나 프린터가 등장하기 전에 CRT 모니터가 먼저 만들어졌다.
③ MIT에서 개발된 스케치 패드는 오늘날 컴퓨터그래픽 인터페이스에 많은 영향을 주었다.
④ 1969년 시그라프(SIGGRAPH)의 발족으로 컴퓨터그래픽 분야의 발전을 도모하였다.

59 해상도에 대한 설명으로 틀린 것은?

① 한 화면을 구성하고 있는 화소 수를 말한다.
② 해상도의 표현 방법은 가로와 세로의 화소 수로 나타낸다.
③ 모니터 해상도가 높아지면 글씨도 크게 보인다.
④ 벡터 그래픽스 프로그램에서는 해상도를 설정할 필요가 없다.

60 다음 좌표계가 아닌 것은?

① 직각 좌표계
② 극 좌표계
③ 데카르트 좌표계
④ 뷰포트(View Port) 좌표계

빠른 정답 확인 QR
스마트폰으로 QR을 찍으면 정답표가 오픈됩니다.
기출문제를 편리하게 채점할 수 있습니다.

1과목 산업 디자인 일반

01 다음 중 실용성과 조형성이 융합된 아름다움을 의미하는 용어는?

① 기능미
② 재질미
③ 구성미
④ 양식미

02 원시인들이 사용하였던 흙의 사용 용도로 볼 수 없는 것은?

① 집을 짓는 재료
② 수렵용 도구
③ 물을 담는 용기
④ 종교적인 토우

03 다음 중 조명기구의 역할과 가장 거리가 먼 것은?

① 수면 효과
② 장식성
③ 배광 수단
④ 전구의 보호

04 같은 길이와 같은 크기지만 주변의 영향으로 다르게 보이는 착시는?

① 분할의 착시
② 대비의 착시
③ 각도의 착시
④ 방향의 착시

05 면의 특징에 관한 설명 중 틀린 것은?

① 점의 확대, 폭의 확대 등에 의해 성립된다.
② 이동하는 선의 자취가 면을 이룬다.
③ 길이와 너비, 넓이는 있으나 두께는 없다.
④ 삼각형, 사각형, 원형 등을 무정형이라 한다.

06 잡지 광고의 특성과 거리가 먼 것은?

① 특정한 독자층이 있다.
② 매체로서의 생명이 짧다.
③ 대부분 월간지 형태로 출간된다.
④ 감정적 광고나 무드광고를 하는데 적당하다.

07 광고 디자인에서 "친절하고 자세할수록" 가장 효과가 높은 표현적 요소는?

① 카피(Copy)
② 마케팅(Marketing)
③ 레이아웃(Layout)
④ 로고 타입(LogoType)

08 우리가 직접 지각하여 얻는 형태이며 순수형태와 구별되는 것으로, 자연형태와 인위형태를 포함하는 형태는?

① 이념적 형태
② 상대적 형태
③ 절대적 형태
④ 현실적 형태

09 시각 디자인의 조건 중 독창성에 관한 설명으로 가장 적합한 것은?

① 있는 것을 그대로 반복한다든지 남의 작품을 모방한다든지 하는 것은 바람직한 태도가 아니다.

② 옛것과 새로운 것은 밀접한 연관성이 없어 새로운 효과를 기대할 수 없다.

③ 이상한 표현으로 충격을 주는 디자인은 독창적인 올바른 자세라고 할 수 있다.

④ 자연이나 인위적으로 만들어 놓은 원형의 평범함 속에 독창성은 있을 수 없다.

10 디자인과 건축 분야에서 "형태는 기능을 따른다."라고 기능미를 주장한 사람은?

① 루이스 설리반
② 프랭크 로이드 라이트
③ 윌리엄 모리스
④ 월터 그로피우스

11 디자이너가 즉흥적으로 떠오르는 여러 가지 생각을 메모하기 위한 최초의 스케치는?

① 스크래치 스케치
② 러프 스케치
③ 스타일 스케치
④ 컨셉 스케치

12 다음 중 신제품 전략의 주요 결정요소가 아닌 것은?

① 자사(Corporate)
② 경쟁사(Competitors)
③ 고객(Customers)
④ 수집(Collection)

13 다음 중 실내디자인의 목표와 거리가 먼 것은?

① 효율성
② 폐쇄성
③ 경제성
④ 심미성

14 다음 중 기업의 통일된 목표나 방향, 역할을 대·내외에 전달하는 기업의 이미지 통합(CIP)의 주요 요소가 아닌 것은?

① 행동양식의 통일성(Behavior Identity)
② 정신적 통일성(Mind Identity)
③ 시각적 통일성(Visual Identity)
④ 시장의 통일성(Market Identity)

15 매슬로우(Maslow)의 인간 욕구 5단계 중 사회적 욕구에 해당하는 것은?

① 지위, 권위, 명예
② 애정, 집단에서의 소속
③ 질서, 보호
④ 음식, 성, 생존

16 문자상으로는 개념, 생각하는 방법이라는 의미이며, 디자인 행위의 초기 단계로서 대상의 테마와 개념의 구성을 말하는 것은?

① 모델링(Modeling)
② 분석(Analysis)
③ 컨셉트(Concept)
④ 프레젠테이션(Presentation)

17 패키지의 지기를 만들 때 접거나 개봉하기 쉽도록 종이를 잘라내고 접는 선을 미리 눌러 놓는 과정은?

① 엠보싱(Embossing)
② 라미네이팅(Laminating)
③ 합지(Carrying)
④ 톰슨(Thomson)

18 인쇄물과 함께 동봉되는 단추, 열쇠, 자동차 모형 등과 같은 입체물로, 메시지에 주의를 끌게 하기 위한 우편 광고(DM: Direct Mail)의 형태는?

① 폴더(Folder)
② 리플릿(Leaflet)
③ 세일즈 레터(Sales Letter)
④ 레터 가젯(Letter Gadget)

19 다음 중 제품을 구성하는 기본 요소들과 가장 관련이 없는 것은?

① 구조
② 재료
③ 특허
④ 형태

20 선의 조형적 표현 방법 중 평온, 평화, 정지, 무한함, 정적인 느낌을 주는 것은?

① 수직선
② 수평선
③ 사선
④ 포물선

21 다음 중 멀리서 달려오는 자동차의 가장 쉽게 식별할 수 있는 자동차의 색은?

① 회색
② 청록색
③ 노란색
④ 파란색

22 색채 조화에 대한 연구 학자가 아닌 사람은?

① 레오나르도 다빈치
② 뉴턴
③ 오스트발트
④ 렌쯔

23 빨간 바탕의 노란 줄무늬 와이셔츠는 원래의 빨강보다 노란빛을 띤다. 이와 관련이 있는 현상은?

① 동화효과
② 색상대비
③ 계시혼색
④ 연변대비

24 색의 3속성에서 강약이나 맑기를 의미하는 것은?

① 명도
② 채도
③ 색상
④ 색입체

25 명도와 관련된 느낌이 옳게 연결된 것은?

① 고명도-가벼운 느낌-팽창의 느낌
② 고명도-무거운 느낌-진출의 느낌
③ 저명도-가벼운 느낌-수축의 느낌
④ 저명도-무거운 느낌-팽창의 느낌

26 빨간색과 노란색을 감산혼합을 했을 때의 색은?

① 녹색
② 파랑
③ 주황
④ 보라

27 색의 온도감에 관한 설명으로 틀린 것은?

① 장파장의 색이 따뜻하게 느껴진다.
② 명도가 낮을수록 차갑게 느껴진다.
③ 색의 속성 중에서 주로 색상의 영향을 많이 받는다.
④ 때로는 차갑게 때로는 따뜻하게 느껴지는 색을 중성색이라고 한다.

28 먼셀 색체계에 대한 설명이 틀린 것은?

① 색상 기호 R, YR은 난색 계열이다.
② V값은 명도를 나타낸다.
③ C값은 채도를 나타낸다.
④ 무채색은 H로 표시한다.

29 색광의 3원색을 비슷한 밝기로 모두 혼합하면 어떤 색광이 되는가?

① 검정
② 청록
③ 노랑
④ 흰색

30 색에 대한 설명이 틀린 것은?

① 표면에서 반사된 빛은 우리 눈에서 색으로 느껴진다.
② 무지개는 빛의 산란에 의해 나타나는 현상이다.
③ 가장 긴 파장은 빨간색 영역이고 가장 짧은 파장의 영역은 보라색 영역이다.
④ 우리는 하늘을 볼 때 평면색(면색)을 느낀다.

31 오스트발트 색채계에 대한 설명이 옳은 것은?

① Yellow의 보색은 Turquoise이다.
② 색상번호-흑색량-백색량의 순서로 색을 표기한다.
③ 어떤 색의 보색은 반드시 그 색의 10번째에 있다.
④ 색상환은 헤링의 4원색설을 기본으로 한다.

32 인간의 눈 구조 중 시신경 섬유가 나가는 부분으로 광수용기가 없기 때문에 상을 볼 수 없는 부분은?

① 망막(Retina)
② 중심와(Fovea)
③ 수정체(Lens)
④ 맹점(Blind Spot)

33 다음 도면 중 A가 가리키는 선의 명칭은?

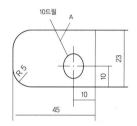

① 숨은선
② 외형선
③ 지시선
④ 파단선

34 다음 중 투시도법의 용어 중 DVP는?

① 평화면
② 대각소점
③ 정점
④ 시심

35 다음의 반단면도 중 도면작도법상 선의 용도가 바르게 작도된 도면은?

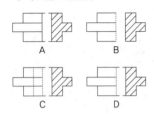

① A
② B
③ C
④ D

36 다음 평면도법 중 "같은 면적 그리기"가 아닌 것은?

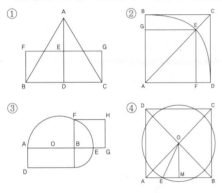

37 투시도의 종류에 해당하지 않는 것은?

① 평행투시도
② 투상투시도
③ 사각투시도
④ 유각투시도

38 그림과 같이 투상면이 눈과 물체의 사이에 있어 유리 상자 안에 물체를 놓고 밖에서 스쳐보는 상태에서 투상하는 방법은?

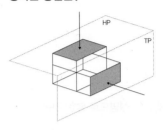

① 제1각법
② 제2각법
③ 제3각법
④ 제4각법

39 다음 평면도법 중 각을 등분하는 것이 아닌 것은?

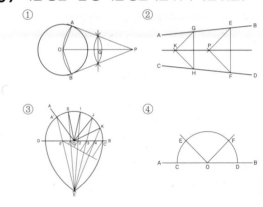

40 사투상도에서 물체의 경사면 길이를 정면과 다르게 하여 물체가 실감이 나도록 하기 위한 경사면 길이 비율로 적합하지 않은 것은?

① 1 : 1
② 1 : 1/2
③ 1 : 3/4
④ 1 : 4/5

41 인쇄용지의 상질지란?

① 그라운드+화학펄프로 만들어진다.
② 화학펄프+쇄목펄프로 만들어진다.
③ 화학펄프만으로 만들어진다.
④ 아황산펄프로 만들어진다.

42 양지 제조 공정 중 "고해"에 해당하는 것은?

① 긴 섬유를 알맞게 절단
② 번짐 방지를 위한 눈 메움
③ 발색 작업
④ 탈수 및 건조

43 종이를 일정한 길이만큼 찢는 데 필요한 에너지를 알기 위해 측정하는 것은?

① 파열강도
② 인열강도
③ 내절강도
④ 인장강도

44 다음과 같은 특성을 가지는 채색 재료는?

- 유화의 성질과 비슷하나 빨리 건조된다.
- 접착성과 내수성이 강하다.
- 오래 두어도 변색되지 않는다.

① 아크릴 물감
② 수채화 물감
③ 포스터 컬러
④ 마커

45 다음 중 목재용 도료가 구비해야 할 성능이 아닌 것은?

① 강인한 도막을 형성할 수 있어야 한다.
② 부착성이 좋아야 한다.
③ 도막의 경도가 높아야 한다.
④ 흡수성이 좋아야 한다.

46 유리의 광학적 성질이 아닌 것은?

① 점성
② 굴절
③ 분산
④ 투과

47 플라스틱이 가지고 있는 일반적인 장점이 아닌 것은?

① 전기 절연성이 우수하다.
② 내수성이 좋고 재료의 부식이 없다.
③ 열팽창 계수가 작아 치수 안정성이 좋다.
④ 착색 및 가공이 용이하다.

48 다음 중 가장 감도가 높은 필름은?

① ASA 50
② ASA 100
③ ASA 400
④ ASA 1000

49 다음 중 평면적인 모델에 3차원적인 입체감을 주기 위해 빛의 변화 등을 계산하여 채색해 나가는 렌더링 기법이 아닌 것은?

① 라디오시티(Radiosity) 방식
② 모핑(Morphing) 방식
③ 레이 캐스팅(Ray Casting) 방식
④ 레이 트레이싱(Ray Tracing) 방식

50 3차원 모델링 요소 중에서 스플라인(Spline) 곡선에 대한 설명으로 틀린 것은?

① 소수의 점을 가지고도 매우 복잡한 표면을 정의할 수 있다.
② 복잡한 형상을 폴리곤 모델러(Polygon Modeler)보다 훨씬 수월하게 애니메이션 할 수 있다.
③ 곡선으로 이루어져 있어 유기체 모델링에 적합하다.
④ 렌더링 시간을 줄여줘 게임 제작에 유용한 모델 방식이다.

51 이미지 데이터 사이즈(용량)를 변화시키는 방법과 가장 거리가 먼 것은?

① Mode의 전환
② 선택(Select)의 전환
③ 해상도(Resolution)의 조정
④ 이미지의 가로, 세로 크기 조정

52 2D 그래픽 처리 프로그램에서 이미지의 합성, 변화 등의 과정을 통해 처리하는 작업을 뜻하는 용어는?

① 클리핑
② 이미지 프로세싱
③ 모션 캡처
④ 스캐닝

53 이미지 콘트라스트를 높이고 이미지의 초점을 또렷하게 하는 기능을 가진 포토샵 필터는?

① Blur
② Sharpen
③ Noise
④ Pixelate

54 소비전력이 작고 전원이 꺼지더라도 저장된 정보가 유지되며, 작고 가벼워 이동성이 편리한 메모리는?

① ROM
② 플래시 메모리
③ RAM
④ 캐시 메모리

55 Spot Color(별색)에 대한 설명이 틀린 것은?

① 배합해서 색을 나타내지 않고 개별적인 색을 사용한다.
② 반짝이는 금색, 은색과 같은 색상을 인쇄할 때 주로 지정한다.
③ CMYK를 4색 분해하여 망점을 섞어 표현한다.
④ 인쇄 시 Spot Color에 해당하는 컬러판이 추가로 필요하다.

56 어느 한 방향으로만 빛을 보낼 수 있어 대상을 부각시키기 위한 극적인 효과를 주는 특징이 있고 자동차의 헤드라이트, 랜턴의 빛과 같은 효과를 낼 수 있는 조명은?

① Omni Light
② Spot Light
③ Ambient Light
④ Directional Light

57 1975년 빌 게이츠와 폴 알렌이 설립한 소프트웨어 제작 회사는?

① 마이크로소프트사
② Apple사
③ 휴렛팩커드
④ IBM

58 동영상 데이터의 표현과 관련한 코덱에 대한 설명이 틀린 것은?

① 코덱이란 코더(Coder)와 디코더(Decoder)의 기능을 갖는다.
② 코덱이란 압축(Compression)과 해제(Decompression)의 약자이다.
③ 코덱이 없어도 음악이나 영상을 컴퓨터가 재생할 수 있다.
④ 코덱은 디지털 동영상 데이터를 불러들여 읽는 것을 돕는다.

59 2D 그래픽 응용프로그램에서 패널(Panel)을 활성화시킬 수 있는 명령은 어느 메뉴에 있는가?

① File 메뉴
② Edit 메뉴
③ View 메뉴
④ Window 메뉴

60 일러스트레이터 프로그램에서 타입(Type) 툴을 사용하여 입력한 문자들을 도형으로 전환하여 변형하고자 할 때 사용하는 기능은?

① Adjust Colors
② Make Warp
③ Desaturate
④ Create Outline

빠른 정답 확인 QR
스마트폰으로 QR을 찍으면 정답표가 오픈됩니다.
기출문제를 편리하게 채점할 수 있습니다.

2023년 최신 기출문제 01회

시험 시간	풀이 시간	합격 점수	내 점수	문항 수
60분	분	60점	점	총 60개

1과목 산업 디자인 일반

01 다음 중 제품디자인 과정이 옳은 것은?

① 계획 → 조사 → 분석 → 평가 → 종합
② 계획 → 조사 → 분석 → 종합 → 평가
③ 조사 → 계획 → 종합 → 분석 → 평가
④ 조사 → 계획 → 분석 → 종합 → 평가

02 굿 디자인(Good Design)의 조건이 아닌 것은?

① 독창성
② 복합성
③ 경제성
④ 합목적성

03 수공예 부흥 운동인 Art & Craft는 다음 중 어떤 양식을 주로 추구했는가?

① 바로크
② 고딕
③ 로코코
④ 로마네스크

04 다음 중 제품디자인에서 작업 시 고려해야 할 일반적인 조건이 아닌 것은?

① 기능성
② 성실성
③ 심미성
④ 경제성

05 다음 중 디자인이 갖추어야 할 조건 중에서 실제의 쓸모를 말하는 것은?

① 심미성
② 기능성
③ 창의성
④ 독창성

06 아래의 그림 a, b는 같은 길이와 크기이지만, 다르게 보이는 것은 어떤 현상 때문인가?

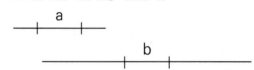

① 분할착시
② 유화착시
③ 반전착시
④ 대비착시

07 선의 조형적 표현 방법 중 생동감, 긴장감, 운동감, 속도감, 불안한 느낌을 주는 것은?

① 수직선
② 수평선
③ 사선
④ 포물선

08 사선의 성격을 나타낸 설명 중 올바른 것은?

① 고결, 희망, 상승감, 긴장감을 높여 준다.
② 평화, 정지, 안정감을 더해 준다.
③ 동적, 불안정한 느낌을 주지만 때론 강한 표현을 나타낸다.
④ 자유분방함과 풍부한 감정을 나타낸다.

09 신문 광고에서 일러스트레이션, 사진, 광고 내용을 함축하여 광고 목적에 적합하도록 표현하며, 캐치프레이즈와 동의어로 사용되기도 하는 것은?

① 헤드라인(Headline)
② 로고 타입(Logotype)
③ 보더라인(Borderline)
④ 캡션(Caption)

10 포장의 역할과 가장 거리가 먼 것은?

① 운반의 편리함을 만든다.
② 상품을 보호한다.
③ 객관화, 보편화하는 수단이다.
④ 기능성, 심미성을 갖고 있다.

11 실내디자인 과정 중 정보수집 및 분석이 이루어지는 단계는?

① 시공단계
② 사용 후 평가단계
③ 설계단계
④ 기획단계

12 매슬로우(Maslow)의 인간 욕구 5단계 중 자기실현의 욕구에 해당하는 것은?

① 존재가치 실현
② 생활의 안전
③ 모임 등의 소속감
④ 음식, 성, 생존

13 원시인들이 사용하였던 흙의 사용 용도로 볼 수 없는 것은?

① 집을 짓는 재료
② 수렵용 도구
③ 물을 담는 용기
④ 종교적인 토우

14 다음 중 조명기구의 역할과 가장 거리가 먼 것은?

① 수면 효과
② 장식성
③ 배광 수단
④ 전구의 보호

15 잡지 광고의 특성과 거리가 먼 것은?

① 가장 선별성이 높아 타깃의 세분화가 가능하다.
② 매체로서의 생명이 짧다.
③ 회독률이 높아 광고 노출의 빈도가 높다.
④ 감정적 광고나 무드광고를 하는데 적당하다.

16 광고 도안용으로 쓰이는 불투명 그림물감의 재료는?

① 마커
② 파스텔
③ 수채화 물감
④ 포스터 컬러

17 신문 광고의 구성요소를 조형적 요소와 내용적 요소로 구분할 때, 내용적 요소와 가까운 것은?

① 일러스트레이션
② 트레이드 마크
③ 로고 타입
④ 헤드라인

18 다음 중 포장디자인의 개발 시기와 가장 관련이 없는 요건은?

① 이윤의 하락
② 유통의 변경
③ 시장의 진입
④ 생산의 증가

19 실내디자인의 목적과 거리가 먼 것은?

① 문화적, 경제적 측면을 고려한 합리적인 실내 공간 계획
② 기능적이고 쾌적한 환경을 창조하기 위한 실내 공간 계획
③ 독창적이고 합리적인 공간으로 창조하기 위한 실내 공간 계획
④ 기능적 설계 요소보다 미적인 요소를 중시하는 실내 공간 계획

20 소비자가 물품을 구매하기까지는 다양한 심리적 변화를 거쳐야 하며 이것을 구매심리 과정이라 한다. 구매심리 과정이 올바르게 표현된 것은?

① 주목 – 흥미 – 욕망 – 기억 – 구매행위
② 흥미 – 주목 – 기억 – 욕망 – 구매행위
③ 주목 – 욕망 – 흥미 – 구매행위 – 기억
④ 흥미 – 기억 – 주목 – 욕망 – 구매행위

2과목 색채 및 도법

21 색의 3속성 개념을 도입한 색상환에 의해서 색의 조화를 유사 조화와 대비 조화로 나누고 정량적 색채 조화론을 제시한 사람은?

① 오스트발트(Ostwald)
② 슈브뢸(Chevreul)
③ 먼셀(Munsell)
④ 저드(Judd)

22 오스트발트 표색계의 색채 개념은?

① Red + Green + Blue = 100%
② White + Black + Color = 100%
③ Red + Yellow + Blue = 100%
④ White + Blue + Green = 100%

23 푸르킨예 현상을 설명한 것 중 틀린 것은?

① 어두워지면서 파장이 긴 색이 먼저 사라지고 파장이 짧은 색이 나중에 사라진다.
② 새벽이나 초저녁의 물체들이 푸르스름한 색으로 보이는 현상을 말한다.
③ 어두운 곳의 명시도를 높이기 위해서는 초록이나 파랑 계열의 색이 유리하다.
④ 조명이 점차 어두워지면 파란색 계통이 먼저 영향을 받는다.

24 같은 색상에서 큰 면적의 색은 작은 면적의 색보다 화려하고 밝게이 있어 보이는데 이러한 현상은?

① 정의 잔상
② 명도효과
③ 부의 잔상
④ 매스효과

25 색의 중량감에 대한 설명으로 옳은 것은?

① 주로 채도에 의하여 좌우된다.
② 중명도의 회색보다 노란색이 무겁게 느껴진다.
③ 난색계통보다 한색계통이 가볍게 느껴진다.
④ 주로 고명도의 색은 가볍게 느껴진다.

26 배색에 관한 설명 중 틀린 것은?

① 강조색은 작은 면적으로 효과를 극대화할 때 사용하고 배색의 지루함을 없애준다.
② 배색에서 전체적으로 가장 많은 면적과 기능을 차지하는 것을 주조색이라고 한다.
③ 여러 가지 색을 서로 어울리게 배열하는 것으로 기능, 목적, 효용에 따라 다양한 방법이 있다.
④ 톤 온 톤(Tone On Tone) 배색은 무채색에 의한 분리효과를 표현한 배색이다.

27 진출색과 후퇴색에 대한 일반적인 설명 중 틀린 것은?

① 따뜻한 색이 차가운 색보다 진출해 보인다.
② 밝은색이 어두운색보다 진출해 보인다.
③ 채도가 높은 색이 채도가 낮은 색보다 진출해 보인다.
④ 무채색이 유채색보다 진출해 보인다.

28 ( ) 안에 들어갈 내용을 알맞게 짝지은 것은?

> 인간이 볼 수 있는 ( )의 파장은 약 ( ) ~ ( ) nm이다.

① 적외선, 560~960
② 가시광선, 380~780
③ 적외선, 380~780
④ 가시광선 560~960

29 다음 중 정신질환자의 치료에 도움이 되는 병실 색채로 적합한 것은?

① 고채도의 빨강
② 고채도의 연두
③ 고채도의 주황
④ 중간채도의 파랑

30 우리나라가 채택하여 사용하고 있는 색채 시스템은?

① 먼셀
② 문·스펜서
③ 오스트발트
④ ISCC-NIST

31 다음 그림은 누구의 색입체 모형인가?

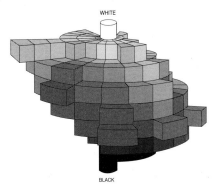

① 오스트발트
② 먼셀
③ 문·스펜서
④ 쉐브뢸

32 도면의 치수 숫자와 기호에 대한 설명 중 틀린 것은?

① 치수 숫자는 치수선으로부터 약간 띄어 쓴다.
② 치수는 치수선에 평행하게 도면의 왼쪽에서 오른쪽으로, 아래로부터 위로 읽을 수 있도록 기입한다.
③ 한 도면 내에서 용도에 따라 치수 숫자의 크기를 다르게 한다.
④ 경사진 치수선의 경우, 숫자는 치수선의 위쪽에 기입한다.

33 지형의 높고 낮음을 지도 위에 표시하는 것과 같이 기준면을 정하고, 기준면에 평행한 평면을 같은 간격으로 잘라 평화면상에 투상한 수직 투상은?

① 정투상법
② 축측 투상법
③ 표고 투상법
④ 사투상법

34 대칭형인 물체의 외형과 내부의 구조 및 형태를 동시에 표시하는 단면도는?

① 반 단면도
② 계단 단면도
③ 온 단면도
④ 부분 단면도

35 물체의 내부구조가 복잡하여 잘 보이지 않을 경우, 필요한 부분을 절단한 것으로 가정하여 그리는 것은?

① 단면도
② 평면도
③ 배면도
④ 전개도

36 통일된 제도 규격에 맞추어 제도할 때의 이점이 아닌 것은?

① 도면이 정확하고 간결하며 능률적이다.
② 설계 의도를 설계자의 직접 설명으로 전달할 수 있다.
③ 생산 능률을 향상하고 제품의 호환성을 확보할 수 있다.
④ 원가절감 및 품질향상에 기여할 수 있다.

37 다음 중 한쪽 단면도에 대한 설명으로 틀린 것은?

① 대칭형인 물체의 외형과 내부의 구조 및 형태를 동시에 표시하는 단면이다.
② 대칭 중심선의 1/4을 단면으로 표시하고, 단면하지 않은 쪽의 숨은선은 생략하는 것이 일반적이다.
③ 물체의 기본이 되는 중심선에 따라 전체를 절단한 면으로 표시하는 것을 원칙으로 한다.
④ 겉모양과 단면을 동시에 표시할 수 있어 널리 사용한다.

38 치수보조선에 알맞은 용도의 선은?

① 굵은 실선
② 가는 실선
③ 가는 일점 쇄선
④ 굵은 일점 쇄선

39 설계도로 나타낼 수 없는 재료의 특성, 제품성능, 제조 방법 등을 문장, 숫자로 표시한 도면을 무엇이라 하는가?

① 계획도
② 제작도
③ 승인도
④ 시방서

40 다음 그림과 같은 도법은?

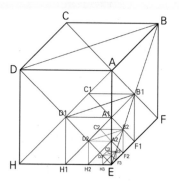

① 투상도법
② 전개도법
③ 축소도법
④ 분할도법

41 다음 종이의 분류 중 양지로만 구성된 것은?

① 신문지, 인쇄종이
② 필기용지, 종이솜
③ 도화지, 색판지
④ 창호지, 습자지

42 비철금속에 해당하는 것은?

① 주철
② 연철
③ 아연
④ 합금강

43 유기재료의 성분이 아닌 것은?

① 단백질
② 녹말
③ 글리코겐
④ 유황

44 규사, 탄산나트륨, 탄산칼슘 등을 고온으로 녹인 후 냉각하면 생기는 투명도가 높은 물체이며, IC 직접 회로의 기판, 콘덴서 등에 걸쳐 신소재로서 적용성이 높아가고 있는 것은?

① 플라스틱재료
② 유리재료
③ 세라믹재료
④ 금속재료

45 종이의 제조 방법에 대한 설명 중 틀린 것은?

① 정정 – 종이를 뜨기 전에 종이 원료에 섞인 불순물을 제거하고 얽힌 섬유를 분리하는 것을 말한다.
② 충전 – 사이징과 전후하여 고해기 속에서 종이 재료에 광물성의 가루를 첨가하고 걸러내는 공정을 말한다.
③ 고해 – 종이에 내수성을 주고, 표면을 아교 물질로 피복시키는 공정이다.
④ 초지 – 종이 층의 균일성을 주는 공정이다.

46 탄소가 주요소가 되는 복합물을 의미하며 특히 탄소와 수소의 결합으로 만들어져 탄화수소(hy-dro-carbon)라고 부르기도 하는 재료는?

① 무기재료
② 유기재료
③ 금속재료
④ 유리재료

47 백색계의 무기 안료가 아닌 것은?

① 아연화
② 황화아연
③ 티탄백
④ 송연

48 얇고 흰색으로 불투명도가 높고 지질이 균일하여 성서나 사전과 같이 양질의 인쇄물을 만들 때 사용되는 종이는?

① 글라싱지
② 라이스지
③ 인디아지
④ 콘덴서지

49 대상체를 중심으로 하는 일러스트레이터 이미지로 객체지향성 이미지는?

① 래스터 이미지
② 안티앨리어싱 이미지
③ 비트맵 이미지
④ 벡터 이미지

50 버퍼(Buffer)에 대한 기능의 설명 중 가장 옳은 것은?

① 데이터의 일시적 저장, 다양한 입출력기와 관련 기능 및 자료 저장 장치의 기능
② 실제 기억용량보다 더 많은 프로그램을 실행하게 하는 장치
③ 도표 및 자료명령 및 기호체계 기록 장치
④ 컴퓨터의 성능을 최대화하기 위한 비디오 메모리 관리 보조장치

51 물체에 입체감을 더하기 위해 빛으로 음영의 밝기를 조절하는 것으로 광원의 각도, 면의 각도, 시점의 각도에 따라 물체의 입체감과 사실감을 더할 수 있는 것을 뜻하는 것은 무엇인가?

① 맵핑
② 렌더링
③ 모델링
④ 셰이딩

52 다음 중 쿼크 익스프레스와 같은 프로그램이 할 수 있는 것으로 적합하지 않은 것은?

① 글꼴의 변형이 자유롭다.
② 사진과 글자의 배치 이동이 자유롭다.
③ 책이나 브로슈어를 만들 수 있다.
④ 사진을 합성할 수 있다.

53 지역과 지역을 연결하는 통신망을 무엇이라 하는가?

① VAN
② RAN
③ RFID
④ BUS

54 스캐너(Scanner)에 관한 설명 중 틀린 것은?

① 스캐너는 입력장치에 속한다.
② 스캐너의 해상도(Resolution)는 Inch당 도트(Dot)의 수로 표현된다.
③ 스캐너는 어떤 디자인을 도형화하기 위해 사용된다.
④ 스캐너의 기능은 해상도, 표현 영역 확대와 축소, 색상과 콘트라스트 조정 등의 기능을 수행한다.

55 8비트 컬러가 표현할 수 있는 색상의 수는?

① 8색
② 64색
③ 256색
④ 65,536색

56 1024메가바이트(MB)와 같은 크기는?

① 1킬로바이트(KB)
② 1기가바이트(GB)
③ 1,000기가바이트(GB)
④ 1,000,000바이트(B)

57 다음 중 웹디자인에 관한 설명 중 틀린 것은?

① 디자인은 전송 속도를 우선 고려하여야 한다.

② 그림 이미지는 JPEG, GIF 등을 사용한다.

③ 디자인은 웹브라우저의 특성을 파악하고 이를 잘 활용해야 한다.

④ 디자인할 화면의 크기는 최대한 크고, 보기 좋게 한다.

58 다음 중 개멋(Gamut)을 잘 설명한 것은?

① 인쇄상의 컬러 CMYK를 RGB로 전환하는 것

② 컬러시스템이 표현할 수 있는 컬러대역(표현 범위)

③ 빛의 파장을 컬러로 표현하는 방법과 컬러시스템

④ 컬러시스템 간의 컬러 차이점을 최소화하는 기능

59 VGA(Video Graphic Adapter) 또는 비디오 카드라고도 불리며, 컴퓨터의 디지털 정보를 모니터에 알맞게 디지털 신호로 바꾸어 화면에 나타내는 컬러 수와 해상도를 결정해 주는 장치는?

① 그래픽 소프트웨어

② 그래픽 보드

③ 중앙처리장치

④ 프린터

60 디스플레이 표시나 프린터로 인쇄할 때의 정밀도를 나타내는 해상도의 단위이다. 1인치(inch)당 몇 개의 점(dot)으로 이루어졌는지를 나타내는 해상도의 약어는?

① DPI

② HSB

③ EPS

④ TIFF

빠른 정답 확인 QR

스마트폰으로 QR을 찍으면 정답표가 오픈됩니다.
기출문제를 편리하게 채점할 수 있습니다.

1과목 산업 디자인 일반

01 디자인에서 이미지를 전달하기 위한 표현기법의 첫 단계는?

① 포토 리터칭(Photo Retouching)
② 모델링(Modeling)
③ 렌더링(Rendering)
④ 아이디어 스케치(Idea Sketch)

02 다음 그림에서 "ㄱ"의 끊어진 부분이 "ㄴ"처럼 완전한 형으로 인식되는 것은 게슈탈트 법칙 중 어느 것에 해당하는가?

① 단순성의 법칙　　② 연속성의 법칙
③ 유사성의 법칙　　④ 폐쇄성의 법칙

03 선의 조형적 표현 방법 중 단조로움을 없애주고 흥미를 유발해 활동적인 분위기를 조성해 주거나 지나치게 많이 사용하면 불안정한 느낌을 주는 것은?

① 수직선　　　　② 수평선
③ 사선　　　　　④ 포물선

04 율동(Rhythm)의 일부로, 명도와 채도의 단계에 일정한 변화를 주거나 대상물의 크기에 변화를 주어 생동감 있는 효과를 낼 수 있는 것은?

① 강조　　　　　② 변칙
③ 점증　　　　　④ 반복

05 형태에 대한 설명 중 틀린 것은?

① 자연형태는 사람의 의지와 요구에 관계없이 형성된다.
② 인위형태는 사람의 의지로 형성된다.
③ 형태의 범주에서 다루는 것은 점, 선, 면, 입체가 있다.
④ 점, 선, 면의 구분은 색으로 한다.

06 디자인의 심미성을 성립시키는 미의식에 대한 설명으로 틀린 것은?

① 매우 주관적인 것으로 개개인에 따라 차이가 있다.
② 시대나 국가, 민족에 따라 공통의 미의식이 있다.
③ 디자인할 때 모든 사람의 미의식이 일치되도록 해야 한다.
④ 스타일이나 색의 유행 등도 대중이 공통으로 느끼는 미의식이라 할 수 있다.

07 디자인의 요소에 대한 설명 중 틀린 것은?

① 점-크기는 있고 위치는 없는 것
② 선-점이 이동한 것
③ 면-선이 이동한 것
④ 입체-면이 이동한 것

08 산업박람회와 관련한 디자인 사조가 알맞게 짝지어진 것은?

① 1851년 런던 산업박람회-미술공예운동
② 1876년 필라델피아 엑스포 - 유선형 양식
③ 1900년 파리 엑스포 - 신조형주의 운동
④ 1925년 파리 엑스포 - 아르누보 운동

09 다음 중 커뮤니케이션 매체를 전달하는 형식이 설득적, 강화적 전달이 아닌 것은?

① 포스터
② 광고
③ 영화
④ 통계도표

10 다음 중 제품디자인에서 아이디어를 탐색하는 방법으로 적합하지 않은 것은?

① 브레인스토밍
② 상관표 작성
③ 시네틱스
④ 형태학적 차트 작성

11 렌더링을 할 때 투명성이 좋아 유리, 목재, 금속 재질의 질감을 표현하는 데 쓰이며, 물의 양을 가감하여 명도 조절이 가능한 재료는?

① 마커
② 파스텔
③ 수채화 물감
④ 포스터 컬러

12 포장디자인의 표면 디자인 구성요소가 아닌 것은?

① 색채
② 심벌, 로고 및 타이포그라피
③ 레이아웃
④ 렌더링

13 디자인 정책으로 적합하지 않은 것은?

① 모든 디자인 문제를 시장과 환경 분석에 따라 고객의 욕구를 충족한다.
② 장래의 발전을 위한 장·단기 계획을 수립한다.
③ 제품 및 광고매체에 통일된 기업 이미지를 부여한다.
④ 디자이너의 개성적인 이미지만을 살려 표현한다.

14 포장디자인의 기본적 고려사항이 아닌 것은?

① 쌓기 쉽게 디자인되어야 한다.
② 상품을 안전하게 보호해야 한다.
③ 상품의 내용이나 정보를 명확히 하여야 한다.
④ 고급화를 위하여 정교하고 복잡하게 디자인하여야 한다.

15 기업 이미지 통합정책(CIP)에 관한 설명 중 적절하지 않은 것은?

① CIP는 기업의 모든 디자인 활동에 통합된 시각적 이미지를 갖게 하여 상승효과를 거두는 것을 의미한다.
② 영국에서는 원래 CIP 개념이 그래픽 디자인을 위주로 하는 하우스 스타일로 간주되고 있다.
③ 기업의 형태와 구성원의 행동양식에서 품질화를 추구하려는 것을 이념적 동질화(MI)한다.
④ CIP를 기업 활동의 시각적인 측면보다는 총체적인 기업경영의 문제로 해석하려는 경향이 있다.

16 인간의 생활공간에 대한 설명 중 적절하지 않은 것은?

① 사람들이 생활의 많은 시간을 보내는 공간을 때와 장소에 따라서 그 역할에 가장 적합하게 구성하는 것이 실내디자인이다.
② 생활공간은 그 성격에 따라 사적인 생활권과 공공의 생활권으로 나눌 수 있다.
③ 개성이나 취향이 최대한 반영되어 구성되는 주택은 공공의 생활권에 속한다고 할 수 있다.
④ 작업공간에서 일의 능률이 중시되고, 개인의 개성은 비교적 제한한다.

17 19세기 말 오스트리아를 중심으로 과거의 양식을 답습하는 것에 반대하여 일어난 신예술운동은?

① 유겐트스틸(Jugend Stil)
② 로코코(Rococo)
③ 시세션(Secession)
④ 바우하우스(Bauhaus)

18 현대디자인 운동의 실질적인 모체가 되었고, 산업제품의 표준화와 합리적 질서를 주장하며 미술과 공업, 상업의 각 분야에서 최고의 지혜를 집결하여 생활에 사용되는 생산품의 질을 향상시키는 데 목표를 둔 디자인 운동은?

① 바우하우스　　　　② 독일공작연맹
③ 데스틸　　　　　　④ 미술공예운동

19 문자 위주로 표현된 편집 디자인이 아닌 것은?

① 학술지　　　　　　② 문학지
③ 그래픽 잡지　　　　④ 단행본

20 상업을 목적으로 한 매장 디스플레이 분류의 유형과 가장 거리가 먼 것은?

① 상점 외부 디스플레이
② 오브제 디스플레이
③ 쇼 윈도우 디스플레이
④ 상점 내부 디스플레이

2과목　색채 및 도법

21 색의 주목성에 관한 설명으로 틀린 것은?

① 고채도보다 저채도 색의 주목성이 높다.
② 한색보다 난색의 주목성이 높다.
③ 노랑과 검정의 배색이 주목성의 대표적인 예이다.
④ 주의를 기울이지 않더라도 사람의 시선을 끌어 눈에 띄는 속성을 말한다.

22 색의 잔상에 관한 설명이 틀린 것은?

① 잔상은 원래 자극의 세기, 관찰 시간과 크기에 비례한다.
② 주위 색의 영향을 받아 주위 색에 근접하게 변화하는 것이다.
③ 주어진 자극이 제거된 후에도 원래의 자극과 색, 밝기가 같은 상이 보인다.
④ 주어진 자극이 제거된 후에도 원래의 자극과 색, 밝기가 반대인 상이 보인다.

23 저드(D.B.Judd)의 색채 조화 원리가 아닌 것은?

① 3속성의 원리
② 질서의 원리
③ 친근성의 원리
④ 유사성의 원리

24 가산혼합에 관한 설명 중 틀린 것은?

① 빛의 혼합을 말한다.
② 3원색을 혼합하면 흰색이 된다.
③ 혼합할수록 명도가 높아진다.
④ 2색을 혼합하면 2색의 중간명도의 회색이 된다.

25 다양한 색의 작은 점이나 무수한 선이 조밀하게 배치되어 먼 거리에서 보면 색이 혼색되어 보이는 혼색 방법은?

① 회전혼색　　　　　② 감법혼색
③ 계시혼색　　　　　④ 병치혼색

26 다음 중 색채 조절을 옳게 설명한 것은?

① 물감 색의 혼합을 적절히 하는 것이다.
② 색채를 통해 쾌적성, 일의 능률 등을 향상하는 것이다.
③ 포스터를 제작할 때 그 명시도를 높이는 말이다.
④ 디자인 작품 제작에 쓰이는 말이다.

27 다음 색 회색(N3) 배경 위에서 명시성이 가장 높은 것은?

① 녹색　　　② 노랑
③ 백색　　　④ 보라

28 먼셀 색체계에서 고명도에 높은 색은?

① N1~N3
② N4~N6
③ N7~N9
④ N11~N14

29 다음 중 배색에 따른 느낌이 잘못 짝지어진 것은?

① 유사색상의 배색–온화함, 상냥함, 건전함
② 반대색상의 배색–똑똑함, 생생함, 화려함
③ 유사색상의 배색–차분함, 시원함, 일관됨
④ 반대 색조의 배색–강함, 예리함, 동적임

30 다음 중 채도가 가장 높은 색은?

① 유채색
② 무채색
③ 검은색
④ 순색

31 간상체와 추상체의 특성과 관계없는 현상은?

① 암순응
② 이성체
③ 스펙트럼 민감도
④ 푸르킨예 현상

32 제도에 주로 사용되는 한글 서체는?

① 명조체
② 고딕체
③ 이탤릭체
④ 샘물체

33 2소점 투시도의 설명으로 틀린 것은?

① 수평으로 평행한 선은 모두 좌우 각각의 소점으로 모인다.
② 수직 방향의 선은 각기 수직으로 평행한다.
③ 유각 투시도, 성각 투시도라고도 한다.
④ 긴 복도, 곧게 뻗은 철길, 가로수 등을 표현하기에 적합하다.

34 그림과 같이 직각을 삼등분할 때, 다음 중 선의 길이가 같지 않은 것은?

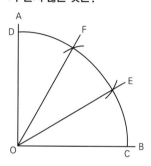

① OD
② OC
③ CF
④ EF

35 도면 표현기법 중 'SR 200'을 옳게 설명한 것은?

① 원의 지름이 200mm이다.
② 원의 반지름이 200mm이다.
③ 구의 지름이 200mm이다.
④ 구의 반지름이 200mm이다.

36 2소점법 중, 2개의 측면을 똑같이 강조하여 보이도록 하는 것이 특징이며, 양면이 모두 흥미 있는 대상물에 알맞은 투시도법은?

① 평행 투시도법
② 45° 투시도법
③ 30°~60° 투시도법
④ 사각 투시도법

37 제3각법이 제1각법에 비하여 가진 장점이 아닌 것은?

① 물체를 본 쪽에 그림을 배치하므로, 물체의 관련 도를 대조하는데 편리하다.
② 치수를 비교하는 게 편리하고, 모양을 이해하기 쉽다.
③ 복잡한 모양에 대하여 보조 투상도를 이용하여 정확히 표현할 수 있다.
④ 평면도가 정면도의 아래쪽에 위치하므로 도면을 이해하기 쉽다.

38 무대디자인과 상품 진열 등에서 조명색을 결정하는 광원의 성질은?

① 투과성
② 연속성
③ 반색성
④ 연색성

39 제도에서 물체가 보이지 않는 부분을 표시할 때 사용하는 선은?

① 실선
② 쇄선
③ 파단선
④ 파선

40 다음 한쪽 단면도(반 단면도)에 대한 설명 중 옳은 것은?

① 비대칭형 물체의 내부를 표현하기에 적합하다.
② 도형 전체가 단면으로 표시된 것이다.
③ 물체의 필요한 부분만 단면으로 표시한 것이다.
④ 대칭 중심선의 1/4을 단면으로 표시한다.

3과목 디자인재료

41 목재의 심재에 대한 설명이 옳은 것은?

① 무르고 연하며 수액과 탄력성이 많다.
② 껍질 쪽의 옅은 부분을 말한다.
③ 무거우며 내구성은 풍부하고 일반적으로 질이 좋다.
④ 변형이 심한 편이나 갈라짐은 심하지 않다.

42 현상에 의한 문제점 중 현상된 상이 부분적으로 밝게 나타나는 경우의 원인은?

① 현상액과 정착액의 온도 차가 심할 때
② 현상 시간이 너무 길었을 때
③ 현상액이 충분히 채워지지 않았을 때
④ 현상 온도가 높았을 때

43 종이의 특성을 설명한 내용 중 틀린 것은?

① 종이의 세로 방향은 강하고, 가로 방향은 약하다.
② 활엽수 펄프는 길고 좁으며, 침엽수 펄프는 짧고 약하다.
③ 종이의 강도는 섬유의 물리적, 화학적 작용에 의해 좌우된다.
④ 종이의 함수율은 적을 때는 6%, 많을 때는 10% 정도가 된다.

44 발포 플라스틱을 소재로 한 모델의 표면에 직접 착색 재료로 적합하지 않은 것은?

① 아크릴 컬러
② 수성 페인트
③ 포스터 컬러
④ 래커 페인트

45 안료와 접착제를 발라서 만들며, 강한 광택을 입힌 종이로 사진관이나 원색판의 고급 인쇄에 쓰이는 것은?

① 그라비어지
② 로루지
③ 모조지
④ 아트지

46 학명은 오룸(Aurum)으로 아침의 태양 광선을 의미한다. 화학적으로 모든 금속 중 안정된 금속으로 공기 속이나 물속에서도 영구히 변하지 않는 귀금속은?

① 금
② 백금
③ 은
④ 팔라듐

47 스트리퍼블(Strippable) 페인트의 설명으로 잘못된 것은?

① 도장재의 더러움 방지를 위해 일시적으로 사용한다.
② 필요할 때 간단히 벗겨낼 수 있다.
③ 비닐계 수지이다.
④ 얇게 도장해야 한다.

48 다음 중 금속의 열처리 방법이 아닌 것은?

① 담금질(Quenching)
② 뜨임(Tempering)
③ 불림(Normalizing)
④ 연마(Polishing)

49 색상 범위(Color Gamut)의 컬러 표현에서 표현 영역이 가장 광범위한 것은?

① 레이저 컬러출력 인쇄물
② RGB 컬러 모니터
③ 고해상 CMYK 인쇄물
④ 잉크젯 인쇄물

50 그래픽 사용자 인터페이스를 제공하는 컴퓨터시스템에서 각각의 프로그램이나 명령들을 작은 형태로 만들어 놓은 것은?

① Icon
② File
③ Bitmap
④ Id

51 다음 컴퓨터그래픽스의 이용 효과와 거리가 먼 것은?

① 디자인상에서 발생할 수 있는 오류를 사전에 방지할 수 있다.
② 디자인 전개의 다양화로 소품종 다량 생산이 용이해졌다.
③ 신속한 도면 설계와 수정 및 변형의 자유로운 유동성이 있다.
④ 설계 기법의 표준화로 생산성 향상을 가져올 수 있다.

52 애니메이션 제작에서 두 개의 키프레임 이미지 사이의 중간 단계 프레임을 연결하는 과정은?

① 신서사이징(Synthesizing)
② 이미지 프로세싱(Image processing)
③ 레이트레이싱(Ray-tracing)
④ 인 비트위닝(In-betweening)

53 다음 중 픽셀의 설명으로 틀린 것은?

① 픽셀은 이미지를 구성하는 최소 단위이다.
② 종횡으로 많은 수의 픽셀이 모여 문자 또는 그림을 형성한다.
③ 픽셀은 각각의 위칫값을 가진다.
④ 픽셀은 색에 따라 다양한 크기를 가진다.

54 포토샵의 필터 중 하프톤의 효과나 모자이크 효과를 얻을 수 있는 가장 적합한 필터 기능은?

① Blur
② Brush Strokes
③ Distort
④ Pixelate

55 물체가 화면상에 식물처럼 표현되거나 그려지는 방식으로 광원은 그림자를 생성할 것인가, 표면의 질감은 어떻게 표현할 것인가, 광원과 표면은 어떤 식으로 상호 작용할 것인가 하는 것을 결정하여 표현하는 작업은?

① 렌더링(Rendering)
② 매핑(Mapping)
③ 제도(Drafting)
④ 화상워핑(Image warping)

56 다음 그림과 같이 3차원 그래픽에서 오브젝트를 수많은 선의 모임으로 표시하여 입체감을 나타내는 모델링 기법은?

① 와이어 프레임 모델링
② 표면 모델링
③ 솔리드 모델링
④ 프렉탈 모델링

57 다음의 디자인 프로세스 과정 중 컴퓨터가 직접적으로 대신할 수 없는 과정은?

① 드로잉 작업
② 이미지 표현 작업
③ 아이디어 발상
④ 페인팅 작업

58 모니터에 나타난 도형이나 그림을 35mm 슬라이드에 저장하는 출력 장치는?

① 플로터
② 필름 레코더
③ 레이저 프린터
④ 스캐너

59 컴퓨터의 기억 장치 중 전원이 단절되면 존재하던 모든 정보를 잃게 되는 기능을 가진 것은?

① ROM
② CPU
③ FDD
④ RAM

60 다음 중 2D 그래픽 소프트웨어가 아닌 것은?

① 포토샵(Photoshop)
② 페인터(Painter)
③ 일러스트레이터(Illustrator)
④ 스트라타 스튜디오 프로(Strata Studio Pro)

빠른 정답 확인 QR

스마트폰으로 QR을 찍으면 정답표가 오픈됩니다.
기출문제를 편리하게 채점할 수 있습니다.

최신 기출문제
정답 & 해설

2024년 최신 기출문제 01회

01 ②	02 ②	03 ④	04 ②	05 ④
06 ④	07 ④	08 ①	09 ②	10 ④
11 ①	12 ④	13 ④	14 ②	15 ④
16 ④	17 ③	18 ①	19 ②	20 ③
21 ③	22 ①	23 ④	24 ③	25 ①
26 ①	27 ④	28 ④	29 ②	30 ①
31 ②	32 ③	33 ④	34 ①	35 ②
36 ④	37 ③	38 ③	39 ②	40 ①
41 ①	42 ③	43 ④	44 ②	45 ③
46 ③	47 ③	48 ①	49 ②	50 ①
51 ②	52 ④	53 ③	54 ③	55 ③
56 ①	57 ③	58 ①	59 ④	60 ③

2024년 최신 기출문제 02회

01 ③	02 ④	03 ③	04 ④	05 ①
06 ②	07 ③	08 ④	09 ③	10 ①
11 ④	12 ③	13 ②	14 ②	15 ①
16 ①	17 ①	18 ④	19 ③	20 ③
21 ②	22 ③	23 ②	24 ③	25 ①
26 ②	27 ②	28 ④	29 ③	30 ③
31 ①	32 ③	33 ③	34 ①	35 ④
36 ②	37 ③	38 ③	39 ③	40 ④
41 ②	42 ③	43 ③	44 ④	45 ④
46 ①	47 ④	48 ④	49 ④	50 ①
51 ①	52 ④	53 ①	54 ②	55 ③
56 ①	57 ③	58 ②	59 ③	60 ④

2024년 최신 기출문제 03회

01 ①	02 ②	03 ①	04 ②	05 ④
06 ②	07 ①	08 ①	09 ①	10 ①
11 ①	12 ④	13 ①	14 ②	15 ①
16 ③	17 ④	18 ④	19 ③	20 ②
21 ③	22 ④	23 ①	24 ②	25 ①
26 ③	27 ②	28 ④	29 ④	30 ②
31 ④	32 ④	33 ③	34 ②	35 ④
36 ②	37 ③	38 ③	39 ①	40 ④
41 ③	42 ①	43 ③	44 ①	45 ④
46 ①	47 ③	48 ④	49 ①	50 ④
51 ②	52 ④	53 ②	54 ④	55 ③
56 ②	57 ①	58 ③	59 ④	60 ④

2023년 최신 기출문제 01회

01 ②	02 ②	03 ②	04 ②	05 ②
06 ④	07 ③	08 ③	09 ①	10 ③
11 ④	12 ①	13 ②	14 ①	15 ②
16 ④	17 ④	18 ④	19 ④	20 ①
21 ②	22 ②	23 ④	24 ④	25 ④
26 ④	27 ④	28 ②	29 ④	30 ①
31 ②	32 ③	33 ③	34 ①	35 ①
36 ②	37 ③	38 ③	39 ④	40 ④
41 ③	42 ③	43 ④	44 ②	45 ③
46 ②	47 ④	48 ③	49 ④	50 ①
51 ④	52 ④	53 ②	54 ③	55 ③
56 ②	57 ④	58 ②	59 ②	60 ①

2023년 최신 기출문제 02회

01 ④	02 ④	03 ③	04 ③	05 ④
06 ③	07 ①	08 ①	09 ④	10 ②
11 ③	12 ④	13 ④	14 ④	15 ③
16 ③	17 ③	18 ②	19 ③	20 ②
21 ①	22 ②	23 ①	24 ④	25 ④
26 ②	27 ②	28 ③	29 ③	30 ④
31 ②	32 ②	33 ④	34 ④	35 ④
36 ②	37 ④	38 ④	39 ④	40 ④
41 ③	42 ④	43 ③	44 ④	45 ④
46 ①	47 ④	48 ④	49 ②	50 ①
51 ②	52 ④	53 ④	54 ④	55 ①
56 ①	57 ③	58 ②	59 ④	60 ④

2024년 최신 기출문제 01회   2-54쪽

01 ②	02 ②	03 ④	04 ②	05 ④
06 ④	07 ④	08 ①	09 ②	10 ④
11 ①	12 ②	13 ④	14 ③	15 ②
16 ④	17 ③	18 ①	19 ②	20 ③
21 ③	22 ①	23 ④	24 ③	25 ①
26 ①	27 ④	28 ④	29 ①	30 ①
31 ②	32 ③	33 ②	34 ①	35 ②
36 ④	37 ③	38 ③	39 ②	40 ①
41 ①	42 ③	43 ④	44 ②	45 ③
46 ③	47 ③	48 ①	49 ②	50 ①
51 ②	52 ④	53 ③	54 ③	55 ③
56 ①	57 ③	58 ①	59 ④	60 ③

1과목   산업 디자인 일반

01 ②

실내 디자인을 할 때 문양이 들어가는 곳은 주로 벽면과 바닥 그리고 천장을 들 수 있는데 문양이 많이 들어가면 통일감이 없어져 산만해 보이고, 정신이 없어 보인다. 문양을 사용할 때는 통일감을 생각하며 사용하여야 한다.

오답 피하기

실내 디자인에서 아름다운 형태라고 느끼는 것은 일부 부분에만 국한되는 것이 아니라 실내 디자인의 요소 간의 조화가 이루어져야 이미지를 연상하게 된다. 그러므로 각 요소 간의 조화가 매우 중요하다.

02 ②

• 실내 디자인의 기본요소 : 바닥, 벽, 천장, 기둥, 보, 개구부
• 3대 기본요소 : 바닥, 벽, 천장

03 ④

인원이 많을수록 아이디어도 많이 나오고, 아이디어가 많을수록 좋은 아이디어가 나올 가능성이 많다는 전제로, 집단사고에 의한 자유분방한 아이디어를 창출하는 방법이다.

오답 피하기

• 체크리스트법 : 특정 문제에 대한 항목을 나열하고 특정 변수 등을 검토, 분석하면서 아이디어를 구하는 방법이다.
• 특성 열거법 : 제품의 특징들을 계속 열거해 가면서 아이디어를 찾는 방법이다.

04 ②

바우하우스의 특징 : 합목적적인 기능성과 실용성의 새로운 미를 추구, 독일공작연맹의 이념을 계승, 예술 창작과 기술의 통합 등을 들 수 있다.

오답 피하기

②는 장식의 개념이 아닌 합목적적인 기능과 실용을 강조하였다.

05 ④

신조형주의 : 1917년 결성한 조형 예술운동 그룹의 명칭으로 양식이라는 뜻을 가지고 있으며, 데오 반 되스부르크를 중심으로 네덜란드의 화가, 조각가, 건축가들이 만들었다. 모든 조형 분야의 일체화를 목표로 하고 수직, 수평의 화면 분할과 추상적 형태, 삼원색과 흑백, 회색만을 사용하여 순수성과 직관성을 중시하는 특징을 가졌다.

06 ④

제품 수명주기 : '도입기 → 성장기 → 경쟁기 → 성숙기 → 쇠퇴기' 등으로 나눈다. 그러나 경쟁기와 성숙기를 하나로 묶어 '도입기 → 성장기 → 성숙기 → 쇠퇴기' 등 4단계로 나누기도 한다.

07 ④

미술공예운동은 윌리엄 모리스가 주도하였으며, 고딕 부흥 양식의 대표적인 건축가인 존 러스킨의 영향을 받아 예술의 민주화를 주장한 수공예 부흥운동이다.

08 ①

자선 광고 : 우리 주위에서 소외되고, 보호되어야 할 대상으로 광고하는 것을 말한다. 주로 사회단체, 지방 자치단체 등에서 이루어진다.

09 ②

디자인은 시장 환경과 소비자 행동, 트렌드 등 기업이 비즈니스 전략을 수집하는 데 필요한 다양한 아이디어를 제공할 수 있다.

10 ④

'시즌 기획용 광고'는 봄, 여름, 가을, 겨울이나 특정한 행사 기간 동안에 특정한 목적을 갖고 기획을 세워 광고하는 것을 말한다.

11 ①

• 환경 디자인에는 도시 디자인, 실내 디자인, 디스플레이 디자인, 스트리트 퍼니처, 슈퍼그래픽, 그린 디자인 등이 있다.
• 스트리트 퍼니처(Street Furniture)는 공공장소에 모든 사람이 필요로 하는 시설물을 설치해 놓은 것을 말한다. 공공의 목적으로 사용된다.

12 ②

오피스 랜드스케이프 : 칸막이벽을 사용하지 않고 프라이버시의 확보와 커뮤니케이션의 용이성을 조화시킨 사무실 레이아웃의 수법이다.

13 ④

포장 디자인은 제품을 보호, 유통 시 취급 및 보관이 용이, 구매의욕을 느낄 수 있도록, 경쟁상품과 차별화 등의 요건을 갖추어야 한다.

오답 피하기

③에서 '매혹적으로 보이도록'이라는 말의 의미는 '구매의욕을 느낄 수 있도록'으로 해석하면 된다. ④의 경우 전시효과보다는 상품명과 내용물을 잘 알 수 있도록 해야 한다.

14 ③

아르누보는 19세기 말부터 20세기 초에 벨기에와 프랑스를 중심으로 전 유럽에 유행한 사조이다.

오답 피하기

런던 박람회는 1851년에 런던에서 개최된 만국 박람회로 회장의 건물(수정궁)은 철골과 유리로 만든 것으로 재료나 공법에서 근대건축의 선구이다.

15 ②

대칭, 비대칭, 비례는 균형의 종류이다.

16 ④

실내 공간의 기본적 요소에는 바닥, 벽, 천장, 기둥, 보, 개구부 등이 있으며 그중에서도 벽은 인간의 시선 방향이 눈높이를 기준으로 하므로 시선이 집중된다.

17 ③

전시 디자인은 환경 디자인에 속한다.

18 ①

합목적성이란 디자인의 목적 자체가 합리적으로 설정되어야 하며, 실용성과 기능성을 충족시켜야 한다는 것을 말한다.

19 ②

비례란 요소들 간의 상대적 크기를 말하며 부분과 부분, 부분과 전체 사이의 수량적인 관계이다. 인체비례, 황금비례, 모듈, 피보나치 수열, 루트비, 금강비례 등이 있다.

20 ③

모방 디자인(후진국형)→수정 디자인(리 스타일 디자인)→적응 디자인(개발도상국형)→혁신 디자인(선진국의 디자인 방향)

2과목 색채 및 도법

21 ③

관용색명 : 옛날부터 전해오는 습관적인 색의 이름이나 동물, 식물, 광물, 지명, 인명, 지명, 자연 대상 등의 고유한 이름을 붙인 색을 말한다.

오답 피하기

- 스카이 블루 : 하늘색
- 베이지 그레이 : 베이지 빛깔을 띤 회색
- 새먼 핑크 : 연어의 살색인 노란 분홍

22 ①

실내공간을 넓게 보이기 위해서는 눈에 자극을 주어서는 안 되며, 시원한 계통의 색채를 사용하는 것이 좋다.

오답 피하기

- 고명도, 고채도의 경우 색채가 눈에 잘 들어오므로 거리가 가깝게 느껴져 오히려 답답하게 느껴진다.
- 색상은 따뜻한 색 계열보다 시원하고 차가운 계열의 색채를 사용하는 것이 좋다.

23 ④

- 동시대비 : 색상이나 명도의 자극이 동시에 다른 색깔이나 명도를 나란히 놓았을 때, 그것의 보충 감각으로 이끌어 가는 것이다.
- 계시대비 : 어떤 색을 보다가 다른 색을 보았을 때 먼저 본 색의 영향으로 나중에 보는 색이 다르게 보이는 현상으로 잔상과 관계가 있다.

24 ③

굵은 선과 가는 선의 비율은 1/20다.

25 ①

2등각 투상도 : 두 개의 축의 각도와 길이가 같은 투상이다.

26 ①

5R 4/6 : 5R(색상), 4(명도)/6(채도)를 나타낸다.

27 ④

쇄선은 일점쇄선과 이점쇄선을 나누며, 긴 쪽 선의 요소가 시작과 끝이 되도록 그려야 한다.

오답 피하기

쇄선은 선의 종류를 나타내는 것으로 선의 종류에는 실선, 점선, 쇄선 등이 있다.

28 ④

등각 투상도는 x축, y축, z축이 120도를 이룬다.

29 ②

- 가시광선은 nm으로 표시하며 '나노미터'라 읽는다.
- 가시광선은 사람이 볼 수 있는 광선으로 빨, 주, 노, 초, 파, 남, 보라색을 지각할 수 있다.
- 가시광선의 파장은 370nm~780nm이다.

30 ①

- 장뇌향(Camphor) : 하양, 밝은 노랑
- 사향(Musk)동물성 향료의 하나 : 갈색, 황금색
- 꽃향(Floral) : 장미색
- 박하향(Mint) : 초록색
- 에테르향(Ethereal) : 하양, 밝은 파랑

31 ②

유사 색상의 배색은 색상환에서 색상의 차이가 적은 배색으로 온화함, 협조, 화합과 평화감을 주며, 안정되고 차분한 느낌을 얻을 수 있다.

오답 피하기

나머지 보기는 주로 반대색상의 배색으로 화려함과 강함, 동적이며 자극적인 느낌, 예리함과 생생한 느낌을 얻을 수 있다.

32 ③

채도
- 색의 선명도를 의미하며 색의 맑기, 탁함, 흐림 등을 말한다.
- 색상 중에서도 채도가 가장 높은 색을 순색이라 하고, 무채색이나 다른 색을 혼합할수록 채도는 낮아진다.
- 가장 흐린 1단계에서 가장 맑은 14단계까지 총 14단계로 구분하며, 채도가 가장 높은 14단계의 색은 빨강과 노랑이다.

33 ②

색광의 3원색은 Red, Green, Blue이다.

34 ①

저드의 색채조화론 : 질서의 원리, 친근성의 원리, 유사성의 원리, 명료성의 원리가 있다.

35 ②

푸르킨예 현상
- 밝은 곳에서 적이나 황이 어두운 곳에서는 청이나 보라가 밝게 보이는 현상이다.
- 추상체와 간상체의 움직임의 교차에 의한 것이다.
- 명소시에서 암소시로 옮겨갈 때 붉은 계통은 어둡게 되고, 파란 계통은 시감도가 높아져 밝게 보이는 시지각적인 성질이다.
- 낮에 빨간 물체가 밤이 되면 검게, 낮에 파랑 물체가 밤이 되면 밝은 회색으로 보인다.

36 ④

평균 혼합이라고도 하며 실제로 색이 혼합되는 것이 아니라 시각적으로 혼합되어 보이는 것으로 병치혼합과 회전혼합이 있다.

37 ③

사투상도
- 앞면 모서리는 수평선과 평행하게 하고, 옆면 모서리는 수평선과 임의의 각도로 하여 그린 투상도이다.
- 경사축과 수평선을 이루는 각도는 30°, 45°, 60°의 각도를 많이 사용한다.
- 정육면체의 세 개의 화면이 한 화면에 실제 모양으로 나타난다.

38 ③

- 물체의 생긴 형상을 물체의 뒤쪽의 투상면에 수평, 수직으로 나타낸다.
- 제1각법의 원리는 눈 → 물체 → 화면의 순서로 진행된다.
- 제1각법은 각 방향에서 본 형상을 정면도 건너편에 그려주므로 도면 작성이 불편하고 치수 기입이 불편하며, 치수 누락 및 이중 기입의 우려가 있다.
- 정면도를 중심으로 물체를 보는 방향과 반대방향으로 도면이 나타난다(제3각법과 위치가 반대).

39 ②

제도문자의 크기는 문자의 높이로 표시되며 2, 2.24, 3.15, 4.5, 6.3, 9mm 등의 높이를 기준으로 사용한다.

40 ①

용도에 의한 분류는 계획도, 제작도, 주문도, 승인도, 시방서, 견적도, 설명도 등이 있다.

- 내용에 의한 분류는 조립도, 부분조립도, 부품도, 상세도, 공정도, 배선/배관도, 전개도, 입면도 등이 있다.
- 작성 방법에 의한 분류에는 스케치도, 원도, 사도, 청사진도가 있다.

3과목 디자인재료

41 ①

- 확대인화 : 확대 인화기를 사용하는 것이다.
- 스포팅, 에칭 : 사진의 점이나 선 등 잡티를 없애는 작업이다.

42 ③

용제 : 수지를 용해하여 도막에 평활성을 부여하는 성분으로 도료의 점도, 유동성, 증발속도를 조절해 주는 물질이다. 도료의 점착력을 줄이고 솔질을 수월하게 하여 모체에 대한 기름의 흡수를 조절하기 위하여 쓰는 것으로 테레빈유를 사용하여 벤젠, 벤졸 등이 있다.

43 ④

충전 : 종이의 조직을 일정하게 하여 평활성을 높이는 작업으로 백토, 석고, 활석, 탄산염 등을 사용한다.

44 ②

- 신문용지 : 신문용지는 고속의 윤전기로 인쇄되기 때문에 찢어지지 않을 정도의 인장력과 흡유성, 평활도, 불투명도 등의 인쇄 적성을 지녀야 한다.
- 아트지 : 안료와 접착제를 발라서 만든 용지로, 고급인쇄에 사용한다(서적, 잡지).
- 글라싱지 : 화학펄프를 분해해서 만든 것으로 강한 강도와 표면을 매끄럽게 만든 종이로 종이의 질이 균일하고 질기며 강도가 강하며, 파라핀 가공을 한다(약품, 식품, 담배 등의 간지로 사용).
- 콘덴서지 : 크래프트 펄프 따위를 원료로 하는 얇은 종이로 수지, 유지, 리그닌, 무기염류 따위를 제거하여 두께가 고르고 기체가 통하지 못하게 한 것이다.

45 ③

동물성 섬유의 종류
- 견 : 주성분은 단백질이며 흡습성, 보온성은 좋으나 빛, 마찰, 내구성이 약하다.
- 모 섬유(양털, 낙타털) : 흡수성과 절연성, 탄성, 염색성 등이 좋다. 열과 충해에 약하다.

동물성 섬유는 더운물에 들어가면 줄어든다.

46 ③

- 수채화 물감 : 가장 투명한 재료를 말한다.
- 마커 : 색상 다양, 색상 선명, 건조가 빠르다, 번지지 않는다.
- 아크릴 물감 : 강한 접착력으로 인하여 여러 재료에 사용이 가능하며 물을 사용하기 때문에 수화 느낌의 표현이나 유화의 느낌을 표현할 수가 있다.

47 ③

응력
- 대응력으로 외부의 힘에 대하여 내부에서 대응하는 힘이다.
- 응력은 외력이 증가함에 따라서 증가하지만 이에는 한도가 있어서 응력이 그 재료 고유의 한도에 도달하면 외력에 저항할 수 없게 되어 그 재료는 파괴된다.

48 ①

형상기억합금은 일정한 온도가 되면 원래의 형상으로 되돌아가는 금속으로, 파라볼라(Parabola) 안테나, 화재경보기 등에 이용된다.

49 ②

오답 피하기
- Graphic Format : 그래픽 툴을 사용할 때의 저장 방식
- Growth Mode : 성장모델
- Commercial Film : 상업적인 필름(CF)

50 ①

- 로토스코핑(Rotoscoping) : 실사와 애니메이션을 합성하는 기법으로, 셀에 그린 후 촬영된 애니메이션 필름과 동화상 필름을 하나의 필름으로 만드는 방법을 사용한다.

오답 피하기
- 모핑(Morphing) : 하나의 이미지에서 다른 하나의 이미지로 변화시키는 작업으로 한 사람의 얼굴을 다른 사람 혹은 동물의 얼굴 등으로 자연스럽게 바꿀 때 사용하는 기법이다.
- 트위닝(Tweening) : 중간 효과 애니메이션으로 처음과 마지막의 이미지를 중간 프레임에 효과를 주는 것을 말한다.

51 ②

Flip Horizontal : 가로로 뒤집기

오답 피하기
- Duplication : 복제
- Effects : 효과
- Rotate : 회전

52 ④

벡터 방식은 상대적으로 복잡한 계산을 하므로 출력 속도는 느리게 된다.

53 ③

스토리보드 : 영상을 제작하기 전에 영상의 내용을 그림으로 설명하는 단계이다.

54 ③

솔리드 모델(Solid Model) : 물체의 내·외부를 명확히 표현하고 부품간의 간섭과 물리적인 성질 등의 계산이 가능하다. 표현력이 크고 응용 범위가 넓어 상업적으로 가장 많이 사용한다. 데이터 구조가 복잡하여 데이터를 처리하는 시간이 오래 걸리는 단점이 있다.

55 ③

포스트스크립트(Post Script) : 미국 어도비 시스템스 사에서 개발한 페이지 기술 언어(PDL) 매끄럽고 섬세한 고품질 폰트와 도형의 이미지를 인쇄기에 인쇄하거나 화면에 표시할 수 있게 한다.

오답 피하기
래스터 이미지의 언어가 아닌 페이지 기술 언어(PDL)이다.

56 ①

- 전원 공급이 중단되면 모든 데이터가 지워지는 휘발성 메모리이다.
- 읽기와 쓰기가 자유롭다.
- 일반적으로 주기억 장치라고 하면 RAM을 의미한다.

57 ③

- 플래시 애니메이션 : 12프레임
- 영화 : 24프레임
- TV : 30프레임(29.9)

58 ①

프레임 버퍼 : 컴퓨터 내의 정보를 임시로 보관하기 위한 기억 장소로써, 데이터 사용 시간이 서로 다른 두 장치나 프로그램 사이에서 데이터를 주고받기 위한 목적으로 사용된다.

59 ④

안티앨리어싱 : 픽셀과 픽셀로 이어지는 계단모양의 가장자리 부분에 주변 색상과 혼합한 중간 색상을 넣어 계단 현상의 외형을 부드럽게 처리해 주는 방식을 말한다.

60 ③

벡터 방식의 이미지를 비트맵 방식의 이미지로 전환하는 작업을 래스터라이징이라고 한다.

01 ③	02 ④	03 ③	04 ④	05 ①
06 ②	07 ③	08 ④	09 ③	10 ①
11 ④	12 ③	13 ②	14 ②	15 ①
16 ①	17 ①	18 ④	19 ③	20 ③
21 ②	22 ③	23 ②	24 ④	25 ①
26 ②	27 ②	28 ④	29 ③	30 ③
31 ①	32 ③	33 ③	34 ①	35 ④
36 ②	37 ③	38 ③	39 ③	40 ④
41 ②	42 ③	43 ④	44 ④	45 ④
46 ①	47 ④	48 ④	49 ④	50 ①
51 ①	52 ④	53 ①	54 ④	55 ③
56 ①	57 ③	58 ②	59 ③	60 ④

1과목 산업 디자인 일반

01 ③

• 디자인의 요소에는 개념요소, 시각요소, 상관요소, 실제요소 등이 있다. 위 문제는 개념요소를 설명하고 있는 것으로 ③번은 면에 대한 설명으로 '깊이'가 들어가면 입체가 되고, 공간, 방위, 위치 등이 들어가면 상관요소를 설명하고 있다.
• 상관요소 : 방향감, 위치감, 공간감, 중량감 등이 있다.

02 ④

체크리스트법 : 특정 문제에 대한 항목을 나열하고, 특정 변수 등을 검토, 분석하면서 아이디어를 구하는 방법이다.

오답 피하기

시네틱스법 : "관계가 없는 것들을 결부시킨다."라는 의미로 여러 가지 유추로 은유법과 유추법을 사용하여 아이디어를 끌어내는 방법이다.

03 ③

마케팅의 기능 : 교환 기능, 물적유통 기능, 조성 기능 등이 있다.

04 ④

각 요소들 간의 질서를 주는 것은 통일감이다. 통일을 주는 방법에는 근접, 반복, 연속 등이 있다.

05 ①

제품의 수명주기 : 도입기, 성장기, 성숙기, 쇠퇴기로 구분한다. 각 주기의 단계에 따라서 마케팅, 재무, 생산 등의 전략을 다르게 해야 한다.

06 ②

비대칭균형 : 서로 다른 요소들이 시각적으로 안정되고 균형을 이루고 있는 대칭을 말한다.

07 ③

마케팅조사는 먼저 문제를 규정한 다음 자료(정보)를 결정하고 어떤 연구방법으로 연구할 것인가를 결정한 다음 분석 방법을 결정하고, 마지막으로 보고서를 작성한다.

08 ④

시스템 가구 : 조립, 분해가 가능한 유닛으로 구성되므로 공간이 형태나 성격 또는 기능에 따라 여러 형태의 배치가 가능하므로 보다 자유롭고 합리적이며, 융통성이 큰 다목적용 공간 구성이 가능하다. 즉 모듈화되어 다양한 배치가 가능하며 기능에 따라 다양하게 이동성과 융통성이 크다.

09 ③

• 문제에서 '눈의 착오'라는 단어에서 착시현상을 알 수 있다.
• 반복현상 : 반복적으로 일어나는 현상이다.
• 리듬현상 : 일정한 주기를 가지고 일어나는 현상이다.
• 착시현상 : 사물이나 형태 등이 주의의 영향이나 과거의 경험 등으로 인하여 연상이나 상상으로 인하여 달리 보이는 현상을 말한다.

10 ①

가치분석 : 제품을 구성하는 부품과 그 기능을 분석하여 원가 절감을 꾀하는 경영 기술로, 최저 가격으로 최적의 조건을 충족하여 최상의 가치를 얻고자 한다.

11 ④

포장 디자인의 기능 : 보호, 보존성, 편리성, 상품성, 심미성 등이 있다.

12 ③

조화 : 두 개 이상의 요소 또는 부분적인 상호 관계에서 서로 배척 없이 통일되어 전체적인 미적 감각을 높이는 현상을 말한다.

13 ②

오답 피하기

① : 바탕은 멀리, 형은 가깝게 느껴진다.
③ : 바탕은 뒤쪽, 형은 앞쪽을 말한다.
④ : 바탕이 아니라 형을 설명하고 있다.

14 ②

오답 피하기

목업 : 실제 제품의 외형을 만드는 것을 말한다.

15 ①

오답 피하기

• 렌더링 : 제품이 최종적으로 제작되었을 때를 가상으로 평면에 제작하는 것으로 완성 예상도를 말한다.
• 모델링 : 스케치 등의 2차원적으로 발상된 내용을 실제 크기로 제작하는 것을 말한다.

16 ①

환경 디자인의 종류 : 도시 디자인, 실내 디자인, 디스플레이 디자인, 스트리트 퍼니처, 슈퍼 그래픽, 그린 디자인 등이 있다.

17 ①

굿 디자인의 조건으로 합목적성, 심미성, 경제성, 독창성이 있다.

18 ④

오답 피하기

• 대비 : 서로 다른 요소들이 상반되게 나타나는 현상이다.
• 대칭 : 선이나 중앙을 기준으로, 양쪽으로 같은 형태가 위치하는 것이다.
• 비례 : 요소 간의 상대적 크기로 부분과 부분, 부분과 전체 사이의 수량적인 관계를 말한다.

19 ③

헨리 반 데 빌레는 아르누보의 작가이며, 아더 맥머도는 1882년 센추리 길드를 설립하였고 영국 최초의 길드로 미술공예운동을 일으키는 데 많은 영향을 끼쳤다.

20 ③

유기적 형태는 부드러우며 자유로운 선이나 곡면을 말한다.

2과목 색채 및 도법

21 ②

- 색상 : 색채를 구별하는 특성이다.
- 채도 : 색의 선명도를 의미한다.
- 명도 : 흰색부터 검정색까지의 밝고, 어두움을 나타내는 명도단계이다.

22 ③

연두색은 따뜻함, 신선함, 초여름, 자연, 새싹 등을 상징한다.

오답 피하기
- 주황 : 기쁨, 원기, 활력, 온화, 풍부 등을 상징한다.
- 노랑 : 명랑, 쾌활, 광명, 신성, 영광, 성실 등을 상징한다.

23 ②

- 색광의 3원색 : 빨강(Red), 녹색(Green), 파랑(Blue) 혼합하면 백색
- 색료의 3원색 : 시안(Cyan), 마젠타(Magenta), 노랑(Yellow) 혼합하면 흑색

24 ③

중성색계의 배색 : 녹색계는 평화적, 조용함을 느끼며, 보라색계는 부드러움을 느낄 수 있다.

25 ①

색상대비 : 색상이 다른 두 색이 서로 대조가 되어 색상차가 크게 보이는 현상이다.

오답 피하기
- 명도대비 : 명도가 다른 두 색이 서로 대조가 되어 두 색 간의 명도차가 크게 보이는 현상이다.
- 채도대비 : 채도가 다른 두 색이 서로 대조가 되어 두 색 간의 채도차가 나타나는 현상이다.
- 보색대비 : 보색 관계인 두 색이 서로 대조가 되어 채도 차이가 나는 현상이다.

26 ②

계단 단면도 : 전개가 복잡한 비대칭형의 물체 내부를 상세하게 표시할 필요가 있을 때 표현한다.

오답 피하기
- 한쪽 단면도 : 대칭 형태의 물체를 중심선에서 1/4만 절단한 후 1/4만 단면도로 표현한다.
- 부분 단면도 : 물체의 외형에서 필요한 부분만 절단하여 표시하는 단면도이다.
- 회전 단면도 : 절단면을 90도 회전하여 그린 단면도이다.

27 ②

한쪽 단면도 : 대칭형태의 물체를 중심선에서 1/4만 절단한 후 1/4만 단면도로 표현한다.

28 ④

- 수직투상 : 투사되는 선이 서로 평행을 이루고 투상되는 면이 직각인 경우를 말한다.
- 사투상 : 투사되는 선이 서로 평행하고 투상 되는 면이 각을 이루고 있는 경우를 말한다.
- 표고투상 : 지도에서 등고선을 표시할 때 사용하는 정 투상도법이다.

오답 피하기
정투상도는 화면 사이에 물체를 놓고 각 화면에 수직되는 평행광선으로 투상하여 얻는 도형이다.

29 ④

제3각법은 정 투상도이며 일반적으로 디자인 제도에서 사용한다. 위쪽은 평면도 좌측은 좌측면도 우측은 우측면도를 놓는다.

30 ③

오답 피하기
- 삼각스케일 : 축척자라고도 하며, 길이를 재거나 길이를 줄일 때 사용한다.
- 컴퍼스 : 원, 원호를 그릴 때 사용한다.
- 운형자 : 컴퍼스로 그리기 어려운 원호나 곡선을 그릴 때 사용한다.

31 ①

오답 피하기
- EP : 시점
- GL : 기선
- VP : 소점

32 ③

한 도면 내에서 용도에 따라 치수 숫자의 크기를 같게 해야 한다.

33 ③

도면을 그릴 때 선이 겹치게 될 경우 선의 우선순위
외형선 → 숨은선 → 절단선 → 중심선 → 무게 중심선 → 치수 보조선

34 ①

정 투상도의 정면도는 입체물의 형태와 기능을 가장 잘 표현한다.

35 ④

명도가 높은 색은 명도가 작은 색보다 더 커 보인다.

36 ②

확대도법이란 작은 물체를 그릴 때 도면에 나타낼 수 없을 때 확대비율을 표기하고 확대하여 그리는 도법을 말한다.

37 ③

먼셀의 색상환에서 인접한 색을 유사색, 먼 거리에 있는 색을 반대색, 정반대에 있는 색을 보색이라 한다. PB와 P는 인접해 있으므로 유사색이다.

38 ③

감산혼합은 색료의 3원색인 시안(Cyan), 마젠타(Magenta), 노랑(Yellow)으로, 무채색을 섞으면 채도가 떨어지며, 흰색을 혼합하면 명도가 올라가며, 검은색을 혼합하면 명도가 떨어진다.

39 ③

시트러스는 오렌지 같은 과일류를 말한다.

40 ④

병치혼합의 예 : 컬러인쇄의 망점, 점묘법에 의한 회화작품, 여러 색으로 직조된 직물, 컬러 TV의 영상화면 등을 들 수 있다.

3과목 디자인재료

41 ②

금속의 성질 : 비중이 크다. 열 및 전기의 양도체이다. 경도가 크며, 내마멸성이 풍부하다. 전성과 연성이 좋다. 외력의 저항과 내구력이 크다. 이온화했을 때 양이온이다. 불에 타지 않는다. 상온에서 고체 상태이다.

42 ③

나자식물(겉씨식물), 피자식물(속씨식물)

43 ③

감광도 : 필름이 빛을 받아들이는(감지) 정도를 말하며, 저감도 필름은 필름의 입자가 미세하여 빛을 받아들일 때 빛을 많이 필요로 한다. 그리고 입자가 미세하기 때문에 해상도가 좋다.

오답 피하기
• 필름의 입장에서 이해하면 쉽게 이해할 수 있다.
• 고감도란 필름이 빛을 받아들일 때 감도를 빨리 한다는 것이며 입자가 크다.

44 ④

용제 : 도막원료를 용해하거나 묽게 하여 바르기 쉽게 한다. 수지를 용해하여 도막에 평활성을 부여하는 성분으로 도료의 점도, 유동성, 증발속도를 조절해주는 물질이다.

45 ④

필름 오버레이 : 렌더링 기법에서 사용하는 특수한 기법으로 아트필름을 접착시킨 후 포스터 컬러나 매직 마커 등으로 마무리하여 완성한다.

46 ①

무기재료는 금속, 비금속, 도자기 재료 등으로 나뉘며, 목재, 피혁, 종이는 유기재료에 속한다.

47 ④

판지 : 목재펄프와 파지 등으로 만든 지질이 강한 종이로 보드지라고도 하며, 골판지와 백판지가 있다.

48 ④

유약의 기본 원료 : 장석, 규석, 석회석

49 ④

컴퓨터나 가전제품, 통신 등에서 정보 처리를 하기 위해 부호 데이터(수치나 문자), 정지 화상, 동화상, 음성 등 여러 가지 다른 형식의 정보를 조합하여 주로 대화식으로 이용하는 기술 또는 통합적으로 처리할 수 있는 매체(기계, 시스템) 분야별로 멀티미디어의 내용이나 개념이 조금씩 다르다.

50 ①

JPEG : 그래픽 파일 포맷 중에 가장 널리 사용되는 파일 포맷이며, 손실압축방식으로 압축률이 가장 뛰어나다.

오답 피하기
• BMP : 24비트 비트맵 파일 포맷으로 윈도우 등에서 사용하는 압축하지 않은 표준 그래픽 형식이다.
• EPS : Encapsulated Post Script의 약자로 전자출판이나 고해상도의 그래픽을 지원하는 파일 포맷이다.
• PSD : 포토샵 전용 파일 포맷으로 레이어, 채널, 패스 등을 모두 저장할 수 있는 파일 포맷이다.

51 ①

포토샵의 컬러 모드에서 단색의 모드를 선택하려면 Grayscale mode에서 선택할 수 있다.

52 ④

키 프레임을 사용하는 것은 플래시나 기타 동영상 프로그램이며, 이미지를 합성하는 것은 포토샵이다.

53 ①

①은 전체에 적용되므로 패스 기능은 필요하지 않다.

54 ②

솔리드 모델(Solid Model) : 물체의 내·외부를 명확히 표현하고 부품간의 간섭과 물리적인 성질 등의 계산이 가능하다. 표현력이 크고 응용 범위가 넓어 상업적으로 가장 많이 사용한다. 데이터 구조가 복잡하여 데이터를 처리하는 시간이 오래 걸리는 단점이 있다.

55 ③

벡터 방식은 상대적으로 복잡한 계산을 하므로 출력 속도는 느리게 된다.

56 ①

도트매트릭스 방식 : 충격식 프린터로 리본에 이미지나 문자를 점으로 찍어서 인쇄하는 방식으로 주로 초창기에 많이 사용하였다.

57 ③

광학식 모션 캡처는 측정의 정확도를 위해 캡처 대상에 마커를 부착하고, 최소 2대 이상의 카메라가 2차원 이미지로 촬영 후, 그 이미지를 다시 3차원 위치데이터로 계산하여 데이터를 추출하는 방식이다. 모션 캡처 방식 중 가장 정교하며, 자기식이나 기계식 모션 캡처에 비해 촬영 환경이 상대적으로 자유롭다는 장점을 가지나 많은 비용이 발생한다는 단점이 있다.

58 ②

잉크젯 프린터 시초는 지난 1978년 미국 팔로알토에 위치한 휴렛패커드(HP) 연구소에서 시작되었다.

59 ③

모니터에서 해상도가 높아지면 글씨는 작게 보인다.

60 ④

3D프로그램에서 Top, Front, Left, Perpective뷰가 있는데 이것을 뷰포트라고 한다.

01 ①	02 ②	03 ①	04 ②	05 ④
06 ②	07 ①	08 ④	09 ①	10 ①
11 ①	12 ④	13 ②	14 ④	15 ②
16 ③	17 ④	18 ④	19 ③	20 ②
21 ③	22 ④	23 ①	24 ②	25 ①
26 ③	27 ②	28 ④	29 ④	30 ②
31 ④	32 ④	33 ③	34 ②	35 ④
36 ②	37 ②	38 ③	39 ①	40 ④
41 ③	42 ①	43 ②	44 ①	45 ④
46 ①	47 ③	48 ④	49 ②	50 ④
51 ②	52 ④	53 ②	54 ②	55 ③
56 ②	57 ①	58 ③	59 ④	60 ④

1과목   산업 디자인 일반

01 ①

기능미

실용성과 조형성이 융합된 아름다움을 의미하는 용어를 말하며 합목적성에 포함되는 이성적, 합리적, 객관적 특징을 가지는 디자인의 1차 조건이다.

02 ②

도끼, 활, 창 등은 수렵용 도구이다. 따라서 흙의 사용 용도로 볼 수 없다.

03 ①

장식성, 배광 수단, 전구의 보호 등은 조명기구의 역할이며 수면할 때는 일반적으로 조명을 꺼야 하므로 수면 효과와는 거리가 멀다.

04 ②

오답 피하기

• 분할의 착시는 분할된 면이나 선은 분할되지 않은 선이나 면보다 더 크고 길게 보인다.
• 각도와 방향의 착시는 같은 모양이라도 주변의 영향을 받으면 다르게 보인다.

05 ④

면은 점의 확대이다. 또한 면은 이동하는 선의 자취로 구성되며 길이와 넓이만 있고 두께는 없다. 면은 공간을 구성하는 단위이다.

06 ②

잡지 광고의 특성

• 가장 선별성이 높아 타깃의 세분화가 가능하다.
• 기록성과 긴 발행 간격이 있어 제품의 상세한 정보를 싣기에 적합하다.
• 컬러 광고가 가능하며 구체적이고 자세한 내용을 전달할 수 있다.
• 회독률이 높아 광고 노출의 빈도가 높다.
• 감정적 광고나 무드 광고를 할 수 있다.

07 ①

광고디자인에서 카피(Copy)는 구체적인 내용을 전달하는 본문이기 때문에 친절하고 자세할수록 효과가 높다.

08 ④

- 현실적 형태(인위적 형태) : 자연형태(기하학적 모양으로 직접 지각할 수 있다.)
- 이념적 형태(순수형태) : 점, 선, 면, 입체(직접적으로 지각할 수 있다.)

09 ①

독창성은 디자인에 최종적으로 생명을 불어넣는 요소이다. 창조는 모방과 개선의 결과이므로 독창성을 위해서 폭넓은 지식과 기존의 개념에 얽매이지 않아야 한다. 또한 있는 것을 그대로 반복한다든지 남의 작품을 모방한다든지 하는 것은 바람직한 태도가 아니다.

10 ①

미국의 건축가 루이스 헨리 설리반은 19세기 후반부터 20세기 초반까지 미국에서 건축가로 활약했다. 설리반은 모더니즘 건축가들에게 영향을 미친 슬로건인 '형태는 기능을 따라야 한다(Form follows function)'라는 문구를 만들었으며, '시카고의 오디토리움 빌딩', '세인트루이스의 웨인 라이트 빌딩', '버팔로의 개런티 빌딩', '시카고의 증권거래소' 등 여러 고층 빌딩들을 설계하였다. 이에 미국의 건축가 루이스 헨리 설리반은 '모더니즘 건축의 선구자' 또는 '고층 빌딩의 선구자'로 평가된다.

11 ①

스크래치 스케치 : 소묘라는 뜻으로 인간, 물체, 환경 등의 관계나 상황을 분석하는 데 따르는 기본적 사고의 발견을 목적으로 한다.

- 러프 스케치 : 스크래치 스케치에서 선정된 아이디어를 간단한 음역, 컬러, 재질감 등을 표현한다.
- 스타일 스케치 : 가장 정밀하며 전체 외관의 컬러, 질감, 패턴 스타일 등을 표현한다.
- 컨셉 : 어떤 아이디어에 대한 개념이나 구상을 뜻한다.

12 ④

신제품 전략의 주요 결정요소는 자사(Corporate), 경쟁사(Competitors), 고객(Customers) 이다.

13 ②

실내 디자인의 목표는 효율성, 경제성, 심미성이다.

14 ④
- CI(Corporate Identity)는 기업의 이미지를 통일하여 이미지 상승과 이윤을 추구한다.
- CI의 3대 요소는 기업의 시각적인 통일화, 기업과 직원의 행동 통일화, 기업의 주체성과 동일성이다.

15 ②

매슬로우의 인간 욕구 5단계
- 생리적 욕구 : 의, 식, 주, 성생활 등 생존을 위한 기본적 욕구
- 안전의 욕구 : 물리적인 위험으로부터 생활의 안전 추구
- 사회적(소속) 욕구 : 사회적으로 회사, 친구, 모임 등의 소속감 추구
- 존경의 욕구(자아 욕구) : 권력, 지위, 명예, 존경의 욕구
- 자기실현의 욕구 : 자아 개발과 존재가치 실현의 욕구

16 ③

컨셉트(Concept)는 개념, 생각하는 방법이라는 추상적인 의미이며, 디자인 행위의 초기 단계로서 대상의 테마와 개념의 구성을 말한다.

17 ④
- 엠보싱(Embossing) : 표면에 열과 압력을 가하여 오목한 부분과 볼록한 부분을 만든다.
- 라미네이팅(Laminating) : 인쇄물의 표면에 박막을 씌워 오염을 방지하고, 내수성과 광택을 향상하는 후가공의 방법이다.
- 합지(Carrying) : 2장 이상의 종이를 붙여서 두껍게 종이(박스) 등을 만드는 과정이다.
- 톰슨(Thomson) : 패키지의 지기를 만들 때 접거나 개봉하기 쉽도록 종이를 잘라내고 접는 선을 미리 눌러 놓는 과정을 말한다.

18 ④

- 폴더(Folder) : 한 장짜리 지면을 2~3겹으로 접는 소형 광고물을 말한다.
- 리플릿(Leaflet) : 한 장 혹은 2장의 소형지, 접지 형태의 경우도 있다.
- 세일즈 레터(Sales Letter) : 광고주의 메시지를 편지처럼 봉투에 넣어서 인사문을 겸하는 것으로 친근감을 준다.

19 ③

제품을 구성하는 기본 요소는 구조, 재료, 형태이다.

20 ②
- 수직선 : 강직, 엄숙, 존엄, 희망, 상승, 권위, 숭고한 느낌
- 수평선 : 평온, 평화, 정지, 무한함, 정적인 느낌
- 사선 : 생동감, 긴장감, 운동감, 속도감, 불안한 느낌
- 포물선 : 반원 모양의 유연한 느낌

2과목 색채 및 도법

21 ③

명시도는 일반적으로 난색이 주목성이 높다.

22 ④

- 레오나르도 다빈치 : 색채 조화론의 선구자
- 뉴턴 : 프리즘에 의한 가시광선의 일곱 가지 색을 분류
- 오스트발트 : 1918년 색채의 조화 발표

23 ①
- 동화효과 : 인접한 주위의 색이 가깝게 느껴지는 현상으로 대비와 반대되는 현상
- 색상대비 : 명도와 채도가 같은 인접한 두 색이 서로의 영향으로 색상 차가 나는 것
- 계시대비 : 하나의 색을 보고난 뒤에 시간적인 차이를 두고 다른 색을 차례로 볼 때 일어나는 색채대비
- 연변대비 : 인접한 두 색의 경계 부분에서 일어나는 대비현상

24 ②

- 명도 : 색의 밝고 어두운 정도
- 채도 : 색의 강약, 맑고 탁한 정도
- 색상 : 각각의 색을 구별할 수 있는 성질

25 ①

• 가벼운 색 : 난색, 고명도(흰색), 팽창, 진출
• 무거운 색 : 한색, 저명도(검정), 수축, 후퇴

26 ③

빨간색과 노란색을 감산혼합하면 주황색이 된다.

27 ②

색의 온도감

• 장파장 : 빨간색(난색)
• 난색 : 빨간색, 주황색, 노란색처럼 따뜻한 느낌을 주는 장파장의 색이다.
• 한색 : 파랑, 청색처럼 차갑게 느껴지는 색이다.
• 중성색 : 차갑지도, 따뜻하지도 않은 녹색, 보라색 계열

28 ④

먼셀의 표색계에서 색채를 지각하는 방식에 근거를 둔 대표적인 색 표시법의 하나로, 색을 색의 3속성에 따른 '색상명도/채도(HV/C)'의 형식과 번호로 나타낸 것이다. 무채색은 N으로 표시한다.

29 ④

빛의 3원색은 빨강(Red), 초록(Green), 파랑(Blue)으로 다른 색광의 혼합으로는 생성되지 않으며 이 색들을 전부 혼합했을 경우 백색광이 된다.

30 ②

무지개는 빛의 반사, 굴절로 생기는 현상을 말한다.

31 ④

오스트발트는 1922년 '색채의 조화'라는 조화 이론을 발표하였는데, "조화는 질서와 같다"라고 정의를 내리고, 색채 조화를 위해서는 계통적인 법칙에 따른 배색이 이루어져야 한다고 하였다. 그는 두 가지 이상의 색들을 속성의 차이가 구별되도록 질서 있게 배열시키면 쾌감이 생겨 조화를 이룬다고 하였으며, 이러한 쾌감을 일으키는 색의 배색이 곧 조화색이라고 하였다. 오스트발트의 색채 조화론은 무채색의 조화, 동일색상의 조화, 등가색환에서의 조화, 보색 마름모꼴에서의 조화, 보색이 아닌 마름모꼴에서의 조화, 다색조화(윤성조화) 등의 조화론을 체계화하였다.

32 ④

맹점(Blind Spot)은 눈에서 시신경이 나가는 부분이라 광수용기가 없어 상을 볼 수 없다. 그리고 맹점은 망막에 시세포가 없어 물체의 상이 맺히지 않는 부분이다. 시신경이 맥락막과 공막을 뚫고 안구의 바깥으로 나가는 부위를 유두라고 하는데, 이곳의 망막에는 시세포가 없어 물체의 상이 맺히지 않으므로 시각의 기능을 할 수 없다.

33 ③

지시선은 작업에 대한 특기사항이나 재질 등을 표시한다.

34 ②

DVP : 대각선 방향에 생기는 소점을 말하며, 대소각점이라고도 한다.

35 ④

물체의 외형은 실선, 대상물의 중심은 일점쇄선, 해칭선은 빗금으로 그린다.

36 ②

②는 같은 면적 그리기가 아니라 같은 비례로 그리기이다.

37 ②

투시도의 종류에는 1소점(평행투시), 2소점(유각, 성각 투시), 3소점투시도(사각투시, 경사 투시)가 있다.

38 ③

제3각법

• 정면도의 표현이 합리적이다.
• 치수 기입이 합리적이다.
• 보조투상이 용이하다.
• 물체를 제3상한에 놓고 투상하는 방식이다.
• 눈 → 투상면 → 물체 순이다.

39 ①

①은 원주 밖의 한 점에서 원과 만나는 접선을 작도하는 방법이다.

40 ④

사투상은 물체의 앞면 모서리는 수평선과 평행하게 하고, 옆면 모서리는 수평선과 임의의 각도(30°, 45°, 60°)로 그리며 길이와 높이는 현척으로, 폭은 현척으로 그리거나 1/2, 3/4, 5/8, 3/8로 축소해서 그린다.

3과목 디자인재료

41 ③

인쇄용지의 상질지는 고급서적이나 잡지 등 고급백상지를 칭한다. 화학펄프로 만들며 고급인쇄에 사용한다.

42 ①

양지 제조 공정 중 "고해"에 해당하는 것은 긴 섬유를 알맞게 절단하는 것이다. 고해 방법에 따라 섬유에 일어난 변화가 어떤 것이 주가 되었는가에 따라 만들어지는 종이의 품질과 성질이 결정된다.

43 ②

• 파열강도 : 종이를 눌러서 찢는 힘의 정도
• 인열강도 : 종이를 일정한 길이만큼 찢는 데 필요한 에너지를 알기 위해 측정하는 것
• 내절강도 : 종이를 한쪽으로 계속 접었다 폈는지를 반복하여 끊어질 때까지의 횟수를 표시하는 강도
• 인장강도 : 종이를 양쪽으로 잡아당겨서 찢어질 때의 힘의 정도

44 ①

아크릴 물감 : 유화의 성질과 비슷하나 빨리 건조되며 접착성과 내수성이 강하다.

오답 피하기

• 수채화 물감 : 물을 사용하며 맑고 투명한 효과를 얻을 수 있다.
• 포스터 컬러 : 아교나 달걀 흰자위를 안료로 섞은 불투명한 물감이다.
• 마커 : 색상이 선명하고 건조시간이 빠르고 번지지 않아서 렌더링용으로 많이 사용한다.

45 ④

- 도료(塗料)는 물체의 표면을 덮어씌워 표면을 보호하거나 아름답게 하는 소재이다.
- 도료의 조건은 색깔의 변색과 퇴색이 없어야 한다. 지정된 색상과 광택을 유지해야 한다.
- 목재에 부착성이 양호하여야 한다.
- 도막이 강해 내습, 내식, 내약품성을 유지해야 한다.

46 ①

점성은 유리의 광학적 성질이 아닌 접착제의 성질이다.

47 ③

플라스틱은 전기 절연성이 우수하다. 내수성이 좋고 재료의 부식이 없다. 열팽창 계수가 높다. 착색 및 가공이 용이하다.

48 ④

감도가 높은 필름은 숫자가 높을수록 고감도이다.

4과목 컴퓨터그래픽스

49 ②

- 텍스처 매핑(Texture Mapping) : 오브젝트 표면에 사진, 그림, 동영상으로 질감을 덮어씌우는 기법
- 레이 캐스팅(Ray Casting) : 빛이 시작되었던 곳부터 조명에 이르는 과정을 추적하여 가장 사실적인 렌더링을 하는 기법
- 레이 트레이싱(Ray Tracing) : 물체에 반사된 빛이 불투명체에 닿거나 장면 밖으로 나갈 때까지 계속 빛을 추적하는 기법

50 ④

컴퓨터 그래픽에서 수학 공식 가운데 스플라인 함수를 이용하여 표현하는 매끄러운 곡선이다. 스플라인 곡선은 적은 수의 제어점으로 매끄러운 곡선을 만들기 위한 방법의 하나이며, 함수의 차수가 높을수록 선이 매끄럽게 되고 보통 3차 스플라인이 많이 사용된다. 베지어 곡선과 같이 널리 사용되고 있는데, 스플라인 곡선의 데이터로 베지어 곡선으로의 변환이 가능한 것이 특징이다. 스플라인 곡선은 모든 제어점을 지나는 것과 지나가지 않는 것이 있으며, 후자는 컴퓨터 그래픽 등으로 곡면을 만드는 데에 사용하고 있다. 자동차나 비행기의 표면과 같은 유선형의 곡선을 설계할 때 많이 사용된다.

51 ②

선택은 파일이나 이미지의 일부분을 선택하는 것으로 용량의 변화와 거리가 멀다.

52 ②

- 클리핑 : 이미지의 일부분을 잘라내는 것이다.
- 이미지 프로세싱 : 2D 그래픽 처리 프로그램에서 이미지의 합성, 변화 등의 과정을 통해 처리하는 작업을 뜻한다.
- 모션 캡처 : 사람의 몸에 빛 반사성이 좋은 마커를 붙이고, 적외선 불빛이 나오는 적외선 카메라로 움직임을 캡처하는 것이다.
- 이미지 스캐닝 : 인쇄된 이미지 형태의 문서를 읽어 들이는 것이다.

53 ②

- Blur : 이미지를 흐릿하고 부드럽게 만든다.
- Sharpen : 이미지 콘트라스트를 높이고 이미지의 초점을 또렷하게 하는 기능이다.
- Noise : 이미지를 지저분하게 하거나 이미지에 있는 지저분한 것들을 제거한다.
- Pixelate : 포토샵의 필터 중 하프톤의 효과나 모자이크 효과를 얻을 수 있는 필터이다.

54 ②

- ROM : 기록된 데이터를 단지 읽을 수만 있는 메모리로, 운영체제처럼 컴퓨터를 사용하는 데 꼭 필요한 내용을 담고 있다.
- 플래시 메모리 : 소비전력이 작고 전원이 꺼지더라도 저장된 정보가 유지되며, 작고 가벼워 이동성이 편리한 메모리이다.
- RAM : 읽기와 쓰기가 자유로우며 전원을 끄면 메모리에 있는 내용이 지워진다.
- 캐시 메모리 : 컴퓨터의 속도를 빠르게 하는 임시 메모리이다.

55 ③

Spot Color(별색)는 4도 인쇄에 더하여 별색(특수색: 형광색, 금박, 은박 등)을 사용하는 인쇄이다. 지정하는 모든 색을 인쇄할 수 있다. 인쇄 시 Spot Color에 해당하는 컬러판이 추가로 필요하다.

56 ②

- Omni Light : 모든 방향으로 골고루 비추는 조명이다.
- Spot Light : 랜턴의 빛과 같은 효과를 낼 수 있는 조명이다.
- Ambient Light : 방향성이 없고 그림자를 만들지 않는다.
- Directional Light : 같은 방향으로 비추는 조명이다.

57 ①

마이크로소프트사

미국의 컴퓨터 및 인터넷 소프트웨어 회사이다. 1975년 하버드대학교 학생이었던 빌 게이츠(Bill Gates)와 폴 앨런(Paul Allen)이 공동 창업했다. 운영체제인 윈도우(Windows)와 오피스 프로그램인 마이크로소프트 오피스(Microsoft Office)를 개발했다.

58 ③

재생하려고 하는 동영상이나 음악에 맞는 코덱이 있어야 한다.

59 ④

2D 그래픽 응용프로그램에서 패널(Panel)을 활성화할 수 있는 명령은 Windows 메뉴에 있다.

60 ④

- Adjust Colors : 색상을 보정 하는 명령
- Desaturate : 흑백의 효과를 주는 명령
- Make Warp : 개체 주변으로 텍스트가 자연스럽게 흐르게 하는 명령
- Create outline : 입력한 문자들을 도형으로 전환하는 명령

01 ②	02 ②	03 ②	04 ②	05 ②
06 ④	07 ③	08 ③	09 ①	10 ③
11 ④	12 ①	13 ②	14 ①	15 ②
16 ④	17 ①	18 ④	19 ④	20 ①
21 ②	22 ④	23 ④	24 ④	25 ④
26 ④	27 ④	28 ②	29 ④	30 ①
31 ②	32 ③	33 ③	34 ①	35 ①
36 ②	37 ③	38 ②	39 ④	40 ③
41 ①	42 ③	43 ④	44 ②	45 ③
46 ②	47 ④	48 ③	49 ④	50 ①
51 ②	52 ②	53 ②	54 ③	55 ①
56 ②	57 ④	58 ②	59 ②	60 ①

1과목　산업 디자인 일반

01 ②
제품디자인(Product Design)
대량 생산에 의한 제품 및 기능성과 심미성을 발전하는 공업 디자인을 만들어내는 전문적인 일이다. 제품디자인은 계획 → 조사 → 분석 → 종합 → 평가의 과정으로 이루어진다.

02 ②
굿 디자인(Good Design)의 조건은 디자인의 4대 조건인 합목적성, 경제성, 심미성, 독창성에 질서성을 더한 것이다.

03 ②
수공예 부흥 운동(미술공예운동)은 고딕양식의 대표 건축가인 퓨진, 존 러스킨의 영향을 받아 윌리엄 모리스가 주장하였다.

04 ②
디자인의 조건
• 합목적성 : 디자인의 목적이 합리적이고 이성적, 객관적이며 효용성을 갖는 것
• 심미성 : 대중에 의해 공감되는 미로 아름다움을 느끼는 미의식을 갖는 것
• 경제성 : 최소의 경비로 최대의 효과
• 독창성 : 디자인의 핵심으로, 최종적으로 디자인에 생명을 붙어넣는 요소
• 질서성 : 합목적성, 심미성, 독창성, 경제성의 조화를 이루어 유지되는 것

05 ②
기능성은 실생활에서 실제의 쓸모로 사용할 수 있는 것을 말한다.

06 ④
• 분할착시 : 분할된 면이나 선은 분할되지 않은 선이나 면보다 더 크고 길게 보인다.
• 유화의 착시 : 같은 길이의 선이 화살표의 방향에 따라 길이가 달라 보인다.
• 반전착시 : 시각 이미지가 실제 사물의 모습과 다르게 보이는 것으로 반대로 보았을 때 전혀 다른 모양의 사물이 보인다.
• 대비착시 : 대상의 크기나 모양, 색채의 대비로 일어나는 기하학적 착시 현상. 큰 도형의 옆에 있는 도형은 작게 보이고 작은 도형 옆에 있는 도형은 크게 보이는 현상 따위이다.

07 ③
• 수직선 : 강직, 엄숙, 존엄, 희망, 상승, 권위, 숭고한 느낌
• 수평선 : 평온, 평화, 정지, 무한함, 정적인 느낌
• 사선 : 생동감, 긴장감, 운동감, 속도감, 불안한 느낌
• 포물선 : 반원 모양의 유연한 느낌

08 ③
• 사선 : 활동감, 속도감, 불안감, 강한 표현
• 곡선 : 우아, 매력, 불명료, 유연, 여성성
• 수직선 : 상승, 엄숙, 존엄, 권위, 숭고, 고결, 희망
• 수평선 : 정지, 안정, 평화, 무한
• 포물선 : 반원 모양의 유연한 느낌

09 ①
• 헤드라인(Headline) : 신문 광고에서 일러스트레이션, 사진, 광고 내용을 부각하여 광고 특색에 맞집하도록 표현하며, 메시지헤드라인으로 사용한다.
• 로고 타입(Logotype) : 회사의 이름이나 제품이 상표처럼 사용하는 것으로 회사나 제품의 이미지를 쉽고, 기억에 남으며, 대중에게 호감을 줄 수 있어야 한다.
• 보더라인(Borderline) : 신문 광고에서 사용하는 시각적 요소로 디자인 일부를 다른 내용과 구분시키기 위해서 사용하는 윤곽선이다.
• 캡션(Caption) : 사진이나 일러스트를 설명하는 짧은 글이다.

10 ③
포장디자인의 요건
• 보호 보존성 : 제품을 보호해야 한다.
• 관리성(편리성) : 상품의 운반과 적재가 쉽고 간단해야 한다.
• 심미성 : 제품의 용도와 어울리는 아름다움이 있어야 한다.
• 상품성 : 상품(제품)의 성격을 잘 표현해야 한다.
• 구매 의욕 : 소비자들의 시선을 자극하여 구매 의욕을 높일 수 있어야 한다.
• 재활용성 : 환경보존을 위한 절감, 재생을 할 수 있어야 한다.

11 ④
실내 디자인 전개 과정
㉠ 기획단계 : 디자인 작업 관련 정보수집 및 분석단계
㉡ 설계단계 : 공간의 재료, 색채계획 등을 시각적으로 제시, 공간 계획을 도면화하여 디자인을 확정하는 단계
㉢ 시공단계 : 설계 최종안으로 제작 시공하는 단계
㉣ 사용 후 평가 : 시공 결과를 검토, 확인하여 시공상의 문제점 해결

12 ①
매슬로우의 인간 욕구 5단계
㉠ 생리적 욕구 : 의, 식, 주, 성생활 등 생존을 위한 기본적 욕구
㉡ 안전의 욕구 : 물리적인 위험으로부터 생활의 안전 추구
㉢ 사회적(소속) 욕구 : 사회적으로 회사, 친구, 모임 등의 소속감 추구
㉣ 존경의 욕구(자아 욕구) : 권력, 지위, 명예, 존경의 욕구
㉤ 자기실현의 욕구 : 자아 개발과 존재가치 실현의 욕구

13 ②
도끼, 활, 창 등은 수렵용 도구이다. 따라서 흙의 사용 용도로 볼 수 없다.

14 ①
장식성, 배광 수단, 전구의 보호 등은 조명기구의 역할이며 수면할 때는 일반적으로 조명을 꺼야 하므로 수면 효과와는 거리가 멀다.

15 ②

잡지 광고의 특성
- 가장 선별성이 높아 타깃의 세분화가 가능하다.
- 기록성과 긴 발행 간격이 있어 제품의 상세한 정보를 싣기에 적합하다.
- 컬러 광고가 가능하며 구체적이고 자세한 내용을 전달할 수 있다.
- 회독률이 높아 광고 노출의 빈도가 높다.
- 감정적 광고나 무드광고를 할 수 있다.

16 ④

- 마커 : 선명한 색상으로 건조시간이 빨라 번지지 않아서 러프 스케치용으로 사용한다.
- 파스텔 : 빛깔이 있는 가루 원료를 길쭉하게 굳힌 것으로 원료로는 옛날부터 석고 또는 질이 좋은 점토로 만들었으나 지금은 물에 거른 탈산(脫酸) 석회로 만든다. 막대형으로 만들어 놓은 디자인 표현 재료로, 잘 묻어나고 번지기 쉽기 때문에 정착액을 뿌려 색상을 고정한다.
- 포스터 컬러 : 광고 도안용으로 쓰이는 불투명 그림물감을 말한다.

17 ④

- 내용적 요소 : 헤드라인, 서브헤드라인, 바디카피, 슬로건, 캡션
- 조형적 요소 : 일러스트레이션, 트레이드 마크, 로고 타입, 보더라인

18 ④

포장디자인 개발시기는 신제품 출시(시장진입), 상품의 시장점유율 하락(이윤하락), 유통 경로 및 판매 방법의 변경(유통의 변경), 제품의 변동 등이다.

19 ④

실내디자인은 건축과 더불어 인간이 생활하는 공간을 아름답고 기능적으로 구성하여 편리하고 아름다운 실내를 만드는 것을 목표로 한다. 따라서 인간의 행복한 삶을 위해 물리적, 심리적, 미적 기능을 갖추어야 한다.

20 ①

소비자 구매과정(AIDMA 법칙)
㉠ Attention(주의) : 제품이나 서비스를 알려서 주의를 끈다.
㉡ Interest(흥미) : 다른 제품과 차별화하여 흥미를 유발한다.
㉢ Desire(욕망) : 제품을 구매하고 싶은 욕망을 갖게 한다.
㉣ Memory(기억) : 갖고 싶은 제품을 기억했다가 구매 상황에서 다시 떠올리게 한다.
㉤ Action(행동) : 제품을 소유하고 싶은 욕망이 생기면 구매하게 된다.

2과목 색채 및 도법

21 ②

오답 피하기
- 오스트발트 : 색량에 따라서 구분한 것으로 B(검정), W(흰색), C(순색)를 기준으로 한다.
- 먼셀 : 5가지 색상(Red, Green, Blue, Yellow, Purple)을 기준으로 20가지의 색상환으로 만들었으며 한국산업규격(KS)으로 사용한다.
- 저드 : 질서의 원리, 동류성의 원리, 대비의 원리, 유사의 원리, 비모호성의 원리를 주장하였다.

22 ②

오스트발트의 표색계의 개념은 백색량(W) + 흑색량(B) + 순색량(C) = 100% 이다.

23 ④

푸르킨예 현상은 눈에 주어지는 빛의 휘도가 낮아짐에 따라서 발생한다. 즉 명소시에서 암소시로 옮겨감에 의해서 일어나는 색 지각 현상으로 파랑 쪽의 비시감도가 노랑이나 빨강 쪽의 스펙트럼에 비해서 높아지는 것을 발견한 사람의 이름을 따서 부르는 것이다.

24 ④

오답 피하기
- 정의 잔상 : 어떤 자극을 본 후 시선을 이동해도 원래의 자극처럼 색이나 밝기가 같아 보이는 현상
- 명도효과 : 명도가 다른 두 색이 대조되어 밝은색은 더 밝게, 어두운색은 더 어둡게 보이는 현상
- 부의 잔상 : 원래 자극과 닮았지만 밝기는 반대로 되는 현상으로 원래 자극의 보색 색상으로 보인다.

25 ④

색의 가볍고 무거운 느낌은 명도의 차이에 의해 느껴진다. 명도가 높은 색은 가벼운 느낌을, 명도가 낮은 색은 무거운 느낌을 준다. 색상과 채도는 중량감에 큰 영향을 미치지는 않지만, 일반적으로 난색 계열은 한색 계열보다 가벼운 느낌을 준다.

26 ④

톤 온 톤(Tone On Tone) 배색은 색상은 같게, 명도는 차이를 크게 하는 배색이다. 통일성을 유지하면서 극적인 효과를 준다.

27 ④

진출색은 유채색, 고명도, 고채도, 난색 계열이 이에 속한다. 실제 거리보다 가깝게 있는 것처럼 느껴지는 색으로 색상, 명도에 따라 일반적으로 빨강·노랑이 진출한 것처럼 느껴진다. 후퇴색은 색에 의해서 실제 거리보다 멀리 있는 것처럼 느껴지는 색으로 진출색과 상반되는 개념이다. 일반적으로 청록, 파랑, 남색, 검정 등의 색을 이른다.

28 ②

인간이 볼 수 있는 가시광선의 파장은 약 380~780nm이다. 자외선, X-선은 파장이 380nm보다 짧고 적외선은 780nm보다 길다.

29 ④

중간채도의 파란색은 마음을 진정시키고 차분하게 만들어준다. 따라서 정신질환자의 치료에 도움이 되는 병실 색채로 적합하다.

30 ①

먼셀
미국의 화가이며 색채연구가(1858~1918)로 색의 삼속성을 척도로 체계화시킨 '먼셀 표색계'를 1905년에 발표하였다. 5가지 색상(Red, Green, Blue, Yellow, Purple)을 기준으로 20가지의 색상환으로 만들었으며 한국산업규격(KS)으로 사용한다.

31 ②

미국의 화가이자 색채 연구가인 먼셀이 1905년에 창안하였다. 색상, 명도, 채도의 3속성에 의해 색을 기술하는 색 체계이다.

32 ③

치수 기입 원칙
- 치수 기입에 사용하는 선은 치수선, 치수보조선, 인출선(지시선)이다.
- 180° 이하인 호의 반지름은 R로 표기한다.
- 치수는 될 수 있는 대로 정면도에 집중적으로 기입한다.
- 실형이 나타나 있는 곳에 실제 길이를 기입한다.
- 치수 기입이 어려울 때는 인출선(지시선)을 그어 기입한다.
- 치수 기입의 원칙에 따라 mm를 사용한다.
- 치수 숫자는 치수선의 중앙 위에 약간의 간격을 두어 평행하게 기입한다.

33 ③

표고 투상법
- 대상물의 좌표 면을 평행으로 절단하고, 절단선군을 정투상으로 그리는 도형의 표시법
- 지도의 등고선처럼 표고선을 선으로 연결하여 지형의 높고 낮음을 표시
- 곡선면도, 지형도에 사용

34 ①

반 단면도는 대칭형인 물체의 외형과 내부의 구조 및 형태를 동시에 표시하는 단면이다. 대칭 중심선의 1/4을 단면으로 표시하고, 단면하지 않은 쪽의 숨은선은 생략하는 것이 일반적이다.

35 ①

- 단면도 : 단면도는 평면도에 표시할 수 없는 건물의 입체적 성질, 즉 고저·단면구조·각종설비계통의 안배 처리방식을 수직 방향에서 표시하는 것을 목적으로 하며, 절단 방향에 따라 종단면도와 횡단면도가 있다.
- 평면도 : 정면도를 기준으로 위에서 본 도면이다.
- 배면도 : 정면도를 기준으로 뒤에서 본 도면이다.
- 전개도 : 입체적인 물체의 표면을 평면으로 펼쳐서 그리는 도면이다.

36 ②

통일된 제도 규격은 설계도를 보면 설명하지 않더라도 설계자의 의도를 알수 있다.

37 ③

전단면도(온단면도)는 물체의 기본이 되는 중심선에 따라 전체를 절단한 면으로 표시하는 것을 원칙으로 한다.

38 ②

명칭	종류	표시	선의 용도
외형선	굵은 실선	——	대상물의 외부 모양을 표시하는 선
치수선			치수를 기입하기 위한 선
치수보조선			치수를 기입하기 위해 도형에서 연장한 선
지시선	가는 실선	——	기호, 기술 등을 기입하기 위해 도면에서 연장한 선
회전 단면선			부분의 절단면을 90° 회전하여 표시
숨은선	굵은 선의 1/2 파선	•••••••••	대상물의 보이지 않는 부분을 표시하기 위한 선

			대상물의 중심을 표시하는 선
중심선			
기준선	가는 일점 쇄선	— - — - —	위치 결정에 근거가 되는 부분을 표시하는 선
피치선			반복 도형의 피치를 잡는 선
파단선	파형, 지그재그의 가는 실선	∿	물체의 일부를 파단하거나 떼어낸 경계를 표시하는 선
해칭선	45° 방향의 가는 실선	/////	단면도의 절단면을 나타내는 선

39 ④

- 계획도 : 제작도의 기초가 되는 도면으로 설계자의 의도와 계획을 나타내는 도면으로 제작 초기의 도면
- 제작도 : 설계자의 뜻을 작업자에게 완전하게 전달할 수 있는 충분한 내용과 가공의 용이, 제작비의 절감이 요구되는 도면
- 승인도 : 주문자가 승인한 도면
- 시방서 : 설계도로 나타낼 수 없는 재료의 특성, 제품성능, 제조 방법 등을 문장, 숫자로 표시한 도면

40 ③

그림이 작아서 그대로 사용할 수 없는 경우에는 확대해서 그리기도 한다.

3과목 **디자인재료**

41 ①

종이의 구분
- 양지 : 신문지, 인쇄용지, 필기용지, 도화지, 포장용지, 박엽지, 잡종지
- 판지 : 골판지, 백판지, 황판지, 견래원지
- 기계 제작 화지 : 창호지, 습자지, 휴지, 종이솜, 선화지, 종이끈, 포장용지(편광지)

42 ③

- 비철금속 : 구리, 주석, 아연, 금, 수은, 납
- 철재 : 주철, 연철, 합금강

43 ④

유기재료의 성분은 단백질, 녹말, 글리코겐 성분으로 이루어져 있다.

44 ②

- 플라스틱 : 유기재료이며 탄소가 주요소이다.
- 유리재료 : 규사, 탄산나트륨, 탄산칼슘 등을 고온으로 녹인 후 냉각하면 생기는 투명도가 높은 물체이며, IC 직접 회로의 기판, 콘덴서 등에 걸쳐 신소재로서 적용성을 높여가고 있다.
- 세라믹 : 도자기, 타일처럼 비금속이나 무기질 재료를 고온에서 가공, 성형하여 만든 것으로 천연 원료를 그대로 사용하거나, 정제 가공하여 사용하기도 한다.
- 금속재료 : 무기재료이며 철광석을 주원료로 하고 철재와 비철금속으로 나뉜다.

45 ③

고해는 펄프 섬유를 기계로 절단 가공하는 기초 작업으로 강도, 축감, 투명도를 조절한다.

46 ②

- 무기재료 : 금, 은, 철, 구리, 아연, 석재, 점토 등으로 광물질과 금속재료가 주원료이다.
- 유기재료 : 탄소가 주요소가 되는 복합물을 의미하며 특히 탄소와 수소의 결합으로 만들어져 탄화수소(hy-drocarbon)라고 부르기도 한다.
- 금속재료 : 무기재료이며 철광석을 주원료로 하고 철재와 비철금속으로 나뉜다.
- 유리재료 : 규사, 탄산나트륨, 탄산칼슘 등을 고온으로 녹인 후 냉각하면 생기는 투명도가 높은 물체이며, IC 직접 회로의 기판, 콘덴서 등에서 사용한다.

47 ④

백색계의 무기 안료는 아연화, 황화아연, 티탄백이다. 송연은 유기재료로 흑색이다.

48 ③

> **오답 피하기**

- 글라싱지 : 강한 광택으로 표면이 매끈하며 식품, 담배, 약품 등의 포장, 간지 등에 사용한다.
- 라이스지 : 얇으면서 강하고 불투명, 무미, 무취하고 컬러 인쇄물, 담배 종이로 많이 사용한다.
- 콘덴서지 : 크래프트 펄프 등을 원료로 하여 콘덴서의 유전체로 사용하며 가용성 염화물이 있으면 안 된다.

4과목 컴퓨터그래픽스

49 ④

벡터 이미지, 포스트스크립트 이미지, 랜덤 이미지, 객체지향성 이미지는 모두 벡터 방식을 의미하며, 비트맵 이미지, 래스터 이미지, 픽셀 이미지는 비트맵 방식을 의미한다.

50 ①

버퍼(Buffer)란 컴퓨터 내의 정보를 임시로 보관하기 위한 기억 장소로서, 데이터 사용 시간이 서로 다른 두 장치나 프로그램 사이에서 데이터를 주고받기 위한 목적으로 사용된다.

51 ④

셰이딩
물체에 입체감을 더하기 위해 빛으로 음영 밝기를 조절하는 것으로 광원, 면, 시점의 각도에 따라 물체의 입체감과 사실감을 더할 수 있다.

> **오답 피하기**

렌더링은 최종 이미지 표현을 의미한다.

52 ④

쿼크 익스프레스(QuarkXPress)는 인디자인과 같은 문서 편집 프로그램이다. 글꼴의 변형이 자유로우며 사진과 글자의 배치 이동이 자유롭다. 또한 책이나 브로슈어를 만들 수 있다. 사진의 합성은 쿼크 익스프레스(QuarkXPress)에서는 불가능하며 포토샵과 같은 그래픽 프로그램에서 할 수 있다.

53 ②

- VAN(Value Added Network) : 부가가치통신망
- RAN(Remote Area Network) : 원거리 통신망
- RFID(Radio Frequency Identification) : 소형 칩을 물품에 달아서 이동 경로나 데이터를 전송하는 장치
- BUS : 컴퓨터 내부에서 신호를 주고받기 위한 통로

54 ③

스캐너(Scanner)
사진 · 문서 따위를 복사하듯 읽는 것으로 인쇄된 형태의 문서를 읽어 들일 수 있다. 이미지 스캐너는 그림이나 사진을 읽는 컴퓨터 입력장치를 말한다. 필름 스캐너는 현상된 필름을 스캔하여 디지털 이미지로 변환하는 기기이다.

55 ③

1bit	4bit	8bit	16bit	24bit
2색	16색	256색	65,0000색 (하이컬러)	1,677만색 (트루컬러)

56 ②

- 1,024메가바이트(MB) = 1기가바이트(GB)
- 1,000기가바이트(GB) = 1테라바이트(TB)

57 ④

웹디자인은 정해진 용량 안에서 해야 하므로 자료를 최대한 압축해서 간결하게 그리고 목적에 맞게 만들어야 한다.

58 ②

개멋(Gamut)은 컴퓨터, 모니터, 프린터 등 모든 장치에서 표현할 수 있는 컬러대역이다.

59 ②

그래픽 보드는 그래픽의 화면 표시를 처리하기 위한 확장 보드이다. 그래픽 칩, VRAM 등으로 구성되어 있다. 그래픽 카드, 비디오 카드로도 불리며 컴퓨터의 디지털 정보를 출력해서 모니터에서 볼 수 있도록 해 준다.

60 ①

- DPI : 프린터나 카메라, 스캐너의 해상도 성능을 표현할 때 사용되는 용어로, 인치(inch) 당(per) 점(dot)이 몇 개의 점을 찍거나 읽을 수 있는지를 나타냄
- HSB : 색을 인지하는 방식을 기초로 한 색 모델로 색상(Hue), 채도(Saturation), 명도(Brightness) 모델이라고도 함
- EPS : 포스트스크립트를 이용하여 고품질 인쇄용 파일을 만드는 것으로 파일 용량이 매우 큼
- TIFF : 무손실 압축방식을 사용하며, OS에 의존하지 않고 사용 가능

01 ④	02 ④	03 ③	04 ③	05 ④
06 ③	07 ①	08 ①	09 ④	10 ②
11 ③	12 ④	13 ④	14 ④	15 ③
16 ③	17 ③	18 ②	19 ④	20 ②
21 ①	22 ④	23 ①	24 ④	25 ④
26 ②	27 ④	28 ③	29 ③	30 ④
31 ②	32 ②	33 ④	34 ④	35 ④
36 ②	37 ④	38 ④	39 ④	40 ④
41 ③	42 ③	43 ②	44 ④	45 ④
46 ①	47 ④	48 ④	49 ②	50 ①
51 ②	52 ④	53 ④	54 ④	55 ①
56 ①	57 ③	58 ②	59 ④	60 ④

1과목　산업 디자인 일반

01 ④

아이디어 스케치(Idea Sketch)
디자인 및 기타 조형 예술의 창작을 위해 추상적 아이디어를 구체화하여 간단히 표현하는 행위이다. 발상이나 이미지를 그림이나 도면에 표현한 것으로 디자인에서 이미지를 전달하기 위한 표현기법의 첫 단계이다. 주로 디자인 용어로 사용된다.

02 ④

게슈탈트(시지각) 원리
게슈탈트 심리학에서는 인간은 자신이 본 것을 조직화하려는 기본 성향으로, 전체는 부분의 합 이상이라는 점을 강조한다. 게슈탈트(시지각) 원리는 다음과 같다.
- 근접성의 원리 : 가까이 있는 두 개 또는 그 이상의 시각 요소들이 패턴이나 그룹처럼 보이는 것
- 유사성의 원리 : 비슷한 모양의 도형이나 그룹이 같은 부류로 보는 경향
- 폐쇄성의 원리 : 선이 끊어져 있어도 연결되어 보이거나 무리 지어 하나의 형태로 보이는 것
- 연속성의 원리 : 유사한 배열이 방향성을 지니고 하나의 묶음처럼 인식되는 법칙

03 ③

- 수직선 : 강직, 엄숙, 존엄, 희망, 상승, 권위, 숭고한 느낌
- 수평선 : 평온, 평화, 정지, 무한함, 정적인 느낌
- 사선 : 생동감, 긴장감, 운동감, 속도감, 불안한 느낌
- 포물선 : 반원 모양의 유연한 느낌

04 ③

율동(Rhythm)은 동일하거나 유사한 요소들이 일정한 규칙과 질서를 갖고 움직였을 때 나타나는 현상이다. 율동의 일부로, 명도와 채도의 단계에 일정한 변화를 주거나 대상물의 크기에 변화를 주어 생동감 있는 효과를 낼 수 있는 것은 점증이다.

오답 피하기
- 강조 : 한 가지 요소가 다른 많은 요소와 다를 때 화면에서 분명하게 드러나는 것
- 반복 : 어떤 도형이 규칙을 갖고 연속적으로 나타나는 현상

05 ④

점, 선, 면의 구분은 색이 아닌 모양(형태)으로 구분한다.

06 ③

디자인할 때 모든 사람의 미의식이 일치되도록 해야 하는 것은 아니다. 보편적으로 인식되는 디자인의 심미성이 있어야 한다.

07 ①

점은 조형 요소 중 최소의 단위이며 크기가 없고 위치만 있는 도형을 말한다. 점은 선, 면, 도형 등의 기초가 된다.

08 ①

미술공예운동(Arts and Crafts Movement)
19세기 말 영국에서 윌리엄 모리스(William Morris)를 중심으로 일어났던 공예 개량 운동을 말한다.
- 1876년 필라델피아 엑스포 : 사류의 미신성, 신화기
- 1900년 파리 엑스포 : 에펠탑, 아르누보 운동의 확산
- 1925년 파리 엑스포 : 순수주의, 아르데코 양식의 확산

09 ④

포스터, 광고, 영화 등은 커뮤니케이션 매체를 전달하는 형식이 설득적, 강화적 전달이다. 통계도표는 숫자의 내용을 이해하기 쉽도록 그림으로 나타낸 표로 정확한 정보를 전달하는 기능을 가진다.

10 ②

브레인스토밍은 알렉스 오즈번이 제안한 것으로 다양한 아이디어를 제시하여, 타인의 아이디어를 비난하지 않고 연상반응을 통하여 더 많은 아이디어를 도출하는 것이다.

오답 피하기
시네틱스법은 서로 관련이 없는 것에서 다양한 유추(직접, 의인, 상징, 공상)를 통해서 아이디어를 찾는다.

11 ③

오답 피하기
- 마커 : 선명한 색상으로 건조시간이 빨라 번지지 않아서 러프 스케치용으로 사용한다.
- 파스텔 : 빛깔이 있는 가루 원료를 길쭉하게 굳힌 것으로, 원료로는 옛날부터 석고 또는 질이 좋은 점토로 만들었으나 지금은 물에 거른 탈산(脫酸) 석회로 만든다. 막대형으로 만들어 놓은 디자인 표현 재료로, 잘 묻어나고 번지기 쉽기 때문에 정착액을 뿌려 색상을 고정한다.
- 포스터 컬러 : 광고 도안용으로 쓰이는 불투명 그림 물감을 말한다.

12 ④

렌더링은 아직 제품화되지 않고 계획 단계에 있는 제품을 누구나 그 형태를 이해할 수 있도록 실물 그대로 그린 완성 예상도이다.

13 ④

디자이너의 개성적인 이미지만을 살려 표현하는 것은 아니며 추구하는 이미지에 맞는 일관적인 디자인을 하여 시각적으로 통일된 인상을 주는 것으로 신뢰감이 높아지는 효과를 얻을 수 있다.

14 ④

포장디자인의 요건
- 보호와 보존성 : 제품 내용을 보호하는 기능
- 편리성 : 상품의 운반과 적재 등 사용상의 편리
- 심미성 : 제품의 용도와 기능에 있어서 소비자의 심미성
- 상품성 : 상품과 소비자를 연결하는 매체로서 동시에 스스로 영업자의 역할
- 재활용성 : 환경을 위한 절감, 재생의 역할

15 ③

CI(Corporate Identity)는 기업의 이미지를 통일하여 이미지 상승과 이윤을 추구하며 기업의 시각적인 통일화, 기업과 직원의 행동 통일화, 기업의 주체성과 동일성을 의미한다.

16 ③

개성이나 취향이 최대한 반영되어 구성되는 주택은 개인의 사생활 공간이다.

17 ③

시세션(Secession)
라틴어로 '분리하다'라는 의미이며 19세기 말, 과거의 전통적인 인습을 탈피하고 새로운 시각적인 원리를 조형적으로 실현하려는 운동으로 곡선보다는 클래식한 직선미와 기하학적인 개성을 표현하고 있다. 독일과 오스트리아를 중심으로 일어났으며 근대 디자인의 혁신적 예술운동이다.

18 ②

- 바우하우스 : 1919년 '앙리 반 데 벨데'가 교장으로 있던 미술학교와 공예학교가 통합하여 근대건축과 디자인운동의 대표적인 지도자인 '월터 그로피우스'가 독일의 바이마르에 창립한 종합 조형학교를 말한다. 기능적이고 합목적인 새로운 미를 추구하였다.
- 독일공작연맹 : 공업제품의 양질화와 규격화를 모색하고 이성적이고도 단순한 디자인을 추구하며 기능적이며 합리적인 디자인 추구하였다.
- 데스틸(신조형주의) : 1917년 결성한 조형예술운동(입체주의와 추상주의 미술) 그룹의 명칭으로 양식이라는 뜻을 가지고 있다. 모든 조형 분야의 일체화를 목표로 하고 수직·수평의 화면분할과 추상적 형태, 삼원색과 흑백, 회색만을 사용하여 순수성과 직관성을 중시하는 특징을 가졌다.
- 미술공예운동 : 근대 디자인사에서 가장 먼저 일어난 운동으로 '존 러스킨'의 영향을 받아 '윌리엄 모리스'가 예술의 민주화를 주장한 수공예 부흥 운동이다.

19 ③

그래픽 잡지는 문자와 사진과 이미지가 혼합된 편집 디자인이다.

20 ②

오브제는 일반적으로 객체 또는 대상이라는 의미가 있다. 오브제 디스플레이는 일반적인 전시 유형이다.

2과목 색채 및 도법

21 ①

색의 주목성은 명도 차가 클수록 높아진다. 특히 어두운 바탕에는 고명도, 고채도의 색이 명시성이 높다.

22 ②

주위 색의 영향을 받아 주위 색에 근접하게 변화하는 것은 동화현상이다.

23 ①

저드의 색채 조화 원리
- 질서의 원리 : 규칙적으로 선택된 색채의 요소가 일정하면 조화된다.
- 유사의 원리 : 어떠한 색채라도 공통성이 있으면 조화된다.
- 친근감의 원리 : 자연환경의 색채처럼 사람에게 잘 알려진 색은 조화된다.
- 명료성의 원리 : 여러 색채의 관계가 모호하지 않고 명쾌하면 조화한다.

24 ④

가산혼합은 빛의 혼합이며 3원색을 혼합하면 흰색이 되며 혼합할수록 명도가 높아진다.

25 ④

- 회전혼색 : 원판 위에 서로 다른 부채꼴 색면을 늘어놓고 그것을 아주 빨리 돌림으로써 가법 혼색을 일으키는 것이다.
- 감법혼색 : 혼합한 색이 원래의 색보다 어두워 보이는 혼색. 물감을 섞거나 필터를 겹쳐서 사용하는 경우, 순색의 강도가 약해져 어두워지는 것을 말한다.
- 계시혼색 : 혼합한 색이 평균 밝기로 되는 현상을 말한다. 시간에 관계되는 '계시혼색(繼時混色)'이다.
- 병치혼합 : 두 가지 색을 가깝게 놓아 혼색하는 방법으로 명도와 채도가 그대로 유지된다(신인상파 화가의 점묘화, 모자이크, 직물, 컬러TV 영상).

26 ②

색채 조절 효과는 색채를 통해 일의 능률 향상, 안전 유지 재해 감소, 피로 감소, 의욕 증가 등을 향상하는 것이다.

27 ②

회색의 색상환 반대쪽에 있는 노란색이 명시성이 가장 높다.

28 ③

먼셀 표색계에서 색지각 속성의 하나인 명도를 특히 먼셀 명도라 한다. 명도의 정도를 척도화한다. 기호는 V를 사용하며 숫자가 클수록 명도가 높으며 0~10까지의 단계가 있다.

29 ③

동일색상 배색	• 명도와 채도 차이에 상관없이 같은 색상으로만 배색하는 방법 • 사용되는 색에는 공통점과 통일성이 느껴지는 배색 • 차분, 정적, 간결
유사색상 배색	• 색상환에서 색상 차가 적은 배색 방법 • 비슷한 색상으로 색의 조화가 있는 배색 • 온화함, 상냥함, 건전함
반대색상 배색	• 색상환에서 보색관계 • 서로의 색에 전혀 공통성이 느껴지지 않는 것이 특징 • 강함, 예리함, 동적임

30 ④

채도가 높은 색은 색상환의 기본이 되는 순색은 하나의 색상 중 채도가 가장 높은 순수하고 선명한 색이다. 명도와 채도를 복합적으로 나타내는 '색조(tone)'에 따라 색은 순색, 청색, 탁색 등으로 구분할 수 있다.

31 ②

- 추상체는 색상, 명도, 채도 구분하며 간상체(항상체)는 명암만 구분이 가능하다.
- 암순응 : 밝은 곳에서 어두운 곳으로 들어갔을 때, 처음에는 보이지 않던 것이 시간이 지남에 따라 차차 보이기 시작하는 현상이다.
- 스펙트럼 민감도 : 가시 스펙트럼의 각 부분에 대한 시각 수용기의 민감도로 '스펙트럼 민감도 곡선(Spectral Sensitivity Curve)'을 참조한다.
- 푸르킨예 현상 : 어두운 곳에서 푸른 것이 밝게 느껴지는 현상이다.

32 ②

제도에서는 일반적으로 고딕체를 사용하며 글자의 크기는 문자의 높이로 지정한다.

33 ④

긴 복도, 곧게 뻗은 철길, 가로수 등을 표현하기에 적합한 것은 1소점 투시도이다.

34 ④

④는 ①, ②, ③에 비해 길이가 짧다.

35 ④

명칭	기호
지름	Ø
반지름	R
정사각형	□
구면	S
구의 지름/반지름	SØ/SR
판의 두께	t
원	∩
모따기	C

36 ②

45° 투시도법은 2개의 측면이 같은 위치에 있다.

37 ④

정투상도법(제3각법)은 정면도를 기준으로 정면도 위에는 평면도가, 우측에는 우측면도가 있다.

38 ④

연색성은 물체색의 겉보기를 결정하는 조명 광원의 성질 또는 물체색의 성질을 말한다. 무대디자인과 상품 진열 등에서 조명색을 결정하는 광원의 성질이다.

39 ④

명칭	종류	표시	선의 용도
외형선	굵은 실선	▬▬▬	대상물의 외부 모양을 표시하는 선

치수선	가는 실선	▬▬▬	치수를 기입하기 위한 선
치수보조선			치수를 기입하기 위해 도형에서 연장한 선
지시선			기호, 기술 등을 기입하기 위해 도면에서 연장한 선
회전 단면선			부분의 절단면을 90° 회전하여 표시
숨은선	굵은 선의 1/2 파선	··········	대상물의 보이지 않는 부분을 표시하기 위한 선
중심선	가는 일점 쇄선	—·—·—	대상물의 중심을 표시하는 선
기준선			위치 결정에 근거가 되는 부분을 표시하는 선
피치선			반복 도형의 피치를 잡는 선
파단선	파형, 지그재그의 가는 실선	∿∿	물체의 일부를 파단하거나 떼어낸 경계를 표시하는 선
해칭선	45° 방향의 가는 실선	⫽⫽⫽	단면도의 절단면을 나타내는 선

40 ④

- 비대칭형인 물체의 내부를 표현하기에 적합한 것은 부분 단면도이다.
- 도형 전체가 단면으로 표시된 것은 온 단면도이다.
- 물체의 필요한 부분만 단면으로 표시한 것은 부분 단면도이다.

3과목 **디자인재료**

41 ③

심재의 특징
- 목재의 수심 가까이 위치한 색이 짙은 부분의 조직이다.
- 재질이 단단하고 내구성이 크다.
- 수축 변형도 변재보다 적어 양질의 조직에 속한다.
- 갈라지기 쉽다.

42 ③

필름 인화 문제점
- 네거티브 캐리어 위의 먼지 : 하얀 얼룩, 검은 얼룩, 작은 흠집
- 오랜 시간 현상액에 둔 경우 : 바랜 것처럼 보임, 노란색 얼룩
- 외부에서 암실로 들어온 빛 : 밝은 부분, 인화지 모서리에 회색 얼룩

43 ②

침엽수 펄프는 섬유가 길고 좁으며, 활엽수 펄프는 짧고 약하다.

44 ④

발포 플라스틱은 플라스틱에 발포제를 섞어 단열재로 사용하며 래커 페인트로 착색하면 표면이 녹는다.

45 ④

- 그라비어지 : 윤전기용의 인쇄용지, 화학펄프와 쇄목펄프를 50%씩 배합하여 제조
- 로루지 : 한쪽 면에 광택이 있어 포장지로 사용